I0287829

Exemplaire préparé par le P. Charlevoix, pour une seconde édition qu'il n'a pas donnée : ce qui rend plus intéressantes les corrections et les additions nombreuses écrites de sa main.

on a joint, à cet exemplaire, le projet d'un corps d'histoire du nouveau Monde prospectus in4°. de 4 pages.

HISTOIRE
DE
L'ISLE ESPAGNOLE
OU DE
S. DOMINGUE.

ECRITE PARTICULIEREMENT SUR des Memoires Manuscrits du P. JEAN-BAPTISTE LE PERS, *Jesuite, Missionnaire à Saint Domingue, & sur les Pieces Originales, qui se conservent au Dépôt de la Marine.*

Par le P. PIERRE-FRANÇOIS-XAVIER DE CHARLEVOIX, de la Compagnie de Jesus.

TOME PREMIER.

A PARIS,
Chez FRANÇOIS BAROIS, Quay des Augustins, à la Ville de Nevers.

M. DCC. XXX.

AVEC APPROBATION ET PRIVILEGE DU ROY.

A

MONSEIGNEUR LE COMTE DE MAUREPAS,

MINISTRE ET SECRETAIRE D'ÉTAT.

ONSEIGNEUR,

L'Histoire de Saint Domingue Vous appartient par toutes sortes d'endroits, & l'on seroit

ſurpris que Votre Nom ne fût pas la premiere choſe, qu'on y apperçut. C'eſt à VOTRE GRANDEUR, *que je ſuis redevable de ce qu'elle contient de plus interreſſant, & la Colonie Françoiſe, dont on y verra la naiſſance & le progrès, étoit bien peu de choſe, lorſque Feu Monſeigneur le Chancelier Votre Ayeul, prit en main le Timon de la Marine. Si depuis ce têms-là elle eſt devenuë le plus riche, & le plus bel Etabliſſement, que nôtre Nation ait dans le Nouveau Monde, c'eſt l'Ouvrage de Votre Illuſtre Maiſon : le Vôtre en particulier,* MONSEIGNEUR, *& Votre coup d'Eſſai dans un âge, où les Hommes ordinaires ne ſçavent pas encore ſe gouverner eux-mêmes, c'eſt d'y avoir parfaitement rétabli l'ordre & la tranquillité, & de l'avoir miſe en état de ne plus rien craindre, ni au-dedans, ni au-dehors. Et que ne ſe promet-elle pas pour l'avenir d'un ſi heureux début, & de la conſtante application d'un tel Miniſtre, à qui elle ſçait qu'elle eſt chere & précieuſe?*

Mais comment les Colonies, qui Vous ſont confiées, ne proſpereroient-elles pas entre vos mains, tandis que votre premier & principal Objet, eſt d'y étendre partout le Culte du vrai Dieu, & que c'est sur le fondement inébranlable de la Religion, que Vous y établissés l'Authorité du Grand Roy, qui Vous en a chargé ? C'est une justice, MONSEIGNEUR, *que vous doivent ceux, qui sçavent comme nous, ce qui se passe dans ces Contrées éloignées, & en même têms un Tribut de Reconnoissance, que je Vous rends au nom de mes Freres, qui sont répandus dans toutes les parties de l'Amérique Françoise. Nous apprenons d'eux tous les jours qu'ils ne sçauroient faire un pas, sans rencontrer des traces de Vos Bienfaits, & leurs souhaits les plus empressés sont de pouvoir publier partout que, si leurs Travaux Apostoliques ont dans tous les lieux commis à Votre Ministere des succès, qu'ils n'auroient jamais osé esperer, c'est encore plus à Votre Zéle & à Vos Attentions, qu'ils en sont redevables, qu'à leurs soins & à leurs fatigues.*

Ainsi, MONSEIGNEUR, *en Vous présentant ce Fruit de mes veilles, & de celles d'un de mes Confreres, qui m'avoit dévancé, & m'a beaucoup servi dans ce Travail, je Vous fais Hommage de ce que je tiens de Vous : je m'acquitte pour ceux, qui m'y ont engagé, d'un devoir, que l'Equité & la gratitude leur imposent, & je profite d'une occasion si longtêms désirée de faire connoître le sincere & respectueux Attachement avec lequel je suis :*

MONSEIGNEUR,

DE VOTRE GRANDEUR,

Le très-humble & très-obéïssant Serviteur,
PIERRE-FRANÇOIS-XAVIER DE CHARLEVOIX, D. L. C. D. J.

AVERTISSEMENT.

IL y a plusieurs années, que le Pere Jean-Baptiste le Pers, Jesuite Walon, avec qui j'avois eu de grandes liaisons d'amitié à Paris, lorsqu'il y faisoit ses Etudes de Theologie, m'envoya des Mémoires pour écrire l'Histoire de l'Isle de S. Domingue, où depuis vingt-cinq ans il travaille à la Vigne du Seigneur avec un zéle, que le Ciel a favorisé de ses plus abondantes Bénédictions. Trois mille Negres adultes, & un plus grand nombre encore d'Enfans baptisés de sa main, & neuf ou dix Eglises bâties par ses soins dans les dépendances du Cap François & du Port de Paix, en sont la preuve. Comme ces Mémoires se trouverent imparfaits, une partie en ayant été égarée par la négligence de ceux, à qui l'Autheur les avoit addressés pour me les rendre; je ne me pressai point de les examiner; & cependant je fus obligé de partir pour l'Italie, où je restai trois ans. Je ne doutois point que le P. le Pers, me voyant hors d'état de faire ce qu'il avoit souhaité de moi, n'en eût chargé quelque autre; mais je fus fort surpris, lorsque de retour à Paris, après une si longue absence, j'y retrouvai ses Mémoires, dont il avoit réparé les bréches, & des Lettres fort presſantes de ſa part, pour m'engager à ne plus différer de les mettre en œuvre.

Dans la vérité, ces empreſſemens me firent quelque peine. Tout en arrivant de l'Amérique, & avant que de partir pour Rome, j'avois annoncé le Journal du Voyage, que je venois de faire par Ordre du Roi, avec une Hiſtoire générale des Découvertes & des Etabliſſemens des François dans l'Amérique Septentrionnale, dont j'avois parcouru la meilleure partie; & je me croyois obligé d'employer les premiers momens du loiſir, dont je commençois à joüir, à remplir l'engagement, que j'avois avec le Public; mais ce n'étoit pourtant pas encore-là ce qui cauſoit ma plus grande répugnance, pour ce que mon Confrere & mon ancien Ami deſiroit de moi : elle avoit un autre principe, dont je n'oſois pas trop m'ouvrir à lui. C'eſt que véritablement l'idée, que je m'étois formée, & que je ne m'étois pas encore donné le loiſir de bien développer, d'une Hiſtoire particuliere de l'Iſle de S. Domingue, ne me préſentoit rien de fort interreſſant, & il me fâchoit d'être obligé d'y ſacrifier un têms, que j'avois deſtiné à des Ouvrages, qui me paroiſſoient devoir être plus du goût du Public : quoique j'en jugeaſſe peut-être ainſi, parce qu'ils étoient beaucoup du mien. Enfin, la complaiſance & l'amitié l'emporterent ſur toute autre conſidération; je quittai tout pour me livrer à ce qu'exigeoit de moi une perſonne, à qui je ne pouvois rien refuſer.

Je

Je commençai donc à parcourir les Mémoires, ſur leſquels je devois travailler, & j'avouë que cette premiere lecture me fit bien changer de ſentiment par rapport à mon ſujet. Je compris même que je ſerois bien plus embarraſſé de ſon abondance, que je n'avois appréhendé de l'être de ſa ſtérilité. Et en effet, les deux parties, qui diviſent naturellement cette Hiſtoire, pouroient fournir chacune la matiere d'un Ouvrage très-curieux, & d'une étenduë raiſonnable. Car enfin, l'une renferme ce qui s'eſt paſſé de plus merveilleux à la Découverte du Nouveau Monde, le plus grand Evenement de ces derniers Siecles; & non ſeulement un Autheur peut, ſans craindre qu'on ne l'accuſe de s'être écarté, mais doit même, s'il ne veut pas s'expoſer aux reproches de n'avoir pas rempli tout ſon ſujet, y raconter, ou du moins y indiquer par quels moyens, & par quels dégrés les Eſpagnols ſe ſont formé dans l'Amérique un Empire, auſſi vaſte, & plus riche que celui des premiers Céſars. L'autre comprend toute l'Hiſtoire de la plus puiſſante de nos Colonies, & de celle de toutes les Indes Occidentales, dont la naiſſance & les progrès ſont marqués par des traits plus capables de plaire, & d'inſtruire.

Etant donc ainſi raſſûré ſur le fond de mon Ouvrage, je ne penſai plus qu'à tenir la parole, que j'avois donnée, & je me diſpoſai à commencer. Mais en examinant de plus près mes Materiaux, je m'apperçus que j'avois entrepris un bien plus grand travail, que je n'avois pensé d'abord. Effectivement, quelque persuadé que je fusse, que le P. le Pers avoit puisé dans les meilleures sources, je ne me crus pourtant pas dispensé de les consulter, surtout dans la premiere Partie, pour laquelle je pouvois craindre, qu'il n'eût pas eu tous les secours, dont il avoit besoin. Cette recherche ayant justifié mes soupçons, j'écrivis au Missionnaire, & lui proposai mes doutes; ils lui parurent raisonnables, & il me laissa une liberté entiere de faire à ses Ecrits tous les changemens, que je jugerois nécessaires : liberté, dont j'ai usé fort sobrement, & jamais que dans le cas d'une évidente nécessité. Mais on concevra aisément que cette discretion même, bien loin de diminuer mon travail, n'a fait que l'augmenter.

Pour ce qui est de la seconde Partie, sur laquelle nous n'avons encore d'imprimé, que quelques morceaux détachés, fort superficiels, & sur lesquels on ne doit pas même beaucoup compter; je me flattois encore, que je n'y aurois qu'à suivre aveuglément mon Guide, ne voyant point d'authorité, que je pusse opposer à celle d'un Homme d'esprit, lequel est depuis vingt-cinq ans sur les lieux, où il a pû consulter plusieurs de ceux, qui ont vû la Colonie dans son enfance. Je n'étois pourtant pas tout-à-fait sans inquiétude, je sentois dans mes Memoires des vuides, qui me faisoient peine : je ne voyois pas assés de liaison entre la plûpart des faits, & l'attente des Lecteurs ne me sembloit pas devoir être satisfaite sur plusieurs articles. Je trouvois bien en cela une preuve convainquante de la sincerité de mon Autheur, qui se contentant de dire les choses, dont il se croyoit bien informé, n'avoit pas jugé qu'il lui fût permis de suppléer d'imagination à ce qu'il ne sçavoit pas, ainsi que font tous les jours tant d'autres : mais il falloit pourtant y suppléer, des vuides ne se pouvant gueres pardonner dans une Histoire aussi récente que celle-ci. La difficulté étoit d'avoir dequoi les remplir.

Dans cette perplexité, je pris la liberté de m'addresser à M. le Comte de Maurepas, lequel eut la bonté de permettre qu'on me communiquât les Pieces, qui sont au Dépôt de la Marine. Ce Dépôt, que depuis quelques années on a partagé en deux, contient tous les Plans, qui dépendent de la Marine ; toutes les Lettres de nos Rois, des Ministres, des Gouverneurs, des Intendans, & autres Personnes en place ; les Relations, les Instructions, les Procès verbaux, & généralement tout ce qui émane de la Cour, & tout ce qu'on y addresse, qui a rapport à ce Département. Les Plans, & les Memoires relatifs aux Plans, sont confiés à la garde du Chevalier de la Blandiniere, Capitaine de Vaisseau, Officier de mérite, & actuellement chargé d'une Négociation importante. Tout le reste est sous la direction de M. de Clairambault, Genealogiste des Ordres de Sa Majesté, lequel a commencé cette prodigieuse Collection sous le Ministere de M. Colbert, & y a établi un ordre, qu'on ne peut se lasser d'admirer. Mais ce bel ordre n'empêche pas qu'il n'en coûte infiniment pour profiter d'un tel secours. En effet, l'exactitude si nécessaire dans un pareil Receüil y a produit une abondance bien onéreuse à ceux, qui sont obligés d'en parcourir les Pieces; parce que souvent ce qu'ils cherchent se trouve enveloppé dans un grand nombre de choses, qui leur sont tout-à-fait inutiles. Aussi ceux, qui ont été témoins des fatigues, que j'ai euës à essuyer, pour profiter de la grace, qu'on m'avoit faite; sont-ils convenus qu'il falloit un grand amour de la vérité, pour me les rendre supportables : mais j'en avois reconnu la nécessité.

Une Histoire de la nature de celle ci, reçoit son principal agrément d'un détail, qui se soûtient par la nouveauté des faits, & qui interresse un trop grand nombre de Particuliers de tous Etats, pour ne pas picquer la curiosité du Public : mais si les Memoires, qu'on tire de ceux, qui ont été témoins, ou presque contemporains des évenemens, dont ce détail est composé, sont pour ainsi parler, le Corps de l'Histoire; on peut dire que les Pieces, que j'ai trouvées au Dépôt de la Marine, en sont comme l'Ame, puisque c'est par elles qu'on découvre les ressorts cachés des mouvemens, que ceux mêmes, qui les ont vûs de plus près, ne comprenoient pas toûjours. Un autre avantage, qui résulte de la confrontation de ces deux sortes de monumens ; c'est qu'en les rapprochant ainsi, on les peut corriger les uns par les autres. Car il ne faut pas s'imaginer que tout ce qui est au Dépôt de la Marine, soit également décisif. On y trouve bien des Ecrits, qu'il faut lire avec une grande précaution, & ce n'est pas même toûjours une chose fort aisée, que d'y démêler la vérité des artifices, dont l'interêt, la passion, la malignité, l'envie de supplanter un Rival, ou de se faire valoir, & la nécessité de se disculper, ont cherché à l'embroüiller. Le meilleur moyen pour y réüssir, est de leur opposer les suffrages non suspects d'un Public désinterressé, incorruptible, sans passion, & qui ne fait grace à personne aux dépens de la Verité.

Mais ce Public n'est pas exactement instruit de tout ; d'ailleurs, il n'est pas aussi aisé, qu'on le pense, d'en receüillir les véritables suffrages, & de les distinguer de certaines Traditions vulgaires, qui se forment de bruits incertains, où président ordinairement la précipitation, les préjugés, la malignité d'un petit Peuple, toûjours disposé à se soulever contre la séverité des Loix, & facile à se prévenir contre ceux, qui veulent en maintenir la Sainteté, conserver l'ordre, & reprimer les abus ; source de jugemens iniques, dont cette Histoire nous fournira plus d'un exemple.

Or si quelque chose peut servir de regle pour faire ce discernement, ce sont quantité d'Actes contenus au Receüil, où l'on m'a permis de puiser : car, outre qu'il s'y en trouve d'une authenticité, si j'ose ainsi m'exprimer, que rien ne peut affoiblir ; on peut encore juger par le parti, que le Prince & ses Ministres ont pris, après une discussion exacte, & une mûre délibération, à quoi il faut s'en tenir sur les faits les plus contestés. Ou si la Justice du Souverain, & la Sagesse de son Conseil ont été surprises, la force de la Verité trouve une ressource dans un témoignage universel, qui reclame, & porte avec soi un caractere d'évidence, lequel dissipe jusqu'à l'ombre même de l'erreur.

Ces réflexions représentées au Missionnaire de Saint Domingue le convainquirent de nouveau que, s'il est avantageux d'avoir long-têms demeuré dans une Colonie, quand on en veut écrire l'Histoire, cela ne suffit pas ; & il connut d'abord tout le prix des Memoires, dont j'avois fortifié les siens. De mon côté j'étois persuadé, que des Materiaux si précieux, & si complets, seroient beaucoup mieux entre ses mains, qu'entre les miennes, n'y eût-il que parce qu'il étoit encore plus en état que moi d'appliquer le correctif aux endroits des uns & des autres, qui en auroient besoin. De cette sorte, s'il n'avoit pas la satisfaction d'avoir fourni toute la matiere d'un Ouvrage, qu'il a extrêmement à cœur, & pour lequel il s'est donné bien des soins, le Public lui seroit redevable de la forme, en quoi peu de personnes étoient plus capables de réüssir que lui, si l'on en juge par le tour, qu'il a donné à ses Memoires, & par le stile, dans lequel ils sont écrits.

De cette maniere nous aurions partagé le Travail, ainsi qu'il l'avoit prétendu, avec cette différence, que s'étant flatté d'abord d'en avoir préparé toute la matiere, & sa modestie lui faisant regarder, comme fort au-dessus de lui, d'y ajoûter la forme; après s'être rendu justice sur le premier Article, il consentiroit qu'on la lui rendît sur le second. Mais on me fit observer qu'inutilement je ferois cette proposition à un Missionnaire du caractere du P. le Pers, & qui chargé d'un nombreux Troupeau, n'a pas beaucoup de têms à donner à de pareilles occupations, fort au-dessous de celles, qui sont propres de son Ministere. Il fallut donc me charger de tout le travail, & je m'y suis livré avec toute l'application, que demandoient le mérite de mon Sujet, & la confiance, dont on m'avoit honoré.

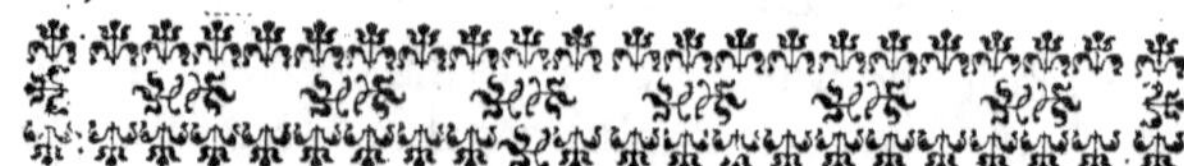

TABLE DES SOMMAIRES DU TOME PREMIER.

LIVRE PREMIER.

Division des Antilles. Origine de ce nom. Isle Espagnole, & ses differens noms : sa situation, & son étenduë. Ses environs. Observations sur les Côtes de l'Isle Espagnole, & sur les Marées. De la Brise. Des Pluyes. Différence des Climats & ses causes. Causes de la fraîcheur & de la clarté des nuits. Des Rosées & des Brouillards. Différence des Saisons. Incommodités du Climat de notre Isle. De la différence des Terroirs. De la maniere, dont les Arbres jettent leurs racines. Des Rivieres. Des Lacs. Du Lac Xaragua. De l'Etang du Cul-de-Sac, & de l'Etang Salé, selon Oviedo & selon divers Auteurs, qui paroissent lui être contraires. Des Mines, Minieres, & Carrieres. Des Tempêtes de ces Mers. Des Poissons. Des Cancres. Des Crabes & du Soldat. Sargasses, Prairies Marines, Tortuës. Des Pilotes, du Remora, des Dorades, & des Bonites. Des Galeres. Du Lamentin. Des Crocodiles. De l'Ivana. Des Canards, des Oyes, des Pintades, des Paons, & des Faisans. Des Tourterelles, des Picvers, des Rossignols, & des Linottes. Des Grands Goziers, des Perroquets, du Flamand, du Colibry, des Mouches luisantes. Des Insectes venimeux, de l'Escarbot Rhinoceros. Des Chiques & des Poux de bois. Des Quadrupedes, Nombre & figure des Habitans. Leur complexion, & leur caractere. Leur Tradition. Conjectures sur leur Origine. Leurs Danses & leurs Chansons. Tambours au son

son duquel ils dansoient. Jeu de Batos. Yvresse de Tabac. Origine du mot de Tabac. Differens noms que cette Plante a eus en France. Mœurs des Insulaires. Origine du mal de Naples. De leur Mariage. Des Obseques. Leurs occupations. Leur maniere de se disposer à chercher de l'Or. Leur maniere de cultiver la Terre, & de faire du feu. Leurs Canots ou Pirogues. Leur Gouvernement. Supplice des Voleurs. Désinterressement & hospitalité. Ordre de la succession aux Principautés. Leurs Guerres. Leur nourriture. Leurs Maisons. Leur Langue, leur Religion, & leurs Divinités. Zemés, Divinités subalternes. Fourberie au sujet des Zemés. Procession solemnelle en l'honneur des Dieux. Des Prêtres & Medecins. Danger qu'ils couroient quand un Malade mouroit. Leur maniere de traitter les Malades. Leurs différentes opinions. Cavernes sacrées. Origine des Femmes. Division de l'Isle, telle qu'elle étoit au têms de sa découverte. Quel étoit Christophle Colomb. Sentimens des Anciens sur l'existence d'un Nouveau Monde. Conjectures de Colomb. Colomb fait son Plan, & le propose à diverses Puissances. Supercherie qu'on lui fait en Portugal. Il envoye son Frere en Angleterre, & s'en va en Espagne. Barthelemi Colomb en Angleterre, Christophle Colomb arrive en Espagne. Ses premieres tentatives auprès des Rois Catholiques. Son projet est rejetté. Ce qu'on lui oppose. Lenteur qu'il eut à essuyer de la Cour d'Espagne. Il se dispose à passer en France. Derniers efforts auprès de la Reine. Elle accepte les conditions proposées par Colomb. Quelles furent ces conditions. Le Traitté est signé du Roi & de la Reine, mais au nom de la seule Couronne de Castille. Embarquement de Colomb. Il arrive aux Canaries. Mutinerie des Equipages. Conduite de Colomb en cette occasion. Proposition hardie qu'il fait à ses gens. Indices de la Terre. Colomb la découvre le premier. Il est salué Amiral & Vice-Roi. Colomb descend à terre, & prend possession de l'Isle Guanahani au nom de la Couronne de Castille. Etonnement réciproque des Sauvages & des Européens. Découverte de l'Isle Hayti. Une Caravelle quitte Colomb. Colomb arrive à l'Isle Hayti.

LIVRE SECOND.

Isle de la Tortuë. L'Isle Hayti, nommée Isle Espagnole. Les Insulaires se défient d'abord des Espagnols, & se familiarisent ensuite avec eux. L'Amiral continuë la Découverte de l'Isle. La Capitane se brise contre un éceuil. Conduite du Roi de Marien à cette occasion. Les Européens reçoivent de l'Or pour les plus viles Marchandises. L'Amiral songe à bâtir une Forteresse à Puerto Real. Il visite le Roi de Marien, & la réception que ce Prince lui fait L'Amiral reçoit des avis de la Pinta. Il laisse trente-huit Hommes dans Puerto Real. Il part pour l'Espagne. Il découvre toute la Côte du Nord. La Pinta rejoint l'Amiral. Suite de la découverte de la Côte de l'Isle. Ce qui se passa dans la Baye de Samana. L'Amiral fait route pour l'Espagne, & il essuye une grande Tempête. Ce qui lui arrive aux Açorres & en Portugal. Honneurs qu'il reçoit du Roi de Portugal. Son arrivée en Espagne. La Pinta arrive en même têms que lui, après en avoir été separé par la premiere Tempête. Réception qu'on lui fait à Palos. Pourquoi l'Amérique porte le nom d'Inde Occidentale. Colomb se rend à Barcelone; honneurs qu'il reçoit sur la route. Son entrée à Barcelonne. Son Audience du Roi & de la Reine. Nouveaux honneurs qu'il reçoit. Ligne de Démarcation. Les Privileges de l'Amiral sont confirmés. Baptême des premiers Indiens. On fait un grand Armement pour les Indes. Départ de la Flotte. Découverte de plusieurs des petites Antilles. La Dominique, la Desseada, Marie Galante, la Guadeloupe, Montserrat, Antigoa, Saint Christophle. Colomb trouve sa Colonie ruinée & tous ses gens morts. Discours du Frere de Goacanaric à l'Amiral. Conduite de Colomb à l'égard du Roi de Marien. Il lui rend visite. Il cherche un lieu commode pour y faire un Etablissement. Il bâtit une Ville sous le nom d'Isabelle. Il envoye visiter les Mines de Cibao. Caractere d'Ojeda. Description de Cibao. Conspiration découverte & punie. L'Amiral va lui-même à Cibao. Il y bâtit une Forteresse. Mutinerie dans Isabelle. L'Amiral part pour de nouvelles Découvertes. Son retour à Isabelle, où il trouve son Frere D. Barthélemi. Les Gens de Guerre se comportent mal, & ce qui en arrive. Belle action, & mauvaise conduite de D. Pedro Margarit. Il repasse en Espagne, & y fait de grandes plaintes contre les Colombs. L'Amiral fait son Frere Adélantade. Stratagême d'Ojeda, pour se saisir de la personne de Caonabo. Fierté du Cacique, prisonnier, & sa mort. L'Amiral reçoit du secours d'Espagne. Il marche contre une nombreuse Armée d'Indiens, & la met en déroute. Mort de Goacanaric. Tribut imposé à toute l'Isle. Désespoir des Indiens, & les suites qu'il eut. Le Roi & la Reine envoyent un Commissaire dans les Indes. Conduite de ce Commissaire. Toute la Colonie se déclare contre les Colombs. Conduite de l'Amiral à cette occasion. Il se dispose à passer en Espagne. Découverte des Mines de Saint Christophle. Départ de l'Amiral pour l'Espagne. Ce qui lui arrive à la Guadeloupe. Son arrivée en Espagne. Sa réception à la Cour. Reglement pour l'Etablissement des Indes, tant pour le spirituel que le temporel. Avis pernicieux de Colomb pour peupler les Indes. Les seuls Sujets de la Couronne de Castille ont droit d'aller aux Indes. L'Armement ordonné pour le troisiéme Voyage de Colomb se fait lentement. L'Amiral ordonne de placer ailleurs la Colonie d'Isabelle. Avanture d'un jeune Espagnol avec une Dame Indienne. Fondation de San-Domingo, Voyage de l'Adélantade à Xaragua. Limites de ce Royaume. Réception des Espagnols à Xaragua. Behechio se soumet au Tribut. Révolte de Guarionex. Prise de ce Cacique. L'Adélantade va recevoir le premier Tribut du Roi de Xaragua.

LIVRE TROISIE'ME.

Revolte de l'Alcaïde Major. Il fait soulever les Indiens. Entreprises hardies de ce Rebelle. Progrès de la Révolte. Entrevûë de Roldan avec D. Barthélemi sans succès. Celui-ci reçoit du secours d'Espagne. Fuite de Guarionex. L'Adélantade marche contre lui, & fait la guerre aux Ciguayos, chés qui il s'étoit retiré. Les Indiens sont défaits. Prise de Mayobanex. Belle action d'un Seigneur Indien. Supplice de Mayobanex. Ce qui avoit si fort retardé le troisiéme Voyage de l'Amiral. Il part d'Espagne. Il fait un grand détour, & pourquoi. Il découvre l'Isle de la Trinité. Il apperçoit la Terre Ferme sans la reconnoître pour telle. Froid extraordinaire que les Espagnols ressentent sous la Zone Torride. Imaginations de Colomb. Decouverte de la Pêche des Perles. Il arrive à San-Domingo. Progrès de la Révolte de l'Alcaïde Major. L'Alcaïde Major débauche plusieurs Espagnols nouvellement débarqués. L'Amiral essaye de les gagner. Negociation de Ballester avec Roldan, sans fruit. L'Amiral entre en défiance de Carvajal. Il ne laisse pas de se servir de lui pour négocier avec Roldan. Lettre de l'Amiral à Roldan. Quel en fut le succès. Embarras de l'Amiral. Déclaration de l'Amiral, portant amnistie pour les Rebelles. Il écrit aux Rois Catholiques toute la suite de cette affaire. Roldan écrit de son côté, & trouve de l'appui à la Cour. Entrevûë de Roldan avec l'Amiral, sans fruit. Carvajal conclut un accommodement avec les Rebelles. Nouveaux incidens qui le rompent. Nouvel accord conclu & executé. L'Amiral balance s'il n'ira pas en Espagne. Il rend compte aux Rois Catholiques de tout ce qui regarde les Séditieux. Origine des Départemens des Indiens. Ojeda & Amerique Vespuce partent pour les Indes. Infidelité d'Americ Vespuce. Succès de ce Voyage. Conduite d'Ojeda avec l'Amiral. Mouvement à Grenade contre les Colombs. La Reine s'irrite contre l'Amiral, & le dépose de la Vice-Royauté. Prétexte qu'on prend pour le rappeller. François de Bovadilla envoyé Gouverneur Général dans les Indes. Son arrivée à San-Domingo. Il force la Citadelle. Conduite de Colomb à cette nouvelle. Il se met à la discretion de Bovadilla, qui lui fait mettre les fers aux pieds, aussi bien qu'à son Frere D. Diegue. Il engage son Frere D. Barthelemi à se rendre Prisonnier. Conduite irréguliere du Commandeur. Chefs d'accusation contre les Prisonniers. Les Réponses de l'Amiral. Bovadilla se résout à l'envoyer en Espagne. L'Amiral arrive en Espagne. Réception de l'Amiral à la Cour. Audience particuliere obtenuë de la Reine par l'Amiral, & ce qui s'y passe. Nouvelle proposition de l'Amiral à la Reine. Conduite de Bovadilla dans son Gouvernement. Il rend les Insulaires esclaves. Grain d'Or extraordire. Bovadilla révoqué, Ovando envoye à sa place; son

caractere. On change beaucoup d'Habitans de l'Isle Espagnole. Instructions données à Ovando. Attention de la Cour pour la conversion des Indiens. Ovando arrive à l'Isle Espagnole. Sa conduite à l'égard de tout le monde. Le travail des Mines cesse entierement. Reglement pour les nouvelles Villes. Lettres de Ferdinand à l'Amiral. Il part de Cadix. Il n'est pas reçu à l'Isle Espagnole, & pourquoi. Naufrage de la Flotte. Le plus petit Navire, où étoit tout le bien de l'Amiral, se sauve. Découverte de Rodrigue de Bastidas dans le Continent. Second Voyage d'Americ Vespuce avec Ojeda. La Ville de San-Domingo renversée par l'Ouragan. On oblige les Indiens à travailler aux Mines en les payant. Ovando songe à établir Puerto di Plata. Action cruelle d'un Espagnol. La Province de Higuey prend les armes. Belle action d'un Indien, qui se bat contre deux Espagnols. Les Indiens sont défaits, & on leur donne la Paix. San-Domingo rebâti dans une situation moins avantageuse. Situation de cette Ville. Son Port. Qualités de son Terroir, & de son Climat. Maladies ausquelles on y est sujet. Mines dans la Ville; Pluyes abondantes.

LIVRE QUATRIEME.

Nouveaux Ordres donnés au Grand Commandeur, conformes à ce qu'il avoit représenté. Les Départemens d'Indiens établis. Bonnes qualités d'Ovando. Mesures que prend la Cour pour policer les Indiens. Etat où se trouvoit alors la Province de Xaragua. Ovando s'y transporte. La réception qu'on lui fait. Il se persuade que la Reine de Xaragua a formé de mauvais desseins contre les Espagnols. De quelle maniere Ovando se rend Maître de la Reine de Xaragua, & ce qu'elle devint. Horrible massacre des Habitans de Xaragua. Révolte de quelques Provinces assoupie sur le champ. Etat de l'Isle Espagnole en 1504. Nouvelles Découvertes de Christophle Colomb. Il découvre la Province de Honduras. Il prend le change, & manque la Découverte du Mexique. Il découvre Portobelo, & plusieurs autres Ports. Il songe à s'en retour-

ner en Espagne. Il essuye une rude Tempête. Pompe d'eau, ou Trompe Marine. Il entre dans la Riviere de Bethléem, puis dans celle de Veragua. Montagnes de Saint Christophle. Mines d'Urira. Bourgade bâtie sur le Veragua, & brûlée par les Indiens. Colomb arrive à la Jamaïque. Précaution qu'il prend pour ne point s'attirer les Insulaires. Un Espagnol & un Genois entreprennent de traverser en Canot à l'Isle Espagnole. Ils y arrivent après bien des risques. Embarras où se trouve l'Amiral. Soulevement contre lui. Les Séditieux se retirent. Ils font plusieurs tentatives pour passer à l'Isle Espagnole, mais sans fruit. Violences qu'ils exercent sur les Insulaires. Conduite toute opposée de l'Amiral. Stratagême dont il use pour avoir des vivres. Il reçoit des nouvelles de l'Isle Espagnole. Mauvaises manieres du Grand Commandeur à son égard. Il tente inutilement de se réünir avec les Porras. L'Adélantade les défait. Les Rebelles se soumettent. L'Amiral arrive à San-Domingo. Conduite haute du Gouverneur avec lui. Son arrivée en Espagne; il apprend la mort de la Reine. Caractere de cette Princesse. L'Amiral fait d'inutiles efforts pour être rétabli dans sa Charge de Vice-Roi. Apologue, dont il se sert pour fermer la bouche à ses envieux. On cherche à l'amuser, & il s'addresse au Roi Philippe d'Autriche. Mort de Colomb & son caractere. Ses défauts. Nouvelle Révolte dans le Higuey. Esquibel marche contre les Indiens. Effets du désespoir des Indiens. La prise du Cacique met fin à la Guerre. Les Indiens sont plus maltraittés que jamais. Richesses immenses, qui sortent de l'Isle Espagnole. Départemens donnés aux Seigneurs de la Cour. Entreprise odieuse du Grand Commandeur pour augmenter les revenus du Roi. Cannes de Sucre plantées dans l'Espagnole. Mine de Cuivre. Reglement pour les Mariages. Habitans des Lucayes transportés à l'Isle Espagnole, & avec quel succès. Violences commises en cette occasion. La Justice & les Finances sont ôtées aux Gouverneurs Generaux. D. Diegue Colomb épouse la Niéce du Duc d'Albe, & rentre dans ses droits sur le Gouvernement des Indes. La Charge de Vice-Roi est supprimée. Causes du rappel d'Ovando. Ce qu'on pensa d'Ovando à son rappel. Départ de l'Amiral, & son arrivée à San-Domingo. Il se broüille d'abord avec le Ministre. La Colonie de l'Espagnole prend une nouvelle face. Ouragans, & leurs ef-

fets. Sources de la décadence de l'Isle Espagnole. Etablissement dans l'Isle des Perles. Il dure peu, & quelles en furent les suites. Description de Portoric. Ponce de Leon passe dans cette Isle, & y trouve des Mines d'Or. Il est fait Gouverneur de l'Isle. Révolte des Indiens de Portoric. Comment ils s'assurent que les Espagnols ne sont pas immortels. Plusieurs Espagnols sont massacrés. Histoire d'un Chien fameux. Ce qui porte les Indiens à se soumettre. Etablissement dans la Jamaïque, dans la Castille d'Or, & dans la nouvelle Andalousie. Mécontentemens donnés à l'Amiral, & quelles en furent les sources. Sa conduite peu politique. L'Audience Royale établie à San-Domingo. Les Negres introduits dans l'Isle Espagnole. Arrivée des Peres Dominiquains. Leur zéle, & le succès qu'il eut. Avantures d'Ojeda. Sa mort & son caractere. Ce qui arriva à ses gens après son départ de Saint Sebastien. Rencontre d'Enciso & de Pizarre. Ils retournent tous ensemble à Saint Sebastien. Ils trouvent cette Ville brûlée: extrêmité où est réduite la Colonie Caractere de Vasco Nugnez de Balboa. De quelle maniere il passe en Terre Ferme. La Colonie passe de l'autre côté du Fleuve Darien. Fondation de Sainte Marie l'Ancienne du Darien. Enciso dépouillé du Commandement; forme du Gouvernement établi à Sainte Marie. La nouvelle Colonie accepte Nicuessa pour Gouverneur, & l'envoye chercher. Avantures de Nicuessa. Sa mauvaise conduite. Sa mort. On rejette ses malheurs, & ceux d'Ojeda sur l'Amiral. Le peu de fondement de cette accusation.

LIVRE CINQUIE'ME.

CRéation d'Evêchés dans l'Isle Espagnole. Les Insulaires presque entierement exterminés. Sermon d'un Pere Dominiquain, & les suites qu'il eut. On examine au Conseil la Cause des Indiens. Ordonnance en faveur des Indiens. Préparatifs pour la Conquête de Cuba. Préparatifs des Insulaires pour se défendre. Dieu des Espagnols selon les Indiens. Ils le jettent à la Mer, croyant se garantir par là de l'invasion des Castillans. Défaite & supplice d'un Cacique, & pourquoi il ne veut pas être baptisé à la mort. Toute l'Isle se

les

les Isles. Comment on fit mourir ces Insectes. Arrivée du nouvel Administrateur. Départ des PP. de Saint Jerôme. Las Casas sollicite l'envoy des Laboureurs dans les Isles. Il propose le Plan d'une Colonie. Entreprise hardie de Las Casas. Junte extraordinaire pour examiner la Cause des Indiens. Cri public contre la déliberation de la Junte. Las Casas répond à tout ce qu'on lui objecte d'une maniere à contenter tout le monde. Il obtient tout ce qu'il souhaite. Ce qui se passe entre l'Evêque de Darien & Las Casas. La Cause des Indiens est discutée en présence du Roi. Discours de l'Evêque du Darien. Réponse de Las Casas. Discours d'un Pere Francisquain. Sentiment de l'Amiral. On ne conclut rien, & pourquoi. Etat florissant de l'Isle de Cuba. Velasquez s'y rend indépendant de l'Amiral. Découverte de l'Yucatan. Pointe ou Cap de Cotoche. Ce qui se passe à Campeche ; & à Potonchan. Retour de Fernandez à l'Isle de Cuba. Velasquez fait un nouvel Armement pour continuer les découvertes. Caractere de Grijalva. Son départ. Il arrive à l'Isle de Cozumel. Culte de la Croix dans l'Yucatan, & son origine. Grijalva est blessé à Potonchan, & découvre la nouvelle Espagne. Il entre dans la Riviere de Tabasco; étonnement des Indiens. Grijalva prend possession du Pays, & propose aux Habitans de se soumettre au Roi d'Espagne. Réponse des Indiens. Entrevûë du General & du Cacique de Tabasco. Pourquoi Grijalva ne fait point d'Etablissement dans ce lieu-là. Premiere connoissance de Motezuma. Grijalva envoye demander de nouveaux ordres à Velasquez, qui s'emporte mal-à-propos contre lui. Grijalva continuë la découverte de la nouvelle Espagne. Il retourne à l'Isle de Cuba : réception que lui fait Velasquez. Fernand Cortez nommé Capitaine General de la Flotte destinée à la Conquête de la nouvelle Espagne. Quel il étoit. Ses Avantures. Son Caractere. Velasquez obtient plusieurs graces de la Cour. Ses disgraces. Conduite de Cortez à son égard. Velasquez tâche en vain d'ôter à Cortez le Commandemect de la Flotte. Cortez se hâte de partir. Etat de la Flotte. Elle met à la voile. Velasquez manque un Navire de Cortez, qui alloit en Espagne. Conseil établi dans l'armée. Cortez se démet entre ses mains du Generalat. Le Conseil le choisit de nouveau pour Capitaine General. Fondation de la Vera-Cruz. Cortez reçoit du secours, & apprend des nouvelles de Cuba, &

envoïe des dépêches en Cour. Velasquez fait un grand Armement contre Cortez, & le confie à Narvaez.

LIVRE SIXIE'ME.

CAcique Chrétien, nommé Henry, donné en commande. Le Cacique Henry est maltraité par son Maître. Il n'en peut avoir justice. Il se retire & forme un parti, avec lequel il se cantonne dans les Montagnes de Baoruco. Les Espagnols sont defaits en plusieurs rencontres. Il discipline ses Troupes, & se tient sur la defensive. Sa moderation dans ses Victoires. Sa vigilance, & de quelle maniere il gouverne sa République; ses mesures pour mettre sa personne en sureté. La terreur de son nom se répand partout, & les effets qu'elle produit. Un P. Francisquain va traitter avec le Cacique. De quelle maniere il est reçû des Indiens. Ce qui se passe entre lui & le Cacique. Il n'obtient rien: extrêmité où la Colonie se trouve réduite. Voyage & Avanture d'un Navire Anglois. Etat de l'Isle Espagnole en cette année; & de l'Isle de Cuba. L'Amiral retourne aux Indes: mauvaise conduite de Figueroa. Nouveaux Reglemens. Conduite de l'Amiral à son arrivée. Expédition de Luc Vasquez d'Aillon dans la Floride. Quel en fut le succès. Las Casas repasse aux Indes. Deux Dominiquains massacrés à la Cote de Cumana. Embarras de Las Casas. Il s'oppose en vain à une expédition contre les Indiens de Cumana. Succès de cette expédition. Difficultés qu'on fait à Las Casas pour son entreprise. Il entre en accommodement avec l'Audience Royale. Il retourne à l'Isle Espagnole, & pourquoi. Les Indiens pendant son absence attaquent la nouvelle Tolede. Les Espagnols sont obligés de se sauver. Mort de Soto. L'Isle de Cubagua évacuée. De quelle maniere Las Casas apprend cette Révolution. Il se fait Dominiquain. Les Indiens de Cumana sont punis & soumis. Les Negres se multiplient dans l'Isle Espagnole. Ils se révoltent. Ils sont défaits & punis. Mauvais service rendu à l'Amiral par Passamonté. Il est rappellé en Espagne, & fait connoître son innocence. Nouveaux Reglemens pour les Indiens. Balboa s'empare de toute l'authorité dans la Province du Darien. Il envoye demander du se-

cours à l'Amiral. Il fait la guerre aux Indiens avec succès. Premiers indices de la Mer du Sud, & du Perou. Balboa reçoit de fâcheuses nouvelles de Castille. Il découvre la Mer du Sud. Il en prend possession. Il retourne à Sainte Marie. D. Pedrarias Davila, Gouverneur de la Province du Darien. Son arrivée à Sainte Marie. Sa réception. Il fait faire le Procès à Balboa. Sa mauvaise foi en écrivant au Roi. Etat où se trouve la Colonie. Balboa est nommé Adélantade de la Mer du Sud. Pedrarias lui fait couper la tête. Cruautés exercées par Predarias dans la Castille d'Or. Sainte Marie l'Ancienne transportée à Panama. Il songe tout de bon à la découverte du Perou. Association entre Pizarre, Almagro, & Fernand de Luques, pour la Conquête du Perou. Etablissement de l'Isle Marguerite & de Sainte Marthe. Mort de Passamonté, & de l'Amiral D. Diegue. Etat de sa famille. L'Isle Espagnole se dépeuple. Audience Royale du Mexique, district de celle de San-Domingo. Union des deux Evêchés de l'Isle Espagnole. Nouvel Evêque de San-Domingo: sa conduite. On tache inutilement de gagner les Indiens révoltés. On ne réussit pas mieux par la force. Nouvelles tentatives pour surprendre le Cacique. On entre en accommodement. Ce qui le fait rompre. Colonie envoyée dans le Venezuela. La Ville de Coro batie par Jean d'Ampués. L'Empereur cede cette Province à des Allemands. Conditions de part & d'autre. Divers Reglemens. Arrivée des Allemands à Coro. Leur mauvaise conduite & leur cruauté. Mort du Commandant, & dissipation de la Troupe. Un Gouverneur Espagnol envoyé dans cette Province y commet de grands excès. On examine de nouveau l'affaire de la liberté des Indiens. Délibération prise sur cela, sans effet. Abus, qui s'étoient glissés parmi les Navigateurs Espagnols dans les Indes. Embarras du President. Remede qu'il propose pour corriger ces abus. Réponse aux objections contre ce projet. Il est sans effet. Nouvelles Mines découvertes. La Guerre recommence avec les Indiens. Un Commissaire arrive de la part de l'Empereur pour la finir. On délibere sur le parti qu'on doit prendre. Quel fut le résultat de cette délibération. Marche de Barrio Nuevo pour chercher le Cacique. Courage de ce General à surmonter de grandes difficultés. Il découvre le lieu de la retraite du Cacique. Le Cacique envoye lui faire un compliment. Il arrive chés le Cacique,

Son Discours au Cacique. La Réponse du Cacique. Conditions du Traité. Il est ratifié par les Indiens. Accident, qui pense rallumer la guerre; défiances du Cacique, & surquoi elles étoient fondées. Elles sont levées, & la paix publiée. Le Pere de Las Casas va trouver le Cacique. Ses Travaux Apostoliques parmi les Indiens. Nouvel Etablissement du côté de Monte Christo. D. Henry va à San-Domingo. De quelle maniere le Traitté fait avec lui est exécuté. Décadence de la Colonie Espagnole. L'Audience Royale fait monter la Monnoye, & l'Empereur le trouve mauvais. D. Loüis Colomb passe à l'Espagnole en qualité de Capitaine General. Extinction de cette Famille. San-Domingo érigé en Métropole. Quelle fut l'occasion, qui engagea Las Casas à écrire son Livre de la Tyrannie des Espagnols. Grand Commerce de l'Isle Espagnole. Prise de San-Domingo. Le Commerce défendu avec les Etrangers aux Habitans de l'Isle Espagnole. Déperissement entier de la Colonie.

Fin de la Table des Sommaires.

HISTOIRE

A. humblot invenit. Mathey fecit

HISTOIRE
DE
L'ISLE ESPAGNOLE
OU DE
S. DOMINGUE.

PREMIERE PARTIE.

LIVRE PREMIER.

DANS cette partie de la mer du Nord qui est renfermée entre les 8. & les 28. degrés d'élevation de Pole, & s'étend en longitude depuis les 293. jusqu'aux 316. degrés, on trouve une quantité prodigieuse d'Isles de toutes grandeurs, qui portent communément le nom d'Antilles, & forment le plus nombreux Archipel, que nous connoissions dans l'Ocean. On les divise

Division des Antilles.

Origine du nom d'Antilles

Le nom d'Antilles, que porte cet Archipel, a exercé plu[s] d'un écrivain. Le Ministre Rochefort le fait venir de la particule grecque ~~ante~~ <u>ἀντι</u> et le P. du Tertre de la latine <u>ante</u>, comme qui diroit, selon le premier, îles opposées au continent, et suivant le second, îles que l'on rencontre avan[t] que d'arriver à la terre ferme. Antoine Herrera. —

quelquefois en grandes & petites Antilles : le nombre des grandes se reduit à cinq, qui sont, la Trinité, S. Jean de Portoric, l'Espagnole, ou S. Domingue, Cuba, & la Jamaïque. Celui des petites est infini. Les vents, qui dans ces mers souflent presque toûjours de la partie de l'Est, ont donné lieu à une autre division, qui est beaucoup plus en usage, sur tout parmi les Espagnols, quoiqu'on ne soit pas bien d'accord sur le partage. Selon cette division, les Isles, qui sont plus à l'Orient, se nomment les Isles du vent, & les autres, les Isles de dessous le vent. Ou pour me servir des termes Castillans à l'exemple de tous nos anciens auteurs ; celles-ci sont les Isles de *Sotto vento*, & les autres, les Isles de *Barlo vento*. Quelques anciennes cartes ne comprennent sous le nom des premieres que celles, dont est composée une chaîne de petites Isles qui sont fort prés de la terre ferme entre l'embouchure du grand fleuve Orénoque, & l'entrée du lac Maracaïbo, & du nombre desquelles sont Cubagua, autrefois l'Isle des perles, & Curaçao ou Coraçol ; mais aujourd'hui il paroît que les Isles de *Sotto vento* commencent à l'Isle de Sainte Croix, & que toutes celles, qui sont à son Orient & à son Midy, passent sous le nom de *Barlo vento*. On auroit, ce semble, été mieux fondé à diviser les Antilles suivant le caractere de leurs habitans naturels, dont les uns étoient les Caraïbes, ou Cannibales, peuple feroce & antropophage ; & les autres, qui n'avoient point de nom particulier, étoient extrêmement doux & pacifiques, & avoient en horreur l'usage de manger la chair humaine. Cette difference partageoit naturellement ce grand Archipel en deux portions assés égales ; mais la chose ne merite pas qu'on s'y arrête plus long-tems.

Origine de ce nom.

Le nom d'Antille, que j'ai dit être general à toutes ces Isles, a exercé plus d'un écrivain, & donné lieu à bien des fables. Le Ministre Rochefort le fait venir de la particule Grecque *ἀντὶ*, le P. du Tertre de la Latine *ante*. Comme qui diroit, selon le premier, Isles opposées au Continent, & selon le second, Isles, qu'on rencontre avant que d'arriver

~~à la terre ferme.~~ Antoine Herrera, un des plus exacts & des plus judicieux écrivains, qui ayent parlé du nouveau monde, croit avec plus de fondement que ce nom a été donné aux premieres Isles, qu'on a découvertes dans l'Amérique, à cause d'une Isle imaginaire, qui se trouvoit marquée sur d'anciennes cartes sous ce même nom, & qui le devoit peut-être à la fameuse Thulé des Poëtes. Les Géographes Portugais plaçoient l'Antille environ à deux cens lieuës des Açores vers l'Occident, & ils l'appelloient encore l'Isle des sept villes. Ce qu'il y a eu de plus facheux, c'est qu'un assés grand nombre de particuliers de cette nation, & peut-être aussi quelques Castillans se sont ruinés, ou ont peri en cherchant cette Isle. Ce qui les engageoit dans cette recherche étoit une vieille tradition populaire, que dans le têms de l'invasion des Espagnes par les Maures sept Evêques s'étoient embarqués avec quantité de Chrétiens pour fuir la persécution des Mahometans, & qu'après avoir long-têms erré au gré des ondes & des vents, ils avoient pris terre dans un port de l'Antille, qu'ils s'y étoient établis, après avoir mis le feu à leurs navires, & que chaque Evêque y avoit bati une ville. Des auteurs Portugais ajoûtent que vers le milieu du quinziéme siecle, dans le têms que l'Infant D. Henry Comte de Viseo mettoit toute sa nation en mouvement pour chercher un nouveau chemin aux Indes, un navire de Portugal fut jetté par la tempête sur les côtes de l'Antille, que le Comte de Viseo l'ayant sçu, voulut y renvoyer le Pilote, mais que celui-ci n'osant entreprendre un si long voyage, d'autant plus qu'il n'avoit pas observé fort exactement la route qu'il avoit tenuë à son retour en Portugal, & craignant qu'on ne le fit embarquer malgré lui, sortit du royaume. Cependant quelques fabuleux que ces recits ayent paru à Herrera, cet auteur n'a pas laissé de croire, & il a cru sans doute avec fondement, que le nom de l'Antille imaginaire avoit été donné aux Isles, que Christophle Colomb découvrit, par la raison qu'elles se trouvoient situées à peu près au même endroit, où celle-là avoit été placée par les Géographes.

Isle Espagnole & ses differens noms.

Quoi qu'il en soit parmi toutes les Antilles une seule attira d'abord, & fixa même assés long-têms presque toute l'attention des Espagnols, & c'est celle, dont j'ai entrepris d'écrire l'histoire. Elle n'est pas la plus grande, mais elle est sans contredit la plus riche de toutes: nulle autre ne pouvoit mettre les premiers conquérans de l'Amérique en état de s'établir solidement au delà des mers, & l'on peut dire qu'elle a enfanté toutes les Colonies Espagnoles du nouveau monde. Ses premiers habitans la nommoient *Quisqueia* & *Haïti*. Le premier de ces deux noms signifie une grande terre, & le second, une terre montagneuse, mais elle a perdu l'un & l'autre en changeant de maîtres. Si l'on en croit Dom Pierre Martyr d'Anglerie, cette Isle fut d'abord peuplée par des Sauvages venus de la Martinique, autrement dite *Matinino*, lesquels surpris de sa grandeur, crurent que c'étoit la plus grande terre du monde, & la nommerent *Quisqueia*, du mot *Quisquey*, qui en leur langue signifioit, *Tout*: puis ayant aperçu de longues chaînes de montagnes, qui occupent presque tout le milieu de l'Isle, & dont plusieurs la traversent d'un bout à l'autre, ils l'apellerent *Haïti*, c'est-à-dire, pays rude & montueux. Enfin comme parmi ces montagnes ils en eurent vû d'assés semblables à celles de leur Isle, dont le nom dans leur langue naturelle, étoit *Cipangi*, ils lui donnerent celui de *Cipanga*. Mais je crois devoir avertir ici, que j'ai trouvé quelquefois Pierre Martyr d'Anglerie peu exact dans ce qu'il a ecrit du nouveau monde. Son histoire n'est qu'une suite de lettres qu'il écrivoit à differentes personnes, & il paroît qu'il les écrivoit sur les premiers bruits, qui couroient à la Cour d'Espagne, où il étoit dans le têms des découvertes de Christophle Colomb.

Sa situation & son étenduë.

Au reste il est surprenant qu'on soit encore aujourd'hui si peu d'accord sur la situation d'une Isle, que toutes les nations de l'Europe ont fréquentée depuis deux siecles plus qu'aucune autre de l'Amérique. Un Missionaire, qui y travaille depuis vingt-cinq ans, & qui a eu un très-grand soin d'observer toutes les Eclipses, prétend avoir toûjours constam-

Le P. Pierre Boutin Jesuite.

ment trouvé 4. heures 43'. & 51". de difference entre le meridien de l'Observatoire de Paris & celui du Cap François; d'où il s'ensuivroit que ce Port est au 308e. degré de longitude. D'un autre côté suivant l'observation, que le P. Feuillée a faite à la Caye S. Loüis des Satellites de Jupiter, ce Port est au 304. degré, & la difference de longitude entre la Caye S. Loüis & le Cap François n'est selon M. Frezier que d'un degré & environ 55. minutes. Pour ce qui regarde la latitude, il paroit certain que la pointe de S. Loüis auprès du Port de Paix, qui est l'endroit de l'Isle le plus Septentrionnal, est par les 20. degrés deux ou trois minutes d'élévation de Pole, sur quoi il faut réformer les Cartes Hollandoises, dont l'erreur en ce point a été cause de plusieurs naufrages sur le Mouchoir quarré, écueil, dont nous parlerons bientôt. Quant à son étenduë, sa longueur est d'environ 160. lieuës du Levant au Couchant; sa largeur moyenne du Nord au Sud est estimée de trente, & elle en a environ 350. de circuit; ceux qui lui en donnent 600. font le tour des anses.

Ses environs.

La situation de cette Isle par raport aux autres Antilles ne pouvoit être plus avantageuse, elle en est presque environnée, & l'on diroit qu'elle a été placée au centre de ce grand Archipel pour lui donner la loi. Les trois autres grandes Antilles de *Sottovento* paroissent sur tout disposées de maniere à faire sentir sa superiorité, & leur dépendance; car elle a comme trois pointes avancées, à chacune desquelles répond une de ces trois Isles. Le Cap Tiburon, qui la termine au Sud-Ouest, n'est qu'à 30. lieuës de la Jamaïque: entre celui de l'Espade, qui est sa pointe Orientale, & Portoric, il n'y en a que 18. & 12. seulement du Cap ou Mole S. Nicolas, qui regarde le Nord-Ouest, à l'Isle de Cuba. Outre cela on trouve autour de l'Espagnole plusieurs petites Isles, qui en sont comme des annexes, & dont elle peut encore tirer de grands avantages. Les plus considerables sont la Saona, la Beata, Sainte Catherine, Altavela, l'Isle à Vaches, la Gonave & la Tortuë; sans compter la Navazza & la Mona, dont la premiere est à dix lieuës du

(Beata

Cap Tiburon vers la Jamaïque, & la seconde à moitié chemin du Cap de l'Espade à l'Isle de Portoric.

Recifs

Mais la nature n'a pas moins pourvû à la fureté de notre Isle, qu'à sa dignité & à sa commodité. On voit tout au tour quantité de rochers qui en rendent l'abord assés difficile; la bande du Nord est sur tout bordée d'écueils & de petites Isles fort basses, entre lesquelles il n'y auroit pas de prudence à s'engager, avant que de les avoir bien connuës. On a cru longtêms que celui de ces écueils, que les Espagnols nomment *Abrojo*, & les François le Mouchoir quarré, étoit le plus reculé de tous à l'Orient; mais aux dépens d'un assés grand nombre de navires, on a reconnu qu'il y avoit encore d'autres brisans au Sud-Est, ce qui joint aux observations sur lesquelles on a reculé l'Isle de 20. minutes vers le Sud, en a rendu l'atterrage beaucoup plus sûr. A l'Ouest du Mouchoir quarré, & presque sur la même ligne sont tout de suite plusieurs grouppes de petites Isles assés basses, entre lesquelles il n'y a de passage que pour des chaloupes, & quelquefois même pour des canots. Les unes sont nommées Isles Turques, & les autres sont connuës sous le nom de Caïques. Mais elles ne sont pas toutes aussi inhabitables, qu'on le croit communément, & il y en a même dont les côtes sont fort saines, du moins en quelques endroits. J'en ai rangé une tout un jour de fort près sur un navire de 400. tonneaux, & elle me parut avoir en plusieurs endroits des terres assés élevées, & d'une bonne nature. Les Isles Turques, qui sont les plus Orientales, portent encore le nom d'*Amanas*, & elles ont des salines naturelles, dont les Anglois de la Bermude & de la Jamaïque tirent un grand profit.

Observations sur les côtes de l'Isle Espagnole & sur les marées.

Les Lucayes sont après les Caïques, & il n'y a entre les unes & les autres, qu'un débouquement assés étroit. C'est le passage de tous les navires, qui sortent du Cap François pour retourner en France. Les plus Occidentales des Lucayes ne sont séparées de la Floride, que par un canal, qui n'a nulle part plus de 20. lieuës de largeur, & auquel l'Isle de *Bahama* la derniere de toutes a donné son nom. Ces Isles sont aujourd'hui inhabitées, si l'on en excepte celle de la Providence, où les Anglois ont un assés petit établissement. La plûpart même n'ont jamais eu d'habitans fixes, & sont peu fertiles; mais on y voit une quantité prodigieuse de gibier à plumes; leurs côtes sont aussi beaucoup plus poissonneuses que celles des grandes Isles, celles de la nôtre sur tout, le sont très-peu, si ce n'est aux embouchures des rivieres, & par tout où monte la marée, c'est-à dire, l'espace d'un quart de lieuë au plus. Sur quoi il est bon d'observer en passant que le flux ne monte jamais en aucun endroit des Antilles plus haut de trois pieds.

A juger du climat de cette Isle par sa situation, on pourroit croire que les chaleurs y sont excessives pendant les six mois de l'année, que le Soleil demeure entre la ligne équinoctiale & notre Tropique; & cela seroit sans doute, sans un vent d'Orient, que l'on appelle Brise, aparemment parce qu'il brise les rayons perpendiculaires du Soleil, & en ralentit la grande ardeur. On le nomme aussi vent Alisé du vieux mot François *Alis*, qui vouloit dire, uni. Effectivement il n'est point de vent plus égal, ni qui souffle plus unimént que celui-là. Cette étymologie est si naturelle, qu'il est étonnant qu'on ne s'en soit point encore avisé. Mais de tous ceux, qui ont entrepris d'expliquer la nature de ce vent, personne à mon avis n'a mieux rencontré que le P. Joseph de Acosta Jesuite dans son Histoire naturelle & morale des Indes. Cet auteur commence par observer qu'un effet permanent, universel & qui n'est point accidentel, doit avoir une cause, qui soit permanente, universelle, & naturelle. Or, ajoûte-t-il, la Brise regne toûjours dans la Zone torride, aux endroits, où la mer est assés large, pour donner aux vents la liberté de soufler: voilà un effet permanent, universel, & qui n'est point accidentel; il a donc une cause permanente, universelle, & qui lui est propre; cette cause n'est autre, selon lui, que le mouvement diurne, qui agite les globes celestes d'Orient en Occident; & ce mouvement il l'attribuë au premier mobile; mais il

De la Brise.

ne faut pas incidenter ſur ce ſentiment, qui ne fait rien au fonds du ſyſtême, que cet auteur apuye ſur ces deux principes.

Le premier, que le mouvement, dont il s'agit, paſſe juſqu'aux élémens, tandis qu'il ne trouve pas une réſiſtance capable de l'arrêter, telle qu'il la rencontre dans le globe de la terre. Il ne la trouve certainement pas dans la region ſuperieure de l'air, qui ſuit ſon impreſſion, ce qui eſt démontré par les Cometes; à plus forte raiſon ne la trouve-t-il pas dans les élémens ſuperieurs, qui ſont encore plus aiſés à mouvoir. Le ſecond principe du P. de Acoſta eſt que ce mouvement diurne doit être plus rapide ſous la ligne Equinoxiale, que par tout ailleurs, & s'affoiblir à meſure qu'il s'en éloigne, puiſque ſon centre eſt directement ſous cette ligne. Or tout cela eſt parfaitement conforme à l'expérience, & à la bonne Phyſique, y ayant, dans les opinions mêmes, qui ne mettent point la terre au centre du monde, une difference, qui n'eſt pas aſſés grande, pour former ſur cela une difficulté conſiderable. Paſſé le Tropique ce mouvement de circulation n'eſt preſque plus ſenſible dans la region de l'air, que nous habitons, & alors les vapeurs de la terre, que la Briſe avoit entraînées avec elle, heurtant contre celles, que le Soleil attire ſous des climats plus froids, & dont le ſeul mouvement ſenſible eſt celui, que leur donne cet aſtre en les attirant, y trouvent une réſiſtance, qui les refléchit, auſſibien que l'air, qui les entraîne, comme il arrive en mer, quand deux courans opposés ſe rencontrent & ſe choquent. Et voilà pourquoi entre les 26. & les 36. degrés de latitude les vents ſouflent pour l'ordinaire de la partie de l'Oueſt; moins reguliérement néanmoins que la Briſe entre les Tropiques, parce qu'ils n'ont pas une cauſe auſſi forte, ni qui leur ſoit auſſi propre. Ils ſont auſſi bien plus ſujets à devenir orageux, parce que ſous ces climats l'air eſt beaucoup plus ſuſceptible de tous les divers mouvemens, que peuvent produire les cauſes accidentelles. Enſuite plus on aproche des Poles, & moins il y a de regles certaines pour les vents; auſſi

auſſi voit-on qu'ils y ſont très-variables, ſoit ſur terre, ſoit ſur mer. Il y a même des pays entre les Tropiques, où ces variations ſe font ſentir; mais on en voit d'abord la raiſon, c'eſt que la mer y eſt moins libre, car il ne faut qu'une terre un peu haute, ou une chaîne de montagnes, pour replier la Briſe ſur elle-même & en faire un vent d'Oueſt, ou bien la détourner vers le Nord, ou vers le Sud.

Il faut cependant convenir que ſi la Briſe n'avoit point d'autre cauſe, que celle, dont je viens de parler, elle n'auroit pas autant de force, qu'elle en a: mais il n'y a point de doute qu'elle ne ſoit aidée par la chaleur du Soleil, qui venant à paroître ſur l'horiſon, raréfie l'air & l'oblige de fluer vers l'Occident, où il en rencontre un, que la fraicheur de la nuit y a condenſé. Et voilà en même têms de quoi répondre à ceux, qui objecteroient contre l'opinion du P. de Acoſta la diſcontinuation d'un vent cauſé par un mouvement continuel & de ſoi toûjours égal; car on leur dira, ce mouvement n'eſt pas aſſés ſenſible par lui-même pour produire ces fortes Briſes, que nous ſentons, & quand l'attraction du Soleil, qui le fortifioit, vient à ceſſer, il n'eſt pas en état de réſiſter à pluſieurs cauſes accidentelles, qui le détruiſent. Les petites variations, qui s'y remarquent, comme par exemple, qu'il prend tantôt un peu du Nord, & tantôt un peu du Sud, s'expliqueront aiſément par les principes, que je viens de poſer. Je reviens à notre Iſle.

Le vent d'Orient ne ſe fait gueres ſentir ſur ſes côtes, que vers les neuf ou dix heures du matin, parce que juſques-là l'air n'eſt pas ſuffiſamment dilaté par la chaleur du Soleil, pour produire un mouvement ſenſible. Auſſi les matinées y ſont-elles fort peſantes, quand la Briſe tarde un peu trop. Elle croît à meſure que le Soleil monte ſur l'horiſon, & décroît à meſure qu'il deſcend: elle tombe enfin tout-à-fait avec lui, mais le long des terres ſeulement, & non en pleine mer. Or voici la raiſon de cette difference. Après le coucher du Soleil l'air de la mer ſe condenſe plûtôt que celui de la terre, qui demeure plus long-têms raréfié à cauſe des exhalaiſons chaudes, que la terre échauffée produit continuellement. D'où il arrive que l'air de terre refluë néceſſairement ſur celui de mer, & c'eſt ce qu'on appelle ordinairement vent de terre. Il ſe fait ſentir la nuit, & continuë juſqu'à ce que l'air de la mer commençant à ſe rarefier par la chaleur du Soleil, refluë à ſon tour vers la terre, où l'air s'eſt enfin condenſé par la fraicheur de la nuit, ce qui forme un petit vent preſque inſenſible, dont bien des gens ne s'apperçoivent pas, lequel ſoufle de la mer vers la terre une heure ou deux avant le lever de la Briſe. La nature de ce vent ainſi developpée, on explique aiſément tous ſes effets. Par exemple, pourquoi dans l'Amérique il eſt plus fort en Eté qu'en Hyver, & ſous la Canicule, que ſous toute autre conſtellation. C'eſt qu'alors le Soleil agit avec plus de force ſur l'air: en quoi l'on ne peut ſe laſſer d'admirer la ſageſſe & la bonté du Créateur, d'avoir fait ſervir les plus grandes ardeurs du Soleil au rafraichiſſement de l'air dans les pays, où il en eſt plus embraſé.

Des Pluyes.

Les pluyes contribuent auſſi beaucoup à temperer le climat de notre Iſle. Elles y ſont fréquentes, ſur tout dans les plus grandes chaleurs, & l'on a obſervé que dans la plûpart des pays renfermés ſous la Zone torride, les pluyes augmentent à meſure, que le Soleil avance vers le Zenith. Quelques perſonnes ont prétendu qu'il y a des ſemaines, pendant leſquelles il tombe autant de poulces cubiques de pluye dans la ſeule Iſle, qui fait le ſujet de cet Ouvrage, qu'il en tombe en toute une année à Paris, ce que M. Mariot fait monter à 18. l'un portant l'autre. Mais ces pluyes ſi abondantes en rafraichiſſant l'air cauſent une humidité, qui produit de facheux effets. La viande s'y conſerve à peine 24. heures ſans ſe corrompre; il y faut enterrer les morts peu d'heures après qu'ils ont expiré; la plûpart des fruits murs ſe pourriſſent, dès qu'ils ſont ceüillis, & ceux même, qu'on ceüille avant leur maturité, ne durent pas long-têms ſans ſe gater; le pain, s'il n'eſt fait comme du biſcuit, ſe moiſit en deux ou trois jours; les vins ordinaires

Variété des climats dans cette île, et ses causes.

rité des choses, qui surprend davantage dans cette île, e
la variété des climats, qu'on y remarque; souvent d'une lieue
l'autre on ne se reconnoit ~~plus~~ plus. vents, terroir, arbres, plan
tout est différent; de deux cantons, qui se touchent, l'un est con
nuellement inondé de pluyes pendant six mois, et l'autre n'e
a presque jamais. c'est le vent, qui est la cause ~~diff~~ princi pa
de ces différences: car quoi que le vent d'orient domine ent
les Tropiques, lors qu'il change de nature par les obstacles,
qu'il rencontre, il produit la secheresse ou la pluye, suiva
la direction, qu'il reçoit. sur les côtes du nord et du sud il sou
plus rarement de son état naturel; mais à la côte de l'oue
la brise tombe à six heures du soir, et ne recommence
souffler, que vers les neuf ou dix heures du matin, parce que
l'air jusques là n'est pas suffisamment dilaté par la cha
du soleil pour produire un mouvement sensible, ce qui re
les matinées fort pesantes, lors qu'elle tarde trop à se lever.

Elle croît à mesure que le soleil s'élève sur l'horizo
et diminuë à proportion qu'il descend, et cesse pour
l'ordinaire entierement après son coucher, mais le lon
des côtes seulement, et en voici la raison : après que le
soleil a disparu, l'air de la mer se condense plutôt q
celui de la terre, qui demeure plus longtems raréfié à
cause des exhalaisons, que cet Astre y a embrasées,
d'où il arrive qu'il reflüe necessairement vers la Mer
où l'air est condensé ; et c'est ce qui produit toute la
nuit ce qu'on appelle le vent de terre, lequel s'élev
toutes les nuits ; mais ~~qui~~ n'est bien sensible qu'à tro
ou quatre lieües au large. il continuë jusqu'à sept
huit heures du matin, que l'air de la mer commence
à se raréfier de nouveau, reflüe à son tour vers la
Terre, où l'air s'est condensé par la fraîcheur de la
nuit ; ce qui forme un petit vent presque insensible
dont bien des gens ne s'apperçoivent pas, et qui souf
de la mer vers la terre une heure ou deux avant
lever de la Brise.

Ce vent viendroit toujours précisément de l'Est, s
s'il n'avoit pour principe que le mouvement de la
Terre, ou le premier mobile ; mais comme d'aut
causes peuvent y concourir, et que le soleil en particuli
contribuë à le former par sa chaleur, il arrive souv
qu'il varie au Sud-Est et au Nord-Est, selon que le
soleil est proche de l'un, ou de l'autre Tropique, ou
selon le gisement des Terres. quant au vent de terre
tandis qu'il souffle au large, partout ailleurs il
regne un calme profond. plus il est grand, plus les
nuits sont fraiches et les rosées abondantes. c'est l'effe
de l'équilibre de l'air, qui dure plus longtems dans
l'interieur de l'isle, où l'air est en général plus
temperé que dans les provinces maritimes.

12

des Saisons

C'est par les reflexions diverses de cette Brise, que quelqu des nuages, qu'on croit devoir apporter une pluye abondan s'arrêtent tout court, et qu'il s'en détache seulement q quefois de petites vapeurs, qui répandent quelques gouttes et se dissipent d'abord. il est moins surprenant qu'en Eté alternatives de pluyes et de secheresse se fassent sentir en les côtes du nord et celles du sud, quoique leur distance de l'une à l'autre soit assez peu considerable en quelques endroits; parce qu'alors la brise est plus forte, et que le so étant plus perpendiculaire, l'air est plus raréfié, et pa consequent plus aisé à mettre en mouvement.

Depuis le mois de Septembre jusques vers le mois de Ma il ne pleut qu'à la côte du nord; partout ailleurs la secheres est extreme, le soleil n'ayant pas assez de force pour y form des orages. quelquefois ces pluyes durent sept ou huit jours sa discontinuer, ou se suivent de si près, et refroidissent tellem la terre, que les Bestiaux n'y trouvent plus qu'une herbe fort courte et sans suc. mais toutes les années ne sont pa également pluvieuses; elles le sont plus ou moins, selon que les pays septentrionaux ont eu l'hyver plus ou m rude, parceque les vents, qui ont porté dans ces climats p eloignés du soleil les frimats et les neiges, ne peuvent aux cou que des pluyes dans un climat plus chaud, il s'ensuit qu ces pluyes ne sont pas toujours également abondantes. il y a même que les terres, qui sont à une certaine distan de la côte, qui en profitent, ou qui en souffrent. quand ces plu qu'on appelle <u>Nords</u> du nom du vent, qui les amene, sont moderées, cette espece d'hyver est la plus belle saison de l'année, et toute cette côte est pendant ce tems là un sejour delicieux.

il est rare qu'elles aillent jusqu'au delà des premier Montagnes, et on a observé que les isles du vent, dont la plus septentrionale est au 17. degré, ne s'en ressentent presque point; mais les côtes du nord et du sud de St Doming seroient bien à plaindre. la Brise, qui souffle alors su celle du sud avec beaucoup de force, chasse les nuées dan les Montagnes, qu'elles inondent de pluyes, tandis que les plaines maritimes demeurent à sec, à moins que ces nué nuées ne se replient à la rencontre des montagnes, repoussées par quelque vent contraire, ou que ne pouvant plus se soutenir à cause de leur pesanteur, elles ne se déchargent sur les plaines. quelquefois aussi il survient des vents d'orage, qui sont assez ordinaires sous les Tropiques, dont l'isle Espagnole n'est pas éloignée, et ils finissent toujours par de grandes pluyes. d'autrefois il survient ce qu'on appelle des coups de sud, et qui ont toujours le même effet.

A la côte de l'ouest cela n'arrive communément qu'en Eté, et dure assez peu; ainsi les pluyes n'y font que rafraîchir l'air et humecter la terre, au lieu qu'à la côte du sud, où les vents sont plus forts, ils degenerent en ouragans, et font bien des ravages, moins cependant que dans les isles plus meridionales. ces grandes pluyes ne font que laver la surface de la terre, qui trois ou quatre jours après qu'elles ont cessé, devient si seche, qu'il s'y fait partout des crevasses, et qu'on est aveuglé par la poussiere: si la pluye tarde plus de quinze jours à revenir, tout grille alors, et l'on est obligé de souhaiter le retour de ces terribles ouragans, dont la seule pensée est capable d'effrayer.

Enfin dans une bonne partie de l'isle il pleut rarement depuis la Toussaint jusqu'à la mi-avril, et quoi que le soleil ait alors moins de force, les campagnes sont quelque chose d'affreux à voir. le feu y court quelquefois pendant plusieurs lieues, et demeure plusieurs mois dans les montagnes. il y a même des cantons, où il ne pleut presque jamais, ce qui vient de ce que la Brise y a son plus libre accès; il faut, pour qu'il y pleuve, que l'orage soit excessivement gros, et qu'il soit poussé par un vent d'ouest ou de sud assez fort pour faire cesser le vent d'Est. il y a de ces vents de sud, qui sont fort impetueux, mais ils ne durent point: il paroit que ce sont des Brises reflechies par des vents plus forts, qui les rencontrent sur mer.

Cependant de ce peu de conformité, qui se rencontre dans l'air entre les differentes — page 13.

y tournent & s'aigrissent en peu de têms; le fer s'y roüille du soir au matin; & l'on a bien de la peine à conserver le ris, le maïz, & les féves d'une année à l'autre pour les semer.

Une des choses qui surprend davantage dans cette Isle, c'est la varieté de climats, qu'on y trouve, & rien ne fait mieux voir combien la nature & les qualités du terroir mettent de difference dans l'air. De deux cantons, qui se touchent, l'un est continuellement inondé de pluyes, & l'autre n'en a presque jamais. Les nuages s'arrêtent tout court au moment, qu'ils arrivent sur ses confins; il s'en détache seulement quelquefois de petites vapeurs, qui répandent quelques gouttes de pluye, & se dissipent d'abord. Il est moins surprenant que cette difference se rencontre entre la côte du Nord & celle du Sud, quoique leurs distances soient en quelques endroits assés peu considerables. En effet, si tandis qu'à la fin de Novembre la côte du Sud, & même celle de l'Ouest souffrent de grandes secheresses, celle du Nord est arrosée de pluyes continuelles, plus ou moins toutefois, selon que les pays Septentrionaux ont eu l'Hyver plus ou moins rude; c'est que les vents, qui ont porté dans ces climats éloignés du Soleil les frimats & les neges, ne pouvant causer que des pluyes dans un climat plus chaud, s'y resolvent en eaux, & se déchargent d'abord, desorte qu'il n'y a ordinairement que les premieres terres, qui en profitent, & que les Isles du vent, dont la plus Septentrionale est au 17e. degré, ne s'en ressentent presque point. Il est même rare que dans les autres elles aillent au delà des premieres montagnes. Il est vrai que le mois d'Avril passé, les terres, qui sont demeurées à sec pendant tout l'Hyver, sont inondées à leur tour, & tandis qu'à la côte du Nord il se passe cinq ou six semaines de suite, sans qu'il y tombe une goutte d'eau, par tout ailleurs ce sont des déluges de pluyes accompagnées d'orages & de tonnerres. La cause de ceci est la Brise, qui soufle alors avec beaucoup de force, & chasse les nuées à mesure qu'elles se forment; car ces

Difference des climats & ses causes.

nuées ainsi chassées vont crever dans les montagnes. Par la même raison il y a des cantons, où il ne pleut presque jamais; la Brise y ayant un plus libre accès, il faut, pour qu'il y pleuve, que l'orage soit excessivement gros, & qu'il soit poussé par un vent d'Ouest, ou de Sud assés fort, pour faire ceder celui d'Est. Il y a de ces vents de Sud extrêmement impetueux, mais ils ne durent point. Il paroit que ce sont des Brises réflechies par des vents plus forts, qui les rencontrent sur mer.

Causes de la fraicheur & de la clarté des nuits.

Le tonnere se fait rarement entendre depuis le mois de Novembre jusqu'en Avril, parce que le Soleil ne demeure pas alors assés long-têms sur l'horison, pour enflammer les exhalaisons de la terre. Car quoi que l'élevation de cet astre soit là plus grande à l'Equinoxe de Mars, qu'elle n'est à Paris au solstice d'Eté, les jours néanmoins y sont plus courts de 4. heures & davantage, & en tout têms cet astre tombant perpendiculairement pendant six mois, le crepuscule n'y sçauroit être fort long. Les nuits ne sont pourtant jamais si noires, qu'on ne voye assés pour se conduire, à moins que le ciel ne soit couvert; & il y a deux raisons de cela. L'une, que les planettes étant plus élevées sur l'horison, envoyent une plus grande quantité de rayons, & qu'elles y sont plus perpendiculaires. L'autre, que l'air y est plus pur & plus serein, les vapeurs, dont il se charge, se resolvant plûtôt en pluyes & en rosées, que dans les pays froids. C'est encore par cette raison qu'il n'est point rare d'y voir des étoilles en plein midy vers le Zenith, & d'y lire des caracteres même assés menus à la clarté de la Lune, dont les rayons ont souvent assés de force pour produire de Arcs-en-ciel.

Des Rosées & des Brouillards.

Dès que les pluyes ont cessé dans un endroit, les rosées y deviennent très-abondantes, & l'on en voit d'abord la raison. Le Soleil élevant dans ce pays plus de vapeurs pendant le jour, que sous un climat plus froid, & les nuits plus longues y ayant plus de têms pour les condenser, il faut qu'elles se déchargent enfin d'une maniere ou d'une autre ; & ſans cela toutes les plantes ſécheroient ſur pied. D'un autre côté les broüillards n'y ſont pas ſi communs, ou ſont plûtôt diſſipés, le Soleil par ſa maniere de s'élever perpendiculairement acquerant bientôt aſſés de force pour les réſoudre en roſées : auſſi eſt-il rare qu'on paſſe un jour ſans voir ce bel aſtre. Par la même raiſon peu de perſonnes ſe plaignent du ſerein : il n'en eſt pas de même de la fraicheur de la nuit, à laquelle pluſieurs attribuent une bonne partie de leurs maladies. Cette grande fraicheur ſe fait ſur tout ſentir, quand le têms eſt calme, & le ciel pur, ce qui eſt très ordinaire dans les provinces Méditerranées. La plûpart du têms il n'y fait pas un ſoufle de vent le matin, les roſées y ſont très-fortes, & les plaines en ſont toutes blanches : quelques-uns ont même aſſûré qu'ils en ont vû de gelées. Il eſt au moins certain que le froid y eſt quelquefois aſſés picquant, & qu'on eſt obligé de s'aprocher du feu, ou de chercher le Soleil. On en ſera moins ſurpris, ſi on fait réflexion que ces plaines étant environnées de montagnes très-hautes, le Soleil s'y couche plûtôt, & s'y leve plus tard qu'ailleurs ; par conſequent les nuits y ſont toûjours très-longues.

Difference des Saiſons.

Cependant de ce peu de conformité, qui ſe rencontre dans l'air entre les differentes parties d'une même Iſle, il arrive que ſes habitans ne conviennent point de ce qu'ils doivent appeller l'Hyver & l'Eté. Ceux qui ſont à l'Oueſt & au Sud, & dans le milieu des terres, prennent pour l'Hyver le têms des orages, c'eſt-à-dire, depuis Avril juſqu'en Novembre. On ſe conforme davantage à notre maniere de compter les ſaiſons ſur la côte du Nord, mais nulle part on ne connoît communément ni Printêms, ni Automne. Ceux pourtant, qui obſervent les choſes de plus près, partagent ainſi l'année. L'Hyver, ſelon eux, commence au mois de Novembre, & finit en Février. Alors les nuits & les matinées ſont fraiches & même un peu froides, les plantes reçoivent peu d'accroiſſement, & les herbes prennent peu de nourriture, quoi que ce ſoit le têms des grandes pluyes.

Cela cause souvent des mortalités parmi les bestiaux. Le Printêms suit, & dure jusqu'au mois de May : la nature semble renaître alors ; les prairies sont revêtuës d'une herbe nouvelle ; la séve monte aux arbres ; les plantes sont parées de leurs fleurs, & l'air en est tout embaumé. La sécheresse, qui suit, & fait disparoître tous ces agrémens, ne represente que trop bien l'Eté, car c'est un Eté de la Zone torride. Il dure jusqu'à la fin d'Août. Enfin les orages, qui après quelque interruption recommencent de nouveau à fondre sur ces quartiers, depuis le décours de la Lune d'Août jusqu'au mois de Novembre, mettent assés de ressemblance entre cette saison & notre Automne.

Incommodités du climat de notre Isle.

De tout ce que je viens de dire il résulte qu'il faut être bien fort & bien sage, ou être naturalisé à ce climat, pour y vivre longtêms. Aussi voit-on peu d'Europeans, qui au bout de quelques années de sejour dans notre Isle ne s'apperçoivent d'une grande diminution de leurs forces. La chaleur mine insensiblement par sa continuation les corps les plus robustes, qui n'y sont pas accoûtumés, & y détruit peu-à-peu ce que les Medecins appellent l'humide radical, n'y ayant point d'Hyver pendant lequel la nature puisse réparer ses forces perduës par une violente transpiration. Delà vient que toute la vivacité de la couleur du visage se ternit, qu'on sent dans l'estomach un grande diminution de la chaleur naturelle ; que le sang, qu'on se fait tirer, même par précaution, est tout livide ; qu'une saignée faite indiscretement suffit pour causer une hydropisie ; que quand on est échauffé, on n'a point cette avidité, que nous sentons pour les rafraichissemens, qu'au contraire on recherche avec empressement tout ce qui échauffe ; qu'on y vieillit de bonne heure ; & que les enfans nés de parens, qui sont venus d'Europe, y sont moins formés, moins forts, & qu'il en meurt beaucoup. Mais tout cela vient aussi en partie du peu de soin qu'on a de se ménager, & de l'excès, soit de la débauche, soit du travail : d'ailleurs à mesure que les Creols s'éloignent de leur origine Européane, on les voit beaucoup moins ſujets à ces inconveniens. Les anciens Inſulaires ſe portoient fort bien, & vivoient long-têms ; les Negres y ſont forts, & joüiſſent d'une ſanté inalterable, auſſi bien que les Eſpagnols, qui y ſont établis depuis deux ſiecles : il n'eſt point rare d'en voir, qui vivent juſqu'à 120. ans. Enfin, ſi l'on y vieillit plûtôt qu'ailleurs, on y demeure plus long-têms vieux ſans reſſentir les incommodités de l'extrême vieilleſſe.

De la difference des terroirs.

J'ai dit que la difference des climats, qu'on éprouve dans notre Iſle venoit, du moins en partie, de la diverſité de ſon terroir, il s'y en voit effectivement de toutes les ſortes & de toutes les couleurs. Celui, dont on fait plus de cas, eſt d'un noir tanné & mêlé d'un peu de ſable, qui ſert à le rendre leger, mouvant & poreux, mais il n'en eſt point, ou il en eſt peu, dont on ne puiſſe tirer quelque avantage. La moitié de l'Iſle eſt en montagnes, mais la plûpart ſe peuvent cultiver juſqu'à la cime, il n'y en a de ſteriles, que quelques-unes, qui ſont eſcarpées, & d'une hauteur extraordinaire, comme celles qu'on trouve vers le Cap Tiburon, d'où l'on découvre celles de Sainte Marthe, qui en ſont éloignées de 180. lieuës. Il y en a ſur les côtes qui ſervent de digues aux fureurs de la mer, & malheur aux navires, qu'un coup de vent jetteroit ſur ces côtes ſans rivages, où l'on ne voit que des rocs ſourcilleux, qui s'élevent tout droit, & que pour cette raiſon on appelle côtes de fer. Telle eſt en particulier celle, dont l'extremité Orientale aboutit au Cap François, qui en a pris ſon nom, & l'Occidentale, au Port de l'Acul.

De la maniere dont les arbres jettent leurs racines.

Dans quelques endroits, dès qu'on a creuſé quelques pieds on trouve le tuf, en d'autres l'argile, ou la terre glaiſe, ou de la terre à pot, ou enfin un lit de ſable ; mais ſouvent auſſi la bonne terre a beaucoup de profondeur ; & ce qui ſurprendra peut-être d'abord, c'eſt que ce dernier terrein eſt ſouvent le plus dégarni d'arbres. Il y a pourtant une raiſon ſenſible de cela : c'eſt la ſechereſſe, laquelle dure trois ou quatre mois de ſuite dans les trois quarts de l'Iſle, & empêche ces terres de pouvoir fournir aux arbres un suc suffisant pour les nourrir ; au lieu que dans les autres les pluyes & les rosées étant arrêtées par les fonds durs, dont j'ai parlé, entretiennent le peu de bonne terre, qui les couvre dans l'humidité nécessaire pour cette production. Les habitans habiles ne laissent pourtant pas de préferer toûjours les terres les plus profondes aux autres, par la raison qu'elles ne sont pas sitôt épuisées. Aureste, qu'on ne concluë point de ce que je viens de dire du peu de profondeur de la plûpart des terres de ce pays, qu'elles ne peuvent porter que des arbres fort petits : elles en portent des plus hauts & des plus forts, & c'est ici une des merveilles de nostre Isle. Car les racines des arbres, quelques qu'ils soient, n'y sont jamais enfoncées plus de deux pieds en terre, & la plûpart ne vont pas même à beaucoup près à cette profondeur, mais elles s'étendent en superficie plus ou moins, suivant le poids qu'elles ont à soutenir : il faut excepter le Caffier, qui pousse ses racines à peu près comme nos arbres font en Europe, mais il est venu d'ailleurs. On prétend que Christophle Colomb entretenant un jour la Reine Isabelle de Castille de plusieurs particularités des pays, qu'il avoit découverts, cette Princesse n'eut pas plûtôt entendu ce qui regardoit l'article, dont nous venons de parler, qu'elle lui dit d'un air chagrin : « J'ai grand'peur qu'il n'en soit des hommes, qui naîtront dans ce pays-là, comme des arbres, & qu'ils ne manquent de solidité, de constance, & de sincerité. » Mais Colomb auroit pû lui répondre que les arbres regagnoient par l'étenduë horizontale, ou par le nombre de leurs racines, ce qu'ils perdoient en profondeur ; & qu'aparemment il y auroit aussi pour les habitans de l'Isle un équivalent, qui les dédommageroit d'un côté de ce dont ils manqueroient de l'autre.

L'arbre, dont les racines s'étendent plus loin, est le Figuier. Il les pousse au delà de 70. pieds. Les Palmiers au contraire les ont fort courtes, mais en récompense elles sont en si grand nombre, qu'encore que cet arbre ait ordinairement

rement plus de 100. pieds de haut, il n'en est pas plus sujet que les autres à être abatu par les vents. Au reste si ce peu de profondeur des racines n'avoit lieu que dans les endroits, où l'on rencontre d'abord le tuf, ou le roc, ou d'autres obstacles semblables, on pourroit se persuader que c'en est là l'unique raison: mais c'est la même chose partout. Il il faut donc en chercher une autre cause, & je la trouve dans ce que j'ai dit de l'extrême sécheresse de la terre, au-delà d'une certaine profondeur, où les pluyes les plus continuelles ne pénétrent pas suffisamment, le Soleil ne leur en donnant point le têms. Ainsi les arbres, qui ont besoin d'humidité, & qui n'en trouvent qu'à la superficie, où elle manque rarement, n'en reçût-elle que des rosées, qui sont toûjours très abondantes, font prendre à leurs racines le cours horizontal, au lieu du perpendiculaire; mais pour l'ordinaire ces terreins, ainsi que je l'ai deja remarqué, ne sont pas les mieux boisés.

Des Rivieres.

Notre Isle est arrosée d'un nombre prodigieux de rivieres, mais la plûpart ne sont que des torrens & des ruisseaux, dont plusieurs sont extrêmement rapides. Les eaux en sont partout fort saines & même salutaires, mais si vives & si fraiches, qu'il n'en faut boire qu'avec discretion, & qu'il est dangereux de s'y baigner. On assûre qu'il y en a environ une quinzaine, qui ne sont pas moins larges, que la Charente l'est à Rochefort; & dans ce nombre les six principales ne sont pas comprises. Ces six sont l'*Ozama*, dont l'embouchure forme le Port de *San Domingo*; la *Neyva*, qui n'a de considerable que la quantité de bouches, par où elle se décharge dans la Mer, & qui a même cela d'incommode, qu'elle change souvent de lit; le *Macoris*, qui est le plus naviguable de tous les fleuves de l'Isle, & le plus poissonneux, mais qui ne vient pas de fort loin. L'*Yaqué*, ou riviere de *Monte Christo*, à la source duquel on a trouvé une belle mine d'or, & qui charie partout des grains de ce précieux metal avec son sable. L'*Yuna*, qui est extrêmement rapide, & à la source duquel il y a une très abondante mine de cuivre; & l'Attibonite, vulgairement *Artibonite*, qui est la plus longue & la plus large de toutes. De ces six rivieres, les trois premieres ont leur décharge au Sud, les deux suivantes au Nord & la derniere à l'Ouest.

Ce mot paroît Espagnol & semble venir de Hato Budeno *ou* Hato Bonico.

Des Lacs.

Du Lac Xaragua de l'Etang du Cul-de-Sac, & de l'Etang salé.

Selon Oviedo & divers Auteurs, qui paroissent lui être contraires.

Les anciens Auteurs nous ont parlé de deux Lacs, que je ne dois pas oublier ici. L'un est connu dans leurs ouvrages sous le nom de Lac de Xaragua, & il n'est pas aisé d'accorder ce qu'ils en disent avec celles de nos Cartes & nos Relations modernes, qui ont été faites avec plus de soin. Oviedo, qui l'a visité en 1515. assûre qu'il a 18. lieuës de long, qu'en quelques endroits il en a trois de large, en d'autres deux seulement, & quelquefois moins d'une; qu'il reçoit plusieurs rivieres, & que partout, excepté à la décharge de ces rivieres, il est salé comme la Mer, avec laquelle on ne sçauroit douter qu'il ne communique; qu'on y pesche de toutes sortes de poissons de Mer, à l'exception des Baleines, & de quelques autres de la premiere grandeur; qu'on y trouve surtout quantité de Turbots & de Requins, & que les poissons de riviere n'y manquent point. D'un autre côté le P. le Pers dit qu'un Isthme assés long le separe en deux parties inégales, & D. Pierre Martyr d'Anglerie semble parler de deux Lacs au lieu d'un.

M. Butet aujourd'hui Lieutenant de Roy, & Commandant à Bayaha, dans un Journal, qui m'est tombé entre les mains, & qui, outre le plan de San-Domingo, m'a fourni une notice très-exacte de l'état present de la Colonie Espagnole de Saint Domingue, qu'il a toute parcouruë en 1716. & en 1717. M. Butet, dis je, éclaircit ce point de Geographie d'une maniere, qui fait voir que D. Pierre Martyr d'Anglerie & le P. le Pers, quoi qu'ils n'ayent point été sur les lieux, ont parlé de ce Lac plus correctement qu'Oviedo, qui n'en a écrit qu'après l'avoir vû. Suivant ce Journal, le Cul-de-Sac, Bourgade Françoise située à une lieuë de la Mer, dans un enfoncement assés profond, qui se trouve presque au milieu de la Côte Occidentale de l'Isle, & où l'on croit qu'étoit l'ancienne Xaragua, capitale d'un Royaume de même nom ; le Cul-de-Sac, dis-je, donne ſon nom à une eſpece de Lac, ou d'Etang de figure irreguliere, qui n'a que quatre lieuës dans ſa plus grande longueur, qui en a une & demie dans ſa plus grande largeur, & beaucoup moins en pluſieurs endroits ; qui court Nord-Oueſt & Sud-Eſt, & dont l'eau eſt douce, mais d'un goût très-fade.

A l'Eſt de cet Etang il y a une Plaine, qui eſt connuë ſous le nom de *Plaine des Verrettes*, dont la longueur, qui eſt de quatre lieuës, eſt bornée des deux côtez par des Montagnes ; & la largeur, qui eſt de trois ſeulement, ſépare l'Etang, dont je viens de parler, d'avec un autre plus grand, que les Eſpagnols nomment *Riquille*, & les François l'*Etang ſalé*. Ce ſecond Etang a huit lieuës de long Eſt-Sud-Eſt, & Oueſt-Nord-Oueſt, & il eſt à l'Eſt de la Plaine des Verrettes : il a deux lieuës dans ſa plus grande largeur ; ſes eaux ne ſont guéres que ſaumatres, & M. Butet, après les avoir bien obſervées par trois differentes fois pendant quatre ou cinq heures, ne s'eſt point apperçû qu'elles montaſſent, ni deſcendiſſent, non plus que celles de l'Etang du Cul-de-Sac. Il a auſſi vû dans l'une & dans l'autre quantité de Caymans, mais point de Requins, ni aucun autre poiſſon de Mer ; d'où il conclut que l'opinion commune, ſuivant laquelle l'Etang ſalé communique à la Mer, eſt ſans fondement, & que l'acreté de ſes eaux vient uniquement des mines de ſel, qui ſont en abondance dans les Montagnes voiſines.

Outre ces deux Etangs, à une lieuë de ce dernier, il y a un petit Lac d'une lieuë de circuit, lequel y regorge dans les grandes eaux par des ravines, qui occupent tout l'entre-deux. Ce petit Lac eſt, dit M. Butet, entre les Montagnes de la Beata, qui ſont connuës dans les Livres Eſpagnols ſous le nom de Montagnes du Baoruco, & dont une des extrêmitez ſe termine à la Côte du Sud, vis-à-vis la petite Iſle Beata. Or nous verrons dans la ſuite de cette Hiſtoire que le Cacique Henry, qui fit pendant treize ans une ſi

qui ne sçauroit être qu'une portion du lac de Nicaragua ; ou par conséquent
il y avoit des terreins habitables ; quelques uns appellent cette lagune de l[illegible]
de la Nigua, parce qu'elle est proche des embouchures de cette Rivière
elle a, selon les Espagnols, trois lieues de long sur une demie lieue
large ; elle est fort poissonneuse, et dans les grandes pluyes elle se dego[illegible]
dans la Nigua par un canal, qui y communique ; les poissons y entrent
par le même voye, et vers la Toussaint on y en trouve une si grande quantité
que les Espagnols y alloient faire leurs provisions pour toute l'année
cela supposé, il ne me paroît pas —

si grand
les Espa
leurs p
l'abon
ne s[illegible]

rude guerre aux Espagnols, s'étoit cantonné dans ces Montagnes, & se retiroit quelquefois au milieu d'une Lagune, qui ne sçauroit être que le Lac Xaragua, où par conséquent il y avoit terreins habitables. Ce qui étant supposé, il ne me paroît pas impossible de concilier Oviedo, dont l'authorité est après tout d'un grand poids, quand il parle comme témoin oculaire, avec les Auteurs, qui lui paroissent opposez, & le Journal de M. Butet, qui semble le contredire.

Effectivement en joignant les deux lieuës de largeur de l'Etang salé, qui sort à peu près Nord & Sud, avec le petit Lac des Montagnes de la Beata, & la demie lieuë de distance, qu'il y a de l'un à l'autre, nous avons les trois lieuës de la plus grande largeur, qu'Oviedo donne au Lac Xaragua; puis supposant que dans les trois lieuës de la Plaine des Verettes, qui font la séparation de l'Etang du Cul de Sac, ou de l'Etang salé, il se rencontre dans les grandes eaux une suite de marécages, qui peut passer pour une continuation d'Etang, nous n'aurons guéres moins des 18. lieuës, que le même Oviedo donne de longueur à son Lac, qu'il visita peut-être dans le têms de quelque inondation. Il se peut faire aussi que ces Etangs ayent eu autrefois de Requins & des Turbots; (on ne sçauroit au moins nier qu'on n'y ait trouvé de Lamentins dans le commencement); & que tous ces poissons ayent été exterminez avec le têms, ce qui seroit encore une preuve, que l'Etang salé ne communique point avec la Mer. D'ailleurs le terrein de la Plaine de Verettes est fort inégal: on y voit, selon M. Butet, de petites Collines, & de petites Savanes. Quand bien même ces Savanes ne seroient pas inondées aujourd'hui, elles ont pû l'être autrefois; on voit tous les jours des exemples de changemens plus considerables & en beaucoup moins de têms, qu'il ne s'en est écoulé depuis la découverte de l'Isle Espagnole. Enfin il me paroît plus naturel d'expliquer ainsi la chose, que de soupçonner un Auteur tel qu'Oviedo, d'avoir vû ce qui n'étoit point, & tous les Auteurs, qui ont écrit après lui, de l'avoir suivi à l'aveugle, & sans examiner.

× il se forme aussi des lagunes entre les Montagnes; mais elles tarissent bientôt, ~~une petite~~ les eaux se faisant une issue à travers des Montagnes même. de même que celles, qui sont au sud du cap françois, pour se decharger dans la riviere du dondon, qui est un des bras de l'Artibonite. il y a là une vallée, qu'on appelle vazeux, ce qui est quelque fois toute inondée, mais cela dure peu, les eaux s'écoulent bientôt dans la riviere par un canal, qu'elles se sont excavé. à la ligne les françois —

L'autre lac dont les Hiſtoriens Caſtillans ont fait mention, eſt ſur la cime d'une très-haute montagne. Dom Nicolas Ovando grand Commandeur d'Alcantara étant Gouverneur general des Indes, voulut faire viſiter ce Lac, dont on diſoit des choſes merveilleuſes, & il donna cette commiſſion à deux hommes de réſolution, dont l'un ſe nommoit Pierre de Lumbreros, & l'autre Rodrigue de Meſcia. La montagne, où eſt ſitué le Lac, eſt ſi roide d'un côté, qu'il ne leur fût pas poſſible d'y monter par là, il leur fallut prendre l'autre côté, qui étoit le plus long de beaucoup, & qui n'eſt pas encore fort aiſé. Auſſi Meſcia, & les Inſulaires, qu'on leur avoit donnés pour les accompagner, ne purent jamais aller juſqu'au bout. Ce ne fut pourtant pas la ſeule laſſitude, qui les arrêta, mais un fort grand bruit, qui les effraya à un point, qu'on ne ſçauroit croire; cependant Lumbreros, quoiqu'extrêmement fatigué & tranſi de froid, continua à marcher par des détours, qui le harraſſerent beaucoup. Le froid augmentoit, & le bruit devenoit toûjours plus terrible : Lumbreros ſe repoſa un peu, après quoi aïant fait un dernier effort, il arriva au ſommet de la montagne. Il y aperçut une maniere de lagune, qui lui parut avoir un trait d'arbaletre de large, & trois fois autant de long : c'eſt tout ce qu'il en put dire. Il n'en approcha pas de plus près, que de douze à quinze pas, & il n'eut point l'aſſûrance de le regarder plus longtêms que l'eſpace d'un *Miſerere*, le bruit, qui lui ſembloit croître toûjours, l'ayant ſi fort épouvanté, qu'il ne ſçavoit plus où il en étoit. Oviedo, à qui Lumbreros avoit raconté lui-même ſon avanture, ajoûte qu'on n'a jamais rien ſçu de plus poſitif touchant ce Lac, quoi qu'on ait bien fait des contes à ce ſujet. C'eſt du pied de cette même montagne, que ſort une jolie riviere, qui ſe nomme *Nizao*. Et il y en a une autre, qui paroît ſortit du lac, & que Lumbreros cottoya quelque têms, après que ſes compagnons l'eurent quitté; elle ſe nomme *Pani*.

Des Mines,

Il n'eſt point d'Iſle au monde où l'on ait juſqu'ici trou-

Minieres, & Carrieres. vé de si belles, ni de si abondantes mines d'or ; que celle-ci. Nous verrons dans la suite qu'on y en a aussi découvert d'argent, de cuivre & de fer. On y voit encore des minieres de talc, de cristal de roche, d'antimoine, d'Etain de glace, de souffre & de charbon de terre. Des carrieres d'un marbre blanc & jaspé, & de bien de differentes sortes de pierres. Les plus communes sont des pierres à feu, parmi lesquelles il y en a de blanches comme du cristal, taillées en pointes de diamant, qui coupent le verre, & ont beaucoup d'éclat. On y rencontre aussi des pierres ponces, des pierres à rasoir, & ce qu'on appelle des pierres aux yeux, en Latin *umbilicus marinus*, lesquelles ont la vertu de chasser des yeux les ordures, qui y sont entrées. Il y a des salines naturelles en plusieurs endroits le long des côtes, & il y a du sel mineral dans une montagne voisine du lac Xaragua, lequel est plus dur & plus corrosif que le sel marin & dont les breches se réparent, dit-on, en un an. Oviedo ajoûte que toute la montagne est d'un sel fort bon, aussi luisant que le cristal, & qui n'est point inferieur à celui de Catalogne. Si à tant d'avantages l'on joint ce dont tous les auteurs conviennent de la prodigieuse multiplication des animaux utiles, qu'on y a transportés, & qui est telle, qu'on y a donné un mouton pour un réal, une vache pour un castillan, & le plus beau cheval pour trois ou quatre : si l'on fait attention à la quantité & à la diversité des marchandises précieuses, que cette Isle seroit encore en état de fournir, si les hommes n'y manquoient pas, & dont nous parlerons dans l'occasion : enfin que nul pays au monde ne produit des fruits plus délicieux, & de plus d'especes differentes, soit en arbres, en arbrisseaux, ou en legumes, on conviendra qu'il n'y a pas beaucoup d'exageration dans les éloges, que lui ont donnés les Espagnols, & sur tout Oviedo, qui y a passé la meilleure partie de sa vie.

Des Tempêtes de ces mers. La mer des Isles est ordinairement plus tranquille que les nôtres : on en peut voir la raison dans ce que j'ai dit des vents qui y regnent. Mais ſemblables à certaines perſonnes difficiles à émouvoir, & dont les emportemens ſont auſſi furieux, qu'ils ſont rares, quand elle s'irrite, elle eſt terrible. Elle franchit ſes bornes, inonde tout le pays, emporte tout ce qui lui fait obſtacle, & laiſſe ſur tout ſon paſſage de triſtes effets de ſa fureur. C'eſt après ces tempêtes connuës ſous les noms de coups de Sud, de Nords, & d'ouragans, que ſes rivages ſe trouvent remplis de coquillages, qui ſurpaſſent beaucoup en luſtre & en beauté tout ce que nos mers d'Europe fourniſſent en ce genre. Les plus curieux ſont le Lambis, le Burgot, le Pourpre, la Porcelaine, les Cornets, les Pommes de mer, & d'autres ſemblables bijoux.

Des Poiſſons.

J'ai dit que les côtes de notre Iſle n'étoient pas fort poiſſonneuſes, mais il ne faut pas aller bien loin au large pour y pêcher d'excellens poiſſons, & en quantité. Les plus communs ſont les Rayes, les Congres, les Anges, les Mulets, les Marſoüins, les Bonites, les Dorades, les Pilotes, les Lamentins, & les Crocodiles. On y prend auſſi partout des Limaçons & des Ecreviſſes de mer, des Moules, des Crabes, & des Cancres en quantité. On y a trouvé des Perles en pluſieurs endroits; les rivages y ſont couvers de coquillages de toutes les ſortes; l'Ambre gris y eſt rare, toutefois il y a quelque têms qu'après une grande tempête des Matelots Anglois en ramaſſerent environ une livre ſur une des Cayes, dont j'ai parlé. On n'y voit point du tout de Coral, à moins qu'on ne veüille donner ce nom à ces Madrepores ou Panaches de mer, leſquels repréſentent ſi bien un éventail.

Des Cancres.

On pêche dans ces parages deux ſortes de Cancres; la premiere ſe nomme Agama, & il s'en prend beaucoup dans les filets ou ſeines, qu'on jette à la mer. Cet animal a environ 7. poulces de long ſur 4. de large. Son cerapouſte, ou ſa coque eſt de figure quarrée, veluë, chagrinée, un peu enflée, marquetée de pluſieurs couleurs, terminée en bas par des pointes dentelées, ornée de poils. Ses yeux éloignés l'un de l'autre de deux poulces ſont de la groſſeur d'un pois, d'un noir luiſant, enchaſſés dans deux orbicules arrondis un peu saillants. Son front est plat, & l'on y voit à droit & à gauche deux larges plaques crénelées, remplies de poils, surmontées de deux autres, toutes quatre mouvantes en divers sens par le moyen de deux jointures. Du milieu de ces plaques sortent deux cornes, & quatre pointures, dont le bout est fendu en pincettes & velu. La gueule de l'animal est en dessous dans un fossette ovale, couverte de plusieurs barbillons mobiles, qui ont differentes articulations.

La seconde espece de Cancre est le *Pagurus* des Anciens. Il s'en trouve beaucoup sur les falaises, ou sur les rochers escarpés, sur lesquels il grimpe. Il fréquente aussi les hauts fonds, les endroits, où il y a des Madrepores, des Panaches, des Lithophitons, sur tout dans le voisinage des Isles Caraïbes. L'écaille de ce Cancre est presque ronde, le fond en est rousseâtre, & elle est toute parsemée de piquants, aussi-bien que ses bords. Le museau de l'animal est armé de cornes peu saillantes, ses yeux sont enfoncés dans des cavités, couchés de travers, & défendus de plusieurs pointes en guise de paupieres. Il sort de ses narines de longs filets pliants & mobiles en divers sens. Sa gueule est comme celle des Crabes, ausquels il ressemble encore par le plastron. Ses deux bras sont fort grêles, & ses mordans médiocres, eu égard au reste du corps. Les quatre autres pieds, qu'il a de chaque côté rangés sous le ventre, sont grossiers, & ont chacun une articulation, & un ardillon noirâtre à leur extremité. Sa chair est coriasse, d'un gout sauvageon; & il n'y a gueres que les pauvres, qui en mangent.

Des Crabes & du Soldat.

Les Crabes, qu'on trouve en quantité sur les côtes de toutes les Antilles, sont une des plus riches mannes dont la nature ait pourvû leurs habitans. On en distingue surtout de trois sortes; ceux de mer, ceux de montagnes, & ceux de rivieres. Les premiers sont les plus communs. Ils ne se tiennent point à la mer, mais ils vont s'y rafraîchir de têms en têms, & c'est sur ses bords qu'on les trouve pour l'ordinaire. Nos Esclaves les appellent leurs poulets, & ils leur sont effectivement d'une grande ressource pour la vie. Les seconds sont rouges, & s'arrêtent dans les lieux secs; ils sont encore plus estimés que les premiers. Mais ceux de rivieres sont les meilleurs de tous, & il n'est point de bonne table, où ils ne puissent faire honneur. Ce qu'on appelle *Soldat* est, aussi-bien que les Crabes, une espece d'Ecrevisse, ou de ce qu'on appelle *Cancellus marinus*. On le trouve par tout le long de la mer, & il est bon à manger. Son nom vient de ce qu'il est armé par tout le corps, excepté à l'extremité d'en bas, où il est nud, & où il paroît être d'une sensibilité extrême; aussi se fourre-t-il, dès qu'il est né, dans la premiere coque, qu'il rencontre, mais pour l'en faire déloger, il ne faut qu'en approcher le feu.

Sargasses, Prairies marines, Tortuës.

Pour peu qu'on ait navigué dans cet Archipel, on a dû y apercevoir ces prairies naturelles couvertes d'une herbe appellée *Sargasse*. Il y en a, qui paroissent sur la superficie de la mer, mais le grand nombre est au fond de l'eau, & sur les côtes. C'est là qu'entr'autres animaux marins se tiennent des Tortuës en très-grande quantité. Il y en a de deux especes. Celles, qu'on appelle Tortuës franches, recherchent les paturages gras & bien fournies d'herbes. Les autres, qu'on connoit sous le nom de Caret, & dont la dépoüille est cette écaille de Tortuë si estimée, restent pour l'ordinaire dans des endroits pierreux, couverts seulement d'un peu de mousse.

Des Pilotes, du Remora, des Dorades, & des Bonites.

Parmi les poissons particuliers à ces mers on remarque le Pilote, ainsi nommé, parce que, quand il rencontre un navire, il nage toûjours devant, jusqu'à ce qu'il l'ait conduit dans un port. C'est un assés petit poisson, je n'en ai pu rien sçavoir de plus, ni du Remora, lequel doit son nom à une erreur populaire, dont tout le fondement est que ce petit animal s'attache aux vaisseaux, il s'attache aussi aux grands poissons, pour se mettre à l'abri de la grande agitation des flots pendant la tempête. On connoit présentement assés les Dorades & les Bonites, ou poissons volans, & tout le monde est instruit de la chasse que les premieres donnent aux secondes. On sçait aussi que par une double merveille

On sçait que par une double merveille le poisson volant ne
peut voler, que ses ailes, ou pour parler plus juste, ses ailerons
ne soyent mouillés. mais bien des gens ignorent peut-être que
ces pauvres animaux egalement poursuivis dans l'air et dans
l'eau n'évitent souvent la gueule des dorades et des bonites, que
pour être la proye de certains oiseaux, qui ne leur font pas une
guerre moins cruelle, de sorte que la liberté qu'ils ont de passer
d'un element à l'autre, ne sert qu'à multiplier leurs ennemis

la Bonite vole, & ne le peut faire, que ses ailes, ou pour parler plus juste, ses aîlerons ne soient moüillés. Mais bien des gens ignorent peut-être que ces pauvres animaux également poursuivis dans l'air & dans l'eau, n'évitent souvent la gueule des Dorades, que pour être la proye de certains oiseaux, qui ne leur font pas une guerre moins cruelle, desorte que la liberté, qu'ils ont de passer d'un élément à l'autre, ne sert qu'à multiplier leurs ennemis.

Des Galeres. Rien n'est plus joli qu'une autre espece de poisson, qu'on nomme Galeres. Ce n'est au fond qu'un insecte, dont la peau enflée & pleine de vent, qu'il pousse hors de l'eau paroît ornée de toutes les couleurs, & lui sert comme de voile, ou plûtôt, est cause qu'il est poussé de côté & d'autre au gré du vent. Mais il faut se contenter de le regarder. On n'y touche pas impunément. Pour peu qu'on mette la main dessus, elle est infectée d'une certaine gluë mordicante, qui cause les plus vives douleurs. On a, dit-on, observé que cette douleur croît à mesure que le Soleil monte sur l'horison. Mais quoiqu'Aristote ait avancé la même chose des Etoiles de mer, dont les environs des Antilles sont aussi extrêmement peuplés, il paroît que ce fait n'est pas encore assés verifié pour l'assûrer. Outre la Dorade, dont je viens de parler, le Perroquet de mer, & d'autres poissons connus sous le nom de Poissons de Roche, ont des couleurs d'or & d'azur si éclatantes, que leurs écailles paroissent comme autant de pierres précieuses. Le Herisson, le Crapeau de mer, & une espece de petit Cochon marin assés singulier, sont encore des productions de ces mêmes mers, & n'ont gueres d'autre usage, que d'orner les cabinets des curieux.

Du Lamentin. On trouve dans le seul Lamentin, si on en croit quelques auteurs, la plûpart des choses, que la Fable a mises sur le compte de la Sirene & du Dauphin. Mais il faut avoir pour cela des yeux, qui voyent les objets bien differemment des autres. Je ne sçache point que le Lamentin ait jamais chanté, on dit seulement que quand on le tire à terre, il jette des

des larmes & se plaint, & c'est de là qu'est venu le nom que lui ont donné les François. Quant à sa figure, elle n'a certainement rien de joli, ni même, qui approche de celle qu'on suppose au Dauphin, avec lequel toute la ressemblance, qu'il peut avoir, c'est qu'il paroît assés ami de l'homme. Les Espagnols l'ont nommé *Manati* à cause de deux nageoires qu'il a sous les épaules, lesquelles aprochent un peu de la figure d'une main, & dont il se sert également pour nager & pour porter ses petits. Le premier, qui s'est imaginé que ce poisson pouvoit bien être la Sirene des Anciens, fut Christophle Colomb, lequel donnoit volontiers dans tout le merveilleux, qui pouvoit rendre ses découvertes plus celebres. Mais cette imagination n'a point fait de fortune. La femelle du Lamentin met bas & allaite son petit à la façon des Vaches, ce qui l'a fait nommer Vache marine par quelques-uns. La figure de la tête de cet animal y a aussi contribué; car il l'a faite à peu près comme celle d'un Bœuf, mais il a le museau plus enfoncé, le menton plus charnu, & les yeux petits. Sa couleur est minime, & il s'en trouve de 20. pieds de long sur 10. de large vers les épaules: cette largeur va toûjours en diminuant vers la queuë. Sa chair a le goût de celle du Veau, quand elle est fraiche, & de celle du Thon, quand elle est salée; mais elle est plus exquise, & se conserve plus long-têms. La graisse, qu'on en tire, est aussi très-bonne & ne rancit point. Sa peau est un très-bon cuir, & on en fait des souliers. Il s'engendre dans la tête de ces animaux des pierres, qui sont souveraines pour la colique & pour la pierre. On ne tuë gueres les grands qu'à terre, lorsqu'ils vont paître le long de la mer & des rivieres, les petits se prennent dans des filets. Ce poisson s'aprivoise, dit-on, fort aisément, surquoi Gomara raconte un fait arrivé, dit-il, dans notre Isle, auquel on donnera telle croyance, qu'on voudra. Le voici. Un Cacique nourrissoit un Lamentin dans un petit lac, ou étang des Gonaives, où effectivement ce poisson est plus commun, qu'en aucun autre endroit. Il l'avoit même rendu si familier, qu'en l'appellant il le faisoit venir, lui chargeoit ſur le dos tout ce qu'il vouloit, & le Lamentin le portoit à l'autre bord. Un Eſpagnol s'aviſa de l'appeller un jour, & le bleſſa d'un coup de fuſil, ce qui le rendit plus circonſpect, & depuis ce têms-là il n'aprochoit point, qu'il n'eut bien examiné, ſi celui, qui l'appelloit, étoit Indien ou non, ce qu'il reconnoiſſoit à la barbe. Enfin il diſparut tout à fait après une grande cruë d'eau, qui ſelon les apparences l'entraina à la mer, avec laquelle le Lac, où il étoit, communique. Herrera raconte une hiſtoire aſſés ſemblable, & qui eſt peut-être pour le fonds la même, que Gomara aura déguiſé à ſon ordinaire, quoique l'une ne ſoit pas plus croyable que l'autre. Le Lamentin d'Herrera venoit à terre, dès qu'on l'appelloit, mangeoit ce qu'on lui donnoit à la main, & ſuivoit ceux, qui le nourriſſoient ainſi, juſques dans les maiſons, il joüoit avec les enfans, & paroiſſoit prendre beaucoup de plaiſir à la Muſique. Il ſouffroit qu'on montât ſur ſon dos, & paſſoit, dit-on, juſqu'à dix hommes à la fois d'un bord du Lac à l'autre.

Des Crocodiles.

Les Crocodiles, que les Amériquains nomme Caymans, n'ont rien de moins ſingulier que les Lamentins. A la verité on ne les aprivoiſe point aux Iſles, comme on fait, dit-on, à la Chine, mais ils y ont, comme par tout ailleurs, un inſtinct admirable pour aller chercher leur proye, juſques dans les forêts, où ils dreſſent des embuches d'une maniere fort adroite aux Cochons marons, & à d'autres animaux, qu'ils ſurprennent preſque toûjours. Des Chaſſeurs même y ont été pris. On dit que ceux de Cuba ſont très-alertes & gagnent les hommes à la courſe. Pour cela ils picquent leur queuë en terre, puis s'élancent d'une grande viteſſe. Il eſt vrai que c'eſt toûjours en ligne droite, de ſorte qu'il ſuffit pour leur échaper de courir en ſerpentant. Ceux de notre Iſle quittent rarement les rivieres, où ils ſe tiennent en embuſcade à certains paſſages, & aux abreuvoirs. Ils ne s'attaquent pour l'ordinaire aux hommes, que quand ils en ont été bleſſés, ou qu'on les a irrités de quelque maniere que ce ſoit; mais ils ne font aucun quartier aux autres animaux, qu'ils saisissent toûjours par le museau pour leur ôter la respiration. Ils les entrainent ensuite au fond de l'eau, où ils les laissent pourrir, avant que d'en faire leur curée. Ils aiment les odeurs fortes, & ils en ont eux-même une, qui aproche de celle du musc. Les Corneilles du pays sont très friandes de leurs œufs, qu'elles éventent sous le sable, où cet amphibie les cache, & où la seule chaleur les fait éclore, comme il arrive à ceux des Tortuës. On prétend qu'il y a des Caymans de 25. pieds de long, & il n'est point rare d'en voir de la grosseur d'un Bœuf ordinaire. Quand on a à passer un Lac, ou une riviere, & que l'on craint d'y trouver de ces animaux, dont la rencontre n'est jamais fort agréable, on n'a qu'à jetter sur l'eau des vessies enflées, les Caymans courent après, & n'atrapent que du vent; on s'en divertit, & l'on passe en sureté.

De l'Ivana.

On a trouvé dans la même Isle une autre sorte d'amphibie, que les anciens habitans nommoient *Ivana*, ou *Iguana*, & qu'on voit aussi souvent dans l'eau, que sur le haut des arbres. Il tient du Lézard & du Crocodile, & a par dessus l'un & l'autre que sa chair est un manger délicieux; mais on dit qu'elle ne vaut rien pour ceux qui ont, ou qui ont eu le mal de Naples. Oviedo le met au nombre des Serpens: ce qui est certain, c'est que sa peau a les mêmes couleurs, & que sa figure est des plus horribles. Mais rien n'est plus trompeur que sa physionomie, car il n'est point d'animal plus doux & moins malfaisant. Les plus grands ont deux palmes & demie de long & un peu plus d'une palme de large. L'Ivana a des pates de Lezard, la tête plus grosse, & une queuë, qui est le double de son corps pour la longueur: ses dens sont fort aiguës, & il a un long & large jabot, qui lui pend jusques sur la poitrine. Ses pattes de devant sont plus longues que celles de derriere, & elles ont des doigts, dont les ongles sont comme des serres d'oiseaux de proye, mais elles sont incapables de rien serrer fortement. Enfin il a tout le long du dos comme une nageoire élevée & crêtée en forme de scie. On en rencontre souvent de très-petits, qui sont aparemment d'une espece particuliere. Cet animal est absolument muet, & n'a aucune sorte de cri. Sa douceur est extrême, & sa patience a quelque chose d'incroyable; on le tiendra trois semaines de suite à l'attache, sans lui donner, ni à boire, ni à manger, & sans qu'il fasse le moindre mouvement pour se dégager. Sa nourriture ordinaire est un peu de Cassave, ou d'herbes, ou d'autres choses semblables. Il ne peut nager, que quand il est petit, dès qu'il a toute sa taille, il ne sçauroit plus avoir ce mouvement des pattes, qui le soutenoit sur l'eau. Il fait ses œufs dans le sable le long des rivieres & des ruisseaux, & l'on prétend qu'il en fait jusqu'à 40. ou 50. à la fois. Oviedo a observé que ces œufs ne cuisent point dans l'huile, ni dans le beure, mais seulement dans l'eau. Ils ne sont pas plus gros qu'une noix, & leur enveloppe n'est qu'une pellicule fort déliée. Comme cet animal se laisse aisément aprocher, il n'est pas difficile de le prendre. On le chatoüille doucement sur le dos avec un nœud coulant, il croit que ce chatoüillement vient de quelque insecte, & demeure quelque têms sans remuer. Mais tandis qu'il attend le moment de donner sur sa proye, il se trouve pris lui-même par le col.

Des Canards. On ne voit pas dans les Isles autant de sortes d'oiseaux, qu'en Europe, mais il y en a d'une beauté, dont les nôtres n'aprochent point. Les Hirondelles, les Corneilles, les Tourterelles, les Ramiers, les Oyes & les Canards sauvages, y sont à peu près les mêmes. On y trouve aussi des Canards tout blancs par le corps, & dont la tête est d'un très-beau rouge. Il y en a encore une espece de musquée, qu'on prétend y avoir été aportée d'ailleurs; c'est la seule qu'on éleve dans les basses-cours, non seulement pour la beauté de leurs plumages, mais encore à cause de leur grosseur, & parce qu'ils font plusieurs pontes par an. On a observé que les Cannetons, qui viennent de l'accouplement des uns avec les autres, n'en font point d'autres. Au reste les anciens habitans des Isles n'avoient aucune sorte de volailles domestiques.

lesquelles étant multipliées par 4000 personnes, que
chacune peut nourrir, donneront 1840000. ames. or
il faudrait pour la justesse de ce calcul que le terrain
la plaine du cap fût [illegible] de la moyenne valeur de
terroir de toute l'isle, et sur la description qu'il en fait
lui même, et que j'ai assez exactement suivie, on
n'en conviendra pas.

Les oiseaux et les insectes. Page 24. X gonsalcmero parlant d'a-
frique a peu d'oiseaux qui chantent bien, cet île espagnole
n'a sur cela aucun privilege. elle a cependant son Rossignol
qui par sa figure et son chant approche assez peu du nôtre. il
son nom au plaisir que sentit Christophe Colomb en l'entendant chanter au mois de decembre. on y trouve aussi une espece
de linotte, dont le ramage a quelque chose d'assez agreable,
et qui n'est pas rare. mais si les oiseaux de cette isle
ne flattent point les oreilles par leur gazouillement
ils charment beaucoup plus les yeux que les nôtres par
la beauté de leur plumage. le moins bien partagé par
la nature de ceux là s'appelle esclave, et est assez
bien nommé. toute son occupation est de faire des nids
mais on peut fort bien lui attribuer ce vers de Virgile
sic vos non vobis nidificatis aves. car dès
qu'il les a achevés, un autre s'en empare. on
ajoute que quand la femelle est pressée de pondre, elle
pratique un petit coin dans un de ses nids, et que
l'usurpateur l'y laisse tranquillement faire ses oeufs
et les couver. en general l'isle est assez peu peuplée
de volatilles, ce qu'on attribue aux oiseaux de proye
aux couleuvres, aux chats marons, qui en exterminent
un grand nombre.

Le plus commun est le pigeon ramier, et c'est
aussi le meilleur gibier de l'isle. après lui c'est le
perroquet, on en tue souvent pour les manger, ils sont
fort bons, quoique moins delicats que les ramiers. il y a
des gens qui gagnent leur vie à les prendre dans leurs nids
pour leur apprendre de bonne heure à parler et pour

+ il y a aussi un petit oiseau nommé [illegible] assez semblable [illegible] appelé par les Negres +

lesquelles étant multipliées par 4000 personnes, que chacune peut nourrir, donneront 1640000 ames. ce calcul seroit bon si toute l'isle étoit une plaine comme celle du cap françois, et il s'en faut beaucoup qu'elle le soit. car [illegible] la [illegible] du gouvernement ~~[illegible] par le P. le Pers ne donne que~~

~~140 lieues de long à l'isle de St Domingue, or elle en a ~~ plus de 300 de 25 au degré, qui sont les lieues communes de france, ~~142 en droite ligne du cap Tiburon à la pointe de l'Espade, selon la carte de M. Frezier: presque autant du cap de St Nicolas en suivant la côte du nord et tournant au sud jusqu'à la pointe de l'Espade, ce qui joint aux trente lieues de largeur moyenne, font 330 lieues de circuit.~~

~~140 lieues de long à l'isle de St Domingue; mais son circuit depuis le cap Tiburon à la pointe de l'Espade, et de cette pointe au mole St Nicolas est selon la carte de M. Frezier et de 300 lieues communes de france, de 25 au degré, et de 30 lieues de moyenne largeur, font en y ajoutant les 30 lieues 330 lieues, comme je l'ai marqué.~~

~~(a) le P. le Pers en donnant 140 lieues de longueur à l'isle de St Domingue, ne les compte ni sur les lieues marines, car elles de 20 au degré n'en auroit que 124, ni sur les lieues communes de france, car elles de 25 au degré en auroit 155 suivant la carte de Frezier qu'il avoit entre les mains; ce qui est certain, c'est que selon cette carte ~~son circuit~~ depuis le cap Tiburon jusqu'à la pointe de l'Espade, et depuis cette pointe jusqu'au mole St Nicolas son circuit au large des pointes est de plus de 315 lieues communes de france et de 240 lieues marines françoises, à quoi il faut ajouter 15 lieues de traverse au large de la pointe la plus avancée à l'ouest de la partie du sud au mole St Nicolas, qui est aussi la pointe avancée à l'ouest de la partie du nord, ce qui feroit 255 lieues marines dans le contour de l'isle fait au large, et beaucoup plus, si on rangeoit les côtes de plus près en doublant les pointes les plus avancées. je ne me suis pas éloigné du vrai en lui donnant 330 lieues de 25 au degré elle en a au plus 340.~~

les vendre. le Pic vert est rouge et noir sur un fon
jaune. les François d'après les Espagnols l'ont appel
charpentier. cependant bien loin de bâtir, il détruit,
et l'on a vû des Edifices, dont ces oiseaux avoient tellem
criblé les poutres, qu'on a été contraint de les abbatre.
pourroit neanmoins s'en garantir, parce qu'on l'en
travailler de fort loin. mais le P. le Pers prétend qu'il n
s'attache qu'au bois, où il commence à se former d
vers. dans les bois il s'attache surtout au Palmier, pour en
manger la moëlle, et il y fait de grands et grands trous. alors l
perroquets vont s'y nicher pour y être en sûreté contre les coule
vres, qui ne peuvent grimper sur cette arbre, dont l'ecorce est trop
unie.

Le colibry n'a qu'un cri fort aigu, et on ne connoît pa
du moins à St Domingue, le chant melodieux, que
lui donne le P. Labat. M. Leonery le decrit fort bien d
son Dictionnaire. les Espagnols le nomment Tomineo
du mot Tomin, qui signifie la troisieme partie de
la moitié d'une drachme du marc de Castille. le
le Pere l'évalue à 24. grains, et ajoute que son nid n
guere plus d'un pouce et demi de large, qu'il est couvert en dehors
de mousses de differentes couleurs, et composé en dedans du coton
plus fin. ce nid est ordinairement placé sous la feuille
d'un roseau, où les couleuvres et les gros becs, qui so
les ennemis de ce petit oiseau, ne peuvent atteindre, o
y prendre pied. L'oiseau mouche du Canada, qui est
une espece du colibry, est encore plus petit, plus brillan
et n'a pas le bec recourbé en dedans comme celui des Is

La mouche luisante, que les naturels du pays nom
moient Cocuyo, et à laquelle les Espagnols ont conservé
ce nom, est une espece d'Escarbot de la grosseur d'un
hanneton. sa couleur est brune, sans aucun eclat. elle se
retire le jour dans des bois pourris, et aime surtout les bo
de rose: elle en sort au coucher du soleil, cherche la
lumiere et le feu, et on en prend beaucoup avec un tis
allumé. elle a deux yeux à la tête, et deux autres sou
ses ailes, qui brillent comme une bougie. et elle peut ête

le plus beau phosphore qu'il y ait dans la nature
on voyage la nuit même à sa clarté, et les insulaires
s'en servoient pendant la nuit pour la chasse et pour la
pesche, en se les attachant aux pieds et aux mains.
l'humeur qui les fait ainsi briller produit le même effet
sur les mains et sur le visage, quand on s'en est frotté.
herrera nous assure qu'on les appelle par leur nom
en leur montrant un tison allumé, et qu'elles viennent
d'abord; mais il y a bien de l'apparence qu'elles sont
attirées par le tison, et nullement par la voix. on a
aussi prétendu qu'elles étoient un excellent préservatif
contre les moustiques et les autres insectes, dont on est
fort incommodé, surtout dans les lieux couverts de bois;
cependant on ne peut se garantir qu'en s'exposant à un
soleil toujours ardent, mais le P. le Pers assure le
contraire. les tocayos n'ont qu'une saison, et on les
garde bien difficilement au delà de huit jours. nos
mouches d'Europe, qui ont passé dans nos isles sur les
vaisseaux, y ont extrêmement peuplé, et on ne sçauroit
tuer une pièce de gibier un peu loin des habitations,
qu'elle ne soit en peu d'heures couverte de ces insectes,
qui la corrompent d'abord. les mêmes vaisseaux ont
fait aux Antilles un autre présent, qui ne leur est pas
moins dommageable; ce sont les Rats et les souris, qui
y font de très grands ravages. un ver, qu'on nomme
Mahoca n'en fait pas de moindres sur les plantes, dont
il dévore toutes les racines. mais il y en a un autre, que
les uns appellent ver de Palmiste, parce qu'il s'engendre
dans ces arbres, et d'autres Rhinoceros, et qui est un
manger délicat.

• Les hirondelles, voyez la page 28.

page 83. a la ligne. Un ver, qu'on nomme Mahoca
s'attache aux plantes, dont il dévore les racines;
mais il y en a un autre, sur lequel on se dédommage
du dégât qu'il peut faire. ~~on l'appelle ver~~ les uns l'appellent ver de
palmiste, parce qu'il s'engendre dans cet arbre, et
d'autres, Rhinoceros; on le mange, et il est, dit-on, fort
delicat. parmi les autres insectes et les Reptiles +

Des Oyes, des Pintades, des Paons, & des Faisans.

Les Oyes des Antilles n'ont des petits qu'une fois l'année. Il n'en est pas de même de toutes les autres especes de volailles, soit Indiennes, soit étrangeres. Toutes les saisons sont bonnes pour cela, & rien ne seroit plus aisé que de les élever, si ces animaux n'étoient pas sujets à une maladie, qu'on appelle les Pians, & dont il en meurt un trés-grand nombre. Ce qu'on voit plus communément dans les basses-cours, ce sont les Poules Pintades, qui y sont venuës de Guinée; des Paons, qu'on a trouvés en quantité le long de la riviere *Neyva*; & des Faisans. L'Isle avoit des Pintades un peu differentes des autres, & plus petites, mais il ne fut jamais possible de les rendre domestiques. Jusques-là que, si on mettoit de leurs œufs sous une Poule ordinaire, les petits poussins n'avoient pas plûtôt leurs aîles, qu'ils disparoissoient. Cet animal a le bec & les pieds à peu près comme nos Poules: il est de la même grosseur, mais ses plumes ont toutes une tache blanche, qui leur fait comme un œil bien moins marqué que celui des Paons; le reste est d'une couleur plus foncée, & tire sur le gris cendré. C'est cette varieté, qui lui a fait donner par les Espagnols le nom de Pintade, ou de Poule peinte, qui dans le fonds ne lui convient pas beaucoup. Il a la tête & le col presque chauve, ce qui cause une petite difformité, laquelle est néanmoins un peu reparée par sa crête, qui est courte, mais d'un rouge très-vif.

Des Tourterelles, des Pic-vers, des Rossignols, & des Linottes.

On croit communément qu'il y a dans la même Isle des Perdrix rouges, & des Ortolans; on se trompe; ce sont differentes especes de Tourterelles. Les nôtres y sont sur tout fort communes. Le Pic-vert y a toutes les proprietés de celui de France, mais il l'emporte beaucoup par la beauté de son plumage rouge & noir sur un fond jaune. Les François après les Espagnols l'ont appellé Charpentier, parce que quand il picque le bois de son bec, il fait un très-grand bruit. Du reste il ne peut porter ce nom, que par ironie, car bien loin de bâtir, il détruit, & l'on a vû de grands édifices, dont ces animaux avoient tellement criblé les poutres, qu'on a été contraint de les abatre. Notre Isle a aussi son Rossignol, dont la figure & le chant aprochent assés peu du nôtre. Il doit son nom au plaisir, que ressentit Christophle Colomb en l'entendant chanter au mois de Decembre. Mais on y trouve une Espece de Linotte, dont le ramage a quelque chose de fort agréable. Cet oiseau est très-rare, & en general le gazoüillement des oiseaux ne fait pas dans ce pays-là un des agrémens des bois & des campagnes: s'ils charment les yeux plus que les nôtres, ils flatent beaucoup moins les oreilles.

Des Grands-Gosiers, des Perroquets.

Les oiseaux de proye ne manquent pas dans notre Isle, & il s'y en voit d'un grand nombre d'especes. On y trouve sur tout des Grands-Gosiers en quantité. C'est un oiseau, qui tient du Cormoran & du Pelican, mais il est trop different du dernier pour lui en donner absolument le nom, comme a fait le P. Labat. Ce qu'il a de singulier, & ce qui lui a fait donner le nom qu'il porte, c'est que de la partie inferieure de son bec, qu'il a fort long & fort large, il pend une espece de bourse, qu'il étend prodigieusement, & qui lui sert de magasin. Il ne cesse point de chasser, ou plûtôt de pêcher, jusqu'à ce qu'il l'ait rempli. Il digere ensuite à son aise, mais assés vite, ce qu'il a ainsi ramassé; & il est inconcevable combien il en coute aux curieux, pour le nourrir. Tout lui est bon, mais quand il est libre, il ne vit que de poisson, & on ne le trouve gueres, qu'au bord de la mer, où sa couleur est toûjours d'un cendré obscur, & le long des rivieres, où il est, au moins en quelques endroits, d'un très-beau blanc. Un autre oiseau de proye assés commun aux Isles, est le Malfenis, lequel aproche du Faucon & de l'Aigle. Quantité d'autres, qu'on appelle indifferemment Pescheurs ou Aigrettes, sont de vrais Hérons, & different très-peu des nôtres. Enfin les Perroquets sont encore habitans naturels des Antilles, où l'on en voit de toutes les especes & de toutes les couleurs. Mais les deux merveilles de l'Amérique en genre d'oiseau, sont le Flamand & le Colibry, un des plus grands, & le plus petit de tous les animaux qui volent, & ne sont point insectes.

Le Flamand doit son nom aux Espagnols, mais la raison, qu'ils ont euë de le lui donner, n'est pas venuë jusqu'à nous. Ces oiseaux se trouvent par grandes troupes dans les marais, & comme ils ont les pieds extrêmement hauts, on diroit de loin un escadron rangé en bataille. Ils sont effectivement toûjours en garde contre la surprise de leurs ennemis, & l'on prétend qu'il y en a toûjours quelques-uns en sentinelle, tandis que les autres sont occupés à chercher leur vie. Avec cela on dit qu'ils éventent la poudre d'assés loin; ainsi on les aproche difficilement. Nos anciens Boucaniers se servoient pour les tuer d'un stratagême semblable à celui, dont on dit que les Floridiens usent pour aprocher les Cerfs. Ils se couvroient d'une peau de Bœuf, & prenant le dessous du vent, ils aprochoient leur proye, sans que les Flamands accoûtumés à voir paître les Bœufs dans les campagnes, en fussent effarouchés; de sorte qu'ils les tiroient à leur aise. Les plumes du Flamand sont d'un très-bel incarnat, mêlé d'un peu de blanc & de noir. Il est de la grosseur d'une Poule d'Inde ordinaire. Sa chair n'est pas bonne à manger, mais sa langue est un morceau délicat. Quand on en peut avoir de jeunes, on les aprivoise aisément, pourvû qu'on leur donne à boire de l'eau salée, mais à cet âge leur plumage n'a rien de beau. Du Flamand.

Le Colibry, qu'on appelle Oiseau-Mouche en Canada, a été nommé par les Espagnols *Tominejo*, parce qu'avec son nid il ne pese qu'environ deux de ces petits pois, qu'on appelle en Espagne *Tominos*. Il est encore plus petit en Canada, où son corps, y compris les plumes, n'est pas plus gros que celui d'un Hanneton. Ses couleurs sont le rouge, le noir, le verd & le blanc, avec des nuances d'or sur le verd & sur le rouge. Il a sur la tête une petite aigrette noire, sa gorge est d'un rouge très-vif; son ventre est d'un beau blanc, & tout le reste d'un verd de feüille de rosier. La femelle n'a de toutes ces couleurs que le blanc sous le ventre, tout le reste de son plumage est d'un cendré clair. Du Colibry.

Le bec, & les pattes de ce petit animal sont fort longs; le Colibry des Isles a le bec un peu crochu, au lieu que l'Oiseau-Mouche du Canada l'a tout droit. Le P. le Pers prétend que le Colibry ne fait point d'autre bruit, que celui du bruïssement de ses aîles, lequel est assés fort, parce qu'il a le vol très-rapide. Le P. Labat assûre au contraire qu'il a un chant fort mélodieux. Je ne déciderai point entre ces deux sentimens, parceque je n'ai point vû de Colibry vivant. Pour ce qui est de l'Oiseau-mouche du Canada, j'en ai entendu une femelle, qui siffloit d'une maniere très-forte, mais peu agréable. J'ai souvent vû des mâles, mais je n'en ai jamais entendu chanter un seul.

Insectes. Des Mouches luisantes. La Mouche luisante, que les anciens habitans de nos Isles nommoient *Locuyo*, & auquel les Espagnols ont conservé ce nom, a bien aussi son merite. C'est une espece d'Escarbot un peu plus petit qu'un Moineau. Il a deux yeux à la tête, & deux sous les aîles, d'où il sort un feu, qui jette une très-grande lumiere, & c'est peut-être le plus beau Phosphore vivant, qui soit dans la nature. On voyage & on lit même à sa clarté, & elle étoit d'une très-grande utilité aux Espagnols, qui s'en servoient la nuit pour la chasse & pour la pêche, en se les attachant aux pieds & aux mains. On ajoûte que c'est encore un excellent préservatif contre les Moustiques, & autres semblables insectes, dont on est sans cela très-incommodé, & dont le jour même on ne sçauroit se garantir, surtout dans les lieux un peu couverts de bois, qu'en s'exposant à un Soleil toûjours brûlant. Les Mouches luisantes se prenoient la nuit avec des tisons; dès qu'elles voyoient du feu elles y accouroient, & dès qu'on les avoit fait tomber, elles ne se relevoient point. Ce qui les faisoit briller de la maniere, que j'ai dit, étoit une humeur, qui produisoit le même effet sur les mains & le visage, quand on s'en étoit frotté. Herrera nous assûre qu'on les appelloit par leur nom, en leur montrant un tison allumé, & qu'elles venoient d'abord. Il y a bien de l'apparence que les Espagnols avoient pris cet usage des Insulaires.

Cependant

+ atoliqne..

un ver, qu'on nomme *Mahoca* s'attache aux plantes, dont
il devore la racine; mais il y en a un autre, sur lequel ont
de dommage du degât qu'il peut faire. les uns l'appellent *ver
de palmiste*, parce qu'il s'engendre dans ces arbres, aux depens
duquel il se nourrit; d'autres le nomment *Rhinoceros*. on le
mange et on le trouve fort delicat parmi les autres insectes
et Reptiles +

n sa faveur. je n'ai point voulu qu'il fit davantage de demarches m
... s'est Retiré chez nous ... il est ... dans peu je crois qu'il y viendra

Cependant on peut bien croire que tant de beautés & la fraîcheur de la nuit, convient fort à prendre ce têms pour se promener, ou pour voyager. Mais les Locuyos n'ont qu'une saison, qui est celle des grandes chaleurs, & on les garde bien difficilement au-delà de huit jours. Nos Mouches ordinaires, qui ont passé dans les Isles sur nos vaisseaux, y ont extra-ordinairement peuplé, & l'on ne sçauroit tuer une piece de gibier un peu loin des habitations, qu'en peu d'heures elle ne soit couverte de ces insectes, qui la corrompent d'abord. Les mêmes vaisseaux ont fait aux Antilles un autre présent, qui ne leur est pas moins dommageable, ce sont les Rats & les Souris, qui s'y sont fort répandus, & y font des ravages incroyables.

Des Insectes venimeux.

Parmi les autres insectes & reptiles, on remarque plusieurs especes de Scorpions, un Escarbot, nommé *Rhinoceros*, plusieurs sortes de petits Lezards, d'Araignées, de Fourmis, & de Couleuvres. Quelques-unes de ces dernieres sont assés grosses pour avaler des Poules entieres; mais nul de ces animaux n'est venimeux, si on en excepte certains Scorpions, qui naissent dans la presqu'Isle de *Samana*, & une Araignée à cul-rouge, la plus grande & la plus monstrueuse, qui soit au monde: encore n'est-on pas fort incommodé de la picqueure de celle-ci. Pour ce qui est de celui-là, on en parle d'une maniere fort generale, & le fait est même assés peu certain. Mais l'Escarbot Rhinoceros est un animal trop curieux, pour n'en pas donner ici la description.

De l'Escarbot Rhinoceros.

Quelque têms après qu'on a coupé un Palmier, une espece d'Escarbort y produit une quantité de vers cornus, que les habitans recherchent avec soin, & qui passent pour un mets très-délicat. Ce n'est en effet qu'une graisse douce & agréable, enveloppée d'une pellicule ondulée & en volute. Il est vrai que d'abord sa figure rebute, & cause une certaine horreur, que quelques-uns ne peuvent jamais vaincre: mais la plûpart s'y font bientôt. L'Escarbot, qui les enfante, est celui dont nous parlons; c'est une sorte de Mouche volante, qui a un nez fort alongé, & fait en façon de corne un peu cintrée ; d'où lui eſt venu le nom de Rhinoceros. Cette corne eſt ordinairement ornée d'une double époussette, l'une en deſſus, & l'autre en deſſous. De plus il ſort de ſes narines deux barbillons mobiles, qui ont pluſieurs articles terminés par de jolis ombeles veloutés, qui lui ſervent d'oculaires. Un caſque tirant ſur l'oval lui couvre la tête, il eſt tout d'une piece, un peu en boſſe d'un noir luiſant très-poli, d'une conſiſtance ferme, bruſque & caſſante. Sa gueule fenduë horizontalement renferme deux mâchoires bien armées de bonnes dens. Son thorax eſt oſſeux, accompagné de deux bras, qui ont chacun trois nœuds, ou articulations. Ces bras ſont recoudés, & terminés par une patte fourchuë, ardillonée & veluë. Un peu au-deſſous ils s'emboëtent dans une échancrure, qui ſe trouve dans la partie ſuperieure du ventre. De chaque côté il y a un pied tout ſemblable aux bras, que je viens de décrire, enchaſſé dans un corſelet fait de pluſieurs pieces, qui s'uniſſent avec le plaſtron. Du bas-ventre il ſort pareillement deux pattes, qui ne different en rien des autres. Pluſieurs tuniques rangées les unes ſur les autres, terminent en bas cet inſecte, lequel porte en deſſus quatre aîles, deux interieures, fines & tiſſuës comme de la gaze, & deux exterieures, qui ſont rayées, noires, ovales, ſeches & raiſonnantes.

Des Chiques & des Poux de bois.

Les Gueſpes, les Bêtes à mille pieds, & une eſpece de Fourmi fort groſſe & toute noire appellée *Flamand*, laiſſent auſſi quelques marques ſur la peau, où elles ont mis leur aiguillon, mais ces piqueures n'ont aucune ſuite fâcheuſe. Il n'en eſt pas de même d'un autre petit inſecte, que les Inſulaires appelloient *Nigua*, & que les François ont appellé *Chique*, lequel ſe fourre dans la chaire, particulierement aux pieds, où il ſe fait ſentir d'abord par un grand feu. Il faut même l'en tirer de bonne heure, ſans quoi il gagne toûjours ; comme une eſpece de chancre, & multiplie, comme la vermine. Les Eſpagnols en reçûrent beaucoup d'incommodités dans les commencemens, parce que ne sçachant ce que c'étoit, ni la maniere de s'en délivrer, les pieds leur pourrissoient avec les plus violentes douleurs. Une troisiéme espece de Fourmi blanche, est encore plus pernicieuse. Leur substance est très-molasse, & & leur bave, ou salive est un dissolvant, qui fait impression jusques sur le fer. On les appelle *Poux de bois*, parce qu'elles s'attachent aux bois mous, dont elles se nourrissent, & qu'elles ruinent entierement. Dès qu'elles ont gagné le comble d'une maison, c'est fait de la charpente, & en peu de têms. Elles commencent par dévorer les lattes, qui pour l'ordinaire sont d'un bois fort tendre, puis elles s'insinuent dans les mortaises, qu'elles rongent assés vite. On a découvert depuis peu que l'arsenic les fait mourir d'abord; & il suffit, pour en être bientôt délivré, de répandre un peu de ce poison sur le chemin, que se fraye cet insecte, & qui est une espece de boyau de terre, ou de chemin couvert. Le Poux de bois fait aussi beaucoup de dégat dans le linge & dans les livres, & il n'est point de cofre, où il ne pénétre, aussi-bien qu'une sorte de Hanneton appellé *Ravet*, un peu plus plat que les nôtres, & qui ne travaille que de nuit.

Des Quadrupedes.

Il y a beaucoup moins à dire sur les Quadrupedes naturels de notre Isle, que sur les autres sortes d'animaux. Il ne s'y en trouva que de cinq especes, quand on la découvrit; & comme ils étoient tous sans défenses, les Chats & les Chiens Espagnols les eurent bientôt détruits. Les Insulaires les nommoient *Utias*, *Chemis*, *Mohuis*, *Coris*, & *Goschis*: mais je n'ai trouvé ce dernier nom, que dans les mémoires du P. le Pers. Les plus grands ne surpassoient point nos Lapins ordinaires, dont les trois premieres especes tenoient beaucoup, & tous étoient bons à manger. Oviedo dit que l'Utias étoit comme une grosse Souris & le Cori comme un petit Lapin. Il y en avoit de tous blancs, & dans d'autres les couleurs étoient mêlées. Le Cori, selon d'autres auteurs, étoit blanc & noir, n'avoit point de queuë, & sa gueule étoit ſemblable à celle d'une Taupe. Les Goſchis étoient de petits Chiens muets, qui ſervoient d'amuſement aux Dames, leſquelles les portoient entre leurs bras. On s'en ſervoit auſſi à la chaſſe, pour éventer les autres animaux; ils étoient pareillement bons à manger, & furent d'une grande reſſource aux Eſpagnols dans les premieres famines, qu'ils eſſuyerent. L'eſpece auroit même bientôt manqué dans l'Iſle, ſi on n'y en avoit apporté de pluſieurs endroits du continent. Il y en avoit de pluſieurs ſortes; car les uns avoient la peau tout-à-fait liſſe; d'autres avoient tout le corps couvert d'une laine fort douce; le plus grand nombre n'avoit qu'une eſpece de duvet fort tendre & fort rare. La même varieté de couleur, qui ſe voit parmi nos Chiens, ſe rencontroit auſſi parmi ceux-là, & plus grande encore, parce que toutes les couleurs s'y trouvoient, & même les plus vives.

Nombre & figure des Habitans.

Je ne dirai rien ici des arbres & des plantes, ni de tout ce qui concerne la Botanique par raport à l'Iſle, dont je vais écrire l'hiſtoire. Cette matiere eſt d'une grande étenduë, & demande un ouvrage à part, auquel je ſçai que l'on travaille.(a) Mais il eſt ſur tout néceſſaire de bien faire connoître les peuples, qui occupoient cette grande Iſle, lorſque les Européans y parurent pour la premiere fois. Quelques auteurs ont prétendu qu'on y trouva trois millions d'ames. D'autres en retranchent les deux tiers; peut-être ceux-ci en mettent-ils trop peu, mais il y a beaucoup d'apparence que ceux-là en mettoient trop, & qu'il faut prendre un milieu entre ces deux opinions. Ces Inſulaires étoient communément d'ue taille médiocre, mais bien proportionée. Ils avoient le teint extrêmement bazané, la peau rougeâtre, les traits du viſage hideux & groſſiers, les narines fort ouvertes, les cheveux longs, pas un poil dans tout le reſte du corps, preſque point de front, les dens ſales & mauvaiſes, & je ne ſçai quoi de trouble & de ſauvage dans les yeux. Mais tout cela n'étoit pas également naturel. La couleur de leur peau venoit en partie du *Rocou*, dont ils ſe frottoient

(a) Le P. le Pers l'avoit fini avant sa mort. il le laissa au Sr Desportes Medecin et Botaniste, pour le perfectionner. depuis la mort de ce dernier, ses heritiers n'ont pu encore parvenir à rien retirer de sa succession.

souvent : à quoi il faut joindre les ardeurs d'un Soleil brûlant, ausquelles ils étoient sans cesse exposés tout nuds. Ils se procuroient aussi par artifice cette conformation de tête, qui leur ôtoit presque tout le front, & dans laquelle ils trouvoient un grand agrément. Pour cela les meres avoient soin de tenir fort serré avec les mains, ou entre deux petits aix le haut de la tête de leurs enfans nouvellement nés, afin de l'applatir peu à peu : d'où il arrivoit que le crane replié en quelque sorte sur lui-même, devenoit si dur, que les Espagnols ont souvent cassé leurs épées en voulant fraper de taille sur la tête de ces malheureux. Or il est aisé de juger que cette operation changeoit toute la physionomie, & contribuoit beaucoup à l'air farouche, qu'on remarquoit dans ce peuple.

Leur complexion & leur caractere.

Les hommes alloient tout nuds & cachoient assés mal, ce qui ne doit point être vû. Les femmes portoient une espece de jupon, qui dans les Dames descendoit jusqu'aux pieds, & dans les autres jusqu'aux genoux seulement. Les filles ne portoient absolument rien. Ils étoient tous d'une complexion foible, d'un temperament flegmatique, un peu mélancoliques, & mangeoient fort peu. Un Crabe, un Burgot leur suffisoit chaque jour pour se nourrir ; aussi n'avoient-ils presque pas de force. Ils ne travailloient point, ne s'inquietoient de rien, & passoient leur vie dans la plus grande indolence, qu'il soit possible d'imaginer. Après s'être divertis à danser une partie du jour, s'ils ne sçavoient plus que faire, ils s'endormoient. Du reste c'étoit les hommes du monde les plus simples, les plus doux, les plus humains, qui avoient, ou du moins, qui montroient moins d'esprit & de mémoire, sans fiel, sans aigreur, sans ambition, & presque sans passions : des enfans, plûtôt que des hommes. Ils ne sçavoient rien & n'avoient nulle envie de sçavoir ; ils ignoroient jusqu'à leur origine, & comme on n'a pû l'apprendre que d'eux, nous ne pouvons avoir sur cela que des conjectures bien foibles.

Leurs Traditions.

D'ailleurs ils n'avoient ni écriture, ni rien qui supleât à

ce défaut, que des chanſons ; mais ces chanſons ſe changeoient à la mort du Prince regnant, ainſi elles n'établiſſoient pas une tradition fort ancienne, à quelques fables près, qui étoient fort mal digerées. On en peut juger par ce qu'ils diſoient de l'origine des hommes. Les premiers, ſelon eux étoient ſortis de deux cavernes de leur Iſle. Le Soleil irrité de cette ſortie, changea en pierres les gardiens de ces cavernes, & métamorphoſa ces hommes échapés de leurs priſons, en arbres, en grenoüilles, & en pluſieurs autres ſortes d'animaux. Cependant l'Univers ne laiſſa point de ſe peupler. Une autre tradition portoit que le Soleil & la Lune étoient auſſi ſortis d'une grotte de la même Iſle pour éclairer le monde, & l'on alloit en pélerinage à cette grotte, qui étoit ornée de peintures, & dont l'entrée étoit gardée par deux Démons, auſquels il falloit rendre ſes devoirs, avant que d'aller plus loin. Ces fables font voir que ces Inſulaires ne doutoient point que la terre n'eut commencé par leur Iſle à ſe peupler, & il eſt peu de nations dans l'Amérique, en qui l'on n'ait trouvé la même prévention pour leur pays.

Conjectures ſur leur Origine.

Il y a néanmoins bien de l'apparence que la terre ferme a eu des habitans avant les Iſles. Il s'agit de ſçavoir de quel côté ſont venus ceux, qui les ont peuplées, & c'eſt ſur quoi il ne me paroît pas poſſible de prendre parti. Il n'eſt pas non plus fort aiſé de dire pourquoi dans les grandes Antilles les habitans étoient ſi doux, & ſi peu aguerris, & ceux des petites, ſi feroces, ſi belliqueux, ſi inhumains. D'ailleurs, & les Cannibales, qu'ils avoient au Sud pour voiſins, & les Floridiens, qui l'étoient au Nord, étoient également Anthropophages ; cependant on ne ſçauroit preſque douter qu'ils ne ſoient deſcendus, ou des uns, ou des autres, ou peut-être même de tous les deux peuples : & quelque ſentiment qu'on embraſſe, il reſtera toûjours à expliquer, d'où vient cette difference de mœurs & de caracteres dans les uns & dans les autres, & d'une partie de ces Inſulaires aux peuples, d'où ils tirent leur origine.

Pour revenir à leurs chanſons, qui ſeules leur tenoient lieu d'annales, ainſi que je l'ai déja remarqué : elles étoient toûjours accompagnées de danſes en rond, où celui, qui menoit la bande, commençoit ſeul, & tous les autres répetoient après lui. Il regloit auſſi les pas en danſant le premier. Il en faiſoit d'abord quelques-uns en avant, puis il en faiſoit autant en arriere : toute la troupe ſuivoit. On ne manquoit jamais à la meſure, & l'on ne ſortoit point de cadence. Quelquefois les hommes danſoient ſeuls d'un côté, & les femmes de l'autre ; d'autre fois les deux ſexes étoient mêlés, & alors c'étoit indifferemment, ou un homme, ou une femme, qui commençoit le branle. Mais dans les Fêtes publiques, & dans les occaſions importantes on chantoit & on danſoit au ſon d'un tambour, & c'étoit ordinairement le plus conſiderable de la bourgade, ou le *Cacique* même, qui touchoit cet inſtrument. *Cacique*, dans la langue du pays, ſignifioit Prince ou Seigneur, & les Eſpagnols en ont fait un mot générique, dont ils ſe ſont ſervis, non ſeulement à l'égard de tous les Souverains de l'Amérique, excepté les Empereurs du Mexique, & les Incas du Perou; mais encore pour marquer les Seigneurs particuliers, qui ſe trouvoient à la tête des plus petites bourgades. Leurs Danſes & leurs Chanſons.

Le Tambour, dont je viens de parler, n'étoit autre choſe qu'un tronc d'arbre arrondi en Cylindre, auquel on faiſoit vers le milieu de ſa longueur une ouverture en quarré long, qui paſſant par le centre en diminuant toûjours, ſe terminoit vers l'extrémité oppoſée à deux lignes & une traverſe qui les uniſſoit par le milieu. Ce Tambour, dont le ſon ne pouvoit pas être fort agréable, ſe couchoit de ſon long ſur la plus grande ouverture & avec un baton on frapoit ſur celle, qui luy répondoit. Un autre divertiſſement, qu'on appelloit le jeu de Batos, n'étoit pas moins uſité parmi ces Inſulaires. Tambour au ſon duquel ils danſoient.

Le *Batos* étoit une eſpece de Balon d'une matiere ſolide, mais extrêmement poreuſe & legere, de ſorte qu'il ne bondiſſoit gueres moins que les nôtres. Ce n'étoit jamais, Jeu de Batos.

ni avec la main, ni avec le pied, qu'on le jettoit, mais avec la tête, les hanches, les coudes, & surtout les genoüils. Celui, qui le poussoit le dernier, comptoit un jeu, & la partie consistoit dans le nombre de jeux, dont on étoit convenu. Les femmes aureste y joüoient aussi-bien que les hommes. Gonzale Fernand d'Oviedo, qui a passé la meilleure partie de sa vie dans le nouveau monde, dont il a écrit l'histoire, & qui a long-têms commandé dans la forteresse de San Domingo, dit que le Batos étoit fait d'une composition de racines de certains arbres, qu'il ne nomme point, & de plusieurs herbes, qu'on faisoit boüillir ensemble, d'où il resultoit une pâte noire, assés semblable à de la poix, mais qui ne s'attachoit pas à la main, quand elle étoit bien sêche. Il ajoûte que ce Balon bondissoit de telle sorte, qu'en le laissant seulement tomber, il sautoit beaucoup plus haut, que l'endroit d'où il étoit parti. Le nombre des joueurs n'étoit point reglé, & il montoit quelquefois jusqu'à vingt de chaque côté. Une ligne séparoit les deux bandes, & il n'étoit pas permis de la passer. Il y avoit dans chaque bourgade une place destinée à cet exercice, & une autre plus grande en dehors pour les plus nombreuses parties, comme quand toute une bourgade défioit une autre; ce qui arrivoit souvent.

Yvresse du Tabac.

La victoire se célébroit par une danse generale, à la fin de laquelle on ne manquoit jamais de s'enyvrer de la fumée de tabac; & cela étoit bientôt fait : car en premier lieu, on ne se mettoit à fumer, que quand on étoit prêt à tomber de lassitude; & puis de la maniere dont on fumoit, la plus forte tête devoit être étourdie d'abord. Sur des braises à moitié allumées on étendoit des feüilles de tabac, qui n'étoient pas tout-à-fait sêches; puis on prenoit un tuyau fourchu en maniere d'Y, le pied de cette pipe se mettoit dans la fumée, que causoit la feüille de tabac, & ses deux branches, dans les narines, par lesquelles on tiroit la fumée, qui montoit bientôt au cerveau. Chacun restoit, où l'yvresse l'avoit fait tomber, excepté le Cacique, que ses femmes venoient

venoient enlever, & portoient sur son lit. Si pendant cette yvresse il survenoit quelque songe, on le prenoit pour un avertissement du Ciel. Cependant on peut juger que ces débauches, qui étoient fréquentes, ébranloient fort le cerveau de ces Barbares, & altéroient considerablement leur constitution.

Aureste le Tabac étoit naturel à l'Isle Espagnole; les Insulaires le nommoient *Cohiba*, & appelloient *Tabaco* l'instrument, dont ils se servoient pour fumer. On ne doute point aujourd'hui que ce ne soit là l'origine du mot de Tabac, & c'est une erreur populaire, que de l'attribuer à l'Isle de Tabago. Le sentiment du P. Labat, qui le fait venir de la ville de Tabasco dans la nouvelle Espagne, ne paroît pas mieux fondé, & cet auteur auroit bien dû ce me semble, citer ses preuves. Les Espagnols disent, *Hazer un Tabaco*, pour signifier le divertissement, qu'on prend à fumer & à danser en rond à la maniere des Amériquains; & il paroît que c'est de là qu'est venu le terme de *Tabagie* si usité dans nos anciennes relations pour exprimer les fêtes des Sauvages. Les Brasiliens appelloient *Petun* ce que les Insulaires de S. Domingue appelloient *Cohiba*, & il est étonnant que cela ait été ignoré de M. Lemery, qui a cru ce nom François, & l'a voulu faire dériver du verbe Grec πετάω j'étends. Car il n'y a gueres d'apparence de vouloir donner une racine Grecque à un terme Brasilien; à moins que ce πετάω ne se soit trouvé dans la langue du Bresil, comme ἀρέγω, & quelques autres mots Grecs se trouvent dans la langue Iroquoise.

Origine du mot de Tabac.

Ce qui est de certain, c'est que cette Plante, aujourd'hui si fameuse, & dont la plûpart des hommes ont fait un de leurs plus indispensables besoins, a été parfaitement ignorée des Anciens. Comme elle vint d'abord en France par le Portugal, le mot Brasilien *Petun*, lui fut d'abord seul attribué. On l'appella ensuite l'*Herbe à la Reine*, & *la Nicotiane*, parce que la premiere connoissance nous en étoit venuë par M. Nicot Ambassadeur du Roi Charles IX. à Lisbonne,

Differens noms qu'elle a eû en France.

lequel à ſon retour en France, la préſenta à la Reine Mere Catherine de Medicis. Le P. du Tertre, qui écrivoit aux Iſles de l'Amérique il y a près de 80. ans, le nomme toûjours Petun; & Rochefort, qui écrivoit en même têms en Hollande, ne lui donne jamais d'autre nom, que celui de Tabac; c'étoit effectivement celui, que lui donnoient les Hollandois, & ils l'avoient pris des Eſpagnols, avec leſquels ils en faiſoient alors un grand commerce. Dans la ſuite des têms les François établis dans le voiſinage de S. Domingue, & à S. Domingue même, s'accoûtumerent à ce terme, & inſenſiblement il a tellement pris le deſſus, que celui de Petun eſt devenu bas, & n'eſt plus reçû dans le bel uſage.

Leurs Mœurs. Oviedo, qui eſt entré dans un plus grand détail que perſonne ſur tout ce qui regarde les anciens habitans de notre Iſle, ſe plaint fort de ce qu'on ne s'eſt pas donné le têms de s'inſtruire de leurs mœurs, de leurs coûtumes, & de leur religion, & de ce qu'on n'y a penſé, qu'après qu'ils ont été preſque tous détruits. En effet tant qu'ils ont ſubſiſté, on s'eſt bien plus appliqué à en tirer des ſervices, qu'on ne s'étoit point aviſé juſques là de tirer des hommes, qu'à les interroger ſur une infinité de choſes capables de picquer la curioſité. D'un autre côté pluſieurs hiſtoriens ſe ſont plaints de cet auteur, qui a, diſent-ils, excedé beaucoup en parlant de la dépravation des mœurs de ces Inſulaires : ils ſe récrient ſur tout contre ce qu'il a avancé, que l'infâme peché de Sodome étoit commun parmi eux, & il y en a, qui n'ont point fait difficulté d'aſſûrer que cette abomination ne leur étoit pas même connuë.

J'avoüe que cette diverſité de ſentimens entre des auteurs contemporains, & des témoins oculaires, eſt quelque choſe de fort embarraſſant pour un hiſtorien, qui cherche à s'inſtruire; mais je ne crois pas qu'il ſoit abſolument impoſſible de démêler le vrai à travers de l'obſcurité, qu'elle y reſpand. Il ne faut, ce me ſemble, pour cela que faire attention aux vûës differentes, que ces auteurs avoient en écrivant. Effectivement il paroît que l'amour de la nation a un peu trop conduit la plume des uns, & les a porté à ne rien épargner pour diminuer l'indignation du Public & de la posterité contre leurs peres & leurs compatriotes; mais que le zele de la Religion a trop animé celle des autres, & leur a fait exagerer un peu tout ce qui pouvoit rendre odieux les auteurs des cruautés exercées contre des peuples, qu'on a mieux aimé exterminer, que de les amener au culte du vrai Dieu. Or rien ne pouvoit mieux produire l'effet, que chacun se proposoit, que de représenter d'une part ces peuples, comme n'ayant de l'homme que la figure, & plongés dans les plus infâmes dissolutions, & de l'autre, de les faire envisager au contraire comme des hommes sans vices & sans passions; on ne sçauroit donc gueres ici se tromper en prenant le milieu entre ces deux extremités. Le cri general depuis deux siecles charge trop la nation Castillane, pour la vouloir absoudre de toutes les cruautés, qu'on lui a reprochées, mais il est bien difficile aussi de contredire en tout un historien tel qu'Oviedo, lequel, après avoir dit en general que dans les Antilles, comme dans la terre ferme, les hommes & les femmes étoient également sujets au peché que la nature abhorre, ajoûte qu'il en faut excepter les femmes de l'Isle Espagnole, qui l'avoient en horreur, non par honte, ou par scrupule, étant les plus libertines de tout le nouveau monde, mais à cause du tort que ce détestable commerce leur causoit.

Origine du mal de Naples

Quoi qu'il en soit, quand bien même nos Insulaires auroient été exempts du crime de Sodome, il paroît indubitable qu'en d'autres genres d'impuretés, ils ne gardoient pas beaucoup de mesures. En effet la masse de leur sang en étoit tellement gâtée, que la plûpart étoient attaqués de cette infâme & cruelle maladie, dont la communication a fait à l'ancien monde, & sur tout à l'Espagne, un tort, que toutes les richesses du nouveau ne sçauroient compenser. A peine les Castillans eurent paru sur les côtes de l'Isle Espagnole, qu'ils en furent empestés, & plusieurs d'entr'eux, qui n'avoient gueres rapporté de leur voyage, que ce mal honteux, s'étant engagés à leur retour pour la guerre de Naples, ils le donnerent aux femmes Napolitaines, qui furent assés malheureuses pour s'abandonner à eux : celles-ci ne tarderent pas à le porter dans le camp des François, où il causa encore de plus grands ravages, que dans celui des Espagnols, ou du moins les premiers ne sçurent pas dissimuler, comme avoient fait les seconds. Les Italiens surpris de voir naître ce monstre au milieu de leur pays, s'en prirent à ceux, ou qui en faisoient plus de bruit, ou qu'ils haïssoient davantage, & le nommerent *le Mal François.* Ceux-ci de leur côté ne manquerent pas de le rejetter, ou sur les femmes, de qui ils l'avoient effectivement reçû, ou sur l'air du pays, & l'appellerent *le Mal de Naples.* Les Espagnols spectateurs d'un combat, auquel ils avoient donné lieu, n'eurent garde de s'y mêler ; encore moins chercherent-ils à mettre d'accord deux nations, qu'ils avoient tant d'interêt à broüiller ensemble, d'autant plus qu'ils ne le pouvoient, qu'en se chargeant de la chose du monde la plus odieuse. Et quoi que dans la suite Oviedo & Guichardin, l'un Espagnol, & l'autre Italien, & après eux presque tous les historiens des deux nations, qui ont eu occasion de parler de ce mal, ayent fait justice aux deux parties interessées, les noms, qu'elles avoient donnés en dépit l'une de l'autre à la nouvelle maladie, ont passé dans l'usage ordinaire, & ont été adoptés par les autres nations selon leur attachement aux François & aux Italiens. Ainsi on continuë en Italie à le nommer le mal François, & en France à l'appeller le mal de Naples, quoi que sans consequence pour les personnes instruites.

Mais si les Espagnols ont trouvé le secret de préserver leur nom de cette infâmie, & d'éviter par là une partie de l'odieux de cette peste, dont ils ont infecté l'Europe, ils en ont si peu garanti leur sang, sur tout dans l'Amérique, qu'il s'y trouve peu de familles de leur nation, qui ne s'en ressente. Les Insulaires guérissoient ce mal, ou du moins y apportoient beaucoup de soulagement avec le bois de

Gayac : mais il revenoit d'abord, & l'experience a fait voir que pour le guerir radicalement il y faut employer le Mercure & les sueurs les plus violentes. Mais revenons.

Il n'y avoit rien de reglé parmi nos Insulaires pour le nombre des femmes : plusieurs en avoient deux ou trois, les autres un peu plus. Un des Souverains, qui regnoient dans l'Isle, quand elle fut découverte, en avoit jusqu'à trente, mais ces exemples étoient rares. Il paroît néanmoins que chacun avoit sur cela une liberté entiere, & regloit le nombre de ses femmes sur ses facultés, & comme la plûpart n'avoient gueres que le nécessaire pour vivre, le commun se contentoit d'une femme. Quant aux degrés prohibés, il n'y avoit que le premier, sur lequel on ne se relachoit jamais. Parmi les femmes d'un même mari il y en avoit ordinairement une plus distinguée que les autres, mais elle n'avoit aucune superiorité sur ses compagnes. Toutes couchoient autour du mari, & nulle jalousie ne troubloit la paix du ménage. A la mort du Cacique, dont je viens de parler, on obligea deux de ses femmes à lui tenir compagnie, en se laissant ensevelir toutes vivantes, dans le tombeau, où on l'avoit mis ; on a vû en d'autres occasions des épouses faire d'elles-mêmes & avec joie, ce qu'on exigea de celles-ci. Pour l'ordinaire la chose étoit laissée à leur choix, & assés peu pratiquée. De leurs Mariages.

Les femmes étoient toûjours chargées des obséques de leurs époux ; elles enveloppoient le corps de larges bandes de cotton, le mettoient dans une fosse assés profonde avec tout ce que le défunt avoit eu de plus précieux. Le cadavre n'étoit pas couché de son long, mais assis sur une espece de banc, & l'on faisoit au sepulchre une maniere de voute avec du bois, pour empêcher que la terre ne tombât sur lui. Cette cérémonie étoit accompagnée de chants, & de beaucoup de superstitions, dont on ne nous a point appris le détail : mais les corps des Caciques ne se mettoient en terre, qu'après avoir été bien vuidés & sechés au feu. C'étoit en ces occasions que se composoient les chansons, où avec les Des Obséques.

loüanges du défunt, on marquoit tout ce qui étoit arrivé sous son regne ; & pendant la vie de son successeur ces chansons, ainsi que je l'ai déjà remarqué, se chantoient dans toutes les actions publiques. Les obséques des Caciques duroient environ quinze ou vingt jours, & avant que l'assistance, qui étoit toûjours nombreuse, se séparât, on partageoit entre les principaux conviés tout ce qui étoit resté des meubles du mort.

Les occupations des Insulaires.

La nécessité tiroit quelquefois ces Barbares de leur inaction, & les obligeoit de s'occuper, sur tout à la chasse, & à la pêche. Ils se servoient pour le premier de ces exercices de ces petits chiens muets, dont j'ai parlé ailleurs : mais souvent ils se contentoient de mettre le feu aux quatre coins d'une prairie, & en moins de rien ils la trouvoient toute pleine de gibier à moitié roti. Ils chassoient assez peu aux oiseaux, & la plûpart ne sçavoient pas manier un arc, ni une fleche. Ils ne laissoient pas de suppléer à ce défaut par quelque industrie. Ils prenoient sur tout force Perroquets, & l'artifice, dont ils usoient pour cela, est assez singulier. Ils faisoient monter sur un arbre un enfant de dix à douze ans, auquel ils mettoient sur la tête un Perroquet privé. Les Chasseurs tout couverts de feuillages s'approchoient ensuite doucement, & faisoient crier le Perroquet ; à ce cri tous les Perroquets d'alentour s'attroupoient en criant de toutes leurs forces ; alors l'enfant passoit au col du premier qu'il trouvoit à sa main un nœud coulant, puis le tiroit à soi, achevoit de lui tordre le col, le jettoit par terre, & continuoit ce manege, jusqu'à ce qu'il n'en restât pas un. Ils avoient une autre invention pour prendre les Ramiers ; ils imitoient assez bien le rocouëment de ces oiseaux, & quand ils en avoient assemblé un grand nombre, ils les prenoient dans des filets fort bienfaits ; les rets, dont ils se servoient pour la pêche, étoient aussi très-bien travaillez.

Leur maniere de se disposer à chercher de l'or.

Il s'en falloit beaucoup qu'avant l'arrivée des Espagnols, ces Peuples fissent de l'or le cas, que nous en faisons. Ils ne laissoient pourtant pas de l'estimer, & de le rechercher avec soin, mais ils se contentoient ordinairement des petits grains, qu'ils trouvoient aisément, qu'ils applatissoient un peu, & dont ils se faisoient des pendants aux narines. Il semble même qu'ils regardoient ce métal comme quelque chose de sacré, car ils ne l'alloient jamais receüillir, qu'après s'y être preparez par de longs jeunes & plusieurs jours de continence. Ils disoient que quand ils avoient manqué à cette pratique, ils ne trouvoient rien. Christophle Colomb voulut dans le commencement engager les Espagnols à imiter un si bel exemple, & à ne point aller aux mines, sans s'être auparavant approchés des Sacremens de Penitence & d'Eucharistie. Mais il eut beau dire, il ne persuada personne : & comme il eut entrepris d'agir d'autorité, on lui représenta que l'Eglise n'ordonnant qu'une seule fois l'année la Confession & la Communion, il ne lui appartenoit pas de faire sur cela de nouveaux préceptes. Qu'au reste les Espagnols se trouvoient condamnés, malgré qu'ils en eussent, à une continence beaucoup plus longue, que celle des Insulaires, puisqu'ils avoient laissé leurs femmes en Espagne, & que vû le peu de mauvaise nourriture, à quoi ils étoient réduits, leur vie pouvoit passer pour un jeûne continuel & bien rigoureux. Colomb ne voulut pourtant pas en avoir le démenti, & ne permit jamais, autant qu'il pût, le voyage des mines, qu'à ceux, qui s'y étoient préparés de la maniere, qu'il souhaitoit.

Leur maniere de cultiver la terre, & de faire du feu.

Les anciens habitans de l'Isle Espagnole travailloient peu à la terre, & on ne leur a trouvé aucune sorte d'outils pour l'agriculture. Le feu étoit comme leur instrument universel. Ils brûloient les herbes de leurs savannes (c'est un terme, que nous avons emprunté des Espagnols, & qui veut dire plaines, & en general tout lieu, où il ne croît que de l'herbe.) Ils brûloient, dis-je, les herbes de leurs savanes, quand elles étoient seches, & après avoir remué legerement la terre avec un bâton, ils plantoient leur Maïz. Pour faire du feu ils ne se servoient point de pierres, quoi que leur Iſle n'en manque point de fort propres à cela : ils ne ſçavoient pas apparemment le ſecret de l'en tirer. Ils prenoient deux morceaux de bois ; l'un extrêmement poreux & fort leger, l'autre plus denſe & plus dur ; ils picquoient ce dernier dans le premier, & le tournoient avec beaucoup de viteſſe, à peu près comme on braſſe le Chocolat ; cette violente colliſion lui faiſoit jetter du feu, & ce feu étant reçû dans l'autre bois, y prenoit, comme s'il fût tombé ſur de l'étoupe.

Leurs Canots ou Pirogues.

C'étoit encore avec le feu que ces Sauvages faiſoient leurs canots, ou pirogues. Ils choiſiſſoient un arbre, puis allumoient du feu tout autour, pour le faire mourir : enſuite ils le laiſſoient ſecher ſur pied. Cela fait, ils y mettoient le feu pour l'abbatre ; & aprés avoir pris leurs dimenſions, ſuivant la grandeur, qu'ils vouloient donner à leur canot, ils le creuſoient lentement avec le feu, levant le charbon avec une eſpece de hache, ou de coignée d'une pierre verte très-dure. Il ne s'eſt jamais trouvé, ni dans l'Iſle, ni en aucun autre endroit, de carrieres de cette pierre, & l'opinion commune eſt qu'elles venoient de la riviere des Amazones, dont on prétend que le limon expoſé à l'air ſe pétrifie. La difficulté eſt d'imaginer par quelle voie nos Inſulaires, qui n'avoient commerce avec aucune autre nation, faiſoient venir ce limon pétrifié de ſi loin.

Leur Gouvernement. Supplice des Voleurs.

La forme du gouvernement établie parmi ce peuple étoit deſpotique ; la vie, les biens, la religion même des ſujets étoient en la diſpoſition des Souverains, qui n'abuſoient pas de leur pouvoir. Les Sujets de leur côté étoient extrêmement ſoûmis ; exécutoient ponctuellement les ordres de leurs Caciques, & s'en rapportoient ſans peine à ce que ces Princes leur diſoient ſur toutes ſortes de choſes. Ils avoient peu de loix, & elles n'étoient pas fort ſéveres, néanmoins le larcin étoit regardé comme un crime atroce, & ſe puniſſoit avec beaucoup de rigueur. Le voleur étoit empâlé, de quelque condition qu'il fut, & reſtoit expoſé en cet état à la vûë de tout le monde. Il n'étoit même permis à perſonne d'interceder d'interceder pour lui. Une si grande severité avoit produit l'effet, qu'on en avoit prétendu, peu de gens s'attachoient à un métier si dangereux; & comme on ne sçavoit d'ailleurs dans cette Isle ce que c'étoit que d'attenter à la vie les uns des autres, on y vivoit dans une très-grande sécurité.

Désinteressement & Hospitalité.

Ce peuple avoit encore beaucoup d'éloignement de tout ce qui sentoit l'avarice, & par consequent rien n'étoit capable de troubler la paix de l'Isle. Accoûtumé à se borner au pur besoin pour la vie, on n'y songeoit point à thésauriser, & ce que la terre produisoit presque sans culture, étoit en quelque sorte à tout le monde. Du moins les plus accommodés ne manquoient jamais de secourir ceux, qu'ils voyoient dans l'indigence. L'hospitalité étoit aussi très-religieusement observée à l'égard de tout le monde, il ne falloit pas être connu, pour être reçû dans une maison, & on l'étoit de quiconque, comme on l'auroit été de ses meilleurs amis.

Ordre de la Succession aux Principautés.

Les Principautés étoient hereditaires; mais si un Cacique mouroit sans enfans, ses Etats passoient à ceux de ses sœurs préferablement à ceux de ses freres. La raison de cette coûtume étoit la même, qui l'a fait établir en tant d'autres pays, sur tout dans l'Amérique, à sçavoir que les enfans des sœurs sont bien plus certainement du sang de leurs oncles, que ceux de leurs freres. La même raison auroit dû les faire encore passer par dessus les enfans mêmes du Prince défunt, mais l'usage étoit contraire. Dans quelques Provinces les femmes des Caciques devoient tenir compagnie à leurs maris défunts dans le tombeau, à moins que de vouloir passer pour leur avoir été infidelles pendant leur vie; si quelqu'une n'étoit pas assés jalouse de la réputation d'honnête femme, pour l'acheter à ce prix, ses enfans ne pouvoient prétendre à la succession du pere, l'aveu tacite, que leurs meres faisoient de leur infidélité, les faisant regarder comme illégitimes.

Leurs Guerres.

Quand il survenoit quelque differend entre les Caciques, & il n'en naissoit gueres, qu'au sujet de la pêche, il étoit bientôt terminé, & presque toûjours sans effusion de sang. Aussi leurs armes n'étoient-elles pas fort meurtrieres; c'étoit des bâtons, ou des especes de massuës, qu'ils appelloient *Macanas*, larges d'environ deux doigts, pointuës par la tête, & ayant un manche en façon de garde, comme les épées. Ils avoient aussi des javelots de la même matiere, c'est-à-dire, d'un bois très-dur, & ils les lançoient avec beaucoup d'adresse: dans le fond c'étoit assés pour des gens tout nuds, & qui n'avoient aucune arme défensive. Ce qui les incommodoit davantage, quand ils étoient blessés, c'est lorsque les éclats de ce bois très-facile à éclater, leur étoient restés dans la playe. Ils n'avoient pas l'adresse de les en tirer, & il en arrivoit toûjours quelque accident. Les habitans des Provinces Orientales se servoient de l'arc & de la fleche, & ils avoient sans doute pris cet usage des Caraïbes, habitans des petites Antilles, leurs ennemis perpetuels.

Leur Nourriture.

La nourriture ordinaire de nos Insulaires étoit le Maïz, que nous appellons en France Bled de Turquie, ou gros Mil, les Patates, & la Cassave; on traitera de toutes ces choses fort au long dans un Ouvrage, qui suivra de près celui-ci, & qui demande de grandes recherches. La chasse & la pêche fournissoient encore une grande ressource, mais ce qui s'y prenoit de meilleur, étoit reservé pour la bouche du Cacique, & c'eût été un crime à un particulier, que de témoigner même la moindre envie d'en goûter. La feüille & la racine d'une espece d'*Arum*, ou de Pied de Veau, que les François ont nommé *Choux Caraïbes*, le Pourpier, l'Epinard sauvage, les Bourgeons des Patates & des Mombins étoient leurs mets extraordinaires, ou plûtôt leur servoient de ragouts, ils mêloient tout cela ensemble, en relevoient le gout par leur *Axi*, ou Piment, & donnoient à cette composition le nom d'*Tracas*. Dans le besoin, lorsque les vivres ordinaires leur manquoient, ils avoient recours aux fruits, dont leurs forêts étoient remplies; d'ailleurs ils s'accoutumoient si bien à manger de tout, même des choses, qui nous feroient le plus d'horreur, comme des Vers, des Araignées, des Chauves-Souris, des Couleuvres, qu'il étoit impossible qu'ils mourussent de faim. Mais quoique ces animaux n'ayent point de venin dans les Isles, une telle nourriture, & la légereté des vivres ordinaires étoient la veritable cause de cette foiblesse de complexion, qui rendoit ces Insulaires incapables de grands travaux. Ce n'étoit pourtant pas la faute de leur pays, mais il s'en falloit bien qu'ils en tirassent tout ce qu'il pouvoit leur fournir pour la vie. On peut même assûrer que cette Isle, & en general une bonne partie de l'Amérique Méridionale a de grands avantages de ce côté là sur l'Europe, où le nécessaire roule de telle sorte sur le Bled, & les autres grains, dont on fait le pain, qu'ils ne sçauroient manquer dans un Royaume, sans y mettre le peuple en danger de périr de misere, comme il arrive assés souvent. Au lieu que dans cette partie du nouveau monde il y a six sortes de nourriture aussi naturelles, que le pain, qui n'y manquent jamais, & multiplient extraordinairement. On y peut faire par an jusqu'à trois récoltes de Maïz & deux de Ris. Parmi les especes de Patates, qui sont toutes fort nourrissantes & d'un très bon goût, il y en a une, qu'on nomme Patate de six semaines, parce qu'on la peut manger six semaines, ou deux mois, au plus tard, après qu'elle a été semée. Dans une touffe de Bananier, qui est composée au moins d'une douzaine de pieds, il y en a toûjours quelqu'un chargé de fruit, & ce fruit est aussi très-nourrissant. Le Manioc & l'Igniame ne se recueillent qu'une fois l'année, mais il arrive rarement que la récolte n'en soit pas très-abondante. Elle ne manque au moins jamais, & ces plantes ne demandent presque aucun soin.

La maniere, dont les habitans d'*Haïti* se logeoient, répondoit parfaitement à la simplicité d'une vie si frugale. Toutes leurs maisons étoient bâties sur deux desseins; on pouvoit choisir, & il n'y avoit aucune regle pour cela, mais les plus pauvres choisissoient celui ci. Ils commençoient par planter assés profondément en terre des pieux, de la gros- Leurs Maisons.

ſeur à peu près de nos ſoliveaux, ils les plaçoient en rond à quatre ou cinq pas de diſtance les uns des autres: ils étendoient deſſus des pieces de bois plattes, mais fort épaiſſes, ſur leſquelles ils apuyoient de longues perches, qui ſe joignant toutes par la pointe formoient un toit en figure de Cône: ils attachoient des cannes en guiſe de lattes à ces perches, & pour les rendre plus ſolides, ils les mettoient deux à deux, & tout au plus à une palme de diſtance; ils couvroient le tout d'une paille fort déliée, ou de feüilles de Palmier, ou de l'extremité des cannes. Pour ce qui eſt du bas, les entredeux des pieux ſe garniſſoient de cannes fichées en terre, & très-bien liées enſemble avec une eſpece de filaſſe très-forte & incorruptible, qu'Oviedo nomme *Beſchiuchi*, qui croît ſur les arbres, & qu'on voit pendre des branches. Ces murailles avoient beaucoup de ſolidité, & elles étoient ſi bien fermées, qu'il n'y paſſoit pas un ſoufle de vent. Les cannes dont elles étoient compoſées viennent beaucoup plus groſſes dans l'Amérique, que celles qu'on voit en Eſpagne & en Italie; les liaſſes, dont je viens de parler, ſont de differentes groſſeurs, & toutes juſqu'aux plus petites ſe peuvent diviſer en deux, de ſorte qu'on s'en ſert à lier les choſes les plus fines. Outre cet uſage, elles ont encore plus d'une vertu pour la Medecine, ſuivant l'auteur, que je viens de citer, mais il ne les explique point.

Ces ſortes de maiſons, ou pour mieux dire, de caſes, ſont les plus capables de réſiſter aux vens, qui ſouflent quelquefois impétueuſement dans cette Iſle. Pour leur donner encore plus de ſolidité, au moins dans les endroits les plus expoſés, on plantoit au milieu un grand poteau, auquel étoient attachées par le haut les extremités des perches. Les autres maiſons avoient la même conſtruction & les mêmes materiaux, mais la forme étoit differente, & approchoit fort de celle de nos granges. Le toit en étoit ſoutenu par une longue piece de traverſe, qui l'étoit elle même par des fourches plantées dans le milieu de la maiſon, qu'elles ſéparoient ainſi en deux. Ces maisons étoient plus grandes que les autres, mieux ornées, & plusieurs avoient des vestibules, en maniere de portiques, couverts de paille; ils étoient destinés à recevoir les visites, & Oviedo assûre que les couvertures en étoient mieux travaillées, que celles des maisons de Flandres de son têms.

Leur Langue.

Le langage n'étoit pas entierement uniforme dans toute l'Isle, chaque province avoit sa dialecte particuliere, mais on s'entendoit par tout. La langue, qu'on parloit dans le milieu de l'Isle, étoit la plus estimée; on la regardoit même en quelque façon comme une langue sacrée, & elle avoit cours dans les autres Provinces. Ces langues n'avoient rien de barbare, & s'aprenoient aisément. On peut juger de leur douceur par quelques mots, qui nous en restent, & que nous avons fait passer dans la nôtre à l'exemple des Espagnols. Notre Canot vient de leur *Canoa*, d'*Amacha*, nous avons fait Hamach, c'est un Branle de Cotton, ou de fil, maniere de lit suspendu par les deux extremités, qu'on attache avec une corde à deux arbres, ou à deux piliers, & dont on se sert assés communément dans tous les pays chauds. Nos Insulaires appelloient *Uracane* ces vens impétueux, qui excitent sur leurs côtes de si dangereuses tempêtes, & ausquels nous avons donné le nom d'Ouragan, en pronoçant l'u, comme le prononcent les Espagnols. Le P. le Pers ajoûte à ces termes celui de *Savana*; ~~mais il se trompe; Mariana le met~~ [quoique Mariana le mette] parmi ceux, que les Espagnols ont conservés de l'ancienne langue des Visigots, qui ont conquis l'Espagne. (a)

Leur Religion.

On ne devoit pas attendre un systême de Religion bien sensé & bien suivi d'une nation si brutte, si peu accoutumée à réflechir, & si peu éclairée des lumieres même de la raison naturelle. Aussi n'y a-t-on trouvé qu'un tissu mal assorti des plus grossieres superstitions, ausquelles il n'est pas difficile de reconnoître que le Démon présidoit d'une maniere sensible. Veritablement il n'en devoit pas couter beaucoup à cet Esprit d'erreur, pour se faire rendre les honneurs divins,

(a) Le Pere le Pers assure que les Espagnols prononcent ce mot ~~diversement~~ ~~Savana~~ selon qu'ils mettent l'accent sur la premiere ou sur la seconde syllabe. que quand ils écrivent Sávana, il est gothique et signifie un linceuil, mais que quand ils écrivent Savána il est indien et signifie ce que nous appellons Savane, c'est à dire, tout endroit où il ne vient que de l'herbe, soit que ce soit un pays plat ou uni, soit qu'il soit montueux —

par des hommes, qui trouvant en eux, comme tous les autres, l'idée d'un Estre superieur, n'avoient, ni assés de pénétration, ni assés d'application, pour la développer. Si on en croit les auteurs contemporains, ou voisins de la découverte du nouveau monde, le Démon apparoissoit assés souvent à nos Insulaires, & leur rendoit des Oracles, sur lesquels ce peuple séduit se regloit à l'aveugle. Il est même fort vray-semblable que les différentes figures, sous lesquelles ils représentoient leurs Divinitez étoient celles, sous lesquelles ils croyoient les avoir vûës. Elles étoient toutes hideuses; les plus tolerables étoient celles de quelques animaux, comme des Crapaux, des Tortuës, des Couleuvres, & des Caymans. Mais la plûpart du têms c'étoit des figures humaines, horribles & monstrueuses, qui avoient tout ensemble quelque chose de bizare & d'affreux.

Leurs Divinités.

De là il étoit arrivé deux choses. La premiere, que cette varieté de figures avoit persuadé à ces peuples qu'il y avoit plusieurs Dieux. La seconde, que la laideur de ces Dieux les leur faisoit regarder comme beaucoup plus capables de leur faire du mal, que de leur faire du bien. Aussi ne songeoient ils gueres qu'à appaiser leur fureur, & à les engager par des Sacrifices à les laisser en repos. Ils appelloient ces Idoles *Chemis* ou *Zemés*. Ils les faisoient de craye, de pierre, ou de terre cuite; ils les plaçoient à tous les coins de leurs maisons, ils en ornoient leurs principaux meubles, & ils s'en imprimoient l'image sur le corps. Ainsi il ne faut pas s'étonner, si, les ayant sans cesse devant les yeux, & les craignant beaucoup, ils les voyoient souvent en songe. Ils n'attribuoient pas à tous le même pouvoir; les uns, selon eux, présidoient aux saisons, d'autres à la santé, ceux-ci à la chasse, ceux-là à la pêche, & chacun avoit son culte & ses offrandes particulieres.

Zemés Divinités subalternes.

Quelques auteurs, qui prétendent avoir étudié ces peuples plus à fond, assûrent qu'ils regardoient les Zemés comme des Divinitez subalternes, & les Ministres d'un Etre souverain, unique, éternel, infini, tout-puissant, invisible, mais non pas increé; car ils lui donnoient une mere, laquelle avoit cinq noms differents; à sçavoir *Attabeira*, *Mamona*, *Guacarapita*, *Tiella*, & *Guamaonocan.* Mais on ne rendoit à ce Dieu suprême aucun culte, du moins extérieur, non plus qu'à sa mere, à moins qu'on n'attribuë à celle-ci, ce qui est rapporté par D. Pierre Martyr, que parmi les Zemés il y en avoit un, qu'on adoroit sous la figure d'une femme, & qu'on voyoit à ses côtez ses deux principaux Ministres, toûjours prêts à exécuter ses ordres. L'un, disoit-on, étoit son Hérault, c'étoit à lui à convoquer les autres Zemés, quand la Déesse vouloit les envoyer, ou pour exciter les vens, ou pour faire tomber la pluye, en un mot pour procurer aux hommes les biens, qu'ils lui demandoient. Tout l'office de l'autre étoit de châtier par des inondations ceux, qui refuseroient de rendre à cette Divinité les hommages, qu'elle exigeoit de tous.

Fourberie au sujet des Zemés.

Dom Fernand Colomb dans la vie de son pere, qu'il a écrite avec moins d'exactitude, qu'on ne devoit l'attendre d'un homme de son merite, & qui pouvoit être beaucoup mieux instruit, qu'un autre du sujet qu'il traitoit; dit que les Zemés étoient comme les esprits tutelaires des hommes, & que chacun avoit le sien, qu'il mettoit toûjours audessus de tous les autres. Il ajoûte qu'ils les plaçoient dans des endroits secrets, où ils ne laissoient entrer aucun Chrétien: que quand ils craignoient qu'on ne découvrit ces lieux secrets, ils couroient devant pour tirer leurs Dieux, & les aller cacher; que des Espagnols étant un jour entrés dans la cabane d'un Cacique, ils y apperçurent un Zemés, qui faisoit grand bruit, & disoit dans la langue du Pays beaucoup de choses, qu'ils n'entendoient pas; que se doutant qu'il y avoit de la supercherie, ils rompirent la Statuë à coups de pieds, & trouverent un long tuyau, dont une extrêmité donnoit dans la tête de l'Idole, & l'autre dans un petit coin tout couvert de feuillages, où un homme, qu'on ne voyoit point, faisoit dire au Dieu tout ce qu'il vouloit: que le Cacique pria les Espagnols de ne point parler de ce qu'ils avoient vû, & leur avoüa qu'il se servoit de cette adresse pour se faire payer un tribut, & pour contenir tous ses Sujets dans l'obéissance. Il dit encore que les Caciques avoient trois pierres, qu'ils conservoient fort religieusement ; prétendant qu'elles avoient chacune leur vertu particuliere, l'une de faire croître les grains semez, l'autre de faire accoucher les femmes sans douleur, & la troisiéme de procurer la pluye & le beau têms selon les besoins.

Procession solemnelle en l'honneur des Dieux.

Enfin on trouve dans les plus anciens auteurs la description d'une solemnité, qui est la seule cérémonie religieuse de ces peuples, dont on ait eu soin de nous instruire. Le Cacique en marquoit le jour, & le faisoit annoncer par des Crieurs publics. La Fête commençoit par une nombreuse Procession, où les hommes & les femmes mariées se trouvoient ornez de ce qu'ils avoient de plus précieux. Les filles y paroissoient toutes nuës à l'ordinaire : le Cacique, ou le plus considerable du lieu, marchoit à la tête, ayant un tambour, dont il joüoit sans cesse, & l'on se rendoit ainsi dans un Temple tout rempli d'Idoles, dont les figures étoient bien plus propres à représenter des Diables, que des Dieux. On y trouvoit les Prêtres occupés à les servir, & qui en leur présentant les offrandes du peuple, poussoient des cris & des hurlemens affreux. Une partie de ces offrandes consistoit dans des gateaux, que des femmes apportoient dans des corbeilles ornées de fleurs ; & l'offrande finie, ces mêmes femmes au signal, que leur en donnoit un Prêtre, dansoient & chantoient les loüanges des Zemés, à quoy elles ajoûtoient celles des anciens Caciques, & finissoient par des prieres pour la prosperité de la nation. Les Prêtres rompoient ensuite les gateaux consacrés par l'offrande, qui en avoit été faite aux Dieux, & en distribuoient les morceaux aux chefs de famille. Il falloit conserver toute l'année ces fragmens, & on les regardoit comme des préservatifs, contre toutes sortes d'accidens. Le Cacique n'entroit point dans le Temple, il se tenoit à la porte assis, & joüant sans cesse de son tambour, il faisoit passer devant lui toute la Procession ; chacun

cun entroit en chantant, puis alloit se présenter à la principale Idole. Dès qu'il étoit en sa présence, il cessoit de chanter, & se fourroit dans la gorge un bâton pour se faire vomir. L'esprit de cette ridicule cérémonie étoit de montrer, que pour paroître devant la Divinité d'une maniere religieuse, il faut avoir le cœur net, & pour ainsi dire sur les levres.

Les Zemés se communiquoient sur tout aux *Butios*, ainsi appelloit-on les Prêtres du Pays, qui étoient en même-têms Médecins, Chirurgiens, & Droguistes. Et quoique le Démon eût, si l'on en croit les anciens auteurs, quelque part à ce qui se passoit dans l'exercice de ces differens ministeres, il y entroit encore beaucoup plus de fourberie. Lorsque ces imposteurs consultoient les Zemés en public, jamais on n'entendoit la reponse du Dieu, mais on jugeoit de l'Oracle par la contenance du Prêtre. S'il dansoit & chantoit, c'étoit un bon signe, & l'on en témoignoit aussitôt sa joye par toutes les démonstrations, dont on pouvoit s'aviser. Si au contraire le Ministre des Dieux avoit l'air triste, on s'abandonnoit aux larmes, & on jeûnoit jusqu'à ce que la Divinité daignât faire connoître par quelque marque certaine, que son courroux étoit appaisé.

Des Prêtres & des Medecins.

Les Butios n'avoient d'autres distinctions à l'exterieur, qu'une figure de Zemés, qu'ils portoient toûjours sur eux: mais ils n'oublioient rien de tout ce qui étoit capable de leur concilier le respect des peuples; & ils avoient sur tout grand soin de faire croire à la multitude qu'ils avoient de fréquents entretiens avec les Dieux, qu'ils étoient admis à leur plus intime confidence, & qu'ils aprenoient d'eux ce qu'il y avoit de plus caché dans l'avenir: ils persuadoient sans peine une nation crédule & grossiere, dont la vénération pour eux alloit quelquefois jusqu'à leur donner le nom de Zemés, & à les regarder comme des hommes divins; car quoiqu'ils hazardassent souvent des prédictions, que l'événement ne vérifioit pas, il ne leur étoit pas bien difficile de pallier leur fourberie par quelque tour d'adresse.

Dangers qu'ils couroient quand un malade mouroit.

Mais il s'en falloit bien qu'ils fussent toûjours autant respectés sous la qualité de Medecins, que sous celle de Prêtres, & nos Insulaires n'étoient pas aussi aisés à duper au sujet de leur santé, que quand il s'agissoit de Religion. Lorsqu'un malade, malgré les prédictions & les soins du Medecin, venoit à mourir entre ses mains, on ne le regardoit plus que comme un fourbe & un ignorant, les plus proches parens du défunt s'assembloient autour du cadavre, lui coupoient les ongles & les cheveux, les mêloient avec le jus d'une certaine herbe, & lui versoient de cette composition dans la bouche, en le priant de leur faire sçavoir, si c'étoit par la faute du Medecin, qu'il étoit mort. On prétend qu'à force d'operations magiques, & d'invocations, dont on accompagnoit cette interrogation, on en tiroit une réponse. Peut-être ne se passoit-il rien que de naturel, mais on sçait que dans toutes les nations, on a prétendu connoitre les secrets reservés à Dieu seul, par des signes d'eux-mêmes fort équivoques & fort indifférents. Quoi qu'il en soit, si la réponse réelle ou imaginée chargeoit le Medecin, & qu'il n'eut pas eû la précaution de se retirer en lieu sûr, on se jettoit sur lui, & on le mettoit en pieces. Mais pour en venir à ces enquêtes, il falloit que le Medecin fut déjà suspect, & souvent c'étoit les faux Prêtres eux-mêmes, qui par jalousie s'accusoient les uns les autres, ou d'avoir par négligence laissé périr leurs malades, ou d'avoir usé de quelque maléfice, pour abreger les jours de quelqu'un, à qui ils ne vouloient pas de bien.

Leur maniere de traiter les malades.

Toutefois on convient que les Butios s'appliquoient assés à la connoissance des simples; mais quand ils étoient au bout de leur science, ils payoient de hardiesse & d'imposture. D'ailleurs on se souvenoit toûjours qu'ils étoient les Ministres de ces Dieux, dont on redoutoit si fort la puissance; ainsi pour peu qu'on fût de sang froid, on ne s'avisoit gueres de les offenser. Au reste leur maniere de traiter les malades, avoit quelque chose de fort bizarre. Après avoir fait mille simagrées autour du lit, ils suçoient la partie, où étoit le mal, puis montrant une épine, ou quelqu'autre chose semblable, qu'ils en avoient tirée, disoient-ils, mais que dans la verité ils avoient eu soin de mettre auparavant dans leur bouche ; » Voilà, s'écrioient-ils, ce qui vous » rendoit malade ; c'est un tel, ajoûtoient-ils, qui vous l'a» voit fait entrer dans le corps : « & par là ces charlatans semoient la zisanie entre les familles.

On rencontre encore en plusieurs endroits de l'Isle des figures de Zemés, & c'est par là qu'on connoit les lieux, où il y a eu autrefois des bourgades. On juge la même chose sur certain amas de coquillages qu'on trouve sous terre, parce que ces Insulaires mangeoient beaucoup de ces especes de poissons, & pour peu qu'on y creuse, on y fait des découvertes assés curieuses ; car on y voit generalement tout ce qui étoit à l'usage de ces peuples ; des pots de terre, des platines pour faire cuire la Cassave, des haches & de ces petites lames d'or, qui leur pendoient des narines, & quelquefois des oreilles ; mais sur tout on y découvre quantité de Zemés de toutes les façons.

Ce peuple avoit une très-legere idée de l'immortalité de l'ame & de l'autre vie. Ils disoient néanmoins qu'il y avoit un lieu, où les ames des bons étoient récompensées : mais on ne parloit point du supplice préparé pour les méchans. Chacun plaçoit ce Paradis dans sa Province, & ils s'y figuroient une vie délicieuse à leur maniere. Ils se faisoient sur tout beaucoup de fête d'y retrouver leurs parens & leurs amis, & d'y avoir des femmes à choisir. Quelques-uns croyoient que le séjour des ames étoit vers le lac Tiburon, où il y a de grandes plaines toutes couvertes de *Mameys*, c'est une sorte de Fruit, auquel on a donné le nom d'*Abricot de S. Domingue*. Ils prétendoient que les ames faisoient leur nourriture ordinaire de ce fruit, ils ajoûtoient que pour en faire leur provision, elles prenoient le têms de la nuit, & que tout le jour elles se tenoient cachées dans des lieux montagneux & de difficile accès. Cette opinion conféroit je ne sçai quoi de sacré au Mamey, qui d'ailleurs

Leurs differentes Opinions.

eſt excellent; & les vivans s'en abſtenoient par reſpect, & pour ne pas expoſer les morts à manquer de nourriture.

Cavernes ſacrées.

J'ai déjà parlé de l'imaginarion de nos Inſulaires touchant l'origine des hommes & des aſtres; la Caverne, d'où étoient ſortis le Soleil & la Lune, & où j'ai dit qu'on alloit en pélérinage de tous les endroits de l'Iſle, renfermoit deux Idoles, auſquelles on ne manquoit pas d'apporter de riches offrandes. On conjecture que c'eſt la même, qu'on voit dans le quartier du Dondon, à ſix ou ſept lieuës du Cap François. Elle a 150. pieds de profondeur, & environ autant de hauteur, mais elle eſt fort étroite. Son entrée eſt plus haute & plus large que la plus grande porte cochere, qui ſoit à Paris, & la Grotte ne reçoit du jour que par là, & par une ouverture pratiquée dans la voute; cette ouverture paroît travaillée en façon de clocher: & on ajoûte que c'eſt par là que le Soleil & la Lune ſe ſont fait un paſſage, pour aller ſe placer dans le ciel. Toute la voute eſt ſi belle & ſi reguliere, qu'on a peine à ſe perſuader que ce ſoit l'ouvrage de la nature ſeule. On ne voit en ce lieu aucune ſtatuë, mais on y apperçoit par tout des Zemés gravés dans le roc, & toute la Caverne paroît comme partagée en pluſieurs niches hautes & baſſes, aſſés profondes, & qu'on croiroit y avoir été ménagées à deſſein.

Origine des Femmes.

Les femmes, ſelon une autre tradition, ne ſont venuës au monde, que long-têms aprês les hommes, mais je ne trouve rien, à quoi je puiſſe me fixer pour leur origine, ni rien de fort intereſſant dans ce qu'on raconte de leurs autres fables. Voilà donc en peu de mots, autant qu'il a été poſſible de le connoître, quels étoient les peuples, qui habitoient l'Iſle Haïti, lorſqu'elle fut découverte par les Eſpagnols. Ils la trouverent diviſée preſque toute entiere en cinq Royaumes parfaitement indépendans les uns des autres; je dis preſque toute entiere, parce qu'il paroît qu'outre les cinq Rois, ou Caciques ſouverains, dont nous allons parler, il y avoit quelques Seigneurs, beaucoup moins puiſſans, mais qui ne relevoient de perſonne, & portoient auſſi le nom de Cacique.

Des cinq Royaumes qu'on y trouva, l'un s'appelloit *Magua*, qui veut dire Royaume de la plaine. Il comprenoit ce qu'on a depuis appellé la *Vega Real*; ou du moins il en comprenoit le milieu & la meilleure partie. La Vega Real est un plaine de 80. lieuës de long, & qui en a 10. dans sa plus grande largeur. Un auteur, qui a été long-têms sur les lieux, assûre qu'il y coule plus de trente mille rivieres, parmi lesquelles il y en a douze aussi larges, que l'Ebre & le Guadalquivir. Les autres ne sont que des torrens & des petits ruisseaux. Elle en reçoit jusqu'à 25. mille, d'une longue chaîne de montagnes, qu'elle a à l'Occident, & la plûpart rouloient l'or avec leur sable. Aussi ce canton est-il voisin des fameuses mines de *Cibao*, dont nous aurons lieu de parler beaucoup dans la suite; mais ces mines n'étoient pas du Royaume de Magua, dont le Souverain au têms de la découverte se nommoit *Guarionex*. Ce Prince avoit sa capitale dans un lieu, où les Espagnols ont eu depuis une ville fort celebre, qu'ils avoient appellée la *Conception de la Vega*.

Division de l'Isle telle qu'elle, étoit au têms de sa Découverte.

Barthelemy de las Casas.

Le second Royaume étoit celui de *Marien*. Barthelemy de las Casas ne fait point de difficulté de dire qu'il étoit plus grand & plus fertile que le Portugal. Il comprenoit toute cette partie de la côte du Nord, qui s'étend depuis l'extrémité Occidentale de l'Isle, où est le Cap S. Nicolas, jusqu'à la riviere Yaqué, connuë aujourd'hui sous le nom de Monte Christo, & comprenoit toute la partie Septentrionale de la Vega Real, qui s'appelle présentement la plaine du Cap François. C'étoit au Cap même que *Goacanaric* Roi de Marien faisoit sa résidence, & c'est de son nom abregé que les Espagnols appellent encore aujourd'hui ce Port, *el Guaric*.

Le troisiéme portoit le nom de *Maguana*, & renfermoit la Province de Cibao, & presque tout le cours de la riviere Hattibonito, ou l'Artibonite, qui est la plus grande de l'Isle. *Caonabo*, qui y regnoit, étoit Caraïbe, il avoit passé dans l'Isle en avanturier, qui cherche fortune; & comme il avoit de l'esprit & du cœur, il se fit bientôt estimer & craindre de gens, qui n'étoient ni spirituels, ni braves; de sorte qu'il parvint assés aisément à se faire un Etat considerable au milieu d'eux. Sa demeure ordinaire étoit au bourg de Maguana, d'où son Royaume avoit tiré son nom. Les Espagnols en firent depuis une ville sous le nom de *San Juan de la Maguana*, laquelle ne subsiste plus. Le quartier, où elle étoit située, est ce que les François appellent aujourd'hui la Savane de *San Ouan*. Caonabo étoit le plus puissant Monarque de l'Isle, & celui qui sentoit mieux son Souverain.

Ou *Suragua*. Le Royaume de *Xaragua* étoit le quatriéme, & devoit son nom, ou le donnoit à un assés grand lac, dont nous parlerons ailleurs. C'étoit le plus peuplé de tous, & le plus étendu. Il comprenoit toute la côte Occidentale de l'Isle, & une bonne partie de la Meridionale. Sa capitale, nommée aussi Xaragua, étoit à peu près où est aujourd'hui le Bourg du Cul-de-Sac. Les hommes y étoient mieux faits qu'ailleurs; on y voyoit plus de noblesse, plus de politesse, plus d'aisance, & l'on y parloit aussi plus élegamment que dans les autres Roïaumes. Le Prince, à qui il appartenoit, se nommoit *Behechio*. Il avoit une sœur nommée *Anacoana*, laquelle avoit épousé Caonabo; après la mort de son époux elle se retira chés son frere, qui en mourant lui laissa son Royaume, ses trente-deux femmes ne lui ayant pas pû donner un seul fils, qui lui succedât

Le cinquiéme étoit le *Higuey*. Il occupoit toute la partie Orientale de l'Isle, avoit pour borne à la côte du Nord la riviere d'Yaqué, & à celle du Sud le fleuve Ozama. Les peuples de ce canton étoient un peu plus aguerris que les autres, parce qu'ils avoient souvent à se défendre des Caraïbes, qui faisoient continuellement des descentes sur leurs côtes, pour en amener des prisonniers. Ces Barbares tuoient d'abord les hommes, en mangeoient les entrailles, & en saloient les chairs; ils châtroient les enfans mâles afin de les engraisser, & de s'en servir dans leurs festins; pour cela ils les enfermoient dans des parcs, comme nous faisons les troupeaux de bœufs & de moutons: ils gardoient les filles & les femmes, pour en avoir des enfans; les vieilles & les infirmes demeuroient esclaves.

Les Peuples du Higuey étoient armés de fleches à l'exemple de leurs ennemis, mais il s'en falloit beaucoup, qu'ils s'en servissent aussi-bien qu'eux : aussi la plupart du têms ne se défendoient-ils, que par la fuite. Ils avoient pour Souverain le Cacique *Cayacoa*, qui mourut peu de tems après l'arrivée des Espagnols ; sa veuve se fit Chrétienne, & fut nommée *Agnez Cayacoa* : elle ne survécut pas long-têms à son mari, auquel elle avoit succedé dans la Principauté, & ses Etats passerent à un Cacique nommé Cotubanama, dont le séjour ordinaire fut, au moins pendant quelque tems, à la presqu'Isle Samana, ou aux environs. Las Casas donne à cette Province une Reine nommée *Hyguanama*, & ajoute que les Espagnols la firent pendre : les autres Historiens n'en parlent point, & peut-être que cette femme regna immédiatement après la mort d'Agnez Cayacoa, ou que c'étoit une Cacique particuliere de quelque canton du Higuey.

Telle étoit la situation de l'Isle Haïti, lorsqu'elle vint à la connoissance des Espagnols ; mais ce grand événement, qui fut pour ces Insulaires la source de bien des maux, ne les surprit pas autant, qu'on auroit pû croire. Ils avoient été avertis peu de tems auparavant que des Etrangers viendroient s'emparer de leur Pays, & voici ce que plusieurs d'entr'eux en rapporterent à Christophle Colomb. Le pere du Cacique Guarionex eut un jour la curiosité de sçavoir ce qui arriveroit dans l'Isle après sa mort ; il consulta les Zemés, après s'y être préparé par un jeûne de cinq jours. La réponse fut que dans peu il y viendroit des hommes, qui auroient du poil au menton, & seroient vêtus depuis les pieds jusqu'à la tête : que ces Etrangers mettroient en pieces les Zemés, & qu'ils en aboliroient le culte ; qu'ils porteroient à leur ceinture de longs instrumens de fer, avec lesquels ils fendroient un homme en deux, & qu'ils dépeupleroient l'Isle de ses anciens Habitans. Cette prédiction remplit d'effroy tous ceux, qui l'entendirent, & ne tarda pas à se divulguer. On ne parloit plus d'autre chose & l'on avoit composé sur cela une chanson, qui se chantoit dans de certains jours destinés à des cérémonies lugubres.

Si ce fait est vrai, & il est si unanimement rapporté par tous les auteurs de ce têms-là, qu'il est difficile d'en contester la verité, on ne peut douter que ce ne fût un avertissement que Dieu obligea l'Esprit d'erreur de donner à un peuple, qu'il séduisoit depuis tant de siecles : mais il y a bien de l'apparence que personne n'en profita. Il paroît même qu'on s'étoit déja un peu rassûré sur le malheur, dont on avoit été menacé, lorsque la prophétie commença à s'accomplir de la maniere que je vais le raconter ; mais il est necessaire de reprendre la chose d'un peu plus loin.

Tout le monde sçait que les premiers efforts pour les nouvelles découvertes, qui ont rendu si celebre le XV. siecle, sont dûs à la nation Portugaise, & en particulier à l'Infant D. Henry Comte de Viseo, Grand-Maître de l'Ordre de Christ, & le quatriéme des fils de Jean Premier Roi de Portugal ; le but de ce Prince, un des plus vertueux & des plus accomplis de son têms, étoit de chercher un passage pour aller par mer aux Indes Orientales, en faisant le tour de l'Afrique, mais l'émulation, qu'il mit dans la Marine, perfectionna en peu de têms cet art, demeuré jusques-là très inculte, joignit d'abord à la Couronne de Portugal les Açores, les Isles du Cap-Verd, une partie des Canaries, Madere & quantité de postes très-importans, sur la côte Occidentale d'Afrique : & forma cette célébre Ecole de navigation, d'où sont sortis tous ceux, qui ont eu le plus de part à la découverte & à la conquête de l'Amérique.

Quel étoit Christophle Colomb.

Le premier de tant d'habiles navigateurs, qui cessa de borner ses vûës à l'Afrique, & au chemin des Indes Orientales par ce côté-là, fut un Pilote Genois, natif de Savone selon plusieurs, d'un petit Bourg de la même riviere de Gênes, appellé Cugurco, selon quelques-uns, de Nervi, selon d'autres, & que la Capitale même de cette République, appuyée de l'autorité de D. Pierre Martyr d'Anglerie, a aussi voulu revendiquer pour son Citoyen, peu contente de le compter au nombre de ses sujets. Il se nommoit Christophle Colomb, & le même Martyr, que je viens de citer, assûre qu'il qu'il étoit de fort basse naissance. Quelques-uns ont même avancé qu'il avoit appris le métier de Cardeur de laine ; mais d'autres le font originaire de Plaisance en Lombardie, & issu de l'illustre Maison de Pelestrello. Si toutefois ils n'ont pas confondu ce nom avec celui de sa premiere femme Doña Philippa Muñiz de Perestrelo, fille du Gouverneur Portugais de Porto Santo. Herrera dit qu'on vouloit le faire descendre des anciens Seigneurs de Cucaro dans le Montferat, & il ajoûte que cette dispute touchant son origine devoit se terminer dans le Conseil souverain des Indes.

Ou Moniz.

Dom Fernand Colomb, que j'ai déjà cité, s'en tient au sentiment de ceux, qui font venir sa famille de Plaisance ; mais il ne lui donne point d'autre nom que celui de Colomb, que l'on voit, dit-il, dans cette Ville avec les armes de la famille sur plusieurs anciens tombeaux. Il ajoûte que le malheur des têms, causé par les guerres d'Italie, avoit obligé Dominique Colomb, pere de Christophle, à se retirer dans l'Etat de Gênes. Il parle d'un Colomb, surnommé le Jeune, fameux Armateur de ce têms-là, qui prit dans une occasion quatre Galeres sur les Venitiens, & il cite le fragment d'une lettre de son pere à une Dame de la Cour d'Espagne, où il dit : « Je ne suis » point le premier Amiral de ma famille ; qu'on me donne » le nom qu'on voudra ; David a gardé les brebis, avant que » d'être Roi, je suis le serviteur de ce même Dieu, qui l'a » placé sur le trône. »

Quoiqu'il en soit, la gloire de ce grand Homme n'emprunte rien de ses ancêtres, qui ne sont pas connus, & a immortalisé son nom au dessus de presque tous ceux, qui se sont rendus célébres dans ce siecle-là. Je ne sçai même, s'il n'eût pas été plus glorieux à un simple Cardeur de laine, qu'à un homme de condition, d'être monté, comme a fait Christophle Colomb, aux premiers honneurs, & d'avoir élevé sa famille assés haut, pour la mettre en état de s'allier à celle de son Souverain, & de se perdre, comme elle a fait cinquante ans après sa mort, dans la Maison Royale de Portugal.

Ce que nous sçavons de plus certain touchant ses premieres années, c'eſt qu'il ſortit jeune de ſon pays, qu'il y avoit fait de fort bonnes études, qu'il s'appliqua enſuite à celle de la Coſmographie, de l'Aſtronomie, de la Géometrie & de la Navigation, & qu'il a excellé dans toutes ces Sciences. Il joignit auſſi toûjours, autant qu'il lui fut poſſible, la pratique à la théorie; & quoique nous ne ſoyons pas fort inſtruits du détail de ſes premiers voyages, on ſçait qu'il en a fait beaucoup & dans toutes les mers connuës de ſon têms, avant que de ſonger à la découverte du nouveau monde. Il dit dans un de ſes Memoires : « L'année 1477. au mois de Février » je naviguai cent lieuës au delà de l'Iſle de Tyle, dont la » partie Meridionale eſt à 73. degrés de la Ligne. Elle eſt » auſſi grande que l'Angleterre, & les Anglois y vont trafi- » quer ce n'eſt pas la *Tyle*, dont parle Ptolomée, qui eſt im- » médiatement ſous la ligne, mais celle que nous appellons » aujourd'hui *Friſlande*.

Sentimens des Anciens ſur l'éxiſtence d'un nouveau Monde.

Toutes ces courſes ne l'avoient pas fort enrichi, mais elles le rendirent le plus habile navigateur de l'Europe, & lui donnerent le moyen de faire quantité d'obſervations, qui l'engagerent enfin à tourner toutes ſes penſées vers l'Occident, pour y chercher de nouvelles terres; tandis que la plûpart des autres ne ſongeoient encore, qu'à ſe frayer par le Midi un chemin à l'Orient. Il n'ignoroit pas la prétenduë prophétie de Seneque dans Médée, ni ce que Platon a écrit dans ſon Timée, qu'au delà des Colonnes d'Hercules, il y avoit eu une Iſle nommée Atlantide, plus grande qu'aucune de celles, qui étoient alors connuës, laquelle avoit été ſubmergée par un déluge accompagné d'effroyables tremblemens de terre. Il a parû même qu'il faiſoit beaucoup plus de fond, qu'il ne convenoit, ſur ces monumens équivoques de l'Antiquité. Il fit avec raiſon plus d'attention que perſonne à ce qui ſe publia peu de têms après la découverte des Açorres, des Canaries, & Madere, à ſçavoir qu'à la chute des grands vens d'Oueſt, on trouvoit aſſés ſouvent ſur la Côte de ces Iſles des morceaux de bois étranger, des cannes d'une eſpece inconnuë, & même des corps morts, qu'on reconnoiſſoit à plusieurs signes, n'être ni Europeans, ni Afriquains.

Ses conjectures sur l'existence d'un nouveau monde étoient encore appuyées sur des fondemens plus solides, que ces bruits populaires. La figure & l'étenduë du globe de la terre, dont il étoit évident par le cours des astres que la moitié n'étoit pas connuë, étoient pour lui depuis long têms, & devoient, ce semble, être pour tous les Sçavans, une démonstration qu'il pouvoit y avoir à l'Occident des régions, que rien n'empêchoit d'être habitées. Il avoit ensuite remarqué que du même côté il soufloit certains vens, qui duroient assez également pendant plusieurs jours, & il se persuada qu'ils ne pouvoient être causés, que par des terres. Ces observations le rappelloient à ce que Platon, après avoir parlé de son Isle Atlantide, ajoûte, qu'au delà de cette grande Isle, il y en avoit un grand nombre de petites, qu'assez près de ces dernieres étoit un continent, plus grand que l'Europe & l'Asie jointes ensemble, & qu'ensuite étoit la vraie mer. Et il est assez surprenant que les choses se soient trouvées exactement, comme l'avoit écrit ce Philosophe deux mille ans auparavant. Car enfin, à son Atlantide près, qu'il disoit avoir disparu, on a découvert au delà de notre Ocean un fort grand Archipel, lequel borde un continent, qui seul fait presque la moitié de la terre, & au delà, une mer, qui est sans contredit la plus grande de toutes.

Conjectures de Colomb.

Il y a encore quelque chose de bien marqué dans ce qui a été rapporté par quelques anciens auteurs d'un navire Carthaginois, lequel l'an 356. de la fondation de Rome, cherchant à faire de nouvelles découvertes, prit sa route entre le Midi & le Couchant, osa bien s'enfoncer dans une mer inconnuë, sans autre Boussole que l'attention du Pilote à observer l'étoille du Nord, & aborda enfin à une Isle deserte, fort spatieuse, abondante en pâturages, coupée par tout de belles rivieres, & dont les grandes & épaisses forêts remplies d'arbres d'une hauteur extraordinaire, sembloient répondre de la fertilité du terroir; que tant d'avantages, joints à la douceur du climat, engagerent plusieurs de ces avanturiers

Theophile de Serraris des merveilles de la nature.

à y rester, que les autres s'en retournerent à Carthage, où ayant rendu compte au Senat de leur découverte, le Senat, peut-être plus sage, que ne l'ont été nos ayeux, crut devoir ensevelir dans un éternel oubli la connoissance de cet évenement, fit mourir secretement tous ceux, qui en pouvoient parler, & laissa ceux, qui étoient restés dans l'Isle, sans aucune ressource pour en sortir.

Jean de Barros rapporte dans son histoire des Indes une chose, qui pourroit bien avoir quelque liaison avec ce récit, & lui servir même de preuve, ou en recevoir quelque jour. Il dit que dans l'Isle de Corve, la plus Occidentale des Açores, on trouva, lorsqu'on la découvrit, une statuë équestre de pierre, ou d'une espece de terre cuite, montée sur un pied d'estal de même matiere; que sur les côtés de ce pied-d'estal, il y avoit des inscriptions, dont on ne put jamais déchifrer les caracteres, & que le cavalier, vétu comme la plupart des Americains, qui ne vont pas absolument nuds, montroit du doigt le Couchant, comme pour avertir qu'il y avoit des terres & des hommes de ce côté-là. Or cette découverte étoit trop récente au têms que Christophle Colomb alla en Portugal, pour qu'il n'eût pas entendu parler de cette circonstance.

Mais on donna encore plus aux conjectures après le succès de l'entreprise du Pilote Italien, qu'il n'y avoit donné lui-même, avant que d'avoir formé son projet. Ces mêmes Espagnols, qui avoient si long tems traité de vision l'existence d'une quatriéme partie du monde, par la raison qu'elle avoit été inconnuë jusques-là, prétendirent y retrouver des Provinces de leur Empire, que le malheur des têms leur avoit enleveés, & sur lesquelles les droits de leurs Souverains étoient incontestables. Oviedo avance hardiment que les Antilles sont les fameuses Hesperides, si fort célébrées par les Poëtes, & ne craint point d'ajoûter que Dieu, en les faisant passer sous la domination des Rois Catholiques, n'a fait que restituer à leur Couronne, ce qui lui avoit appartenu 3150. ans auparavant, du têms du Roi Hesperus, de qui elles avoient pris leur nom. Il ajoûte que S. Jacques & S. Paul y ont prêché l'Evangile, sur quoi il cite S. Gregoire Pape dans ses Morales.

Un autre auteur, qui n'avoit pas les mêmes engagemens à flatter la nation Espagnole, a écrit fort sérieusement que notre Isle est l'Ophir, où Salomon envoyoit chercher de l'or, des Paons, & des dens d'Elephant, ce qu'il se seroit sans doute bien donné de garde d'avancer, s'il avoit été instruit, que ni dans l'Isle Espagnole, ni dans aucun autre endroit du nouveau monde, on n'a point trouvé d'Elephans. Quant à ce qu'on a reproché à ce même Ecrivain, si estimable d'ailleurs par sa profonde érudition, qu'il avoit placé le Paradis terrestre dans la même Isle, on a eu tort apparemment de croire qu'il parlât sérieusement, & de ne pas regarder ce qu'il en dit comme un de ces jeux d'esprits, dans lesquels les plus grands genies s'engagent quelquefois à vouloir prouver des paradoxes. Vatable.

Mais une opinion vulgaire, qui eut assez de cours du vivant de Colomb, auroit bien diminué la gloire de ce grand voyageur, si elle avoit trouvé créance dans les esprits des personnes capables de lui donner quelque autorité. Une Caravelle, disoit-on, qui portoit d'Espagne en Angleterre des vins, & des marchandises comestibles, après avoir été longtêms contrariée par les vens, n'y pouvant plus résister, fut contrainte de courir au Sud, puis à l'Ouest, & se trouva enfin à la vûë d'une Isle, où elle alla prendre terre, & ou elle trouva des hommes tout nuds. D'autres disent que c'étoit la côte de Fernambouc au Bresil. On ajoûte qu'il n'y eut que le Pilote, & quelques Matelots, qui repasserent en Europe, tout le reste ayant péri des incommodités du voyage; que le Pilote étoit mort quelques années après chez Christophle Colomb, dont il étoit ami, & auquel il laissa tous ses papiers; & que c'étoit sur ses memoires, que le Pilote Genois avoit dressé son plan. Mais outre que Colomb s'est toûjours récrié hautement contre ces bruits, inventés, disoit-il, par des personnes jalouses de sa gloire; tout ce qu'il y a eu d'auteurs sensés, même Espagnols, qui ont eu occasion de parler de la découverte du nouveau monde, lui ont rendu justice; d'ailleurs on ne voit point qu'il ait jamais songé à passer l'Equateur, ce qu'il auroit néanmoins dû faire, pour diriger sa route suivant les memoires du Pilote Andalousien, ou Portugais, ou Biscayen, car on le fait de ces trois Provinces-là ; enfin il eût parlé plus clairement, s'il eût été plus sûr de son fait, & n'eût pas langui tant d'années à la suite des Cours d'Espagne & de Portugal, faute de vouloir s'expliquer : c'est la judicieuse remarque d'un auteur Espagnol. Herrera.

Colomb fait son plan & le propose à diverses Puissances. Supercherie qu'on lui fait en Portugal.

Dans la verité Colomb, qui sçavoit parfaitement l'art d'observer la latitude, ou la hauteur du Pole par l'Astrolabe, ce que personne avant lui n'avoit pratiqué en haute mer, quoiqu'on l'enseignât publiquement dans les Ecoles : Colomb, dis-je, ne risquoit pas autant, qu'on s'imaginoit, à pénétrer dans l'Ocean beaucoup plus avant, qu'on n'avoit encore osé faire, & de quelque côté qu'il entreprît de tourner, il sçavoit que son pis aller seroit de s'en retourner sur ses pas, sans avoir rien trouvé. Il se flattoit même de rencontrer à la fin les terres de l'Asie ; & nous verrons dans la suite qu'il les croyoit bien moins éloignées de ce côté-là, qu'elles ne le sont en effet. Il avoit lu la Relation des voyages de Marc Paul de Venise, où il est parlé du Catay, qui est la partie Septentrionale de la Chine, & d'une Isle appellée Cipango, abondante en or, & qu'on a cru depuis être le Japon ; c'étoit même sur cette relation qu'il avoit particulierement fait son systême : aussi dans la plûpart de ses expeditions, il eut sur tout en vûë le Cipango de Marc Paul de Venise.

La Republique de Gênes, dont il étoit né sujet, fut la premiere Puissance, à laquelle il proposa son projet, mais il n'en fut pas même écouté ; on le regarda dans sa patrie comme un visionnaire. Il alla ensuite offrir ses services à Jean II. Roi de Portugal, qui le reçût bien, & voulut que son dessein fût examiné par D. Diego Ortiz, Evêque de Ceuta, connu auparavant sous le nom du Docteur Calçadilla, du lieu de sa naissance, & par deux Médecins Juifs, fort estimés pour leur habileté dans la Cosmographie. La premiere chose que firent ces Commissaires, fut de demander à Colomb un mémoire plus détaillé, il le donna; & dès qu'ils l'eurent entre les mains, ils firent secretement partir une Caravelle, avec ordre au Pilote de suivre exactement tout ce qui étoit marqué dans cet écrit, qu'on lui mit entre les mains. Mais la tête & le courage du Génois manquoient également au Portugais; la Caravelle n'alla pas fort loin, & après avoir essuyé quelques coups de vent assés forts, elle retourna en Portugal, tout l'équipage détestant une entreprise, qui lui paroissoit aussi insensée que perilleuse.

Il envoye son frere en Angleterre, & s'en va en Espagne.

Colomb ne put apprendre sans indignation la supercherie, qu'on lui avoit voulu faire, & ne fut pas moins choqué, qu'on rejettât sur lui le peu de succès d'une entreprise aussi mal concertée. Il prit sur le champ la résolution de quitter ce Royaume, où depuis la mort de son épouse, arrivée peu de têms auparavant, rien ne l'attachoit plus; & craignant que le Roi, qu'il sçavoit imputer bien plus au manque d'habileté & d'experience de son Pilote, qu'aux mémoires, qu'on lui avoit donnés, l'inutilité de la tentative, ne le fît arrêter, il s'embarqua sans rien dire sur la fin de 1484. il alla prendre terre en Andalousie avec Barthélemy Colomb son frere, & il envoya celui-ci en Angleterre, pour essayer de faire goûter son dessein au Roi Henry VII. tandis qu'il iroit faire la même chose à la Cour d'Espagne.

Barthélemy Colomb en Angleterre.

Barthélemy Colomb étoit un homme de bon esprit, renommé pour les cartes marines & les spheres, qu'il faisoit dans la perfection pour le têms: il avoit passé d'Italie en Portugal, avant son frere, dont même il avoit été le maître en Cosmographie. D. Fernand Colomb son neveu, dit que s'étant embarqué pour Londres, il fut pris par des Corsaires, qui le menerent dans un pays inconnu, où il fut réduit à la derniere misere, qu'il s'en tira néanmoins en faisant des cartes de navigation; qu'ayant amassé de ses profits une somme d'argent, il passa en Angleterre, présenta au Roi une Mappemonde de sa façon, lui expliqua le projet de son frere, & le lui fit tellement goûter, que ce Prince le pria d'en faire venir l'auteur, promettant de fournir à tous les frais de l'entreprise, mais que Christophle Colomb étoit déjà engagé avec la Cour de Castille, & n'étoit plus libre d'accepter ces offres. Il est assés difficile de concilier ce récit avec ce que nous dirons dans la suite du voyage de Barthélemy Colomb, sur l'autorité d'Antoine Herrera, & de décider lequel de ces deux auteurs merite plus de créance sur ce point. On trouvera aussi peut-être un peu étrange que les deux freres s'adressassent en même-têms à deux Cours, qui ne devoient pas être éloignées d'accepter leurs services, & dont la prompte acceptation pouvoit leur causer de l'embarras ; mais il y a de l'apparence que Christophle Colomb visoit par-là au plus sûr, & qu'il esperoit que la jalousie, que ces deux Puissances auroient l'une de l'autre, le feroit rechercher avec empressement de toutes les deux, & que par-là il seroit en état de faire ses conditions meilleures ; en quoi il se trompa.

Christophle Colomb arrive en Espagne, ses premieres tentatives auprès des Rois Catholiques.

La Cour d'Espagne étoit à Cordouë lorsque le Pilote Gênois arriva en Andalousie, il ~~alla aussi-tôt en Castille~~, & après avoir laissé dans un Couvent à Palos son fils unique, qu'il avoit eu de sa premiere femme, & qui se nommoit Diegue, il se rendit auprès du Roi Catholique, auquel il fit présenter un mémoire, dont voici la teneur : » Serenissime » Prince, j'ai navigué dès ma jeunesse, il y a quarante ans, » que je cours les mers, je les ai toutes examinées avec soin, » & j'ai conversé avec un très-grand nombre de gens sages de » tous états, de toutes nations, & de toutes Religions ; j'ai » acquis quelque connoissance dans la Navigation, dans » l'Astronomie & la Géometrie. Je suis en état de rendre » compte de toutes les villes, rivieres, montagnes & de » les placer chacune, où elles doivent être dans les Cartes. » J'ai lû tous les livres qui traitent de la Cosmographie, de » l'Histoire & de la Philosophie. Je me sens présentement » porté à entreprendre la découverte des Indes, & je viens à » V. A. pour la supplier de favoriser mon entreprise. Je ne » doute pas que plusieurs ne se mocquent de mon projet, » mais si V. A. veut me donner les moyens de l'executer, » quelque

» quelque obſtacle qu'on y trouve, j'eſpere de le faire réuſſir.

Colomb avoit deviné juſte, quand il avoit dit qu'on ſe mocqueroit de ſon deſſein. Il étoit fort mal équipé, & il fut regardé comme un homme, qui ne propoſoit des choſes nouvelles, que pour ſe tirer de la miſere, ou ſortir de l'obſcurité, où il avoit juſques-là vécu. Il y eut pourtant un homme en place, qui en jugea autrement que les autres; ce fut D. Alfonſe Quintaniglia grand Tréſorier de Caſtille; Colomb trouva en lui un protecteur, qui dans la ſuite lui en procura d'autres, & lui menagea des ſecours pour l'aider à ſubſiſter. Quintaniglia fit plus, il obtint de la Reine Iſabelle de Caſtille, que le plan du Pilote Gênois ſeroit examiné, & cette affaire fut miſe entre les mains du P. Fernand de Talavéra, Hieronimite, Confeſſeur de cette Princeſſe; ce Religieux fit une aſſemblée de Coſmographes, dont le réſultat ne fut point favorable à Colomb, & Herrera en attribuë la faute, en partie à l'ignorance de ceux, qui furent conſultés, & en partie à ce que le Gênois, craignant qu'on ne lui jouât le même tour, qu'on lui avoit joué en Portugal, ne s'étoit expliqué qu'à demi. Son deſſein eſt rejetté.

On lui objecta donc qu'il préſumoit ſans fondement d'en ſçavoir plus lui ſeul, que n'en avoient ſçu juſques-là les plus habiles navigateurs, & les plus ſçavans Coſmographes du monde: qu'aſſûrément, s'il y avoit des pays habitables au Couchant, on ne ſeroit pas à en être informé; que pour gagner les Indes Orientales par la route, qu'il vouloit tenir, il faudroit au moins trois ans, & qu'une navigation de ſi longue durée n'étoit pas une choſe à tenter par des perſonnes raiſonnables. Que Seneque avoit mis en queſtion, par maniere de diſpute à la verité, ſi l'Ocean n'étoit pas infini, ce qui donnoit au moins lieu de croire qu'il étoit d'une étenduë ſi vaſte, qu'il y auroit de la temerité à s'engager à en faire le tour. Enfin qu'en allant à l'Occident, on deſcendoit toûjours, & que quand on voudroit retourner en Eſpagne, on ſe trouveroit dans l'impoſſibilité de remonter. Ce qu'on lui oppoſe.

Lenteurs qu'il eut à essuyer de la Cour d'Espagne.

Colomb eût beau faire pour detruire des raisons si peu solides. Plus elles étoient mauvaises, & moins ceux, de qui elles partoient, étoient capables de gouter ses réponses, & d'en sentir la force. Il se vit donc réduit à attendre du têms & des conjonctures une occasion plus favorable. Cinq années entieres se passerent de la sorte, au bout desquelles le Roy & la Reine lui firent dire que la guerre de Grenade, où ils se trouvoient engagés, ne leur permettoit pas de vacquer à d'autres affaires, ni de s'embarquer dans d'autres dépenses; qu'il patientât encore un peu, & que quand la guerre seroit finie, on l'écoûteroit à loisir. Il regarda cet avis comme une défaite, s'en alla à Seville, & s'adressa successivement aux Ducs de Medina Sidonia, & de Medina Celi. Le premier ne voulut pas même l'entendre. Quelques-uns ont dit que le second avoit resolu de lui faire équiper des vaisseaux au Port de Sainte Marie, dont il étoit Seigneur, mais que la Cour refusa d'y consentir.

Ce qui est certain, c'est que dès lors il songea à passer en France, bien résolu, si le Roi très-Chrétien ne l'écoutoit pas, d'aller jusques à Londres pour y rejoindre son frere, dont il n'avoit reçu aucune nouvelle, depuis qu'ils s'étoient séparés. Mais le P. Jean Perez de Marchena Francisquain, son ami, l'en détourna, mit son projet entre les mains de quelques personnes d'une érudition connuë en ces matieres là; & ceux-ci l'ayant approuvé avec éloge, il en écrivit à la Reine Isabelle, auprès de laquelle il avoit du crédit. Cette Princesse, qui étoit toûjours au camp de Sainte Foi devant Grenade, lui manda aussitôt de la venir trouver: il y alla, & il sçut si bien tourner son esprit, qu'il l'engagea à donner une audiance à son ami. Ce voyage ne produisit pourtant rien: à la verité tout ce que proposoit Colomb fut trouvé fort sensé & fort vrai-semblable, mais il portoit ses prétentions bien-haut; car il demandoit d'être declaré Amiral, & Viceroi perpetuel & hereditaire de toutes les terres & de toutes les mers, qu'il découvriroit. On jugeoit que c'étoit trop, s'il réussissoit; & que s'il ne réussissoit pas, on seroit taxé de legereté, pour avoir agi & tant promis sur de foibles indices.

Ce fut alors, que Colomb ne voyant plus d'apparence de rien faire à cette Cour, songea tout de bon à passer en France. Mais le Grand Thrésorier, & Louis de Sant-Angel Receveur des Droits Ecclesiastiques de la Couronne d'Arragon, ne purent souffrir qu'on négligeât ainsi une affaire de cette conséquence, & engagerent le Cardinal de Mendoza Archevêque de Tolede & Chef du Conseil de la Reine à ne point laisser sortir d'Espagne le Pilote Génois, sans l'avoir vû. Colomb eut effectivement une longue audiance du Cardinal, qui fut très-content & du projet, & du caractere d'esprit de son auteur, mais qui ne conclut rien. L'air de la Cour n'étoit point favorable aux découvertes, & l'on y disoit publiquement qu'il ne falloit pas s'étonner qu'un Etranger sans biens pressât si fort l'execution d'une entreprise, où il ne mettoit rien du sien, qui lui donneroit de l'emploi, & où son pis aller étoit de se retrouver ce qu'il étoit.

Il se dispose à passer en France.

Colomb, à qui ces discours furent bientôt raportés, voulut les faire cesser, & lever tous les prétextes, qu'on pouvoit imaginer pour empêcher la réussite de son dessein, il s'offrit à payer un huitiéme de la dépense & consentit de ne partager les profits, que sur le pied de ses avances. Mais il avoit beau se prêter à tout, & parler raison, chaque jour voyoit naître de nouveaux obstacles, & il desespera entierement de les surmonter. Il étoit retourné au camp de Sainte Foy pour y faire les propositions, dont je viens de parler, il en partit fort chagrin au mois de Janvier 1492. pour se rendre à Cordouë, où étoit sa famille, & il se disposa sérieusement au voyage de France. Sur ces entrefaites Grenade se rendit, & Sant-Angel profitant de la joie qu'un si grand événement avoit répanduë dans toute la Cour, représenta vivement à la Reine le tort qu'on faisoit à l'Espagne en éconduisant un homme du mérite de Colomb.

1492.

1492. Derniers efforts auprès de la Reine.

» Madame, lui dit-il, il n'eſt perſonne, qui ne ſoit ſurpris » que Votre Alteſſe, après avoir donné tant de preuves é» clatantes de ſon grand cœur, manque, pour épargner une » bagatelle, une affaire, qui peut avoir des ſuites ſi avan» tageuſes pour l'Etat. Vous ignorés peut-être, Madame, » que cet Italien eſt réſolu de porter ailleurs ſes memoires » & ſes projets. Et verriés-vous ſans chagrin un de vos voi» ſins profiter de ce que vous auriés negligé ? Que craint » Votre Alteſſe ? Colomb eſt un homme ſage, habile, plein » de bon ſens & de prudence : c'eſt le témoignage unanime, » que lui rendent tous ceux, qui l'ont pratiqué ; il s'offre » à entrer dans la dépenſe, il y mettra tout ſon bien, il y » riſquera ſa vie, il faut qu'il ſe tienne abſolument ſûr de » réuſſir. Enfin de fort habiles gens ne trouvent rien d'im» praticable dans ce qu'il propoſe, & quand même le ſuccès » ne répondroit pas à ſes eſperances, la choſe eſt de natu» re à être tentée ſans imprudence. Il ſied bien, Madame, » à une grande Reine comme vous de connoître la vaſte » étenduë de l'Ocean, & rien n'eſt plus capable d'illuſtrer » votre regne, qu'une pareille entrepriſe. Je ne vois pas » même que cet Etranger demande beaucoup pour ce qu'il » promet ; tiendra-t-il à ſi peu de choſes, que vous n'é» terniſiés votre nom par une découverte, que le ciel vous » a, ce ſemble, reſervée ?

Elle accepte les conditions propoſées par Colomb.

Ce diſcours fit ſur la Reine, déjà ébranlée par les raiſons du grand Thréſorier, tout l'effet, qu'en avoit prétendu Sant-Angel, elle donna ſur le champ les mains à tout, voulut même que la choſe s'éxécutât au plûtôt, & parce que la guerre de Grenade avoit épuiſé ſes finances, elle vouloit engager de ſes pierreries, pour la ſomme que Colomb demandoit ; mais Sant-Angel lui dit que cela n'étoit pas néceſſaire, & qu'il avanceroit du ſien tout ce qu'il faudroit. Colomb cependant étoit déjà parti pour France, Iſabelle fit courir après lui un Huiſſier de la Cour, & celui-ci l'ayant joint ſans peine, il le conduiſit à Sainte Foy, où la réception, que lui fit Iſabelle, effaça de ſon eſprit juſqu'au ſou-

l'âr
l'une partie

venir des chagrins, que la lenteur & les airs méprisans des Espagnols lui avoient fait essuyer pendant huit ans. Il eut ordre ensuite de traiter avec le Secretaire d'Etat D. Juan de Coloma, & le 17. d'Avril on convint des Articles suivants.

1492.

Ou Colonia.

I. Que les Rois Catholiques, comme Souverains Seigneurs de l'Ocean, nommeroient dès à présent Christophle Colomb leur Amiral & leur Viceroi perpetuel de toutes les Mers, Isles & Terres fermes, qu'il découvriroit: qu'il joüiroit toute sa vie de ces Charges avec les mêmes prérogatives, quant à la premiere, dont l'Amirante de Castille joüissoit dans l'étenduë de sa jurisdiction; qu'il en seroit de même à proportion de la seconde, & qu'elles passeroient toutes deux sur le même pied à sa posterité. II. Que pour les Gouvernemens particuliers de chaque Place, Isle, Province, ou Royaume, les Rois Catholiques nommeroient un des trois Sujets, qu'il leur auroit présenté. III. Que toutes les richesses ou marchandises, de quelque nature qu'elles fussent, qui seroient apportées des nouvelles Conquêtes, après que tous les frais auroient été remboursés, l'Amiral Viceroi auroit un dixiéme à prendre sur les droits du Prince. IV. Que tous les differens, qui surviendroient dans l'étenduë de la nouvelle Amirauté, au sujet du Commerce & des susdites richesses & marchandises, seroient jugés par l'Amiral, ou par ses Lieutenans en son nom; comme il se pratiquoit à l'égard de l'Amirante de Castille. V. Que dans tous les navires, qui seroient armés pour faire le Commerce dans les nouvelles Découvertes, le même Amiral pourroit s'intéresser pour un huitiéme.

Quelles furent ces conditions.

Les Rois Catholiques signerent cette fameuse Capitulation, (c'est le nom qu'on lui donna,) qui leur acquit un nouveau monde, dans ce même camp de Sainte-Foy, où ils venoient d'achever la ruine entiere des Maures d'Espagne, après 800. ans de domination, & voici le Brevet, qui fut donné à Colomb, lequel, de la maniere, dont il fut conçû, quoique datté du têms auquel il fut livré, ne pouvoit

Le Traité est signé du Roi & de la Reine, mais au nom de la seule Couronne de Castille.

1792. avoir lieu qu'après la découverte, qu'il suppose déja faite.

« FERDINAND & ISABELLE, par la grace de Dieu, » Roy & Reine de Castille, de Leon, d'Arragon, de » Sicile, de Grenade, de Tolede, de Valence, de Galice, » de Majorque, de Minorque, de Seville, de Sardaigne, » de Cordouë, de Corsique, de Murcie, de Jaën, des » Algarves, de Gibraltar, & des Isles Canaries. Comte » & Comtesse de Barcelonne, Seigneurs de Biscaye & de » Molena, Ducs d'Athenes & de Neopatrie, Comtes de » Roussillon, Marquis d'Oristan & de Gociado, &c. Puis- » que vous, Christophle Colomb, allés par notre com- » mandement, avec nos vaisseaux, & nos Sujets à la con- » quête des Isles de l'Ocean, que vous avés découvertes, » & comme nous esperons qu'avec l'aide de Dieu vous en » découvrirés d'autres, il est juste que nous vous récom- » pensions des services, que vous rendés à notre Etat. » Nous voulons donc que vous, Christophle Colomb, soyés » Amiral, Gouverneur, & Vice-Roy des Isles & de la » Terre ferme, que vous avés découvertes, & de toutes » celles que vous découvrirés. Que vous vous appelliés D. » Christophle Colomb, que vos enfans après vous succedent » à toutes vos Charges, que vous les puissiés exercer par » vous, ou par ceux, que vous choisirés, pour être vos » Lieutenans, que vous jugiés toutes les affaires civiles » & criminelles, dont la connoissance apartient & a apar- » tenu à nos Vice-Rois & à nos Amiraux, & que vous » ayés les droits & prééminences des Charges que nous » vous donnons. Et par ces Présentes Nous commandons » à notre très-cher Fils le Prince D. Juan, aux Infants, » Ducs, Prelats, Marquis, Grands-Maîtres, Prieurs & » Commandeurs de nos Ordres Militaires ; à tous ceux de » notre Conseil, & Juges en quelque Justice que ce soit, » Cours & Chancellerie de notre Royaume, aux Chate- » lains, Gouverneurs des Citadelles, des Places fortes, à » toutes les Communautés, Juges, Officiers de la Marine,

» aux vingt-quatre Cavaliers Jurés, Ecuyers, à toutes » les Villes & Places de notre Etat, & à tous les Peuples, » que vous découvrirés & subjuguerés; de vous reconnoî- » tre, comme Nous vous reconnoissons, pour notre Amiral » & Vice-Roi, vous & vos enfans en ligne directe, & pour » toûjours. Ordonnons à tous les Officiers, que vous éta- » blirés en quelque Charge que ce soit, de vous faire con- » server vos privileges, immunités, honneurs, & de vous » faire payer les droits & les émolumens, qui sont dûs à » vos Charges, sans permettre que personne y mette au- » cun obstacle. Car tel est notre volonté. Nous comman- » dons à notre Chancelier & autres Officiers de notre Sceau, » de vous expedier au plûtôt nos Lettres, & de les faire » aussi amples & aussi avantageuses, que vous le souhai- » terés, à peine de notre disgrace, & de trente ducats d'a- » mende contre chacun des contrevenans; donné en notre » ville de Grenade le 30. d'Avril l'an 1492. *Signé*, Moi » LE ROI. Moi LA REINE. » 1492.

« *Moi* Jean de Coloma *Secretaire du Roi & de la Reine ai » fait expedier les Présentes Lettres par leur Commandement.* »

Au reste, quoique tout parût se faire également au nom du Roi & de la Reine. La Courone d'Arragon n'entra pour rien dans cette entreprise; la Castille en fit tous les frais, ce fut pour elle seule que le nouveau monde fut découvert & conquis; & tout le têms que vécut Isabelle, il ne fut gueres permis qu'à des Castillans d'y passer & de s'y établir, ce qui n'empêcha point que le Roi ne parût toûjours le Souverain, & quelquefois même seul, comme représentant la Reine de Castille son épouse. Les ordres, qui furent remis à Colomb avant son départ de Grenade, portoient qu'il n'aprocheroit pas des côtes de Guinée à cent lieuës près des terres possédées par le Roi de Portugal, & nous verrons dans la suite les raisons & la nécessité de cette précaution.

Le 12. de Mai Colomb se mit en chemin pour *l'Estramadoure*, & il arriva en peu de jours à *Palos*, où se faisoit Embarquement de Colomb.

1492. l'armement qui lui avoit été accordé. Ce Port passoit pour avoir les meilleurs matelots d'Espagne, & c'est ce qui avoit fait souhaiter à Colomb d'y faire les préparatifs de son voïage. D'ailleurs, il avoit de bons amis dans le pays, & il comptoit particulierement beaucoup sur le P. Jean Perez de Marchena, dont nous avons déjà parlé, & qui effectivement lui rendit de bons services. Le plus considerable fut d'engager d'habiles mariniers, qui avoient quelque répugnance à suivre un étranger dans une mer inconnuë, à prendre parti avec lui. Mais la meilleure acquisition que fit Colomb pour son entreprise, fut celle de trois freres des plus riches habitans & des plus habiles navigateurs de Palos; ils se nommoient Pinçon, & ils voulurent bien risquer leurs personnes, & une partie de leur bien dans cet armement.

La ville de Palos étoit obligée de mettre tous les ans en mer pendant trois mois deux caravelles; il y eût ordre de les donner à Christophle Colomb, & l'on y joignit un petit navire, ou une troisiéme caravelle, qu'il monta lui-même. Il lui donna le nom de *Sainte-Marie*, quelques auteurs la nomment *la Gallega*, & c'étoit apparemment son premier nom. Les deux autres bâtimens étoient *la Pinta*, commandée par Martin-Alphonse Pinçon, & *la Nina* que montoit Vincent-Yanez Pinçon: François-Martin le plus jeune des trois freres, fut le pilote de la Pinta. Il y avoit sur ces trois navires cent vingt hommes en tout, tant mariniers que volontaires, & des vivres pour un an. Christophle Colomb mit à la voile un Vendredi troisiéme d'Août, demie heure avant le lever du soleil, après avoir fait ses dévotions avec tous ses gens. Dès le lendemain le timon de la Pinta sortit de sa place, & l'on soupçonna deux mariniers, qu'on avoit embarqués malgré eux, d'avoir causé ce désordre, d'autant plus qu'ils avoient déjà fait la même chose avant le départ. Pinçon fit attacher le timon avec des cordes, mais un coup de vent ou de mer le détacha peu de jours après, & ce bâtiment eût bien de la peine à suivre les autres.

L'onziéme

L'onziéme d'Août on apperçût la grande Canarie, & l'on alla y faire mettre un timon à la Pinta. Colomb fit aussi changer la voile latine de la *Niña* en voile ronde, puis il gagna en quatre jours la *Gomera*, où il acheta des viandes fraîches, & fit de l'eau & du bois. Un avis, qu'il eût dans ce port, que trois caravelles Portugaises le cherchoient à dessein de l'enlever, l'en fit sortir plûtôt, qu'il n'auroit fait sans cela, il appareilla le 6. Septembre & fit le *Sud Ouest*. Dès le lendemain les terres disparurent de toutes parts, & quelques passagers, qui se mirent dans l'esprit qu'ils ne la reverroient jamais, commencerent à soupirer & à pleurer. L'onziéme, Colomb se faisoit à 150. lieuës de l'Isle de *Fer*, & il rencontra un mât de navire, qui paroissoit avoir été entraîné là par les courants. Un peu plus loin il s'apperçût que les courants portoient extrêmement fort vers le Nord, & le 14. au soir il observa que l'aiguille déclinoit d'un dégré vers le Nord-Ouest. Le lendemain matin cette déclinaison avoit crû d'un demi degré; mais les jours suivants elle varia beaucoup; comme on n'avoit jamais rien oüi dire de pareil, on peut juger que cette nouveauté donna à penser à nos navigateurs. La vûë d'un oiseau assez petit, & de quantité d'herbes, qui couvroient la superficie des eaux, & paroissoient nouvellement détachées de quelques terres, ou de quelque roche; jointe à plusieurs observations, que Colomb avoit faites, le porterent à ne plus naviguer que la sonde à la main, quoique suivant son estime, il ne fût qu'à 400. lieuës des Canaries. Le Commandant de la Pinta s'imagina même un jour avoir vû la terre environ à 15. lieuës au Nord, & vouloit tourner de ce côté-là; mais Colomb l'assûra qu'il se trompoit, & la prétenduë terre, qui n'étoit effectivement qu'un gros nuage à l'horison, se dissipa bientôt.

1492. Il arrive aux Canaries.

Les jours suivants il parut beaucoup d'oiseaux de différentes especes, & l'esperance, que cette vûë fit naître de découvrir bientôt la terre, soûtint un peu les Castillans qui commençoient à perdre courage. Mais ne se trouvant

Mutinerie des Equipages.

voyant /

1492. pas plus avancés au bout de trois semaines que le premier jour, & craignant que le vent, qu'ils avoient toûjours eu favorable pour aller à l'Ouest, ne leur fût contraire, quand ils voudroient retourner en Espagne; la plûpart furent saisis de frayeur de se voir au milieu d'une vaste mer, qu'ils regardoient comme un abîme sans fonds & sans bornes, & toûjours prêt à les engloutir. Déjà on ne parloit plus que de reprendre au plûtôt la route de Castille; la Cour, disoit-on, ne sçauroit trouver mauvais qu'après avoir navigué plus loin, que jamais personne n'a fait, nous n'ayons pas été plus avant sans esperance de rien trouver, & uniquement pour servir à l'ambition dereglée d'un avanturier, qui n'ayant rien à perdre, se mettoit fort peu en peine de nous voir tous perir. Il y en eût même, qui dirent assez haut, que le plus court étoit de jetter cet étranger à la mer, & qu'ils en seroient quittes pour dire qu'il y étoit tombé par accident en contemplant les astres.

Conduite de Colomb en cette occasion.

Colomb comprit toute la grandeur du péril, où il se trouvoit engagé; mais il ne se perdit point, & tantôt par de bonnes manieres, tantôt par des raisons plausibles, quelquefois par des esperances bien ménagées, & qu'il sçavoit accompagner d'un certain air insinuant, qui persuade autant que les meilleures raisons; d'autre fois, usant sagement de menaces, & faisant valoir à propos toute l'autorité, dont il étoit revêtu, il vint à bout de calmer ces premieres saillies. Le premier d'Octobre il se faisoit à 700. lieuës des Canaries, mais il se donna bien de garde de le dire à ses gens, & par bonheur pour lui les deux caravelles ne se faisoient pas si loin. Au bout de quelques jours les murmures recommencerent, & la mutinerie s'augmenta à un point, qu'il y avoit tout à craindre du desespoir, où se trouvoient les trois équipages; les horreurs d'une mort prochaine, & qui paroissoit inévitable, soit par la faim, soit par le naufrage, ayant fait presque tourner la tête à ceux-là même, sur qui le Commandant avoit cru devoir plus compter. Il leur parla encore avec beaucoup de douceur, il leur représenta qu'un peu de constance alloit infailliblement leur acquérir une gloire immortelle : enfin, voyant qu'ils ne se rassûroient point, il se hazarda à leur faire une proposition, qui suspendit d'abord toute la fureur, dont ils commençoient à être animés.

1492.

Proposition hardie qu'il fait à ses gens.

Il leur déclara, que si dans trois jours la terre ne paroissoit point, ils seroient les maîtres d'en user comme ils voudroient, & qu'il se mettroit à leur discretion. Cette conduite toucha les Pinçons, qui s'étoient mis à la tête des mutins ; car on a toûjours regardé comme une fable, & comme une pure calomnie inventée par les ennemis de Colomb, ce que quelques uns ont avancé, qu'ayant lui-même perdu courage, il avoit voulu retourner en Castille, & que les trois Pinçons l'avoient forcé à continuer sa route. Il est certain qu'on lui reprocha cette lâcheté dans le procès qu'il eût à soûtenir contre le fisc royal pour ses droits ; mais on n'y insista pas, & cette ridicule accusation ne fut regardée de ses parties même, que comme un de ces faits hazardés sans preuve, dont les Avocats prennent souvent la liberté, quand ils n'ont rien de bon à dire, de remplir leurs factums, pour en imposer à la multitude, qui croit aisément tout sans examiner.

Indice des la Terre.

La déclaration du Commandant fut donc prise au pied de la lettre, & on lui fit entendre que les trois jours expirés, on ne différeroit pas un moment à revirer de bord. Mais on prétend qu'il n'avoit rien risqué en prenant un terme si court ; qu'il y avoit déjà quelque têms qu'il trouvoit fond avec la sonde, & que la nature du sable, ou de la vase qu'elle raportoit, lui faisoit juger qu'il étoit près de terre. Dès le deuxiéme jour il en parut des signes, qui rassûrerent les plus timides ; c'étoit des morceaux de bois figuré, des cannes fraîchement coupées, une épine avec son fruit ; d'ailleurs on commençoit, le matin sur-tout, à respirer un air plus frais, & ce qui plus, que toute autre chose, faisoit impression sur l'esprit de Colomb, les vents changeoient souvent pendant la nuit : car il ne pouvoit douter que cela

1492. ne vint. d'un combat du vent de terre, contre celui, qui souffloit ordinairement au large. Le soir de ce même jour qui fut un Jeudi 11. d'Octobre, la priere finie, il avertit ses gens que cette nuit même il comptoit de voir la terre, qu'on fût sur ses gardes, & qu'à minuit les trois bâtimens carguassent toutes leurs voiles, se contentant de courir sur la trinquette basse: & parce qu'un coup de vent pouvoit séparer les navires les uns des autres, il donna des signaux pour se réünir. Enfin il ajoûta, qu'outre les 10000. maravedis de rente, (ce qui revient à peu près à 800 (a) livres de notre monnoye,) que le Roi Catholique avoit promis à celui, qui le premier verroit la terre, il ajoûteroit du sien un pourpoint de velours.

Colomb la découvre le premier. Sur les deux heures après minuit, un matelot, qui depuis quelque temps se tenoit au haut du grand mât, se mit à crier: *Lumiere, lumiere; terre, terre;* & crût sa fortune faite, mais sa joye fut courte; car un domestique de Colomb: nommé Salzedo, lui dit sur le champ que son maître avoit déjà vû cette lumiere, & reconnu la terre. En effet, la veille sur les dix heures du soir, Colomb étant au château de Pouppe, appella secretement un nommé Pierre Guttierez, valet de la garde-robe de la Reine, (Oviedo dit que ce fut un gentilhomme nommé Escovado,) & lui montra une lumiere, qu'il venoit d'apercevoir: tous deux ensuite appellerent Rodrigue Sanchez, qui faisoit l'office de Contrôleur des Guerres, & la lui firent voir. Un moment après il leur fit voir distinctement la terre, & ce fut sur le témoignage de ces deux hommes, que les 10000. maravedis de rente furent ajugés à Colomb, auquel ils furent exactement payés jusqu'à sa mort sur les Boucheries de Seville. On prétend que le matelot, qui le premier avoit crié *terre*, conçût un si grand dépit d'avoir été frustré d'une récompense, qu'il croyoit lui être dûë, qu'aussitôt après son retour en Espagne, il passa en Afrique, & se fit Mahometan.

Il est salué Amiral & Vice-Roi. Au point du jour la terre parut visiblement, éloignée

(a) il y a plusieurs especes de maravedis en Espagne or le maravedis a été autrefois plus haut qu'il n'est aujourd'hui, qu'il ne vaut que trois deniers de notre monnoye de france. pour sçavoir à quoi montoient les dix mille maravedis, dont il s'agit ici, il faudroit qu'on trouvera nous eût marqué ce qu'ils valoient alors.

d'environ deux lieuës. La Pinta, qui alloit toûjours devant, entonna la premiere le *Te Deum*, les deux autres bâtimens suivirent d'abord, après quoi tout l'équipage de la Capitane vint se jetter aux pieds de Colomb, lui demanda pardon, des chagrins qu'il lui avoit donnés, le salua en qualité d'Amiral & de Vice-Roi, & passant tout à coup sans milieu d'une extrêmité à l'autre, comme c'est assez l'ordinaire du peuple; cet insensé, cet avanturier, que peu d'heures auparavant on traitoit avec le dernier mépris, qu'on avoit voulu jetter à la mer, étoit un homme divin; on ne pouvoit trouver de termes assés relevés pour exprimer l'estime, qu'on faisoit de son génie, & de son courage, & la profonde vénération dont on se sentoit pénétré pour sa personne. Enfin Christophle Colomb se trouva dans ce moment parvenu de la condition de simple Pilote étranger, aux deux plus grandes dignités de la Couronne d'Espagne, & par leur réünion en sa personne, il ne vit plus parmi la nation la plus fiere de l'Europe, & la plus jalouse de ne point partager sa gloire avec les autres, que le Thrône au dessus de lui. 1492.

La terre, que les Espagnols avoient devant les yeux, étoit une Isle, qui paroissoit avoir 15. lieuës de long. L'Amiral, car nous l'appellerons désormais ainsi avec les auteurs Espagnols; l'Amiral, dis-je, lui donna sur le champ le nom de *San-Salvador*, qu'elle n'a point gardé. Comme on en aprochoit toûjours, on ne tarda pas à en voir tout le rivage bordé d'hommes parfaitement nuds, dont la surprise paroissoit extrême. Mais l'empressement étoit bien égal de part & d'autre, pour se voir de près. On aborda enfin, & Colomb sauta le premier à terre, portant l'épée nuë d'une main, & l'Etendart Royal de l'autre. Les Commandans des deux caravelles le suivirent de près, portant aussi les Enseignes de l'entreprise, où l'on voyoit d'un côté une croix verte, & une F. & de l'autre plusieurs FF. couronnées en l'honneur de Ferdinand. Tous les trois équipages furent bientôt à terre, & la premiere chose, qu'ils faisoient en

Colomb descend à terre, & prend possession de l'Isle Guanahani au nom de la Couronne de Castille.

1492. débarquant, étoit de baiser cette terre, si long-têms désirée, & de remercier Dieu du succès de leur voyage. Après cela tous vinrent renouveller aux pieds de Christophle Colomb, ce qu'avoit fait l'équipage de la Capitane, & ils lui prêterent dans les formes le serment de fidelité, qu'ils lui devoient en qualité d'Amiral, & de Vice-Roi. La prise de possession se fit ensuite au nom de la Couronne de Castille, avec toutes les formalités requises; en présence de Rodrigue Escovedo, Notaire Royal. On commença cette cérémonie par planter une Croix sur le rivage, & après l'avoir adorée avec de grands sentimens de religion, on y grava les armes de Castille. Tout étant fini, Colomb en requit acte du même Notaire de l'Escadre.

Etonnement reciproque des Sauvages & des Europeans.

Tout cela se passoit à la vûë des Sauvages, dont l'étonnement croissoit toûjours. Il parut même dans la suite, qu'ils avoient long-têms regardé les Europeans, comme des hommes d'une espece particuliere, & d'un ordre superieur. En effet, la différence étoit grande entre les uns & les autres. Les Barbares n'avoient que des cheveux assés courts, noirs, épais, que plusieurs lioient avec un cordon autour de leur tête, en maniere de tresse; du reste, ils n'avoient pas un poil sur tout le corps; & ils voyoient les Castillans avec de longues barbes, & la poitrine toute veluë; ils étoient encore plus surpris de les voir habillés, que ceux-ci ne l'étoient de les voir nuds. Enfin, la couleur de la peau, & les traits du visage étoient si différens dans les uns & dans les autres, que l'étonnement étoit réciproquement extrême, & qu'on ne se lassoit point de se regarder. D'ailleurs, ce peuple paroissoit fort doux, sans défiance, & sans crainte. Tous étoient peints d'une maniere fort bigarrée, les uns seulement au visage, ou autour des yeux, & au nez, les autres partout le corps, ce qui n'embellissoit pas leur face, déjà très-difforme par son extrême largeur. Peut-être portoient-ils un jugement tout semblable de celle des Europeans, dont la barbe cachoit une bonne partie; car il faut convenir que tout cela dépend absolument de l'opinion fondée sur l'habitude.

1492.

Cependant les Insulaires ayant remarqué dans la cérémonie de la prise de possession le Greffier, qui écrivoit, s'imaginerent qu'on jettoit un sort sur eux & sur leur Isle, & s'enfuïrent à toutes jambes, on courut après, & on en joignit quelques-uns, ausquels on fit amitié, qu'on chargea de presens, & qu'on laissa ensuite aller, où ils voulurent. Cette conduite rassura les autres, & tous se rendirent extrêmement familiers. Les moindres choses qu'on leur donnoit leur paroissoient précieuses, & les Castillans de leur côté se voyant transportés dans un monde nouveau, où ils n'appercevoient rien de semblable à ce qui se trouve dans celui, d'où ils venoient; ni arbres, ni plantes, ni oiseaux, ni les hommes même, ne sçavoient encore s'ils veilloient, ou si c'étoit un songe.

Dès le jour même l'Amiral se rembarqua avec tous ses gens, & les Sauvages le suivirent en grand nombre jusqu'à son bord, les uns à la nage, & les autres dans leurs canots. On les questionna alors plus à loisir, & l'on apprit d'eux que leur Isle s'appelloit *Guanahani*, & que les habitans non seulement de cette Isle, mais encore de plusieurs autres, dont elle étoit environnée, se nommoient *Lucayos*, & c'est de-là qu'est venu le nom de *Lucayes*, que nous avons donné à toutes les Isles, qui sont au Nord & à l'Ouest des grandes Antilles, & se terminent au canal de *Bahama*. La plûpart de ces bonnes gens, en venant à bord des trois navires, avoient apporté des Perroquets & du cotton, parce que c'étoit ce dont les Chrêtiens avoient paru faire plus de cas; on leur donna en échange de petites sonnettes, qu'on leur attacha au cou, & aux jambes, des fragmens de pots de terre & de fayance, & d'autres pareilles babiolles, qu'ils recevoient avec des transports de joye incroyables : tous voulurent en avoir, & bientôt les trois bâtimens se trouverent remplis de cotton & de Perroquets, qui faisoient un bruit extraordinaire.

Mais ce qui fit plus de plaisir aux Castillans, c'est que

1492. la plûpart de ces Insulaires avoient de petites plaques d'or, qui leur pendoient des narines; on leur demanda d'où ils les avoient tirées, & ils firent entendre que c'étoit d'un pays, qu'ils montroient au Sud. Sur quoi l'Amiral se détermina à tirer de ce côté-là. Le lendemain 14. il rangea la côte, les Sauvages les suivant par terre : à mesure qu'ils rencontroient de leurs compatriotes, ils les appelloient pour voir, disoient-ils, des hommes extraordinaires & des machines, qui voloient sur l'eau. De têms en têms ils se tournoient vers les Europeans, & leur montrant le ciel, ils leur demandoient, s'ils n'en étoient pas descendus. Sur le soir l'Amiral leur fit quantité de présens & les renvoya. Le 15. il s'approcha d'une autre Isle éloignée de la premiere de sept lieuës, & il la nomma l'Isle de la *Conception*, mais il ne s'y arrêta point. Le 17. il moüilla l'ancre près d'une troisiéme, où il fit de l'eau; les peuples y parurent un peu plus civilisés qu'à San-Salvador, & les femmes y étoient couvertes depuis la ceinture jusqu'aux genoux, les unes de pieces de cotton, les autres de feüilles d'arbres, cette Isle fut appellée *Fernandine*.

L'Amiral passa de-là à une quatriéme, que les gens du pays appelloient *Saomoto* : il y descendit à terre, en prit possession avec les mêmes formalités, dont il avoit usé dans la premiere, & lui donna le nom d'*Isabelle*. Enfin le 28. il se trouva proche d'une grande terre, que les habitans des autres Isles, dont quelques-uns le suivoient toûjours, lui nommerent *Cuba*, & à laquelle il donna le nom de *Juana*, sans sçavoir encore si c'étoit une Isle, ou le continent; ce nom n'a pas été heureux, non plus que celui de Fernandine, qu'on lui a voulu substituer dans la suite. L'Isle a gardé jusqu'à présent celui, qu'elle avoit reçu de ses anciens habitans. Le Port, où l'Amiral entra, est celui, qu'on a depuis appellé *Baracoa*, du nom d'un cap, qui est à l'entrée du côté de l'Est. Comme son navire avoit besoin d'être radoubé, il profita de l'occasion, que lui présentoit la commodité d'un beau port, & il prit ce têms-là pour faire visiter le pays, où où on l'avoit assûré qu'il trouveroit de l'or.

Il fit choix pour cette visite de deux hommes fort intelligens, lesquels, après avoir marché environ vingt lieuës, ne crurent pas devoir aller plus loin. A leur retour ils raporterent qu'ils avoient vû un grand nombre de villages & de hameaux, où ils avoient été reçûs comme des hommes descendus du ciel, que tous étoient venus leur baiser les pieds, les hommes d'abord & puis les femmes; que les uns & les autres étoient nuds; qu'entr'autres mets, qu'on leur avoit présentés, ils avoient mangé d'une racine, qui étant cuite, avoit le goût de marons. C'étoit des Patates, dont nous parlerons ailleurs. Que le pays étoit fort beau, mais qu'ils n'y avoient rien remarqué de singulier, si ce n'est du cotton en quantité, dont ces peuples ne faisoient gueres d'usage, que pour leurs lits ou hamacs; qu'ils avoient vû differentes sortes d'oiseaux, de petits chiens, qui ne jappoient point, & un autre animal, appellé *Utias*, qui tenoit beaucoup du lapin; qu'ils en avoient tué un plus grand, fait à peu près comme un sanglier, excepté qu'il avoit sur le dos un évent, par lequel il respiroit. Qu'ayant demandé s'il y avoit de l'or dans cette terre, on leur avoit répondu qu'ils en trouveroient dans un certain canton, dont on ne leur avoit pas bien marqué la position, & dans *Bohio* qu'on leur avoit montré à l'Est. On a sçû depuis que le canton, dont on leur avoit parlé, s'appelloit *Cubanacan*, & avoit effectivement de l'or, mais en petite quantité: quant à *Bohio*, ce n'étoit pas le nom d'un pays, mais cela vouloit dire, une terre, où il y avoit un grand nombre de villages & de maisons.

1492.

Découverte de l'Isle Hayti, une Caravelle quitte Colomb.

L'assûrance que l'on donna à l'Amiral, qu'il trouveroit de l'or dans cette région, l'engagea à la chercher: plusieurs habitans de Cuba s'offrirent à l'y conduire, & il accepta volontiers leur offre. Son dessein étoit de faire aprendre le Castillan à plusieurs de ces Insulaires, persuadé que faute de se bien entendre, on perdoit souvent des connoissances importantes, & l'on couroit même risque de tomber dans des

1492. erreurs, qui pouvoient avoir des suites fâcheuses. Les vents l'ayant contrarié au sortir de *Bacacoa*, il fut contraint de se réfugier dans un port voisin, qu'il appella le port du Prince; d'où, après quelques excursions, il alla moüiller dans un troisiéme port, auquel il donna le nom de *Sainte-Catherine*, dont on célébroit la fête ce jour-là. Une chose l'inquiétoit depuis quelques jours. La Pinta s'étoit séparée de lui le 21. & dès le lendemain elle avoit absolument disparu. Cette caravelle étoit très-bonne voilliere, & Martin-Alonse Pinçon, qui la commandoit, avoit voulu profiter de cet avantage, pour arriver le premier à cette terre si abondante en or, dont on avoit parlé à l'Amiral, & y faire sa main.

Les avis, que reçût l'Amiral au port Sainte-Catherine, le consolerent un peu de cette disgrace; il y rencontra des habitans de l'Isle, dont on lui avoit parlé sous le nom de Bohio, & que ces Insulaires nommoient *Hayti.* Ils lui confirmerent que leur pays abondoit en or, & qu'il s'en trouveroit surtout une très-grande quantité dans une contrée appellée *Cibao.* Ce nom réveilla d'abord ses premieres idées sur le *Cipango* de Marc-Paul de Venise, & il ne douta presque plus que ce ne fût le même pays. Il se hâta donc de s'y rendre, & il embarqua sur son bord ces mêmes Insulaires, qui lui avoient donné de si bonnes nouvelles, & qui lui promirent de le mener aux mines de Cibao. Il rangea la côte du Nord de Cuba, faisant route à l'Est, & après avoir ainsi navigué 100. lieuës, il se trouva le 5. de Decembre à la pointe Orientale de la même Isle.

Colomb arrive à l'Isle Hayti.

Il n'y a de cette pointe à l'Isle Hayti que 18. lieuës, l'Amiral les fit en moins de 24. heures. Il prit terre le six à un gros cap, à côté duquel il trouva un port, où il entra; & en l'honneur du Saint, dont l'Eglise honore la memoire en ce jour-là, il donna au port & au cap le nom de *Saint Nicolas*, que l'un & l'autre portent encore aujourd'hui.

Fin du Livre Premier.

HISTOIRE
DE
L'ISLE ESPAGNOLE
OU DE
S. DOMINGUE.
PREMIERE PARTIE.

LIVRE SECOND.

'AMIRAL eût bien voulu rester quelque têms au Port S. Nicolas, pour y rafraîchir ses Equipages, & profiter de ce sejour, pour découvrir le pays; mais il étoit trop inquiet sur ce qu'étoit devenuë la Pinta; d'ailleurs ses guides lui disoient, que pour gagner les mines de Cibao, il falloit avancer plus loin à l'Est. Il prit donc à gauche, & il n'avoit pas encore fait beaucoup de chemin, qu'il aperçût devant lui une petite Isle, laquelle paroissoit de loin avoir la figure d'une Tortuë, aussi lui en donna-t-il le nom. Un gros têms qui survint alors, l'obligea à chercher un abri, & il le trouva le huitiéme dans un petit port, qui fut nommé le port de la Conception, & que les François ont depuis appellé le port *de l'Ecu*. — 1492. — Isle de la Tortuë.

La mer continuant à être mauvaise, l'Amiral voulut reconnoître le dedans de l'Isle, & il en donna la commission à six Castillans, lesquels ayant marché tout un jour sans rencontrer personne, retournerent au port & assûrerent qu'il n'étoit pas possible de voir un pays plus charmant, ni de meilleures terres. Colomb de son côté avoit — L'Isle Hayti nommée Isle Espagnole.

1492. entendu chanter un oiseau, dont le ramage lui parut tenir de celui du Rossignol, ses pêcheurs avoient pris à la Seine des Rayes, & quantité d'autres poissons assés semblables à ceux, qu'on prend sur la côte d'Espagne, il ne doutoit point que l'Isle ne renfermât de grands trésors; il ne lui en fallut pas davantage pour l'honorer du nom de *l'Isle Espagnole*. On a voulu depuis en latinisant ce nom, en faire un diminutif, d'où est venu celui d'*Hispaniola*, que lui donnent plus communément aujourd'hui les Castillans. Mais comme leurs auteurs se sont toûjours servi de celui de *l'Isle Espagnole*, ou même simplement du seul mot *Espagnola*, nous nous y conformerons dans la suite de cet ouvrage.

Les Insulaires se défient d'abord des Espagnols, & se familiarisent ensuite avec eux.

Cependant les Insulaires ne s'aprochoient point. Les premiers, qui avoient aperçu les navires, s'étoient enfuis, & avoient porté l'allarme par tout: ceux même, qui étoient venus de Cuba sur la Capitane, s'étoient sauvés; les Insulaires s'étoient avertis par des feux d'être sur leurs gardes, & quelque part qu'on allât, on ne trouvoit que des côtes & des campagnes désertes. Enfin, on découvrit un jour dans un bois un grand nombre de personnes des deux sexes, qui s'y étoient retirées, & qui se mirent à fuïr, dès qu'elles s'aperçurent qu'elles étoient découvertes. On courut après, & l'on joignit une femme, qui fut menée à Colomb; l'Amiral lui fit bien des amitiés, l'habilla fort proprement, & la fit reconduire chez elle accompagnée de trois Castillans & de trois Sauvages des Lucayes, qui entendoient sa langue; il envoya le lendemain du même côté, neuf autres Castillans, & un Insulaire de San-Salvador; ils trouverent cette femme à 4. lieuës de-là au Sud Est, dans une grande Bourgade, où il y avoit bien mille cabannes, mais fort éloignées les unes des autres. A leur vûë chacun commença à fuïr, mais le Sauvage les ayant atteint, leur dit beaucoup de bien des Castillans, & les fit revenir. Ils n'eurent pas lieu de s'en repentir: les Castillans firent beaucoup de présens aux principaux d'entre-eux, & ceux-ci de leur côté engagerent les Castillans à passer la nuit dans leur bourgade.

1492.

L'Amiral continue la découverte de l'Isle.

Le jour suivant, les Castillans s'en retournerent au port, où grand nombre d'Insulaires s'étoient rendus la veille avec la femme, dont nous venons de parler. Elle étoit portée sur les épaules de plusieurs, & son mari l'avoit accompagnée pour remercier l'Amiral des présens, qu'il avoit fait à son épouse. Ce peuple parut à Colomb un peu plus blanc que les autres Insulaires, plus petit, aussi difforme de visage, moins robuste, plus doux, plus poli, & plus traitable. Tous lui confirmerent ce qu'on lui avoit déjà dit des mines de Cibao, & comme rien ne l'arrêtoit dans ce port, il en sortit dès que la mer fut naviguable. En passant le canal, qui est entre la Tortuë, & l'Isle Espagnole, il aperçut un autre port, qu'il voulut examiner: il y entra, & l'endroit lui sembla si beau, qu'il le nomma *Valparayso*. C'est ce que nous appellons aujourd'hui le port de *Paix*.

Le Cacique du lieu vint rendre visite à l'Amiral, dès qu'il le sçût à terre. Je ne trouve nulle part le nom de ce Seigneur, & il y a bien de l'apparence que c'étoit un Cacique particulier, ou du second Ordre. Il ne laissoit pas d'avoir une suite fort nombreuse, & lui & son fils se faisoient porter sur les épaules de quelques-uns de leurs sujets. Quelque têms après leur arrivée, on vit venir de la Tortuë un canot, dans lequel il y avoit 40. hommes; le Cacique leur commanda avec menaces de se retirer, & ils obéïrent sur le champ: ce Seigneur ne vouloit apparemment pas que ces Sauvages vinssent partager avec ses gens les liberalités des Etrangers. On lui en fit effectivement quelques unes, dont il fut très-satisfait, & tous s'en retournerent fort persuadés, que ces hommes, si differens d'eux, & si bien faisans, étoient descendus du ciel.

De Valparayso, les deux navires continuant leur route, allerent moüiller le 21. dans un port qui fut nommé *Saint-Thomas*. C'est le même que les François ont depuis appellé *la Baye du Can de Louise*, & qui porte aujourd'hui plus communément le nom de *l'Acul*. Il se fit là aux navires Espagnols un concours extraordinaire de gens de tout âge & de

1492. tout sexe, & l'Amiral avoit donné de si bons ordres à ses équipages, que tous s'en retournerent charmés des bonnes manieres des Etrangers. Ceux-ci n'y perdoient rien ; quelques-uns d'entre-eux étant allé visiter les bourgades voisines, ils furent reçus des habitans avec des démonstrations de la joye la plus sincere. Ces pauvres gens ne pouvoient se persuader que les Espagnols fussent des hommes ordinaires ; ils ne les aprochoient qu'avec respect, baisoient la terre où ils avoient passé ; & les mettoient à discretion de tous leurs biens. +

La Capitane se brise contre un Ecüeil.

Goacanaric, Roi de Marien, avoit sa demeure 4. lieuës plus à l'Est, dans le port du *Cap-François*, ainsi que je l'ai déjà remarqué ; & sa maison étoit vis-à-vis de l'endroit, où est présentement la ville du Cap. Ce Prince charmé de tout ce qu'il entendoit dire des Etrangers nouvellement débarqués dans l'Isle, envoya saluer l'Amiral, & le fit prier de vouloir bien se transporter chés lui. Il accompagna sa priere de presens considerables ; à sçavoir, d'une ceinture bordée d'os de poissons travaillés en façon de perles, & d'un masque orné de plaques d'un or très-fin, & qui paroissoit frapé au marteau. Colomb répondit aux Députés du Roi, qu'il iroit incessamment voir leur Maître ; mais il jugea à propos de se faire précéder par un Officier, qui eût ordre en même têms de visiter le port, afin de voir si ses navires y seroient en sûreté. Le 24. il mit à la voile pour s'y rendre, & comme il se trouvoit extrêmement fatigué, ou incommodé, il s'alla d'abord jetter sur son lit, après avoir bien recommandé au Pilote, de ne point quitter le gouvernail. Il fut mal obéi, le Pilote alla lui-même se reposer, & confia le timon à un jeune homme sans experience, qui se laissa engager dans des courans, lesquels l'entraînerent sur des bans de sable, où le navire échoüa. Le matelot, qui tenoit le gouvernail, sentant le sable se mit à crier : au bruit qu'il fit, Colomb s'éveilla, & fut fort surpris de trouver tous les pilotes endormis, il commanda sur l'heure de décharger le navire dans une barque, qui y étoit attachée, & la plûpart des ma-

+ Ce pays, qui fait partie de ce qu'on appelle aujourd'hui la plaine du cap françois, étoit alors très peuplé, et l'on y trouve encore les vestiges de plusieurs carbets, des monceaux de coquillages, de tout ce qui étoit à l'usage des Insulaires, comme des haches, des pots, des plats de terre cuite, et des chemis, ou idoles ; mais rien ne fit plus de plaisir à Colomb, que de voir la plupart des habitans porter de petites lames d'or, qui lui parut très fin.

telots y sauterent; mais au lieu de faire ce qui leur avoit été prescrit, ils s'enfuïrent à une demie lieuë de-là, & laisserent l'Amiral dans un très-grand embarras. Il fit aussi-tôt couper le mât pour soulager le bâtiment, mais il ne pût réüssir à le remettre à flot, il s'ouvrit même d'abord, & il fallut songer à se sauver dans la chaloupe. Le banc sur lequel le navire avoit touché, étoit à l'entrée d'un port, qui est à moitié chemin de Saint-Thomas, ou de l'Acul au Cap-François; les Espagnols l'ont depuis établi sous le nom de *Puerto Real*, & nous le connoissons aujourd'hui sous celui *de Baye de Caracole*. 1492.

Conduite du Roi de Marien à cette occasion.

La caravele de Vincent Pinçon étoit une lieuë plus loin que l'Amiral, quand ce navire échoüa, dès qu'elle s'aperçut de ce malheur, elle revira de bord, fit force de voiles, & arriva fort à propos, pour sauver l'équipage, dont peu de gens auroient échapé, si la mer n'eût été extrêmement calme. Colomb fit aussi-tôt avertir Goacanaric du malheur, qui lui étoit arrivé, & ce Prince accourut sur le champ avec ses freres lui témoigner la part qu'il y prenoit : on assûre même que les larmes lui vinrent aux yeux, en voyant les tristes débris de ce naufrage; & il est certain qu'il rendit en cette occasion de grands services aux Espagnols : il les fit aider par ses sujets à retirer les effets du navire, qui se remplissoit d'eau, il leur donna une maison pour y transporter ces mêmes effets, & il y posa une sentinelle pour les garder, de sorte que rien ne fut perdu, de ce que l'eau de la mer n'avoit pas absolument gâté.

Les Europeans reçoivent de l'or pour les plus viles marchandises.

Quelques jours après il envoya encore faire compliment à l'Amiral, & l'inviter à venir chés lui, où il tâcheroit, ajouta-t-il, de lui faire oublier une perte, dont il se reprochoit d'avoir été l'occasion. Colomb répondit qu'il iroit dès que ses affaires le lui permettroient : mais le Cacique voyant qu'il tardoit trop, l'impatience le prit, il s'embarqua dans un canot, & l'alla trouver à son bord. Il lui renouvella ses offres de services, lui présenta de l'or, & se chargea d'en faire venir *de Cibao*, autant qu'il voudroit. A l'exemple du

1492. Souverain, les Sujets témoignerent toute la bonne volonté possible aux Castillans, & leur donnerent tout ce qu'ils avoient d'or pour des bonnets rouges, des sonnettes, des épingles, de la rassade, des chapelets de verre, & autres semblables bagatelles. Jamais on ne connut mieux qu'en cette rencontre, combien le prix des choses est arbitraire, & jusqu'où va l'empire de l'opinion sur les hommes. Les Castillans donnoient pour avoir de l'or, ce qu'en Europe les plus miserables ne s'aviseroient pas de ramasser; des pots de terre cassés, des morceaux de verre & de fayance; & les Insulaires croyoient avoir fait un si bon marché, qu'ils s'enfuyoient aussi-tôt, craignant que les Espagnols ne se ravisassent.

L'Amiral songe à bâtir une Forteresse à Puerto Real.

Enfin il n'est pas possible d'être plus content, qu'on l'étoit les uns des autres, & ce fut alors que Colomb forma le dessein de faire un établissement dans les Etats de Goacanaric. Quelques-uns se sont même imaginé qu'il avoit concerté avec son Pilote le naufrage de son navire, pour avoir un prétexte de laisser dans l'Isle une partie de ses gens. Car jusqu'où ne porte-t-on point la liberté des conjectures! Pour engager davantage le Cacique dans ses interêts, & lui faire trouver bon qu'il bâtit une forteresse sur ses terres, il s'attacha à lui faire plus de caresses que jamais, & il le combla de présens, qui, sans être fort magnifiques, charmerent ce Prince. Mais il crut devoir aussi lui inspirer de la crainte & du respect. Pour cela il fit tirer plusieurs coups de canon; ce qui saisit de telle sorte les Insulaires, qu'à chaque coup ils tomboient par terre, comme si la foudre les eût frappés. Goacanaric n'étoit pas moins effrayé que les autres, mais Colomb le rassûra, & lui dit qu'avec ces armes il vouloit le rendre victorieux de tous ses ennemis. Pour l'en convaincre, il fit tirer un coup à boulet contre le navire échoüé; le boulet perça le navire, & alla tomber dans la mer; ce qui étonna si fort le Roi de Marien, qu'il s'en retourna chés lui un peu réveur, & persuadé que ces Etrangers étoient les enfans du tonnerre.

Quelques

1793.

Il visite le Roi de Marien, & la réception que ce Prince lui fait.

Quelques jours après l'Amiral, sur les nouvelles instances, que le Cacique lui en avoit faites, lui rendit enfin visite. A la descente de sa chaloupe, il rencontra un des freres du Prince, lequel après l'avoir complimenté, le conduisit dans une maison, qu'on lui avoit préparée. A peine y étoit-il entré, que Goacanaric l'y vint trouver, & en l'abordant il lui mit au cou une lame d'or. Ce present fut suivi de plusieurs autres, & accompagné de toutes les marques d'honneur & d'amitié, dont ce Prince put s'aviser. Il se retira ensuite, mais il revint bientôt, & Colomb profita de cette occasion, pour lui faire part de son dessein. Il lui dit donc qu'il pensoit à laisser dans ses Etats, & sous sa protection une partie de ses gens, tandis qu'il iroit en Europe chercher des marchandises. Le Cacique reçut cette proposition avec un transport de joye, dont il ne fut pas le maître, & ôtant de dessus sa tête une espece de couronne d'or, qu'il portoit ordinairement, il la mit sur celle de l'Amiral. Des manieres si bonnes, & une conduite si simple acheverent de persuader Colomb qu'il pouvoit compter sur le Roi Sauvage. Dès qu'il fut de retour à Puerto-Real, il fit travailler à une espece de Fort, qui fut bientôt achevé, & où il mit quelques pieces de canon. Il n'étoit que de bois des debris de la Capitane; mais on avoit creusé un assez bon fossé tout autour, & l'on se flatta que ç'en étoit assez pour tenir en respect des gens tout nuds, sans armes, & fort peu aguerris. Ce Fort fut nommé *La Navedad*, parce qu'on étoit entré le jour de Noel dans le Port, où il étoit bâti.

L'Amiral reçoit des avis de la Pinta.

Sur ces entrefaites des Insulaires avertirent les Castillans qu'ils avoient vû roder un navire le long de la côte vers l'Est. L'Amiral ne douta point que ce ne fut la Pinta, dont la désertion le chagrinoit bien plus depuis la perte de la Gallega. Il détacha aussitôt une chaloupe pour aller voir, si cet avis étoit fondé, & il remit à l'Officier, qui la commandoit, un billet pour Pinçon, par lequel il lui accordoit une amnistie en bonne forme, pourvû qu'il

1493. le vint trouver sans délai. La chaloupe fit plus de 20. lieuës sans rien trouver ; ce qui donna lieu à l'Amiral de croire que la Caravelle avoit fait voile pour l'Espagne, & que Pinçon vouloit avoir l'honneur d'y porter les premieres nouvelles de la découverte de tant de beaux pays, s'en attribuer toute la gloire, & prévenir le Roi & la Reine contre lui. Ces soupçons le déterminerent à presser son départ, & à remettre à un autre voyage la visite des mines de Cibao.

Il laisse 38. hommes dans Puerto Real.

Cette résolution prise, il assembla tout son monde, exposa la nécessité, où il se trouvoit, de repasser au plûtôt en Espagne, & combien il importoit au service de leurs Altesses, qu'on n'abandonnât point le beau pays, qu'ils avoient découvert : que c'étoit ce qui l'avoit engagé à y construire un Fort, qu'il ne vouloit pourtant obliger personne d'y rester ; mais que ceux, qui voudroient bien signaler en cela leur zele pour l'Etat, ne demeureroient pas sans recompense, sans parler des avantages, qu'ils pourroient se procurer par eux-mêmes au milieu de tant de richesses. Comme il vit que cette proposition ne déplaisoit à personne, il choisit 38. hommes de ceux, qu'il crut les plus sages, leur donna de très-bons conseils sur la maniere, dont ils devoient se conduire, leur recommanda surtout de se souvenir qu'ils étoient Chrétiens & Castillans, de ne point molester les Insulaires, dont ils obtiendroient tout par amitié, de ne point se debander, d'apprendre la Langue de ces Peuples, & de ne rien négliger pour connoître le pays, afin de pouvoir l'instruire lui-même à son retour, qui seroit prompt. Il leur donna pour Commandant un Gentilhomme de Cordouë, nommé Rodrigue de Arana, leur laissa du vin, du biscuit, toutes les autres provisions nécessaires pour un an, & afin qu'ils pussent faire un peu de traitte avec les Habitans, il leur abandonna tout ce qui lui restoit de marchandises, avec la chaloupe de la Gallega.

Il part pour l'Espagne.

Il alla ensuite prendre congé de Goacanaric, qui lui fit un present considerable de cassave & de poissons salés, & consen-

tit que quelques-uns de ses Sujets fissent le voyage d'Europe. 1493.
Il confia même à Colomb un de ses parens, & lui promit d'avoir soin des Espagnols, comme de ses propres enfans. Le quatriéme de Janvier la Caravelle sortit de Puerto-Real, emportant assés d'or, pour faire concevoir de grandes esperances à la Cour d'Espagne, une quantité de balles de coton, & beaucoup de piment. Il comptoit de faire un profit considérable sur cette derniere marchandise; & en effet la seule jalousie du Commerce, qui fut toûjours très-grande, depuis ce premier voyage de Colomb, entre les Espagnols & les Portugais, donna d'abord quelque cours au poivre Amériquain; mais cela ne dura point: on s'apperçut bientôt que le piment étoit trop caustique, & il fut enfin relegué dans le lieu de sa naissance, où il n'est pas même de mise sur les bonnes tables.

Il découvre toute la Côte du Nord.

Colomb prit d'abord la route de l'Est, dans le dessein de reconnoître toute la Côte de l'Isle Espagnole. Des qu'il eût passé le Cap-François, il apperçut une montagne, qui lui paroissoit avoir le pied dans la mer, c'est une presqu'Isle fort élevée, qu'il appella *Monte Christo*. Nos Cartes Françoises lui ont conservé ce nom; ceux qui croient que c'est ce que nos Marins nomment *la Grange*, se trompent: Monte Christo est à trois lieuës au vent de la Grange, qui a été ainsi nommée, parce qu'en effet quand on découvre en mer cette montagne, on la prendroit pour une Grange bâtie sur le bord de l'eau. L'embouchure de l'*Taqué* est à côté de Monte Christo, & l'Amiral, auquel on avoit dit que ce fleuve tiroit sa source des Mines de Cibao, voulut le reconnoître; il y entra, & il trouva que son sable étoit mêlé d'un peu de pailles d'or, aussi lui donna-t-il le nom de *Rio del Oro*; mais dans la suite les Espagnols lui ont rendu son nom primitif, & les François lui ont donné celui de *Riviere de Monte Christo*. Ce fut alors, plus que jamais, que Christophle Colomb se persuada que son Isle Espagnole étoit la veritable *Cipango* de Marc-Paul de Venise, & la suite fera voir combien il eut de peine à revenir de cette erreur, s'il en est même jamais bien revenu.

1493. La Pinta rejoint l'Amiral.

Le Dimanche sixiéme il sortit de Rio del Oro, & peu de têms après il découvrit la Pinta, qui venoit à lui. Le Capitaine en l'abordant, lui fit de grandes excuses de l'avoir quitté, & protesta qu'il y avoit été contraint par le mauvais têms. La fausseté de cette excuse étoit de notorieté publique; mais la joie, dont fut pénétré l'Amiral, de se voir délivré des inquiétudes, que lui avoit causées cette séparation, parut l'emporter sur son ressentiment; il reçût les soûmissions du Capitaine, & lui demanda ce qu'il avoit fait, & où il étoit allé. Pinçon répondit qu'il étoit allé de Port en Port, qu'il avoit troqué ses marchandises pour de l'or, dont il avoit pris une moitié pour lui, & avoit distribué l'autre à son équipage. C'étoit-là la matiere d'un procès, mais Colomb ne jugea pas à propos d'entrer pour lors dans cette discussion. Les deux Caravelles firent route de conserve, & entrerent dans un Port éloigné de 15. lieuës de Monte Christo, & où Pinçon avoit fait sa traitte. Il en avoit même enlevé de force trois ou quatre Insulaires, que l'Amiral l'obligea de remettre à terre: & c'est peut-être ce qui fit donner à ce Port le nom de *Puerto di Gracia*; mais la plûpart ont crû que c'étoit à cause du pardon accordé à Pinçon, qui fut ratifié en ce lieu là. Oviedo raconte fort differemment la rencontre des deux Caravelles, mais il est aisé de reconnoître que cet Auteur, aussi bien que plusieurs de ce têms-là, est assés peu sûr dans les choses, qu'il rapporte sur le témoignage d'autrui, & qu'il a trop donné dans les premiers bruits populaires, souvent peu fondés, & presque toûjours mal circonstanciés.

Suite de la découverte de la Côte de l'Isle.

Au sortir du Port de Grace, une montagne fort haute se présenta aux yeux des Espagnols, & ils crurent d'abord en voir le sommet couvert de néges: mais ils reconnurent bientôt que la blancheur, qui les avoit trompés, venoit d'une pierre, qui couvroit toute la cime de la montagne, laquelle, pour cette raison, fut appellée *Monte di Plata*; il y a au bas de cette montagne un joli Port, qui fut aussi nommé *Puerto di Plata*: les François le nomment par corruption

Portoplatte. De-là Colomb, continuant à ranger la côte, donna à tous les Caps, qu'il aperçût, des noms, dont la plûpart ne sont point venus jusqu'à nous. On prétend néanmoins, que celui, qu'on appelle aujourd'hui le vieux Cap, & qui est à 55. lieuës du Cap-François, fut dès-lors nommé *Cabo Francés* par Colomb. Trente lieuës plus loin les deux caravelles, après avoir tourné au Sud, se trouverent vis-à-vis une grande Baye, où elles entrerent, & que l'Amiral voulut faire visiter par sa chaloupe. Elle est formée par une presqu'Isle, que les Insulaires appelloient *Samana*, & qui porte encore aujourd'hui ce nom, aussi bien que la Baye. 1493.

La chaloupe, en approchant de terre, aperçût quantité de Sauvages armés d'arcs & de fléches, ce qu'on n'avoit point encore vû dans aucun endroit des nouvelles découvertes. On alla à eux, & on échangea quelques-unes de ces armes contre des bagatelles. Plusieurs de ces Barbares eurent la curiosité de voir les navires, & on les y reçût bien. Colomb les questionna beaucoup sur les mines d'or de Cibao, & sur les habitans des Isles, qu'ils avoient à l'Est, dont le Roi de Marien avoit parlé aux Castillans, comme d'une nation féroce & anthropophage; ils satisfirent à ces questions d'une maniere, qui fit plaisir, & ils aprirent aux Espagnols, qu'entre leur Isle & celle de ces mangeurs de chair humaine, il y en avoit une autre appellée *Boriquen*, dont les habitans ne l'étoient point, & où il y avoit de l'or, mais moins beau que celui de Cibao. On leur fit quelques présens, & on les renvoya.

Ce qui se passa dans la baye de Samana.

Les Matelots, qui les remenoient dans la chaloupe, ou qui, pour quelque autre sujet, les accompagnoient à terre, furent assez surpris en aprochant de voir une bande de Sauvages avec leurs fléches, cachés derriere des arbres. Ils appréhenderent quelque surprise, & en débarquant, ils se mirent sous les armes. Les Indiens, qui étoient avec eux, s'aperçûrent de leur défiance, & coururent d'abord vers leurs compatriotes, à qui ils firent mettre les armes bas: ils les engagerent même par le recit des caresses, qu'ils avoient

1493. reçûës des Castillans, à s'aprocher d'eux. Ceux-ci de leur côté n'étoient pas encore bien rassûrés, lorsqu'ils virent les Insulaires se parler tout bas. Leurs soupçons se réveillerent alors, & craignant d'être prévenus, ils se jetterent sur les premiers, qu'ils rencontrerent sous leurs mains, & les étendirent à leurs pieds, sans toutefois leur avoir fait beaucoup de mal. Les autres se mirent aussi-tôt à fuïr, & pour courir plus vîte, ils jetterent leurs armes. La paix se fit pourtant encore une fois, par l'entremise des mêmes Mediateurs, & la Baye, en mémoire de ce qui venoit de se passer, fut nommée la *Baye des fléches*. Mais elle n'a point retenu ce nom.

L'Amiral fait route pour l'Espagne, & il essuye une grande tempête.

Le Cacique du lieu vint ensuite salüer l'Amiral sur son bord, & il en fut très-bien reçu; quelques-uns de ses Sujets voulurent même faire le voyage d'Espagne, & Colomb en fut ravi. Cependant les deux équipages Castillans s'ennuyoient d'une navigation, qui ne laisse pas d'avoir ses risques, & l'Amiral ne jugea pas à propos de la continuer plus long-têms. Le 16. de Janvier, il fit le Nord-Est, passa à la vûë de Boriquen, & découvrit même quelques unes des petites Antilles. Mais sans en approcher: ensuite, après avoir fait, par le plus beau têms du monde, 4. à 500. lieuës en haute mer, il essuya une si longue & si furieuse tourmente, qu'un Jeudy 14. de Fevrier, le naufrage parut inévitable. On fit coup sur coup plusieurs vœux, dont le dernier fut d'aller nuds pieds, & en chemise en Procession à l'Eglise de la Vierge, la plus proche de l'endroit, où les deux bâtimens prendroient terre. Colomb de son côté s'avisa d'une invention assez singuliere, pour conserver la mémoire de ses découvertes, au cas qu'il pérît par la tempête. Il fit en peu de lignes une relation de son voyage, l'écrivit sur du parchemin, & l'enferma dans une barrique bien fermée, qu'il jetta à la mer. En quoi il me semble qu'il n'agit pas avec sa prudence ordinaire, car toute autre Cour, que celle d'Espagne pouvoit par-là être informée, de ce qui ne devoit être sçû que des Rois Catholiques, & en profiter à leur préjudice.

Mais enfin le Ciel, qui le réservoit à de grandes choses, le délivra de ce danger; la mer se calma, & le Lundy dix-huitiéme il se trouva aux aterrages de l'Isle Sainte Marie, qui est une des Açorres. Dom Jean de Castañeda, qui commandoit dans cette Isle; n'eut pas plûtôt appris l'arrivée de l'Amiral, qu'il l'envoya complimenter. Mais cette politesse n'empêcha point Colomb de se tenir sur ses gardes, & bien lui en prit. Il se croyoit obligé de s'acquitter de son vœu en ce lieu-là, & ayant sçû qu'assez près de la ville, il y avoit un Hermitage avec une Chapelle dediée à la Mere de Dieu, il y envoya une partie de ses gens, résolu d'y aller lui-même avec le reste, après leur retour. Comme ils tardoient beaucoup à revenir, il voulut sçavoir ce qui en étoit cause, & il apprit qu'ils avoient tous été arrêtés. Il en porta ses plaintes au Gouverneur, qui lui fit une reponse très-fiere, & si nous en croyons Dom Fernand Colomb, fort insultante pour les Rois Catholiques. Il baissa néanmoins le ton, quand l'Amiral l'eut menacé de represailles; il lui renvoya même ses gens, de qui Colomb apprit qu'il y avoit un ordre du Roi de Portugal de l'arrêter, & que Castañeda étoit fort chagrin de l'avoir manqué.

1493. Ce qui lui arrive aux Açorres.

Dès le commencement de la tempête, qui avoit jetté l'Amiral sur les côtes des Açorres, la Pinta avoit disparu, & tout le monde la crut perduë. Le vingt quatre Colomb s'éloigna de Sainte Marie, & le second de Mars n'étant gueres qu'à 100. lieuës des côtes d'Espagne, il fut assailli d'une seconde tourmente, qui ne fut, ni moins longue, ni moins rude que la premiere, & qui le jetta sur les côtes de Portugal. Le vent étoit devenu assez bon pour continuer sa route vers l'Espagne, mais la mer étoit si grosse, qu'il fut obligé d'entrer dans la riviere de Lisbonne, d'où il dépêcha un courrier à la Cour d'Espagne; après quoi il envoya demander au Roi de Portugal la permission de moüiller dans le Port de sa Capitale. Il l'obtint, mais à peine eut-il jetté les ancres, qu'un Pilote vint lui signifier l'ordre d'al-

Et en Portugal.

1493. ler faire sa déclaration devant le Commandant du Port, & les autres Officiers du Roi. Il répondit qu'il étoit Amiral d'Espagne, & qu'en cette qualité il ne devoit rendre compte à personne. On voulut l'engager à envoyer au moins quelqu'un de sa part; il le refusa, en disant que ce seroit la même chose, d'y aller lui-même, ou d'y envoyer. On lui demanda à voir ses Patentes, il les montra, & le Pilote Portugais n'eut pas plûtôt fait son rapport, que Dom Alvare d'Acuña, qui étoit apparemment le Commandant du Port, vint au son des trompettes & des haut-bois le saluer à son bord, & lui faire offre de tout ce qui dépendoit de lui.

Honneurs qu'il reçoit du Roi de Portugal.

Cependant le bruit de son arrivée, ne se fut pas plûtôt répandu dans Lisbonne, que toute cette grande ville fut en rumeur, & le Port couvert de barques, chacun voulant voir des hommes venus d'un nouveau monde, & apprendre le détail d'un si grand évenement. Le lendemain 7. de Mars, Colomb reçût une lettre du Roi D. Jean, qui le prioit de ne point partir, qu'il ne l'eût vû, l'invitoit à aller se reposer à Sacaban, & lui donnoit sa parole Royale, qu'il ne lui seroit fait aucune violence. Colomb délibera quelque têms sur ce qu'il avoit à faire; il se détermina enfin à contenter le Roi, qui lui fit faire partout des réceptions magnifiques. Le jour suivant il alla trouver le Roi à Valparaïso : presque toute la Cour fût au-devant de lui par ordre de ce Prince, qui lui fit un acceüil très-gracieux, le fit asseoir & couvrir, s'entretint long-têms avec lui sur les particularités de son voyage, & lui dit que, suivant les conventions faites entre les Couronnes de Castille & de Portugal, les nouvelles découvertes devoient toutes lui appartenir. Colomb n'eût pas de peine à le détromper : tout le reste de l'Audiance se passa en politesse de la part du Prince, & l'on fut surpris de voir que ce Pilote, que, quelques années auparavant, on avoit regardé comme un homme de néant, & qui se repaissoit de chimeres, répondoit à tout avec la dignité d'un Amiral & d'un Vice-Roi, & parloit toûjours fort sensément.

Son arrivée en Espagne.

Ce fut alors, qu'on sentit tout le tort, qu'on avoit eû de ne point

point l'écouter, & le dépit de voir si heureusement exécuté, à l'avantage des Espagnols ; un projet, qu'on avoit rejetté avec tant de mépris, fut si vif en quelques-uns, qu'ils s'offrirent au Roi d'en poignarder l'auteur, & de lui enlever ses papiers. Mais ce Prince eût horreur d'une telle proposition ; il donna ordre au Prieur de Crato de loger l'Amiral, eût avec lui le 10. une seconde conversation très-longue, lui fit les offres de service les plus obligeans, & le congédia comblé d'honneurs. L'onziéme, Colomb vit encore le Roi, qui le fit reconduire jusqu'à Lisbonne, par D. Martin de Norogna, & quantité de Seigneurs lui firent escorte. Il vit la Reine en passant à Villa-Franca, & il étoit à peine arrivé à la Capitale, qu'un Officier vint lui dire de la part du Roi, que s'il vouloit faire le reste du voyage par terre, son Altesse le feroit escorter jusqu'à la frontiere, & lui fourniroit generalement toutes les choses, dont il auroit besoin. Il reçut ces offres comme il devoit, mais il ne les accepta point, & le 13. il fit voiles pour l'Espagne. Il eût le vent si favorable, que le 15. qui étoit un Vendredy, il entra dans la riviere de Saltes, dont l'embouchure forme le Port de Palos : il en étoit sorti sept mois & douze jours auparavant, & il avoit fait dans une espace de têms si court, le plus grand voyage, qui eût été entrepris en pleine mer, de mémoire d'homme.

1493.

Son arrivée fut annoncée par le son des cloches, & la joye, que causa un si prompt & si inesperé succès, fut dans les premiers momens tellement suspenduë par la surprise, qu'on avoit encore de la peine à croire possible un dessein, dont on voyoit l'heureux accomplissement. Selon quelques auteurs la Pinta, que la premiere tempête, dont nous avons parlé, avoit séparée de l'Amiral, ayant pris terre à Bayonne, & de là étant allé en Galice, Pinçon, qui la commandoit, se rendit en droiture à Barcelonne, dans le têms que Colomb étoit encore à Palos ; mais le Roi, à qui il fit demander audiance, refusa de l'écouter, ce qui lui causa un si grand chagrin, que s'en étant allé chés lui,

La Pinta arrive en même têms que lui, après en avoir été séparée par la premiere tempête.

1493. il y mourut en peu de jours. D'autres ont écrit que de Bayonne, il alla droit à Palos, où il arriva le même jour que l'Amiral, que cette rencontre, à laquelle il ne s'étoit pas attendu, le chagrina d'autant plus, que Colomb s'étoit plaint que sa désertion l'avoit empêché de visiter les mines de Cibao, d'où il auroit apporté en Espagne autant d'or, qu'il auroit voulu. Qu'ainsi, malgré le pardon, qu'il avoit obtenu, il craignit d'être arrêté dans Palos; qu'il en sortit sur le champs, & y revint, dès qu'il sçût que l'Amiral en étoit parti; mais si malade, qu'il mourut bientôt après.

Reception qu'on lui fait à Palos.

Quoiqu'il en soit, Colomb fut reçû à la descente de son navire, avec les mêmes honneurs, qu'on auroit faits au Roi même; les boutiques furent fermées, & les cloches recommencerent à sonner au moment, qu'il parut dans sa chaloupe. Il reçût ces marques de distinction, & les applaudissemens des peuples avec modestie & avec dignité, & la premiere chose, à quoi il pensa, quand il fut en liberté, fut d'écrire au Roi & à la Reine, qui étoient à Barcelonne, & de leur envoyer un mémoire exact & succinct de son voyage. Il partit ensuite pour Seville avec sept Insulaires, de dix qu'il avoit embarqués: deux étant restés malades à Palos, & un troisiéme étant mort sur mer. Il reçût à Seville une lettre de leurs Altesses, avec cette Inscription: A DOM CHRISTOPHLE COLOMB, NOTRE AMIRAL SUR LA MER OCEANE, VICE-ROY ET GOUVERNEUR DES ISLES, QUI ONT E'TE' DE'COUVERTES DANS LES INDES. La lettre étoit remplie des marques les plus flateuses, & des assûrances les plus sinceres de bienveillance, d'estime, & de reconnoissance; & après bien des complimens sur le succès d'une entreprise, qui n'avoit point encore eu de semblable, depuis la fondation de la Monarchie, Ferdinand & Isabelle lui recommandoient de se rendre auprès de leurs personnes, sitôt qu'il auroit reglé toutes choses à Seville, pour continuer ses découvertes.

Pourquoi l'Amérique porte le nom d'Indes Occidentales.

L'Amiral répondit à cette lettre d'une maniere très-modeste, & joignit à sa réponse un mémoire des choses, qu'il jugeoit

nécessaires pour un second voyage aux Indes. Car c'est ainsi, 1493.
qu'on commença dès-lors à nommer le pays nouvellement découvert, non seulement par émulation contre les Portugais, qui s'étoient frayé depuis peu un chemin aux Indes Orientales, dont ils avoient commencé la Conquête ; mais encore parce que Christophle Colomb étoit toûjours convaincu, & avoit persuadé aux Espagnols, que les Isles, d'où il venoit, étoient l'extrêmité de ces mêmes Indes, où le grand Alexandre avoit porté ses armes victorieuses, & où les Portugais se faisoient à l'autre extrêmité, un si grand empire ; qu'elles n'étoient pas fort éloignées du Gange, & que l'Isle Espagnole étoit le Cipango de Marc-Paul de Venise.

Colomb se rend à Barcelonne : honneurs qu'il reçoit sur la route.

Dès qu'il eût fait partir sa lettre, il se mit lui-même en chemin pour Barcelonne, & tout ce voyage fut pour lui un continuel triomphe. Les grands chemins & les campagnes retentissoient des acclamations des Peuples, qui quittoient tout pour le voir. On sortoit au devant de lui de toutes les villes, par où il devoit passer, & on ne se lassoit point de regarder cet homme rare, qui par des routes inconnues à toute l'antiquité, avoit sçû trouver un monde nouveau. Les Indiens, qui l'accompagnoient ; car je les appellerai désormais ainsi, pour me conformer à l'usage de tous les historiens ; les Indiens, dis-je, ne laissoient pas d'avoir beaucoup de part à la curiosité des Peuples. La différence de leur couleur, de leur traits, de leurs manieres, faisoit presque juger que c'étoit des hommes d'une autre nature, que la nôtre, & les gens de la suite de l'Amiral ne pouvoient suffire à répondre à toutes les questions, qu'on leur faisoit sur toutes les avantures de leur voyage.

Son Entrée à Barcelonne.

Christophle Colomb arriva à Barcelonne vers le milieu d'Avril, & il est vrai de dire qu'on n'avoit encore rien vû en Espagne, qui representât mieux le triomphe des anciens Romains, que son entrée dans cette grande ville. Tous les Courtisans suivis d'un peuple innombrable, allerent au-devant de lui fort loin dans la campagne ; & après qu'il eut

1493. reçû les complimens, qui lui furent faits de la part du Roi & de la Reine, il marcha jusqu'au Palais en cet ordre. Les sept Indiens paroissoient les premiers, & ornoient d'autant mieux son triomphe, qu'eux-mêmes ils y prenoient part; au lieu que les Triomphateurs Romains fondoient en partie la gloire du leur sur la misere de ceux, qu'ils traînoient après leur char. On voyoit ensuite des couronnes & des lames d'or, qui n'étoient pas le fruit de la violence & de la rapacité du soldat victorieux; des balles de cotton, des caisses remplies d'un poivre, qu'on croyoit au moins égal à celui de l'Orient; des Perroquets, qu'on portoit sur des roseaux de 25. pieds de haut, des dépoüilles de Caymans, & de Lamentins, qu'on publioit être les veritables Syrenes des anciens, des quadrupedes, & des oiseaux de plusieurs especes inconnuës, & quantité d'autres raretés, que la nouveauté rendoit précieuses. Tout cela étalé aux yeux d'un peuple, dont l'imagination & la vanité portent ordinairement les choses au-delà du naturel, sembloit le transporter dans ces nouvelles regions, d'où il se flattoit de voir bientôt couler des richesses inépuisables dans le sein de l'Espagne. Aussi entendoit-on les acclamations redoubler à chaque instant, & jamais homme n'eut peut-être des momens plus flatteurs, ni un jour plus glorieux: sur tout, s'il raprochoit, comme il ne pouvoit gueres manquer d'arriver, sa situation présente de celle, où il s'étoit vû quelques mois auparavant.

Son Audiance du Roy & de la Reine.

Il fut ainsi conduit à travers une bonne partie de la ville à l'audiance des Rois Catholiques, qui l'attendoient en dehors du Palais revêtus des Habits Royaux, sous un dais magnifique, le Prince d'Espagne à leur côté, & au milieu de la plus brillante Cour, qu'on eût vû de longtêms dans ces Royaumes. Dès qu'il aperçut leurs Altesses, il courut se prosterner à leurs pieds, & leur baiser la main; mais Ferdinand lui fit signe aussitôt de se relever, & lui commanda de s'asseoir sur une chaise, qui lui avoit été préparée; après quoi il reçut ordre de raconter à haute voix, ce qui lui étoit arrivé de plus remarquable. Il obéït, & il parla avec tant de réserve, & d'un air si noble, qu'il charma toute l'Assemblée, & que ceux même, qui commençoient à le regarder avec des yeux jaloux, ne purent lui refuser leur estime, ni se dispenser de lui en donner des marques publiques. Tout le monde se mit ensuite à genoux, à l'exemple du Roi & de la Reine, & le *Te Deum* chanté par la Musique de la Chapelle termina l'Audiance. 1493.

Nouveaux honneurs qu'il reçoit.

Les jours suivans le Roi ne parut point dans la ville, qu'il n'eut le Prince son fils à sa droite, & Colomb à sa gauche. A l'exemple du Souverain tous les Grands d'Espagne s'étudierent à l'envi à combler d'honneurs l'Amiral Vice-Roy, & le Cardinal de Mendoze l'ayant invité à manger, lui donna la premiere place, le fit servir à plats couverts, & fit essayer tous les mets, qu'on lui présenta; ce que presque tous les Grands imiterent dans la suite. Ses deux Freres Barthélemy & Diego, quoiqu'ils ne fussent pas alors dans le Royaume, eurent aussi part aux liberalités du Roi. le titre de *Dom* leur fut accordé, & toute la Famille obtint des Armoiries magnifiques. Au premier de Castille. Au second de Leon. Au troisiéme, une mer d'azur semée d'Isles d'argent, la moitié de la circonférence environnée de la terre ferme, des grains d'or répandus partout, les terres & les Isles couvertes d'arbres toûjours verds; au quatriéme d'azur à quatre ancres d'or, & au dessous les armes des anciens Colombs de Plaisance, & pour cimier un globe surmonté d'une croix, avec cette devise:

Voyés la premiere Carte de l'Isle p. 60.

Por Castilla, y por Leon,
Nuevo mundo hallò Colon.

C'est à dire, Colomb a découvert un nouveau monde, pour les Couronnes de Castille & de Leon.

Ligne de Démarcation.

La principale attention des Rois Catholiques, fut ensuite de donner avis au Souverain Pontife de la découverte du nouveau monde; car on ne craignoit point d'appeller dès-lors ainsi une demie douzaine d'Isles, qu'on avoit trouvées, & à supplier sa Sainteté de leur en accorder le Domaine.

1493. Ce n'étoit pourtant qu'une cérémonie de bienséance ; Ferdinand & Isabelle étoient bien persuadés, qu'ils n'avoient pas besoin de la permission du S. Pere, pour posséder legitimement les nouvelles acquisitions, & l'historien Herrera, dit en termes formels, que des personnes éminentes en sçavoir, qu'on avoit consultées sur ce point, l'avoient ainsi décidé. D'ailleurs, bien des gens en Espagne s'étoient déjà infatués de l'opinion, dont j'ai déjà parlé, que ces Isles avoient autrefois appartenu aux Espagnols.

Mais on fut bien aise de donner cette marque de soûmission au Saint Siege, occupé alors par un Sujet de la Couronne d'Arragon, & dont on se tenoit bien assûré. C'étoit Alexandre VI. lequel, après avoir rendu de solemnelles actions de graces à Dieu, pour un évenement si singulier, & qui ouvroit une si belle porte à la publication de l'Evangile, accorda tout ce qu'on lui demandoit. Et ce fut alors que pour prévenir tous les différens, qui pourroient naître tous les jours entre les Couronnes de Castille & de Portugal, au sujet des nouvelles découvertes ; ce Pontife fit tracer cette célébre Ligne de Démarcation, qui partageoit entre ces deux Couronnes tous les pays découverts, & ceux qu'on découvriroit dans la suite, qui ne seroient possedés par aucun Prince Catholique.

Ce qu'on entendoit par Ligne de Démarcation, étoit une ligne imaginaire, tirée d'un Pole à l'autre, laquelle coupoit en deux parties égales, l'espace, qui se trouve entre les Isles Açorres & celles du Cap-Verd. Tout ce qui étoit au Couchant de cette Ligne, devoit appartenir à la Couronne de Castille, & tout ce qu'on trouveroit à son Orient, étoit concedé au Roi de Portugal. Depuis, par un accord fait entre les deux Couronnes, cette Ligne fut reculée de 370. lieuës à l'Ouest ; mais dans les Bulles du Pape, où étoit exprimée cette donation, il étoit formellement déclaré que cette liberalité du S. Siege n'auroit lieu, qu'autant que les deux Souverains auroient soin de faire instruire les habitans de ces nouvelles conquêtes des principes de notre sainte Religion.

Les Decrets Apostoliques arriverent en Espagne dans le têms, que l'Amiral avoit déjà reçû ses dépêches pour son retour aux Indes, avec un Brevet particulier, en vertu duquel il devoit commander la flotte jusqu'à l'Isle Espagnole; car pour le retour, elle devoit être sous les ordres d'Antoine de Torrés. On y avoit joint de nouvelles Patentes en confirmation de celles, que nous avons rapportées plus haut. Les voicy.

1493. Les Privileges de l'Amiral sont confirmés.

» FERDINAND & ISABELLE, &c. Puisqu'il a plû » à Dieu, que vous, Christophle Colomb ayiés dé» couvert les Isles, que nous avons nommées dans nos Let» tres : nous vous confirmons les Privilèges, que nous vous » y avons accordés, vous reconnoissant Amiral de l'Ocean, » depuis les Isles Açorres jusqu'à celles du Cap Verd, & du » Septentrion au Midy, Vice-Roy & Gouverneur perpetuel » de toutes les Terres, que vous avés découvertes, & que » vous découvrirés. Voulons que vos Charges passent pour » toûjours à vos enfans de l'un à l'autre, avec tous les hon» neurs, prérogatives, droits & émolumens, qui y sont » attachés, & qui ont appartenu à nos Amiraux de Castille » & de Leon. Vous donnons pouvoir de mettre tels Offi» ciers, Juges & Capitaines, que vous jugerés à propos, » pour tel têms, que vous voudrés, & de les casser quand » il vous plaira ; à condition néanmoins, que les provisions, » que vous leur donnerés, seront en notre nom, & scellées » de notre Cachet. Voulons de plus qu'en la qualité, que » nous vous donnons d'Amiral de l'Ocean, vous puissiés » commander à ceux de nos Vaisseaux, que vous trouve» rés dans l'étenduë de nos mers, que vous leur ordonniés » de vous obéïr, & de vous donner tout ce que vous leur » demanderés, sous les peines que vous leur imposerés, & » que nous tenons dès à présent pour bien imposées. En» joignons à tous ceux, qui sont & seront dans les Indes, » d'y demeurer ou d'en sortir, quand vous leur ordonnerés, » nonobstant appellation, & sans qu'il soit besoin pour vous

1493. » faire obéir, d'autres Lettres que des Présentes. Nous commandons à notre Chancelier & à tous les Gens tenant » notre Sceau, de vous expedier au plûtôt nos Lettres contenant la confirmation de vos Privileges, en telle forme » que vous voudrés, à peine de notre disgrace, & de trente » ducats d'amende contre chacun des contrevenans. Car » telle est notre volonté. DONNE' à Barcelonne le 28. de » May 1493. *Signé* Moy LE ROY, Moy LA REINE. »

« *Moy* Fernand Alvarez de Tolede, *Secretaire d'Etat, ai » fait expedier les Présentes par le Commandement de leurs » Altesses.* »

Baptême des premiers Indiens.

Les honneurs, dont toute la Cour s'empressoit à combler l'Amiral, ne le retinrent pas à Barcelonne un seul jour au-delà du têms, que ses affaires demandoient, qu'il y restât; & on lui a toûjours rendu cette justice, que son devoir & le service de son Prince l'ont uniquement occupé toute sa vie; mais il souhaita pourtant de voir ses Indiens baptisés avant son départ. Il avoit eû un très-grand soin de les faire instruire, & la cérémonie de leur Batême se fit avec beaucoup d'apareil. Le Roi, la Reine, & le Prince d'Espagne voulurent offrir eux-mêmes à Dieu ces prémices de la Gentilité du Nouveau-monde. Le parent de Goacanaric fut nommé Dom Ferdinand d'Arragon, & eut le Roi pour Parrain. Un autre fut nommé Dom Jean de Castille par le Prince, à la Cour duquel il resta, & mourut au bout de deux ans. Les autres retournerent dans leur pays. Le zele des Rois Catholiques les porta ensuite à prendre des mesures pour la publication de l'Evangile dans leurs nouvelles conquêtes, & ils firent choix d'un nombre de Religieux & d'Ecclesiastiques, qui eurent tous pour Superieur le P. Boyl Benedictin Catalan, auquel le Pape donna des Pouvoirs très-étendus, afin qu'il pût exercer avec plus de liberté, & de dignité les fonctions de son Ministere.

On fait un grand Armement pour les Indes.

Tout étant ainsi reglé, l'Amiral eut son Audiance de congé du Roi, de la Reine & du Prince d'Espagne, auprès

près duquel il laissa ses deux fils en qualité de Pages, & se rendit à Seville, où il trouva la flotte, qu'il devoit commander, toute prête, bien fournie d'Artillerie, & de munitions de guerre & de bouche, non seulement pour le voyage, mais encore pour les colonies, qu'il jugeroit à propos d'établir. On y avoit aussi embarqué grand nombre de chevaux d'Andalousie, des ferremens de toute espece, des instrumens pour travailler aux mines, & pour purifier l'or, des marchandises pour la traite & pour les presens, du froment, du ris, des graines de toutes sortes de legumes; enfin généralement tout ce que l'on peut desirer dans un nouvel établissement. Plus de 1500. volontaires, la plûpart Gentilshommes, & quelques-uns même d'une naissance distinguée, voulurent faire le voyage; & plusieurs le firent à leurs frais. Le nombre en auroit même été plus grand, si la flotte, qui n'étoit que de 17. navires mediocres, avoit pû les porter. Ce fut la Reine, qui défraya la plûpart de ces passagers; & cette Princesse fit encore la dépense d'envoyer aux Indes un bon nombre d'Ouvriers. Enfin on peut dire que de la part des Princes & des sujets, il n'y eut jamais plus d'ardeur pour aucune expedition: aussi tous, jusqu'aux Matelots & aux Manœuvres, se croyoient assûrés de faire une fortune prompte, & des plus éclatantes.

1493.

Départ de la flotte.

Le vingt-cinquiéme de Septembre la flotte sortit de grand matin de la Baye de Cadix, & le cinquiéme d'Octobre elle entra dans le Port de la Gomera, une des Canaries, où elle demeura deux jours pour faire de l'eau & du bois. L'Amiral y acheta aussi des veaux, des chevres, des moutons, des pourceaux, & de toutes sortes de volailles, pour les faire multiplier dans l'Isle Espagnole, comme il est arrivé, au-delà même de ses esperances. Il se fournit encore de divers plans d'arbres, & de toutes les graines qu'il put trouver, & avant que d'apareiller, il donna à chaque Commandant de navire une instruction par écrit, mais cachetée, sur ce qui se devoit faire au cas qu'une tempête, ou quelque accident pareil le separât de la flotte, avec

1493. défense de l'ouvrir, s'il n'arrivoit rien de pareil. Les Historiens ne nous apprennent pas la raison de cette façon d'agir si mysterieuse.

Découverte de plusieurs des petites Antilles.

Le sept d'Octobre on mit à la voile, l'Amiral prit un peu plus au Sud, qu'il n'avoit fait l'année précedente, & après une très-heureuse navigation tous les vaisseaux se trouverent un Dimanche troisiéme Novembre à la vûë d'une Isle, que la circonstance du jour fit nommer *la Dominique*. Oviedo & quelques autres prétendent avec assez de vraysemblance, qu'on en avoit déjà découvert une autre que l'empressement où l'on étoit de voir la terre, avoit fait nommer *la Desirée*. Une troisiéme ayant paru un peu au large, l'Amiral l'appella *Marigalante*, du nom du navire, qu'il montoit, & envoya un Officier en prendre possession. Le lendemain il en reconnut une quatriéme, qui fut nommée la *Guadaloupe*, en memoire d'une Eglise de ce nom fort célébre ~~en Catalogne~~. Il envoya aussi la reconnoître de près, & l'on fut assez surpris de trouver sur son rivage une piece de navire, qu'on jugea avoir été travaillée en Europe. On y rencontra aussi quelques Indiens des deux sexes, que les habitans avoient enlevés nouvellement de l'Isle Boriquen, & qu'ils avoient abandonnés à la vûë de la chaloupe, pour se sauver plus aisément. Ces pauvres malheureux prierent les Espagnols de les embarquer avec eux, leur montrerent les tristes restes de leurs compatriotes, que les Barbares avoient mangés, & les assûrerent qu'un pareil sort ne leur pouvoit manquer, si on ne leur accordoit la grace, qu'ils demandoient, & qu'ils obtinrent.

La Dominique.

La Desseada.

Marigalante.

La Guadaloupe.

Montserrat, Antigoa.

Montserrat, *Antigua* & plusieurs autres Isles furent découvertes les jours suivans. La premiere prit son nom de Notre Dame de Mont-Serrat près de Barcelonne; & la seconde de Notre-Dame l'Antique de Seville. Christophle Colomb n'oublia pas le Saint, dont il portoit le nom, & appella *Saint Christophle* la belle Isle, qui le conserve encore aujourd'hui. Il rangea ensuite toute la côte de Boriquen, qu'il appella *l'Isle de Saint Jean-Baptiste*. On ajoûta depuis à

Saint Christophle.

ce nom, celui de *Puerto Ricco*, & nous la connoissons en France sous celui de *Portoric*. Colomb s'y arrêta quelque têms dans une Baye, où il trouva des maisons mieux bâties, qu'il n'en avoit vû dans l'Isle Espagnole. Enfin le 22. de Novembre il entra dans la Baye de Samana, où il moüilla l'ancre, & il y débarqua un de ses Indiens, dont il n'a jamais entendu parler depuis, quelque diligence, qu'il ait faite pour en apprendre des nouvelles. Il s'avança jusqu'à Monte Christo, où ayant envoyé sa chaloupe à terre, elle ne rencontra personne: on aperçut seulement sur le rivage deux cadavres étendus, & tellement consumés, qu'on ne put distinguer si c'étoit des Insulaires ou des Castillans, ils avoient encore au cou des especes de cordes, faites avec des herbes, ce qui fit juger qu'ils avoient été étranglés. 1493.

Il trouve sa colonie ruinée, tous ses gens morts.

Le 27. la flotte alla jetter un ancre à l'entrée de Puerto-Real, un peu plus bas que l'endroit, où avoit été la Forteresse. Et d'abord deux Indiens parurent dans un Canot, & s'aprocherent de la Capitane en criant, *Almirante*. On les invita à venir à bord, mais ils le refuserent, jusqu'à ce qu'ils eussent vû l'Amiral. Colomb se montra, & ils aborderent aussitôt sans aucune crainte. Ils le saluerent de la part de Goacanaric, & lui firent au nom de ce Prince un fort beau present en or. Il leur demanda des nouvelles de ses gens, & ils répondirent, que quelques-uns étoient morts de maladie, & que les autres étoient entrés plus avant dans le pays avec des femmes. L'Amiral leur fit donner quelques bagatelles, les chargea d'un present plus considerable pour le Cacique leur maître, & les renvoya. Le lendemain toute la flotte entra plus avant dans le Port, & le premier spectacle, qui s'offrit aux yeux des Castillans, ce furent les ruines de la Forteresse. Colomb envoya sur le champs visiter cette masure, & l'on n'y trouva personne. En avançant un peu plus dans les terres, on aperçut trois ou quatre Indiens, qui prirent d'abord la fuite; quelque têms après on vit de la terre tout fraîchement remuée, on y foüilla,

1493. & l'on y trouva des corps tout récemment enterrés. Ils étoient habillés, & ce fut la seule marque, à laquelle on reconnut qu'ils étoient Espagnols.

Discours du frere de Goacanaric à l'Amiral.

Tandis qu'on déliberoit sur le parti, qu'il y avoit à prendre dans une conjoncture, qui ne laissoit pas d'être embarassante, un frere du Roi de Marien arriva avec une assez nombreuse suite. Il salua d'abord l'Amiral d'un air triste, puis il lui parla en ces termes : Dom Fernand Colomb assûre que ce fut en Espagnol, ce qui ne paroît pas vraisemblable. « Vous étes sans doute surpris, Seigneur, de voir » votre Forteresse en l'état, où elle est, & de ne retrou» ver aucun de vos gens, & peut être avez vous déjà soup» çonné mon frere de vous avoir trahi ; mais écoutés-moi » un moment, & vous avoüerez que Goacanaric a été de» puis votre départ le plus fidéle de vos amis, & le plus » malheureux de tous les hommes. A peine vos sujets » vous eurent perdu de vûë, que la dissention se mit parmi » eux. Tous vouloient commander, & personne ne vou» loit obéir. Chacun alloit, où bon lui sembloit, & par» tout, où ils portoient leurs pas, ils exerçoient sur les » habitans toutes sortes de violences, enlevoient de force » tout l'or, qu'ils trouvoient, ravissoient les femmes, qu'ils » rencontroient, & commettoient sans honte des dissolu» tions & des brigandages inouis. Tandis qu'ils ne s'atta» querent qu'aux peuples soumis à mon frere, il n'y eut » rien à craindre pour eux, nous ne songions qu'à éviter » leur rencontre, & nous esperions que vous reviendriez » bientôt faire cesser un desordre si criant ; mais quand une » fois ils furent entrés sur les terres des autres Caciques, » ils eurent à faire à des gens, qui ne les menagerent » point, & de tous ceux, qui furent trouvés à l'écart, pas un » seul n'échapa. Quelques-uns pénétrerent jusqu'aux mines » de Cibao, qui sont dans les Etats d'un Cacique, nommé » Caonabo, lequel après les avoir massacré tous, vint as» sieger la Forteresse. Il n'y restoit que quatre hommes » avec le Commandant : ils s'y défendirent quelque têms

1493.

» avec bien de la valeur ; mais une nuit le Cacique s'é-
» tant avisé de mettre le feu en plusieurs endroits, il ne
» fut pas possible de l'éteindre. Les assiegés se sauverent du
» côté de la mer, & se noyerent en voulant passer à la na-
» ge de l'autre côté du Port. Mon frere, au premier bruit du
» siege, arma en diligence pour secourir ses amis & ses alliés ;
» mais il arriva trop tard : il trouva Caonabo maître de tout.
» N'ayant pû délivrer les Espagnols, il voulut les venger. Il li-
» vra bataille au Cacique, & le défit ; mais il fut blessé, & il
» n'est pas encore guéri. C'est uniquement ce qui l'a empêché
» de venir vous témoigner lui-même combien vivement il
» a ressenti le malheur arrivé à votre Nation. »

Conduite de Colomb à l'égard du Roi de Marien.

Quoique ce discours n'eut pas entierement persuadé l'Amiral, il ne put néanmoins goûter l'avis de quelques-uns, & surtout du P. Boyl, qui vouloient qu'on commençât par s'assûrer de la personne du Cacique. Il paroît qu'il y avoit véritablement sujet de le soupçonner d'avoir fait lui-même tout le mal, qu'il rejettoit sur Caonabo : plusieurs l'ont cru long-têms sur des indices, qui n'étoient pourtant pas convainquants, & pouvoient autant venir de la timidité naturelle à ces peuples, que du témoignage d'une conscience coupable. Pierre Martyr d'Anglerie, qui écrivoit quelque fois sur les premiers bruits, qui se répandoient en Espagne après le retour des navires, (ainsi que je l'ai déja observé,) a avancé comme une chose certaine que le Roi de Marien fut convaincu d'avoir été le meurtrier des Castillans, que sa blessure ne se trouva point réelle, & qu'il se mit par la fuite en sureté contre la juste vengeance, que l'Amiral se préparoit à tirer de sa perfidie. Mais les Historiens mieux instruits ont parlé autrement, & la suite de l'Histoire nous représente Goacanaric toûjours tellement attaché aux Espagnols, qu'il n'est pas possible de douter de sa sincerité & de son innocence dans l'occasion, dont il s'agit.

Il est certain du moins que l'Amiral prit le parti le plus sage, en n'écoutant ni ses defiances, ni les conseils violens qu'on lui donnoit. « Nous ne ressusciterons pas les

1493. » morts, leur dit-il, & puisque nous pouvons nous éta- » blir ici du consentement de celui, qui y commande, pour- » quoi nous exposer au peril d'une guerre, dont nous ne » sçaurions dire quelle seroit l'issuë ? Soyons à la bonne » heure sur la defiance, prenons bien nos mesures pour » n'être pas surpris, & lorsque nous nous serons fortifiés, le » Cacique, s'il est coupable, ne nous échapera pas. » Colomb ne voulut pas même faire paroître qu'il soupçonnât la fidelité du Roi de Marien; mais il lui envoya un Officier, qui sous prétexte de le complimenter de sa part, eut ordre de s'assûrer, s'il étoit véritablement blessé; au cas qu'il le fût, d'examiner de quelle sorte d'armes venoit sa playe, & d'observer soigneusement toutes choses. L'Officier s'acquitta parfaitement de sa commission, & ne trouva rien qui pût charger le Prince Indien. Les Ecrivains Espagnols, tels que D. Fernand Colomb & Antoine Herrera, qui n'ont point balancé à le juger effectivement innocent, sont en cela d'autant plus croyables, que l'interêt de leur Nation devoit, ce semble, leur faire souhaiter de trouver coupable un Souverain, qui n'a été payé par les Espagnols que d'ingratitude, pour tous les services, qu'il a rendus à leur colonie naissante.

Il lui rend visite.

L'Amiral, après le retour de son Envoyé, se confirma de plus en plus dans la résolution de cultiver l'amitié de Goacanaric, & ne voulut pas même différer à lui rendre visite. Tout se passa fort tranquillement dans cette entrevûë: le Cacique fit present à Colomb de 800. petites coquilles d'un très-beau lustre, du nombre de celles qu'on appelle *Cibas*, & qui sont fort estimées de ces peuples. (Herrera dit que c'étoit des pierres fort menuës & fort recherchées.) Il y ajouta trois calebasses pleines de poudre & de petits grains d'or, une couronne, & plus de cent petites plaques du même métal. L'Amiral de son côté donna au Cacique de petits vases de verre, des couteaux, des miroirs, & une image de la Vierge, qu'il lui pendit au cou. Goacanaric fut extrémement satisfait de ce present, dont il parut faire plus de cas, que de tout l'or de Cibao. Les moindres bagatelles lui sembloient des choses d'un prix inestimable; mais il n'admira rien tant, que les chevaux sur lesquels Colomb & toute sa suite étoient montés, & à qui on fit faire le manége en sa présence. 1493.

Il cherche un lieu commode pour s'y faire un établissement.

Toutes choses paroissant donc sûres du côté de ce Prince, l'Amiral ne pensa plus qu'à faire un établissement solide. Il eût bien souhaité de pouvoir se placer dans ce Royaume; mais il ne trouvoit pas le pays assez bon, parce qu'il en jugeoit sur ce qu'il avoit vû en rangeant la côte. En effet les eaux y croupissoient alors en plusieurs endroits, & en rendoient l'air malsain. Outre cela on y manquoit absolument de pierres pour bâtir. On a depuis travaillé avec quelque succès à faire écouler les eaux; mais les pierres propres à bâtir ne s'y sont point encore trouvées. D'ailleurs l'Amiral vouloit s'approcher des mines de Cibao. Il résolut donc de s'avancer plus à l'Est, & le septiéme de Decembre il partit de Puerto-Real avec toute sa flotte, dans le dessein d'aller placer sa colonie à Puerto di Plata, où le pays lui avoit paru beau, & le terroir fertile. Mais il fut accueilli en chemin d'une de ces tourmentes, que les François ont depuis appellées *Nords*, parce qu'elles sont causées par les vents, qui soufflent de la partie du Septentrion, & il ne pouvoit éviter d'être jetté à la côte, & d'y perir avec tous ses navires, si à la faveur d'une éclaircie, il n'eût aperçû à deux lieuës à l'Est de Monte Cristo une riviere, où il entra.

Il bâtit une ville sous le nom d'Isabelle.

Elle avoit environ cent pas de large, & formoit un assez joli Port; mais un peu découvert du côté du Nord. Un platon fort élevé, bordé de rochers, & assez large, domine ce Port, & l'on découvre de là une très-grande étenduë de plaine. Colomb ayant fait visiter ce pays, on l'assûra que les terres en étoient fort bonnes, & que l'on y trouvoit partout des pierres propres à bâtir, & d'autres pour faire de la chaux. Il parut bien dans la suite qu'on s'étoit trompé pour le premier article; mais tout le monde

1493. étoit extrémement fatigué de la mer. L'Amiral se détermina donc à bâtir une ville en ce lieu-là : il en traça le plan sur le platon, dont je viens de parler ; & comme chacun mit la main à l'œuvre, toute la Colonie fut bientôt logée, ou du moins à couvert ; c'étoit-là le plus pressé, & il ne falloit ni beaucoup de têms, ni beaucoup de travail, pour dresser une case, dont les seuls materiaux furent le bois, la paille, & les feuilles de palmier. L'Eglise, l'Arsenal, le Magazin, la maison du Gouverneur, furent bâtis de pierres, & ne furent pas sitôt achevés. Cette nouvelle ville, la premiere, qui ait été construite par les Europeans dans le nouveau monde, fut nommée *Isabelle*, en memoire de la Reine de Castille.

Il envoye visiter les mines de Cibao.

Cependant on commençoit déja à ressentir les premieres atteintes de la famine, soit que les provisions n'eussent pas été bien faites, soit qu'on ne les eût pas assés menagées, ou que les vivres eussent été gâtés : d'ailleurs, la continuité d'un travail, dont personne n'étoit exempt, & auquel la plûpart n'étoient point accoûtumés, les fatigues passées, le changement de climat, & les extrêmes chaleurs causerent de grandes maladies, dont l'Amiral, qui s'épargnoit encore moins que les autres, fut attaqué des premiers. Mais il n'y avoit point de difficultés, ni de miseres, que ne fît dévorer l'espérance des trésors, dont l'imagination d'un chacun lui représentoit l'acquisition assurée & prochaine. Colomb étoit trop habile homme, pour ne pas profiter de ces favorables dispositions ; & pour les entretenir, autant qu'il étoit possible, il ne jugea pas à propos de différer plus longtêms la découverte des mines de Cibao. Ne pouvant la faire par lui-même, il en chargea un brave Capitaine nommé Alphonse de Ojeda, auquel il donna un détachement de 15. soldats bien armés.

Caractere d'Ojeda.

Ojeda étoit un Gentilhomme, qui avoit été au service du Duc de Medina Sidonia, il étoit d'une très petite taille ; mais on racontoit des choses presque incroyables de sa force & de son adresse. Il eut été difficile de voir un homme plus hardi

hardi, plus entreprenant, plus ambitieux, moins interessé, un cœur plus haut, un esprit plus fécond en ressources; rien ne rebutoit son courage, mais il n'étoit pas heureux, & nous le verrons échoüer dans les entreprises les mieux concertées & les mieux soutenuës. Au sortir d'Isabelle, il prit sa route au Midi, & après avoir fait 8. ou 10. lieuës par un pays inhabité, & qui lui parut stérile; il entra dans une gorge de montagne très-étroite, qui le conduisit dans une grande & belle plaine, bien peuplée, cultivée partout, & entrecoupée d'un nombre infini de ruisseaux, dont la plûpart se rendent dans la riviere Yaqué. Il n'avoit plus que 10. à 12. lieuës à faire dans ce beau pays, pour gagner Cibao; mais les réceptions, qu'on lui faisoit dans toutes les bourgades, & la quantité de ruisseaux, qu'il lui falloit traverser, lui firent employer cinq jours à les faire. Plus il avançoit, & plus il sentoit qu'il approchoit d'un pays abondant en or. La plûpart des ruisseaux, qu'il rencontra après les deux premiers jours de marche, en roullent des pailles & des petits grains parmi le sable; enfin il se trouva au pied des montagnes de Cibao.

1493.

Description de Cibao.

Ce mot signifie montagne pierreuse, & il est dérivé de *Ciba*, qui veut dire, un Roc ou un Caillou. Rien n'est plus affreux à la vûë que l'entrée de ce canton, mais on y respire d'abord un air extrêmement doux & fort sain; il y coule partout des eaux pures & cordiales, & les Sauvages, qui accompagnoient les Castillans, leur faisoient ramasser de l'or à chaque pas. Ojeda, content de cette découverte, qui répondoit si bien à tout ce qu'on avoit publié jusques-là des mines de Cibao, reprit avec quantité de monstres d'or, la route d'Isabelle, où le récit de ce qu'il avoit vû, & les preuves, qu'il en faisoit briller aux yeux de ses compatriotes, semblerent ranimer toute cette colonie, que la famine & le désespoir commençoient de réduire à une langueur mortelle, & avoient même déjà considérablement diminuée.

1494.

L'Amiral profita de cette heureuse conjoncture, pour

1494. renvoyer sa flotte en Espagne, mais il en retint pour lui cinq bâtimens, deux Navires moyens & trois Caravelles. La flotte étoit sur le point d'appareiller, lorsqu'on eut avis que quelques-uns des habitans d'Isabelle, ayant à leur tête un certain Bernard de Pise, avoient complotté d'enlever un ou deux des bâtimens, que Colomb s'étoit reservés; & de s'en retourner en Espagne. L'Amiral ne crût pas devoir s'endormir un moment sur ce commencement de mutinerie; il fit saisir Bernard de Pise, il l'envoya en Espagne prisonnier avec le projet de sa révolte, qu'on lui avoit trouvé dans ses poches, & il fit pendre ses principaux complices. Cette conduite étoit sage, mais ce n'est pas toûjours la sagesse, qui regle le succès des évenemens. Cet acte de justice, en apparence si nécessaire, & où toutes les formalités furent exactement gardées, lui aliéna la multitude sans retour, & eut des suites bien funestes pour lui & pour toute sa famille.

Conspiration découverte & punie.

L'Amiral va lui-même à Cibao.

Cette sédition appaisée, & la flotte ayant mis à la voile, l'Amiral voulut visiter lui-même les mines de Cibao, y mener des ouvriers, & y construire une forteresse. Il nomma pour l'accompagner un bon nombre de volontaires, & tout ce qu'il avoit de meilleurs soldats, tous à cheval, & après avoir établi D. Diegue Colomb, le plus jeune de ses deux freres, Gouverneur d'Isabelle, il se mit en marche au son des trompettes & des tambours, & enseignes déployées. A l'entrée & au sortir des Bourgades Indiennes, il faisoit la même chose, mais il ne tira point de cet éclat tout le fruit, qu'il en avoit prétendu: il effraya même plus les Insulaires, qu'il ne leur inspira d'estime & de respect pour les Castillans, & au lieu qu'au passage d'Ojeda, on les avoit vû accourir avec empressement au-devant de cet Officier, lui offrir toutes sortes de rafraîchissemens, & lui rendre tous les services, qui pouvoient dépendre d'eux, ils fuyoient de toutes parts, dès qu'ils entendoient ces instrumens militaires, & appercevoient cet équipage guerrier, qui les faisoit trembler de peur.

Ils se rassûrerent néanmoins peu à peu, parce que Colomb n'eût pas plûtôt remarqué le mauvais effet de cette marche bruyante, qu'il s'appliqua à combler ce timide peuple de marques de la plus sincere bienveillance. Après qu'il eût fait trois lieuës, il envoya sous la conduite de quelques Gentilshommes des pionniers, pour aplanir cette gorge de montagnes, dont nous avons parlé, & par où il eût été sans cela impossible à des gens de cheval de passer. C'est ce qui a fait donner à ce passage le nom *de Puerto de Los-Hidalgos*. En y arrivant, Colomb monta sur une des plus hautes montagnes, d'où il découvrit cette vaste plaine, qu'on rencontre au sortir de ces détroits, & à laquelle il donna le nom *de Vega Real*, ainsi que je l'ai remarqué ailleurs. Il la traversa ensuite dans sa largeur, qui n'est en cet endroit-là que de cinq lieuës, & il se trouva au bord du fleuve *Yaqué* ou *Nicayagua*, car les Indiens lui donnoient ces deux noms. Il est large comme l'Ebre l'est à Tortose, dit Herrera; l'Amiral en trouva les bords tout couverts de Cannes, & le nomma *Rio de las Cañas*, ne sçachant pas, ou ne faisant pas réflexion, que c'étoit la même riviere qu'il avoit appellée *Rio del Oro*, à son premier voyage, & qui se décharge dans la mer à côté de Monte-Cristo, dont les François lui ont depuis donné le nom.

1494.

Ou *Porta de los Cavalleros*.

Assés près de ce fleuve, Colomb vit une grosse Bourgade, & s'en étant approché, il remarqua que les habitans barricadoient leurs portes avec des cannes, il vit bien qu'ils avoient peur, il leur fit amitié, & il les eût bientôt rassûrés. La même chose lui arriva dans deux autres villages, au-delà d'une riviere, qu'il appella *Rio-Verde*, & dont il trouva les eaux extrêmement fraîches. Enfin, le 15. de Mars, il arriva à l'entrée de Cibao, car on nomme ainsi toute une Province, à laquelle Herrera donne autant d'étenduë, qu'en a le Portugal. L'Amiral eut encore la curiosité de monter sur la plus haute des montagnes, qui sont à l'entrée de ce beau pays, & il vit de-là presque toute l'Isle Espagnole. Il fut surtout charmé de la beauté de la Vega Real, qu'il

1494. découvroit aisément toute entiere, parce qu'il étoit presque au milieu de sa longueur. Il s'imagina voir un jardin bien cultivé, tout coupé de canaux, qui paroissoient comme creusés exprès, & dont la plûpart rouloient un or très-pur avec les plus belles eaux du monde. Outre cela, dans les 18. lieuës, qu'il avoit fait depuis Isabelle, il avoit encore découvert une mine de cuivre, une carriere d'azur, & une d'ambre. On n'a pourtant pas entendu parler depuis ce têms-là, ni de l'une, ni de l'autre carriere. Quoiqu'il en soit, un pays, où à chaque pas on marchoit sur l'or, meritoit bien que l'on pensât à s'en assûrer la possession.

Il y bâtit une Forteresse.

L'Amiral résolut donc d'y bâtir une forteresse, & il la traça lui-même dans une presqu'Isle, que forme la riviere *Xanique*. Elle ne fut construite que de terre & de bois, mais un bon fossé en défendoit l'entrée, que la riviere laissoit libre. L'incredulité de quelques-uns, qui s'étoient opiniâtrés à ne point croire ce qui se disoit des mines de Cibao, jusqu'à ce qu'ils eussent vû de leurs yeux ce qui en étoit, fit donner à ce fort le nom *de Saint-Thomas*; Colomb en confia le gouvernement à un Seigneur Catalan, nommé D. Pedro Margarit, auquel Oviedo donne quelquefois le titre de Commandeur. Il lui laissa 96. hommes, partie soldats, partie ouvriers, & il s'en retourna à Isabelle, où il arriva le 29. de Mars. Il trouva cette ville dans l'état du monde le plus triste. Les munitions de bouche étoient sur le point d'y manquer tout à fait, & personne n'étoit fort en état de se donner tous les soins nécessaires pour s'empêcher d'en être absolument dépourvû.

Mutinerie dans Isabelle.

Cette extrême disette, la mauvaise qualité de ce qui restoit de vivres, que l'humidité & la chaleur du pays avoient presque entierement corrompu, le chagrin & l'intemperie de l'air, eûrent bientôt causé des maladies plus fâcheuses encore que les premieres. D'ailleurs, on manquoit absolument de remedes, & il falloit que certains travaux nécessaires se fissent. L'Amiral, dans cette extrémité, eût recours aux volontaires, lesquels se voyant mal nourris, & con-

traints même par la force à des travaux pénibles & humiliants, commencerent à crier bien haut, & furent soûtenus. 1494.
Un de ceux, qui prit plus ouvertement leur parti, fut le P. Boyl ; quelques-uns ont dit que l'Amiral n'avoit pas épargné ce Religieux dans le retranchement, qu'il s'étoit vû obligé de faire des vivres ; ce qui est certain, c'est que la séverité de Colomb à punir les plus légeres fautes, l'avoit souvent choqué, qu'il lui en avoit fait de grands reproches, & qu'il en étoit même quelquefois venu, jusqu'à mettre l'Eglise en interdit : l'Amiral n'en avoit rien rabattu d'une conduite, qu'il jugeoit nécessaire, & il faisoit d'abord cesser l'interdit, en retranchant absolument la Ration au Benedictin. Nous verrons bientôt les suites de cette broüillerie.

L'Amiral part pour de nouvelles découvertes.

Sur ces entrefaites on eut avis à Isabelle, que Caonabo paroissoit vouloir assieger le Fort de Saint Thomas : le Capitaine Ojeda fut aussitôt envoyé avec 400. hommes de ce côté là, & eut ordre de rester dans la place, tandis que Margarit feroit des courses sur les terres du Cacique, pour le retenir sur la défensive. ~~L'Amiral établit ensuite~~ à Isabelle un Conseil, composé du P. Boyl, de l'Alguazil Major, de Pero Fernandez Coronel, d'Alonse Sanchez de Carvajal, dont nous parlerons ailleurs ; & de Jean de Luxan. D. Diegue, qui étoit toûjours le Gouverneur de la ville, fut nommé Président de ce Tribunal. Cela fait, l'Amiral partit avec un navire & deux caravelles, pour aller faire de nouvelles découvertes. Il ne fut gueres que cinq mois dans ce voyage, depuis le 24. d'Avril jusqu'au 27. Septembre. Il fit presque tout le tour de Cuba, & s'assûra enfin que c'étoit une Isle, quoique quelques uns ayent soûtenu qu'il en avoit douté toute sa vie. Il découvrit une autre grande Isle, à laquelle il donna le nom de *Sant-Yago*, mais celui de *Jamaica*, que lui donnoient ses habitans, a prévalu. Il souffrit extraordinairement par le defaut de vivres, par les tempêtes, par divers autres accidens : il échoüa plusieurs fois, & courut de grands risques. Enfin s'étant avancé à l'Est jusqu'à la Mona, petite Isle, dont j'ai déjà parlé, &

1494. qui est entre l'Espagnole & Portoric, il y tomba dangereusement malade, & on fut obligé de le ramener à Isabelle.

Son retour à Isabelle, où il trouve son frere D. Barthélemy.

Il étoit encore fort mal quand il y arriva ; mais la joie d'y trouver son frere D. Barthélemy lui rendit bientôt la santé. Il y avoit 13. ans qu'ils ne s'étoient vûs, & l'Amiral, qui pendant tout ce têms-là n'avoit reçû aucune nouvelle de son frere, le croyoit mort. J'ai dit ailleurs quelles avoient été les avantures de D. Barthélemy les premieres années après sa séparation d'avec son frere ; & quoique dans la suite du récit de D. Fernand Colomb, que j'ai rapporté, il y ait des choses qui ne peuvent guere s'accorder avec la verité de l'Histoire, il paroît certain que tout n'y est pas fabuleux : il est même hors de toute vraysemblance, que ce voyageur ait passé huit ans de suite en Angleterre, sans écrire une seule fois à son frere en Espagne. Enfin s'ennuyant de ne rien avancer avec le Roi Henry VII. il le quitta pour s'aller rejoindre à ce même frere, dont il étoit aussi de son côté fort en peine. En passant par Paris, il voulut saluer Charles VIII. Ce Prince lui fit un acceüil fort gracieux, lui aprit la découverte du Nouveau Monde, & lui fit toucher cent écus pour achever son voyage. D. Barthélemy usa de toute la diligence possible pour arriver en Espagne, avant que l'Amiral en partît ; mais elle fut inutile. Il fut bien reçû des Rois Catholiques : il leur offrit ses services, & ils les agréerent. On lui donna trois navires pour porter des vivres à l'Isle Espagnole, & il moüilla dans le Port d'Isabelle, peu de jours après, que son frere en fût parti pour ses nouvelles découvertes.

Les gens de guerre se comportent mal, & ce qui en arrive.

Le secours de vivres qu'il aportoit à la Colonie, ne pouvoit venir plus à propos ; mais c'étoit peu de choses pour tant de monde. La famine redevint bientôt extrême, & produisit beaucoup de desordres. Le plus grand mal vint des gens de guerre, qui étoient sous la conduite de D. Pedro Margarit. Cet Officier avoit eû ordre d'aller avec un grand corps de troupes visiter toutes les Provinces de l'Isle ; mais il lui avoit été très-particulierement recommandé de retenir ses gens dans une si exacte discipline, que les naturels du pays n'eussent aucun sujet de se plaindre. C'étoit demander beaucoup à des soldats, ausquels l'on ne fournissoit pas le nécessaire pour la vie. Aussi ne trouvant pas les Indiens disposés à leur fournir des vivres, ils en prirent de force, se donnerent toutes sortes de licences, & commirent partout de grandes violences. Alors les Indiens songerent à se réunir pour exterminer des gens, de qui ils commençoient à sentir qu'ils avoient peu à esperer, & beaucoup à craindre. Tous les Caciques, à la réserve du Roi de Marien, se liguerent: tout autant de Castillans, qui tomberent entre leurs mains furent assommés, & il y en eut plusieurs, qui s'étant sauvés dans une maison, y furent brulés.

1494.

Belle action & mauvaise conduite de Dom Pedro Margarit.

Dom Diegue Gouverneur d'Isabelle ne fut pas plûtôt informé de ce qui se passoit, qu'il fit faire par le Conseil des remontrances à Margarit. Ce Commandant fier de sa naissance les reçut mal, se retira dans le Fort Saint Thomas, & laissa à ses gens une liberté entiere de se procurer par toutes sortes de voyes des secours contre la faim qui les pressoit. Il en souffroit lui-même autant que les autres: & l'on raconte à cette occasion un trait bien noble de lui, & qui lui auroit encore fait plus d'honneur, s'il eût eû d'ailleurs une conduite plus moderée & plus reguliere. Un Indien lui aporta un jour deux tourterelles en vie; il les reçut, les paya, & pria ses Officiers de monter avec lui au plus haut de la Forteresse. Là tenant en sa main les deux tourterelles: « Messieurs, leur dit-il, je suis bien fâ» ché qu'on ne m'ait pas aporté de quoi bien vous régaler » tous; mais je ne puis me résoudre à faire un bon repas, » tandis que vous mourés de faim. » En achevant ces mots, il donna la liberté aux deux oiseaux.

Il repassé en Espagne, & y fait de grandes plaintes contre les Colombs.

Mais la faim n'étoit pas le seul mal, qui le tourmentoit: il souffroit depuis quelque têms de grandes douleurs, qui ne lui laissoient prendre aucun repos, ni le jour, ni la nuit. C'étoit le mal de Naples, dont quelque femme Indienne

1494. lui avoit aparemment fait present. Il s'imagina que cela venoit du changement de climat, & de la mauvaise nourriture, & il résolut enfin de repasser en Espagne. Il se rendit pour ce sujet à Isabelle, & comme il n'étoit pas content du Gouverneur, dont il méprisoit la nouvelle Noblesse, il ne daigna pas même lui faire une visite. Il se mit ensuite à parler fort mal des Colombs, & cette conduite lui acquit bien des partisans, à la tête desquels se mit le P. Boyl. Ce Religieux eut même l'imprudence de publier, qu'il vouloit aller détromper les Rois Catholiques de l'illusion, que leur avoit fait l'Amiral avec ses prétenduës mines d'or: & passant bientôt des menaces aux effets, Margarit & lui s'embarquerent sur les navires, qui avoient amené D. Barthélemy. Arrivés à la Cour, ils y dirent tout le mal, qu'ils purent des Colombs. Ils ajoûterent qu'à la verité il y avoit un peu d'or dans l'Isle Espagnole; mais qu'on en verroit bientôt la fin, & que cela ne meritoit point qu'on fît tant de dépenses, ni qu'on sacrifiât tant d'honnêtes gens: que si néanmoins on vouloit maintenir la colonie, il y falloit envoyer des Chefs plus capables de la gouverner, que les trois freres Gênois. Oviedo prétend que ce furent le Roi & la Reine, qui rappellerent ces deux hommes & quelques autres personnes de considération, de qui ils vouloient être instruits de la conduite des Colombs, contre lesquels on leur avoit déjà fait de grandes plaintes; mais il y a bien de l'apparence qu'il se trompe. Herrera de son côté assûre que Margarit repassa en Espagne par la crainte du chatiment, qu'il avoit mérité, & que le P. Boyl & quelques autres de son parti l'accompagnerent. Quoiqu'il en soit, ce fut là où se termina l'Apostolat du P. Boyl, le premier, dit un Auteur de son Ordre, qui ait annoncé Jesus-Christ dans le Nouveau Monde, & auquel il trouve fort mauvais que les Jesuites ne donnent point le pas sur Saint François Xavier.

L'Amiral fait son frere Adelantado.

Il ne faisoit que de partir d'Isabelle, lorsque l'Amiral y retourna: il prévit une partie des suites de ce voyage; mais il n'étoit plus têms d'y remedier. Peu de jours après il

il reçut une viſite de Goacanaric, qui lui témoigna ſon chagrin de n'avoir pû empêcher les malheurs arrivés à plu- 1494.
ſieurs de ſes ſoldats, & s'offrit à ſe joindre à lui pour en tirer vengeance. L'Amiral n'avoit garde de refuſer un pareil offre; il ſe prépara à marcher en perſonne contre les Caciques; mais avant que de quitter Iſabelle, il voulut donner à Dom Barthélemy ſon frere, qu'il y laiſſoit en ſa place, un titre, qui le fit reſpecter. Il le nomma *Adelantado*, (qui veut dire, Lieutenant Géneral, ou Préfet,) dans toute l'étenduë des Indes; & quoique les Rois Catholiques euſſent trouvé mauvais qu'il eût diſpoſé d'une charge de cette conſequence ſans leur participation, ils ne laiſſerent pourtant pas de confirmer ce qui avoit été fait. Veritablement le ſujet le méritoit : D. Barthélemy n'étoit gueres moins habile navigateur, que D. Chriſtophle. J'ai même déjà remarqué qu'il avoit été ſon maître de Coſmographie & de Géographie : ce qui me feroit juger qu'il pouvoit bien être ſon aîné. Il avoit beaucoup de conduite & de ſageſſe : il paſſa pour un des plus braves hommes de ſon têms; il étoit franc & généreux, & il eût pu rendre de fort grands ſervices à l'Eſpagne, ſi la jalouſie des Eſpagnols, & ſon caractere un peu trop dur, n'euſſent plus d'une fois rompu ſes meſures & celles de ſon frere.

Stratagême d'Ojeda pour ſe ſaiſir de la perſonne de Caonabo.

Rien n'arrêtoit plus l'Amiral à Iſabelle, lorſqu'il fit réflexion, que s'il ſe mettoit en campagne avec le peu de troupes qu'il avoit, il ſe pouvoit réünir contre lui aſſés d'Indiens pour l'accabler. Il jugea donc plus à propos d'attaquer ſes ennemis les uns après les autres, & d'employer la ſurpriſe & la ruſe avant la force ouverte. Caonabo Roi de Maguana étoit ſans contredit le plus à craindre de tous les Caciques; Colomb donna ſes premiers ſoins à s'aſſûrer de ſa perſonne. Il ſçavoit que ce Prince Caraïbe faiſoit beaucoup plus de cas du cuivre & de la fonte, que de l'or, & qu'il avoit ſouvent témoigné une grande envie d'avoir la cloche de l'Egliſe d'Iſabelle, parce qu'il s'étoit imaginé qu'elle parloit. Il ſe ſervit de cette connoiſſance pour lui

1494. tendre un piege ; & il chargea de l'execution Ojeda, qui commandoit toûjours dans la Forteresse de Saint Thomas.

Ce Capitaine, après avoir reçû les instructions de son Général, partit, avec neuf Cavaliers bien montés, pour se rendre à Maguana, lieu de la résidence ordinaire du Cacique, ayant fait auparavant courir le bruit qu'il étoit chargé de présens pour ce Prince, avec lequel les Castillans vouloient, disoit-il, par estime pour lui, établir une paix durable. Le peu de suite, qu'il avoit, empêcha Caonabo de soupçonner du mystere dans cette Ambassade, & il fit à l'Ambassadeur une réception magnifique. Ojeda commença par remettre au Roi les présens dont il étoit chargé, & il accompagna cette action de beaucoup de complimens de la part de l'Amiral, puis il fit de grandes plaintes des préparatifs de guerre, qui se faisoient partout contre une nation, qui ne demandoit qu'à vivre en bonne intelligence avec toutes les autres. Il proposa ensuite les conditions, sous lesquelles il avoit ordre de traiter : elles étoient très-raisonnables, très-avantageuses aux Sujets de Caonabo, & la cloche de l'Eglise d'Isabelle, devoit être le nœud d'une si belle union. « En attendant, dit Ojeda, mon Général m'a » ordonné, Seigneur, de vous remettre un présent rare, & » tel qu'il n'en a jamais fait de semblable à aucun Prince. »

En disant cela, il fit voir des fers semblables à ceux, qu'on met aux pieds des Criminels & des Forçats, & des menotes de même matiere. Le tout si bien travaillé, si poli, & si luisant, qu'on l'auroit pris pour de l'argent. Il fit entendre au Cacique que la coûtume étoit de porter ces marques d'honneur aux pieds & aux mains, & il s'offrit à les lui mettre en particulier, afin qu'il pût se montrer en cet équipage à ses Sujets. Le Prince Caraïbe donna sottement dans le piége, & se laissa conduire où étoient les gens d'Ojeda, qui le garotterent, puis cet Ambassadeur, qui avoit son cheval tout prêt, étant sauté brusquement dessus, y fit mettre en croupe le Cacique enchaîné, se le fit étroitement lier corps à corps, & gagna au galop Isabelle avec sa proye.

La joye de l'Amiral fut grande, quand il se vit maître du seul ennemi, qu'il appréhendât dans l'Isle. Le fier Caraïbe, de son côté, soûtint sa disgrace avec une hauteur, & une fermeté d'ame, que rien ne pût abattre : jamais il ne donna à Colomb aucune marque de respect & de soûmission, & un jour que l'Amiral lui en témoignoit sa surprise, il lui répondit : qu'il ne s'humilieroit jamais devant un traître, lequel n'avoit pas même osé exécuter en personne sa trahison, & qu'il faisoit beaucoup plus de cas de son Officier, que de lui. Effectivement il ne rencontroit jamais Ojeda, qu'il ne le saluât. Cette fierté coûta la vie au malheureux Caonabo ; l'Amiral ne crut pas devoir laisser dans l'Isle un homme de ce caractere, & dont la garde l'embarassoit. Il n'osa pourtant pas prendre sur lui de le faire mourir, il l'embarqua sur un navire, qu'il envoyoit en Espagne, & ce navire ayant fait naufrage, le Cacique y périt avec tout l'équipage.

1494.

Fierté du Cacique prisonnier, & sa mort.

Pierre Martyr d'Anglerie, qui paroît s'attacher à donner toûjours le tort aux Indiens, parce qu'apparemment ceux qui écrivoient en Cour, donnoient ce tour-là aux choses, qu'ils y mandoient ; cet auteur, dis-je, rapporte ce fait d'une maniere un peu différente. Il dit qu'Ojeda avoit d'abord voulu engager Caonabo à aller trouver l'Amiral pour traiter avec lui : que le Cacique y avoit consenti, mais dans le dessein de tuer Colomb, & que pour en venir à bout, il s'étoit mis en marche avec une nombreuse escorte ; qu'Ojeda, lui ayant demandé pourquoi il menoit tant de monde, il avoit répondu, qu'il ne lui convenoit pas de marcher moins accompagné : qu'alors Ojeda crut qu'il falloit le prévenir, & imagina pour se saisir de sa personne, ce que je viens de rapporter. Oviedo ajoûte, qu'un frere du Cacique, ayant apris sa disgrace, leva des trouppes, les partagea en cinq bandes, & les fit approcher le plus près qu'il fut possible du fort de Saint-Thomas, à dessein d'y faire des prisonniers, avec lesquels il pût échanger son frere ; mais qu'Ojeda, après plusieurs petits combats, où il y eût quelques Espagnols, & plusieurs Indiens tués, fit le Prince même

1494. prisonnier, que celui-ci, ayant sçû qu'on le vouloit envoyer en Espagne, en mourut peu de jours après de dépit.

L'Amiral reçoit du secours d'Espagne.

Il n'y avoit pas long-têms que le navire, sur lequel on avoit embarqué le Roi de Maguana, étoit parti d'Isabelle, lorsqu'il y en arriva quatre d'Espagne, bien fournis de tout ce qui étoit nécessaire pour ravitailler la Colonie réduite aux derniers abois par la famine : l'Amiral reçût par ces mêmes navires des Lettres, que les Rois Catholiques lui écrivoient, pour lui témoigner l'extrême contentement, qu'ils avoient de ses services. Ils l'exhortoient aussi à leur mander dans le plus grand détail ce qu'il avoit observé dans ses voyages, & dans les Indes, à leur marquer les noms des Isles découvertes, & à leur envoyer des oiseaux de toutes les especes rares, qu'il connoissoit. Enfin ils lui donnoient avis que tous les différens, qui étoient survenus de nouveau entre-eux & le Roi de Portugal, touchant la Ligne de Démarcation, étoient heureusement terminés, & que comme on étoit convenu de placer cette Ligne de concert, ils souhaitoient avoir sur cela son avis, & celui de D. Barthélemy son frere. Ces Lettres le consolerent un peu des chagrins, qu'on lui suscitoit tous les jours dans la Colonie, & lui donnerent plus d'autorité pour entreprendre ce qu'il jugeoit être du bien public.

Il marche contre une nombreuse armée d'Indiens & la met en déroute.

Sur la fin de cette année, il apprit que la prise de Caonabo avoit soulevé toute l'Isle, & qu'une nombreuse armée s'assembloit dans la Vega Real. Ces grands préparatifs ne l'étonnerent pas, mais il ne crut pourtant pas devoir rien négliger pour les rendre inutiles. Il fit avertir le Roi de Marien du dessein, où il étoit, de se mettre en campagne à la tête de ses troupes, & ce Prince vint aussitôt le trouver avec un bon nombre de ses Sujets ; l'Amiral avoit commandé pour cette expedition 200. hommes de pied, & 20. chevaux, ausquels il fit joindre 20. chiens d'attache, & tout étant prêt, il partit d'Isabelle le 24. de Mars de l'an-
1495. née 1495. accompagné de l'Adelantade, & de Goacanaric, lequel conduisoit ses propres troupes. A peine fut-il arri-

vé dans la Vega Real, qu'il eût des nouvelles certaines des ennemis. Leur Armée étoit forte de cent mille hommes, & commandée par Manicatex, un des freres de Caonabo, il l'alla chercher sur le champ, & il la rencontra à l'endroit, où a été depuis bâtie la ville Sant-Yago. Il fit sonner la charge tout en arrivant, & jamais armée ne rendit moins de combat. 1495.

Ces pauvres Insulaires, accoûtumés la plûpart à se battre en se poussant à force de bras, ou tout au plus à coups de Macanas, furent étrangement surpris de voir les Espagnols abattre des lignes entieres avec leurs armes à feu, dont aucun coup ne portoit à faux sur des corps tout nuds, & qu'on approchoit aussi près qu'on vouloit : enfiler trois ou quatre hommes à la fois avec leurs longues épées, les fouler aux pieds des chevaux, & lâcher sur eux de gros mâtins, qui leur sautant à la gorge, les étrangloient d'abord, & les mettoient en pieces. En moins de rien plusieurs milliers de ces Barbares demeurerent étendus sur le Champ de Bataille, & un très-grand nombre furent faits prisonniers. On les condamna tous à des travaux publics, à la réserve de 300. qui furent envoyés en Espagne, comme Esclaves. Mais la Reine de Castille ne trouva nullement bon qu'on réduisît en servitude des gens d'un esprit si doux, elle les renvoya dans leurs pays, & donna de bons ordres pour empêcher que désormais on n'attentât à leur liberté. Elle recommanda en même têms qu'on s'étudiât sur tout à les réduire par la douceur sous le joug de l'Evangile, & qu'on tâchât de les engager par de bonnes manieres, par la voye de la persuasion, & par le motif de leur interêt propre à rendre un hommage volontaire à la Couronne de Castille.

Mort de Goacanaric.

Le Roi de Marien l'avoit déjà fait, & tout le têms de la famine il s'étoit chargé de nourrir cent Espagnols. Ce n'étoit pas peu de choses dans un pays, où l'on ne semoit gueres, que pour le pur besoin, & si l'on considere qu'un Castillan mangeoit plus en un jour, qu'un Indien ne faisoit en huit. Ce Prince, après le combat, dont nous venons de parler,

1495. & dont il ne fut gueres que le ſpectateur, s'en étoit retourné chés lui, chargé de la haine de toute ſa nation. Son attachement pour les Eſpagnols ne le fit pourtant pas plus ménager que les autres, & l'on dit même que, pour ſe ſouſtraire aux avanies de ſes Alliés, il fut contraint de ſe retirer dans les montagnes, où il mourut miſérablement. Un auteur Eſpagnol a extrêmement noirci la réputation de ce malheureux Cacique, & l'accuſe d'avoir porté l'impureté à des excès, qui ont fait horreur aux Inſulaires mêmes. Mais il ne me paroît pas raiſonnable de le condamner ſur le témoignage trop juſtement ſuſpect de ſes compatriotes, qui n'ont pû lui pardonner de s'être ligué contre eux avec leurs ennemis, ni ſur celui des Caſtillans, qui n'ont payé ſon attachement à leurs interêts, que de la plus noire ingratitude.

Tribut imposé à toute l'Isle.

Pour revenir aux ordres de la Reine, ils arriverent trop tard. Les Caſtillans, après leur victoire, parcoururent toute l'Iſle en Conquérans, ou plûtôt en furieux, & la remplirent d'horreur & d'effroy. Manicatex, Guarionex, & Cotubanama ne laiſſerent pas de tenir bon encore quelque têms; mais il fallut enfin ceder, & ſe ſoûmettre. Behechio, dont les Etats étoient les plus éloignés d'Iſabelle, fut le ſeul, qui ne pût être réduit pour lors. Les autres furent condamnés à un tribut annuel, qui fut reglé en cette maniere. Dans les Pays, où il y avoit des mines, & dans les Provinces voiſines, chaque perſonne au-deſſus de l'âge de 14. ans, devoit payer tous les trois mois, une certaine meſure d'or: dans les Pays, où ce métal n'étoit pas commun, la Capitation étoit de 25. livres de cotton payables auſſi tous les trois mois. Manicatex, qui avoit été le principal chef de la révolte, fut obligé de fournir tous les mois une meſure d'or, qui montoit à la ſomme de 150. peſos. On fabriqua des médailles de cuivre, qu'on donnoit à ceux, qui apportoient leur tribut; ils étoient obligés de les porter penduës à leur col, & à chaque payement on les changeoit. Guarionex, dont le tribut étoit en or, parce qu'il étoit Seigneur de la plus grande partie de la Vega Real, voisine des mines de Cibao ; représenta bientôt, qu'il lui étoit impossible de satisfaire à ce qu'on exigeoit de lui, & offrit en échange de faire cultiver par ses Sujets toute la longueur du chemin qu'il y a depuis Isabelle, juqu'à la côte du Sud vers l'embouchure du fleuve *Ozama* ; c'est-à-dire, environ 55 lieuës de long, avec une largeur raisonnable, & d'y semer du bled. Mais sa proposition fut rejettée : en quoi il n'est pas aisé de comprendre la conduite de l'Amiral, qui sçachant combien il étoit difficile de faire venir des vivres de Castille, négligeoit un moyen sûr d'éviter les fâcheuses extrémités, où la famine avoit déjà réduit plus d'une fois sa Colonie naissante.

1495.

Desespoir de Indiens, & les suites qu'il eut.

Ce fut alors que les Insulaires sentirent tout le poids du joug, qui venoit de leur être imposé ; mais leur simplicité étoit encore si grande, qu'ils demandoient sans cesse aux Castillans, s'ils ne s'en retourneroient pas bientôt chés eux. Il est vrai que, quand ils eurent perdu toute esperance d'être délivrés de leurs impitoyables vainqueurs par une retraite volontaire, ils prirent la résolution de s'en défaire en leur coupant les vivres. Pour cela, il convinrent de ne plus semer, & de se retirer dans les montagnes, persuadés qu'ils y trouveroient toûjours dequoi subsister de ce que la terre produit d'elle même, & que les Castillans, ou périroient bientôt de misere & d'épuisement, ou sortiroient de l'Isle. Effectivement les Conquérans de l'Espagnole se virent bientôt à la veille d'y mourir de faim, & pendant quelque têms ne se soûtinrent qu'en se nourrissant des choses les plus dégoûtantes, & qui font le plus d'horreur ; mais le contrecoup en retomba à la fin sur les Insulaires mêmes ; poursuivis de tous côtés par les faméliques Espagnols, & contraints d'errer sans cesse, ou de se tenir cachés dans les antres, & dans les cavernes, sans oser s'en écarter pour trouver de quoi vivre ; ils tomberent dans un état beaucoup plus triste, que celui, dont ils avoient voulu se délivrer, & l'on prétend qu'en peu de mois il en périt au moins la troisiéme partie. On

1495. en trouva même que le désespoir avoit porté à se donner la mort; mais le nombre n'en fut pas considerable, le caractere de ce peuple n'étant pas ordinairement capable d'une telle résolution.

Le Roi & la Reine envoïent un Commissaire dans les Indes.

Tandis que l'Amiral soumettoit ainsi à la Couronne de Castille les divers Souverains, qui regnoient dans l'Isle Espagnole, le P. Boyl & D. Pedre Margarit remplissoient la Cour des Rois Catholiques de plaintes contre lui & contre ses freres. Quelque prévenus que le Roi & la Reine fussent en faveur des accusés, il étoit difficile de les croire tout-à-fait innocens contre le témoignage de tels accusateurs : le seul moyen de connoître la verité, étoit d'envoyer un Commissaire sur les lieux : on le prit, mais pour rendre ce moyen efficace, il falloit faire un bon choix, & celui, qu'on fit, ne fut pas heureux. D. Jean Aguado, Maître d'Hôtel de la Reine, fut chargé de cette commission, & leurs Altesses lui donnerent une Lettre de créance, conçuë en ces termes : « Chevaliers & Ecuyers, & autres Personnes, qui étes dans » les Indes par Notre ordre, Nous vous envoyons Jean » Aguado, Notre Maître d'Hôtel, & vous mandons d'a» jouter foi à ce qu'il vous dira de Notre part. A Madrid » le 19. Avril 1495. »

Conduite de ce Commissaire.

Le Commissaire arriva à Isabelle au mois d'Octobre, dans le têms que l'Amiral étoit occupé à faire la guerre aux freres de Caonabo, lesquels avoient remué de nouveau. L'Adelantade commandoit dans la place, Aguado le traita avec beaucoup de hauteur, usa même de menaces, & sous prétexte d'écouter les plaintes, qu'on venoit lui faire de toutes parts contre le Gouvernement présent, il passa de beaucoup ses pouvoirs, & agit en Vice-Roi, plûtôt qu'en simple Informateur. D. Barthélemy fort surpris d'un procedé si étrange, demanda à voir sa Commission, dont Aguado avoit jugé à propos de lui faire mystere, mais il répondit avec mépris qu'il ne la montreroit qu'à l'Amiral; & qu'il l'alloit chercher, quelque part qu'il fût. Il se ravisa néanmoins, & avant que de sortir d'Isabelle, il il fit proclamer à son de trompe sa Lettre de créance. Il partit peu de jours après, & publia partout sur sa route, qu'il étoit venu pour faire le procès aux Colombs, & en délivrer la colonie. 1495.

Toute la colonie se déclare contre les Colombs.

Il n'en falloit pas davantage pour assembler autour de lui les mécontens, & presque tout le monde l'étoit, parce que la famine étoit générale, & toûjours extrême : les seuls gens de guerre, qui étoient continuellement en campagne, tantôt d'un côté & tantôt d'un autre, trouvoient un peu plus de quoi vivre dans les bourgades Indiennes. Il y eut même des Caciques, qui crurent cette occasion favorable, pour faire diminuer le tribut, auquel on les avoit taxé, & qui vinrent faire sur cela leurs représentations au Commissaire, lequel ne fut pas obligé d'aller fort loin, parce que l'Amiral, à qui l'Adelantade avoit envoyé un exprès, pour lui donner avis de ce qui se passoit, vint en diligence à Isabelle, Aguado fut donc obligé de rebrousser chemin pour l'y joindre.

Conduite de l'Amiral à cette occasion.

Il y fut reçû, comme s'il y eût fait sa premiere entrée, & sa Commission y fut de nouveau proclamée au son des trompettes, & d'une maniere beaucoup plus autentique, qu'elle ne l'avoit été la premiere fois. Tout cela se faisoit par l'ordre de l'Amiral, lequel assûra le Commissaire qu'il obéïroit sans réplique à tout ce qui lui seroit intimé de la part de leurs Altesses. Alors Aguado commença d'informer juridiquement contre lui, & la plûpart saisirent avec joye une occasion, qu'ils crurent immanquable, de perdre des Etrangers, qu'ils n'aimoient pas, & que la Cour sembloit abandonner. D'ailleurs les plaintes étoient favorablement reçûës, les charges parurent considérables, & le Commissaire ajoutoit foi à tout. L'Amiral de son côté se comporta avec une modération, dont bien des gens ne l'avoient pas cru capable : il affecta même un exterieur triste & embarassé, il se revêtit de deüil, & ne releva aucune des fausses démarches d'Aguado, qui tranchoit toûjours du Vice-Roi, & parloit en toute rencontre d'une maniere fort imprudente.

1495.

Il se dispose à passer en Espagne.

Les Informations faites, le Commissaire se disposoit à repasser en Espagne, lorsqu'un furieux ouragan brisa contre la côte les quatre navires, qui l'avoient aporté; mais comme la tourmente avoit épargné deux caravelles, que Colomb avoit fait construire depuis peu, l'Amiral en offrit une à Aguado, & déclara qu'il monteroit l'autre, pour aller lui-même plaider sa cause au Tribunal incorruptible de Leurs Altesses, les instruire plus en détail, qu'il n'avoit encore pû faire, de ce qui regardoit ses nouvelles découvertes, & prendre avec la Cour de bonnes mesures pour l'affermissement de la Colonie. Car il n'y a nulle apparence à ce que dit Oviedo, que ce fut le Commissaire, qui lui donna ordre de s'embarquer avec lui : la présence d'un homme du caractere de Christophle Colomb ne pouvoit que gêner infiniment Aguado. Ce Commissaire n'eut rien à opposer au parti, que prenoit l'Amiral, qui laissant à la vanité de cet homme le petit éclat des honneurs, qu'il se faisoit rendre, & les aplaudissemens, qu'il recevoit de la multitude; retint tout l'essentiel de son autorité. Il confia le Gouvernement de l'Isle pendant son absence à ses deux freres, & eut grand soin de pourvoir de Commandans, dont il se croyoit sûr, les différens postes de la Colonie; car il avoit bâti depuis peu de nouvelles Forteresses en quelques endroits, dont il avoit jugé à propos de s'assûrer. Les plus considérables étoient la Conception de la Vega, qui devint dans la suite une grande ville; les autres n'ont pas subsisté long-têms.

Découverte de mines de Saint Christophle.

Sur ces entrefaites il reçut avis de quelques Caciques particuliers, que dans un certain endroit, vers la partie du Sud, il y avoit des mines d'or très-abondantes. Il voulut avant son départ éclaircir la verité de ce raport, & il envoya sur les lieux François de Garay & Michel Diaz, avec une bonne escorte, à laquelle les mêmes Caciques joignirent des guides. Garay & Diaz se firent conduire jusqu'à une riviere nommée *Hayna*, dans laquelle on leur avoit dit qu'un grand nombre de ruisseaux déchargeoient de l'or avec leurs eaux. Ils trouverent que la chose étoit veritable, & ayant fait creuser la terre en plusieurs endroits, ils virent partout quantité de grains d'or, dont ils porterent des montres à l'Amiral. Colomb donna aussitôt ses ordres pour bâtir en ce lieu-là une forteresse sous le nom de Saint Christophle, & ce nom s'étendit depuis aux mines, qu'on creusa aux environs, & d'où l'on a tiré des trésors immenses. On peut juger de la joye, que cette découverte causa à l'Amiral, par la situation, où il se trouvoit; car ces mines lui fournissoient de quoi faire tomber la plus considérable des accusations intentées contre lui; & quand bien même on auroit mieux prouvé, qu'on ne pouvoit faire, les autres griefs, dont on le chargeoit, il n'ignoroit pas qu'un sujet, quelque coupable, qu'il puisse être, rentre aisément en grace avec son Souverain, quand il a trouvé le secret d'accroître son Domaine & de remplir les cofres. 1495.

Enfin les deux Caravelles appareillerent le 10. de Mars 1496. & l'Amiral fit embarquer sur la sienne environ deux cens Espagnols, la plûpart malades & des plus pauvres de la Colonie, dont les femmes & les parens, qui étoient restés en Espagne, avoient obtenu de la Cour la permission de les faire revenir. Il les traita fort bien pendant la traversée, & la reconnoissance, autant que l'équité, en firent des Apologistes de sa conduite, qui ne lui furent point inutiles, & des témoins de la maniere indigne, dont il avoit été traité par Aguado. L'Adelantade s'étoit aussi embarqué avec son frere, pour visiter Puerto di Plata, où l'on songeoit à faire un établissement. Les deux freres trouverent en effet l'endroit fort commode, & ils prirent ensemble des mesures pour l'execution de ce dessein, qui n'eut pourtant point de lieu pour lors; après quoi Dom Barthélemy retourna par terre à Isabelle, & l'Amiral fit voiles vers l'Espagne. 1496. Départ de l'Amiral pour l'Espagne.

Le dixiéme d'Avril il reconnut la Guadeloupe, & s'en approcha à dessein d'y faire de l'eau & du bois: sa Chaloupe étant sur le point d'aborder, le rivage parut tout bordé de Ce qui lui arrive à la Guadeloupe.

1496. femmes, lesquelles, armées d'arcs & de flêches, se mettoient en posture de disputer la descente. On détacha aussi-tôt deux Indiens de l'Espagnole, qui ayant gagné la terre à la nage, avertirent ces Amazones, qu'on étoit fort éloigné de leur vouloir faire aucun tort ; qu'on demandoit seulement de l'eau & du bois, &, s'il se pouvoit, des vivres en payant. Elles répondirent que leurs maris étoient à la pêche de l'autre côté de l'Isle, & qu'elles ne pouvoient disposer de rien sans leur agrément. Comme cette réponse ne contentoit pas les Espagnols, & que la Chaloupe avançoit toûjours, nos Héroïnes déchocherent une grêle de flêches, dont personne ne fut blessé. Elles ne revinrent pas à la charge, & ne penserent plus qu'à fuir, épouventées du bruit de quelques arquebuses, qu'on avoit tiré au vent pour leur faire peur. On courut après, & l'on prit trois petits garçons & 40. femmes, parmi lesquelles étoit l'Epouse du Cacique. On leur fit à toutes bien des caresses & quantité de presens, & ce traitement, à quoi elles ne s'étoient point attenduës, produisit l'effet, qu'on avoit esperé. On n'eut plus aucune difficulté à se pourvoir de toutes les choses, dont on avoit besoin.

Son arrivée en Espagne, sa reception à la Cour.

De là Colomb continua de faire l'Est, l'expérience n'ayant point encore apris qu'il est & plus sûr & plus court de prendre au Nord, parce que les vents soufflent presque toûjours dans ces mers là de la bande de l'Est. Aussi la navigation fut elle rude & longue, & l'on y souffrit beaucoup de la disette des vivres. Enfin l'onziéme de Juin les deux caravelles, qui ne s'étoient presque point quittées, entrerent ensemble dans la baye de Cadix, où l'Amiral ayant rencontré trois navires tout prêts à partir pour l'Espagnole, il se servit de cette occasion pour faire sçavoir son arrivée à ses freres : après quoi il se rendit à Burgos, séjour ordinaire de la Cour en ce têms-là. Il n'y trouva ni le Roi, qui faisoit la guerre en Roussillon aux François, ni la Reine, qui s'étoit transportée à Loredo, où elle ordonnoit toutes choses pour le voyage de l'Infante Jeanne sa fille, laquelle alloit en Flandres épouser l'Archiduc Philippe d'Autriche. Mais l'un & l'autre furent bientôt de retour à Burgos, & l'Amiral eut non seulement une Audiance favorable de tous les deux; mais il en reçut même de grands remerciemens pour ses nouveaux services. On ne lui parla en aucune maniere de ce qui étoit porté dans les Informations faites par Aguado, ni de tout ce que le Pere Boyl & D. Pedre Margarit avoient déposé contre lui; soit qu'on eût reconnu que la passion avoit eu beaucoup de part à ces accusations; ou que Ferdinand & Isabelle jugeassent qu'il falloit fermer les yeux sur bien des choses en faveur d'un homme de ce merite, qui avoit déja rendu, & qui pouvoit rendre encore de grands services à l'Etat, & de la fidelité duquel on n'avoit pas le moindre lieu de douter. 1496.

Reglement pour l'établissement des Indes, tant pour le spirituel, que pour le temporel.

L'Amiral répondit à un acceüil si peu esperé, en proposant la continuation de ses découvertes, & il demanda six navires, dont trois seroient destinés à porter des munitions de guerre & de bouche à Isabelle, & les trois autres resteroient sous ses ordres. Cette demande parut raisonnable; mais on lui remontra qu'il falloit avant toutes choses faire un établissement solide, qui pût servir de modele pour les Colonies, qu'on fonderoit dans la suite. Il en convint, & il fut reglé de son avis, que le Roi & la Reine feroient passer à leurs dépens dans l'Espagnole 300. hommes, à sçavoir 40. Cavaliers, 100. Fantassins, 60. Mariniers, 20. Ouvriers en or, 50. Laboureurs, 20. Artisans de differents métiers, & qu'on y joindroit 30. femmes; que tous ces gens-là auroient pour leur solde 14. maravedis par jour, & tous les mois un hanegua de bled. Le maravedis revient à 12. deniers de notre monnoye, & l'hanegua contient six boisseaux, mesure ordinaire de France. L'Amiral demanda ensuite des Religieux de S. François, tant pour la conduite spirituelle des Espagnols, que pour l'instruction des Insulaires, & il n'eût aucune peine à les obtenir. Il obtint aussi des Medecins, des Chirurgiens, des joüeurs de toutes sortes d'Instrumens, pour chasser la mélancolie, source ordinai-

1496. re de la plûpart des maladies, qui désolent les nouvelles peuplades ; & une entiere liberté à quiconque de s'établir dans les Indes, ou d'y passer quelque têms, pourvû qu'ils fissent le voyage à leur frais. Le nouveau monde fut ainsi ouvert à tous les Sujets de la Couronne de Castille, excepté aux Procureurs & aux Avocats, qui en furent formellement exclus, de crainte, ainsi qu'il fut exprimé dans l'Edit, que la chicane ne s'introduisît avec eux dans ces pays éloignés, où elle n'avoit point été connuë jusques-là, & où elle pouvoit retarder beaucoup les établissemens, qu'on y vouloit faire.

Avis pernicieux de Colomb pour peupler les Indes.

Rien n'étoit plus sagement pensé que la plûpart de ces reglemens, mais l'Amiral gâta tout par une demande, qu'il s'avisa de faire mal à propos, & dont il fût le premier à ressentir les dangereux effets. On avoit assés de peine à trouver des gens, qui voulussent se transporter aux Indes, pour y passer le reste de leurs jours. Ceux, qui en étoient revenus, n'en parloient pas avantageusement, & la couleur livide, que plusieurs en avoient rapportée, marquoit assez, & la misere, où l'on y avoit été réduit, & la malignité du climat. Pour suppléer à cette disette de sujets, Colomb proposa de commuer la peine de ceux, qui étoient détenus dans les prisons pour crimes, ou pour des dettes considerables, qu'ils ne pouvoient pas esperer d'acquitter, en un exil perpétuel dans les nouvelles Colonies. Cet avis, dont personne ne prévit alors les inconveniens, fut suivi sans aucune difficulté, on n'excepta que les crimes de Leze-Majesté Divine & humaine, & il fut statué que ceux, qui avoient mérité la mort, serviroient deux ans sans gages, & les autres une année seulement, moyennant quoi, ils seroient pour le passé à couvert de toutes les poursuites de la Justice, & de celles de leurs créanciers, pourvû qu'ils ne retournassent point en Europe.

Il fut encore enjoint à tous les Tribunaux d'Espagne de condamner aux mines une partie de ceux, qui avoient merité les Galeres, & lorsqu'ils condamneroient quelqu'un à un simple exil dans les Indes, de marquer dans la Sentence le lieu du nouveau monde, où il seroit transporté. On ne peut nier que parmi les avantages, qu'on peut retirer des Colonies, ce n'est pas un des moindres, que d'y pouvoir envoyer de mauvais Sujets, qui incommodent l'Etat, & deshonorent les Familles, & qui, transplantés dans une terre étrangere, y peuvent changer de mœurs & de naturel; mais il faut pour cela que le pays soit déjà bien établi, & que la Justice, la Police, & la Religion y soient en vigueur, & il y a bien de l'apparence que jamais Christophle Colomb n'eût ouvert un pareil avis, ni les Rois Catholiques souscrit à sa proposition, s'ils eussent fait réflexion que dans une peuplade toute nouvelle, & où l'authorité des loix n'est pas encore assés respectée, les bons sont exposés à se corrompre, & ce seroit un miracle, si les méchans devenoient meilleurs, sur tout quand ils sont le plus grand nombre. Ce qui surprend, c'est que de fréquentes & de fâcheuses experiences, n'ayent pas encore redressé sur cela les Fondateurs des Colonies. Un des plus sages Historiens du nouveau monde avouë que l'Amiral fit en cela une grande faute, & que des Républiques doivent avoir d'autres fondemens que des mal-faiteurs.

1496.

Herrera.

Enfin, Colomb eût permission de concéder des terreins à ceux, qui en demanderoient, & seroient en état de les cultiver, à condition néanmoins que les métaux & le bois de Bresil, qui s'y trouveroient, appartiendroient au domaine, ou plûtôt seroient du droit public, sauf celui Souverain: mais il fut en même têms fait de très-expresses défenses de recevoir sur les navires, qui partoient pour le nouveau monde, quiconque n'étoit pas né Sujet de la Couronne de Castille. La Reine fit faire, ou plûtôt renouveller ce Reglement, mal observé jusqu'alors, à l'occasion des discours & de la conduite de D. Pedre Margarit, & du P. Boyl, lesquels étoient Sujets de la Couronne d'Arragon, & parce qu'elle vouloit avoir droit de punir ceux, qui dans la suite s'émanciperoient à de pareils éclats.

Les seuls sujets de la Couronne de Castille ont droit d'aller aux Indes.

1496.

L'armement ordonné pour le troisiéme voiage de Colomb se fait lentement.

Cependant, quelque empressés qu'eussent paru les Rois Catholiques, pour le voyage, que, l'Amiral leur avoit proposé, on ne se pressoit pas d'équiper les navires, qui lui avoient été accordés, soit que dès lors D. Jean Rodrigue de Fonséca, qui avoit toûjours été chargé de ces armemens, eût déjà conçû contre lui cette aversion, dont il lui donna dans la suite tant de marques, ou que les fonds lui manquassent. Colomb vit bien même que ses représentations serviroient de peu, & qu'il falloit prendre patience; mais il demanda, & obtint que, du moins en attendant, on envoyât quelques bâtimens chargés de provisions à Isabelle, & il profita de la même voye pour envoyer ses ordres à son frere sur une chose, qu'il avoit fort à cœur depuis quelque têms. Il sentoit bien qu'il avoit mal placé sa Colonie; l'air d'Isabelle n'étoit pas mal sain, les eaux y étoient bonnes, mais tout le terrein des environs étoit sterile. On avoit beau y semer, rien n'y poussoit, & il falloit faire venir d'Europe jusqu'aux legumes. Il y avoit long-têms qu'il voyoit la nécessité de s'établir ailleurs, mais il n'avoit osé faire un changement de cette nature sans l'agrément de la Cour; il le demanda, & le tout fut remis à sa prudence.

L'Amiral ordonne de placer ailleurs la Colonie d'Isabelle.

Dès qu'il se vit le maître de cette affaire, il manda à D. Barthélemy son frere de travailler incessamment à ce transport. Il ne lui marquoit pas précisément le lieu, qu'il devoit choisir, mais il insinuoit en general la côte du Sud, où il avoit remarqué dans son dernier voyage de bons ports, d'excellens pâturages, & des terres, qui avoient toutes les apparences d'être fertiles. Il ajoûtoit que plus il pourroit s'approcher des mines de Saint Christophle, ce seroit le mieux; mais il lui recommandoit surtout de ne s'en rapporter à personne pour ce choix, & de le faire lui-même après avoir bien examiné toutes choses; ces ordres ne pouvoient venir plus à propos, l'Adelantade étoit sur le point de les prévenir, & voici à quelle occasion.

Avanture d'un jeune Espagnol avec une Dame Indienne.

Un jeune Arragonnois, nommé Michel Diaz, celui-là même apparemment, qui avoit été reconnoître les nouvelles mines

mines avec François de Garay, s'étoit battu contre un autre Espagnol, & l'avoit dangereusement blessé. Craignant les suites de cet accident, il s'étoit éloigné, & accompagné de cinq ou six de ses amis, il avoit pris sa route vers la partie Orientale de l'Isle; de-là, cottoyant toûjours le bord de la mer, il tourna au Sud, & arriva à l'embouchure du fleuve Ozama, où il s'arrêta. Il trouva sur la rive Occidentale de cette riviere une Bourgade Indienne, où commandoit une femme, qui le reçut bien, & le prit tellement en affection, qu'elle résolut de le retenir auprès d'elle. Pour l'engager plus aisément, elle lui proposa un établissement pour les Espagnols sur ses terres, lui fit remarquer la commodité du Port, que formoit naturellement l'entrée du fleuve, la beauté & la bonté du pays, & le voisinage des mines. En effet celles de Buenaventura, dont il sera parlé dans la suite, & dont on avoit eu depuis peu les premiers indices, n'en étoient qu'à huit lieuës. Enfin elle ajoûta, que si tous les habitans d'Isabelle vouloient s'y transporter, elle se chargeoit de ne les laisser manquer de rien, & elle fit entrevoir à Diaz qu'il ne tiendroit qu'à lui de l'épouser. 1496.

La Dame Indienne n'eut pas de peine à persuader le jeune Espagnol. S'il ne l'aimoit pas autant, qu'il en étoit aimé, il ne haïssoit point sa personne: & la fortune, qu'il pouvoit esperer de faire en l'épousant, flattoit agréablement son ambition. D'ailleurs l'établissement proposé ne pouvoit gueres réussir, sans lui fournir une occasion de meriter sa grace du côté de ses Superieurs. Ainsi il entra avec joye dans les vûës de sa Bienfactrice, & après lui avoir juré un éternel attachement, il prit par les terres le chemin d'Isabelle, pour y négocier avec l'Adélantade sur les offres de la Cacique. En aprochant de la ville, il sçut que celui, dont la blessure l'avoit obligé à fuir, étoit parfaitement gueri: ce qui l'enhardit davantage à se présenter devant D. Barthélemy, dont il avoit été Domestique, & de qui il reçut effectivement le plus favorable accüeil, qu'il pouvoit esperer.

1496. Fondation de San-Domingo.

Les offres, qu'on faisoit à ce Commandant suffisoient pour le déterminer à entreprendre un établissement à la côte du Sud; mais après qu'il eut reçû les ordres de son frere, il n'y eut plus à déliberer : ainsi sans différer davantage, il se mit en marche avec Diaz. Il trouva, en arrivant chés la Dame Indienne, toutes choses dans l'état, qu'on lui avoit dit : un Port sûr & profond, un terrein propre à tout, & des Indiens fort prévenus en faveur des Espagnols. La Cacique en avoit trop bien usé, pour qu'on ne lui laissât pas libre tout le côté du fleuve, où elle étoit placée; & la rive Orientale valoit encore mieux que l'Occidentale. Le plan de la nouvelle ville y fut tracé sur le champs, & en assés peu de têms la plus grande partie des habitans d'Isabelle vinrent s'y établir. On la nomma d'abord *la nouvelle Isabelle*, & Christophle Colomb ne l'a jamais appellée autrement; mais le nom de *San-Domingo* a insensiblement pris le dessus, & l'on n'est pas trop d'accord sur son origine. Les uns ont avancé que l'Adélantade le lui avoit donné en mémoire de son pere, qui s'appelloit Dominique : d'autres ont prétendu qu'il étoit arrivé en ce lieu-là le jour de la Fête du Saint Patriarche des Freres Prêcheurs, & que cette Fête tomboit un Dimanche cette année-là, ce qui n'est pas vrai, car elle tomboit un Jeudy. Mais l'opinion la plus vraysemblable est, que la premiere Eglise de la nouvelle ville ayant été consacrée à Dieu sous le nom de ce Saint Patriarche, qui est encore aujourd'hui le Patron du Diocese, ce nom a été donné avec le têms à toute la ville, comme de la ville même nos François l'ont étendu à toute l'Isle. Quant à ce qui regarde Diaz & sa Maîtresse, il paroît qu'ils se marierent, & que la Cacique fut bâtisée, car toutes les fois qu'Oviedo en parle, il lui donne le nom de Catherine.

Voyage de l'Adélantade à Xaragua.

Quoiqu'il en soit, un des premiers soins de Dom Barthélemy en bâtissant la nouvelle ville, fut d'y construire une bonne forteresse. Il en fit jetter les fondemens en sa présence, & ayant donné ses ordres pour presser les travaux, il entreprit un autre voyage à la côte de l'Ouest : dont voici le sujet. Nous avons vû que tous les Caciques de l'Isle s'étoient soumis au tribut, à la réserve de Behechio Roi de Xaragua. Ce Prince se flattoit que son grand éloignement de tous les quartiers occupés par les Castillans le mettroit à couvert de leurs poursuites ; il se trompa, & la fondation de San-Domingo commença à lui donner de grandes inquietudes. Il faisoit sa résidence dans une bourgade, qui donnoit le nom à tout son Royaume, le plus étendu de toute l'Isle. J'ai parlé ailleurs de sa situation ; mais pour l'intelligence de ce que nous devons dire dans la suite, il est bon d'ajoûter, que toute cette côte Occidentale est une fort grande Baye, à laquelle les François ont donné le nom de *Cul-de-sac* ; & que les Etats de Behechio comprenoient non-seulement toute cette Baye, avec le Cap Tiburon & le Mole S. Nicolas, qui en sont les deux pointes ; mais encore toute cette partie de la côte du Sud, qui s'étend jusqu'à la petite Isle *Beata*. Ce Cacique, ainsi que je l'ai déjà dit, avoit une sœur nommée Anacoana, qui avoit été mariée avec Caonabo, & qui après la mort de son Epoux, s'étoit retirée chés son frere. C'étoit une femme d'un génie beaucoup au-dessus de son sexe & de sa nation, & il s'en falloit bien qu'elle eût épousé les sentimens de son mari contre les Espagnols : elle les estimoit, & souhaitoit fort de les avoir pour voisins, afin de pouvoir traiter avec eux. D. Barthélemy n'ignoroit pas les dispositions de cette Princesse ; mais il sçavoit que celles de son frere y étoient bien opposées. Il se flatta pourtant de gagner l'un par l'autre. D'ailleurs il lui importoit trop, & pour sa gloire, & pour l'avantage de la Colonie, de réduire de gré, ou de force ce puissant Cacique à suivre l'exemple des autres, pour y rien negliger.

1496.

Limites de ce Royaume

Il partit donc de San-Domingo à la tête de 300. hommes, tous bien équipés, & plusieurs montés à l'avantage ; enseignes déployées, au son des trompettes & des tambours, & de plusieurs autres instrumens, & marcha toû-

1496. jours en ordre de bataille, pendant les 70. lieuës, qu'on comptoit de San-Domingo à Xaragua. Behechio fut bientôt instruit de sa marche, & fit avancer quelques trouppes, pour lui disputer le passage de la Neyva. L'Adélantade en ayant eu avis par ses coureurs, envoya un exprès au Cacique, pour l'assûrer qu'il ne venoit point en ennemi, mais uniquement pour visiter un Prince & une Princesse, dont on lui avoit dit beaucoup de bien. Behechio fut charmé du compliment, tout son camp retentit de cris d'allegresse, & ces pauvres Insulaires, qu'on menoit bien malgré eux combattre des hommes, dont le nom seul les faisoit trembler, se persuaderent si bien qu'ils n'avoient plus rien à craindre, qu'on les vit dans le moment courir à l'envi au-devant des Espagnols.

Réception des Espagnols à Xaragua.

Ils les rencontrerent assés près de la Neyva, leur donnerent toutes les marques d'une parfaite cordialité ; se chargerent de leur bagage, leur rendirent pendant tout le reste du chemin, tous les services, dont ils étoient capables, & les porterent même sur leurs épaules à tous les passages des rivieres. Comme on approchoit de Xaragua, toute la Noblesse sortit à la campagne, en dansant & en chantant à la mode du pays. Les trente femmes du Cacique parurent ensuite, portant chacune une branche de palmier à la main, marchant en cadence, & faisant retentir l'air de leurs chants. Elles s'approcherent ainsi du Général, lui présenterent leurs palmes, & se prosternerent à ses pieds. Quantité d'Indiens, qui étoient à leur suite, firent la même chose à tous les Espagnols, & l'armée fut ainsi conduite en cérémonie jusqu'au Palais de Behechio. Il étoit fort tard, quand elle y arriva, & elle y trouva un grand repas tout préparé. Il étoit composé d'Utias, & d'autres animaux du pays, & de toutes sortes de poissons de riviere & de mer : la joye fut grande pendant tout le festin, après quoi on distribua à chacun des hamacs pour reposer.

Behechio se soumet au tribut.

Le lendemain, le soleil fut à peine levé, qu'on vit paroître deux trouppes d'Indiens, qui s'étant approchées l'une de l'autre en ordre de bataille, commencerent à se mêler & à se pousser, comme ces peuples ont accoûtumé de faire dans leurs combats. Le jeu s'échauffant un peu, ils prirent leurs Macanas, & s'en donnerent de bons coups sur la tête, sans se faire beaucoup de mal. (a) Ce divertissement fini, l'Adélantade prit le Cacique en particulier, & lui représenta que lui seul n'avoit pas encore rendu hommage aux Rois d'Espagne, qu'il pouvoit venir de leurs Altesses des ordres de l'y contraindre par la force, & qu'il devoit être convaincu par l'expérience des autres, qu'il n'étoit pas en état de résister. Qu'il étoit de sa sagesse de prévenir les malheurs, ausquels une guerre de cette nature l'exposeroit, & qu'en se soûmettant de bonne grace à payer un tribut, qui ne l'apauvriroit pas, il se procureroit l'amitié & la protection du plus puissant Prince de la terre. Ce discours persuada Behechio, que sa sœur y avoit apparemment préparé, mais il déclara qu'il ne pouvoit point donner d'or, n'y en ayant pas dans ses terres. Le Général lui répondit que les Espagnols avoient trop d'équité, pour exiger de lui ce qu'il ne pouvoit pas fournir; on convint à l'amiable d'une certaine quantité de cotton & de vivres, & toutes choses se passerent avec beaucoup de tranquilité. 1496.

Révolte de Guarionex.

Cette affaire terminée, l'Adélantade prit congé du Prince & de la Princesse, & se rendit par terre à Isabelle, où il trouva qu'on manquoit absolument de tout, & que, depuis son départ de cette ville, il étoit mort plus de 300. personnes de maladies & de miseres. Comme il ne venoit aucun navire d'Espagne, il prit le parti d'en faire construire, pour y envoyer chercher des vivres, & de disperser, en attendant, les Espagnols dans les Bourgades Indiennes voisines des Forteresses; mais ces Barbares se lasserent bientôt de pareils hôtes, qu'ils ne pouvoient rassassier, & dont pour toute récompense, ils recevoient toutes sortes de mauvais traitemens. Les Sujets de Guarionex étoient les plus vexés, ils perdirent aussi plûtôt patience, & ils résolurent de secoüer enfin un joug, qui de jour en jour leur devenoit plus

(a) Le P. le Pers dit cependant qu'il y en eut quatre de tués.

1496. insupportable. Ils obligerent même leur pacifique Roi de se mettre à leur tête, en le menaçant, s'il le refusoit, de se donner à un autre Souverain.

Prise de ce Cacique.

L'Adélantade apprit cette nouvelle à San-Domingo, où il avoit fixé sa demeure; il ne crût pas devoir donner au Cacique le têms de grossir ses troupes, ni aux autres celui de suivre son exemple. Il marcha promptement contre lui, & l'ayant rencontré à la tête de 15000. hommes, il l'attaqua si brusquement pendant la nuit, qu'après lui avoir tué bien du monde, il le fit prisonnier. Il le relâcha néanmoins à la priere de ses Sujets, qui le lui redemanderent avec les dernieres instances, mais ce ne fut qu'après avoir fait justice de ceux, qui avoient le plus contribué à lui faire prendre les armes. Nous verrons bientôt que des Castillans même avoient eu grande part à cette rébellion. D. Barthélemy ne l'ignoroit pas, & croyoit devoir dissimuler; mais il jugea que le crime de ces traitres rendoit Guarionex moins coupable, & qu'il y eût eu de l'injustice à le traiter en toute rigueur.

Il punit alors un autre crime de quelques Sujets de ce Prince avec beaucoup de severité. Deux Religieux, un Hieronymite nommé le P. Romain, & un Franciscain appellé le P. Jean Bourguignon, avoient prêché la Foy dans ce Royaume, d'abord avec quelque succès, le Cacique s'étant lui-même fait instruire de nos Saints Mysteres, & paroissant vouloir tout de bon se faire Chrétien; mais la conduite des Espagnols effaça bientôt dans son cœur, tout ce qu'il avoit conçu d'affection pour le Christianisme; & les choses en vinrent à un tel point, que les deux Missionnaires se virent contraints de sortir de ses Etats. Quelque têms après, des Indiens étant entrés dans la maison, où ces bons Peres avoient logé, y trouverent des Images; ils les prirent, & les enterrerent dans un champs semé d'*Axi*, en disant : *Vos fruits viendront désormais en abondance.* Quelque têms après, la Mere de Guarionex arrachant quelques plantes d'*Axi*, s'aperçût que leurs racines avoient la figure d'une Croix : elle en fut surprise, & les montra au Capitaine Ojeda, qui fit foüiller la terre au même endroit, y trouva les Images, & ayant découvert les auteurs du sacrilege, en donna avis à l'Adélantade, lequel crut devoir faire un exemple de ces impies, & ordonna qu'ils fussent brulés vifs, ce qui fut executé. 1496.

L'Andélantade va recevoir le premier tribut du Roi de Xaragua.

Il reçut vers le même têms un Exprès de Behechio, qui lui mandoit que son tribut étoit prêt, & qu'il pourroit, quand il voudroit, envoyer un bâtiment au Port de Xaragua pour le charger. Sur cet avis il dépêcha un courier à D. Diegue son frere, qui commandoit toûjours à Isabelle, pour le prier de faire passer une caravelle à la côte de Xaragua, & il voulut y aller lui-même par terre, pour recevoir les premiers hommages, que Behechio rendoit à la Couronne de Castille. Il fut encore reçû de ce Roy avec un apareil & une politesse, où il crut reconnoître l'esprit & l'affection de la Princesse sa sœur. Le navire arriva peu de têms après à Xaragua, & fut chargé de cotton & de cassave, au-delà même de ce qui avoit été stipulé. L'Adélantade invita ensuite le Prince & la Princesse à venir voir son vaisseau. C'étoir le premier bâtiment d'Europe, qui paroissoit sur cette côte, & ce qu'on avoit dit au Cacique & à sa sœur de ces merveilleuses machines, avoit fort piqué leur curiosité. Ils en visiterent avec beaucoup d'attention tous les coins & les recoins, & virent avec bien du plaisir toutes les manœuvres qu'on lui fit faire: à la fin on les salua d'une décharge d'Artillerie, qui d'abord leur causa une grande frayeur, mais ayant vû que les Castillans ne faisoient qu'en rire, ils se rassûrerent.

Ainsi se passa l'année 1496. avec beaucoup de gloire pour D. Barthélemy, qui en peu de mois avoit fondé une grande ville, obligé le plus puissant des Souverains de l'Isle à se rendre tributaire des Rois Catholiques, & dissipé une révolte, qui ne pouvoit manquer d'avoir de fâcheuses suites, s'il ne l'eût étouffée dans sa naissance. Il s'en faut bien qu'il ait eu autant de bonheur l'année suivante, &, si l'on en croit quelques auteurs, qui ne paroissent pas mê-

1496. me fort prévenus contre lui, un peu de hauteur, qu'on crût entrevoir en lui depuis ces derniers succès; des manieres trop dures, qu'il ne sçût pas assez adoucir; & une séverité outrée dans le gouvernement, contribuerent un peu à attirer sur lui & sur les siens cet enchaînement de malheurs, dont nous allons voir la naissance, & dont sa famille ne s'est jamais bien relevée. Il est certain du moins, que ce furent là les prétextes, dont les ennemis des Colombs se servirent pour les rendre odieux à la multitude, & pour inspirer contr'eux au Roi même des sentimens peu favorables, dont ce Prince n'est jamais bien revenu. Ils alloient cependant au bien, & leurs intentions ont toûjours été droites. D. Barthélemy en particulier, ne paroît pas avoir eu d'autre passion, que celle de la gloire, & il mit toûjours la sienne à faire son devoir. Mais il importe beaucoup plus qu'on ne pense, de ne vouloir le bien, qu'autant, & de la maniere qu'il se peut faire, d'être en garde contre une certaine aigreur, en quoi dégénére aisément le zéle, quand il n'est pas tout à fait exempt d'humeur; & de se souvenir, que quand l'autorité se trouve dans une personne, qui n'est pas agréable, comme dans un étranger, ou dans un homme nouveau, on ne peut trop s'étudier à en diminuer le poids, & à en adoucir la rigueur. La suite de cette Histoire nous fournira plus d'une occasion de sentir la verité & la justesse de ces réflexions.

Fin du Livre Second.

HISTOIRE
DE
L'ISLE ESPAGNOLE
OU DE
S. DOMINGUE.

PREMIERE PARTIE.

LIVRE TROISIE'ME.

1497. Révolte de l'Alcaïde Major.

'AMIRAL, en partant pour l'Espagne, avoit revêtu de la Charge d'Alcasde Major, c'est-à-dire, de Juge superieur, ou de Grand Sénéchal de l'Isle, un certain François Roldan Ximenés, qui avoit été à son service, & qui s'étoit acquitté pendant quelque têms avec réputation de l'emploi de Juge ordinaire à Isabelle. C'étoit un homme peu lettré, mais de beaucoup d'esprit, & d'un grand sens naturel; ce qui avec un peu d'experience, suffisoit pour administrer la Justice dans un pays, où il ne pouvoit gueres y avoir de procès bien épineux, ni embroüillés par la chicanne. Par malheur pour lui, pour la Colonie, dont il pensa causer la ruine entiere, & pour les Colombs, dont une bonne partie des disgraces furent le fruit de ses intrigues, ou occasionées par sa révolte, il étoit né le plus ambitieux, le plus hardi, & le plus violent de tous les hommes. On prétend que le Commissaire Jean Aguado avoit, du moins par son imprudence, & ses mauvaises manieres avec Christophle Colomb, jetté dans son esprit des semences de rébellion; & il paroît certain que s'étant persuadé que l'Amiral ne retourneroit point

1497. dans les Indes, & ne se justifieroit jamais des accusations intentées contre lui, il forma le dessein de se saisir du Gouvernement. Il commença par s'assûrer des artisans, qui lui étoient assés attachés, parce que c'étoit lui, qui les avoit commandés pendant la traversée, au second voyage de l'Amiral; il leur fit entendre que les Colombs pensoient à se rendre maîtres du pays; il leur fit remarquer qu'ils les traitoient déjà en esclaves; & il les engagea à demander qu'une Caravelle toute desagréée, qui se trouvoit au Port d'Isabelle, fut remise en état, & envoyée en Espagne, pour représenter au Roy l'extrémité, où étoit réduite la Colonie.

Il fait soulever les Indiens.

Dom Diegue, à qui ils s'adresserent, pénétra d'autant mieux leur dessein, qu'ils ne se cachoient pas trop de la résolution, où ils étoient, de poignarder l'Adélantade son frere, dès qu'ils pourroient l'avoir entre leurs mains; mais comme il ignoroit tout le progrès, qu'avoit fait le mal, il crut y pouvoir remedier, en éloignant l'Alcalde Major, sous quelque prétexte honnête. Guarionex, qui ne se pressoit pas de payer son tribut, lui en fournit un, qu'il saisit d'abord; il proposa à Roldan d'aller obliger ce Prince à satisfaire à ses obligations, & il lui donna une escorte capable de l'en faire respecter. L'Alcalde se voyant à la tête d'une troupe de soldats choisis, ne songea qu'à les débaucher, & tous ceux, qui refuserent de s'attacher à lui, il les desarma & les congedia. Il fit plus, car pour susciter des affaires aux Colombs, qui les occupassent, & les affoiblissent, bien loin de travailler à remettre le Cacique dans le devoir, il fomenta sa desobéissance, & l'engagea à prendre les armes, comme nous avons vû que ce Prince fit; après quoy il revint à Isabelle, & ne garda plus de mesures avec le Gouverneur.

Entreprises hardies de ce Rébelle.

Son premier acte d'hostilité fut de se saisir par force des clefs du Magazin Royal: il en rompit toutes les serrures, & distribua à ceux de sa suite une bonne partie de ce qu'il y trouva d'armes & de provisions. Il fit la même chose dans les troupeaux, qui appartenoient tous au Roy, il en emmena les meilleures bêtes, & après avoir fait bien des insultes à Dom Diegue, qui pour sauver sa vie, fut obligé de se tenir enfermé dans le Château, il s'en alla avec environ 70. hommes bien armés du côté de la Conception, soulevant partout les Insulaires contre le Gouvernement. Son dessein étoit de s'emparer de cette Place, & il s'en aprocha de fort près; mais Ballester, qui y commandoit, lui fit dire de se retirer, & l'Adélantade y étant accouru avec des troupes, Roldan, qui connoissoit la bravoure de son Général, ne voulut pas se commettre avec lui, & s'éloigna. 1497.

Dom Barthélemy de son côté fut effrayé du progrés, que cette révolte avoit fait en si peu de têms, car il apprit que quelques personnes de consideration, & en particulier Diego de Escobar, Commandant d'une Forteresse, appellé la Magdelaine, y étoient déjà tout ouvertement entrés; & ne sçachant pas trop à qui se fier, il se rendit en diligence à Isabelle, pour y conferer avec son frere sur le parti, qu'il y avoit à prendre dans une conjoncture si délicate. Il y étoit à peine arrivé, qu'il reçût avis par Ballester que sa vie n'y étoit pas en sûreté: ce Commandant l'exhortoit à le venir trouver; il le fit, & dès qu'il fut à la Conception, il pensa aux moyens de regagner Roldan, qu'il desesperoit de réduire par la force. Il lui envoya un nommé Malaber, lequel n'oublia rien pour l'engager par la consideration du bien public à mettre bas les armes: mais tout ce que put gagner cet Envoyé, ce fut que les deux Chefs, aprés s'être donné mutuellement des otages, se verroient dans un lieu sûr pour l'un & pour l'autre.

Progrés de la Révolte.

L'entrevûë se fit, mais les esprits s'y aigrirent encore davantage, & l'Alcaide Major en sortit résolu à porter les choses à toute extremité. Il en vouloit toûjours à la Conception, mais comme il n'avoit pas encore des forces suffisantes pour s'en rendre le maitre, il se retira en attendant chés le Cacique Manicatex, dont il reçut le tribut; & la licence, qu'il donna à ses troupes, les ayant bientôt grossies, tandis que la faim faisoit tous les jours deserter des soldats de tou-

Entrevûë de Roldan avec D. Barthélemy sans succès.

1497. tes les garnisons, Dom Barthélemy se trouvoit dans un embarras, qui croissoit à chaque instant, & dont il ne voyoit point d'issuë: il eut pourtant moyen de respirer un peu par l'arrivée de deux Caravelles chargées de vivres, qui moüil-

1498. lerent à San-Domingo le 3. Février 1498. C'étoit celles, dont j'ai parlé plus haut, que l'Amiral avoit obtenuës, en attendant que son armement fut prêt. Elles étoient commandées par le Sergent Major Pierre Fernandés Coronel, homme de merite & fort attaché aux Colombs.

Celui-cy reçoit du secours d'Espagne.

Au premier avis, qu'eut l'Adélantade de ce secours, il se mit en chemin pour la Capitale, & fut suivi par l'Alcaïde Major, qui se voyant prévenu par son ennemi, & sçachant que tous les habitans de cette ville, & les équipages des deux Caravelles étoient fort peu disposés à entrer dans sa rébellion, s'arrêta à cinq lieuës de la Place. Aussitôt D. Barthélemy lui envoya faire de nouvelles propositions de paix, & il avoit d'autant plus lieu de s'attendre qu'elles seroient écoutées, que Coronel publioit partout que l'Amiral étoit plus en faveur que jamais, & ne tarderoit pas à arriver avec six Navires. Ce Capitaine avoit aussi aporté à D. Barthélemy les Provisions de la Charge d'Adélantade, signées du Roi & de la Reine, & il voulut bien se charger lui-même de la commission d'aller trouver Roldan, mais du plus loin qu'il fut apperçu par les rebelles, on le coucha en joüe, en lui criant: « Demeures là, traitre, si tu avois encore tardé » huit jours, nous étions les maîtres. »

Fuite de Guarionex.

Coronel vit pourtant le Chef des révoltés & le pria d'avoir pitié d'une Colonie, qu'il déchiroit impitoyablement, sans pouvoir esperer d'en sortir à son honneur; mais Roldan le prit sur un ton si haut, que Coronel ne douta point qu'il n'eut des ressources, qu'on ne sçavoit pas. Peu de jours après on sçut qu'il s'étoit retiré dans le Xaragua. Tout en arrivant dans cette Province il déclara au Cacique qu'il venoit le délivrer d'un tribut que l'Adélantade lui avoit imposé sans en avoir reçu l'ordre du Roi, lequel ne vouloit point avoir le bien, mais le cœur de ses alliés. Il tenoit le même langage à tous les autres Caciques, mais il n'étoit pas long-têms chés eux, sans en exiger beaucoup au delà du tribut, dont il les délivroit. Sur ces entrefaites on aprit à San-Domingo que les sujets de Guarionex, molestés plus que jamais par les Espagnols des deux partis, l'avoient extrêmement pressé de profiter de leur division pour se remettre en liberté, mais que le paisible Cacique, pour éviter également les malheurs, à quoy l'exposoit un nouveau soulevement, & les vexations de ses insatiables vainqueurs, avoit pris le parti de se retirer avec quantité de ses sujets chés les *Ciguayos*, peuple assés aguerri, qui habitoit vers le Cap Cabron; & qu'il y avoit été fort bien reçû de Mayobanex, qui en étoit le Souverain. 1498.

L'Adélantade marche contre lui, & fait la guerre aux Ciguayos, chés qui il s'étoit retiré.

La retraite de ce Prince frustroit les Castillans du tribut, qu'il s'étoit engagé à leur payer, aussi lui en fit-on un crime, & l'Adélantade ne crut pas devoir différer un moment à l'en aller châtier. Il lui fallut passer des détroits de montagnes fort difficiles, & quand il fut descendu dans la plaine, il eut avis qu'une armée d'Indiens l'attendoit pour le combattre. Il marcha à elle, & après avoir essuyé une grêle de flêches, qui ne blessa personne, il la vit se disperser en un moment d'elle-même, & gagner les montagnes. Il ne jugea pas à propos de la poursuivre; mais quelques jours après, les Indiens s'étant aperçu que les Castillans n'étoient point sur leurs gardes, ils tomberent sur quelques-uns d'eux, qu'ils trouverent endormis à l'écart, & les massacrerent. Alors les troupes se réünirent, on donna vivement la chasse aux Barbares jusques dans leurs montagnes, & l'on en tua un assés grand nombre. Mayobanex n'étoit pas fort loin de là, & Dom Barthélemy ayant découvert le lieu de sa retraite, il y marcha avec toutes ses troupes. Il lui envoya ensuite offrir son amitié, à condition qu'il lui remettroit Guarionex entre les mains. Le fier Indien répondit que Guarionex étoit un homme d'honneur, qui n'avoit jamais fait de tort à personne; au lieu que les Espagnols étoient des voleurs & des assassins, qui usoient des moyens les plus indignes

1498. pour envahir le bien d'autrui ; qu'il ne seroit jamais assés lâche pour abandonner un Prince malheureux, son bienfaiteur & son ami, qui s'étoit jetté entre ses bras. Il fit la même réponse à ses Courtisans, qui voyant les ravages, que faisoient les Espagnols dans tout le pays, & touchés des cris du peuple, que cette guerre ruinoit, lui représenterent qu'il ne sauveroit pas Guarionex, & qu'il se perdroit lui-même. « Il en arrivera, dit-il, ce qui pourra, mais je pé» rirai plûtôt, que de le livrer à ses ennemis. » Il appella aussitôt le Prince, & lui déclara sa résolution ; Guarionex en fut attendri, ils s'embrasserent tendrement, & s'arroserent l'un l'autre de leurs larmes. Mayobanex envoya ensuite occuper toutes les avenuës, & tous les passages des montagnes, & donna ordre de faire main-basse sur tous les Castillans, si on les pouvoit attaquer avec avantage.

Les Indiens sont défaits. Prise de Mayobanex.

Dom Barthélemy, à qui, dans la situation présente de ses affaires, il importoit de gagner les Indiens, plûtôt que de les dompter, voulut encore faire une tentative, pour engager le Cacique à un accommodement ; il lui renvoya trois prisonniers, qu'il avoit fait depuis peu, & il s'avança lui-même avec dix hommes de pied & quatre chevaux seulement : mais pour toute réponse, Mayobanex fit mourir les prisonniers, & se prépara au combat. Alors l'Adélantade vit bien qu'il n'y avoit plus rien à menager, & alla se présenter en bataille devant l'armée ennemie, qui étoit assés nombreuse, mais qui n'eût pas plûtôt vû la belle Ordonnance des Castillans, que saisie de frayeur, elle se débanda, & laissa les deux Caciques presque seuls à la merci de leurs vainqueurs. Le parti, qu'ils prirent, fut de fuïr dans les montagnes, où le Général se mit à leurs trousses avec 30. hommes choisis, ayant auparavant congédié le reste de ses troupes. Il apprit deux jours après, par deux Ciguayos, le lieu, où Mayobanex étoit caché, il fit sur le champs déguiser douze de ses gens, c'est-à-dire, qu'il les fit mettre tout nuds, & frotter de rocou à la maniere de ces Barbares, il leur donna les deux Ciguayos pour guides, & point d'autres armes que leurs épées cachées dans des feüilles de palmier. Ils furent conduits en cet équipage jusqu'à la retraite de Mayobanex, qu'ils trouverent avec sa femme & ses enfans, & plusieurs de ses parens. Ils s'en saisirent sans résistance, & les menerent à leur Général, qui sur le champs reprit avec sa proye la route de la Conception. 1498.

Belle action d'un Seigneur Indien.

Dans cette nombreuse troupe de prisonniers, il y avoit une fille de Mayobanex, que son merite & sa beauté avoient renduë extrêmement chere à tous les Ciguayos, & qui avoit épousé un des principaux Seigneurs du pays. Son mary ayant appris sa captivité, assembla ses vassaux, prit avec eux le chemin de la Conception, & fit tant de diligence, qu'en peu de jours il joignit l'Adélantade. En l'abordant, il se jetta à ses pieds, & le conjura les larmes aux yeux, de lui rendre son épouse : D. Barthélemy fut touché du naturel de cet homme, il le releva, lui fit amitié, & lui remit sa femme, sans exiger même aucune rançon, mais il n'y perdit pas. La reconnoissance porta ce Seigneur à faire beaucoup plus, qu'on n'auroit pû lui demander. On fut assez surpris de le voir revenir quelque têms après, avec 4. à 500. hommes de ses Sujets, qui portoient tous de certains bâtons brûlés, dont ces Peuples se servent pour remuer la terre; il demanda qu'on leur marquât un terrein, pour le cultiver, & y semer du bled : son offre fut acceptée, & il fit faire en très-peu de têms un défriché, que des Laboureurs à gage n'eussent pas fait, dit l'historien Espagnol, pour trente mille Ducats. Herrera.

Supplice de Mayobanex.

Les Sujets de Mayobanex, à la vûë de la générosité du Général des Espagnols, envers la fille de leur Souverain, s'étoient flattés de quelque esperance de le voir bientôt délivré lui-même; ils n'épargnerent pour cela, ni larmes, ni prieres, ni présens, mais tout fut inutile : D. Barthélemy voulut faire un exemple, qui retînt tous ces petits Princes dans la soumission; il rendit aux Ciguayos toute la famille du Cacique; mais il fut inéxorable sur sa personne. Ce refus jetta ces pauvres Insulaires dans la consternation, ils

1498. déchargerent leur ressentiment sur l'infortuné Guarionex, qu'ils livrerent aux Castillans; mais ils ne sauverent pas la vie à Mayobanex, qui fut conduit à la Capitale, où on lui fit son procès dans les formes, & où il fut pendu, comme convaincu du crime de Rébellion.

Ce qui avoit si fort retardé le troisiéme voyage de l'Amiral.

Les choses étoient en ces termes, lorsque l'Amiral entra pour la premiere fois dans le Port de San-Domingo. Mais il est bon de reprendre la suite de son voyage, qui fut le troisiéme des quatre, qu'il a fait dans le nouveau monde. Nous avons vû avec quelle lenteur on travailloit en Espagne à son armement; tous les jours on lui faisoit de nouvelles difficultés, & il sembloit qu'on ne cherchât qu'à le lasser. Cela pourtant ne venoit pas de la Cour: car le Roi & la Reine paroissoient uniquement appliqués à le combler d'honneurs & de biens. Non contents d'avoir de nouveau confirmé tout ce qu'ils avoient fait jusques-là en sa faveur, ils lui offrirent dans l'Isle Espagnole un terrein à son choix de 50. lieuës de long sur 25. de large, avec le titre de Duc, ou de Marquis; mais il n'accepta point cette grace, pour ne pas augmenter la jalousie des grands contre lui, & pour éviter les discussions, qu'elle ne pouvoit manquer de faire naître avec les Ministres, & les Officiers Royaux, lesquels lui reprocheroient sans cesse d'avoir choisi le meilleur pays, & ne manqueroient aucune occasion de le chicanner. Ensuite, en considération de la découverte des Isles de Cuba & de la Jamaïque, dont il n'avoit tiré aucun profit, on le déchargea de contribuer d'un huitiéme des avances, pour percevoir un huitiéme des profits de tous les navires, qui alloient aux Indes. Mais on ôta de ses provisions quelques termes trop généraux, & contre lesquels l'Amirante de Castille s'étoit récrié: on lui recommanda en même têms de préferer toûjours la douceur à la sévérité, quand elle ne seroit préjudiciable, ni à la Justice, ni à son honneur, & ce fut la seule chose, à quoi on lui fit connoître, qu'on avoit fait quelque attention aux dépositions du Commissaire Aguado, & de ses autres ennemis contre lui.

Le

Le 20. d'Octobre 1496. les trois navires, qu'il avoit vû partir de Cadix à son arrivée dans ce Port, y furent de retour, & débarquerent trois cens Indiens, que l'Adélantade avoit fait prisonniers, & qu'il envoyoit comme esclaves en Espagne. Les Rois Catholiques témoignerent n'approuver pas cette conduite, & dirent tout haut que, si ces Insulaires avoient fait la güerre aux Castillans, ils y avoient sans doute été contraints par les mauvais traitemens de ceux-ci. Cet incident chagrina l'Amiral, & il n'eût point d'autre parti à prendre, que de blâmer & de désavoüer son frere. Quelque têms après, le Doyen de Seville, D. Jean Rodriguez de Fonseca, qui avoit toûjours la direction des Armemens pour les Indes, & qui n'aimoit pas l'Amiral, fut nommé à l'Evêché de Badajoz, où il alla résider, & sa place fut donnée à Antoine de Torrez, qui avoit accompagné Colomb à son second voyage, & avoit ramené sa flotte en Espagne. Ce changement accéléra l'Armement de Colomb : mais il n'étoit pas encore fini, lorsque le Prince héreditaire d'Espagne étant venu à mourir, la Reine, qui avoit beaucoup de confiance dans l'Evêque de Badajoz, le rappella auprès de sa Personne, apparemment pour la consoler dans son extrême affliction, & le chargea de nouveau des affaires des Indes. Ce retour fut un contre-têms fâcheux pour Colomb, & retarda encore son départ. A la fin les ordres de la Cour ne souffrant plus de délai, les six Navires se trouverent en état de partir. 1498.

Le 30. de May 1698. l'Amiral sortit du Port de San-Lucar ; & pour éviter la rencontre d'une flotte Portugaise, qui l'attendoit, disoit-on, au Cap Saint-Vincent, à dessein de l'insulter, il tira droit à l'Isle de Porto-Santo, où il arriva le 7. de Juin. Il y fit de l'eau, & le 10. il toucha à Madere, où il se fournit encore de beaucoup de choses, le 19. il moüilla à la Gomera, d'où il passa à l'Isle de Fer. Là, il détacha trois de ses Navires, pour aller en droiture à l'Isle Espagnole ; ils étoient montés par Alphonse Sanchez de Carvajal, Officier de merite & de naissance, Il part d'Espagne.

1498. dont nous avons déjà parlé, qui avoit accompagné l'Amiral à son second voyage, & avoit même fait un assés long séjour à Isabelle; par Pierre de Arana, proche parent de l'ancien Gouverneur de la Navedad, cette premiere Forteresse, qui avoit été bâtie dans les Etats de Goacanaric; & par Jean-Antoine Colomb, Génois, & de la même famille que l'Amiral. Ces trois Capitaines devoient commander tour à tour par semaine. Ils eurent ordre de faire l'Est quart Sud-Est, pendant l'espace d'environ 850. lieuës, ensuite de mettre le Cap à l'Ouest-Nord-Ouest, pour reconnoître l'Isle de Portoric, d'où il est aisé de gagner San-Domingo. Les trois autres Navires, que l'Amiral s'étoit réservés, appareillerent en même têms que ceux-ci, prirent la route des Isles du Cap Verd, y arriverent le 27. & resterent moüillés auprès de celle de Belle-Veuë, jusqu'au 5. de Juillet; de-là Colomb tira au Sud-Est, & voici ce qui l'engageoit à faire ce circuit.

Il fait un grand détour, & pourquoi.

Des Insulaires de l'Espagnole lui avoient dit qu'autrefois il étoit venu chés eux des hommes noirs, portant des especes de lances armées d'un très-beau métal, qu'ils nommoient *Guanin*, ils lui avoient même donné de ces bouts de lances, qu'il avoit portés en Espagne, où l'on trouva, que de 32. parties, il y en avoit 18. d'or, 6. d'argent, & 8. de cuivre. Supposés la vérité du fait, on ne peut gueres douter que ces hommes noirs ne fussent venus, ou des Canaries, ou de la côte Occidentale d'Afrique, d'où quelque tempête les avoit portés sur l'Isle Espagnole : mais Colomb en jugea autrement; il ne pût croire, que des hommes fussent venus de si loin sur des bâtimens aussi plats, & aussi fragiles, que ceux, dont se servoient les Afriquains, & les Canariens, & il se persuada que les hommes Noirs, dont on lui avoit parlé, étoient d'un pays beaucoup plus proche des Antilles. C'étoit pour le découvrir, qu'il prenoit son point de partance des Isles du Cap Verd, & il fit la route, que j'ai dite, jusqu'à ce qu'il se trouvât par cinq dégrés de Latitude Nord. Alors il eût à essuyer pendant huit jours un calme accompagné d'une chaleur si excessive, que le godron

1498.

se fondit, & que le navire fit eau de toutes parts, quoiqu'à l'exception du premier jour, le Soleil ne parût point, & qu'il y eût toûjours ou des pluyes, ou des broüillards, qui corrompirent les vivres, & gâterent le froment; ce qui joint à la perte de presque tout le vin, parce que les tonneaux s'ouvrirent, & à l'accablement, où les équipages se virent réduits, ménaçoit l'Amiral des derniers malheurs.

Oviedo a peine à accorder ce récit, que je viens de faire d'après Herrera & D. Fernand Colomb, avec ce qu'il prétend avoir oüi de la bouche de Fernand Perez Matteos, qui étoit premier Pilote sur le Navire, que montoit l'Amiral, lequel assûroit qu'après qu'on eut fait environ 150. lieuës, au Sud Ouest, en partant des Isles du Cap Verd, on essuya une tempête si furieuse, qu'il fallut couper les mats, & jetter à la Mer une partie des Marchandises; & ce qui fait l'embarras de l'historien, dont je parle, c'est que D. Fernand Colomb étoit, disoit-il, avec son Pere dans cette expedition. Mais il se trompe assûrément: D. Fernand à la mort du Prince d'Espagne, dont il étoit Page, fût mis en la même qualité chez la Reine, & il y étoit encore plusieurs années après, ainsi qu'il le dit lui-même. Il est vrai que dans la vie de son Pere, il parle toûjours en premiere personne du pluriel, comme s'il eût été témoin de tout ce qu'il raconte, mais il le fait dès le premier Voyage de l'Amiral, & lorsqu'il étoit encore presque au berceau; de sorte que, s'il se trouvoit en contradiction avec Matteos, il faudroit sans balancer s'en tenir au témoignage de ce Pilote, mais il me paroît qu'on les peut concilier tous deux, en disant que les trois Navires essuyerent d'abord une violente tempête, qui incommoda fort les Navires, & que le calme joint à une extrême chaleur, étant survenu immédiatement après, avoit mis les équipages déja épuisés par de grandes fatigues, en grand danger de succomber tout-à-fait, & produit tous les mauvais effets, que nous venons de rapporter.

Il découvre l'Isle de la Trinité.

Quoiqu'il en soit, l'Amiral, quoique malade de la goute, & fatigué à l'excès, voulut encore avancer d'avantage

1498. au Sud, pour tourner ensuite à l'Ouest, & tint bon jusqu'au 31. de Juillet; mais alors l'eau commençant à lui manquer, il changea de résolution, & fit le Nord-quart-Nord-Est, dans le dessein de gagner les Isles Caraïbes. Il falloit que les courants l'eussent porté au Nord & à l'Ouest d'une maniere bien extraordinaire les derniers jours de cette Navigation, ou qu'il se fût étrangement trompé dans son estime, car sur le midi du même jour 31. de Juillet, un Matelot nommé Perez, qui étoit à la hune, apperçût la Terre à 15. lieuës au Sud-Est. Colomb ne balança pas à porter sur cette terre, laquelle paroissant d'abord comme une montagne à trois têtes, il lui donna le nom de la Trinité : quelques-uns ont écrit qu'il avoit fait vœu de nommer ainsi la premiere Terre qu'il découvriroit. Comme il approchoit de celle-ci il apperçût un Cap, à côté duquel il y avoit un port formé en partie par un Rocher, qui de loin avoit la figure d'une Galere; il donna au Cap le nom *de Galera*, & voulut entrer dans le Port, qui paroissoit fort joli, mais il ne s'y trouva pas assez d'eau. Il tourna au Sud vers le premier Cap, qu'il avoit apperçû, mais il ne s'y rencontra point de Port. Il continua à ranger la côte, & le lendemain ayant fait environ cinq lieuës à l'Ouest, il moüilla derriere une langue de terre, où il fit de l'eau & du bois, & qu'il nomma *Punta de le playa*, le 2. d'Août ayant appareillé de nouveau, & fait la même route, il aborda au Cap Occidental de la Trinité, qu'il appella *Punta del Arenal*. Il ne douta plus alors que la Trinité ne fut une Isle; & comme il trouva ce moüillage assez sûr, il permit à ses équipages d'aller à terre. Il y fut lui-même pour visiter cette terre, & il y étoit à peine arrivé, qu'il vit venir à lui un Indien de bonne mine, lequel avoit sur sa tête une espece de couronne d'or. Il l'aborda & remarquant que cet homme avoit envie d'une toque de velours cramoisi, qu'il portoit, il la lui offrit : l'Insulaire, qui étoit apparemment le Cacique du lieu, l'accepta, & lui donna en échange sa couronne d'or.

Il apperçoit la terre ferme

Dès la veille il avoit apperçû vers le Sud une terre,

qu'il prit encore pour une Isle, & qu'il nomma *Isla santa*, & ce ne fut qu'au bout de quelques jours, qu'il reconnut que c'étoit le Continent. Tandis qu'il étoit moüillé à *la Punta del Arenal*, un grand canot rempli d'Indiens s'approcha des Navires; il venoit du côté de l'Orient, & il y avoit dedans 25. Indiens tous jeunes gens, de belle taille, plus blancs que tous les Insulaires des Antilles, ayant la tête enveloppée d'une toile de cotton ouvragée avec des figures mises en couleur: une autre toile toute semblable les couvroit depuis la ceinture jusqu'aux genoux; ils étoient armés de boucliers, d'arcs & de fleches, & avoient dans leur air & dans leur contenance quelque chose de bien moins sauvage, que tout ce qu'on avoit vû d'Indiens jusques-là. Deux ou trois coups de Mousquets, qu'on tira en l'air dès qu'on les eut apperçûs, leur firent tomber les rames des mains, & ils se mirent à parler assez haut, mais on ne conçût rien à ce qu'ils disoient; on voulut alors les attirer aux Navires, & on leur montra toutes les babioles, qui avoient si fort donné dans les yeux des Habitans des autres Isles. Cela ne les ayant pas rassûrés; l'Amiral fit joüer de tous les Instrumens, dont les Navires Espagnols ont accoûtumés d'être bien fournis; mais ces Barbares prenant cette simphonie pour un signal de combat, se couvrirent de leurs boucliers, & tirerent quantité de fleches. Les Espagnols y répondirent par deux coups d'arbalêtres, uniquement pour les intimider, & cela eut son effet. Le canot alla se ranger sous la poupe d'un des Navires, dont le Pilote sauta dedans, & fit à ces Indiens de grandes caresses, qu'il accompagna de quelques présens. Ils l'inviterent à venir à terre avec eux, mais cet homme ne l'ayant pas voulu faire sans la permission de l'Amiral, & les ayant quittés pour l'aller demander, ils s'imaginerent qu'il ne vouloit pas les suivre, & ils ne l'attendirent pas.

1498. sans la reconnoître pour telle.

Cependant une chose surprenoit infiniment l'Amiral, il se trouvoit à dix dégrez de la Ligne Equinoxiale, & on étoit aux jours Caniculaires; toutefois les nuits & les matinées étoient si froides, que tout le monde étoit obligé de

Froid extraordinaire que les Espagnols ressentent sous la Zone torride.

1498. se couvrir comme en Hyver. C'est une experience, qui se fait en bien des endroits de la Zone Torride, sur-tout quand les nuits sont calmes, &, ce qui en est une suite ordinaire, les rosées abondantes; mais Colomb à qui cela étoit nouveau, ne sçavoit trop qu'en penser; il remarqua au même têms que les eaux couroient vers l'Ouest avec une très-grande rapidité dans le Golphe, où il se trouvoit, & qu'il appella *le Golphe de la Baleine.* Il avoit devant lui au Nord quart-Nord-Est une Terre éloignée d'environ 15. lieuës, qu'il prit encore pour une troisiéme Isle, & à laquelle il donna le nom de *Gracia*; mais c'étoit une autre partie du continent. Il passa le Canal, où il eût assez de peine à se soûtenir, & où il observa que la Marée montoit & descendoit soixante pas plus, qu'à San-Lucar de Barameda. Etant arrivé à la Terre ferme, qu'il prenoit toûjours pour une Isle, il donna à la Côte le nom de *Paria*; il la trouva fort agréable, & les Habitans, pour l'ordinaire, assez traitables, & tous fort bien faits. Plusieurs avoient de l'Or, mais il étoit presque tout de bas aloy; les femmes avoient des Coliers & des Bracelets de Perles, & elles indiquerent aux Espagnols l'endroit, d'où l'on tiroit & l'Or & les Perles.

L'Amiral eut bien voulu découvrir tout ce Pays; mais ses Vaisseaux ne pouvoient plus tenir la Mer; d'ailleurs les vivres lui manquoient, & il étoit pressé de se rendre à l'Isle Espagnole; ainsi après avoir employé les dix premiers jours d'Août à visiter le Golphe de la Baleine, qui est celui où se décharge l'Orénoque; l'onziéme il fit l'Est, & le treiziéme il entra dans un très beau Port, qu'il appella *le Port des Chats*; il eût dû l'appeller plûtôt *le Port des Singes*, car ce qu'il prit d'abord pour des Chats, étoient de très gros Singes, dont tout cet endroit étoit rempli; ce Port est proche d'une des bouches de l'Orénoque. Assez près de là, il entra dans un autre Port, où il y avoit quantité de Cabanes, & qu'il nomma *le Port des Cabanes*; le quatorziéme il passa au Cap *de Lapa*, à dessein de sor-

Les habitans du pays les nomment *Yuyapari.*

tir du Golphe en faisant le Nord. Entre ce Cap qui est la pointe de la Côte de Paria, & le Cap *Boto*, qui est la pointe du Nord-Ouest de la Trinité, il y a un peu moins de deux lieuës, & un peu au-dessus, le Canal en a cinq de largeur; les Vaisseaux y entrerent avant midi, & quoiqu'il ne fît presque point de vent, ils y trouverent la Mer si haute, si bruyante, & tellement couverte d'écumes, par le combat du courant avec la Marée, qu'ils se virent dans un très grand danger de périr. Quelques-uns ne pouvant se soûtenir, voulurent moüiller, mais les vagues enleverent les ancres, & peu s'en fallut que les trois Bâtimens n'allassent se briser contre quelque terre, ou ne fussent engloutis par les vagues. Ils avoient bien éprouvé la même chose, lorsqu'ils étoient entrées dans le Golphe par le Canal qu'ils nommoient de *la Sierpe* à côté de *la Punta del Arenal*, mais le vent les y avoit favorisés, au lieu qu'ici, étant surpris du calme, ils ne pouvoient ni avancer, ni reculer, ni s'arrêter sans danger. Aussi l'Amiral se voyant engagé dans ce mauvais pas, dit que s'il en sortoit, il pouroit bien dire qu'il seroit sorti de la gueule du Dragon, & s'en étant enfin heureusement tiré, il donna à ce détroit le nom de *la boca del Drago*, qu'il porte encore aujourd'hui. 1498.

Ce qui le sauva, fut que la Marée commençant à perdre, le courant de l'Orénoque prit le dessus, & les entraîna en pleine Mer. L'étonnement de l'Amiral fut alors extrême, en voyant de l'eau douce si avant en Mer; car il étoit environ à 10. lieuës du fond du Golphe, d'où sortoit cette eau. La fraîcheur des matinées, qui continuoit toûjours, ne le surprenoit pas moins, & comme il avoit observé que se trouvant environ à 100. lieuës des Açorres, l'aiguille aimantée déclinoit d'un quart de vent au Nord-Ouest, que plus il avançoit au Ponent, plus l'air étoit doux & serein, les peuples plus traitables & moins noirs, & le pays plus beau; il s'alla mettre dans l'esprit, que la Mer montoit insensiblement de ce côté-là vers le Ciel, que la terre n'étoit pas ronde, & que s'il alloit plus loin, il arriveroit

Imaginations de Colomb.

1498. enfin à une éminence, où se terminoit ce bas monde, & sur laquelle étoit situé le Paradis terrestre; il s'imagina même que l'eau douce, qu'il avoit rencontrée si avant en mer, pouvoit bien être celle de cette fontaine, dont l'Ecriture dit, que le jardin de délices étoit arrosé, & d'où sortoient, par dessous la terre & le fond de la mer les quatre Fleuves, dont il est parlé dans la Genese. Il n'y avoit pourtant rien que de très-naturel dans ce qui causoit sa surprise: la rapidité de l'Orénoque est extrême en tout têms, mais surtout dans les mois de Juillet & d'Août, que ce grand Fleuve est encore grossi par quantité de Rivieres & de Torrens, qui s'y déchargent alors; de sorte qu'il n'est pas fort étonnant que ses eaux demeurent long-têms séparées de celles de la mer, au milieu de laquelle on le voit passer impetueusement, & franchir même les plus fortes Marées.

Découverte de la pêche des perles.

L'Amiral ne fut pourtant pas long-têms dans l'erreur, dont je viens de parler; qu'on peut regarder comme un de ces délires, ausquels les grands hommes sont souvent encore plus sujets, que les autres, & qui étoit d'autant plus excusable dans Colomb, que le merveilleux de la découverte d'un monde inconnu à tous les siecles passés, l'éblouïssoit peut-être encore un peu. Pour revenir, dès qu'il se vit hors de la bouche du Dragon, il fit le Nord, pour entrer dans le Golphe où on lui avoit dit que se pêchoient les Perles, & dont il lui donna le nom. Il en fit le tour, & fut par tout charmé de la beauté du pays. Au bout de quelques jours, la curiosité l'ayant engagé à descendre à terre; quantité de Sauvages vinrent à lui, portant au col de petites lames, qu'ils nommoient *Caracolis*, & qui avoient à peu près la figure des haussecols de nos Officiers. Ce nom de *Caracolis* étoit proprement celui du métal, dont ces lames étoient faites, ou plûtôt d'une composition de métaux, où l'or dominoit. Mais ce qui augmenta de beaucoup la joye des Castillans, c'est qu'ils apperçûrent quantité de femmes, qui avoient des colliers & des bracelets de perles, qu'elles leur donnerent presque pour rien. On leur

leur demanda en quel endroit précisément ces perles se pêchoient, & elles firent entendre que c'étoit au voisinage d'une Isle, qu'elles montrerent à l'Occident. L'Amiral jugea que la chose valoit bien la peine de s'y transporter; il tourna donc de ce côté-là, & après avoir fait six ou sept lieuës, il aborda à une Isle fort peuplée, qu'il nomma *la Marguerite*, laquelle a 15. lieuës de long sur six de large; entre cette Isle & la grande terre, que Colomb avoit enfin reconnu être un Continent, il apperçût deux autres Isles plus petites, l'une se nommoit *Cochem*, qui veut dire, *Venaison*, apparemment parce que le gibier y abondoit; l'autre, qui n'est éloignée de la terre ferme, que de quatre lieuës, avoit nom *Cubagua*. 1498.

L'Amiral s'étant approché de celle-ci, vit au large des Indiens, qui pêchoient des perles: il leur envoya sa Chaloupe; mais dès qu'ils l'eurent apperçuë, ils s'approcherent de l'Isle. La Chaloupe les suivit, & un Matelot ayant remarqué parmi eux une femme, qui portoit au col une grande quantité de fils de perles, il prit un plat de terre de Valence, peints de differentes couleurs, sur un assés beau vernis, le mit en pieces, & en présenta les morçeaux à l'Indienne, qui lui donna en échange un bon nombre de ses perles. Il les porta à l'Amiral, qui le renvoya avec plusieurs autres bien fournis de plats de Valence, & de petites sonnettes; ils ne tarderent pas à revenir avec trois livres pesant de perles, la plûpart médiocres, quelqu'unes fort grosses; car, pour ce qu'on appelle la semence de perles, ce peuple n'en faisoit point de cas, & ignoroit même la maniere de la pêcher. Il est certain que, si Christophle Colomb eut voulu profiter de cette occasion, cette seule traitte eut pû dédommager l'Espagne des grandes avances, qu'elle avoit faites pour le nouveau monde; mais il rappella d'abord sa chaloupe, & appareilla sur le champ.

Il arrive à San-Domingo.

Il avoit apparemment de bonnes raisons pour en user ainsi; il fut pourtant accusé par ses ennemis d'avoir voulu tenir cette découverte secrette, afin d'en profiter tout

1498. seul; mais il est certain, qu'encore qu'elle eut été publiée en Espagne par le retour des Vaisseaux, qui l'avoient faite, les Rois Catholiques en étoient déjà informés par des lettres de l'Amiral; & peut-il en effet venir dans l'esprit d'un homme sensé que Colomb, qui n'a jamais passé pour interessé, ait été pour cette seule fois aveuglé par la passion de s'enrichir au point, de se flatter qu'une chose de cette nature, qui avoit pour témoins les équipages de trois Navires, ne se divulgueroit point? Ce fut le 15. d'Août que l'Amiral partit de Cubagua, & ce jour-là il fit à la faveur des courans 63. lieuës entre le lever & le coucher du Soleil. Les jours suivans il eût encore les vents & les courans extrêmement favorables, & le 19. il fit 100. lieuës & se trouva par le travers de la Beata, ayant dépassé San-Domingo de 25. lieuës; il en avoit pourtant été bien près, puisque ses navires furent apperçus de la ville. L'Adélantade se douta bien que c'étoit son frere, & envoya une Caravelle après lui: elle le trouva entre la Beata, & la grande Isle, & le conduisit le 22. à la Capitale, où il fût reçû avec des honneurs & des acclamations extraordinaires.

Progrès de la révolte de l'Alcaide Major.

Mais la joye que devoit lui causer une telle réception, fut bien temperée par les fâcheuses nouvelles, qu'il apprit en même têms. Nous avons vû qu'en partant des Canaries, il avoit envoyé en droiture à l'Isle Espagnole trois de ses navires; ils n'y étoient pas encore arrivés, les vents & les courants les ayant portés sur les Côtes de la Jamaïque, qu'aucun de leurs Pilotes ne connoissoit; de sorte qu'après avoir long-têms erré, sans sçavoir, où ils alloient, ils se trouverent à la côte de Xaragua, assez près de l'endroit, où Roldan, & sa troupe vivoient à discretion sans Dieu, & sans loy, au milieu des Indiens, qu'un pareil voisinage incommodoit beaucoup, & qu'une telle conduite scandalisoit étrangement. Les Rebelles furent assés surpris de voir sur cette côte trois Navires: ils craignoient d'abord que ce ne fussent des troupes, qu'on envoyoit contre eux, mais ils furent bien-tôt détrompés & rassûrés: de leur côté ils n'eurent garde de faire connoître leur ſituation ; les Chefs allerent viſiter les Capitaines ſur leurs bords, & en furent bien reçûs ; ils demanderent des nouvelles de l'Amiral, & ils avertirent Carvajal & ſes deux collegues, qu'il n'étoit pas aiſé de remonter à San-Domingo de l'endroit, où ils ſe trouvoient, les courants dans toutes ces Mers portant preſque toûjours à l'Oueſt, auſſi bien que les vents, qui en ſont une des principales cauſes ; juſques-là qu'on avoit vû des Navires mettre ſix mois à aller de la Beata à la Capitale ; il conclurent de là qu'ils feroient ſagement d'envoyer une partie de leur monde par terre, ſur-tout ceux, qui ſe trouvoient les plus incommodés de la Mer. 1498.

L'Alcaïde Major débauche pluſieurs Eſpagnols nouvellement débarqués.

Ce Conſeil, dont on ne pouvoit pas pénétrer le motif, parut judicieux, & fut ſuivi ; on débarqua des Ouvriers, gens, qui pour la plûpart avoient été tirés des priſons, & Jean Antoine Colomb fut prié de les conduire. Roldan ne les vît pas plûtôt à terre, qu'il leur exaggera la longueur & les difficultez du chemin, qu'ils avoient à faire, & beaucoup plus encore les travaux, qui les attendoient au terme fatal de leur exil ; il leur parla enſuite de la hauteur & de la dureté des Colombs, & il leur ajoûta qu'ils pouvoient éviter tous ces malheurs, en s'attachant à lui, que dès ce moment ils ſeroient au bout de leurs travaux, qu'il ne tiendroit qu'à eux de mener une vie agréable, dans l'affluence de toutes ſortes de biens, dont cette Province regorgeoit. Il n'en falloit pas tant pour perſuader des gens du caractere de ceux, à qui l'Alcaïde s'étoit adreſſé ; toutefois, de 40. qu'ils étoient, il y en eut huit, qui déteſtant ſa perfidie, en allerent ſur le champs avertir leurs Officiers. La ſurpriſe fut grande ſur les Navires à cette nouvelle ; on aſſembla le Conſeil pour déliberer ſur ce qu'il y avoit à faire ; & il fut réſolu que Carvajal iroit par terre à San-Domingo, avec une eſcorte capable de ſe faire reſpecter, & mettroit tout en uſage pour ramener les Rebelles à l'obéïſſance. Cette réſolution priſe, & Carvajal s'étant fait débarquer, les trois Navires, à qui l'Adélantade, averti par des Indiens,

1498. qu'on les avoit vûs à la côte, avoit envoyé une Caravelle pour leur servir de guide, arriverent heureusement à San-Domingo peu de jours après l'Amiral ; mais comme la longueur du voyage leur avoit fait consumer les provisions, dont ils étoient chargés pour la Colonie, ils n'y porterent que de nouvelles bouches, qui firent bien-tôt croître la famine. On s'étonnera sans doute de ces frequentes disettes, dans un pays, où il y avoit si peu à faire pour se mettre en état de subsister indépendemment des secours d'Europe; mais on reviendra aisément de sa surprise, pour peu qu'on fasse attention que les Castillans, qui naturellement sont très-peu laborieux; l'étoient beaucoup moins dans un pays, où la chaleur extrême, la difference du climat, & souvent leurs débauches, les réduisoient d'abord à une foiblesse, qui leur rendoit presque impossible la culture de la terre; outre qu'ils se voyoient environnés d'un peuple nombreux, sur lequel ils ne pouvoient s'empêcher de compter pour avoir des vivres, quelque expérience qu'ils eussent que c'étoit là une très-foible ressource pour eux, les Indiens souvent par mauvaise volonté, & plus souvent encore par un effet de leur indolence & de leur paresse naturelle, leur manquant presque toûjours au besoin.

L'Amiral essaye de les gagner.

Carvajal suivit de près ses deux collegues, & quoique sur son rapport il y eût peu d'esperance de regagner les Révoltés; Colomb, à qui il importoit qu'on n'apprît en Espagne ce soulévement, qu'après qu'il seroit appaisé, voulut encore tenter la voye de la douceur, avant que de prendre celle de la force; mais avant toutes choses, il crut devoir mettre dans ses interêts tous ceux, dont la fidelité pouvoit être suspecte, & comme il sçavoit que plusieurs souhaitoient avec passion de retourner en Espagne, & que le peu de liberté, qu'on avoit eu jusques-là sur ce point, avoit fort contribué à former, ou du moins à grossir le parti des mécontens, le 12. de Seprembre il fit publier que, non seulement il permettroit à quiconque de repasser la Mer, mais qu'il fourniroit même des bâtimens, & des vivres à ceux qui voudroient s'embarquer. Plusieurs accepterent l'offre, & l'Amiral tint parole. Roldan de son côté n'eut pas plûtôt apris l'arrivée de Colomb, qu'il s'approcha, bien accompagné, de Bonao, Bourgade, qui s'étoit formée auprès des Mines de S. Christophle à 16. ou 17. lieuës de la Capitale. On fut quelque têms en doute du dessein, qu'il avoit en faisant cette démarche, & on eut tout lieu de connoître par la suite, qu'il étoit venu là également disposé, & à se défendre, si on l'attaquoit, & à s'accommoder, si on lui faisoit des propositions, qu'il pût accepter avec honneur & avec sûreté. 1498.

Négociation de Ballester avec Roldan sans fruit.

Il ne tint pas à l'Amiral qu'il ne prît ce dernier parti. Ballester qui étoit toûjours Commandant de la Conception, lui alla offrir de la part de Colomb une amnistie en bonne forme, & lui représenta le préjudice, que sa révolte causoit à la Colonie, au service des Rois Catholiques, & à ses propres interêts. Cet Officier eut aussi ordre de l'assûrer, que l'amitié, dont l'Amiral lui avoit donné tant de marques, n'avoit rien perdu de sa vivacité, qu'il le sentoit au chagrin, qu'il avoit de voir un homme de son rang, dont il avoit répondu à leurs Altesses, se tenir à la tête d'une troupe de factieux & de bandits, mener avec des gens, qui avoient mérité la corde, une vie, qui deshonoroit également sa religion & sa patrie; détourner les tributs, qui se devoient payer à la Couronne de Castille, & mettre en péril une Colonie naissante, qui avoit tant coûté à l'Etat, & sur laquelle les Rois leurs Maîtres avoient fondé de si grandes esperances; que malgré tant d'excès criants, il oublieroit le passé, s'il vouloit rentrer dans son devoir, & que s'il souhaittoit d'autres garants, que sa parole de Vice-Roi & d'Amiral, il étoit prêt, pour faciliter son retour à l'obéïssance, d'entrer avec lui dans tous les engagemens, qui ne seroient pas contraires à la dignité de sa personne & de son caractere.

Ballester s'acquitta de sa commission, avec le même zele, qu'il avoit déja fait paroître dès le commencement de

1498. cette révolte, mais avec aussi peu de succès. Il trouva Roldan à Bonao avec Escobar & deux autres de ses principaux Officiers, nommés Adrien de Moxica, & Pierre de Gamiz: il leur dit tout ce qu'il pût imaginer de plus fort, pour leur faire prendre des sentimens plus raisonnables, & il n'en reçût que des réponses pleines de hauteur, & de mépris pour les Colombs, dont à les entendre parler, la vie étoit entre leurs mains; ils le chargerent même d'une lettre adressée à l'Amiral, dans laquelle ils lui marquoient que, s'ils n'eûssent pas retenu leurs soldats, il y auroit long-têms que l'Adélantade auroit payé de sa vie les torts, qu'il leur avoit faits. Après un long détail des griefs, qu'ils avoient contre D. Barthélemy & D. Diegue, ils ajoûtoient, qu'ils avoient long-têms soupiré après son retour, comme après la fin de leurs maux: qu'ils voyoient bien qu'ils s'étoient flattés d'une vaine esperance, qu'ils ne pouvoient prendre aucune confiance en un ennemi, qu'ils sçavoient être résolu à les perdre, ni reconnoître pour leur Vice-Roi un homme, qui ne craignoit point de sacrifier la Justice à ses interêts particuliers, & à ceux de sa famille. Qu'au reste ils ne vouloient plus entendre parler d'accommodement, à moins qu'on ne leur envoyât D. Alonse Sanchez de Carvajal.

L'amiral entre en défiance de Carvajal.

Cette lettre embarrassa l'Amiral, en qui elle faisoit naître contre la fidelité de Carvajal des soupçons assez bien fondés. Il sçavoit que cet Officier avoit demandé à la Cour, & obtenu sans sa participation une patente, qui lui donnoit dans l'Isle Espagnole une autorité peu inferieure à la sienne, & qu'il avoit eu Roldan & plusieurs de ses complices sur son Navire pendant deux jours, & ne les avoit pas arrêtés comme il le pouvoit; on assûroit même qu'il les avoit engagés à venir à Bonao, & avoit promis à l'Alcaïde Major, de l'associer au gouvernement, dont il devoit, disoit-on, se saisir en dépit de l'Adélantade, & en vertu d'une commission de la Cour, si l'Amiral ne revenoit pas. On ajoûtoit qu'il étoit en commerce d'amitié avec ce Chef de la rébellion, qu'il lui faisoit des présens, & qu'il en recevoit. On faisoit réflexion qu'à l'arrivée de Coronel, la crainte avoit parû saisir ces factieux, & les disposer à se soûmettre, & que six autres navires étant venus depuis ce têms-là d'Espagne, ils avoient repris cœur, ce qui faisoit juger qu'ils comptoient d'être soûtenus. On publioit encore que Carvajal leur avoit vendu des armes, & il étoit certain qu'il s'étoit fait escorter par Pierre de Gamiz, jusqu'assés près de la Capitale, sous prétexte qu'il avoit à passer sur les terres de quelques Indiens, dont il craignoit d'être insulté; enfin les Rebelles disoient tout haut que, s'ils avoient à se choisir un Chef, ils n'en voudroient point d'autres, que lui. 1498.

Néanmoins tout bien consideré, l'Amiral qui vouloit absolument la paix, par la raison qu'il ne se voyoit pas en état de faire la guerre, & que d'ailleurs la guerre civile la plus juste, pouvoit fournir à ses ennemis bien des prétextes pour lui nuire; l'Amiral, dis-je, se résolut à ne rien épargner pour mettre dans la plus grande évidence la sincerité de son procedé, & pour convaincre les moins prévenus en sa faveur qu'on avoit tort de l'accuser de prendre toûjours plus volontiers la voye de la severité, que celle de la douceur, il consentit à se servir de l'entremise de Carvajal. Il crut qu'après tout, cet Officier, qui étoit homme de condition, & passoit pour avoir de la droiture, ne feroit rien, qui pût le deshonnorer, & il se flatta qu'une marque de confiance si peu attenduë & si peu méritée, ou le lui gagneroit, ou l'engageroit du moins à le servir fidellement. La suite fera voir qu'il en avoit bien jugé, mais il lui donna Ballester pour associé, & le chargea de la lettre suivante pour l'Alcaïde Major.

Il ne laisse pas de se servir de lui pour négocier avec Roldan.

« Cher ami, mon premier soin en arrivant dans cette » Capitale, après avoir embrassé mon frere, fut de deman- » der de vos nouvelles. Vous ne sçauriés douter qu'après » ma famille, vous n'ayiés depuis long-têms occupé la prin- » cipale place dans mon cœur, & j'ai toûjours tellement » compté sur le vôtre, qu'il n'est rien, dont je ne me suf-

Lettre de l'Amiral à Roldan.

1498. » se entierement reposé sur vous ; jugés par-là de ma douleur en apprenant que vous vous étiés broüillé avec les personnes du monde, qui me touchent de plus près, & me doivent être les plus cheres. On me consola néanmoins en me disant que vous attendiés mon retour avec ardeur ; je me flattai alors que vos premiers sentimens à mon égard n'étoient point changés, & je m'attendois qu'aussi-tôt que vous sçauriés mon arrivée, vous ne tarderiés pas à vous rendre auprès de moi ; ne vous voyant point paroître, & croyant que vous apprehendiés quelque ressentiment de ma part, je vous envoyai Ballester, pour vous donner toutes les assûrances, que vous pouviés désirer. Le peu de succès de cette démarche a mis le comble à mon chagrin ; & d'où vous peuvent donc venir ces défiances, que vous témoignés avoir de moi ? Enfin vous m'avés demandé Carvajal, je vous l'envoye, ouvrés lui votre cœur, & marqués lui ce que je puis faire pour regagner votre confiance ; mais au nom de Dieu songés à ce que vous devés à la patrie, aux Rois nos souverains Seigneurs, à Dieu, à vous même : prenés soin de votre réputation, & jugés plus sainement de toutes choses, que vous n'avés fait par le passé ; considerés avec attention, l'abîme que vous creusés sous vos pieds, & ne persistés pas plus long-tems dans une résolution désesperée. Je vous ai représenté à leurs Altesses, comme un des hommes de la Colonie, sur qui elles pouvoient plus sûrement compter ; il y va de mon honneur & du vôtre, qu'un témoignage si avantageux ne soit pas démenti par votre conduite ; hâtés-vous donc de vous remontrer tel, que je vous ai autrefois connu ; j'arrête les Navires, qui sont tout prêts à partir, dans l'esperance que par une prompte & parfaite soûmission, vous me mettrés en liberté de confirmer tout le bien, que j'ai dit de vous. Je prie le Seigneur qu'il vous ait en sa sainte garde. Le 20. d'Octobre 1498.

Quel en fut le succès. Cette lettre secondée de la prudence de Carvajal, parut faire

faire impression sur Roldan, il se laissa enfin persuader d'aller trouver l'Amiral, mais ses gens, qui craignoient d'être sacrifiés au ressentiment des Colombs, & qui avoient de la peine à quitter leur vie libertine, s'opposerent à ce voyage, & s'obstinerent à vouloir qu'on traitât par lettres & au nom de toute la troupe. L'Alcade Major parut mortifié de ce contre-têms, il écrivit une lettre assés mesurée à l'Amiral, dans laquelle néanmoins il rejettoit sur l'Adélantade la faute de tout ce qui s'étoit passé, déclaroit qu'il n'avoit rien fait contre le service du Roi, & demandoit un sauf-conduit pour aller à la Capitale avec ses principaux associés, dès qu'il seroit en liberté de le faire. Carvajal se chargea de porter cette réponse à l'Amiral, & laissa Ballester à Bonao. Ballester écrivit aussi à Colomb, que son sentiment étoit, qu'on ne refusât rien aux Rébelles, de ce qu'on pouvoit honnêtement leur accorder, surtout, qu'on leur permît de retourner en Castille, comme plusieurs d'entr'eux le souhaittoient avec passion; qu'au reste il n'y avoit point de têms à perdre, que le parti des mutins croissoit tous les jours, que déjà huit soldats de son escorte s'étoient donnés à eux, qu'il étoit à craindre que les autres ne suivissent un si pernicieux exemple, & que bien-tôt ces gens-là, si on ne se hâtoit de les dissiper, seroient en état de tout entreprendre. 1498.

Il est assés difficile d'exprimer l'embarras, où l'Amiral se trouva à la lecture de cette lettre; il sentoit la nécessité absoluë de finir cette affaire : les tributs ne se payoient point, ou étoient détournés par les factieux; les Insulaires, charmés de voir leurs vainqueurs occupés à s'entre-détruire les uns les autres, ne cultivoient point les terres dans le voisinage des Espagnols, & esperoient de les réduire par la famine, à évacuer leur Isle; il y avoit même tout à craindre de ce peuple irrité, pour peu qu'on en vînt aux armes. Enfin Colomb se persuada, que pour rétablir son autorité, & le bon ordre dans les Indes, il falloit poursuivre les Rébelles par la voye de la rigueur; mais ayant voulu assembler ses Embarras de l'Amiral.

1498. troupes pour marcher contre eux, presque tous ses soldats refuserent de le suivre, d'abord sous divers prétextes, & puis tout ouvertement, en disant qu'ils ne vouloient point répandre le sang de leurs Compatriotes.

Déclaration de l'Amiral portant Amnistie pour les Rébelles.

Alors il fallut changer de sistême ; l'Amiral fit publier une Déclaration dattée du 9. de Novembre, laquelle portoit que pour ceux, qui dans le terme de 16. jours, ou s'ils étoient trop éloignés, dans celui d'un mois, rendroient les armes ; il y auroit abolition entiere du passé, qu'ils seroient traités avec toute la douceur & l'humanité convenable à des Chrétiens, & des sujets des mêmes Princes, qu'on envoyeroit en Espagne tous ceux, qui le souhaitteroient, & qu'on payeroit à chacun ce qui étoit dû de sa solde. Outre cette créance generale dont la copie fut affichée à la porte de la Forteresse, l'Amiral envoya à Roldan, un sauf-conduit dont voici la teneur : « D. Christophle Colomb Ami» ral de l'Ocean, Vice-Roi & Gouverneur perpetuel des Isles » & Terre Ferme des Indes, pour le Roi & la Reine, » nos souverains Seigneurs, que Dieu conserve, & Con» seiller dans leur Conseil d'Etat, faisons sçavoir à qui il » appartiendra, que désirant faire cesser les maux causés » par la division, qui s'est mise pendant notre absence, » entre l'Adélantade notre frere, & l'Alcaïde Major, Fran» çois Roldan Ximenez, & remedier au préjudice, que le » service de leurs Altesses reçoit de ces troubles, nous avons » jugé que ledit François Roldan devoit venir nous ins» truire par lui-même de ses prétentions, & nous exposer » ses griefs ; & en consequence avons trouvé bon de lui » donner, & lui donnons par ces Présentes, au nom de leurs » Altesses, toutes les assûrances, qu'il peut souhaitter, tant » pour lui, que pour ceux, dont il voudra être accompa» gné de Bonao en cette Ville, promettant que, ni pen» dant le voyage, ni pendant leur séjour ici, ni jusqu'à » leur retour à Bonao, il ne leur sera fait aucun déplaisir : » dequoi nous donnons, suivant la coûtume d'Espagne, » foy de Gentilhomme, & avons signé cet écrit de notre

» main. A la nouvelle Isabelle ce 29. de Novembre » 1498. 1498.

Cependant les Navires ne pouvoient plus differer leur départ pour l'Espagne, le terme, qui leur avoit été prescrit, étant passé depuis trois semaines; quantité d'esclaves Indiens, qu'on y avoit embarqués, étoient déjà morts, & les équipages, qui apprehendoient de manquer de vivres, demandoient avec empressement qu'on les expediât. L'Amiral fut donc forcé de les faire partir, & il ne put se dispenser d'instruire par cette voye la Cour de ce qui se passoit dans l'Isle. Il pria en même tems leurs Altesses de lui envoyer des Religieux, pour instruire les peuples dans la Religion Chrétienne, & quelque habile homme, pour administrer la justice, sans quoi les Prédicateurs & Missionnaires ne seroient pas, disoit-il, d'une grande utilité. Il mandoit encore, qu'à la verité le changement d'air, l'excès de la chaleur, & la crudité des eaux, avoient dans les commencemens causé quelques maladies, mais qu'elles avoient heureusement cessé, que les Castillans se faisoient au climat de l'Isle, que le pays se fournissoit de vivres, & qu'aux vêtemens & au vin près, il ne seroit plus bien-tôt nécessaire de rien faire venir d'Espagne pour la vie. Il parloit ensuite de la pêche des perles, sur quoi il marquoit les mesures qu'il falloit prendre pour s'en assûrer. Au sujet de Roldan, après avoir exposé en peu de mots les commencemens & les progrès de sa révolte, il ajoûtoit, que ce chef des Rébelles prétendoit n'avoir besoin d'aucun pardon, disant que tout ce qui s'étoit passé, n'étoit qu'un different personnel entre lui & l'Adélantade; qu'encore que cela ne fût pas vrai, il croyoit néanmoins devoir s'abstenir d'être juge dans cette cause, & qu'il supplioit leurs Altesses, ou leur Conseil de vouloir bien en connoître, de faire venir en Espagne les parties, comme l'Alcaïde Major le requeroit, & de s'en rapporter surtout à Carvajal & à Ballester. Qu'il ne répondoit pourtant pas, si les factieux ne se mettoient incessamment en regle, & s'ils continuoient leurs brigan-

Il écrit aux Rois Catholiques toute la suite de cette affaire.

1498. dages, qu'il ne fût contraint d'employer pour les réduire, toutes les forces, qu'il avoit entre les mains, sans quoi la Colonie seroit perduë; que ce soulévement étoit l'unique sujet, qui l'avoit empêché d'envoyer D. Barthélemy son frere continuer la découverte de la Terre-Ferme, comme il en avoit eu la pensée, qu'il tenoit trois Bâtimens tout prêts pour cette expédition, mais qu'il ne pouvoit se résoudre à se priver d'un tel secours, & surtout d'un aussi brave homme que l'Adélantade, tandis qu'il n'étoit pas en sûreté dans la Capitale même. Enfin, comme il sçavoit qu'on ne cessoit de représenter au Roi & à la Reine, que les Indes étoient à charge à l'état, il s'appliqua à faire voir que ces bruits n'avoient point d'autre fondement, que la jalousie des Grands, qui par les mauvaises affaires, qu'ils lui suscitoient, le mettoient hors d'état de profiter des découvertes, qu'il avoit déjà faites, & d'en faire de nouvelles. En effet, il n'y a aucun lieu de douter que, sans la révolte de Roldan, qui étoit fomentée en Espagne par plus d'une personne en place, D. Barthélemy n'eût découvert la nouvelle Espagne; il est certain du moins, & Colomb le fit remarquer à leurs Altesses, que, si on n'eût pas si long-têms differé son armement, tous ces malheurs ne seroient pas arrivés, ou n'auroient pas eu les suites fâcheuses, qui faisoient le sujet de son inquiétude.

Roldan écrit de son côté & trouve de l'appuy à la Cour.

L'Amiral se doutoit bien que Roldan ne manqueroit pas d'écrire de son côté: il ne fut pas trompé dans sa conjecture, & son malheur fut que ce séditieux trouva des appuis parmi quantité de personnes puissantes, qui furent ravis d'avoir une occasion de perdre les Colombs. L'Evêque de Badajoz étoit de ce nombre, du moins l'Amiral a toûjours crû que les plus rudes coups, qui lui furent portés dans la suite, partoient de ce Prélat. Les Rois Catholiques ne furent pourtant pas aussi aisés à surprendre, qu'on l'avoit esperé, les derniers Vaisseaux avoient apporté une assés belle Cargaison en cotton, en or, en perles, en indigo, en bois de Bresil, & en plusieurs autres marchandises précieuses, ce qui faisoit tomber

1498.

bien des discours, qu'on ne cessoit point de tenir contre l'Amiral, mais nous verrons bientôt que les batteries furent si bien dressées, si bien servies, & en si grand nombre, que l'innocence fut opprimée, & ne s'est jamais bien relevée.

Entrevûë de Roldan avec l'Amiral sans fruit.

Pour revenir à Roldan, il prit enfin le parti d'aller trouver L'Amiral à San-Domingo, mais son veritable dessein étoit de lui débaucher autant qu'il pourroit de ses gens. Et il fit bien connoître par la hauteur, avec laquelle il parla, & par les demandes, qu'il fit, qu'on ne devoit pas se flater de lui voir mettre les armes bas. L'Amiral ne voulut pourtant pas lui faire connoître toute l'indignation, que lui causoit une conduite si indigne, il lui fit même des propositions fort raisonnables, & comme Roldan lui eut répondu qu'il ne pouvoit rien résoudre sans en avoir conferé avec son conseil, Colomb le fit accompagner à son retour par Diego de Salamanca son Maître-d'Hôtel. A peine étoient-ils arrivés à Bonao, que Roldan, comme s'il se fut repenti des avances, qu'il avoit faites, en allant trouver son Général, lui écrivit une lettre fort insolente, lui proposa des conditions, qu'il sçavoit bien lui-même ne pouvoir être acceptées, & sans attendre de réponse, partit pour la Conception, dont il esperoit de s'emparer par surprise.

Carvajal conclut un accommodement avec les Rébelles.

L'Amiral ne se rebuta point, il commença par publier une nouvelle Amnistie accompagnée de toutes les promesses, qu'il avoit déjà faites à son arrivée, il mit ensuite Carvajal aux trousses des Rébelles, & lui donna un plein pouvoir pour agir suivant que sa prudence & les occurrences le demanderoient. Ballester étoit dans le Fort de la Conception lorsque Roldan se présenta devant la Place, elle étoit forte & défenduë par un brave homme, les Rébelles desesperant de l'emporter d'assaut, se préparoient à la prendre par famine, & en avoient déjà détourné les eaux, lorsque Carvajal les joignit. Ils s'éloignerent, dès qu'ils l'apperçurent, & peu de jours après les négociations recommencerent, entre cet Officier & Roldan. Elles furent condui-

1498. tes avec tant de dexterité de la part du premier, que l'on convint enfin de ces conditions. 1°. Que tous ceux, qui voudroient repasser en Castille, le pourroient en toute liberté, & que l'Amiral leur feroit préparer deux bâtimens au Port de Xaragua, où il étoit plus aisé d'avoir les provisions nécessaires pour le voyage. 2°. Qu'au lieu des Esclaves, qu'ils avoient d'abord demandés, on leur permettroit d'embarquer les jeunes Indiennes, qui se trouveroient grosses, ou nouvellement accouchées de leur fait, mais qu'ils n'emmeneroient aucun Insulaire malgré lui. 3°. Que L'Amiral leur donneroit à tous des certificats de leurs services, & bonne conduite, & qu'on leur feroit restituer tout ce qu'on avoit saisi sur eux. 4°. Qu'on prendroit des mesures pour la sûreté des effets, qu'ils laisseroient dans l'Isle en partant pour l'Espagne.

Nouveaux incidens, qui le rompent.

Roldan signa sur le champs ces articles le quatorziéme de Novembre, à condition, qu'ils seroient ratifiés dans dix jours par l'Amiral. Colomb les signa le 21. & mit à son tour une condition, à sçavoir que les Rébelles partiroient dans cinquante jours pour l'Espagne. Il donna aussitôt les ordres nécessaires pour que les deux Navires se trouvassent à Xaragua au têms marqué. Les Rébelles s'étoient mis en chemin pour s'y rendre, mais comme plusieurs témoignerent n'avoir nulle envie de passer en Espagne, il leur fit dire qu'il leur laissoit sur cela une liberté entiere, & offrit même de mettre à la solde du Roy tous ceux, qui voudroient rester dans l'Isle, & s'y établir. Il partit ensuite pour aller visiter Isabelle, dont il confirma le Gouvernement à Dom Diegue son frere, en lui recommandant d'obliger les Caciques à payer exactement les tributs, & il envoya en même têms Carvajal à Xaragua, pour tenir la main à l'éxécution du Traité. Les Bâtimens, qu'on avoit promis aux Rébelles, étoient en chemin pour ce Port, mais ayant été battus d'une violente tempête, ils ne purent se rendre dans le têms, dont on étoit convenu, & Roldan prit ce prétexte pour refuser de s'en tenir à ce qui avoit été conclu. Carvajal au desespoir de cet incident, fit faire aux Rébelles une sommation dans les formes, mais ils s'en mocquerent. 1499.

Nouvel accord conclu & exécuté.

L'Amiral averti de ce qui se passoit, en fut d'autant plus chagrin, qu'il avoit eu bien de la peine à se résoudre de donner aux Mutins deux Navires, dont il avoit fort envie de se servir pour envoyer à l'Isle des Perles, & pour continuer ensuite la découverte du Continent. Il prit néanmoins encore sur lui d'écrire à Roldan & à Moxica, & il le fit de la maniere du monde la plus propre à les gagner. Il n'y réussit pas, & le premier lui fit une réponse fort haute. Toutefois Carvajal ayant trouvé jour à reprendre encore une fois la négociation, on parut sur le point de s'accorder. Il est vrai que Colomb eut besoin de tout le flegme Italien, & de toute sa modération, pour essuyer les incartades de Roldan, lequel sembloit chercher à le lasser par ses insultes, ou à l'engager à quelque coup violent, qui lui servît de prétexte pour rester armé. Mais l'Amiral accorda tout, & de grandes raisons l'y déterminerent. Le mal devenoit contagieux: les Indiens paroissoient en bien des endroits fort disposés à se soulever: ceux des Castillans, qui jusques là étoient demeurés fideles, commençoient à dire tout haut, que s'ils se fussent joints à Roldan, ils se seroient enrichis, & auroient la liberté de retourner en Espagne. Plusieurs même parloient de s'en aller dans la Province de Higuey, où ils croyoient trouver de l'or, & vivre dans l'indépendance, comme avoient fait les Révoltés à Xaragua. Ainsi c'étoit une nécessité pour l'Amiral de finir, à quelque prix que ce dût être, & il ne fit difficulté sur rien. Les Articles furent enfin signés & executés de bonne foy.

L'Amiral balance s'il n'ira pas en Espagne.

Les deux Caravelles ne tarderent pas beaucoup après cela à mettre à la voile. Colomb fut fort tenté de s'embarquer sur une des deux, pour informer lui-même le Roi & la Reine de toute cette affaire, à laquelle il venoit d'apprendre qu'on donnoit en Espagne un tour, qui ne lui étoit point favorable; & il eut tout lieu dans la suite de se re-

1499. pentir de n'avoir pas ſuivi ce mouvement. Mais le zele du bien public l'emporta ſur ſes propres interêts ; il crut ſa préſence néceſſaire dans l'Iſle, où quelques Ciguayos faiſoient mine de remuer, & il ſe contenta d'envoyer à ſa place Balleſter & Garcias de Barrantez, auſquels il donna un Mémoire très-circonſtancié de tout ce qui s'étoit paſſé, ſigné par Carvajal, par Coronel, & par pluſieurs autres perſonnes en place, pour être préſenté au Roy & à la Reine.

Il rend compte aux Rois Catholiques de tout ce qui regarde les Séditieux.

Après un détail exact de tous les brigandages & des excès en tout genre commis par les Séditieux, l'Amiral expoſoit dans cet écrit les funeſtes effets, que cette révolte avoit produits, la néceſſité, où il s'étoit trouvé, de conſentir à tout, pour ne pas mettre la Colonie en riſque, & combien il ſeroit dangereux que leurs Alteſſes ratifiaſſent un accord ſouſcrit par force, & indigne de la Majeſté Royale ; il inſinuoit même que depuis la conſommation du Traité les Rébelles s'étoient comportés d'une maniere, qui mettoit la Cour en liberté de ne rien tenir de ce qu'on leur avoit promis ; outre qu'ils étoient redevables de tous les tributs des Rois & des Seigneurs Indiens, qu'ils avoient détournés ; qu'il n'avoit pu leur donner un acquit de ces dettes, ni infirmer deux Sentences, par leſquelles ils avoient été déclarés traitres, convaincus du crime de Rébellion, & condamnés à toutes les peines encouruës par les criminels de Leze Majeſté. A la fin du Mémoire l'Amiral renouvelloit ſes inſtances pour avoir un Magiſtrat habile, demandoit qu'on y ajoûtât un Intendant des Finances, ou Thréſorier Royal ; repreſentoit que, ſi leurs Alteſſes vouloient être bien ſervies par les Gouverneurs & Commandans, qu'il établiſſoit dans les Indes ſous leurs Ordres, il falloit les honorer & les récompenſer à proportion de leurs ſervices ; ſans quoi on les expoſoit à la tentation de veiller plûtôt à leurs interêts, qu'à celui du Prince : il prioit auſſi qu'on lui envoyât ſon fils aîné D. Diegue, pour le former aux grandes affaires, puiſqu'il devoit heriter de ſes deux Charges d'Amiral & de Vice-Roi.

Les

Les deux Caravelles, qui portoient ces dépêches, mirent à la voile au commencement d'Octobre, & le 19. du même mois, Roldan, qui étoit rentré dans l'exercice de sa Charge, présenta à Colomb une Requête de la part de 102. de ses Compagnons, lesquels vouloient s'établir dans l'Isle, & demandoient des terres dans la Province de Xaragua. L'Amiral comprit que s'il laissoit un si grand nombre de ces gens-là ensemble, il étoit à craindre qu'ils ne perpétuassent la rébellion; il tira cette affaire en longueur, & les mécontens s'étant enfin divisés en plusieurs bandes, il ne fit plus aucune difficulté de leur accorder ce qu'ils souhaitoient. Le plus grand nombre s'arrêta à Bonao; d'autres se placerent au milieu de la Vega-Real, sur les bords de la Riviere verte; quelques-uns passerent six lieuës au delà de Sant-Yago, en tirant vers le Nord. On donna à chacun du terrein à discretion, avec mille pieds de Manioc, & on obligea les Caciques voisins de faire cultiver ces terreins par leurs Sujets; & c'est de là qu'on a pris l'idée de ces partages d'Indiens, dont il sera beaucoup parlé dans la suite, sous les noms de Départemens, de Distributions, de Commandes, & de Concessions.

1499. Origine des départemens d'Indiens.

Repartimientos.

Roldan continuoit cependant toûjours à se comporter avec l'Amiral, plûtôt en vainqueur, qui a donné la Loi, qu'en criminel, à qui on a fait grace. Colomb, de son côté, dissimuloit ses insultes, dont il esperoit que la Cour le vengeroit enfin: il se servit même de lui, comme s'il eût eu une entiere confiance en sa fidelité, & cela, dans une occasion délicate, où il semble qu'il risquoit beaucoup plus, que sa prudence ne le permettoit: voici de quoi il s'agissoit. La nouvelle de la découverte du Continent, & de la pesche des perles, avoit extrêmément réveillé la jalousie des rivaux, & des ennemis de l'Amiral-Vice-Roi; & comme les premiers avis de la révolte de l'Alcaïde Major, avoient causé de grandes inquiétudes à la Cour, ils profiterent de cette occasion, pour jetter dans l'esprit de Ferdinand & d'Isabelle la semence de bien des soupçons contre lui, &

Ojeda & Americ Vespuce partent pour les Indes.

1499. & contre sa famille. Ils représenterent cette révolte comme le fruit de la dureté, & de l'incapacité des trois freres dans le gouvernement, & ils blâmerent surtout l'Amiral, de n'avoir pas éteint d'abord, comme il le pouvoit, un feu capable de causer dans les Indes un incendie général. Fonseca, qui cette même année passa de l'Evêché de Badajoz à celui de Cordouë, entra même si bien dans ce dernier sentiment, qu'il écrivit sur cela des lettres assez dures à Colomb; mais celui-ci lui auroit sans doute plus volontiers pardonné l'amertume de son stile, que l'infidelité, qu'il lui fit dans le même têms.

Alphonse de Ojeda étoit retourné depuis peu en Espagne, & il se trouva à la Cour, lorsqu'on y reçut les Mémoires du dernier Voyage de l'Amiral. Il étoit bien venu chés le Prélat Ministre, & il ne pouvoit gueres ignorer que les Colombs ne lui étoient pas agréables. Cette connoissance lui fit naître la pensée de partager avec l'Amiral la gloire de ses Découvertes; il demanda à l'Evêque de Cordouë la communication des Mémoires, dont je viens de parler, & il l'obtint sans peine. Après les avoir examinés, il comprit qu'il lui seroit aisé de continuer ce qui avoit été si heureusement commencé; il fit son plan, le montra au Ministre, qui l'agréa, & il en reçût une permission par écrit, mais qui ne fut point signée, & qui fut même apparemment ignorée des Rois Catholiques, de découvrir tout ce qu'il pourroit du Continent des Indes, à condition, qu'il n'entreroit pas sur les terres du Roi de Portugal, ni sur celles, qui avoient été découvertes par Christophle Colomb, avant l'année 1495. c'est-à-dire, dans ses deux premiers Voyages: par-là, nulle partie du Continent n'étoit excluë de cette commission, non plus que l'Isle des perles, ce qui étoit formellement contraire aux conventions faites entre l'Amiral & la Couronne de Castille.

Infidelité d'Americ Vespuce.

Ojeda muni de cette piece, se rendit en diligence à Seville, où il eut bientôt trouvé des fonds pour l'Armement, qu'il projettoit. Jean de la Cosa, un des plus habiles Pilotes, qui fussent alors en Europe, s'engagea à lui. Americ Vespuce, riche Marchand Florentin, non seulement s'y interessa pour une somme considerable, mais voulut même être du voyage; & Ojeda en eût d'autant plus de joye, que cet Italien avoit la réputation d'être habile dans la Navigation, l'Astronomie & la Cosmographie. C'est ce même Americ Vespuce, qui à son retour en Europe, publia une Relation de son Voyage, dont il ne fait aucune difficulté de s'attribuer tout l'honneur; il eut même la hardiesse d'y avancer, qu'il avoit le premier de tous découvert le Continent du Nouveau Monde, & il en fut si bien crû sur sa parole, quoique démentie par la notorieté publique, que son nom est devenu celui de cette quatriéme partie de la terre, qui seule égale, si même elle ne surpasse pas les trois autres en grandeur, & en richesses. Exemple mémorable, & trop souvent renouvellé du peu de fondement de ce qu'on appelle grand Nom, & qui fait voir d'une maniere sensible que la hardiesse & l'impudence emportent souvent la récompense dûë au mérite, & que l'ignorance & l'injustice président à la plûpart des jugemens des hommes. 1499.

Succès de ce voyage.

On peut bien croire que Colomb ne fut pas insensible à tant, & de si injustes entreprises contre ses droits, & contre sa gloire; mais il eut bien d'autres plaintes à faire dans la suite, & qui ne furent pas mieux écoutées. Les Espagnols, de leur côté, ont bien de la peine à digérer, qu'un étranger sans caractere, ait eu la gloire de donner son nom à un grand Continent, qui avoit déjà été découvert par leur Amiral, & préférablement à Ojeda, qui commandoit la flotte, où Americ Vespuce n'étoit que passager, & à la Cosa qui la conduisoit. Dans le vrai, aucun des trois ne méritoit cet honneur. La premiere terre, où ils aborderent, fut à 200. lieuës à l'Orient de l'Orénoque, & Vespuce, pour persuader au Public qu'il avoit le premier découvert ce Golphe, avança que son voyage avoit duré 25. mois; en quoi il fut démenti par le serment, que prêta juridiquement Ojeda pour attester le contraire. Ayant ensuite

1499. passé la Bouche du Dragon, ils continuerent encore leur route à l'Ouest pendant 200. autres lieuës, jusqu'au Cap de *la Vela*, qui fut ainsi nommé par Ojeda. Ils découvrirent dans cette course le Golphe *de Venezuela* ou de la petite Venise, auquel ils donnerent ce nom à cause d'un Village, qu'ils y trouverent bâti sur pilotis dans de petites Isles, avec des ponts de communications de l'une à l'autre. D'autres disent que ce n'étoit que des cabannes dressées sur des arbres. Du Cap de la Vela, Ojeda revint à la Marguerite, & ses Navires faisant eau de toutes parts, il les mit en carene, à la côte *de Cumana*, auprès d'un Village nommé *Maracapana*, où les Indiens le reçurent avec de grandes démonstrations d'amitié, & lui furent d'un très-grand secours dans l'embarras, où il se trouvoit. Il y fit même construire un brigantin, & ayant ensuite pris au Nord, il mit pied à terre dans une des Isles Caraïbes, où il se battit pendant plusieurs jours contre les Insulaires, dont il tua un très-grand nombre. Americ Vespuce a encore avancé, que de cette Isle ils étoient revenus tout droit en Castille, sans passer par l'Isle Espagnole; mais il fut prouvé au Fisc Royal, sur le serment d'Ojeda & d'André de Moralez, un de ses Pilotes, que ce fut dans ce même têms qu'arriva tout ce que nous allons voir, qui se passa entre le même Ojeda & Christophle Colomb. Il est donc certain que nos avanturiers s'étant remis en mer après avoir défait les Caraïbes, firent voiles vers l'Isle Espagnole, & que le 5. de Septembre 1499. ils prirent terre au Port d'Yaquimo, où ils avoient dessein de charger du bois de Bresil, qui se trouvoit alors en quantité dans tout ce quartier-là.

Conduite d'Ojeda avec l'Amiral.

L'Amiral en fut bientôt instruit, & envoya l'Alcaïde Major à Ojeda, pour lui commander de se retirer. Roldan trouva ce Capitaine assés mal accompagné dans un village d'Indiens, à six ou sept lieuës de l'endroit, où ses Navires étoient moüillés. Il pouvoit l'arrêter prisonnier, mais il ne le fit pas; il lui demanda seulement à voir ses provisions, & pourquoi il coupoit du bois de Bresil, sans en avoir obtenu la permiſſion de l'Amiral, & ſans lui avoir envoyé faire une civilité. Ojeda répondit qu'il avoit laiſſé ſes proviſions dans ſon Bord, qu'il comptoit bien d'aller rendre ſes devoirs à l'Amiral, & que s'il avoit differé juſques-là à s'acquitter de ce devoir, c'eſt qu'il n'en avoit pas encore eu la commodité. L'Alcaïde ſe contenta de cette réponſe, & après avoir viſité les Navires d'Ojeda, il reprit, ſans rien entreprendre, le chemin de San-Domingo. 1499.

Quelque têms après on ſçut qu'Ojeda étoit avec ſes vaiſſeaux à la côte de Xaragua : l'Alcaïde Major y fut encore envoyé, & en y arrivant, il aprit que pluſieurs des nouveaux habitans de ces quartiers-là s'étoient déclarés pour lui, avoient voulu contraindre par la force les autres à ſuivre leur exemple, & qu'il y avoit même eu de part & d'autre du ſang répandu. Il connut alors la faute, qu'il avoit faite, en ne s'aſſûrant pas de ce Capitaine auprès du Port d'Yaquimo, & il eût bien voulu la réparer, mais Ojeda étoit ſur ſon Bord. Il lui écrivit pour lui propoſer une entrevûë, elle ne fut pas acceptée, & après que ces deux hommes, qui ſe craignoient également l'un l'autre, & qui étoient tous deux gens d'eſprit & de réſolution, ſe furent quelque têms obſervés ; Ojeda s'éloigna, & alla faire quelques proviſions dans la province de *Cahay*, à 12. lieuës de Xaragua, c'eſt ce qu'on appelle aujourd'hui *l'Arcahay*. Roldan l'y ſuivit, & après bien des difficultés, qu'il ſurmonta par ſon adreſſe & par ſon courage, il l'engagea enfin à une conference, dont le fruit fut la retraite d'Ojeda. En quoi il faut convenir qu'il rendit un ſervice eſſentiel à l'Amiral, qui alloit ſe trouver replongé dans un abîme de troubles & de ſéditions, d'où il ne lui auroit pas été facile de ſe retirer. Il en fut quitte pour quelques inſultes, qui lui aprirent, ce qu'il ſçavoit déjà bien, qu'on étoit ſûr d'être appuyé en ſe déclarant ſon ennemi. Ojeda lui écrivit en partant que n'ayant pû venir à bout de le perdre dans ſon Iſle, il alloit le faire connoître au Conſeil d'Eſpagne, où l'on ſçauroit bien lui faire juſtice. Ce fut vers la fin de Fevrier 1500. qu'il ap- 1499. | 1500.

1499. pareilla pour retourner en Castille, d'où il étoit parti le 20. May de l'année précedente.

1500. Cependant l'Amiral ne connut bien le danger, qu'il avoit couru en cette occasion, qu'après qu'il fut passé. Le feu de la sédition mal éteint, se réveilloit déjà de toutes parts; & pour peu qu'Ojeda eût été instruit de la disposition, où étoient les esprits d'un grand nombre de personnes, il se fut apparemment donné bien de garde de quitter si aisément la partie. Mais Colomb n'ayant plus rien à craindre de ce côté-là, n'eût pas beaucoup de peine à dissiper ces commencemens d'une révolte renaissante; les plus coupables furent pendus, & entre autres Adrien de Moxica, & le calme fut rétabli partout. Ce calme, à la verité, ne fut pas de durée, & il cachoit même une horrible tempête, dont tout ce qui s'étoit passé jusques là, n'étoit qu'un léger prélude. En effet, tandis que Christophle Colomb, s'appuyant trop sur son innocence, & sur la protection de la Reine Isabelle, se croyoit inaccessible à tous les traits de ses ennemis, ceux-ci firent joüer tant de ressorts, les accusations intentées contre lui, furent conduites avec tant d'art, & vinrent de tant d'endroits, qu'il se fit comme un cri général, contre lequel sa protectrice même ne put tenir.

Mouvement à Grenade contre les Colombs.

La Cour se trouvoit alors à Grenade, où s'étoient rendus, comme de concert, environ 50. personnes revenus depuis peu de l'Isle Espagnole, qui paroissoient avoir entrepris de soulever la populace contre les Colombs & contre la Cour, qui les soûtenoit. Ils publioient sans cesse mille calomnies contre l'Amiral, & il n'est rien qu'ils n'imaginassent pour le rendre odieux au peuple, & suspect au Roi, à qui l'on avoit déjà écrit des Indes, que cet étranger songeoit à se rendre Souverain de tous ces grands Pays; or on sçait l'impression, que pouvoit faire sur l'esprit ombrageux de Ferdinand, une accusation de cette nature. Un jour les Séditieux, dont je viens de parler, ayant acheté une charge de raisins, s'assirent à terre au milieu de la place pour la manger, & se mirent à crier, que le Roi & les Colombs les avoient réduits à la misere, où on les voyoit, en ne leur payant pas le salaire, qu'ils avoient mérité dans les pénibles travaux des mines. Ferdinand ne paroissoit presque point dans les ruës de Grenade, que ces insolens ne le poursuivissent avec de grands cris, en lui demandant leur paye; & s'ils voyoient passer les enfans de l'Amiral, qui étoient encore Pages de la Reine: « Voilà, s'écrioient-ils, » les fils de ce traître, qui a découvert de nouvelles terres, » pour y faire périr toute la noblesse de Castille. » Le Roi, qui n'avoit pas, à beaucoup-près, la même affection pour l'Amiral, que la Reine, se rendit bien plûtôt à la vûë d'un soulévement si universel, Isabelle tint bon plus long-têms; elle se laissa pourtant persuader à la fin, & ce qui porta dans son esprit le dernier coup au malheureux Colomb, ce fut une chose, à quoi personne ne pensoit.

1499. | 1500.

Nous avons vû qu'une des conditions du traité fait avec Roldan, portoit que ceux des Rébelles, qui voudroient repasser en Espagne, auroient la permission d'emmener avec eux les filles, ou femmes Indiennes, qui s'étoient laissé abuser, & se trouvoient, ou actuellement enceintes, ou nouvellement accouchées. Plusieurs ne se contentant pas de ces créatures, dont ils ne pouvoient pas tirer de grands services, avoient apparemment embarqué des hommes, ou à l'insçû, ou par la connivence de l'Amiral, lequel étoit obligé de fermer les yeux sur bien des choses, qu'il n'étoit pas en son pouvoir d'empêcher. Ce qu'il y a de certain, c'est que le nombre de ces Esclaves montoit à 300. & la Reine, qui n'avoit rien tant recommandé, que de ne point attenter à la liberté des Indiens, ne pût voir arriver ceux-ci, sans en être outrée; cette contravention à ses ordres, dont personne ne s'étoit avisé de faire un crime à Colomb, lui parut un attentat impardonnable; elle commença même à croire qu'il n'étoit peut-être pas tout à fait innocent sur tout le reste, & après avoir envoyé partout des ordres, sous peine de la vie, de remettre en liberté tous les Esclaves, qu'on tenoit de lui, elle prit sur le champs la

La Reine s'irrite contre lui, & le dépose de la Vice-Royauté.

1499. | 1500. résolution de lui ôter absolument le gouvernement du Nouveau Monde. Elle n'en prit jamais aucune, dont elle ait eu plus lieu de se repentir : tant il est vrai que les Princes ne sçauroient être trop en garde contre les premiers mouvemens, lors même qu'ils ont la vertu pour objet. Effectivement, elle eût jugé l'Amiral bien moins coupable, si elle avoit été instruite de la nécessité, où il s'étoit vû réduit, & de la situation, où il se trouvoit alors ; car il étoit venu à bout d'extirper jusqu'aux moindres semences de rébellion ; il gouvernoit avec une autorité, qui ne rencontroit plus d'obstacle, il voyoit les Castillans soûmis, les Insulaires disposés à recevoir le joug de l'Evangile, & celui de la domination de Castille ; ses plus grands ennemis, presque tous réconciliés ; & il se flattoit que dans trois ans au plus, il augmenteroit le revenu de la Couronne de 60. millions, en y comprenant la pesche des perles, dont il songeoit à s'assûrer par une bonne Forteresse.

Prétexte qu'on prend pour le rappeller.

Ce que je viens de dire se passoit sur la fin de cette année 1499. Cependant la déposition de l'Amiral ne fut signée qu'au mois de Juin de la suivante. Le tour, qu'on donna à une action d'un si grand éclat, fut que Colomb

1500. avoit demandé un premier Magistrat pour administrer la justice dans l'Isle Espagnole, & prié leurs Altesses de faire juger son different avec l'Alcaïde Major par un homme, qui ne pût être soupçonné d'avoir favorisé une partie au préjudice de l'autre. On publia donc que ces propositions avoient été jugées raisonnables, mais qu'on ne croyoit pas devoir partager ces deux emplois, qui d'ailleurs demandoient une autorité absoluë, & ne pouvoient être donnés, qu'à une personne de distinction, avec laquelle il ne convenoit pas de laisser un homme revêtu de deux aussi grandes Charges que l'étoient celles d'Amiral & de Vice-Roy perpetuels.

François de Bovadiglia envoyé Gouverneur général

Une Commission si importante & si délicate demandoit un homme bien sage, bien impartial, bien désinteressé, & bien moderé. Le Roi & la Reine crûrent avoir trouvé toutes

tes ces qualitez dans la personne de Dom François de Bovadilla, Commandeur de l'ordre de Calatrava, mais ils se tromperent assûrément, & ils ne tarderent pas à le reconnoître. En effet Bovadilla étoit pauvre, il parut interessé, emporté, ambitieux : il gouverna pourtant, si on en croit Oviedo, avec assés de douceur ; mais ce ne fut qu'à l'égard de ceux, que sa Commission l'obligeoit le plus à châtier, & par une conduite si peu sensée & si peu excusable ; non seulement il n'entra point dans les vûës de ses Souverains, surtout par raport aux Insulaires, & aux auteurs des troubles passés ; mais on fut assés surpris de le voir prendre avec ardeur les interêts des coupables, dans le têms, qu'il poursuivoit à toute rigueur des gens, qui n'ont enfin été convaincus, que de quelques défauts d'humeur, ou d'excès de vertus.

1500. dans les Indes.

Le premier ordre, que lui donna la Reine, fut de déclarer les Indiens libres, & de les traitter comme tels ; mais il lui étoit surtout enjoint, de tenir secrettes ses Provisions de Gouverneur Général, jusqu'à ce qu'il eût été reçû à San-Domingo : précaution, qui fait voir que les Rois Catholiques avoient donné quelque croyance à ce qui s'étoit publié du prétendu dessein, que formoit l'Amiral, de se rendre Souverain du nouveau Monde. Bovadilla mit à la voile sur la fin de Juin avec deux Caravelles seulement, & le 23. d'Août on apperçût de San-Domingo ces deux Bâtimens, qui faisoient effort pour entrer dans le Port, d'où le vent de terre les repoussoit. L'Amiral n'y étoit pas, non plus que l'Adélantade : le premier étoit occupé à fortifier la Conception de la Vega, qui insensiblement devenoit une Ville, & le second étoit à Xaragua avec Roldan, occupé à la recherche des complices d'une conspiration, qui s'étoit formée depuis peu pour faire perir l'Alcaïde Major, & dont les principaux auteurs étoient déja dans les prisons de la Capitale.

Son arrivée à San-Domingo.

Au premier avis, qu'il paroissoit deux Caravelles, Dom Diegue, qui commandoit dans la Place, envoya un Pilote dans une chaloupe pour les reconnoître, & les faire

1500. entrer dans le Port. Le Pilote, suivant l'ordre, qu'il en avoit, commença, en abordant une des Caravelles, par demander, si le fils aîné de l'Amiral n'étoit pas dans une des deux; on lui dit que le jeune Colomb étoit resté en Espagne, & que le Navire portoit un Intendant de Justice, & sur le soir les deux Caravelles entrerent dans le Port, mais Bovadilla voulut encore passer la nuit dans son Bord. Le lendemain il débarqua de bon matin, & alla droit à l'Eglise, où il entendit la Messe, au sortir de laquelle, étant accompagné de D. Diegue, du Sergent Major Rodrigue Perez, & d'un grand nombre d'Officiers; il s'arrêta à la vûë de tout le peuple, & donna sa Commission d'Intendant de Justice à lire à un Notaire Royal, qu'il avoit amené d'Espagne; il demanda ensuite à D. Diegue, qu'il lui remît tous les prisonniers détenus pour cause de révolte. Il entendoit celle de l'Alcaïde Major, dont il croyoit qu'il y avoit encore des complices en prison, & il prétendoit en vertu de ses provisions, qu'ils ne devoient pas être réputés criminels, qu'ils n'eussent été déclarés tels à son Tribunal: comme il ne s'expliqua point, on ne s'entendit pas d'abord, il se picqua, & n'en voulut pas avoir le démenti. D. Diegue répondit que tous les prisonniers lui avoient été confiés & consignés par l'Amiral, & qu'il n'en pouvoit disposer, que par son ordre: « Je vous ferai bientôt connoître, reprit le Commandeur, » que vous devés m'obéïr, & que votre frere même est » soûmis à mon autorité. » Il n'en dit pas davantage pour lors, mais le jour suivant au sortir de l'Eglise, toute la Ville étant accouruë à la Place, il fit lire les Patentes, qui le constituoient Gouverneur Général des Isles & Terre-Ferme du nouveau monde, pendant le têms qu'il plairoit à leurs Altesses, avec un pouvoir absolu & sans limitation.

Il force la Citadelle.

Cette lecture finie, il prêta le serment accoûtumé, & sur le champ il requit de nouveau D. Diegue, & Rodrigue Perez, de lui donner les clefs de la prison; il en reçut la même réponse, que la veille, & cette fermeté l'embarrassa. Il fit lire deux autres Mandemens des Rois Catholiques, dans l'un desquels il étoit ordonné à l'Amiral, & à tous les Commandans des Forteresses, & des Navires, aux Trésoriers, & aux Gardes Magasins de reconnoître pour leur Superieur le Commandeur D. François de Bovadilla. L'autre regardoit la paye des Soldats, & la solde des Artisans & des Engagés. Après cette lecture, qui mit dans ses interêts tous les gens de guerre, il somma pour la troisiéme fois Dom Diegue de lui livrer les prisonniers, & sur son refus, il alla droit à la Citadelle, fit appeller Michel Diaz, qui y commandoit en qualité d'Alcaïde, lui signifia ses Patentes, & lui ordonna de faire sortir à l'heure même tous les prisonniers. Diaz demanda du têms pour se résoudre, mais le Commandeur, qui sçavoit que l'ordre étoit venu de faire pendre D. Fernand de Guevare, un des Chefs de la derniere conspiration, & plusieurs de ses complices, craignit que ce délai ne fut employé à les exécuter; il fit donc mettre à l'instant sous les armes toutes les troupes, & les équipages des deux Caravelles, & paroissant à leur tête, il leur ordonna d'enfoncer les portes de la Citadelle. Cette Place n'avoit pas encore d'autres défenses, & quoique Diaz, & un autre Officier nommé Diego de Alvarado se fussent montrés l'épée à la main sur les Crenaux, le Commandeur y entra sans beaucoup de résistance. 1500.

Il se fit aussi-tôt conduire à la prison, & ayant fait subir un leger interrogatoire à ceux, qu'il y trouva les fers aux pieds, il les laissa à la garde d'un Sergent, nommé Jean de Espinosa. On eut ensuite grand soin de répandre dans le public, qu'on ne devoit pas être surpris, si les Rois Catholiques avoient ôté le Gouvernement des Indes à Christophle Colomb, leurs Altesses ayant été informées par des personnes sûres, qu'il en étoit le tyran, plûtôt que le Gouverneur, qu'il se plaisoit à répandre le sang Espagnol; que pour enrichir sa famille, il privoit les Soldats & les Artisans de leur paye, qu'il visoit à s'y ériger en Souverain, qu'il empêchoit qu'on ne tirât de l'or des mînes, & qu'on n'al-

1500.

lât à la pêche des perles, dont il vouloit faire le fondement de sa Principauté; on concluoit que persister à le reconnoître pour Vice-Roi, c'étoit se déclarer complice des mêmes crimes, dont il étoit chargé.

Conduite de Colomb à cette nouvelle.

L'Amiral reçut avec assés de tranquilité les premieres nouvelles de ce qui venoit de se passer; il se persuada que Bovadilla étoit quelque avanturier semblable à Ojeda, & dont il viendroit aussi aisément à bout; ou du moins que ses pouvoirs ne s'étendroient pas plus loin, que ceux de Jean Aguado; mais quand on lui eut rapporté que le Commandeur s'étoit déjà rendu maître de la Forteresse, & que toutes les troupes lui obéïssoient, l'affaire lui parut sérieuse, & il crut ne devoir rien négliger pour se mettre en état de n'être point opprimé. Il prit donc le chemin de Bonao, après y avoir donné rendés-vous à plusieurs Castillans, qu'il croyoit dans ses interêts, & envoyé ordre à quelques Caciques de l'y venir joindre, avec ce qu'ils pourroient assembler de Troupes. En arrivant dans cette Place, il y trouva un Huissier à Baguette, qui l'attendoit de la part du Commandeur, & qui lui remit des copies legalisées de toutes les Commissions de ce nouveau Gouverneur. Il les prit, & après les avoir lûës, il dit qu'il n'y avoit rien dans la premiere, que de conforme à ce qu'il avoit demandé lui-même, mais que pour les autres, il les croyoit subreptices, étant hors de toute vrai-semblance que leurs Altesses l'eûssent dépoüillé d'une Charge, dont elles lui avoient donné des Patentes perpetuelles & irrévocables, & cela, sans lui avoir fait son procès, & sans l'avoir même entendu dans ses défenses; qu'ainsi, avant que de se soûmettre à des ordres, qui lui étoient justement suspects, il vouloit voir quelque chose de plus clair & de plus précis; qu'il alloit en écrire en Cour, & qu'il sommoit tous les sujets des Rois Catholiques de continuer à lui rendre obéïssance, comme à leur Vice-Roi, & de lui prêter main-forte contre quiconque attenteroit à son autorité.

Il se met à la discretion de

Il n'y eût alors personne, qui ne crût que cette affaire

alloit dégénérer en une guerre civile, mais on fut bientôt détrompé. Jean Velasquez Trésorier Royal, & le P. Jean de Trassierra Franciscain, arriverent peu de jours après à Bonao, & remirent à l'Amiral une lettre, dont le Roi & la Reine avoient chargé le Religieux, & qui étoit conçûë en ces termes. « D. Christophle Colomb, notre Amiral dans l'Ocean, nous avons ordonné au Commandeur D. François de Bovadilla de vous dire de notre part bien des choses, & nous vous enjoignons d'y ajoûter foy, & d'exécuter ce qu'il vous déclarera en notre nom, à Madrid ce 26. May 1499. MOI LE ROI, MOI LA REINE. L'Amiral réflechit long-têms sur cette lettre, où il remarqua que le titre de Vice-Roi ne lui étoit point donné selon l'usage, & après en avoir déliberé avec ses amis, il se résolut enfin à reconnoître Bovadilla en qualité de Gouverneur Général, & à l'aller trouver au plûtôt. Il partit donc pour la Capitale, & fut extrêmement surpris en arrivant, d'apprendre que le Commandeur s'étoit logé dans sa maison, avoit saisi ses papiers, confisqué ses meubles, ses armes, ses chevaux, & tout ce qu'il avoit d'or & d'argent, sous prétexte de payer tous ceux, à qui il étoit redevable, & transferé son frere dans une des Caravelles qui l'avoient amené, après lui avoir fait mettre les fers aux pieds, & cela sans lui en avoir dit la raison, & sans garder aucune formalité de Justice. Enfin qu'on venoit de publier une Ordonnance, par laquelle il étoit permis à tout le monde d'aller chercher de l'or, en payant au Roi l'onziéme seulement de ce qu'on en tireroit, au lieu du tiers, qu'on avoit payé jusques-là.

1500. Bovadilla, qui lui fait mettre les fers aux pieds, aussi-bien qu'à son frere D. Diegue.

Il n'avoit pas encore eu le têms de faire ses réflexions sur une si étrange conduite, que Bovadilla, sans lui vouloir permettre de le voir, ni souffrir que personne lui parlât, le fit enlever lui-même & enfermer dans la Citadelle, les fers aux pieds. Une maniere d'agir si violente & si irréguliere, eût peut-être encore quelque chose de moins surprenant, que l'applaudissement, qu'on lui donna : ceux même

1500. qui devoient leur fortune aux Colombs, & ne subsistoient que par leur faveur, furent les premiers à leur insulter, & le propre Cuisinier de l'Amiral s'offrit à lui mettre les fers aux pieds, ce qu'aucun de ses Ennemis n'avoit osé faire.

Il engage son frere D. Barthélemy à se rendre prisonnier.

C'est dans les grands revers, qu'on connoit les Grands Hommes: Colomb souffrit sa disgrace & toutes les indignités, dont elle fut accompagnée, avec une fermeté d'ame, qui lui fit bien autant d'honneur, que ce qui lui avoit mérité la grande élevation, d'où il se voyoit tombé dans la plus profonde humiliation. Il fit plus: l'Adélantade étoit encore en liberté, & il étoit à présumer qu'il alloit tout entreprendre pour tirer ses freres des mains d'un homme, qui lui paroissoit capable de se porter aux dernieres violences, & qui passant visiblement ses pouvoirs, ne pouvoit manquer d'être désavoüé: car quoi qu'Oviedo, & même Herrera, semblent laisser en doute, si Bovadilla avoit le pouvoir de toucher à la personne de l'Amiral, & de le traiter en criminel, supposé qu'il se trouvât tel, il parût dans la suite par toute la conduite de Ferdinand & d'Isabelle, qu'il n'avoit ordre, que d'informer. Aussi fut-il accusé de n'avoir poussé les choses si loin, que pour plaire à l'Evêque de Badajoz. Quoiqu'il en soit, l'Amiral écrivit à son frere, par ordre de Bovadilla de ne faire mourir aucun des prisonniers, qu'il tenoit dans les fers; il ajoûta de lui-même qu'il le chagrineroit extrêmement, s'il n'obéïssoit pas, & il le conjura au nom du Seigneur, des Rois leurs Maîtres, & de la tendre amitié, qui avoit toûjours été entr'eux, de venir se rendre prisonnier avec lui; « toute notre ressource, » lui disoit-il, est dans notre innocence, & rien n'est plus » à désirer pour nous, que d'être menés tous ensemble en » Espagne, où il nous sera aisé de nous justifier. » C'étoit demander beaucoup à un brave homme, & du caractere de D. Barthélemy, il défera néanmoins à l'avis de son frere, il vint à San-Domingo, où il étoit à peine arrivé; qu'il fut conduit enchaîné dans la même Caravelle, où étoit D. Diegue.

Mais ce qui mit le comble à l'iniquité de Bovadilla, & acheva de lui ôter tout moyen d'excuser son procedé, c'est que tandis qu'il traitoit avec tant d'indignité des personnes de ce rang, il combloit d'honnêtetez l'Alcaïde Major, Roldan Ximenez, & Guevara, leur donnoit de grandes marques de distinction, & faisoit mille amitiés à tous ceux, qui avoient été leurs complices. Sa premiere attention, ainsi que nous avons vû, s'étoit tournée à sauver une bande de brigands & de séditieux, qui étoient sur le point d'expier leurs crimes par le dernier supplice: on s'attendoit qu'il feroit au moins des informations, pour voir, s'ils étoient coupables, ou non, mais il n'en fut nullement question, & il n'eût pas même le soin de garder sur cela les bienséances. Tant de violence & si peu de conduite firent craindre pour la vie des trois freres prisonniers; effectivement Bovadilla en avoit trop fait, pour ne pas donner à penser qu'il avoit dessein d'en venir aux dernieres extrêmités. Le procès des prétendus criminels s'instruisoit, & tout concouroit à confirmer le public dans l'opinion, où il étoit, que la perte de leur vie suivroit de près celle de leur liberté.

1500. Conduite irréguliere du Commandeur.

Le principal chef d'accusation contre l'Amiral, étoit, qu'il avoit differé à donner avis aux Rois Catholiques de la pêche des perles, & cela ajoûtoit-t'on, à dessein d'exiger de leurs Altesses, en vertu d'une si précieuse découverte, de nouveaux droits, & de nouvelles prérogatives: car on n'osa inserer dans le procès, ce qui se publioit néanmoins avec affectation, qu'il avoit eu dessein de s'approprier ce riche commerce; encore moins qu'il eut formé le projet de se faire une Souveraineté dans les Indes. Les autres dépositions, dans la plûpart desquelles on impliquoit ses freres, étoient, sa dûreté dans le gouvernement, sa cruauté dans l'administration de la justice criminelle, d'avoir retenu la solde des gens de guerre & des ouvriers, & d'avoir empêché de travailler aux mînes, de s'opposer à ce qu'on batisât les Insulaires, & de leur faire la guerre sans aucun sujet légitime, uniquement pour les rendre Esclaves, &

Chefs d'accusation contre les prisonniers.

1500. les envoyer en Castille : de maltraiter les serviteurs du Roi, & de n'obéïr aux ordres de la Cour, qu'autant qu'il le jugeoit à propos. On lui communiqua ces articles par écrit, & il répondit à tous d'une maniere, qui ne laissa pas d'embarrasser ses accusateurs ; elle donna encore plus à penser au Gouverneur Général, qui avoit commencé par le traiter en criminel, avant que de sçavoir, s'il l'étoit, & qui, sans un caractere suffisant, s'étoit fait le Juge d'un Grand Officier de la Couronne, n'ayant eu commission, que d'informer sur sa conduite, & de l'envoyer en Espagne en rendre compte au Roi & à la Reine.

Les réponses de l'Amiral.

Dans le vrai, rien n'étoit plus aisé aux accusés, que de répondre à tout ce qui leur étoit objecté. J'ai déjà dit que ce fût par l'Amiral, que la Cour eut les premieres nouvelles de la découverte des perles. Les autres accusations n'avoient rien que de vague, & l'Amiral disoit bien, qu'étant homme il ne prétendoit pas être impeccable, mais il ajoûtoit qu'on ne pouvoit le convaincre que de ces fautes, qu'on devoit pardonner aux grands embarras, où il s'étoit trouvé ; & au défaut d'experience : il protesta que ses intentions avoient toûjours été droites, il assûra qu'on ne le convainqueroit jamais de la moindre infidelité envers les Rois ses Souverains Seigneurs ; au reste il déclara que, s'il avoit bien voulu répondre, c'étoit uniquement pour empêcher qu'on ne tirât aucun avantage de son silence, qu'il ne prétendoit le faire juridiquement qu'au Tribunal de leurs Altesses, auquel il appelloit des procédures, qu'on pourroit faire, & du jugement qu'on pourroit porter contre lui, & auquel il demandoit d'être renvoyé.

Bovadilla se résout à l'envoyer en Espagne.

L'embarras du Commandeur augmentoit ; Il eut apparemment bien voulu pouvoir aller plus loin, & se défaire de ses prisonniers, mais il n'osoit le prendre sur soi ; tout bien considéré, il crut devoir se contenter de faire rendre contre eux un Arrêt de mort, & de les envoyer en Espagne avec leur procès tout instruit : & il se flatta que le nombre & l'uniformité des dépositions, la grieveté des charges, & la qualité

1500.

qualité des accusateurs, dont plusieurs avoient été liés d'interêt avec les accusés, feroient confirmer la Sentence. Les Prisonniers de leur côté attendoient avec quelque sorte d'inquiétude quelle seroit la décision de leur sort, quand Alphonse de Vallejo, Capitaine de la Caravelle, où étoient les deux freres de l'Amiral, vint tirer celui-ci de prison pour le conduire à son Bord. A la vûë de cet Officier, Colomb fût un peu troublé, & jettant quelques larmes, Vallejo, lui dit-il : « Ou vas-tu me mener ? en Espagne, Monseigneur, » répondit le Capitaine. Est-il bien vrai, reprit l'Amiral, » ne me caches-tu rien ? Je vous jure, Monseigneur, repartit Vallejo, que j'ai ordre de conduire votre Excellence » en Espagne. Ces assûrances & les manieres respectueuses de cet officier, calmerent le Prisonnier, & il ne douta plus du retour de sa fortune. Mais Bovadilla ne voulut pas qu'il manquât rien à son humiliation. Il fit avant son départ publier une amnistie, en faveur de tous ceux, qui avoient eu plus de part aux rébellions passées, & remplit plusieurs brevets, qui lui avoient été donnés en blanc, des noms de Roldan, de Guevara, & de tous ceux, qui étoient plus décriés par leur mauvaise conduite, & qui avoient plus ouvertement persecuté les Colombs ; puis il ordonna à Vallejo d'aller prendre terre à Cadix, & de mettre les Prisonniers avec toutes les Procédures, entre les mains de l'Evêque de Cordouë, & de Gonzalo Gomez de Cervantez, parent du Commandeur, tous deux ennemis déclarés des trois freres.

L'Amiral arrive en Espagne.

Vallejo mit à la voile au commencement d'Octobre, & dès qu'il fut sorti du Port, il voulut ôter les fers à ses Prisonniers : mais l'Amiral s'y opposa, & protesta qu'il ne les quitteroit point, que par l'ordre du Roi & de la Reine, & il ordonna même dans la suite par son testament, qu'après sa mort on les mît avec lui dans son cercüeil, pour conserver jusques dans le tombeau ce gage de la reconnoissance, dont le monde paye les services, qu'on lui rend. Il n'en parût pas moins sensible à la bonne volonté du Capi-

1500. taine, qui, aussi bien que tous ses Officiers, lui, fit & à ses freres toutes les politesses possibles. La traversée fut courte & heureuse, & Vallejo moüilla devant Cadix le 25. de Novembre.

Réception de l'Amiral à la Cour.

Le bruit ne ne se fut pas plûtôt répandu dans ce Port, & de-là à Seville, qui n'en est pas éloigné, que Christophle Colomb & ses deux freres venoient d'arriver chargés de fers, & condamnés à la mort; qu'il s'y excita une très-grande rumeur, & qu'on y donna des marques éclatantes de l'indignation publique. Ferdinand & Isabelle, qui furent bientôt instruits de toutes choses, par un exprès, que l'Amiral leur avoit secrettement dépêché, au moment que les ancres furent jettés, enchérirent encore sur ces démonstrations populaires, & furent extrêmement offensés qu'on eût ainsi abusé de leur nom & de leur autorité, pour commettre des violences qui les deshonnoroient. Ils donnerent sur l'heure de bons ordres pour mettre en liberté les Prisonniers, & pour leur faire rendre les honneurs, qui leur étoient dûs, ils leur firent tenir mille écus, pour se rendre incessamment à Grenade, où la Cour se trouvoit pour lors: ils les y acceüillirent avec des marques extraordinaires de distinction, ils désavoüerent, & annullerent sans rien examiner tout ce qui avoit été fait contre eux, & ils promirent de les dédommager & de les venger.

Audience particuliere obtenuë de la Reine par l'Amiral, & ce qui s'y passe.

L'Amiral parla peu en présence du Roi, qu'il sçavoit bien n'être pas dans ses interêts. Mais ayant été admis quelques jours après à une audience particuliere de la Reine; il commença par se jetter à ses pieds, & en cette posture, où il voulut demeurer quelque têms, il dit les choses du monde les plus touchantes, & toucha effectivement jusqu'aux larmes le cœur de cette bonne Princesse. Il la supplia ensuite de ne point souffrir qu'on eût impunément opprimé son innocence, & de lui accorder sa protection Royale contre ceux, qui jaloux de son élévation vouloient à toutes forces le trouver criminel; peu contents de le perdre, s'ils ne le deshonnoroient. Ses soupirs & ses larmes l'inter-

rompirent dans ce moment, & dirent le reste. Alors Isabelle, en qui l'indignation prit la place de la douleur, le releva, & fut aussi quelque têms sans pouvoir parler; elle se remit enfin, & lui dit avec beaucoup de douceur : « Vous 1500.
» voyés combien je suis touchée du traittement, qui vous
» a été fait, je n'omettrai assûrément rien pour vous le faire oublier. Je n'ignore pas les services, que vous m'avés
» rendus, & je continuerai à les récompenser, comme ils méritent de l'être. Je connois vos ennemis, & j'ai pénétré
» les artifices, dont ils se servent pour vous détruire : mais
» comptés sur moi. Cependant pour ne vous rien dissimuler, j'ai peine à me persuader que vous n'ayiés pas donné lieu à quelques plaintes, trop universelles, pour n'être pas fondées. La voix publique vous taxe d'une séverité peu convenable dans une Colonie naissante, &
» capable d'y exciter des révoltes, qui ébranlent ses fondemens encore mal affermis; mais il y a surtout une
» chose, que j'ai pû encore moins vous pardonner; c'est
» d'avoir de votre chef, & malgré mes défenses ôté la liberté à un grand nombre d'Indiens, qui n'avoient pas mérité un châtiment si sévere. Votre malheur a voulu qu'au
» moment que j'ai appris cette désobéïssance; tout le monde se plaignoit de vous; & personne ne parloit en votre faveur. Je n'ai donc pû me dispenser d'envoyer aux
» Indes un Commissaire, qui s'instruisît, & m'informât de
» la verité de toutes choses, ou moderât une autorité, qu'on
» vous accusoit porter trop loin, & qui, supposé que vous fussiés coupable des crimes, dont on vous accusoit, prît le
» Gouvernement Général, & vous envoyât en Espagne rendre compte de votre conduite; ses instructions ne portoient rien de plus. Je reconnois que j'ai fait un mauvais
» choix, j'y mettrai ordre, & ferai de Bovadilla un exemple, qui apprendra aux autres à ne point passer leurs pouvoirs : mais je ne puis vous promettre de vous rétablir
» si-tôt dans votre Gouvernement; les esprits y sont trop
» aigris contre vous, il faut leur donner le têms de reve-

1500. » nir ; quant à votre Charge d'Amiral, mon intention n'a » jamais été de vous en ôter ni la possession, ni l'exercice, laissés faire le reste au têms, & fiés vous à moi.

Nouvelles propositions de l'Amiral à la Reine.

Colomb comprit par ce discours d'Isabelle, plus, que cette Princesse n'avoit voulu lui faire connoître. Il jugea que son rétablissement n'étoit pas selon les regles de la bonne politique, que le Roi étoit par rapport à cela sa partie secrette, qu'on se repentoit de l'avoir fait si Grand, & qu'il ne devoit pas se flatter de faire changer la Cour en sa faveur. C'est pourquoi, sans s'arrêter à d'inutiles instances, après avoir remercié la Reine des nouvelles marques de bonté, qu'elle venoit de lui donner, il la pria d'agréer qu'il ne demeurât pas dans l'inaction, inutile à son service & à l'Etat; mais qu'il lui fût permis de continuer la découverte du Continent du nouveau monde, & de chercher quelque détroit, qui pût le conduire aux Moluques. Ces Isles étoient alors extrêmement célébres par le grand Trafic d'Epiceries, que les Portugais y faisoient, & les Espagnols souhaittoient passionnément de partager avec eux un commerce si lucratif. Aussi Isabelle approuva-t'elle avec de grands éloges ce projet de l'Amiral: elle lui promit de lui faire équipper au plûtôt autant de Navires, qu'il en demanderoit, & l'assûra que, si la mort le surprenoit dans le cours de cette expedition, elle rétabliroit son fils aîné dans toutes ses Charges.

Conduite de Bovadilla dans son Gouvernement.

Mais rien ne justifia d'avantage ~~Christophle Colomb~~ dans l'esprit de tous ceux, qui étoient sans passion, que la conduite de Bovadilla; sa principale attention fut d'abord, à augmenter de plus en plus la haine, qu'on portoit dans les Indes aux Colombs, & il ne fit pas réflexion que cette animosité leur faisoit honneur dans l'esprit de ceux, qui connoissoient les habitans du nouveau monde. En effet, excepté quelques Officiers, le reste n'étoit gueres que des gens ramassés parmi la plus vile canaille, ou sortis des prisons de Castille, & par consequent sans mœurs, sans religion, sans conscience, ou, qui n'étant venus si loin, que pour s'en-

1500.

richir, se persuadoient, que les loix n'étoient point faites pour eux, & que personne n'avoit droit de s'opposer, ni à la vie licentieuse, qu'ils vouloient mener, ni aux moyens, qu'ils imaginoient d'augmenter leurs richesses. Outre que malgré les précautions de la Reine, il s'en trouvoit de toutes les Provinces d'Espagne, entre lesquelles on sçait qu'il y a des antipathies insurmontables, sources intarissables de querelles, & de divisions, d'autant plus funestes dans un nouvel établissement, qu'il s'y rencontre toûjours des mécontens, & que les loix y sont moins en vigueur.

De tout ceci, on peut juger que le nouveau Gouverneur en voulant prendre le contre-pied de l'Amiral, ne pouvoit éviter de faire de grandes fautes. Car comme il n'y avoit dans le fond rien de reprehensible dans celui-ci par rapport aux Espagnols, qu'un peu de trop de séverité, & que d'ailleurs lui & ses freres s'étoient assés étudiés à rendre justice à un chacun; entreprendre de faire en tout le contraire de ce qu'ils avoient fait, c'étoit s'exposer à donner dans les plus grands travers, & ne s'attacher que des brigands; comme fit effectivement Bovadilla: il le fit même d'une maniere si marquée, & avec si peu de ménagement, qu'on entendoit tous les jours les plus honnêtes gens s'écrier qu'ils étoient bien malheureux d'avoir fait leur devoir, & de s'être tenus inviolablement attachés au service du Prince, puisque c'étoit un Titre pour être exclus des graces.

Il rend les Insulaires Esclaves.

Le Commandeur ne se comporta pas plus équitablement à l'égard des Insulaires, qu'à l'égard des Espagnols : car ayant réduit à l'onziéme les Droits du Prince, & donné, ainsi que nous l'avons vû, la liberté de faire travailler aux Mines, il falloit, pour empêcher que le Domaine ne perdît rien à ce changement, que les particuliers tirassent une quantité d'or prodigieuse. Pour les mettre en état d'en venir à bout, il contraignit les Caciques de fournir à chaque Espagnol un certain nombre de ses sujets, dont ceux-ci se servoient, comme ils auroient pû faire des Bêtes de Charge; & pour empêcher ces malheureux de pouvoir se

1500. soustraire au joug, qu'il venoit de leur imposer, il commença par faire un dénombrement de tous les Insulaires, puis il les rédigea par classes, ensuite il les distribua aux habitans, plus ou moins, suivant qu'il vouloit gratifier un chacun. De cette sorte toute l'Isle se trouva réduite sous le plus dur esclavage, qui fut jamais. Ce n'étoit pas le moyen d'affectionner ces malheureux Indiens, ni à la Religion Chrétienne, ni à la Domination Castillane; mais le Commandeur ne songeoit qu'à gagner ceux, avec qui il avoit à vivre, & il étoit assûré d'en venir à bout, en leur procurant les moyens de s'enrichir promptement & sans beaucoup de risque. D'ailleurs il se flattoit qu'en faisant de gros envoys d'or en Espagne, il se rendroit nécessaire, & confirmeroit d'autant plus les soupçons, qu'il avoit tâché d'inspirer à la Cour de la fidelité de l'Amiral, & comme il avoit pris un très-bon moyen d'engager tout le monde à travailler aux Mines, il comptoit que malgré la réduction des Droits du Souverain, il les feroit encore monter de beaucoup plus haut, que ne les avoit portés le tiers établi par Colomb.

Il se tira effectivement en peu de mois, une si prodigieuse quantité d'or de toutes les mines de l'Isle Espagnole, que, sans le malheur, dont nous parlerons bientôt, l'arrivée d'une seule flotte, pouvoit dédommager l'Espagne de toutes ses avances, & les payer même au centuple. On se pressoit d'autant plus de profiter du têms, qu'on se doutoit bien qu'il dureroit peu; & il en coûta la vie à un si grand nombre d'Indiens, qu'en peu d'années l'Isle Espagnole parut deserte. Il est aisé de juger avec quelle inhumanité, la passion d'amasser l'or faisoit traiter ces infortunés, par les traitemens barbares, ausquels les a exposés la seule cruauté, & dont on ne sçauroit lire sans horreur le récit qu'en ont fait des Espagnols même qui en ont été les témoins oculaires.

Grain d'or extraordinaire.

Il est vrai, qu'on n'a point trouvé ailleurs, ni des mines plus abondantes, ni un or si pur. Michel Diaz & François de Garay, dont nous avons déjà parlé plus d'une fois, s'étoient associés pour faire travailler aux mines de Saint Christophle. Un jour, que leurs Esclaves déjeûnoient sur le bord de la riviere Hayna, une femme s'étant avisée de frapper la terre d'un bâton, qu'elle avoit à la main, elle sentit quelque chose de fort dur, elle regarda, & vit que c'étoit de l'or, elle le découvrit entierement, & surprise de la grosseur de ce Grain, elle jetta un cri, qui fit bientôt accourir François de Garay, lequel n'étoit pas fort loin. Il ne fut pas moins surpris, que l'avoit été l'Indienne, & dans le premier transport de sa joye, il fit tuer un cochon, le fit servir à ses amis sur ce Grain, assés grand pour tenir la Bête toute entiere, & il leur dit qu'il pouvoit bien se vanter que les Rois Catholiques n'étoient pas servis en vaisselle plus riche que lui. Bovadilla achetta ce Grain pour leurs Altesses, il pesoit 3600. écus d'or, & les Orfévres, après l'avoir examiné, jugerent qu'il n'y en auroit pas plus de 300. de déchet à la fonte. On y voyoit bien encore quelques petites veines de pierres, mais ce n'étoit gueres que des taches, qui avoient peu de profondeur; enfin, il ne s'en est jamais vû nulle part un pareil, & l'on peut juger combien cette découverte anima les esperances de ceux, qui s'occupoient à la même recherche. 1500.

Cependant on apprit à la Cour la maniere, dont les habitans de l'Isle Espagnole étoient traittés, & il n'est pas possible d'exprimer l'indignation, qu'en conçûrent Ferdinand & Isabelle. Le rapel de Bovadilla étoit déjà résolu, cette nouvelle le hâta, & sur le champs, on nomma pour son successeur, Dom Nicolas Ovando, Commandeur de Larez, de l'Ordre d'Alcantara, & qui fut peu de têms après Grand Commandeur de tout l'Ordre; mais ses Provisions ne portoient qu'une Commission pour deux ans, apparemment, parce qu'Isabelle vouloit au bout de ce têms-là, rétablir Christophle Colomb dans sa Charge de Vice-Roi. Ovando étoit un homme de mérite, fort sensé, d'un abord gracieux, & qui inspiroit en même-têms un grand respect pour sa personne: modeste, jusqu'à ne pouvoir souffrir les mar- 1501.

1501. Bovadilla revoqué, Ovando envoyé à sa place. Son caractere.

1501. ques de distinction, ni les titres, qui lui étoient dûs; grand amateur de la Justice, & fort désinterressé. Le Nouveau Monde eût été heureux d'être gouverné par un homme de ce caractere, s'il l'eût soûtenu tout entier jusqu'au bout. Mais il sembloit que l'emploi, dont on le revêtit, fût contagieux, & transformât d'abord les hommes les plus doux & les plus moderés en tyrans, suscités pour la destruction des malheureux Indiens : à l'égard même des Espagnols, il ne parut pas se comporter toûjours avec ce désintereſſement & cette équité, qu'on lui avoit connus, ni être assés en garde contre les rapports de gens mal intentionnés; ce qui le fit quelquefois donner dans de grands travers. On lui fit équiper en diligence, une flotte de 32. voiles, sur laquelle, outre les équigages ordinaires, on embarqua 2500. hommes, pour remplacer dans l'Isle Espagnole quantité de personnes, que la Reine voulut qu'on en fît sortir, afin de purger la Colonie de tout ce qui pouvoit y causer du trouble. Parmi ces nouveaux habitans, il y avoit plusieurs Gentilshommes, tous Sujets de la Couronne de Castille; Isabelle se confirmant de plus en plus dans la résolution d'exclure du Nouveau Monde tous ceux, qui n'étoient pas ses Sujets naturels. Il est vrai qu'après sa mort, il n'y eût plus de distinction sur cela entre les Castillans & les Aragonnois, & que sous Charles V. tous les Sujets des differens Etats, que possedoit ce Prince, eurent la même liberté.

On change beaucoup d'habitans de l'Isle Espagnole.

Instructions données à Ovando.

Comme la Cour étoit résoluë à rappeller en Espagne l'Alcaïde Major, François Roldan Ximenés, & que la Justice ne pouvoit gueres être administrée par un homme de guerre, chargé d'ailleurs du Gouvernement général; elle nomma à cette importante Charge, un habile Jurisconsulte, nommé Alphonse Maldonado, dont les Provisions furent expediées à Grenade le 3. Septembre 1501. On travailla ensuite aux Instructions du Commandeur de Larez, & elles portoient en substance, qu'après avoir examiné les comptes du Commandeur François de Bovadilla, il le renvoyât en Espagne sur la même flotte, qui l'alloit porter lui-même aux

aux Indes. Qu'il revît aussi ceux de l'Amiral, mais qu'il ne les signât point : qu'il déclarât à tous les Caciques dans une Assemblée Générale, que les Rois Catholiques les prenoient sous leur protection Royale, eux & tous leurs Sujets. Qu'il ne traitât point ces Insulaires autrement que les Espagnols, qu'il tînt seulement la main à en exiger le tribut, qu'on leur avoit imposé. Surtout, qu'il ne souffrît point qu'on employât personne au travail des mines, que sur le pied d'ouvriers libres, & en les payant exactement. Qu'il fît bâtir des Villes & des Forteresses aux endroits, qu'il jugeroit convenables, qu'il les fît joüir des mêmes privileges, dont joüissoient celles d'Espagne, & ne permît point aux Espagnols, surtout aux Soldats, de s'établir ailleurs ; qu'il remît le droit du Prince au tiers pour le passé, & à la moitié pour l'avenir. Qu'il prît bien garde, dans la coupe du bois de Bresil, de ne point laisser arracher le pied des arbres.(a) Qu'il ne permît à aucun étranger, surtout aux Juifs & aux Maures, de s'établir dans les Indes, ni d'aller à de nouvelles découvertes. Qu'il ne souffrît point que Bovadilla vendît aucun des biens immeubles ou heritages, qu'il pourroit avoir acquis dans l'Isle Espagnole ; mais seulement ceux, qu'il avoit reçûs des liberalités de leurs Altesses. Qu'il apportât tous ses soins à faire ensorte, que l'Amiral & ses freres fussent parfaitement dédommagés de tous les torts, qu'ils avoient soufferts : & sur cela l'instruction entroit dans un détail, qui faisoit voir combien le Roi & la Reine avoient à cœur cet article. Carvajal eût même ordre de rester dans l'Isle, en partie pour avoir soin des interêts des Colombs, avec lesquels il étoit demeuré très-uni pendant leur disgrace. 1501.

Attention de la Cour pour la conversion des Indiens.

Il y avoit encore quelques autres articles, qui comprenoient plusieurs Reglemens particuliers, pour le détail de la conduite du nouveau Gouverneur ; mais il lui étoit surtout recommandé d'avoir l'œil à ce que l'on travaillât sérieusement à la conversion des Insulaires. On en avoit déjà baptisé un assés grand nombre, mais la plûpart avoient reçû le Sacrement sans trop sçavoir ce que c'étoit, & en avoient

(a) Le Portugal ayant été réuni à la couronne d'Espagne, on commença à ne plus faire tant de cas de cette marchandise, parce que celle, qu'on tiroit du Bresil, se trouva beaucoup meilleure que celle de l'isle Espagnole, que depuis ce tems là on ne nomme plus que Brasilet. mais en transplantant ces arbres et les cultivant avec soin, n'auroit on pas pu lui donner la même qualité et la même bonté, qu'à celui du Bresil, comme il est arrivé au gingembre et à l'indigo! le sucre de l'isle Espagnole s'est aussi trouvé inferieur à celui du Bresil, et peut être encore par la faute des Espagnols.

1501. d'abord profané la sainteté par leur Apostasie. D'ailleurs, les cruautés, qu'on exerçoit contre eux, & les exemples des anciens Chrétiens ne les prévenoient pas en faveur d'une Religion, dont on ne leur donnoit gueres, ni le têms, ni les moyens de s'instruire ; outre que le petit nombre des Prêtres, qui étoient dans l'Isle, suffisoit à peine pour les Espagnols. Une bonne recruë de Religieux Francisquains, qui les premiers, ont eu un établissement fixe dans les Indes ; & les ordres, dont je viens de parler, devoient lever tous les obstacles, & l'on s'attendit bientôt, à voir toute l'Isle Espagnole adorer Jesus-Christ.

1502. Ovando arrive à l'Isle Espagnole.

Tout étant prêt pour le départ de la flotte, Ovando alla recevoir les derniers ordres des Rois Catholiques, & ayant été admis à leur Audiance, Antoine de Fonseca, Seigneur de Coca, Conseiller d'Etat, lui fit de la part de leurs Altesses, un discours fort long & fort touchant, sur la maniere, dont il devoit se comporter dans l'exercice de sa Charge ; & il lui recommanda sur tout la Religion, la bonté & la justice. Peu de jours après le Commandeur se rendit à San-Lucar, où il s'embarqua le 13. Fevrier 1502. Une tempête, qu'il essuya assés près des Canaries, dissipa sa flotte, & fit périr un de ses plus grands Navires avec 150. hommes, qui étoient dessus. Tous les autres se retrouverent à la Gomera, où étoit le rendés-vous général, & où l'on achepta un Navire, pour remplacer celui, qui avoit péri. Quantité d'Espagnols habitans des Canaries, s'offrirent à en former l'équipage, & leur offre fut acceptée. Ovando partagea ensuite sa flotte en deux bandes, prit avec lui les Navires, qui alloient mieux à la voile, laissa les autres sous les ordres d'Antoine de Torrez, qui devoit tout commander au retour, & arriva le 15. d'Avril au Port de San-Domingo.

Sa conduite à l'égard de tout le monde.

Bovadilla ne s'attendoit à rien moins, qu'à être relevé ; il vint néanmoins recevoir son successeur sur le rivage, & le conduisit à la Forteresse, où les provisions d'Ovando fûrent luës en présence de tous les Officiers Royaux & de

Justice. Il fut aussi-tôt reconnu & salué en qualité de Gouverneur Général, & Bovadilla se trouva tout à coup absolument abandonné. Quelques-uns ont écrit qu'il avoit été fait prisonnier, mais ceux, qui paroissent le mieux instruits, ne le disent pas, & il paroît même qu'il fut toûjours honorablement traité. Il n'en fut pas de même de Roldan, le nouveau Gouverneur informa contre lui, & contre ce qui restoit de ses principaux complices, & les ayant tous fait arrêter, il les repartit sur la flotte, pour être conduits en Espagne avec les pieces de leur procès. Les Indiens furent ensuite déclarés libres, & l'on publia en même-têms l'Ordonnance du Roi & de la Reine, qui portoit, que désormais on payeroit au Domaine la moitié de l'or qu'on tireroit des mines, & que pour le passé, on s'en tiendroit au tiers, ainsi qu'il avoit été reglé par l'Amiral. 1502.

Le travail des Mines cesse entierement.

Il est vrai, que cette Ordonnance ne fut pas plûtôt mise en exécution, que le travail des mines cessa tout à coup. Quoiqu'on pût offrir aux Insulaires, ils n'en voulurent plus entendre parler, dès qu'ils virent qu'on ne pouvoit plus les y forcer, & ils aimerent mieux vivre tranquillement dans leur premiere simplicité, que de se consumer de fatigues, pour gagner des biens, dont ils ne faisoient aucun cas. D'ailleurs, il parut exorbitant, qu'on obligeât de payer au Prince la moitié de ce qui se gagnoit avec tant de peine & de dépense, & la plûpart vendirent leurs outils, & se retirerent. Plusieurs de ceux, qui étoient venus sur la flotte, demanderent à être mis à leur place, mais ils ne tarderent pas à s'en repentir. Le plus aisé étoit fait, & il falloit déjà creuser bien avant pour trouver de l'or. De plus, ces nouveaux débarqués manquoient tout à la fois d'expérience & de bons ouvriers; la maladie se mit parmi eux, & en emporta jusqu'à mille en assés peu de têms; enfin tous renoncerent à un travail, qui les accabloit, & ne les enrichissoit pas. Le mauvais succès des nouvelles Ordonnances, fit juger au Grand Commandeur, qu'il falloit y apporter quelque moderation, (j'appellerai désormais ainsi Ovando, par-

1502. ce que fort peu de têms après son arrivée aux Indes, il parvint à cette grande dignité par la mort d'Alphonse de Santigliano, qui en étoit revêtu,) il fit dire aux habitans, qu'il alloit écrire à leurs Altesses, pour les engager à se contenter du tiers, & sur cette assûrance, quelques-uns reprirent cœur. Il leur tint parole, & fut écouté; il fallut même dans la suite se relâcher encore, & l'on en est venu enfin à se contenter du quint des métaux, des perles, & des pierres précieuses : & ce Reglement a toûjours subsisté depuis.

Reglemens pour les nouvelles Villes.

Le Gouverneur Général songea ensuite à bâtir des villes & des bourgades, comme on le lui avoit recommandé, & pour cela il fit un traité avec un nommé Loüis Arriaga, par lequel celui-ci s'obligeoit à lever 200. Familles, pour commencer quatre peuplades aux conditions suivantes. 1°. Que ces Familles seroient transportées aux frais du Roi, jusques sur le lieu de leur destination. 2°. Qu'il seroit donné à chacune une étenduë de terrein suffisante, pour la faire subsister, en payant au Prince les Dixmes & les Prémices, qui lui avoient été accordées par le Saint Siege. 3°. Que les nouveaux habitans ne payeroient aucuns droits, & ne seroient sujets à aucune imposition pendant cinq ans, à l'exception des Mines, de quelque matiere qu'elles fussent, du bois de Bresil, des Salines, des Ports de mer; en un mot, de tout ce qui appartient aux Souverains par un droit inaliénable. 4°. Qu'ils ne pourroient achetter, ni troquer de l'or des Indiens. 5°. Que de tout ce qu'ils négocieroient avec les mêmes Indiens, hors des limites de leurs Villes, ils en payeroient le tiers au Trésor Royal, à l'exception des provisions de bouche. 6°. Que si parmi eux il y avoit des Mineurs, qui travaillassent eux-mêmes, & à leurs dépens aux Mines, de tout l'or, qu'ils recüeilleroient, la moitié seroit au Roi; mais que leurs frais seroient pris sur cette moitié. 7°. Que s'ils faisoient quelque nouvelle découverte, ils payeroient pareillement la moitié de l'or & des perles, qu'ils en tireroient, & le quint seulement des autres marchandises.

8°. Enfin, que dans ces quatre Villes, on ne recevroit aucun Banni, aucun Maure, ni aucun Juif; que les habitans y seroient toûjours prêts à exécuter tous les ordres, que les Gouverneurs leur envoyeroient de la part du Roi, sans pouvoir exiger de solde, & que ceux, qui avant cinq ans voudroient retourner en Castille, ne pourroient vendre aucune des choses, qu'on leur auroit avancées des Magazins du Roi pour leur établissement. Ces Reglemens ne furent pourtant d'aucun usage pour lors, Arriaga n'ayant pû ramasser à beaucoup près le nombre de familles, dont on étoit convenu; mais on les trouva si sages, que dans la suite on les prit pour modéles, dans la fondation des nouvelles Villes, dont nous parlerons bientôt. 1502.

Lettre de Ferdinand à l'Amiral.

Les choses étoient en ces termes, & la flotte, qui avoit amené le Grand Commandeur, étoit sur son départ, lorsqu'on vit arriver une Chaloupe envoyée par l'Amiral, qui demandoit la permission d'entrer dans le Port, pour y changer un de ses Navires, lequel ne pouvoit plus tenir la mer. Mais l'ordre de l'Histoire demande que je reprenne les choses de plus haut. Le Roi Ferdinand avoit fort goûté, à l'exemple de la Reine, le projet, dont ce Seigneur avoit parlé à cette Princesse; mais les Ministres ne s'étoient point pressés de lui fournir les vaisseaux, qu'il demandoit, & il aprit même que l'on travailloit sous main à faire de nouvelles informations contre lui. Tant de délais, & un si grand acharnement à le perdre, le rébuterent enfin, & il dit assés haut, qu'il étoit las de lutter contre la fortune, qu'il avoit montré le chemin des Indes, qu'on pouvoit y aller désormais sans lui, & qu'il alloit prendre le parti de se retirer. Ces discours furent rapportés à Ferdinand; qui en devina aisément le sujet, & y remedia. Ce Prince écrivit ensuite à l'Amiral, & acheva de le regagner. « Vous devés » être persuadé, lui manda-t-il, du déplaisir, que nous avons » eu de votre prison, puisque nous n'avons pas differé un mo- » ment à vous mettre en liberté. Tout le monde connoît » votre innocence, vous sçavés avec quel honneur & quelle

1502. » amitié nous vous avons traité ; les graces, que vous avés » reçûës, ne seront pas les dernieres, que vous recevrés de » nous ; nous vous confirmons vos priviléges, & voulons » que vous & vos enfans en joüissiés. Nous vous offrons de » les confirmer de nouveau, & de mettre votre fils aîné en » possession de toutes vos charges, quand vous le souhaite- » rés. Soyés assûré que nous aurons soin des autres. Nous » vous prions donc de partir au plûtôt. A Valence le 14. de » Mars l'an 1502. »

Il part de Cadix.

De bons ordres accompagnerent cette Lettre, & tout fut bientôt prêt pour le départ des quatre vaisseaux, qu'on avoit accordés à l'Amiral, de sorte que le 9. de May il sortit du Port de Cadix, ayant avec lui Dom Barthélemy son frere, & Dom Fernand le second de ses fils, âgé d'environ 13. ans. Comme il sçavoit que la Forteresse d'Arzilla, sur la côte d'Afrique, possedée alors par les Portugais, étoit assiegée par les Maures, il s'en approcha pour la secourir ; mais il trouva le siege levé. Il envoya son frere & son fils au Gouverneur, qui avoit été blessé, pour lui faire compliment, & lui offrir ses services, & le 20. de May il moüilla devant la grande Canarie. Il eût ensuite les vents si favorables, que sans changer ses voiles, il arriva le 13. de Juin à la vûë de l'Isle *Marinino*, aujourd'hui la *Martinique*, où il resta trois jours. Ayant appareillé de nouveau, il fut assés surpris de voir que son plus grand Navire, qui étoit de 70. tonneaux, ne soûtenoit plus la voile, & donnoit du nez dans l'eau ; c'est ce qui lui fit prendre le dessein d'aller à l'Isle Espagnole pour le changer, persuadé que la défense, qu'on lui avoit faite de toucher à cette Isle, devoit ceder à la nécessité, où il se trouvoit.

Il n'y est pas reçû, & pourquoi. Naufrage de la flotte.

Le Grand Commandeur n'en jugea pas ainsi ; car faisant réflexion que, s'il lui donnoit entrée dans la ville, tandis que Bovadilla, & quantité d'autres personnes, de qui il avoit reçu tant de chagrins, y étoient encore, il en pourroit arriver quelque désordre ; ayant d'ailleurs une défense expresse de l'y recevoir, & n'étant pas trop de ses amis, comme il parût assés dans la suite, il le fit prier de trouver bon qu'il ne passât point pardessus les ordres, qu'ils avoient tous deux. Cette réponse, à laquelle il devoit assés s'attendre, ne laissa pas de le mortifier; mais apprenant que la Flotte étoit sur le point de lever les ancres, il fit avertir Ovando, qu'il voyoit des signes certains d'une tempête prochaine, & qu'il lui conseilloit d'engager Torrez à differer son départ. On se mocqua de son avis, & la Flotte appareilla. Elle étoit encore à la vûë de la pointe Orientale de l'Isle, qu'un des plus terribles ouragans, qu'on eut encore vûs dans ces Mers, en fit périr 21. Navires tous chargés d'or, & les meilleurs de la Flotte, sans qu'on en pût sauver un seul homme. Ce beau Grain d'or, dont j'ai parlé plus haut, périt en cette occasion, & l'Ocean n'avoit peut-être jamais reçu tout à la fois tant de richesses dans son sein. Mais c'étoit le prix de l'iniquité, & de la cruauté, & le Ciel voulut sans doute venger par la perte de tant de trésors le sang de tant de malheureux, qu'on avoit sacrifiés pour les amasser. Le Capitaine Général Antoine de Torrez, le Commandeur François de Bovadilla, Roldan, un Cacique Chrétien, dont je n'ai pu sçavoir le nom, qui avoit eu la curiosité de voir l'Europe, & l'infortuné Guarionex, qu'on envoyoit en Espagne, je ne sçai à quel dessein, finirent leurs jours en cette occasion. Guarionex, ainsi que je l'ai dit ailleurs, avoit été sur le point de se faire bâtiser; mais le procedé tyrannique des Castillans, & l'action brutale d'un scelerat, qui enleva son épouse favorite, & en abusa par force, le dégouterent d'une Religion, qui avoit de tels Sectateurs, & qu'il s'imagina peut-être authoriser de si grands excès.

Le plus petit Navire de la flotte, où étoit tout le bien de l'Amiral se sauve.

Découverte de Bastidas dans le Continent.

Mais ce qui fit sur-tout juger que ce grand malheur étoit un effet de la Justice divine, c'est que les onze Navires, que la tourmente épargna, étoient les plus foibles, & les plus mal équippés de la flotte; & que le plus petit, & le plus mauvais de tous, sur lequel on avoit chargé tout le bien de l'Amiral, fut le premier, qui arriva en Espagne. On remarqua aussi que la seule personne de distinction,

1502. qui se sauva, fut un nommé Rodrigue de Bastidas. C'étoit un fort honnête homme, riche, & habile navigateur, qui l'année précédente s'étant associé avec le célébre Pilote, Jean de la Cosa, avoit obtenu une Commission du Roi, & avoit armé deux Navires à Cadix. Il suivit la même route, que l'Amiral avoit faite dans son troisiéme voyage, & navigua fort heureusement. Il traita de l'or & des perles, poussa les découvertes cent lieuës au delà de ce qui étoit déja connu, donna le nom de *Carthagene* au Port, où l'on a depuis bâti cette fameuse Ville, dont nous aurons plus d'une occasion de parler dans la suite de cette histoire, & après s'être avancé jusques par-delà l'endroit, qui fut depuis appellé *Nombre de Dios*, ses Navires ne pouvant plus tenir la Mer, il gagna avec beaucoup de peine le Golphe de Xaragua; où il fut obligé de les échoüer. De-là, il se rendit par terre avec tout son monde à San-Domingo, où Bovadilla, sous prétexte qu'il avoit traité de l'or à Xaragua, l'arrêta prisonnier. Mais dans la suite la Cour informée de la verité de toutes choses, & de la bonne conduite, que Bastidas avoit tenuë avec les Indiens dans tous les pays, où il avoit passé, non-seulement le dédommagea de ses pertes; mais lui donna encore une récompense proportionnée à ses services.

Second voyage d'Americ Vespuce avec Ojeda.

Ojeda étoit aussi parti de Cadix, à peu près dans le même têms que Bastidas; mais comme il ne sçavoit pas de quel côté ce Capitaine avoit tourné, il ne fit autre chose chose, que le suivre. Il étoit encore accompagné d'Americ Vespuce, avec lequel il se broüilla au sujet des vivres, dont il étoit extrêmement ménager. L'Equipage, se voyant soutenu de Vespuce, se révolta, & mit son Commandant aux fers. Herrera prétend que la même chose lui étoit arrivée dès le voyage précédent. Quoiqu'il en soit, le terme de celui-ci fut le même, que de celui de Bastidas, d'où Vespuce se rendit au Port *d'Yaquimo*, ou du Bresil, dans l'Isle Espagnole. Là Ojeda, qui étoit toûjours enchaîné, voyant que son Navire n'étoit moüillé qu'à un jet de pierre de la terre, s'avisa

visa de se couler tout doucement dans la Mer pendant la nuit. Il se fioit sur sa force, qui étoit effectivement extraordinaire, & il comptoit bien de gagner le rivage en nageant, mais il s'étoit trompé, & il se seroit infailliblement noyé, s'il n'eut été promptement secourû.

1502.

La Ville de San-Domingo renversée par l'Ouragan.

Cependant on peut juger de la consternation, où fut toute l'Espagne, à la nouvelle du naufrage de la flotte des Indes; il ne fut personne, qui ne la regardât comme une suite de l'injustice, qu'on avoit faite aux Colombs; chacun se persuadant avec beaucoup de vrai-semblance, qu'un si grand malheur ne fut pas arrivé, s'ils eussent été en place: & lors qu'on fut instruit de l'avis que l'Amiral avoit donné à Ovando, la Cour fit à celui-ci de grands reproches de n'y avoir pas eû d'égard. Mais ce ne fut pas seulement la Flotte, qui se ressentit d'une si furieuse tourmente. La Ville de San-Domingo, dont les maisons n'étoient encore que de bois & de paille, en fut presque toute renversée, ce qui donna occasion de la rebâtir ailleurs, comme nous le dirons bientôt. Le travail des Mines alloit toûjours fort lentement, & Ovando ne voyoit point d'autre remede à ce mal, que de remettre les Insulaires sous le joug. Il y pensoit sérieusement, mais n'osant pas encore heurter de front les ordres précis de la Reine, qu'il sçavoit être inflexible, & d'une vivacité extrême sur ce point, il imagina un moyen, qui laissant à ces malheureux toutes les apparences de la liberté, les exposoit à toutes les rigueurs d'un veritable esclavage.

On oblige les Indiens à travailler aux Mines en les payant.

Ce fut de les obliger à travailler aux Mines pour les Castillans, comme ils avoient fait par le passé, avec cette différence, qu'ils seroient payés de leur travail; & le prétexte, dont on couvrit cette violence, c'est que sans cela on n'en pourroit pas tirer le tribut, dont ils étoient chargés, la plûpart se mettant par leur paresse hors d'état d'y satisfaire. Le grand Commandeur apporta encore une autre raison de cette conduite, en écrivant au Conseil; c'est qu'il n'étoit pas possible de fixer l'inconstance naturelle des In-

1502. diens, ni de faire cesser leurs autres désordres, qu'en les occupant par un travail moderé. Aussi fut-il fort applaudi, d'autant plus que, sur la seule esperance, qu'il avoit donnée aux habitans, de faire réduire le droit du Prince au Tiers de l'or, & au Quatriéme des autres marchandises, tous s'étoient remis avec tant d'ardeur à creuser les Mînes, qu'en peu de têms la perte causée par le dernier naufrage avoit été réparée.

Ovando songe à établir Puerto-di-Plata.

Ovando ne songeoit qu'à faire ainsi fleurir le commerce dans l'Isle Espagnole, lorsqu'il se trouva tout à coup sur les bras une guerre, dont les commencemens ne laisserent pas de l'inquietter: voici quelle en fut l'occasion. Isabelle, la seule Place, que les Castillans eussent à la côte du Nord, se dépeuplant tous les jours; & bien des raisons, que j'ai touchées ailleurs, concourant à la faire abandonner tout-à-fait, le Gouverneur Général songea à l'établissement d'un autre Port de cette côte, sur laquelle il étoit d'une extrême consequence d'en avoir un, qui pût servir d'abry en cas de besoin, & il se détermina enfin à Puerto-di-Plata. Ce Port avoit encore d'autres avantages très-considerables sur celui de San-Domingo, il abrégeoit de beaucoup le chemin des Navires, qui étoient encore plus assûrés d'y trouver toutes sortes de rafraîchissemens. Il n'est qu'à dix ou douze lieuës au plus des Mines de Cibao; qui étoient toûjours regardées comme les plus abondantes de toutes, & celles dont l'or étoit le plus pur. Sant-Yago n'en est gueres plus éloigné, la Conception de la Vega n'en est qu'à dix lieuës, & il pouvoit servir d'Echelle à ces deux Villes, à la premiere desquelles il ne manquoit que cette commodité pour être la plus riche & la plus commerçante de toute l'Isle. D'ailleurs il falloit s'assûrer des Habitans de ces quartiers-là, qui étoient encore assés peuplés, & dont on pouvoit se servir pour profiter du voisinage des Mines. Je ne sçai, si dès-lors on sçavoit que les Montagnes, qui sont voisines de ce Port, renferment une Mine d'Argent très-abondante, mais la chose est aujourd'hui certaine.

Ou Porto-Plaste.

Enfin il étoit aisé de tenir de-là en bride les Provinces Orientales dont les Peuples, qui n'avoient jamais été bien domptées; & passoient avec raison pour les plus aguéris de l'Isle; ainsi Ovando n'avoit rien de mieux à faire, qu'un établissement solide dans un lieu si avantageux, & nous avons vû que l'Amiral avoit eu dessein quelques années auparavant d'y bâtir une Ville. Il ne differa donc point à prendre de bonnes mesures pour cela: il arma une Caravelle à San-Domingo, y fit embarquer tous ceux, qu'il destinoit à peupler la nouvelle Ville, & comme il ne put leur donner des vivres pour long-têms, il leur recommanda de passer par la Saona, où il les assûra qu'ils en trouveroient en quantité. 1502.

Action cruelle d'un Espagnol.

J'ai dit ailleurs que la Saona est une petite Isle fort proche de la Province de Higuey, la plus Orientale de l'Espagnole: elle est extrêmement fertile, & les habitans de San-Domingo en tiroient beaucoup de provisions de toutes les sortes; les Indiens trouvant leur compte dans ce commerce, & le profit, qu'il leur apportoit, les engageant à cultiver leur Isle avec soin. Mais il venoit d'arriver une chose, qui avoit rompu cette bonne intelligence, & il est assés surprenant qu'Ovando n'eût pas averti ses gens d'être sur leurs gardes. Ceux, qui étoient dans la Caravelle destinée pour Puerto-di-Plata, furent donc fort surpris, qu'ayant moüillé l'ancre auprès de la Saona, & ayant envoyé la chaloupe à terre avec huit hommes; elle fut saluée, en abordant, d'une grêle de fléches, & que des huit hommes pas un n'échappa. Or voici quel étoit le sujet de cette hostilité. Peu de têms avant l'arrivée d'Ovando, une Caravelle étant venuë à la Saona pour y charger de la Cassave, tandis que le Cacique du lieu se donnoit de grands mouvemens pour l'expedier, un Castillan ayant apperçû un chien d'attache, qu'un autre tenoit par sa chaîne, eut l'indiscretion de dire à ce Dogue, en lui montrant le Cacique, ce qu'on a coûtume de dire à ces Animaux pour les agaçer, *pille*, *pille*. Il ne vouloit que badiner, dit Herrera, & l'autre tenoit toûjours le bout de la

1502. corde, ou de la chaîne, qui étoit fort longue, mais il n'en fut pas le maître. D'autres disent qu'il lâcha le chien, & le laissa faire. Ce qui est certain, c'est que le Dogue éventra le Cacique, lui dévora les intestins, & que ce malheureux en mourut sur l'heure. Quelques-uns ajoûtent que les Sujets de ce Seigneur allerent sur le champ trouver le Gouverneur Général Bovadilla, & lui demanderent justice d'une action si brutale, mais qu'ils ne furent pas même écoutés; ce qui les mit en fureur; ils sçurent néanmoins dissimuler, jusqu'à ce qu'ils eussent eu le têms d'avertir tous leurs voisins, & de les engager dans leur querelle. Cela fut bientôt fait, & le Cacique Cotubanama Souverain de la Province de Higüey s'étant mis à leur tête, ils leverent le masque à l'occasion, & de la maniere, que je viens de raconter.

La Province de Higuey prend les armes.

On étoit alors si persuadé que ces Insulaires n'étoient plus en état de se soulever, qu'on ne pensa point qu'ils voulussent porter leur ressentiment au-delà de ce qui venoit de se passer. On se trompoit, & le massacre des huit Espagnols, étoit la déclaration d'une guerre, que les Barbares étoient déterminés à pousser à toute outrance. Le Grand Commandeur ne tarda pas d'en être informé, & ne crut pas devoir négliger une affaire, qui lui parut sérieuse. Jean de Esquibel, Officier de mérite, eut ordre de partir avec 400. hommes pour la Province de Higuey, & d'y faire repentir les Indiens, d'avoir osé se venger. Il n'y trouva pas autant de facilité, qu'il l'avoit esperé, & quelques-uns de ses détachemens furent bien battus. Ovando lui avoit ordonné de tâcher, s'il trouvoit les ennemis trop forts, de les amener à un accommodement, qui sauvât l'honneur de la nation, & rétablît la tranquilité dans cette Province. Elle étoit veritablement toute en armes, & Cotubanama fit très bonne contenance à l'approche des troupes Espagnoles. Esquibel, suivant ses ordres, lui offrit des conditions assés raisonnables; il les rejetta avec hauteur, & continua quelque têms à faire la guerre avec succès.

Belle action. On commença dès-lors à rencontrer des braves parmi ces Insulaires, & il y en eut un qui fit une action, qu'on peut croire sur le témoignage des Autheurs Castillans, toute peu vrai-semblable qu'elle est. Deux Cavaliers Espagnols, dont l'un se nommoit *Valdenebro* & l'autre *Pontevedra*, apperçûrent cet Indien, qui passoit son chemin, & Valdenebro se détachant aussitôt de son Camarade, courut sur lui la lance haute. L'Indien voulut le prévenir, & lui tira une fléche, mais il le manqua; & dans le moment le Cavalier lui passa sa lance au travers du corps. L'Indien l'arrache aussitôt, saisit la bride du cheval de son ennemi, & l'alloit percer, lorsque celui-ci lui enfonça son épée jusqu'à la garde dans le ventre; il la retire, comme il avoit fait la lance, & quoique le Castillan la tînt encore par la poignée, il la lui fait lâcher. : Valdenebro prend son poignard, & le plonge encore tout entier dans le corps de l'Indien, qui s'en délivre avec la même facilité, qu'il avoit fait de l'épée & de lance. Pontevedra, qui voit son Compagnon désarmé & en danger, picque aussitôt son cheval, pour le secourir. L'Indien l'attend de pied ferme; quoique perdant tout son sang par les trois larges plaies, que lui avoit faites Valdenebro. Pontevedra lui en fait successivement trois autres de la même maniere, & avec le même succès, & deux Cavaliers se trouvent désarmés & mis en fuite, par un seul de ces Hommes, qu'ils jugeoient à peine dignes de la colere de leurs Chiens. Un moment après l'Indien tomba mort saisi de deux lances, de deux épées, & de deux poignards, & non seulement on peut dire que jamais Guerrier ne mourut plus glorieusement les armes à la main; mais par une bizarrerie, dont l'histoire n'avoit peut-être pas encore produit d'exemple, on vit les victorieux chercher leur salut dans la fuite, & le vaincu périr avec toutes les marques de la victoire.

1502. d'un Indien, qui se bat contre deux Espagnols.

Il s'en fallut bien que tous les autres Insulaires fissent paroître la même valeur, que ce brave Homme. Esquibel vint enfin à bout de leur faire quitter la campagne, & les poursuivit vivement dans les montagnes, où ils s'étoient retirés, ils n'y firent pas même grande résistance, & il en fut tué un si grand nombre, que cette Province assés peuplée jusqu'alors,

Les Indiens sont défaits & on leur donne la paix.

1502. parut toute deserte. Cotubanama demanda la paix, qu'il avoit refusée; Esquibel la lui accorda de bonne grace ; & le Cacique fut si charmé des manieres de ce Capitaine, qu'il se fit toûjours appeller depuis *Jean de Esquibel*. Ce n'est pas qu'il se fît Chrétien, mais l'usage de ces peuples est de prendre les noms de ceux, pour qui ils ont conçû de l'estime & de l'affection. Esquibel crut pourtant devoir s'assûrer de la fidelité de ce Prince autrement, que par de simples protestations d'un dévoüement entier; il bâtit une Citadelle dans ses Etats, & y laissa neuf Espagnols en garnison sous les ordres d'un Capitaine nommé Martin de Villaman.

San-Domingo rebâti dans une situation peu avantageuse.

Ce fut pendant cette guerre, que le Grand Commandeur songea à rebâtir San-Domingo, presque entierement renversé par l'Ouragan, dont nous avons parlé plus haut. Véritablement il lui donna un air de splendeur digne de la premiere Metropole du nouveau Monde, mais il lui fit grand tort en le changeant de place. Elle étoit, comme je l'ai déja remarqué, située à l'Orient du fleuve Ozama, & par la seule raison qu'il y avoit des Habitations Espagnoles de l'autre côté, le Grand Commandeur l'y transporta, sans faire réflexion que pour la commodité de quelques particuliers, il en faisoit perdre à la Ville deux beaucoup plus considérables, dont l'une ne se pouvoit absolument remplacer, & l'autre ne se peut encore suppléer, sans qu'il en coûte beaucoup. Car en premier lieu la Ville étant au Couchant, se trouve continuellement enveloppée des vapeurs du Fleuve, que le Soleil chasse toûjours devant lui ; ce qui n'est pas une petite incommodité dans un un pays aussi chaud & aussi humide, que celui-là; en second lieu, elle est privée d'une Source d'une eau excellente, dont elle joüissoit auparavant, & comme l'eau des puits & celle du Fleuve sont saumatres, on a été obligé d'y suppléer par des Cisternes, dont les eaux ne sont pas bonnes. Ceux, qui en vouloient boire de la source, étoient obligés d'avoir des Esclaves, qui ne fussent occupés, qu'à en aller chercher. M. Butet, que j'ai déja cité, dit dans son memoire qu'on a découvert une autre Source à une portée de fusil, au Nord de la Ville, & que tous les Navires y font leur provision d'eau : mais que les Habitans de cette Capitale trouvent qu'elle est encore trop loin, & aiment mieux s'en tenir à celle de leurs Cisternes, quelque mauvaise qu'elle soit, que de se donner un peu de peine pour en avoir de meilleure. Le dessein du Grand Commandeur étoit de faire un Réservoir avec une magnifique Fontaine au milieu de la Ville, pour y recevoir les eaux de la Riviere Hayna, qui sont excellentes, & qu'il ne falloit faire venir, que de trois lieuës, mais il n'a pas eu le têms d'exécuter son projet. 1502.

Oviedo, qui a vû cette Capitale dans tout son lustre, assûre qu'il ne lui manquoit que cet ouvrage, pour être une des plus belles Villes du monde. Elle est située sur un terrein parfaitement uni, & s'étend du Nord au Sud le long du Fleuve, dont le rivage bordé de jardins bien cultivés, fait un très-bel aspect. La Mer borne la vûë au Midi, le Fleuve, & ses bords si bien ornés, la terminent à l'Orient, & ces deux côtés occupent plus de la moitié de son Orizon, parce que le Fleuve tourne un peu à l'Ouest. La Campagne des deux autres côtés est des plus belles, & bien diversifiée. Le dedans répondoit parfaitement à de si beaux dehors, les ruës étoient larges & bien percées, & les Maisons exactement allignées. Elles étoient bâties pour la plûpart d'une sorte de Marbre, qu'on a trouvé dans le voisinage. Les autres étoient d'une espece de terre extrêmement liante, qui durcit à l'air, & qui dure presque autant que la Brique. Le pied des murs est baigné par la Mer, & lui fait une digue assés forte, pour la mettre à l'abri de ses fureurs. Les Vaisseaux passent le long de la Ville, & le moüillage y est bon par tout, même pour les Navires de Guerre, s'ils pouvoient venir jusques-là ; mais à l'entrée du Fleuve il y a une Barre, laquelle n'a ordinairement qu'onze pieds d'eau, treize à quatorze, quand la Marée est haute, & quinze au plus dans les grandes Marées : il est vrai que la Rade exterieure est assés sûre, si ce n'est depuis la mi-Juil-

Situation de cette Ville. Son Port.

1502. let jusqu'à la mi-Octobre, qu'il regne sur cette côte du Sud des Ouragans d'une violence extraordinaire; mais, cette saison passée, il n'y a rien à craindre, & il est sans exemple qu'aucun Navire y ait échoüé, à moins que ce n'ait été par l'ignorance des Pilotes.*

Des qualités de son terroir & de son climat. Maladies, ausquelles on y est sujet.

Le terrein des environs de cette Ville, n'est pas le meilleur de l'Isle, il est raboteux, inégal, semé de petites collines, & d'un fond de pur argile; aussi y fait-on beaucoup de Briques & de très-belles Poteries. Elles sont d'une terre beaucoup plus fine, & d'un rouge plus vif, que celles de la Havane, d'ailleurs si estimées, & l'eau s'y conserve extrêmement fraîche. Mais si San-Domingo n'est pas situé sur un terroir fertile, en récompense il joüit d'un air assés frais; ce qu'on attribuë en partie à la Riviere & à la Mer, dont la meilleure partie de la Ville est environnée, & en partie au salpêtre, qui s'y trouve en abondance: les vents du Nord, qui y regnent toutes les nuits, & les Brises de l'Est & de l'Est-Sud-Est, qui y soufflent ordinairement tous les jours, contribuent aussi beaucoup à cette fraîcheur. Les Espagnols y sont néanmoins sujets à une maladie, qui leur est particuliere, & qu'ils appellent *Pasmo*; elle attaque les nerfs, qui se roidissent & se retirent, le sang se congéle dans les veines, les Malades souffrent beaucoup du défaut de respiration, & il est rare qu'ils en guérissent. On a vû dans nos habitations quelques Negres mourir de ce mal; mais jamais aucun François n'en a été attaqué. La Lépre est aussi assés commune dans cette Capitale, & on prétend qu'elle a sa principale source dans les eaux de Cisternes, qu'on y boit. En effet, dans les Campagnes, où l'on a des Sources & des Rivieres en abondance, on ne voit pas un seul Lépreux. Les habitans de San-Domingo devroient bien, ce semble, s'assûrer aux prix de la peine, qu'il y auroit d'aller puiser de bonne eau à la Fontaine, dont j'ai parlé, s'il ne tient qu'à cela, qu'une maladie aussi horrible ne cesse parmi eux.

Mines dans la Ville. Pluye abondante.

Il y avoit autrefois dans l'enceinte de la Ville, une Mine de vif-argent d'une abondance merveilleuse, mais la Cour a ordonné qu'on la fermât, on y avoit aussi trouvé, dit-on, une Mine d'or, mais on ajoûte qu'elle rapportoit très-peu. Les débordemens du fleuve Ozama, ne sont ni fréquens, ni dangereux, parce que ses bords sont fort élevés; du reste il pleut beaucoup dans ce quartier-là, & il est rare que les Sécheresses y durent plus d'un mois. Les pluyes, qui viennent pour l'ordinaire du Nord-Est, & du Sud-Est, s'arrêtent à quatre lieuës sous le Vent aux environs de la Riviere Yuna; & l'on a observé que tous les quartiers, qui sont à l'Ouest de la Capitale jusques-aux habitations Françoises, sont si souvent exposés aux Sécheresses, que tous les Bestiaux y périroient de soif, si on n'avoit pas la précaution de les mener dans les doubles Montagnes, où on les nourrit des feüilles des arbres, encore n'en sauve-t'on par-là qu'une partie. Or on ne voit rien de semblable dans les Provinces, qui sont au Vent de San-Domingo. Enfin on assûre que les Tremblemens de Terre sont assés frequens aux environs du fleuve Ozama, mais on ajoûte qu'ils n'y ont presque jamais aucune suite fâcheuse. 1502.

Pour revenir, Ovando, outre la Forteresse, qui est son ouvrage, & sa Maison, qui étoit magnifique, fit construire un Convent pour les PP. de S. François, & un Hopital, sous le titre de S. Nicolas, dont il portoit le nom. Quelques années après les Religieux de S. Dominique & de la Merci, vinrent aussi s'établir dans cette Capitale, & le Trésorier Michel de Passamonté, dont nous parlerons bientôt, y ajoûta un second Hôpital sous le nom de S. Michel son Patron. Enfin on y a bâti une superbe Cathédrale, & toutes ses Eglises sont fort belles. Jamais Ville ne fut plus promptement achevée avec cette magnificence, où on l'a vûë: quelques Particuliers, qui se trouvoient en fonds, entreprirent d'abord de bâtir des ruës entieres, dont ils ne tarderent pas à retirer leur argent avec de gros profits. D'autres suivirent leur exemple, & s'en trouverent également bien. San-Domingo devint ainsi presque tout à coup une si grande, & une si belle Ville, qu'Oviedo ne craignit point

1502. d'aſſûrer l'Empereur Charles Quint, que l'Eſpagne n'en avoit pas une ſeule, qui lui pût être préférée, ni pour l'avantage du terrein, ni pour l'agrément de la ſituation, ni pour la beauté & la diſpoſition des Places, & des Ruës, ni pour l'amenité des environs, & que ſa Majeſté Imperiale logeoit aſſés ſouvent dans des Palais, qui n'avoient ni les commodités, ni l'étenduë, ni les richeſſes de quelques-uns de ceux de San-Domingo. Puerto di-Plata fut auſſi achevé dans le même têms. Ce Port a été quelques années aſſés floriſſant, mais il s'en faut bien que les Eſpagnols en ayent tiré tous les avantages, dont ils s'étoient flattés, & qu'ils pouvoient s'en promettre avec fondement; nous verrons dans la ſuite qu'ils ne purent s'en prendre qu'à eux, ſi leurs eſperances furent trompées; il ne falloit que conſerver les Inſulaires.

Fin du Livre troiſiéme.

HISTOIRE
DE
L'ISLE ESPAGNOLE
OU DE
S. DOMINGUE.
PREMIERE PARTIE.

LIVRE QUATRIE'ME.

LE succès de la derniere guerre de Higuey ayant mis le Grand Commandeur en état de donner la loy à toute l'Isle, la bonne Politique demandoit, ce semble, qu'il s'appliquât à conserver un Peuple soumis, qui pouvoit être d'une grande utilité à la Colonie Espagnole, & dont on avoit même absolument besoin, si on vouloit tirer du sein de cette terre les trésors, qu'elle renfermoit. Il faut rendre à la Cour d'Espagne la justice de dire que tel a toûjours été son plan, & qu'elle n'a jamais rien tant recommandé aux Gouverneurs du nouveau Monde, que d'en bien traiter les anciens Habitans. Mais ses ordres ont presque toûjours été fort mal executés; on lui en a même fait donner quelques-uns, dont elle ne voyoit pas les consequences pernicieuses, & dont on a abusé, pour exercer une Tyrannie, que rien ne pourra jamais excuser, & qui a dépeuplé les plus belles, & les plus vastes Regions de l'Amerique. 1503.

Ainsi sur les représentations que le Grand Commandeur fit alors aux Rois Catholiques, que la liberté renduë aux Habitans de l'Isle Espagnole alloit produire immanquable- Nouveaux ordres donnés au Grand Commandeur

1503. ment la ruine entiere de la Colonie; qu'on y souffroit déjà beaucoup de la disette des vivres, qu'on n'y étoit plus en état de travailler aux Mines, que les Tributs ne se payoient point, & que les Indiens s'éloignant des habitations Espagnoles, il n'étoit pas possible de les instruire des principes du Christianisme: sur ces représentations, dis-je, on lui prescrivit les choses suivantes, par une lettre écrite de Medina-del-Campo: De ne rien négliger pour gagner les Insulaires, & les affectionner à la Nation Espagnole, & à la Religion Catholique: Que, s'il étoit nécessaire d'user envers eux de quelque violence, pour les obliger à travailler, de le faire avec toute la discretion possible, & de ménager si sagement l'autorité & la persuasion, que les Caciques ne pussent se défendre de mener leurs sujets au travail, les uns après les autres: D'avoir un grand soin que tous assistassent aux Instructions, qu'on leur feroit régulierement à certains jours: De faire ensorte qu'ils fussent soumis à ceux, à qui on les auroit donnés, pour les faire travailler, mais de tenir la main à ce que ceux-ci les traitassent bien, & leur payassent exactement le salaire, qui auroit été reglé selon la qualité des personnes, & la nature du travail: Enfin de se souvenir que ce peuple étoit libre, & ne devoit pour aucune raison être réduit en Esclavage, de le gouverner avec bonté, & de s'attacher surtout à faire amitié à ceux, qui embrasseroient la Religion Chrétienne.

conformes à ce qu'il avoit représenté.

Les départemens d'Indiens établis.

Quoique ces Instructions ne continssent rien, que de fort sage, elles ne laissoient pas d'être susceptibles d'un mauvais sens, & on ne manqua point de le leur donner. Effectivement ce fut en faisant semblant de s'y conformer, que le Grand Commandeur établit ces Départemens d'Indiens si odieux, dont j'ai déjà parlé, & voici de quelle maniere il le fit. Il assigna à chaque Castillan un certain nombre d'Indiens, plus ou moins, suivant la qualité des Personnes, ou l'inclination, qu'il avoit à leur faire plaisir. La Concession étoit conçûë en ces termes. « Je recommande à Tel

Repartimientos.

» tant d'Indiens, sujets de tel Cacique, & il aura soin de les » faire instruire des Principes de notre Sainte Foy.» Et comme ces malheureux demeuroient les six & les huit mois de suite dans les Mines, & qu'il en mouroit beaucoup, ceux, que le Gouverneur Général vouloit favoriser, faisoient aisément remplacer les morts des débris des autres Départemens, qu'on étoit obligé d'abandonner, quand ils étoient trop délabrés, & qu'on n'étoit pas en faveur; ou de ceux, dont les Maîtres, après le terme expiré, n'avoient pas le crédit de se faire continuer le service: cette disposition a depuis été suivie dans tout le nouveau Monde. 1503.

Ce qu'il y eut de plus surprenant, si néanmoins on doit être surpris que la cupidité & l'avarice aveuglent les hommes, jusqu'à leur faire perdre de vûë leurs plus véritables interêts, & même leurs plus pressants besoins; c'est qu'avant que de mener aux Mines les Indiens nouvellement asservis, on ne les occupa point à cultiver la terre, pour faire cesser une famine, qui duroit depuis si long-têms. Du reste, pour tout ce qui regarde le Gouvernement de l'Isle, les Historiens s'accordent à donner sur cela de grands éloges à Ovando. Tous ont extrêmemement loüé sa sagesse, son attention au bien public, & son zele pour les interêts du Prince, & pour l'Etablissement de la Religion. Non content d'avoir donné un assés beau Couvent aux PP. de S. François dans la Capitale, il leur en fit encore bâtir un dans la Ville de la Conception, & il les engagea à élever un bon nombre de jeunes Indiens, à qui ils apprenoient la Doctrine Chrétienne, à lire & à écrire en Castillan, & même à quelques-uns, en qui il se trouvoit plus d'ouverture d'esprit, un peu de Latin. Il purgea aussi la Colonie de plusieurs personnes de mauvaise vie, & il s'opposa autant qu'il pût, à ce qu'on envoyât des Negres dans les Indes, ayant remarqué que les premiers, qui passerent à l'Isle Espagnole, se réfugioient chés les Insulaires, à qui ils apprenoient tout le mal, dont ils étoient capables, & qu'ils rendirent beaucoup plus difficiles à conduire.

Bonnes qualités d'Ovando.

1503. Mesures que prend la Cour pour policer les Indiens.

Peu de têms après l'arrivée des ordres de la Cour, dont je viens de parler, le Grand Commandeur en reçût un, qui auroit rompu toutes ses mesures, par rapport aux Départemens, s'il n'eut pas trouvé le moyen de l'éluder. On lui enjoignoit de rassembler tous les Indiens, & d'en former de grandes Peuplades, dans le voisinage des Villes Espagnoles, d'établir parmi eux toute la meilleure police, qu'il seroit possible, de les accoûtumer à cultiver les terres, & à vivre en societé, d'établir en chaque Bourgade une Personne de probité, qui la gouvernât en paix, & ne permît pas aux Castillans de les employer malgré eux à aucune corvée, sous quelque prétexte que ce fût, & eût soin de faire payer exactement le salaire à ceux, qui de leur plein gré s'engageroient, soit pour les Mines, soit pour d'autres travaux; de les accoûtumer à se vêtir honnêtement, de faire construire par tout des Eglises, & d'avoir soin qu'elles fussent tenuës proprement, & déservies par des Prêtres assidus, exemplaires & zélés; d'empêcher les Caciques de continuer leurs extorsions ordinaires contre leurs Sujets; d'exécuter sur eux, & sur tous les Indiens en général, les ordonnances, qui avoient été faites contre les Blasphémateurs; d'abolir ce qu'il y avoit dans leurs fêtes, & dans leurs réjoüissances de contraire aux bonnes mœurs & à la Religion; de bâtir des Hôpitaux pour eux, de les engager par douceur à payer les dixmes, & de procurer par tous les moyens possibles que les deux Nations se réunissent par des alliances réciproques. On ne dit point ce qui avoit donné lieu à ce beau plan, qui fut plus d'une fois proposé dans la suite, & appuyé de toute l'autorité de la Cour, sans avoir eu son exécution, que pendant très-peu de têms. Nous verrons en son lieu les inconveniens, qui s'y rencontrerent: le plus réel, & qui seul étoit capable de le faire échoüer, c'est que les Castillans n'y trouvoient pas leur compte, puisqu'il faisoit tomber les départemens, sur lesquels étoit fondée toute l'esperance, qu'ils avoient conçûë de s'enrichir.

C'eſt ainſi que le Gouverneur Général ſacrifioit aux interêts des Particuliers, & comme il le croyoit mal-à-propos, à ceux du Prince, un Peuple innocent, & duquel on pouvoit tirer des ſervices bien plus conſiderables, que ceux, qu'on en exigeoit; mais il n'eſt pas aiſé de ſçavoir au juſte ce qui le porta à dépeupler preſque entierement une des plus grandes Provinces de l'Iſle, de la maniere que je vais dire. Depuis le ſoulévement de l'Alcaïde Major, François Roldan Ximenez, il étoit reſté dans le Xaragua un aſſés grand nombre de ſes complices, qui y vivoient ſans Dieu & ſans Foy, & ſur leſquels on croyoit avoir beaucoup gagné en les empêchant de remuer, & de faire des aſſemblées contre le Gouvernement. Behechio étoit mort depuis peu, & comme aucun de ſes Enfans ne lui avoit ſurvêcu, ſon Royaume avoit paſſé à ſa Sœur Anacoana. Cette Princeſſe, par un pur effet de l'inclination, qu'elle avoit toûjours euë pour la Nation Caſtillane, s'étoit d'abord appliquée à bien traitter ceux de cette Nation, qu'elle avoit trouvés dans ſes Etats, mais elle n'en avoit été payée, que d'ingratitude, & l'on prétend que ſon affection s'étoit changée en une haine mortelle. Les Caſtillans s'en apperçûrent bientôt, ou peut-être même ſe perſuaderent-ils que la choſe étoit ainſi, parce que naturellement ils devoient s'y attendre. Il eſt au moins certain qu'il y eut quelques hoſtilités de part & d'autre. Elles ceſſerent à la vérité bientôt, mais les Caſtillans manderent au Gouverneur Général, que la Reine de Xaragua méditoit quelque mauvais deſſein, & qu'il n'y avoit pas de têms à perdre, ſi on ne vouloit pas en être prévenu.

1503.

Etat où ſe trouvoit alors la Province de Xaragua.

Ovando ne crut pas devoir rien réſoudre ſur un avis de cette nature, il connoiſſoit aſſés le caractere de ceux, qui le lui donnoient, pour être perſuadé que leur querelle particuliere ne devoit pas être regardée comme une affaire d'Etat. Mais il jugea qu'un voyage dans cette Province reculée ne feroit pas hors de propos, ne ſervît-il qu'à remettre les Caſtillans dans l'ordre, & à faire ceſſer le ſcandale,

Ovando s'y tranſporte.

1503. que leur vie débordée causoit depuis si long-têms aux Chrétiens & aux Infideles. Il partit donc de San-Domingo, à la tête de 300. hommes de pied, & de 70. chevaux, après avoir publié que le sujet de son voyage étoit de recevoir le Tribut, que la Reine de Xaragua devoit à la Couronne de Castille, & de voir une Princesse, qui s'étoit dans tous les têms déclarée en faveur de la Nation Espagnole. Sur le premier avis de sa marche, Anacoana parut fort joyeuse, soit qu'elle fût véritablement innocente de ce qu'on lui avoit imputé, ou que n'ayant communiqué son dessein à personne, elle ne craignît point qu'on l'eût pénétré. Elle fit ensuite avertir tous ses Vassaux de la venir trouver pour grossir sa Cour, faire honneur au Général Espagnol, & lui donner une grande idée de sa Puissance.

La Réception qu'on lui fait.

Il en vint jusqu'à 300. à qui les Ecrivains Espagnols donnent le nom de Caciques, & la Princesse n'eut pas plûtôt appris que le Grand Commandeur approchoit, qu'elle se mit en marche pour aller au devant de lui, accompagnée de toute cette Noblesse, & d'un Peuple infini, tous dansant à la maniere du Pays, & faisant retentir l'air de leurs chants. La rencontre se fit assés près de la Ville de Xaragua, on parut de part & d'autre charmé de se voir, & jamais on ne vit des marques d'une joye plus sincere, & d'une plus parfaite confiance. Après les premiers complimens, Ovando fut conduit parmi des acclamations continuelles au Palais de la Reine, où il trouva dans une salle très-spatieuse, un grand Festin tout préparé; tous ses gens furent aussi régalés avec profusion, & après le repas il y eût des danses & des jeux de toutes les sortes. La Fête dura plusieurs jours, avec une grande magnificence, & beaucoup de varieté, & l'on ne pouvoit se lasser d'admirer le bon goût, qui regnoit dans cette Cour sauvage.

Il se persuade que cette Princesse a formé de mauvais desseins contre les Es-

Les Castillans établis dans ce pays ne voyoient pas avec plaisir cette bonne intelligence entre le Grand Commandeur & la Cacique, & avertirent le premier de ne pas se fier aux démonstrations d'amitié de cette Princesse; mais il n'étoit

n'étoit pas nécessaire de lui donner sur cela des leçons. Herrera dit qu'il fut enfin convaincu que la Princesse Indienne avoit formé de mauvais desseins contre les Espagnols, mais il ne nous apprend pas quelles preuves il en eut. Oviedo prétend qu'il le sçut par la confession des 300. Caciques vassaux d'Anacoana, dont il tira cet aveu par les tourmens, il paroît même vouloir justifier en tout la conduite, que tint Ovando en cette rencontre: mais les autres Historiens, & Herrera lui-même, en ont parlé comme d'une barbarie sans exemple, & l'on en porta le même jugement à la Cour d'Espagne. Soit donc qu'en effet ce Gouverneur fût persuadé de ce qu'on lui avoit dit contre cette Princesse, ou que suivant les Maximes de cette détestable Politique, qui devint dans la suite comme une regle générale de Conduite pour les Espagnols dans le nouveau Monde; il résolut de ne pas manquer l'occasion qu'il avoit entre les mains d'abatre tout d'un coup les derniers Chefs d'un Peuple, qui lui paroissoit encore trop puissant. Voici les mesures, qu'il prit pour empêcher qu'aucune des victimes, qu'il croyoit devoir immoler à la sûreté de la Colonie, ne lui échappât.

1503. pagnols.

De quelle maniere Ovando se rend maître de la Reine de Xaragua, & ce qu'elle devint.

Il invita pour le Dimanche suivant la Reine de Xaragua à une Fête, qu'il vouloit, disoit-il, lui donner à la maniere d'Espagne, & il lui fit insinuer qu'il étoit de sa Grandeur d'y paroître avec toute sa Noblesse. Elle donna donc à dîner à tous ses Vassaux, & un Peuple infini accoûrut à un spectacle, qu'il supposoit devoir être quelque chose de fort curieux. La salle, où toute la Cour Indienne étoit assemblée, donnoit sur la Place, où la Fête se devoit célébrer, & c'étoit une espece d'Auvent, dont le Toit étoit soûtenu d'un très-grand nombre de piliers. Les Espagnols, après s'être fait un peu attendre, parurent enfin en ordre de Bataille. L'Infanterie marchoit la premiere, & à mesure qu'elle arriva sur la Place, elle en occupa toutes les avenuës. La Cavalerie vint ensuite ayant le Grand Commandeur à sa tête, & s'avança jusqu'à la maison de la Reine, qu'elle investit. Cela fait tous les Cavaliers mirent le sabre à la main; ce qui commen-

1503. ça d'exciter un peu de frémissement dans le cœur de la Princesse. Quelques momens après, Ovando ayant mis la main sur sa Croix d'Alcantara, ce qui étoit le signal, dont il étoit convenu avec ses gens; les Fantassins firent main-basse sur la multitude, qui remplissoit la Place, en même têms que les Cavaliers mirent pied à terre, & entrerent dans la salle où l'infortunée Anacoana étoit plus morte que vive, aussi-bien que toute sa Cour. Les Caciques furent aussitôt attachés à des Poteaux, & ce fut alors, si on en croit Oviedo, qu'ils avoüerent le crime de Rébellion, dont on les accusoit. On mit ensuite le feu à la maison, & tous ces malheureux y furent bientôt réduits en cendres. La Reine réservée à un supplice plus honteux, fut présentée liée & garottée, au Grand Commandeur, qui la fit conduire en cet état à San-Domingo, où son Procès lui ayant été fait dans toutes les formes de la Justice, elle fut déclarée atteinte & convaincuë d'avoir conspiré contre les Espagnols, condamnée comme telle à être penduë, & executée publiquement. Oviedo nous représente cette Princesse comme débordée à l'excès; mais j'ai deja averti que cet Ecrivain à toujours grand soin de faire paroître fort criminels tous ceux, qui ont éprouvé les plus tristes effets de la cruauté de sa Nation.

Horrible massacre des Habitans de Xaragua. Révolte de quelques Provinces assoupie sur le champ.

Au reste, il ne se peut dire combien il périt d'Indiens, dans cette funeste journée. On ne vit jamais une plus horrible boucherie: tout fut confondu, grands & petits, hommes & femmes, les innocens, & ceux qu'on croyoit coupables. On dit même que quelques Cavaliers, par une pitié, où il entroit un peu d'interêt, ayant réservée de jeunes enfans, dont ils vouloient faire des Esclaves, & les menant en croupe, d'autres venoient percer derriere eux ces petits Innocens, ou si quelqu'un tomboit par terre, ils lui coupoient les jambes, & les laissoient en cet état sans aucun secours. Du petit nombre de ceux, qui échapperent à la fureur du Soldat, quelques-uns se sauverent dans des Canots, que le hazard leur fit trouver sur le bord de

la Mer, & passerent à la Gonave, mais ils y furent pour- 1503.
suivis, & on ne leur fit grace de la vie, que pour les condamner à une servitude beaucoup plus dure, que la mort. D'autres passerent dans les Provinces limitrophes, & les souleverent par le récit, qu'ils y firent, de ce qui venoit de se passer chés eux. Un des parens d'Anacoana se cantonna dans les montagnes de *Baoruco*, les plus hautes & les plus inaccessibles de l'Isle, qui s'étendent en dedans des terres, par une ligne parabolique, depuis le milieu du grand Cul-de-Sac, où étoit Xaragua, jusqu à la côte du Sud, & dont les Habitans étoient extrêmement Sauvages. Plusieurs pénétrerent dans le milieu de l'Isle. Le Grand Commandeur fit marcher contre les uns, Diego Velasquez, & contre les autres, Rodrigue de Mescia, avec de bonnes Troupes. Les Indiens se défendirent pendant quelque têms, mais leurs Chefs ayant été pris & punis; le reste se dissipa, de sorte qu'au bout de six mois il ne restoit plus personne dans l'Isle, qui n'eût subi le joug des Castillans.

Cette guerre finie, Ovando donna toute son attention à
la fondation des Villes ou des Bourgades, qu'on lui avoit re- 1504.
commandé de bâtir aux endroits les plus avantageux, pour l'affermissement de la Colonie. Il obligea les Espagnols, qui restoient dans la province de Xaragua, de se réünir, & il en forma une Ville, qui fut nommée *Sancta-Maria de la Vera-Paz*. Elle étoit placée assés près du Lac Xaragua, à deux lieuës de la Mer, dont on l'approcha dans la suite, sous le nom de *Sancta Maria del Puerto*. Mais le nom d'*Yaguana*, que les Insulaires donnoient à ce lieu là, a pris le dessus dans l'usage ordinaire, & les François en ont formé celui de *Leogane*. Cette Ville étoit éloignée de 70. lieuës de la Capitale. A huit lieuës au Nord de San-Domingo, le Grand Commandeur fonda la ville de *Buenaventura*, & dans le milieu de l'Isle, entre les deux grandes rivieres Yaqué & Neyva, il fonda celle de *San-Juan de la Maguana*. A 24. lieuës de San-Domingo, un Commandeur de Galice, dont on n'a pas eu soin de nous apprendre le nom, avoit fait une habitation,

1504. près d'un Port, nommé *Azua*, où il y avoit eu une Bourgade de Sauvages. Cette habitation devint bientôt une Ville, sous le nom *d'Azua de Compostella*. Le Port d'*Yaquimo*, autrement appellée le Port de Bresil, & *Salvatierra de la Savana*, furent établis peu de têms après, & Velasquez fut déclaré Lieutenant Général pour tous ces nouveaux établissemens. Rodrigue de Mescia fut chargé en même têms d'en faire un à *Puerto Real*, un second dans les Terres à 16. lieuës de San-Domingo vers le Septentrion, qui fut nommé *el Cotuy*; & un troisiéme sur la même Côte du Nord, dans un canton que les Naturels du Pays nommoient *Guahana*. Ovando lui donna le nom de son ancienne Commanderie, & cette Ville fut appellée *Larez de Guahaba*.

Villa Nueva d'Yaquimo.

Etat de l'Isle Espagnole en 1504.

De cette sorte on comptoit en 1504. dans l'Isle Espagnole 15. Villes, ou Bourgades toutes peuplées de Castillans, à sçavoir, San-Domingo, Azua de Compostella, Villa-Nueva de Yaquimo, que les François nomment aujourd'hui Aquin; & Salva-Tierra de la Savana, sur la Côte du Sud. Sancta-Maria de la Vera-Paz, sur celle de l'Oueſt; Puerto di Plata, Puerto Real, & Larez de Guahaba, sur celle du Nord. Sant-Yago, Bonao, el Cotuy, Buenaventura, la Conception de la Vega, Bonica, & Gohava près des Mines, & dans le milieu des terres. Outre deux Forteresses dans le Higuey, à la place desquelles on bâtit deux nouvelles Villes sur la fin de cette année, comme nous le verrons bientôt. Isabelle, & plusieurs Forteresses, qu'on avoit bâties d'abord, pour s'assûrer des Mines de Cibao & de Saint Christophle, étoient abandonnées depuis quelque têms. Le Grand Commandeur obtint dans la suite du Roi Ferdinand des Armoiries pour toutes ces Places, & pour l'Isle en général, & le Brevet en fut expedié le 6. Decembre 1508. L'Historien Antoine Herrera a eu grand soin de nous les transmettre fort exactement blasonnées, & je les ai fait graver sur la Carte, que je donne ici de l'Isle Espagnole, telle qu'elle étoit au têms dont je parle.

Nouvelles. Cependant il y avoit plus d'un an, que Cristophle

Colomb étoit parti de la rade de San-Domingo, où nous l'avons vû paroître peu de têms avant le naufrage de la Flotte Espagnole, & comme depuis ce têms-là on n'avoit appris aucune nouvelle de lui, l'on commençoit à le croire perdu, lorsqu'on sçût par une voye assés singuliere, qu'il étoit dégradé dans l'Isle de la Jamaïque. Mais pour raconter les choses avec ordre, il faut reprendre la suite de son voyage, où nous l'avons interrompu. 1504. découvertes de Christophle Colomb.

L'Ouragan, qu'il n'avoit que trop bien pressenti, l'avoit fort inquietté sur le sort de la Flotte, où nous avons vû que tout son Bien se trouvoit embarqué. Il eut fort désiré d'en apprendre des nouvelles, avant que de s'éloigner; & c'est apparamment ce qui le mit lui-même en risque; car il est certain qu'il fut long-têms battu de la Tempête, & qu'il eut bien de la peine à gagner le Port d'Azua. Il y entra même seul, ayant perdu de vûë ses trois autres Navires; mais enfin ils s'y rendirent tous, & l'Amiral ne tarda pas ensuite à gagner le Port d'Yaquimo, qui est à 76. lieuës de la Capitale, & où il resta jusqu'au 14. de Juillet 1502. De-là il passa à la Jamaïque, d'où il vouloit prendre son point de partance. Il fit ensuite l'Ouest, pour gagner plûtôt la Terre Ferme, mais les Vents contraires, les Calmes, pendant lesquels les Courans penserent le jetter sur les Jardins de la Reine, qui sont au Sud de Cuba, & une seconde Tempête, aussi forte que la premiere, le retinrent 70. jours pour faire 60. lieuës. Il trouva après cela, que la Tourmente avoit fort endommagé ses Navires, & les vivres commençoient à lui manquer, de sorte, que ses Equipages, perdant cœur demandoient à relâcher, ou à la Jamaïque, ou à l'Espagnole. Tout autre que lui l'eut fait, sans attendre même, qu'on l'en priât, mais personne ne sçavoit mieux que lui se roidir contre les obstacles; il tint bon, ranima ses gens, & attendit le vent favorable, qui vint enfin, & dont il profita. 1502. | 1504.

La premiere terre qu'il aperçût, ce fut une petite Isle, accompagnée de plusieurs; il leur donna le nom de *los Guanajos*, à cause de la premiere, que les habitans nommoient Il découvre la Province de Honduras.

1502. *Guanaja.* L'Adélantade Dom Barthélemy Colomb eut envie de visiter celle-ci, & y ayant trouvé une grande quantité de
1504. Pins, l'Amiral l'appella l'Isle *des Pins* : elle est à 12. lieuës du Cap *de Honduras*, & de la ville *de Truxillo.* Quelques-uns ont voulu s'attribuer la gloire de cette découverte ; mais il a été prouvé par le Procureur du Fisc Royal, que personne n'avoit navigué de ce côté-là avant l'Amiral Dom Christophle Colomb. L'Adélantade étant sur le point d'aborder dans l'Isle, dont je viens de parler, rencontra un Canot, qui avoit à peu près la forme d'une Galere, sa largeur étoit de 8. pieds, sa longueur proportionnée, & il portoit 25. hommes, avec un grand attirail de femmes & d'enfans. D. Barthélemy se rendit maître de ce petit Bâtiment, & le conduisit à son Frere, à qui cette heureuse rencontre fit beaucoup de plaisir. Il se trouva dans ce Bâtiment des marchandises de plusieurs sortes, & dont quelques-unes venoient de l'Yucatan. C'étoit des couvertures & des tapis ouvragés de Cotton, des épées d'un bois fort dur, des coûteaux de cailloux, de petites haches de Cuivre, & d'un fruit, que ces Peuples nommoient Cacao, & dont ils faisoient grand cas. Aussi s'en servoient-ils à composer un breuvage, qui leur tenoit lieu de nourriture & de boisson, & c'étoit encore leur Monnoye ordinaire. L'Amiral leur fit beaucoup de caresses, & les renvoya chargés de présens, à la réserve d'un vieillard, qui lui parut avoir plus d'esprit que les autres, & de qui il espera de tirer plusieurs connoissances utiles à ses desseins.

La premiere demande qu'il lui fit, & c'étoit toûjours celle, que l'on faisoit d'abord en semblables rencontres ; fut, s'il y avoit de l'Or dans son Pays : aussi-tôt l'Indien se tourna vers l'Orient, & fit entendre qu'il y avoit de ce côté-là des Pays, où ce Métal étoit en si grande quantité, que tous les meubles en étoient couverts. On lui fit voir du Corail, des Epiceries, & d'autres Marchandises précieuses ; & il sembla aux Castillans, qu'il leur donnoit sur tout cela les mêmes espérances, soit qu'il le fît pour leur complaire, ou qu'on ne s'entendit pas bien. Il donna encore à connoître que dans le Pays, dont il parloit, il y avoit des Navires, de l'Artillerie, toutes sortes d'Armes offensives, & deffensives, en un mot, de tout ce qu'il voyoit aux Espagnols, & ce rapport étoit si conforme aux anciens préjugés de l'Amiral, qu'il ne lui vint pas même à l'esprit de douter de la verité de ces indices, tout équivoques qu'ils étoient.

1502. | 1504.

Il prend le change & manque la découverte du Mexique.

Il ne pouvoit encore s'ôter de l'esprit, que le Catay & la Chine ne fussent très-proches de l'endroit, où il se trouvoit, & il lui échappa un jour de dire publiquement, qu'il ne se faisoit qu'à 10. journées, de l'embouchure du Gange; car il croyoit ce fleuve attenant à la Chine. Ce Pays si riche en Or, dont l'Indien lui parloit, étoit vrai-semblablement le Perou; Colomb se persuada que le Royaume *du Grand-Can*, & le Catay, étoient situés à son égard, comme *Tortose* l'est à l'égard de Fontarabie, sur deux Mers différentes à la vérité, mais peu éloignées l'une de l'autre. Cette imagination & la créance, qu'il donna aux prétendus signes du vieux Sauvage, lui firent grand tort; car pour peu qu'il eut continué sa route à l'Ouest, il eut bien-tôt trouvé l'Yucatan, dont il n'étoit qu'à 30. lieuës, & apparemment toute la Côte du Mexique: mais après avoir renvoyé cet homme, & l'avoir bien payé de ses bonnes nouvelles, il prit sa route au Levant, doubla le Cap *de Gracias à Dios* le 12. Septembre, & lui donna ce nom, parce que ces mêmes Vents d'Est, qui l'avoient si fort contrarié jusques-là, commençoient à lui être favorables. Le 17. il moüilla vis-à-vis une grosse Bourgade, nommée *Cariari*, où il fit travailler à ses Navires, qui faisoient beaucoup d'eau. Il continua ensuite à ranger la Côte, envoyant de têms en têms sa Chaloupe à terre, d'où elle ne revenoit jamais, sans lui rapporter de nouvelles assûrances, qu'en avançant à l'Est, il trouveroit des régions abondantes en Or.

Il découvre Porto-Belo & plusieurs autres Ports.

Il alla de cette sorte jusqu'à un Port, qui lui parut si beau, qu'il lui en donna le nom (a); & c'est celui qu'on appelle encore aujourd'hui vulgairement *Portobelo*. Il y entra le 2. de

(a) puerto bello

1502. | 1504. Novembre, & en sortit le 9. Quatre ou cinq lieuës plus loin, il en rencontra un autre, qu'il appella *Puerto di Bastimentos*, parce qu'il en trouva tous les environs cultivés, & couverts de fruits & de Maïz. Il y demeura jusqu'au 23. & il y fit encore travailler à ses Navires. Le 26. il entra dans un troisiéme Port fort étroit, mais extrêmement profond; il le nomma *el Retrete*. La facilité d'y approcher les Vaisseaux de terre, pensa être funeste aux Castillans; car plusieurs étant allés à l'insçu de l'Amiral dans les maisons des Indiens, ces Barbares, qui les avoient d'abord assés bien reçus, & qu'ils voulurent apparemment maltraitter, prirent les armes, & eurent même l'assûrance de venir attaquer les Navires. Colomb crut les intimider en faisant gronder son Artillerie, mais comme il n'avoit fait mettre que de la poudre dans ses Canons, les Indiens, les plus hauts & les plus puissants, qu'on eut encore vû, s'étonnerent assés peu du bruit, ils s'en mocquerent même, & ajoûterent les menaces aux railleries. Quelques boulets qu'on leur envoya, & qui abbatirent quelques-uns des plus hardis, les firent pourtant fuir bien loin, & ils n'oserent plus s'approcher.

Il songe à s'en retourner en Espagne.

Ce fut là, que l'Amiral, ne voyant plus aucune apparence de trouver, ni l'Or, dont on l'avoit flatté, ni un Détroit, qui le conduisît aux grandes Indes; ou plûtôt, ne pouvant plus tenir la Mer avec ses Vaisseaux, qui s'ouvroient de toutes parts, il résolut de s'en retourner en Espagne. Et bien lui en prit, de ne pas trouver ce Détroit si désiré; car dans la persuasion, où il étoit, que le Gange n'étoit pas loin, il n'eut pas manqué de s'engager sans vivres, & avec des Navires tout délabrés dans cette vaste Mer du Sud, qui par le travers, où il se rencontroit, à plus de 2000. lieuës d'étenduë, & où il lui étoit inévitable de périr. Il retourna donc à Portobelo, où il arriva le 5. de Decembre, & pour ne pas perdre tout le fruit d'un si long & si pénible voyage; il voulut avant que de quitter la Terre Ferme y faire un Etablissement, ce que personne n'avoit encore entrepris, & il jugea qu'outre l'honneur, qui lui en reviendroit, il confirmeroit

meroit encore par là les droits de sa Charge sur toutes les Mers & les Terres du Nouveau Monde. 1502. | 1504.

Il s'informa donc, d'où l'on tiroit l'or, que la plûpart des Indiens, qu'il rencontroit, venoient traiter avec lui, & il apprit que c'étoit des Terres d'un Cacique, appellé Quibia, & que ses Navires pourroient remonter un grand Fleuve, nommé *Veragua*, au haut duquel ce Seigneur faisoit sa Résidence. Sur cet avis il tourna de ce côté-là, & il n'eut pas fait beaucoup de chemin, qu'il fut accueilli de la plus horrible Tempête, qu'il eût jamais essuyée. Elle étoit formée par plusieurs Vents contraires, ce qui causoit des vagues si excessivement hautes, que d'un moment à l'autre, les Navires sembloient s'élever jusqu'aux nuës, & se précipiter dans un abîme sans fond. Avec cela, il tomboit sans cesse un déluge de Pluye, le Ciel étoit en feu, le Tonnerre ne discontinuoit point, & les coups se suivoient de si près, que comme les Navires ne se voyoient point l'un l'autre, on s'imaginoit toûjours que c'étoit quelqu'un d'eux, qui déchargeoit toute son Artillerie, pour demander du secours. Ce qui surprenoit d'avantage, c'est que ces Bâtimens, sur lesquels on ne se croyoit point en sûreté dans une Mer tranquille, résistassent si long-têms à une si étrange agitation, & qui dura 8. jours entiers.

Il essuye une rude tempête.

On n'étoit pas loin du Port, & l'on n'osoit en approcher, parce qu'on ne le connoissoit pas ; mais il n'y eut personne, qui ne crût toucher à son dernier moment, à la vûë d'une de ces Pompes d'eaux, ou Trompes Marines, que les gens de Mer appellent *Fronks*, que l'on connoissoit alors si peu, & qui ont depuis submergé tant de Navires. C'est un Nuage agité d'un mouvement de Tourbillon, qui descend dans la Mer, en tire l'eau, la fait monter fort haut, en forme de Colonne, & chassé ensuite par le Vent, crêve enfin quand il est trop plein ; & malheur au Navire, qui se rencontreroit en son chemin. Le seul remede est de tirer dessus pour le couper. L'Amiral, qui n'avoit aucune connoissance de ce Phénomene, n'y en trouva point d'autres, que de faire

Pompe d'eau ou Trompe Marine.

1502. | 1504. réciter le commencement de l'Evangile de S. Jean ; la Pompe passa assés près de son Navire, sans l'endommager, & la même pieté, qui l'avoit fait recourir à Dieu, pour être préservé de ce danger, l'empêcha de douter, qu'il ne fut redevable à sa bonté d'y avoir échappé, & lui en fit rendre de sinceres actions de graces à celui, qui commande à la Mer & aux Vents.

Il entre dans la Riviere de Béthléem, puis dans celle de Veragua.

Deux jours de calme, qui succederent à une si longue & si fâcheuse Bourrasque, donnerent lieu aux Equipages de respirer, mais ils mouroient de faim ; il y avoit huit mois qu'ils étoient en Mer, & sous la Zone Torride : le peu de vivres, qui leur restoit, s'étoit gâté, & le biscuit même fourmilloit de Vers. Une abondante pêche de ces Poissons, qu'on nomme Tiburons, & qui sont gros comme des Chiens d'attache, vint fort à propos pour y suppléer. L'Amiral s'approcha enfin de terre, environ à 30. lieuës de Portobelo, & il appella cette Côte, *la Costa de los Contrastes*. Ce n'étoit pas sans fondement ; car outre ce qu'il avoit souffert de la Tourmente, lui, qui ne fermoit jamais l'oeil, quand il y avoit le moins du monde à craindre pour ses Vaisseaux ; la mauvaise Nourriture, en quoi il ne se traittoit pas mieux que le dernier des Matelots, & les Maladies, qui avoient mis presque tous ses gens hors de service, la Goutte ne le quitta point pendant tout ce têms-là, & lui causa des douleurs incroyables. Il prit d'abord pour le Veragua une Riviere, que les Naturels du Pays nommoient *Yebra*, & que Colomb, quand il eut reconnu son erreur, appella Bethléem, parce qu'il y étoit entré le jour de l'Epiphanie, auquel les Mages entrerent dans l'Etable de Bethléem. Le lendemain, sur les indices, que lui donnoient les habitans du Pays, il passa dans le Veragua, dont il n'étoit éloigné, que d'une lieuë. Il y trouva un Village, dont tous les habitans prirent d'abord les armes, comme avoient fait la veille, ceux qu'il avoit rencontrés dans la Riviere de Bethléem, mais il les appaisa bientôt par des présens, & ils lui apporterent de l'or ; il est vrai, qu'ils le lui firent extrêmement valoir, non seulement, parce qu'ils l'alloient chercher fort loin dans des Montagnes escarpées; mais encore parce qu'ils étoient obligés de se préparer à cette recherche, par le jeûne & la continence.

1502. | 1504.

Montagnes de S. Christophle. Mines d'Urira.

L'Amiral s'amusa peu avec ces Indiens, & comme il avoit trouvé la riviere de Bethléem plus profonde, que celle de Veragua, il y retourna. Ses Navires n'auroient pourtant pû y entrer, si la Mer n'eut encore été gonflée à son embouchure, par la Tempête, qu'il venoit d'essuyer, & il eût toutes les peines du monde à en sortir, quand il voulut retourner aux Isles. Il envoya ensuite D. Barthélemy son frere au Cacique Quibia, lequel se laissa aisément persuader de rendre une visite au Général des Espagnols; mais comme on ne s'entendoit point de part ni d'autre, la visite fut courte, & n'aboutit qu'à se faire mutuellement des présens, où chacun crut trouver son compte; car ce Seigneur étoit véritablement très-riche en or. Le 24. de Janvier, la Riviere de Bethléem déborda si prodigieusement, que la Capitane fut jettée avec impétuosité sur un autre Bâtiment, ce qui les endommagea considérablement tous deux. On jugea que ce gonflement des eaux du Fleuve avoit été causé par une nouvelle Tempête, & ce Parage est effectivement fort sujet aux Orages, ce qu'on attribuë principalement à de hautes Montagnes, qu'on rencontre en remontant le Veragua, & ausquels Colomb donna le nom de Saint Christophle. Le 6. de Fevrier l'Adélantade retourna chés Quibia, avec 68. hommes, & le Cacique lui donna des Guides pour le conduire aux Mines. Il les trouva fort abondantes, mais il sçut peu de têms après que ce n'étoit pas celles de Veragua, dont Quibia n'avoit pas voulu donner connoissance aux Castillans; mais celles d'Urira, dont le Seigneur étoit son ennemi.

Bourgade bâtie sur le Veragua, & brûlée par les Indiens.

Le 16. Colomb s'embarqua dans ses Chaloupes avec 58. hommes, & alla dans la riviere d'Urira, éloignée de 7. lieuës de Bethléem, il y fut bien reçu par les Sauvages, qui lui donnerent de l'or pour des Curiosités d'Europe. D. Barthélemy poussa encore plus loin, & partout il trouva de l'or en quantité. Il n'en fallut pas davantage, pour déterminer

1502. l'Amiral à faire un Etablissement sur les bords du Bethléem,
| assés près de son embouchure dans la mer : il en chargea
1504. son Frere, auquel il laissa 80. hommes avec un Navire, pour lui servir au besoin, après quoi, il ne songea plus qu'à faire voiles pour l'Espagne. D. Barthélemy fit travailler avec tant de diligence tout son monde, qu'en très-peu de têms la Bourgade fut achevée, c'est-à-dire, que chacun eut une Case pour se mettre à couvert. Mais on ne fut pas long-têms sans s'appercevoir que les Indiens ne voyoient pas volontiers ce nouvel Etablissement dans leurs Pays; on crut même avoir de justes sujets de soupçonner qu'ils n'attendoient que le départ des Navires, pour attaquer la Bourgade, & l'Adélantade jugea à propos de les prévenir. Il partit le 30. de Mars à la tête de 74. hommes pour le Veragua, entra lui cinquiéme dans la maison de Quibia, ayant donné ordre à ses gens de le suivre à la file, & d'environner cette maison. Il se saisit sans peine de la personne du Cacique, & de tous ceux, qu'il trouva chés lui, au nombre de 50. & en emporta la valeur de 300. écus d'or : mais Quibia se sauva des mains de celui, à qui on l'avoit donné en garde, & vint quelques jours après brûler la nouvelle habitation avec des fléches embrasées.

Ce malheur fut suivi de plusieurs hostilités, que je passe sous silence, & qui obligerent enfin les Espagnols de songer à la retraite; mais ils avoient perdu leur Navire, qui s'étoit échoüé dans la Riviere. L'Amiral, qu'un Vent contraire retenoit dans la Rade, avoit aussi perdu sa Chaloupe, dont tout l'Equipage avoit été tué par les Barbares, en allant faire de l'eau; il se trouvoit même en danger d'être jetté sur la Côte, & l'on vit le moment, que les deux Troupes séparées alloient périr; l'une, par un triste naufrage; & l'autre, par le fer des Barbares. L'Amiral ignoroit ce qui se passoit à terre, & faute de Chaloupe, il ne pouvoit en être instruit, ce qui l'inquiétoit beaucoup d'autant plus, que les 50. Prisonniers, que l'Adélantade avoient fait chés Quibia, & qui avoient été embarqués dans son Bord, s'étoient tous sauvés à la nage, à l'exception de quelques-uns, qui s'étranglerent de désespoir, de n'avoir pas pû suivre les autres. Enfin plusieurs Braves s'offrirent à faire pour tirer l'Amiral d'inquiétude, ce que les Barbares venoient de faire pour se sauver, & le Pilote Pierre de Ledesma eut seul la permission de tenter une entreprise si hardie. Il l'exécuta heureusement, & ce fut le salut de l'Adélantade & de toute sa troupe; ils avoient essuyé avec une valeur incroyable les efforts redoublés d'un Peuple ennemi, qui croissoit tous les jours, & ils représenterent que, si l'Amiral ne trouvoit le moyen de les emmener, ils ne pouvoient manquer d'y succomber. Enfin la Mer se calma, & avec les Chaloupes des deux autres Vaisseaux on embarqua tout le monde. L'Amiral tira droit à Porto-belo, où il fut encore obligé d'échoüer un de ses Navires, qui ne pouvoit plus tenir la Mer. Il suivit encore quelque têms la Côte, mais après avoir fait environ dix lieuës au-delà de ce qu'on appelle aujourd'hui le Cap Saint-Blaise; le dernier jour de May il fit le Nord à dessein de gagner l'Isle Espagnole; les deux Bâtimens, qui lui restoient, n'étant pas en état d'entreprendre un plus grand voyage. Ils ne purent même aller jusques-là, ils étoient tout ouverts, & tout vermoulus, & quoiqu'on travaillât jour & nuit à vuider l'eau, elle gagnoit toûjours à vûë d'œil.

1502. | 1504.

Il arrive à la Jamaïque.

Un travail si rude & si continuel, ne pouvoit pas être long-têms soûtenu par des gens épuisés de fatigues, qui n'avoient pour toute nourriture qu'un peu d'huile & de vinaigre, avec du biscuit pourri. Pour comble de malheur, une nuit il s'éleva tout à coup un Vent si furieux, que les deux Navires ne pouvant gouverner, & s'étant choqués, la Poupe de l'un & la Prouë de l'autre en furent considérablement endommagés. Echappés de ce danger contre toute apparence; ils gagnerent l'Isle de Cuba, où ils prirent quelques rafraîchissemens, que les Indiens leur apporterent d'eux-mêmes, & ayant ensuite voulu tourner du côté de l'Espagnole, les Vents & les Courants les contraignirent de relâcher à la Jamaïque. Ils entrerent la veille de la S. Jean dans un Port,

1502.
|
1504.

que les Espagnols se hâterent trop de nommer *Puerto-Bueno* ; car ils n'y trouverent ni eau douce, ni vivres, ni habitans. Ils firent un effort pour passer à un autre, auquel on donna le nom de *Santa - Gloria*, & ils y étoient à peine entrés, que les deux Navires ayant de l'eau jusques sur le Tillac, il n'y eût point d'autre parti à prendre, que de les faire échoüer ; l'Amiral les fit ensuite amarrer ensemble avec de bons cables, & construire sur les deux extrêmités de chacun des especes de Barraques, pour y loger tout son monde, en attendant qu'il pût recevoir du secours de l'Isle Espagnole.

Précaution qu'il prend pour ne point s'attirer les Insulaires.

Ce qui pressoit le plus, c'étoit d'avoir des vivres ; les Indiens en apporterent d'abord en quantité, & on les leur paya avec des Marchandises d'Europe. Aussi de peur que, si les Castillans avoient la liberté d'aller, où bon leur sembleroit, ils ne maltraitassent ces Peuples, & ne fissent cesser par là cette bonne intelligence, si nécessaire dans la situation, où l'on se trouvoit ; l'Amiral crut ne devoir permettre à personne de sortir des Navires, & il fit sur cela des Reglemens très-severes. Il songea ensuite aux moyens de donner de ses nouvelles au Grand Commandeur, mais ce n'étoit pas une chose aisée. De l'endroit où il étoit, il y avoit 200. lieuës à la Capitale de l'Espagnole, on n'en comptoit, à la vérité, que 30. de traverse ; mais il les falloit faire dans de petits Canots, qui n'ont presque point de bord, & que la moindre vague peut remplir, ou renverser. D'ailleurs, on va bien ordinairement en 24. heures de l'Isle Espagnole à la Jamaïque ; mais il faut quelquefois plus d'un mois, pour aller de la Jamaïque à l'Isle Espagnole, à cause des Vents. L'Amiral ne laissa pourtant pas de trouver deux hommes, qui oserent l'entreprendre, & qui en vinrent heureusement à bout.

Un Espagnol & un Genois entreprennent de traverser en Canot à

L'un se nommoit Diego Mendez, & l'autre Barthélemy Fieschi. Le premier faisoit l'office de Commissaire sur l'Escadre ; l'autre étoit un Gentilhomme Génois, fort attaché à la personne de l'Amiral, qui l'estimoit beaucoup. On leur

1502. | 1504. l'Isle Espagnole.

donna à chacun un Canot, où l'on mit six Castillans & dix Indiens, de l'eau &.des vivres, autant qu'ils en pouvoient porter. Mendez eut ordre de passer en Espagne, le plûtôt qu'il lui seroit possible, & l'Amiral lui remit des Lettres pour le Roi & la Reine, avec un Mémoire détaillé de son Voyage. Il marquoit à leurs Altesses, qu'après 20. ans de fatigues, & de dangers essuyés pour leur service, & tels, que personne au Monde n'en pouvoit citer de pareils, il ne sçavoit pas, s'il possedoit un sol; il n'avoit pas une Maison à lui; il ne lui restoit de bien assûré, que les Chaînes, qu'il avoit portées, & l'infamie dont elles avoient couvert son Front. Fieschi fut chargé de revenir d'abord pour tirer tout le monde d'inquiétude, sur le succès de leur voyage.

Ils y arrivent après bien des risques.

Le 7. de Juillet les deux Canots partirent pour aller gagner la pointe Orientale de la Jamaïque, d'où ils devoient traverser. L'Adélantade les y escorta & retourna par terre. Il leur falloit du calme,& ils ne l'attendirent pas long-têms; cependant ils n'arriverent au Cap Tiburon,qu'au commencement du quatriéme jour,en ayant passé un tout entier sur la petite Isle de la Navazza,à se délasser & à se rafraîchir. Ils y perdirent même quelques Indiens, dont un mourut de soif & de chaud, dès le premier jour, & les autres pour avoir bû trop d'eau en arrivant. Ils apprirent en débarquant à l'Espagnole, que le Gouverneur Général étoit à Xaragua, & Mendez l'y alla trouver, lui exposa d'une maniere fort touchante, l'extrêmité où étoit réduit l'Amiral avec tous ses Equipages, & n'oublia rien pour l'engager à le soulager au plûtôt. Ovando ne parut pas fort sensible à tout ce qu'il put lui dire, & soupçonna Christophle Colomb, d'avoir ménagé cet accident, pour avoir un prétexte de venir à l'Isle Espagnole. Il retint long-têms Mendez auprès de lui, sans rien résoudre; & ce ne fut qu'à force d'importunités, que celui-ci obtint la permission d'aller à la Capitale. En y arrivant il acheta un Navire, qu'il chargea Fieschi de conduire à la Jamaïque, & il se disposa à passer en Espagne, suivant l'ordre, qu'il en avoit; mais ce ne fut pas sitôt, qu'il l'auroit désiré, & Fieschi

1502. | 1504. ne put non plus retourner à la Jamaïque ; comme l'Amiral le lui avoit recommandé, parce qu'il ne trouva personne qui voulût l'y accompagner, ni encore moins risquer un second voyage en Canot.

Embarras, où se trouve l'Amiral. On peut juger à quelle extrêmité réduisit Colomb & ses Equipages le délai du secours, qu'ils attendoient ; le changement de nourriture, & les fatigues d'une des plus rudes navigations, qu'il soit gueres possible d'imaginer, avoient causé parmi eux un grand nombre de maladies ; la crainte d'un sort pareil, & la gêne, où l'on étoit retenu, exciterent bientôt de grands mouvemens contre l'Amiral. » Il n'ose, disoit-on, retourner à l'Isle Espagnole, d'où il » a été chassé. Mendez & Fieschi, sont allés, ajoûtoit on, » faire sa paix à la Cour, ou l'on ne veut plus entendre » parler de lui ; c'est pour cela qu'il a échoué ses Navires » à la Jamaïque, s'embarrassant fort peu de ce que de» viendront ceux, qui sont avec lui. » La conclusion, que l'on tiroit de là, fut qu'il falloit que chacun pensât bien-tôt à soi, & ne pas attendre que les maux fussent sans remede ; que le Grand Commandeur, qui n'étoit pas bien avec Colomb, ne leur sçauroit pas mauvais gré de l'avoir quitté, que l'Evêque de Cordouë, son Ennemi, les en recevroit mieux, quand ils arriveroient en Espagne, & que la Cour, voyant que personne ne pouvoit vivre avec cet Etranger, en délivreroit enfin la Nation Espagnole.

Jean Fonseca.

Soulevement contre lui. Ces discours ne se tenoient d'abord qu'en secret ; mais le nombre des Mécontens s'étant accrû, on commença à ne plus garder de mesures. Enfin on en vint à une Sédi-

1504. tion formée, le jour fut pris pour sortir des Navires, & ce jour venu, qui fut le second de Janvier 1504. les Séditieux se mirent sous les armes, ayant à leur tête François de Porras, qui avoit commandé un des quatre Vaisseaux de l'Escadre. L'Amiral étoit au lit avec la Goutte, Porras vint le trouver, & lui dit insolemment ; » Nous voyons bien Mon» sieur, que votre dessein n'est pas de retourner sitôt en » Castille, & que vous avés résolu de nous faire périr ici.

Je

« Je ne comprends pas, répondit l'Amiral, qui a pû » vous faire naître une telle pensée : vous ſçavés auſſi » bien que moi, que ſi nous avons relâché dans cette Iſ- » le, ſi nous y ſommes encore, c'eſt qu'il ne m'a pas été » poſſible de faire autrement. J'ai envoyé demander des » Navires au Gouverneur de l'Iſle Eſpagnole, que pouvoi- » je faire de plus ? & n'y va-t'il pas encore plus de mon in- » terêt, que du vôtre, de paſſer en Caſtille ? D'ailleurs ai- » je rien fait, ſans avoir demandé l'avis de tout le monde ? » ſi vous jugés qu'il y ait encore quelque choſe de mieux » à faire, voyés entre vous ce qui convient à notre ſitua- » tion préſente, & vous me trouverés toûjours très-diſ- » poſé à tout ce qui dépendra de moi pour votre ſatisfac- » tion.

1504.

Les Séditieux ſe retirent.

Il n'eſt point de perſonnes raiſonnables, que ce diſcours n'eut contenté, mais on n'écoute plus gueres la Raiſon, quand on a une fois levé l'étendart de la Rébellion. Porras, dont une ſœur étoit Maîtreſſe du Tréſorier Moralez, fort puiſſant à la Cour, reprit bruſquement la parole, & dit qu'il ne s'agiſſoit plus de diſcourir, mais de s'embarquer ſur l'heure; qu'il vouloit aller en Caſtille, & que ceux, qui ne voudroient pas le ſuivre, pouvoient reſter à la garde de Dieu. Il s'éleva dans le moment un bruit confus de gens, qui crioient ; *nous vous ſuivrons*. Alors chacun ſe déclara, & tous ſe mirent à crier, les uns, *Caſtille, Caſtille* ; les autres, *Seigneur Capitaine, que ferons nous* ? Quelques-uns même répondirent à ces dernieres paroles, *qu'ils meurent*. L'Amiral voulut ſe lever, mais il ne put ſe ſoutenir, & l'on fut obligé de le remettre ſur ſon lit. L'Adélantade parut avec un Eſponton à la main, mais on le fit rentrer dans ſa Chambre, & l'on obligea Porras à ſe retirer, puiſqu'on ne l'empêchoit pas d'aller, où bon lui ſembloit. Il ſe ſaiſit alors de dix Canots, que l'Amiral avoit achettés des Indiens, & il y eut tant de preſſe à le ſuivre, qu'il ne reſta gueres auprès des Colombs, que les Malades.

Ils font plu-

Dès le jour même, les Séditieux s'embarquerent, & pri-

1504. fieurs tentatives pour passer à l'Isle Espagnole, mais sans fruit.

rent le chemin de la Pointe Orientale de l'Isle. Ils commirent par tout de grandes violences sur leur route, prenant de force tout ce qu'ils trouvoient chés les Indiens, & leur disant d'aller se faire payer par l'Amiral, ou de le tuer, s'il refusoit de les satisfaire. « Aussi-bien, ajoûterent-ils, vous » n'avés gueres que ce moyen de sauver votre vie, car » cet homme est bien résolu de vous exterminer tous, com- » me il a fait les Peuples, qu'il a rencontrés sur le Ve- » ragua. » Arrivés à l'extrêmité de l'Isle, ils entreprirent d'abord de traverser, sans faire réflexion que la Mer étoit fort agitée. Aussi à peine avoient-ils fait quelques lieuës, que leurs Canots s'emplirent d'eau : ils voulurent les allé- ger, & ils jetterent tous leurs hardes à la Mer : cela ne suffisant pas encore, ils se déterminerent de se défaire des Indiens, qu'ils avoient embarqués pour ramer. Ces malheureux voyant des épées nuës, & quelques-uns de leurs Compagnons déjà étendus à leurs pieds, sauterent dans l'eau, mais après avoir nâgé quelques têms, ils demanderent en grace qu'on les laissât se délasser de têms en têms, en tenant le bord du Canot. On ne leur répondit qu'à coups de Sabre, qu'on déchargeoit sur ceux qui s'approcherent de trop près, & plusieurs se noyerent. Le Vent augmentoit toûjours, & la Mer devint si grosse, qu'enfin, nos Avanturiers furent contraints de regagner la Terre au plus vite.

Violences qu'ils exercent sur les Insulaires.

Ils délibererent ensuite sur le parti, qu'ils avoient à prendre, & après en avoir proposé plusieurs, qui ne pouvoient venir dans l'esprit, que de gens aveuglés par le Désespoir & la Rébellion, ils s'en tinrent à tenter une seconde fois le passage ; mais comme la Mer ne se calmoit point, ils se répandirent, en attendant qu'elle fut traitable, dans les Bourgades voisines, où pendant six semaines ils commirent des excès, qu'on auroit peine à croire. Ils se rembarquerent enfin, mais ils n'allerent pas plus loin, que la premiere fois. Quelque-têms après ils firent un troisiéme essay, qui ne réüssit pas mieux, que les deux premiers. Alors ils renoncerent tout-à-fait à un dessein, qui leur parut chimerique, & ils

1504.

ne douterent plus que Mendez & Fieschi n'eussent péri. Ils se mirent aussitôt à courir toute l'Isle, comme des Bandits, & il n'est point de maux, qu'ils ne firent aux Insulaires, pour en avoir des vivres.

Conduite toute opposée de l'Amiral.

L'Amiral tenoit avec ces Peuples une conduite bien differente; il faisoit garder à ses gens une très-exacte discipline, qu'il adoucissoit par des attentions infinies sur leurs besoins, & par des manieres fort simples & fort aimables. D'ailleurs il ne prenoit jamais rien des Indiens, qu'en payant, aussi conserva-t'il long-têms leur amitié; mais comme ces Barbares n'étoient pas accoûtumés à faire de grandes provisions, ils se lasserent bientôt de nourrir des Fameliques, qui les exposoient à manquer eux mêmes du nécessaire. Les discours, que les Mutins avoient tenus des prétendus desseins de l'Amiral, avoient aussi fait quelque impression sur leur esprit, de sorte qu'ils commencerent à s'éloigner, & que les Castillans se virent à la veille de mourir de faim. Pour se tirer d'un aussi mauvais pas, Colomb s'avisa d'un stratagême, qui lui réüssit.

Stratagême de Colomb pour avoir des vivres.

Il devoit y avoir bientôt un Eclipse de Lune; l'Amiral envoya dire à tous les Caciques des environs qu'il avoit une chose de grande consequence à leur communiquer. Ils vinrent, & il commença par leur faire de grands reproches sur leur dûreté à son égard, puis prenant un ton assuré: « Vous en serés bientôt rudement punis, ajoûta-t'il, » je suis sous la protection d'un Dieu puissant, qui me vengera: & n'avés vous pas vû ce qu'il en a coûté à ceux » de mes Soldats, qui ont voulu secouer le joug de mon » obéïssance? Quels dangers n'ont-ils pas couru en voulant » passer à l'Isle Hayti, tandis que ceux, que j'y ai envoyés, » ont traversé sans peine? Bientôt vous serés un exemple » bien plus terrible de la vengeance du Dieu des Espagnols, & pour preuve de ce que je vous dis, vous allés » voir dès ce soir la Lune rougir, puis s'obscurcir, & vous » refuser sa lumiere; mais ce ne sera là que le prélude de » vos malheurs, si vous ne profités de l'avis que je vous » donne.

1504. L'Eclipse commença effectivement quelques heures après, & les Barbares épouvantés, pousserent des cris effroyables : ils allerent sur le champ se jetter aux pieds de Colomb, & le conjurerent de détourner de dessus leur tête les maux, dont ils étoient ménacés. Il lui fut aisé alors de faire ses Conditions, on lui jura de ne plus lui laisser manquer de rien, & on le mit sur le champ à discretion de tout. Il se fit un peu prier pour mieux cacher son jeu, puis paroissant tout à coup se radoucir, « Vous en serés quitte cette fois-ci, pour la » peur, leur dit-il, je vais prier mon Dieu de faire reparoître la » Lune, » & en disant cela, il s'enferma, & les Indiens recommencerent à jetter des cris épouvantables. Au bout de quelques momens, l'Eclipse commença à perdre, & les Infidéles demeurerent persuadés, que cet Etranger disposoit à son gré de toute la nature. Ils eurent toûjours grand soin depuis ce têms-là, non seulement de ne lui rien refuser, mais encore d'éviter de lui donner le moindre sujet de mécontentement.

Il reçoit des nouvelles de l'Isle Espagnole.

Il étoit têms que ce secours vint à l'Amiral : il se formoit une nouvelle mutinerie parmi ceux, qui étoient restés avec lui, & il se trouvoit dans un grand embarras. L'abondance des vivres rétablie dans son camp, en suspendit pour quelque têms les effets ; mais il y a bien de l'apparence qu'ils n'eussent pas tardé à se faire sentir d'une maniere bien funeste, s'il n'eut enfin reçu au bout de huit mois des nouvelles du Grand Commandeur. Diego de Escobar arriva dans une Barque, & ayant moüillé l'ancre à quelque distance des Navires, il descendit seul à terre, fit débarquer un baril de vin, & un Cochon, rendit à l'Amiral une Lettre d'Ovando, & s'étant un peu éloigné, éleva la voix, & lui dit, que le Gouverneur Général avoit été fort sensible au récit de ses malheurs, qu'il étoit mortifié de ne pouvoir pas encore le tirer de la triste situation, où il se trouvoit, & qu'il le prioit d'être assûré qu'il feroit pour cela toutes les diligences possibles, qu'en attendant, il le prioit d'agréer cette legere marque de son amitié. En achevant ces mots, il se retira, & se rembarqua sur le champ.

1504.

Mauvaises manieres du Grand Commandeur à son égard.

Herrera fait tout son possible pour justifier un procedé si étrange ; il dit, que le Grand Commandeur craignoit avec raison que, si la Barque se fut acostée des Navires, on ne l'eut chargée de Lettres pour l'Isle Espagnole, où l'Amiral avoit plusieurs Créatures, & un plus grand nombre encore d'Ennemis, qui chacun de leur côté auroient pû causer du trouble, que le choix d'Escobar, qui avoit été complice de la Révolte de l'Alcaïde Roldan, avoit été fait fort judicieusement, puisque le Gouverneur ne pouvoit mieux s'assûrer que les ordres, qu'il donnoit de ne parler à personne, seroient exécutés, qu'en les confiant à un homme, qui n'avoit évité la potence, à laquelle Colomb l'avoit condamné, que par la faveur de Bovadilla : enfin, qu'il ne s'imaginoit pas que les vivres manquassent aux Espagnols de la Jamaïque. Mais le Public n'en jugea pas de même : on regarda comme une insulte faite à Colomb le choix d'un tel Envoyé, qui d'ailleurs ne devoit plus être dans les Indes, suivant les ordres de la Cour, & la modicité du présent fait à un homme de ce rang, qu'on pouvoit bien croire n'avoir pas des vivres en abondance. L'Amiral s'apperçut même du mauvais effet, qu'alloit produire cette conduite d'Ovando parmi ses gens, & pour le prévenir, il feignit d'être fort content de ce Gouverneur, & de s'entendre avec lui. Il fit à sa Lettre & à son Compliment, une Réponse fort honnête, le pria de favoriser en tout Mendez & Fieschi, lui donna avis de la Révolte de Porras, & lui exposa d'une maniere très-touchante, la triste situation, où il se trouvoit. Cela fait, il assembla tous ses gens, & les assûra qu'ils ne tarderoient pas à être secourus.

Il tente inutilement de se réunir avec les Porras.

Il ne persuada pas les plus clairvoyants ; mais il ne laissa point de calmer la multitude. Il se flatta aussi d'engager par la même voye, les mutins à rentrer dans le devoir. Il leur communiqua les bonnes nouvelles, qu'il venoit de recevoir, & leur fit porter un quartier de la Bête, dont on lui avoit fait présent : mais jamais honnêteté ne fut plus mal reçûë : Porras jura qu'il ne se fieroit de sa vie à Colomb,

1504. qu'il continueroit à vivre, comme il faisoit, jusqu'à l'arrivée du secours, qu'on lui annonçoit; il ajoûta qu'alors, s'il y avoit deux Vaisseaux, il en prendroit un pour lui & pour sa Troupe; que s'il n'y en avoit qu'un, il se contenteroit de la moitié; qu'au reste ses gens ayant été obligés de jetter à la Mer toutes leurs hardes, & toutes leurs marchandises, il convenoit que l'Amiral partageât avec eux ce qui lui restoit des unes & des autres. Les Envoyés de l'Amiral lui ayant représenté, que ce n'étoit pas là des propositions à faire à un Général; il entra de nouveau en fureur, & dit que, si on ne vouloit pas lui donner de bonne grace ce qu'il demandoit, il iroit le prendre de force. Il s'en retourna ensuite vers ses Complices, à qui il fit entendre tout ce qu'il voulut, leur dit même qu'il falloit que Colomb fût Magicien, & que cette Barque, qui avoit paru & disparu comme un éclair, étoit sans doute un pur effet de ses prestiges : mais qu'il iroit bientôt le visiter l'épée à la main, & qu'on verroit, si ses charmes étoient assés puissants, pour en émousser la pointe.

L'Adélantade les défait.

Il s'avança en effet, peu de têms après, jusqu'à un quart de lieuë des Navires, résolu à se saisir de tout ce qu'il y trouveroit à sa bienséance : on ajoûte même qu'il envoya défier l'Amiral. Colomb étoit malade, & ne quittoit point le lit : il frémit d'indignation, lorsqu'il apprit que les Rébelles étoient sur le point de le venir attaquer; cependant quelque outré qu'il fût de leur insolence, il recommanda expressément à l'Adélantade, qu'il envoya contre eux, avec 50. hommes, d'offrir d'abord la paix, & une amnistie à tous ceux, qui mettroient bas les armes; mais les Mutins ne lui en donnerent pas le têms. A peine Porras eut-il apperçu la Troupe de D. Barthélemy, qu'il vint fondre sur elle avec plus de fureur, que d'ordre. Une décharge, qui fut faite fort à propos sur les Séditieux, en jetta quelques-uns par terre, & arrêta la fougue des autres, le seul Porras n'en parut pas étonné, & ayant reconnu l'Adélantade, il courut à lui, & d'un coup de sabre, il lui fendit son bouclier en deux,

1504.

il le blessa même un peu à la main, ce qui n'empêcha point D. Barthélemy de le saisir par le corps, & de le faire son Prisonnier. Il tourna ensuite ses armes contre ceux, qui paroissoient vouloir encore faire résistance, & il en tua plusieurs. Cette victoire ne lui coûta qu'un seul homme, & l'on peut dire que sa valeur sauva l'Amiral d'un des plus grands dangers, qu'il eût encore couru; car pour peu que Porras eut eu d'avantage sur lui, ou même eu laissé faire le têms, la Révolte devenoit générale.

Les Rébelles se soumettent.

Cependant les Insulaires furent bien étonnés, quand ils virent étendus par terre, & sans mouvement, ces hommes, qu'ils croyoient immortels. Ils s'approcherent des cadavres, & comme ils eurent par hazard touché la playe d'un des gens de l'Amiral, qui n'étoit que blessé; celui-ci se leva tout à coup, en criant d'une maniere terrible; ce qui causa un si grand saisissement dans l'ame de ces Barbares, qu'ils se mirent à fuïr, comme si tous ces Morts eussent été à leurs trousses. Ceux des Rébelles, qui avoient pris la fuite, se trouvant sans Chef, & ne sçachant plus que devenir, prirent le parti d'aller se jetter aux pieds de l'Amiral, & lui promirent avec serment de lui être désormais plus fidéles; il les reçut avec bonté, mais il ne jugea pas à propos de les garder sur ses Navires, ni de leur permettre aucun Commerce avec les autres; il leur donna un Commandant, sur la sagesse duquel il crut pouvoir se reposer; leur fit délivrer quelques Marchandises pour les aider à subsister, & leur permit de s'établir, où bon leur sembleroit, en attendant qu'on vînt les chercher pour les conduire à l'Espagnole.

L'Amiral arrive à San-Domingo.

Enfin, après une année entiere de délais affectés, Ovando, contre lequel on commençoit à murmurer publiquement, fit partir pour la Jamaïque une Caravelle sous la conduite de Diego de Salzedo, ancien serviteur des Colombs, & le Navire, que Diego Mendez avoit fretté aux dépens de l'Amiral. Le 28. Juin ces deux Bâtimens arriverent heureusement au Port, où étoit l'Amiral, qui s'embarqua aussi-tôt avec tout son monde, & le 28. de Juin appa-

1504. reilla pour l'Isle Espagnole ; mais il eut bien de la peine, à cause des Vents contraires, à gagner la Beata, qui est à 20. lieuës d'Yaquimo. Il ne voulut pas aller plus loin, sans en avoir eu l'agrément du Grand Commandeur, & non seulement il l'obtint, mais Ovando, ayant sçû qu'il paroissoit à la vûë du Port, vint lui-même à la tête de toute la Noblesse le recevoir à la descente de son Navire, le logea chés lui, & le régala splendidement. Ce fut le 13. d'Août que l'Amiral entra dans cette Capitale.

Mauvaise maniere du Gouverneur à son égard.

Les politesses du Gouverneur Général surprirent un peu Colomb, qui ne s'y attendoit pas, mais il devoit, ce semble, encore moins s'attendre à ce qui arriva peu de jours après. Il avoit laissé sur son Bord François Porras, & il prétendoit le mener en Espagne les fers aux pieds ; Ovando l'obligea à le lui livrer, disant que c'étoit à lui de connoître de son crime, & il ne l'eut pas plûtôt entre les mains, qu'il lui donna la liberté. Il fit plus, car il déclara qu'il vouloit informer sur tout ce qui s'étoit passé à la Jamaïque, & voir qui avoit tort, ou de ceux qui s'étoient soulevés, ou de ceux, qui étoient demeurés fidéles à l'Amiral, lequel dissimula sagement un aussi grand affront, & une injustice si criante, à laquelle il n'étoit pas en état de s'opposer. Il se contenta de dire avec assés de modération, que les droits de son Amirauté seroient réduits à bien peu de chose, s'il ne pouvoit pas juger un de ses Officiers, qui s'étoit révolté contre lui sur son propre Bord, & il se hâta de sortir d'une Isle, qui après avoir été le fondement de toute sa gloire, & le commencement de sa grandeur, étoit devenuë le Théatre funeste, où il avoit reçu les plus sanglans affronts. Il fretta deux Navires, dont il partagea le Commandement avec son frere, & le 12. de Septembre il appareilla pour l'Espagne.

Son arrivée en Espagne. Il apprend la mort de la Reine.

Comme il sortoit du Port, le Navire, qu'il montoit fut démâté de son grand mât, lequel se fendit jusqu'au tillac. Il ne voulut pas rentrer, pour réparer ce dommage, il renvoya le Bâtiment à San Domingo, & il passa dans celui de son frere, où étoit aussi D. Fernand son fils. Le 9. d'Octobre, après qu'il qu'il eût essuyé une très-rude tempête, le Vent ayant tout à coup cessé, & la Mer étant extrêmement grosse, le roulis cassa le grand mât de ce second Navire. Il y remedia de son mieux, & peu de jours après, un coup de Vent lui enleva sa Contre-Misene. Il avoit encore près de 700. lieuës à faire, & il se trouva fort embarassé avec un Navire en si mauvais ordre. Il arriva toutefois heureusement à San-Lucar à la fin de l'année, & s'étant aussi-tôt rendu à Seville, la premiere nouvelle, qu'il y apprit, fut la mort de la Reine Isabelle de Castille. Il ne falloit rien moins qu'un tel coup, pour mettre le comble à toutes les traverses, qu'il avoit essuyées sans interruption depuis trois ou quatre ans, & que ce dernier malheur lui fit presqu'asolument oublier, dans l'accablement où il le jetta. 1504.

Caractere de cette Princesse.

Isabelle mourut à Medina del Campo le 9. de Novembre 1504. & toute l'Espagne pleura long-têms une Princesse, qui avoit égalé les plus grands Rois par ses qualités personnelles, & dont la ruine des Maures en Espagne, par la Conquête de Grenade; & la Découverte du Nouveau Monde, ont relevé la gloire audessus de celle de tous les Souverains de son siecle. On lui doit encore la justice de croire, qu'il n'a pas tenu à elle que cette Découverte n'ait été pour les Habitans de ces vastes Pays la source d'autant de biens, qu'elle leur a causé de maux. Elle n'eut point d'autre vûë en les assujettissant à sa Couronne, que d'en faire des Chrétiens: elle ne recommanda rien tant à ceux, qu'elle leur envoya, que de les traiter, comme les Castillans mêmes, & elle n'a jamais fait paroître plus de séverité, que contre ceux, qui avoient contrevenus à ses ordres sur cet article. Nous avons vû ce qu'il en a coûté à Colomb, pour avoir ôté la liberté à quelques Indiens; cependant elle l'aimoit, elle connoissoit tout son mérite, & sçavoit priser ses services. On ne douta point en Espagne, que sa mort seule n'eût épargné à Ovando un châtiment exemplaire, pour le cruel massacre de Xaragua, dont elle avoit appris la nouvelle avec un extrême chagrin; & dans son testament, le bon traittement des

Indiens fut la chose, sur quoi elle insista davantage.

1505.
L'Amiral fait d'inutiles efforts pour être rétabli dans sa charge de Vice-Roi.

Mais personne en particulier ne perdit plus à la mort de l'illustre Isabelle, que Christophle Colomb : il comprit d'abord qu'il feroit d'inutiles démarches, pour se faire rétablir dans sa Charge de Vice-Roy ; néanmoins, pour n'avoir point à se reprocher de s'être manqué à lui-même, il alla trouver le Roi à Segovie, lui rendit compte de ses dernieres Découvertes, lui fit un récit fort touchant de toutes les avantures de son Voyage, & le pria de ne point oublier ses services; les fers, qu'il avoit portés ; les injustices, qu'on lui avoit faites ; les fatigues, qu'il avoit essuyées ; & la promesse, que lui & la feuë Reine lui avoient si souvent renouvellée de lui rendre justice, & de le remettre en possession de toutes ses Charges. Ferdinand lui donna de belles paroles ; mais il s'apperçut bientôt qu'il ne devoit pas s'y fier, & qu'on cherchoit à le lasser. Toute la Cour étoit assés partagée sur ce qui le regardoit ; les uns étoient d'avis qu'on lui tînt tout ce qu'on lui avoit promis, & de ce nombre étoient D. Diego de Deza, Archevêque de Seville, qui avoit été Dominiquain, & Précepteur du Prince D. Jean ; & D. François Ximenés de Cisneros Franciscain, Archevêque de Tolede. L'autorité de ces deux Prélats entraîna bien du monde dans leur sentiment ; mais le plus grand nombre étoit de ceux, qui disoient hautement, que les prétentions de Colomb étoient au-dessus de ses services, & qu'il ne convenoit pas de rendre un Particulier, & sur-tout un Etranger si puissant. Son malheur fut que le Roi pensoit comme ces derniers, & ne l'aimoit pas.

Apologue, dont il se sert pour fermer la bouche à ses Envieux.

Ce fut à peu près dans ce têms-là, que pour confondre ses Envieux, qui réduisoient presque à rien la gloire de ses Découvertes ; il s'avisa de ce petit stratagême, dont on a tant parlé. Un jour, qu'il étoit à table avec une grande Compagnie, le discours tomba sur le Nouveau Monde, & quelqu'un eût l'impolitesse de dire qu'il ne voyoit pas trop le merveilleux d'une telle Entreprise, qu'un peu de hardiesse, & beaucoup de bonheur en avoient fait tout le mérite. Ce discours fut applaudi, & chacun jetta les yeux sur Colomb, qui sans répondre un mot, se fit apporter un œuf, & demanda, si quelqu'un sçavoit le secret de le faire tenir tout droit sur sa pointe. On lui en donna à lui-même le défi; il l'accepta, cassa un peu la pointe de l'œuf, & le fit tenir droit. Tous s'écrierent qu'ils en auroient bien fait autant. « Je n'en doute » point, reprit-il, mais aucun de vous ne s'en est avisé; & » c'est ainsi que j'ai découvert les Indes. Je me suis avisé le » premier de naviguer de ce côté-là, & il n'est aujourd'hui si » misérable Pilote, qui n'y puisse aller. Bien des choses » paroissent aisées après le succès, qu'on a cru impratiqua» bles, avant qu'elles eussent été entreprises. Vous pouvés » vous souvenir des railleries, qui ont été faites de mon » Projet, avant que je l'eusse exécuté. C'étoit alors une Chi» mere, une folie : si on veut vous en croire aujourd'hui, » rien n'étoit plus aisé. » Cette ingénieuse réponse rendit muets les Jaloux de l'Amiral, & ayant été rapportée au Roi, elle le divertit beaucoup. Ce Prince donna ensuite bien des éloges à son auteur; mais c'est tout le fruit, que celui-ci en retira. 1505.

1506. On cherche à l'amuser & il s'adresse au Roi Philippe d'Autriche.

Quelque têms après, on lui fit de la part de Ferdinand des Propositions si peu raisonnables, qu'il en fut outré de dépit; mais ayant appris sur ces entrefaites, que le Roi Philippe d'Autriche, & la Reine Jeanne d'Arragon son Epouse, arrivoient incessamment en Castille, pour prendre possession de cette Couronne; il espera que la Fille & le Gendre d'Isabelle, entreroient dans les vûës de son Auguste Protectrice, & dégageroient sa Parole. Dès qu'il les sçut en Espagne, il leur écrivit, parce que ses incommodités ne lui permirent pas d'aller lui-même leur rendre ses hommages, & il chargea D. Barthélemy son Frere de leur présenter sa Lettre. L'Adélantade fut parfaitement bien reçû de leurs Altesses, qui lui promirent de donner contentement à son Frere, & il crut pouvoir compter sur cette promesse.

Sa Mort & son caractere.

Je n'ai pû sçavoir si cette favorable réponse parvint jusqu'à l'Amiral; car il mourut avant le retour de D. Barthélemy. Ce fut le 20. de May, jour de l'Ascension, que Christophle

1506. Colomb termina à Valladolid, par une mort très-Chrétienne, une vie raiſonnablement longue, puiſqu'il étoit dans ſa 65. année, mais plus qu'aucune autre mêlée de bonheur & d'adverſités, d'opprobres & d'applaudiſſemens ; de ce que la fortune peut procurer de Grandeurs à un Particulier, & de ce qu'elle peut lui faire eſſuyer de revers. Il joüit peu de ſa gloire, & des dignités, dont il fut revêtu ; au contraire, il ne fut preſque pas un jour ſans avoir à ſouffrir, ou les douleurs les plus aiguës, ou les contre-têms les plus fâcheux, ou les chagrins les plus cuiſans. Il étoit d'une taille mediocre, mais bien proportionnée, ſon regard & toute ſa perſonne marquoient quelque choſe de noble, il avoit le viſage long, le nez aquilin, les yeux bleus & vifs, le teint fin & un peu enflammé, les cheveux blonds, tirant ſur le roux, ce qui n'eſt pas un déſagrément dans ſon Pays ; le corps bien conſtitué, & une grande force dans les membres. Son abord étoit facile & prévenant, ſes mœurs douces & aiſées. Il étoit affable envers les Etrangers, humain à l'égard de ſes domeſtiques, enjoüé avec ſes amis, & d'une humeur fort égale envers tout le monde. Il avoit l'ame grande, un génie éleve & vaſte, l'eſprit toûjours préſent & fécond en reſſources, un cœur à l'épreuve de tous les contre-têms, beaucoup de circonſpection & de prudence dans toute ſa conduite. Quoiqu'il eut paſſé les deux tiers de ſa vie dans une fortune des plus médiocres, il ne fut pas plûtôt en Place, qu'il prit naturellement toutes les manieres de Grand Seigneur, & qu'il parut né pour commander. Perſonne ne ſçavoit mieux que lui ſe donner cette gravité bienſéante, ni ne poſſedoit plus parfaitement cette éloquence inſinuante & ſenſée, qui rendent preſque toûjours le Commandement efficace. Enfin, il avoit de la grace à tout, parloit peu & toûjours bien, il étoit éloigné de toute oſtentation, il avoit du zéle pour le Bien Public, & ſurtout pour la Religion ; une pieté ſolide, beaucoup de probité, & l'eſprit fort orné par les ſciences, qu'il avoit étudiées avec ſoin dans l'Univerſité de Padoüe : on aſſûre qu'il ne paſſoit pas un jour sans réciter les Heures Canoniales ; en un mot, il ne lui manqua pour être l'Idole des Castillans, & dans leur esprit un des plus Grands Hommes de son siecle, que d'être né parmi eux : il est même certain qu'il eut fait beaucoup plus en faveur de cette Couronne, s'il n'eût pas eu le malheur d'y être regardé comme Etranger. Il faut pourtant avoüer, que les plus illustres Historiens Espagnols lui ont rendu toute la justice, qui lui étoit dûë. Oviedo ne craignit point de dire à Charles Quint, que si on lui eut érigé une Statuë d'or, on n'eut rien fait de trop ; & d'autres suivant le génie extrême de leur Nation, l'ont comparé à ces Heros du premier Age du Monde, dont l'Antiquité Profane a fait des Demi-Dieux. Dans le vrai, peu d'hommes se sont fait un aussi grand nom, & à plus juste titre. 1506.

Mais tant de qualités éminentes, ne furent point sans quelques défauts, & tout sage, que fut Christophle Colomb, il n'a pas laissé de faire des fautes. Comme il avoit passé sans milieu de l'état de simple Pilote, à une condition, où il n'avoit au-dessus de lui, que le Sceptre, & de la plus profonde obscurité, à une gloire, qu'il ne partageoit qu'avec sa Souveraine ; il fut trop jaloux de son autorité. Il étoit naturellement colere, mais la raison & la réflexion en réprimoient d'abord les saillies. Il ne fit peut-être pas assés d'attention, qu'il avoit à commander à une Nation haute, & qui n'obéit pas volontiers à un Etranger, quoiqu'elle ait été plus long-têms, qu'aucune autre, sous le joug. Il fut un peu dur à l'égard des Indiens, & quoiqu'il fût bien éloigné de les molester de gayeté de cœur, il parut trop persuadé, qu'ils étoient nés pour être les Esclaves de leurs Conquerants. Du reste, il ne négligea point leur Instruction, & il ne tint pas à lui qu'ils ne devinssent tous Chrétiens. Son amour de l'Ordre & de la Discipline, lui fit porter la sévérité plus loin, qu'il ne convenoit dans de nouvelles Colonies. Il devoit sçavoir que dans ces nouveaux Etablissemens, il y a moins à craindre d'une sage condescendance, qui porte à adoucir le joug, pour le faire gouter, que d'une du- Ses défauts.

1506. reté infléxible, qui conduit aisément au désespoir des Esprits déjà aigris, par les incommodités inséparables d'un genre de vie aussi nouveau, & auquel il est si mal aisé de s'accoûtumer.

Il fut marié deux fois, comme je l'ai remarqué ailleurs. De Donna-Philippa Moñiz Perestrello, il eut D. Diegue, qui lui succeda dans ses Charges; & de Donna-Beatrix Henriquez, qu'il épousa en secondes Noces en Espagne, il eût D. Fernand ou Ferdinand, qui a écrit la Vie de son Pere, & qui se fit Prêtre. Il fut d'abord inhumé dans l'Eglise des Chartreux de Seville, puis transporté dans la Grande Eglise de San-Domingo, ainsi qu'il l'avoit ordonné par son Testament.^ Mais il est têms de revenir à l'Isle Espagnole.

Nouvelle Révolte dans le Higuey.

Assés peu de têms avant le départ des Vaisseaux, qu'on envoya au secours de l'Amiral à la Jamaïque; la Province de Higuey, qu'on se flattoit d'avoir pacifiée de maniere, à n'y plus appréhender aucun mouvement, se retrouva subitement toute en Armes. Nous avons vû que Jean de Esquibel avoit forcé Cotubanama à recevoir la loy, & bâti deux Forteresses dans cette Province; on y avoit ajoûté depuis des Etablissemens plus considerables, & l'on croyoit avoir par-là ôté aux Insulaires de ces quartiers-là, jusqu'à l'envie de remuer; mais on se trouve quelquefois réduit à des extrêmités, où une Mort presque certaine ne paroît plus un mal, ou en paroît un plus supportable, que celui qu'on souffre: & c'est ce qui arriva aux Habitans du Higuey. Une des Conditions du Traité, que Jean de Esquibel avoit fait avec eux, étoit qu'ils laboureroient une certaine étenduë de terrein au profit du Domaine; mais, qu'on ne pourroit pas les contraindre à porter eux-mêmes à San-Domingo les Grains, qu'ils receüilleroient; qu'ils les livreroient sur les lieux à ceux, qui seroient commis pour les recevoir. Villeman, qui commandoit dans un des Forts bâtis par Esquibel, voulut malgré cette clause, qui étoit expresse, les obliger à charrier leurs Grains jusqu'à la Capitale, & comme

^ j'ai trouvé dans quelques memoires que lors qu'il mourut il avoit pris la resolution de se demettre de ses charges à son fils et de passer le reste de ses jours dans les œuvres de piété, et que sa devotion le portoit à faire plusieurs pelerinages surtout à St Pierre de Rome. si cela est vray, c'est une nouvelle preuve qu'on ne se defait jamais de son goût dominant, et que Christophe Colomb n'étoit pas exempt de l'inclination de ... d'après ce que dit l'Abbé Regnier des Marais que à courir le monde rarement on devient plus hommes de bien ^

1506.

d'ailleurs ses Soldats vivoient d'une maniere fort licencieuse, sans qu'il songeât à y mettre ordre, les malheureux Indiens, après bien des plaintes inutiles, ne consultant plus que leur desespoir, allerent tumultuairement attaquer la Forteresse, la brûlerent, & massacrerent la Garnison, dont il ne se sauva qu'un Soldat.

Esquibel marche contre les Indiens.

Le Grand Commandeur n'eût pas plûtôt appris ce soulevement, que résolu à mettre pour toûjours ces Indiens hors d'état de lui causer de pareilles inquiétudes, il fit assembler toutes les Milices, qui se trouvoient répanduës dans les principales Villes. Diego de Escobar, fut chargé de conduire celles de la Conception, Jean Ponce de Leon fut mis à la tête de celles de la Capitale; un autre Capitaine, dont je n'ai pas trouvé le nom, amena celles de Bonao, & Jean de Esquibel eut le Commandement général de l'Armée, qui se trouva forte de 400. hommes. Il l'amena dans la Province d'Ycayagua, qui confine à celle de Higuey, où il leva un grand nombre d'Indiens aguerris, & fort fidéles, qui lui furent d'un très-grand secours. Il s'agissoit d'aller attaquer l'Ennemi sur les plus hautes Montagnes du Higuey, où il s'étoit cantonné, & où il ne manquoit de rien; car ces Montagnes, dont plusieurs ont le sommet en Terrasse, ont pour la plûpart un terrein rouge, d'une merveilleuse fertilité. Les routes, qui y conduisent, ne sont pas aisées à connoître, & il ne fut jamais possible d'obliger, même à force de tourmens, aucun des Prisonniers, que firent les Castillans, à leur servir de Guides. Esquibel rencontra néanmoins un jour un Corps de Troupes assés considérable, qu'il mit aisément en déroute; mais outre qu'il étoit aisé aux Barbares de se sauver dans des lieux inaccessibles, on en trouva plusieurs, qui firent paroître un courage, ou plûtôt une fureur, dont les Castillans ne laisserent pas d'être effrayés.

Effets du désespoir des Indiens.

On en vit, qui blessés à mort par les Arbalêtres de leurs Ennemis, s'enfonçoient de rage leurs Fléches dans le corps, & après les avoir retirées, les prenoient avec les dents, &

1504.
|
1506.

les mettoient en morceaux, qu'ils jettoient contre les Chrétiens, dont ils croyoient s'être bien vangés par cette espece d'insulte. D'autres ayant été faits Prisonniers, & leurs Vainqueurs les obligeant de courir devant eux, pour leur montrer les chemins, se précipitoient sur des pointes de Rochers, pour n'être point forcés à trahir leurs Compatriotes. Il y en eût un, qui s'étant avancé à la tête de l'Armée, osa bien y défier un Espagnol, nommé Alexis Gomez, qui ne pût jamais lui porter un seul coup; ce fut un spectacle assés singulier de voir un homme tout nud, avec un Arc & une Fléche à la main, voltiger autour d'un Soldat bien armé, & se mocquer des vains efforts, que faisoit celui-ci pour le percer. Ce Combat, où il n'y eut point de sang répandu, réjoüit long-têms les Spectateurs; enfin l'Indien se lassa, & se réjoignit à ses gens, qui le reçûrent avec de grandes acclamations.

La prise du Cacique met fin à la guerre.

Il y eut plusieurs autres actions, où les Insulaires firent paroître de la résolution & de la conduite. On comprit alors qu'il falloit désormais peu de choses pour les aguerrir tout à fait. Mais enfin, la prise de Cotubanama mit fin à la Guerre. Ce malheureux Cacique se croyoit fort en sûreté dans l'Isle *Saona*, où il s'étoit fait un espece de Labyrinthe. On ne laissa pas de l'y découvrir : il fut mené à San-Domingo, où le Grand Commandeur le fit pendre. Tel fut le sort du dernier Roi de l'Isle Espagnole; la plûpart des autres Souverains, & des Seigneurs particuliers, n'en avoient pas eu un plus heureux. Mais quoique les Espagnols semblassent vouloir témoigner le mépris, qu'ils en faisoient, en les soûmettant à un supplice aussi infamant; il y a pourtant lieu de croire qu'ils leur eussent laissé la vie, s'ils les avoient moins craints. Le Higuey étant de nouveau pacifié, Ovando y fit construire deux Bourgades, *Salvaleon* sur le bord de la Mer, & *Santa-Cruz de Ycayagua* dans le milieu des Terres. Cette derniere fut détruite au bout de quelques années, & de ses débris s'est formée celle qu'on appelle aujourd'hui *Scibo* ou *Zeïbo*. Elle est à 20. lieuës de la Capitale, Salvaleon de Higuey à 28.

Ou *Aycayagua*.

Les

1506.

Les Indiens sont plus maltraités que jamais.

Le succès de cette guerre, & la nouvelle de la mort d'Isabelle, mirent le comble à l'infortune des Habitans naturels de l'Isle Espagnole. Il est vrai, comme nous l'avons rapporté plus haut, que la Reine de Castille avoit accordé aux pressantes sollicitations d'Ovando, que chaque Cacique fût tenu d'envoyer ses Sujets travailler aux Mines tour à tour, à la charge néanmoins qu'ils seroient payés de leur travail. Le Gouverneur Général avoit reglé ce salaire à un Blanc & demi par jour, ce qui montoit à peine à une demie Piastre par mois; mais il n'eut pas plûtôt appris la mort de sa Maîtresse, que ce payement, tout modique qu'il étoit, lui parut une charge trop pesante, & qu'il le retrancha tout-à-fait. Il semble même que dès-lors le têms du travail ne fut plus limité, & bientôt tous les Indiens, sans distinction d'âge, de sexe, de condition, y furent condamnés, sans que ceux, à qui on les abandonnoit, fussent tenus à rien, qu'à les instruire des Principes du Christianisme, condition que la plûpart remplirent fort mal. Le Grand Commandeur, qui selon Barthélemy de las Casas, n'avoit pas plus de zele pour le salut de ces malheureux, que s'ils eussent été des Animaux entierement dépourvûs de raison, vouloit néanmoins persuader le Roi qu'il n'avoit rien plus à cœur: Ferdinand de son côté ne cessoit de lui recommander cet article, & sur les réponses, qu'il en recevoit, il ne doutoit point que toute l'Isle ne devînt bientôt Chrétienne.

Richesses immenses, qui sortent de l'Isle Espagnole.

Cette belle ostentation de zele, soûtenuë de grands envoys d'Or, faisoit regarder Ovando comme un homme nécessaire, & le maintenoit en place contre les efforts des Colombs, qui mettoient tout en usage, pour être rétablis dans leurs droits. D'ailleurs rien n'étoit mieux reglé, que la Colonie, le Gouverneur Général y avoit établi la Police; la Justice s'y administroit avec exactitude, & l'on n'y souffroit aucun désordre; tout le monde étoit occupé, & personne ne se plaignoit. Il se faisoit en ce têms-là dans l'Isle Espagnole, quatre fontes d'or chaque année; deux dans la Ville de Buena-Ventura, pour les vieilles & les nouvel-

1506. les Mines de S. Christophle, & deux à la Conception, qu'on appelloit communément la Ville de la Vega, pour les Mines de Cibao, & les autres, qui se trouvoient plus à portée de cette Place. Chaque fonte fournissoit dans la premiere de ces deux Villes, cent dix, ou six-vingt mille Marcs. Celles de la Conception de la Vega donnoient ordinairement 125. ou 130. & quelquefois 140000. Marcs; de sorte que l'or, qui se tiroit tous les ans des Mines de toute l'Isle, montoit à 460000. Marcs. Aussi sur le bruit, qui se répandit en Espagne, qu'on faisoit en très-peu de têms, & sans rien risquer des fortunes considérables dans cette Colonie, pour un peu qu'on fût des amis du Gouverneur Général, il ne se trouva plus bientôt assés de Navires, pour y porter tous ceux, qui s'empressoient pour y aller partager tant de thrésors.

Départemens donnés aux Seigneurs de la Cour.

Mais il ne fut pas long-têms nécessaire de passer la mer, pour profiter des richesses de l'Isle Espagnole. La plûpart des Grands Seigneurs & des Ministres, s'aviserent de demander des Départemens au Roi, à qui les Indes étoient restées en propre, par un traité fait entre lui, & le feu Roi de Castille; & ils les obtinrent sans aucune difficulté. Le Grand Commandeur, qui prévit toutes les suites de cette liberalité du Prince, s'y opposa en vain; & ses représentations furent même assés mal reçûës. Les Concessionnaires établirent des Procureurs sur les lieux, pour agir en leur nom; ces Procureurs avoient leur fortune à faire, & à pousser les interêts de leurs Maîtres: les Insulaires en furent la victime; on ne ménagea en rien ces malheureux, & on se soucioit fort peu qu'ils succombassent sous le travail, parce qu'en vertu des Provisions du Roi, on se les faisoit remplacer sur le champ. Le Gouverneur Général n'osant leur rien refuser, encore moins châtier la cruauté de ces impitoyables Maîtres, on ne peut dire combien en peu de mois il périt de ces malheureux, qui furent sacrifiés à la cupidité des Grands, & à celle de leurs Intendans.

Entreprises

Ferdinand avoit alors à soûtenir la guerre dans le Royau-

1506.

odieuses du Grand Commandeur pour augmenter les Revenus du Roi.

me de Naples. Cinq cens mille Ecus d'or, qui se tirerent chacune des années suivantes de l'Espagnole, lui fournirent une grande ressource, pour en soutenir les frais, & comme il n'étoit pas instruit des moyens, dont on se servoit pour remplir ainsi ses Coffres, il combloit d'éloges le Grand Commandeur. Ovando encouragé par les assurances de la satisfaction, que ce Prince avoit de sa conduite, voulut encore faire un pas en avant. Il publia une Ordonnance, par laquelle il affermoit la Pêche, la Chasse, & les Salines naturelles; mais les cris de toute la Colonie contre une si odieuse innovation, étant parvenus jusqu'aux oreilles du Roi, ce Prince cassa l'Ordonnance, & en fit une autre, qui fut dans la suite d'une bien plus grande utilité à ses Sujets, que les Mines même.

Cannes de Sucre plantées dans l'Espagnole, Mine de Cuivre.

Ce fut au sujet des Cannes de Sucre, que l'on commençoit à cultiver dans l'Isle Espagnole. Ferdinand avoit extrêmement à cœur qu'on les y multipliât, & ses soins ne furent pas inutiles. Les premiers Roseaux avoient été apportés des Canaries, par un nommé Pierre d'Atença, & Gonzalés de Velosa fut le premier, qui fit bâtir dans l'Isle un Moulin à Sucre. On ne peut dire avec quelle promptitude & quel succès l'exemple de ces deux Habitans fut suivi de tous ceux, qui étoient en état de faire les avances nécessaires pour de pareilles Manufactures. On crut aussi avoir découvert une Mine de Cuivre du côté de Puerto-Real, & le Roi donna ses ordres pour y faire travailler; mais Ovando négligea, ou ne fut point en état de fournir aux Entrepreneurs le nombre d'Indiens, qu'ils demandoient: d'autres disent que la Mine ne se trouva pas assés abondante, ce qui est certain, c'est que l'ouvrage, à peine commencé, fut abandonné. On croit que cette Mine est ce qu'on appelle aujourd'hui le Morne rouge dans la Plaine du Cap François. On y voit des indices de cuivre, & quelques-uns assûrent y en avoir ramassé.

Reglement pour les Mariages.

Cependant il n'étoit encore venu que très-peu de Femmes Castillanes dans l'Isle Espagnole, & une bonne partie

1506. | 1507. des nouveaux Colons s'étoient attachés à des filles du Pays ; les Gentilshommes ayant eu soin de choisir les plus qualifiées. Mais ni les unes, ni les autres n'étoient tenuës à titre de Femmes légitimes, & plusieurs même de ces Concubinaires avoient leurs Femmes en Castille. Pour remedier à ce désordre, Ovando chassa de l'Isle tous ceux, qui étoient mariés, & ne vouloient point faire venir leurs Femmes ; & obligea les autres sous la même peine à épouser leurs Concubines, ou à s'en défaire. Presque tous prirent le premier parti, & l'on peut dire que plus des trois quarts des Espagnols, qui composent aujourd'hui cette Colonie, descendent par les Femmes des premiers Habitans de l'Isle. Mais comme les Troubles passés avoient fait connoître le penchant, qu'avoient les Espagnols à la révolte ; Ovando jugea nécessaire d'ôter aux Gentilshommes, qui avoient épousé des Indiennes, les Départemens, qu'il leur avoit donnés, en les dédommageant d'ailleurs ; & cela pour les mettre hors d'état de cabaler, & d'entreprendre de faire valoir leurs droits sur la Succession de leurs Beau-peres.

1507. | 1508. Habitans des Lucayes transportés à l'Isle Espagnole & avec quel succès.

L'année 1507. il ne restoit déjà plus dans l'Isle Espagnole, que 60000. Indiens, c'est-à-dire, la vingtiéme partie de ce qu'on y en avoit trouvé 15. ans auparavant, selon ceux, qui en mettent le moins. Et comme il s'en falloit bien que ce nombre ne fût suffisant, pour satisfaire l'avarice des Concessionnaires ; le Grand Commandeur proposa de transporter les Habitans des Isles Lucayes dans celle-ci ; ajoûtant que c'étoit l'unique moyen d'instruire dans la Religion ces Peuples abandonnés, ausquels il n'étoit pas possible de fournir des Missionnaires, en tant de lieux differens. Ferdinand donna dans le Piege, & la permission ne fut pas plûtôt publiée, que plusieurs Particuliers équiperent à leurs frais des Bâtimens pour aller faire des recruës aux Lucayes. On n'imagineroit pas les fourberies, qui furent mises en usage, pour engager ces pauvres Insulaires à suivre leurs Tyrans. La plûpart les assûrerent qu'ils venoient d'une Région délicieuse, où étoient les Ames de leurs Parents, & de leurs Amis ;

défunts, qui les invitoient à les venir joindre. 40000. de ces Barbares furent assés simples pour se laisser séduire ; mais quand ils virent, en arrivant à l'Espagnole, qu'on les avoit abusés, ils en conçûrent un chagrin, qui en fit périr un grand nombre, & porta plusieurs à entreprendre des choses incroyables pour se sauver. Un Navire Espagnol fut assés surpris d'en rencontrer une Troupe, à 50. lieuës en Mer dans une Pirogue, autour de laquelle ils avoient attaché des Callebasses pleines d'eau douce. Ils touchoient presque à leur Isle, lorsqu'il firent cette malheureuse rencontre, car les Espagnols ne manquerent pas de les reconduire au lieu de leur Esclavage. 1507. — 1508.

Violences commises en cette occasion.

Au défaut de l'artifice, dont il y a bien de l'apparence, que ces Sauvages ne furent pas long-têms les Dupes, on usa sans doute plusieurs fois de violence, pour les arracher à leur Terre Natale ; au moins est-il bien certain, qu'au bout de quelques années les Isles Lucayes étoient absolument désertes, & comme elles sont la plûpart assés steriles, elles n'ont jusqu'ici fait envie à personne ; les Anglois prétendent néanmoins qu'elles leur appartiennent, & ils ont un établissement dans celle de la Providence, sur le nouveau Canal de Bahama. J'ai lû dans des Mémoires, qui me paroissent assés sûrs, que s'étant formé en France, on ne marque pas précisément le têms, une Compagnie pour établir ces Isles, elle y envoya un Navire chargé de toutes sortes de munitions, & d'un nombre suffisant d'Habitans, mais qu'ayant trop differé d'en envoyer un second, on n'y trouva plus personne. Ces mêmes Mémoires ajoûtent qu'il y a dans ces Isles de très bons Ports, & des Havres fort sûrs, quantité de Cochons, des Salines, beaucoup de Sources de bonne eau, des Rivieres, & toutes sortes de Materiaux pour bâtir.

La Justice & les Finances sont ôtées aux Gouverneurs Généraux.

L'année suivante 1508. le Roi Catholique fit un changement dans le Gouvernement des Indes, qui diminua beaucoup le pouvoir des Gouverneurs Généraux. Jusques-là les Finances & la Justice avoient toûjours été administrées en

1507. | 1508. leur nom, par des Officiers, dont l'autorité trop subordonnée à la leur, étoit avilie par une si grande dépendance, & quelquefois opprimée, lorsqu'elle entreprenoit de s'opposer à leurs volontés. Ceux, qui sçavoient s'accommoder au têms, en recevoient pour récompense le privilege de tout oser; & quelques-uns acquirent dans ces Employs des richesses immenses. On a surtout parlé d'un certain Bernardin de Sainte Claire, qui avoit été fait Trésorier par Ovando, & qui s'étoit servi des deniers de la Caisse Royale pour achetter de grands héritages. Sa Table étoit somptueuse, & un jour, qu'il donnoit à manger au Grand Commandeur, on servit en guise de sel, de l'or en poudre; Il fit enfin tant de folies, & ses malversations allerent si loin, que son propre Protecteur fut obligé d'en avertir la Cour. Le Roi envoya un nommé Davila pour lui faire rendre ses Comptes, & il se trouva redevable de 60000. Pesos d'or. Tout son bien fut saisi & vendu à l'Encan, mais Ovando fit ensorte par son crédit, que tout y fût porté à un prix exorbitant, de sorte que Sainte Claire, après avoir payé le Roi, se trouva encore beaucoup de reste; mais il perdit sa Charge, qui fut alors réunie à celle d'Intendant de Justice, sous le Titre de Trésorier Général. Le premier, qui en fut revêtu, fut un Officier de la Maison du Roi, nommé D. Miguel de Passamonté, lequel arriva au mois de Novembre à San-Domingo, bien muni de Brevets en bonne forme, & d'un ordre au Gouverneur Général de lui donner un Département d'Indiens.

D. Diegue Colomb épouse la Niéce du Duc d'Albe, & rentre dans ses droits sur le Gouvernement des Indes.

Ce changement fut bientôt suivi du rappel du Grand Commandeur. D. Diegue Colomb, l'aîné des fils du feu Amiral des Indes, poursuivoit avec chaleur les Droits, qu'il avoit hérités de son Pere, sur la Vice-Royauté des Indes; & quoiqu'il rencontrât en son chemin les mêmes difficultés, que D. Christophle y avoit rencontrées, & de plus grandes encore, il ne se rebuta point. Les plus fortes oppositions venoient de la part du Roi même; mais après que le jeune Amiral eut long-têms essuyé les lenteurs de ce Prince, il le conjura enfin de trouver bon, qu'il se pourvût en Justice. Ferdinand ne put lui refuser une demande si raisonnable; & Colomb présenta aussi-tôt au Conseil un Mémoire contenant 42. Articles, tous conformes à ce qui avoit été arrêté entre le même Ferdinand & Isabelle d'une part, & Christophle Colomb de l'autre, avant & depuis la découverte des Indes. L'affaire fut discutée avec toute l'exactitude possible, & comme le droit de l'Amiral étoit incontestable, il gagna son Procès tout d'une voix; mais il n'en auroit été gueres plus avancé malgré cela, (le Roi ne manquant ni de moyens, ni de prétextes pour traîner en longueur l'éxécution de l'Arrêt,) s'il ne se fût procuré une Protection capable de lui faire surmonter tous les obstacles. Il épousa Marie de Tolede, fille de Ferdinand de Tolede, Grand Commandeur de Leon, Grand Veneur de Castille, Frere du Duc d'Albe, & Cousin Germain du Roi Catholique, dont le Duc d'Albe étoit d'ailleurs le Favori, depuis qu'il l'avoit très-utilement servi dans la guerre de Naples, & contribué plus que personne à le faire rappeller en Castille. Le premier effet de cette alliance fut, que les deux Freres se mirent d'abord à solliciter fortement en faveur, l'un de son Neveu, & l'autre de son Gendre. Ferdinand voulut leur donner de belles paroles à son ordinaire, mais ils ne s'en contenterent pas, & ils parlerent si haut, qu'ils obtinrent enfin une partie de ce qu'ils demandoient. 1507. | 1508.

Ovando fut révoqué, & l'Amiral fut nommé pour le remplacer, mais il n'eut que le titre de Gouverneur Général, avec la même autorité, les mêmes Privileges, & les mêmes appointemens, qu'avoient eû ses deux Prédécesseurs. Je le trouve néanmoins quelquefois nommé Vice-Roi, & Doña Maria de Tolede son Epouse n'est jamais appellée que Vice-Reine, dans les Auteurs, que j'ai lus, mais il paroît que c'étoit des Titres d'Honneur, qu'on leur donnoit sans conséquence, en faveur sans doute d'une alliance, qui l'unissoit de si près à la Maison Royale. Dès que cette affaire eut été concluë, l'Amiral représenta au Roi, que son Mais la Charge de Vice-Roi est supprimée.

1508. Altesse pourroit sur de fausses informations, faire quelquefois des Réglemens, qui tourneroient au préjudice de sa Charge, & qu'il convenoit au bon ordre, & au bien du service, que le Gouverneur Général eût la liberté de faire des Remontrances, avant que d'être obligé d'éxécuter. Cela lui fut accordé: mais comme cette précaution étoit particuliérement contre les Favoris, qui rendent souvent les Souverains mêmes les Ministres de leurs passions; une telle demande, & plus encore l'usage, que l'Amiral fit de la permission, qu'il obtint, lui susciterent des ennemis puissants, qui lui causerent dans la suite bien des chagrins.

Causes du rappel d'Ovando.

Quant à Ovando, sa disgrace ne fut pas seulement le fruit du crédit des Protecteurs de D. Diegue; elle venoit de plus loin, & l'on prétend que la feuë Reine Isabelle, avoit prié Ferdinand de le rappeller, ne voulant pas mourir sans assûrer la punition du Massacre de Xaragua. Mais le Grand Commandeur avoit fait une faute bien moins excusable encore dans un homme, qui devoit connoître la Cour & les Ministres; il s'étoit broüillé avec Fonseca, qui avoit encore changé son Evêché de Cordouë pour celui de Palencia; & voici à quelle occasion. Fonseca avoit fait donner le Gouvernement de la Citadelle de San-Domingo à une de ses Créatures, nommé Christophle de Tapia: cet Officier en arrivant à la Capitale, trouva la Place prise, le Grand Commandeur l'avoit donné à Diego Lopez de Salzedo son neveu. Tapia ne laissa pas de présenter ses Provisions au Gouverneur Général, qui les mit par respect sur sa tête, & en les lui rendant, lui dit: « J'informerai le Roi de cette » affaire, & je ne ferai rien que ce qui me paroîtra le mieux » pour le service de son Altesse.

Il écrivit effectivement au Roi, & lui représenta que Tapia étant pourvû de la Charge de Fondeur d'or, qui étoit très-lucrative; elle devoit lui suffire; d'ailleurs que la Citadelle de San-Domingo étoit son Ouvrage, & qu'il étoit bien naturel qu'il pût disposer de son Gouvernement, d'autant

tant plus qu'on ne lui avoit jamais disputé le droit de nommer à ces sortes de Places. Quelque têms après, Tapia ayant mal parlé du Grand Commandeur, il fut mis en Prison dans la Forteresse même, par ordre d'Alphonse Maldonat, qui en qualité d'Alcaïde Major, étoit encore à la tête de la Justice. Mais comme on l'eût envoyé Prisonnier en Espagne, l'Evêque de Palencia le fit déclarer innocent, & engagea le Roi à nommer François de Tapia son Frere au Gouvernement de la Forteresse de San-Domingo. Ovando ressentit vivement cette mortification, mais il n'en devint pas plus souple à l'égard du Ministre, contre lequel il fut même soutenu dans une occasion; ce fut ce qui acheva de le perdre, & peut-être que sans cela tout le crédit de la Maison de Tolede eut cedé à la haine de Fonseca contre les Colombs. Ovando le crut ainsi, mais il fut, ou du moins affecta de paroître assés peu sensible à sa révocation. 1508.

Un Historien, qui a trop voulu le justifier, pour être toûjours cru sur ce qui le regarde, assûre qu'il fut extrêmement regretté dans les Indes, & que l'Isle Espagnole en particulier le pleura long-têms. Il ajoûte qu'on ne vit jamais un homme moins interessé, qu'il dépensa en ouvrages publics tous ses Revenus, & que quand il partit pour retourner en Espagne, il fut obligé d'emprunter 500. Castillans pour les frais de son voyage. Après tout, ces grandes marques d'affection & d'attachement, qu'on lui donna au moment, qu'on apprit son rappel, ou ne furent pas générales, ou ne durerent pas long-têms; car il est certain que, peu de têms après son arrivée en Castille, divers Particuliers lui intenterent Procès, & lui demanderent des sommes très-considérables. Toute sa ressource fut que, ces demandes n'ayant pas été faites dans les 30. jours, qui lui avoient été donnés pour la reddition de ses Comptes, il n'étoit plus obligé d'y répondre; ce que le Roi voulut bien autoriser par un rescrit. Il paroît aussi qu'il avoit acquis du Bien en fonds dans les Indes, puisqu'une des Instructions, qui furent données à l'Amiral, fût d'avoir soin qu'on lui conservât

Ce qu'on pensa d'Ovando à son rappel.

1508. tout ce qui se trouveroit lui appartenir légitimement. Une autre Instruction portoit que la Flotte, que D. Diegue commanderoit en allant d'Espagne aux Indes, seroit au retour des Indes en Espagne sous les ordres du Grand Commandeur, lequel fut très-bien reçû du Roi Catholique, & ne parut point du tout à la Cour comme un homme disgracié.

1509. Départ de l'Amiral, & son arrivée à San-Domingo. Il se broüille d'abord avec le Ministre.

Mais pour revenir, l'Amiral s'étant rendu à Seville sur la fin de l'année 1508. pour y mettre ordre à son embarquement, le Roi l'y suivit de près, & lui donna plusieurs Audiences particulieres, où il entra dans un fort grand détail de tout ce qui concernoit les Indes. Mais il ne lui recommanda rien tant, que d'établir la Religion, & surtout d'attirer par les voyes les plus éfficaces les Peuples au Christianisme. De Seville D. Diegue passa à San-Lucar, où il s'embarqua le 9. de Juin avec sa Femme, son Frere D. Fernand, ses deux Oncles, quantité de Noblesse, beaucoup d'Officiers, & un bon nombre de Demoiselles, qui étoient à la suite de la Vice-Reine. Le Voyage fut heureux, & la Flotte moüilla dans le Port de San-Domingo le 10. de Juillet. Comme il n'y avoit point encore de Maison affectée au Gouverneur Général, l'Amiral jugea à propos de se loger dans la Forteresse, laissant à François de Tapia, qui étoit venu avec lui pour prendre possession de cette Place, le soin de chercher un autre logement. Il refusa même de le faire recevoir en qualité de Gouverneur, mais il eut bientôt tout lieu de se repentir d'une démarche, qui parut peu mesurée à ses meilleurs amis. Tapia prit le parti de repasser en Espagne, pour y faire ses plaintes, elles y furent écoutées, on fit expedier sur le champ un Ordre à l'Amiral d'évacuer la Citadelle, & de la remettre au Trésorier Général Passamonté. Tapia revint peu de têms après, & Passamonté le mit en possession de son Gouvernement & de son logement, il avoit encore gagné à son voyage un département d'Indiens, que l'Amiral eut ordre de lui donner.

1509. La Colonie de l'Espagnole prend une nouvelle face.

Cependant l'arrivée du nouveau Gouverneur Général & de sa nombreuse famille, avoit donné à l'Isle Espagnole un lustre, qu'elle n'avoit pas encore eu. J'ai dit que la Vice-Reine avoit amené avec elle un bon nombre de Demoiselles; on les maria d'abord aux plus riches Habitans, & elles contribuerent extrêmement à adoucir les mœurs de ces anciens Colons, devenus déjà presque à moitié Sauvages. Divers accidens arrivés coup sur coup, & dans lesquels les Espagnols furent assés heureux pour reconnoître la main de Dieu, qui les frappoit, ne servirent pas peu non plus à les faire rentrer en eux mêmes, & à leur faire reprendre leurs premiers sentimens de Religion, dont il ne restoit plus dans leur cœur, que de legeres traces.

Ouragans & leurs effets

Au mois d'Août de l'année précédente 1508. un Ouragan avoit fait périr à la Côte jusqu'à 20. Navires : au mois de Juillet de celle-ci, il en survint un autre très-violent, qui fit des dégats incroyables, & renversa une grande partie des Maisons de la Capitale; & ce qui fit surtout regarder ces accidens funestes, comme des effets de la colere du Ciel, c'est ce que les Indiens publierent alors, & assûrerent unanimement, à sçavoir, qu'avant l'arrivée des Castillans, ces Ouragans étoient très-rares sur leurs Côtes. Ce qu'il y eut de fâcheux, c'est que plusieurs reconnoissant que c'étoit Dieu, qui les frappoit, ne se rendirent point justice sur leurs cruautés, & n'ouvrirent point les yeux, ni sur leur avarice, ni sur leurs dissolutions, ni sur quantité d'autres désordres criants, mais s'imaginerent que le Seigneur les punissoit uniquement à cause de leur peu de respect pour le S. Sacrement de l'Autel, qui étoit en bien des endroits gardé avec très-peu de décence. Ils firent donc bâtir par tout de belles Eglises, & l'Historien Oviedo, qui fut quelques années après Gouverneur de la Citadelle de San-Domingo, assûre que depuis 1520. jusqu'en 1535. qu'il écrivoit ses Mémoires, aucun Ouragan ne se fit sentir sur les Côtes de l'Isle Espagnole. Aussi y continuë-t'on encore aujourd'hui d'avoir un soin particulier des Eglises, qui sont tou-

1509. tes très-belles, fort riches, & fort ornées, tandis que la plûpart des Habitans n'ont pas dequoi se couvrir ; mais l'Ennemi du salut des Hommes, qui fit ainsi prendre le change aux Espagnols des Indes, n'avoit garde de les inquieter sur ces Temples materiels, qu'ils érigeoient en l'honneur de Jesus-Christ, tandis que, s'abandonnant sans honte à toutes sortes d'excès, ils profanoient d'une maniere criante les véritables Temples du S. Esprit ; & l'on doit peut-être regarder la cessation du Fleau, qui les affligeoit, moins comme une récompense de leur pieté mal entenduë, que comme le comble & la punition de leur aveuglement.

Sources de la décadence de l'Isle Espagnole.

Quoiqu'il en soit, il n'y avoit pas 18. ans, que l'Isle Espagnole étoit découverte, & la Colonie Castillane étoit déjà parvenuë au terme de sa grandeur. San-Domingo, qui fut bientôt remis de ses dernieres pertes, pouvoit dès-lors aller de pair avec les plus belles Villes d'Espagne, & les surpassoit toutes en richesses & en magnificence : mais tout cela commença bientôt à décliner, & la décadence fut presque aussi précipitée, que l'élevation avoit été rapide ; bien des choses y ont contribué, mais surtout le grand nombre de Colonies, qui sont sorties de celle-ci, car on peut dire qu'elle est la Mere de toutes celles, qui composent le Vaste Empire des Espagnols dans l'Amérique, & c'est, dis-je, en bonne partie ce qui l'a réduite dans l'état d'épuisement, où nous la voyons aujourd'hui.

Etablissement dans l'Isle des Perles. Il dure peu & quelles en furent les suites.

D. Diegue à son départ d'Espagne avoit reçu un ordre exprès de faire un établissement dans l'Isle de Cubagua, que l'on appelloit communément, l'Isle des Perles. Au premier bruit de cette entreprise, plusieurs Habitans de l'Espagnole s'offrirent à l'Amiral, & surtout ceux, qui avoient à leur service des Esclaves Lucayes. On avoit reconnu que ces Insulaires avoient tous une très-grande facilité à demeurer long-têms sous l'eau, & l'experience avoit montré qu'ils étoient peu propres au travail des Mines. L'Amiral eut effectivement égard à cela dans le choix, qu'il fit des nou-

veaux Colons de Cubagua, & pendant plusieurs années; 1509.
il se fit dans cette Isle des fortunes immenses par la pêche des Perles. Des Historiens assûrent que le Quint du Roi y montoit tous les ans à 15000. Ducats, mais bientôt les Plongeurs, qu'on ménagea encore moins, qu'on ne faisoit les Mineurs dans l'Espagnole, périrent tous, & les Perles disparurent presque en même têms des Côtes de Cubagua. Alors cette Isle, dont les terres ne sont absolument bonnes à rien, qui n'a ni bois, ni eau douce, & qui n'étoit plus recommandable, que par un excellent Port, où l'on avoit bâti une jolie Ville, sous le nom de nouvelle Cadix, & une Fontaine, dont l'eau Odoriferante & Medecinale surnâge sur celle de la Mer, lorsqu'elle s'y décharge; cette Isle, dis-je, fût entierement abandonnée; & à peine la connoit-t'on aujourd'hui: ses Habitans passerent à la Marguerite, qui s'est soutenuë un peu plus long-têms; on y voit même encore quelques Habitations, qui s'entretiennent par le Commerce du Tabac, qu'ils font avec les Hollandois de Coraçol; mais ~~il n'y est plus du tout question de Perles~~. On en trouve encore de têms en têms quelques-unes dans ces Mers, à 150. lieuës à l'Ouest de la Marguerite. Il y en a une pêche dans le Gouvernement de *Rio de la Hacha*, près d'une Bourgade, appellée *la Rancheria*, mais les Perles en sont d'une couleur matte, & n'ont pas l'eau fort belle.

Déscription de Portoric.

La même année, qui avoit vû commencer l'établissement de l'Isle des Perles, vit prendre une forme plus solide à celui, dont un an auparavant on avoit jetté les fondemens dans celle de Boriquen, ou de Portoric. Cette Isle est située par les 17. & 18. dégrés de Latitude-Nord, & n'a pas 20. lieuës dans sa plus grande largeur, qui se prend du Nord au Sud; mais sa longueur de l'Est à l'Ouest est de 40. Elle a peu de Plaines, beaucoup de Collines, des Montagnes très-hautes, des Vallées extrêmement fertiles, & d'assés belles Rivierres. Il paroît que ses Habitans, ainsi que je l'ai déjà observé, & ceux de l'Isle Espagnole, avoient une même origine; on remarquoit dans les uns & dans les

1509. autres la même douceur ; mais comme ceux de Portoric étoient sans cesse aux Prises avec les Caraïbes des petites Antilles, ils étoient encore moins policés, & un peu plus aguerris.

Ponce de Leon passe dans cette Isle & y trouve des Mines d'or.

J'ai dit en parlant de la derniere guerre du Higuey, que Jean Ponce de Leon y avoit conduit les Milices de San-Domingo. Il avoit été fait depuis Gouverneur de la nouvelle Ville de Salvaleon, & comme les Indiens de ces quartiers-là avoient grande relation avec ceux de Portoric, il sçut de ceux-ci, qu'il y avoit beaucoup d'or dans leur Pays. Il en donna aussi-tôt avis à Ovando, & lui demanda la permission d'aller voir de ses yeux ce qui en étoit ; il l'obtint, arma une Caravelle, & s'embarqua avec quelques Castillans, & des Insulaires du Pays, qui s'offrirent à lui servir de guides. Il aborda sur les Terres d'un Cacique nommé *Agueynaba*, qui le reçut bien, le logea chés lui ; & ayant sçu que les Espagnols souhaittoient fort de sçavoir, s'il y avoit des Mines dans l'Isle, après leur avoir donné tout le têms de se reposer ; non seulement il les assûra qu'ils en trouveroient en quantité, mais il voulut les conduire lui-même à celles, qui dépendoient de lui. Il poussa même la générosité jusqu'au bout, car il déclara qu'il les leur abandonnoit avec plaisir, si le Commandant vouloit bien lui accorder ses bonnes graces. Celui-ci n'avoit garde de rejetter une offre si avantageuse, il combla de caresses & de présens le Cacique Indien, qui depuis ce têms-là ne voulut plus être appellé, que Jean Ponce de Leon. Enfin le Gouverneur de Salvaleon ayant pris des Montres de toutes les Mines, qu'il avoit visitées, se rendit en diligence à San-Domingo, pour instruire le Grand Commandeur du succès de son voyage.

Il est fait Gouverneur de l'Isle.

Ovando fit mettre au Creuset l'or de Portoric, lequel fut estimé moins pur, que celui de l'Isle Espagnole, mais c'étoit de l'or, & la Conquête de l'Isle fut résoluë. Ponce de Leon en fut chargé, & ne tarda pas à y aller rejoindre ses gens, qu'il avoit laissés auprès d'Agueynaba. Il les trouva tous en parfaite santé, & qui se loüoient fort des bonnes manieres du Cacique, & de toute sa famille; il vit bien d'abord qu'il ne faudroit point faire la guerre à ces Peuples, pour les soûmettre, & il se flatta d'obtenir le Gouvernement de l'Isle: mais il se trouva bien loin de son compte, lorsqu'étant retourné peu de têms après à San-Domingo, pour y prendre quelques arrangemens avec Ovando, il le trouva rappellé, l'Amiral D. Diegue Colomb à sa place, & un Gouverneur nommé par le Roi pour l'Isle de Portoric. Ce Gouverneur étoit D. Christophle de Sotomayor, Frere du Comte de Camiña, qui avoit été Secretaire du Roi Philippe I. Un homme de cette consideration ne devoit pas s'attendre à trouver de l'opposition à son entrée dans un Gouvernement, qu'il tenoit immédiatement du Souverain; il ne put néanmoins obtenir de l'Amiral, qu'il l'en mît en possession. D. Diegue fit plus, il nomma de son autorité pour Gouverneur de Portoric un certain Michel Cerron, & lui donna Michel Diaz pour son Lieutenant. Ce qu'il y eut de plus suprenant, c'est que la Cour ne soutint point Sotomayor, & que le Grand Commandeur, ayant appris ce qui s'étoit passé à ce sujet dans les Indes, demanda & obtint le Gouvernement de Portoric, pour Jean Ponce de Leon, qui en alla prendre possession dès la même année, trouva moyen de faire une querelle d'Allemand à Cerron & à Diaz, & les envoya Prisonniers en Espagne. 1509.

Révolte des Indiens de Portoric.

Au milieu de ces Révolutions, le Gouverneur, qui avoit d'abord été nommé par la Cour, étoit demeuré sans emploi. Ponce de Leon lui offrit de le faire son Lieutenant & son Alcaïde Major, & il accepta cet offre; mais ayant reçû de grands reproches, de ce qu'il s'étoit abaissé jusqu'à se faire le subalterne d'un simple Gentilhomme, & dans une Isle, dont il avoit eu le Gouvernement, il quitta cet emploi & demeura simple particulier dans l'Isle, où le nouveau Gouverneur ne trouva pas les facilités à s'établir, dont il s'étoit flatté. Agueynaba étoit mort, & son frere, qui lui avoit succedé, n'avoit pas hérité de son affection pour les

1509. Eſpagnols. Le nouveau Gouverneur,qui avoit joint ſes Troupes à celles de Cerron, s'étoit imaginé pouvoir diſpoſer de toute l'Iſle, comme d'un Pays de Conquête: il avoit commencé par bâtir une Bourgade, il avoit enſuite voulu faire des Départemens d'Indiens, comme il ſe pratiquoit dans l'Iſle Eſpagnole, mais il s'apperçut bientôt qu'il avoit été trop vite. Les Inſulaires, qui, ſur le bruit de ce qui s'étoit paſſé dans leur voiſinage, ſe figuroient les Eſpagnols comme autant de Dieux deſcendus du Ciel, ſubirent d'abord le joug, ſans oſer faire la moindre réſiſtance; mais ils n'en eurent pas ſi-tôt reſſenti la peſanteur, qu'ils penſerent aux moyens de le ſecoüer. Ils s'aſſemblerent, & la premiere choſe, dont ils convinrent, fut qu'on commenceroit par éclaircir le point de l'immortalité de ces cruels Etrangers. La Commiſſion en fut donnée à un Cacique nommé *Brayau*, qui s'en acquitta en cette maniere.

Comment ils s'aſſûrent que les Eſpagnols ne ſont pas immortels.

Un jeune Eſpagnol nommé Salzedo faiſant voyage, paſſa chés ce Seigneur; Brayau le reçut, comme ſi c'eut été le meilleur de ſes amis, & le régala de ſon mieux pendant pluſieurs jours. Salzedo, après s'être bien repoſé, prit enfin congé de ſon Hôte, qui le voyant ſe charger de ſon pacquet, l'obligea de prendre quelques-uns de ſes gens, pour le porter, & pour l'aider lui-méme à paſſer quelques endroits difficiles, qui ſe rencontroient ſur ſa route. Après qu'il eut marché quelque têms, il ſe trouva au bord d'une riviere, qu'il falloit traverſer: un de ſes Guides, à qui Brayau avoit donné en ſecret ſes ordres, ſe preſenta pour le charger ſur ſes épaules; & le jeune Eſpagnol accepta ſon offre avec joye. Quand il fut au milieu de la riviere, ſon porteur le laiſſa tomber, & avec l'aide de ſes Camarades, qui le ſuivoient, il le tint dans l'eau, juſqu'à ce qu'il ne remuât plus. Alors ces Sauvages tirerent le corps à terre, & ne pouvant encore s'aſſûrer qu'il fût mort, ils ſe mirent à lui demander pardon de lui avoir laiſſé avaler tant d'eau, lui proteſtant que c'étoit par mégarde,qu'ils l'avoient laiſſé tomber, & qu'on n'avoit pu faire plus de diligence pour le tirer.

En

En disant cela ils pleuroient, comme s'ils eussent été les hommes du monde les plus affligés, & ne cessoient de tourner le Cadavre & de le retourner, pour voir, s'il ne donneroit pas quelque signe de vie.

1509. | 1510.

Ce jeu dura trois jours, au bout desquels la puanteur, qui exhaloit de ce corps, les rassûra, & ils donnerent avis à leur Cacique de ce qui s'étoit passé. Brayau ne voulut s'en raporter qu'à ses yeux; il vint, & fut convaincu. Il fit son raport aux autres Caciques, & tous, absolument détrompés de la prétenduë immortalité de leurs Conquérans, résolurent de s'en délivrer à quelque prix que ce fût. L'affaire fut conduite avec beaucoup de secret, & comme les Castillans ne se défioient de rien, il y en eut une centaine de massacrés, avant qu'on se fût apperçu de la moindre altération dans les Indiens. Sotomayor périt en cette rencontre : il avoit eu dans son Département le Cacique, frere d'Agueynaba avec tous ses Sujets: la Sœur du Prince Indien, qui l'aimoit, l'avertit d'être sur ses gardes; il reçut encore le même avis d'un Castillan, il s'en mocqua, & le lendemain il fut assassiné avec quatre de ses gens. Tout le reste des Espagnols, qui se trouvôient reduits à la moitié de ce qu'ils avoient été, auroit subi le même sort, sans la diligence & l'intrepidité du Gouverneur.

Plusieurs Espagnols sont Massacrés.

Au premier bruit de la révolte, Ponce de Leon se mit en campagne, & il vengea d'un maniere si terrible la mort des Espagnols, qu'il ôta pour toûjours aux Insulaires l'envie de remuër. Il n'avoit avec lui que des Braves, mais aucun d'eux ne contribua plus à lui soûmettre les Habitans de Portoric, qu'un grand Chien, qu'on appelloit Berezillo. Cet animal avoit plûtôt étranglé un homme, qu'il ne l'avoit regardé, & dans les rencontres, qu'il y eut entre les deux Nations, il faisoit plus de besogne qu'aucun Soldat. Aussi avoit-il la paye d'Arbalêtrier, qui étoit la plus grosse de toutes. Il fut, tant qu'il vêcut, la terreur des Ennemis, & il finit glorieusement sa carriere au lit d'honneur. Plusieurs années après la Conquête de Portoric, des Caraïbes ayant

Histoire d'un Chien fameux.

1509. | 1510. fait à leur ordinaire une irruption dans cette Isle, ils y trouverent les Castillans & leur Chien, qui après avoir étendu sur la place un très-grand nombre de ces Barbares, obligerent le reste à s'embarquer au plus vite. Le brave Berezillo, emporté par l'ardeur du Combat, se jetta à la nage & les poursuivit assés loin ; mais s'étant approché trop près d'un Canot, on lui tira une flêche, dont il fut tué tout roide. Il fut extrêmement regreté, & sa mémoire s'est long-têms conservée dans les Indes, où le bruit de ses exploits avoit pénetré partout. Cet animal paroissoit avoir du jugement, & sçavoit fort bien discerner les ennemis d'avec les amis. On lui attribuë aussi cette générosité du Lion, dont par les prieres & la soûmission on appaise, dit-on, la fureur ; & l'on en raporte un exemple assés singulier. Une vieille Indienne avoit eu le malheur de déplaire à quelques Espagnols, qui résolurent de la faire dévorer par Berezillo : ils lui donnerent une lettre à porter dans un endroit, où ils sçavoient bien qu'elle ne pouvoit aller, sans rencontrer ce Chien. Elle le trouva en effet, qui vint d'abord à elle la gueule beante, elle ne se perdit point, elle montra la lettre à l'animal, & dans une posture suppliante, elle lui dit : « Seigneur Chien, » je m'en vais porter cette lettre à des Chrétiens, je vous » prie de ne me point faire de mal. » A ces paroles Berezillo s'arrête, vient flairer quelque têms l'Indienne, qui étoit saisie de frayeur, & s'en va, sans lui faire aucun mal.

Ce qui porte les Indiens à se soumettre.

Il y a pourtant bien de l'apparence que les Habitans de Portoric ne se seroient pas tenus si aisément pour subjugués, si, en voyant les Espagnols se multiplier de jour en jour dans leur Isle, ils ne s'étoient pas sottement persuadés, que les nouveaux venus étoient ceux-là mêmes, qu'ils avoient fait mourir, & qui étoient resuscités. Dans cette pensée ils crurent que ce seroit folie à eux, de continuer à faire la guerre, & qu'il valoit mieux plier de bonne grace sous l'autorité de gens, qui renaissoient de leurs cendres, que de les irriter de nouveau par une opiniâtre résistance. Ils s'abandonnerent donc à la discretion de leurs Vainqueurs, qui les envoyerent sur le champ aux Mines, où en peu de têms ils perirent presque tous.

1509.

Etablissemens dans la Jamaïque, dans la Castille d'Or, & dans la nouvelle Andalousie.

Enfin la Jamaïque fut aussi mise sous le joug la même année que Portoric & Cubagua; & voici ce qui détermina l'Amiral à cette entreprise. Le Roy Catholique avoit conçû de trop grandes esperances des dernieres Découvertes de Christophle Colomb, pour ne pas s'assûrer la possession de tant de riches Pays; il souhaitoit fort pouvoir charger d'une entreprise aussi difficile Alphonse de Ojeda, dont la hardiesse & la bravoure étoient à toute épreuve, mais Ojeda, après tant de voyages, n'en étoit pas devenu plus riche, & n'étoit nullement en état de faire les avances, que demandoit une Conquête de cette nature. D'ailleurs il étoit actuellement dans l'Isle Espagnole, d'où il n'étoit aparemment pas sorti depuis le second voyage, qu'il avoit fait avec Americ Vespuce, avec lequel nous avons vû qu'il s'étoit broüillé. Jean de la Cosa, quoiqu'il n'eût pas été de ce second voyage, étoit toûjours de ses amis; & ayant sçû ce qui empêchoit qu'on ne le chargeât de l'entreprise, qu'on méditoit, il s'offrit à lui porter les ordres & les instructions de la Cour, & à l'aider de son bien, pour faire les frais, dont le Roy ne vouloit pas se charger. Comme Ojeda étoit toûjours bien auprès de l'Evêque de Palencia, & que d'ailleurs il étoit généralement estimé, & que Jean de la Cosa faisoit entendre qu'il l'accompagneroit volontiers dans cette expédition, la proposition de celui-ci fut acceptée.

Dans le même têms un autre Gentilhomme fort riche, nommé Diego de Nicuessa, qui avoit été au service de D. Henrique Henriquez Oncle maternel du Roy, & qui passoit pour homme de tête & de résolution, arriva de l'Isle Espagnole, & vint à la Cour, pour y traiter de quelques affaires, dont l'Amiral l'avoit chargé. Il entendit parler de ce qui se ménageoit en faveur d'Ojeda, & il représenta qu'un homme seul ne pouvoit pas établir une si grande étenduë de Pays, il proposa de partager en deux cette Concession, & il répondit de l'établissement des Provinces, dont on vou-

1509. droit bien le charger. On trouva qu'il avoit raiſon, on fit deux Gouvernemens de cette partie du Continent, qu'on vouloit peupler, on en regla les limites, & les Proviſions pour les deux Gouverneurs furent ſignées. Ojeda eut depuis le Cap, auquel il avoit donné le nom de la Vela, juſqu'à la moitié du Golphe d'Uraba, & tout ce Pays fut nommé *la Nouvelle Andalouſie*. Le partage de Nicueſſa fut depuis le même Golphe, juſqu'au Cap Gracias à Dios, & cette Province fut appellée *la Caſtille d'Or*. On abandonna auſſi la Jamaïque aux deux Gouverneurs en commun, pour en tirer des vivres, & les autres choſes, dont ils pouvoient avoir beſoin : Jean de la Coſa fut fait Sergent Major, & Lieutenant du Gouverneur de la Nouvelle Andalouſie, & les ordres furent donnés pour preſſer les armemens, que demandoient de pareilles entrepriſes.

La Coſa ne put freter qu'un Navire & deux Brigantins, ſur leſquels il embarqua environ 200. hommes. Nicueſſa arma quatre grands Vaiſſeaux & deux Brigantins, qu'il remplit d'une quantité prodigieuſe de proviſions. Ils arriverent tous deux à San-Domingo preſque en même têms, quoique Nicueſſa fût parti plus tard que la Coſa, & qu'il ſe fût arrêté à l'Iſle de Sainte Croix, une des petites Antilles, où il enleva 100. Caraïbes, qu'il vendit enſuite comme Eſclaves : on regardoit alors cet enlevement comme legitime, par la raiſon que ces Barbares étoient Anthropophages. Les deux Gouverneurs ne furent pas long-têms enſemble, ſans avoir de grands démêlés, au ſujet des limites de leurs Provinces. La Jamaïque fut la premiere pomme de diſcorde, qui les broüilla, & tous deux vouloient avoir le Golphe de Darien. Ojeda, qui n'avoit & ne connoiſſoit, que ſon épée, fit propoſer à Nicueſſa de vuider leur querelle en ſe battant : Nicueſſa lui fit réponſe qu'il y conſentoit, mais à condition que chacun d'eux mettroit en dépôt cinq mille Caſtillans, pour être donnés au vainqueur. Il ſçavoit bien qu'Ojeda ne trouveroit jamais cette ſomme, & il ne vouloit que l'obliger à ſe tenir en repos. Enfin la Coſa les mit d'accord au ſujet du Darien, les ayant fait conſentir à prendre pour leur ligne de ſéparation la Riviere même, qui ſe décharge dans le Golphe, & qui en a pris le nom, ou lui a donné le ſien. 1509.

Quant à la Jamaïque, ce fut l'Amiral, qui les accorda, en ſe ſaiſiſſant de cette Iſle; il y envoya Jean de Eſquibel avec 70. hommes, pour y faire un Etabliſſement en ſon nom, & pour y commander ſous ſes ordres. Dom Diegue avoit vivement reſſenti qu'on eut diſpoſé ſans ſa participation de tant de riches Pays, que ſon pere avoit découverts, & qui, en vertu des Capitulations faites avec lui, & ſi ſouvent confirmées, devoient être de ſon Gouvernement. Ces abondantes Mines de Veragua, où Chriſtophle Colomb avoit eſſuyé tant de fatigues, & couru tant de dangers, lui tenoient ſurtout fort au cœur, mais il n'avoit pû digerer qu'on lui ôtât juſqu'à la Jamaïque, qui étoit, pour ainſi dire, à ſa porte; & comme il jugea qu'inutilement il feroit ſur cela des répréſentations, il crut que le plus court étoit de ſe faire juſtice à ſoi-même, & de prévenir les deux nouveaux Gouverneurs. Il mit enſuite tout en uſage pour traverſer leurs entrepriſes, mais ce fut envain. Ojeda de ſon côté dit tout haut que, s'il trouvoit Eſquibel à la Jamaïque, il lui feroit couper la tête. Il mit à la voile avec cette fanfaronade le 10. de Novembre, ayant avec lui 300. hommes ſur deux Navires & deux Brigantins. Nicueſſa avoit auſſi augmenté ſon Armement d'un Navire, & appareilla le 22. Eſquibel ne put être prêt à partir, qu'après eux; mais il paroit que ni l'un, ni l'autre ne toucha à la Jamaïque, peut-être pour ne s'y pas rencontrer.

Mécontentemens donnés à l'Amiral & quelles en furent les ſources.

L'Amiral ne devoit point douter que tous les coups, qu'on lui portoit, ne vinſſent, au moins en partie, de l'Evêque de Palencia, dont le credit étoit plus grand que jamais. Herrera raporte l'origine de cette indiſpoſition du Prélat contre les Colombs à quelques paroles du premier Amiral, au ſujet de ſes Armemens: car comme il avoit preſque toûjours été très-mal ſervi, il y a bien de

1509. l'apparence qu'il s'en plaignit; & peut-être ne le fit-il pas toûjours avec assés de ménagement. D'ailleurs Fonseca ne pouvoit ignorer que le Roy Catholique n'étoit point favorable à Christophle Colomb, & pour l'ordinaire il suffit d'être dans la disgrace du Prince, pour encourir celle des Ministres. Ce qui est certain, c'est que la famille des Colombs trouva toûjours l'Evêque en son chemin, qu'on lui attribua toûjours une bonne partie des chagrins & des malheurs du Pere & du Fils, & que tous ceux, qui se déclarerent contre eux, de quelque maniere que ce fût, se tinrent assûrés de sa protection.

Conduite peu politique de cet Amiral.

Dom Diegue de son côté, quoi que les Historiens s'accordent à nous le représenter comme un fort honnête homme, plein de probité, de Religion, & de zele pour le bien public, paroît n'avoir pas été assés sur ses gardes, pour ne pas donner prise à des gens attentifs à profiter de ses moindres fautes, & capables même d'y ajoûter la calomnie, comme ils firent plus d'une fois. On s'étoit attendu qu'il seroit favorable aux Indiens, du moins autant que l'avoit été son Pere, & qu'il aboliroit ces injustes Départemens, imaginés par son Prédecesseur: par là il eût gagné ces Peuples, & mis tous les gens de bien de son côté. Il les desaprouvoit veritablement, mais la Cour étoit interessée à leur conservation, & il eut peut-être inutilement entrepris de les supprimer. Le moyen d'ailleurs de renoncer au plus beau privilege de sa Charge, & aux profits immenses qu'il en pouvoit tirer? La chose étoit certainement dangereuse à tenter, & il y avoit peu d'espérance de réüssir. Pour peu que l'interêt propre se joigne à ces considerations, ce qui n'étoit que difficile, devient bientôt impossible. L'Amiral laissa donc les choses sur le pied, où il les avoit trouvées, si ce n'est qu'il changea de main la plûpart des Départemens, les ôtant à ceux, dont il n'avoit pas lieu d'être content, pour en gratifier ses Créatures. On peut bien juger que cette démarche fit crier contre lui beaucoup de personnes, & le bruit courut que si le Grand Commandeur d'Alcantara ne ſut pas mort dans ces circonſtances, il eut été renvoyé dans les Indes pour le relever.

1509.

L'Audience Royale établie à San-Domingo.

Mais Ferdinand lui donna alors une mortification, qui ne lui fut peut-être pas moins ſenſible, que lui auroit été ſon rappel; il établit à San-Domingo une Cour Souveraine, ſous le nom d'*Audiance Royale*, & déclara que deſormais, on pourroit interjetter appel à ce Tribunal des Sentences du Gouverneur, même dans les cas, qui lui avoient été reſervés juſques-là. Dom Diegue eut beau ſe récrier contre une innovation, qui dégradoit abſolument ſa Charge, & lui donnoit un Superieur dans ſon Gouvernement, la Cour ne parut pas faire grande attention à ſes plaintes, & le Tribunal a toûjours ſubſiſté depuis.

Les Negres introduits dans l'Iſle Eſpagnole.

Les Inſulaires diminuoient cependant à vûë d'œil; d'ailleurs, il falloit être des amis de l'Amiral, ou avoir du crédit à la Cour, pour en obtenir. L'exemple de Nicueſſa fit naître à pluſieurs la penſée d'aller dans les petites Antilles, pour y enlever des Caraïbes; un habitant arma une Caravelle à ce deſſein, & fit deſcente dans la Guadeloupe; mais il y trouva les Barbares ſur leurs gardes, & fut obligé de ſe rembarquer avec perte, ſans avoir pû faire un ſeul Eſclave. D'autres furent un peu plus heureux, mais il s'en fallut bien qu'ils retiraſſent leurs frais, & la mortalité s'étant miſe parmi les Indiens de l'Eſpagnole, il fallut enfin avoir recours aux Noirs d'Afrique, ſans leſquels les Colonies les mieux établies dans le nouveau Monde, ſeroient aujourd'hui, pour la plûpart, très-peu de choſe.

Dès le têms du Grand Commandeur, on avoit commencé à introduire quelques Negres dans les Indes; mais ils n'y étoient que tolérés, & il y avoit même un Edit du Roi Catholique contre cette nouveauté, à laquelle Ovando avoit toûjours été contraire. Ce Gouverneur craignoit que cette Nation, qui paroiſſoit indocile & fiere, ne ſe révoltât, ſi elle ſe multiploit, & n'entraînât les Inſulaires dans ſa révolte; mais on changea bientôt de ſentiment. La néceſſité obligea de s'en ſervir, & l'uſage fit voir qu'on ne

1509. les avoit pas bien connus. Effectivement, outre qu'un Negre fait autant de besogne, que six Indiens, il s'accoûtume bien plûtôt à l'esclavage, pour lequel il paroît né; ne se chagrine pas si aisément, se contente de peu de choses pour vivre, & ne laisse pas, en se nourrissant mal, d'être fort & robuste. Il a bien naturellement un peu de fierté; mais il ne faut pour le dompter, que lui en montrer encore davantage, & lui faire sentir à coups de foüet qu'il a des Maîtres. Ce qu'il y a d'étonnant, c'est que le châtiment, quoique poussé quelquefois jusqu'à la cruauté, ne lui fait rien perdre de son embonpoint, & qu'il en conserve même assés peu de ressentiment pour l'ordinaire.

Arrivée des PP. Dominiquains; leur zele & le succès qu'il eut.

On remedia dans le même têms à un grand désordre, qui s'étoit glissé dans toute l'Isle, au sujet des Indiens. Ces malheureux, livrés à l'avarice des Habitans, n'étoient nullement instruits de nos Mysteres; quoique cette Instruction eut été l'unique prétexte de l'institution des Départemens. Mais les Concessionnaires avoient crû satisfaire à toutes leurs obligations sur ce point, en les faisant baptiser, comme si les Adultes, pouvoient recevoir ce Sacrement dans la Foy de l'Eglise, aussi bien que les Enfans. Les premiers, qui firent ouvrir les yeux sur une irréligion si criante, furent les PP. de S. Dominique. Il venoit d'arriver d'Espagne quatre de ces Religieux, & ils s'étoient acquis d'abord une grande réputation par leur zéle, & une austerité de vie surprenante. Ils s'éleverent encore avec beaucoup de force contre plusieurs autres abus, dont le principal étoit l'usure, & l'on peut dire, qu'en très-peu de têms, ils firent changer de face à toute la Colonie; en quoi ils furent merveilleusement secondés par l'Amiral. Ils établirent des Catéchismes reglés pour les Enfans des Colons, & pour les Insulaires, & ils trouverent dans ces derniers une docilité, qui les charma. Aussi après avoir travaillé avec un succès, qu'ils n'avoient osé se promettre, à les affranchir de l'esclavage du Démon, ils songerent à les soustraire à cette espece de servitude, où on les retenoit; ils se déclarerent hautement

tement contre les Départemens; mais dès qu'ils voulurent toucher cette corde, la vénération, que leur avoient attirée l'éminence de leur Sainteté, leur désintéressement, & leur zéle, se changea en une violente persécution, ainsi que nous le verrons bientôt.

1510.

Avantures d'Ojeda.

Sur ces entrefaites, on apprit des Nouvelles bien tristes des deux Gouverneurs, qui étoient partis l'année précédente pour le Continent. Ojeda avoit d'abord pris Terre dans le Port de Carthagene, découvert, & ainsi nommé en 1501. par Rodrigue de Bastidas, ainsi que nous l'avons dit plus haut; mais où il n'y avoit encore aucun Etablissement. Il y avoit là des Indiens d'une taille avantageuse, extrêmement braves, & tous, les Femmes aussi bien que les Hommes, fort adroits à tirer de l'Arc, & à lancer leurs Zaguayes, qui sont des especes de Lances. Outre cela, ils avoient l'usage d'empoisonner leurs Fléches, & le Poison, dont ils se servoient, étoit très-subtil. D'ailleurs, un certain Christophle Guerra, & d'autres Espagnols après lui, étoient venus sur leurs Côtes depuis Bastidas, & les avoient fort maltraités. Ojeda avoit des ordres bien précis de tenir une conduite plus moderée, de prendre ces Peuples par la douceur, & de tâcher de les gagner à Jesus-Christ, par le moyen des Religieux, qui l'accompagnoient; avant que de leur parler de les soumettre à la Couronne de Castille. Ses Instructions portoient à la vérité que, s'ils refusoient opiniâtrément de recevoir l'Evangile, il les poursuivît sans miséricorde, & en emmenât le plus, qu'il pourroit, pour les faire Esclaves.

Ojeda voulut effectivement commencer par faire amitié à ces Barbares; mais ils répondirent à ses avances de maniere à lui faire comprendre que, s'il vouloit s'établir dans leur Pays, il falloit se préparer à la Guerre. La Cosa n'étoit pas de cet avis, & vouloit aller dans le Golphe d'Uraba, dont les Habitans étoient plus doux; mais Ojeda ne crut pas qu'il fût de son honneur de fuïr devant des Hommes nuds; il les attaqua, en tua beaucoup, fit environ 60. Prisonniers, qu'il envoya sur ses Navires, & poursuivant sa victoire, il s'avança jusqu'à un Village, qu'il trouva abandonné. Les Castillans, qui avoient perdu quelques-uns des leurs dans les premieres Charges, crurent alors n'avoir plus rien à craindre d'un Peuple battu & intimidé, & se débanderent pour piller. Les Indiens l'avoient prévû, & s'étoient mis en embuscade dans tous les endroits, par où les Chrétiens pouvoient se retirer. Ils ne les virent pas plûtôt répandus sans ordre & sans défiance par la Campagne, qu'ils donnérent sur eux de toutes parts : tous y périrent, & le seul Ojeda se sauva, par son extrême agilité, dans l'épaisseur des Bois, laissant son fidéle Alcaïde Jean de la Cosa, & 70. de ses Gens, étendus sur la place.

1510.

Quelques jours s'etant ensuite passés, sans que ceux, qui étoient restés sur les Navires, entendissent parler de rien, ils envoyerent la Chaloupe à Terre. Elle y trouva Ojeda caché dans des Mangles, tenant son épée d'une main, ayant sur ses épaules son Bouclier percé de 300. coups de Fléches, & prêt à expirer de faim & de foiblesse. Ils allumerent du feu, ils lui donnerent à manger, & revenu à soi, il leur raconta sa triste Avanture, & leur témoigna son chagrin de n'avoir pas suivi le conseil de la Cosa, & son désespoir d'avoir perdu le meilleur de ses amis. Comme il s'entretenoit ainsi de ses malheurs, il apperçut au large des Navires. C'étoit Nicuessa, qui se trouvoit par hazard sur cette Côte, & qui ayant appris le désastre de son Rival, lui envoya dire, qu'il ne s'agissoit plus de leurs anciens démêlés, & qu'il pouvoit disposer de lui & de tous ses Gens, pour venger le sang Espagnol, indignement répandu par des Barbares. Ojeda n'étoit pas dans une situation à rejetter une offre pareille ; il répondit, comme il devoit à une honnêteté faite d'une maniere si noble : on débarqua 400. Hommes des deux Escadres ; les deux Gouverneurs se mirent à leur tête, & l'on marcha vers le Village, où l'on ne doutoit point que les Indiens ne fussent rentrés.

Ils y étoient effectivement dans une très grande sécurité, lorsque les cris des Perroquets les avertirent qu'on venoit les attaquer ; ils n'en furent pas beaucoup émus ; mais les Espagnols tomberent si brusquement sur eux, que tout ce qui ne prit pas d'abord la fuite, fut passé au fil de l'Epée, ou tué à coups d'Arquebuses. Les Vainqueurs entrerent ensuite dans le Village, y mirent le feu en plusieurs endroits, & en peu d'heures tout ce qui voulut se soustraire aux flammes, fut tiré, ou percé par les Espagnols, qui les attendoient au passage. On ne fit aucun Prisonnier ; mais dès qu'on ne vit plus d'Ennemis, on songea au Butin, il fut grand, & Nicuessa eut pour sa part la valeur de 7000. Castillans. Cette expedition ainsi terminée, les deux Chefs se séparerent fort contents l'un de l'autre : Nicuessa prit la route de Veragua, & Ojeda celle du Golphe d'Uraba. Celui-ci, chemin faisant, enleva quelques Indiens dans un endroit, où il fut obligé de relâcher ; il y trouva aussi de l'Or, & ayant manqué la Riviere de Darien, il s'arrêta vis-à-vis de certaines hauteurs, qui sont à la pointe Orientale du Golphe d'Uraba, & sur lesquelles il jetta les fondemens d'une Ville, qu'il nomma Saint Sebastien, Il mit aussi tout son Gouvernement sous la protection de ce Saint Martyr, dans l'esperance qu'il le garantiroit des Fléches empoisonnées des Barbares.

1510.

Les Peuples de ces Quartiers-là étoient Cannibales, & Ojeda n'ayant pas assés de Monde pour leur résister, s'il leur prenoit envie, de l'inquiéter, comme il arriva en effet peu de jours après, il envoya un de ses Navires à l'Isle Espagnole, avec tout son Or & tous ses Prisonniers, & recommanda au Capitaine, qui se nommoit Enciso, de lui amener le plus qu'il pourroit d'Hommes, d'Armes, & de Provisions. Il travailla ensuite à des retranchemens, où il pût être en sûreté contre les entreprises des Indiens ; mais les vivres lui ayant bientôt manqué, ce fut une nécessité pour ses Gens, d'en aller chercher dans les Campagnes & dans les Villages. Ils y trouverent partout les Barbares en fort grand nombre, très-peu traitables, & si bien armés, qu'ils furent contraints de se retirer au plus vîte dans leurs re-

1510. tranchemens ; où ils ne tarderent pas à essuyer toutes les horreurs de la famine. Il en étoit déjà mort un grand nombre, & le reste s'attendoit au même sort, lorsqu'un Bâtiment parti de l'Isle Espagnole, vint mouiller l'ancre au pied de Saint Sebastien. Il étoit commandé par un certain Bernardin de Talavera, qui fuyant les poursuites de la Justice, & ayant trouvé auprès du Cap Tiburon un Navire appartenant à des Génois, s'en étoit emparé avec le secours d'une Troupe de Gens de même étoffe que lui, s'étoit embarqué dessus avec eux, & avoit appareillé, sans trop sçavoir, où il vouloit aller. Enfin la Providence avoit dirigé sa route vers Saint Sebastien, dont les Habitans étoient sur le point de mourir de faim. Le Gouverneur acheta toute la Carguaison du Navire, & Talavera n'ayant rien de mieux à faire, s'engagea avec tout son Monde à demeurer avec lui.

Ojeda s'étoit flatté que les Indiens, voyant sa Place si bien ravitaillée, prendroient enfin le parti de le laisser en repos ; il se trompa, ces Barbares n'en parurent que plus acharnés à la perte des Espagnols ; & comme ils se furent apperçus que leur Général leur tuoit lui seul plus de Monde, que tous les autres ensemble, ils crurent que, s'ils pouvoient se défaire de lui, ils auroient bon marché du reste : ils mirent en Embuscade quatre de leurs meilleurs Archers, avec ordre de ne tirer, que sur le Chef. Ojeda parut bientôt, & attiré par un gros d'Indiens, qui faisoient semblant de fuir devant lui, il tomba dans l'Embuscade : son Bouclier, qui le couvroit tout entier, le garantit pendant quelque têms ; mais ayant fait un mouvement, pour venir fondre l'Epée à la main sur ceux, qui l'attaquoient, il fut blessé à la cuisse d'une Fléche, qui la lui perça de part en part. Dès qu'il se sentit frappé, il se retira, sans que les Barbares osassent le suivre, ou s'en missent en peine, parce que la Fléche qui l'avoit blessé, étoit empoisonnée. Aussi s'attendoit-on à Saint Sebastien de le voir bientôt mourir enragé, comme il étoit déjà arrivé à plusieurs, lorsqu'il s'avisa d'un Remede, dont bien peu de Gens auroient le courage de se servir ; il fit rougir dans le feu deux Plaques de fer, & ordonna à son Chirurgien de les lui appliquer aux deux ouvertures de sa playe ; le Chirurgien refusa d'obéïr, disant qu'il ne vouloit pas être le meurtrier de son Général ; mais Ojeda le ménaçant de le faire pendre, il se rendit. Le Malade soûtint cette cruelle opération, avec une constance de Heros, son remede opéra en consumant l'humeur froide, que le poison avoit glissée dans sa blessure ; mais il lui enflamma de telle sorte toute la masse du sang, qu'on employa une barrique entiere de Vinaigre à tremper des linges pour le rafraîchir, dans l'ardeur, qui le brûloit. 1510.

Cependant on étoit déjà au bout des provisions, qu'on avoit achetées de Talavera, & Enciso ne revenoit point. La vûë de l'extrême misere, où l'on alloit retomber, effraya les Espagnols, & tous demanderent unanimement qu'on les remenât à San-Domingo. Ojeda eut beau leur répréscnter que leur salut dépendoit de leur union, & qu'avec un peu de patience ils se verroient bientôt en état de ne manquer de rien ; il ne persuada personne. Il s'offrit ensuite d'aller lui-même à l'Isle Espagnole hâter le secours, qu'il en attendoit, ajoûtant que, si dans 50. jours il ne paroissoit point, ils seroient libres de faire tout ce qu'ils jugeroient à propos. Tous y consentirent, il s'embarqua sur le Navire Genois, laissant, pour commander à S. Sebastien, François Pizarre, qui s'est rendu depuis si fameux dans la Conquête du Perou. Dès qu'il fut en mer, il voulut agir en Maître, mais Talavera, à qui étoit le Bâtiment, & de qui l'Equipage dépendoit, commença par le mettre aux fers. C'étoit le sort de ce Capitaine, de ne pas faire un voyage sans être ainsi enchaîné par ceux mêmes, qui étoient sous ses ordres : trait, ce me semble, trop bien marqué, pour n'y pas reconnoître la Justice Divine, qui lui remettoit sans cesse devant les yeux la trahison, qu'il avoit faite au malheureux Caonabo. Mais sa captivité dura peu, jamais navigation ne fut plus traversée, Talavera fut bientôt

1510. obligé d'avoir recours à lui, & après avoir long-têms lutté contre les Courants & les Vents, le Navire ouvert de toutes parts alla se briser sur la Côte de Cuba.

Ojeda ainsi dégradé dans un Pays, qu'il ne connoissoit point, ne crut pas avoir d'autre parti à prendre, que de s'aprocher de la Jamaïque, où il esperoit de pouvoir aisément traverser dans quelques Canots, qu'il acheteroit des Indiens. Il ne sçavoit apparemment pas que son plus court de beaucoup étoit de passer à l'Isle Espagnole. Il fit cent lieuës en suivant toûjours le rivage de la Mer, & ce qu'il eut à souffrir dans ce voyage est incroyable. Entre autres avantures il fut obligé de marcher 30. jours de suite, ayant de l'eau jusqu'à la ceinture, perdant même quelquefois terre; heureux, quand il pouvoit rencontrer quelques Mangliers, où il se perchoit, pour y passer la nuit. Avec cela il ne trouvoit presque rien à manger; ni d'autre eau pour boire, que celle, où il marchoit, laquelle étoit saumatre & fort boüeuse. Il encourageoit tout son Monde par la confiance, qu'il avoit en la Mere de Dieu, à laquelle il se croyoit redevable d'être échapé d'une infinité de dangers; & comme il en portoit toûjours sur soi une Image, il la suspendoit à une branche d'arbre toutes les fois, qu'il étoit obligé de s'arrêter; il faisoit mettre aussi-tôt ses Gens à genoux, & tous ensemble rendoient leurs hommages à celle, qui est le Refuge assûré des affligés. Il fut même alors si convaincu, qu'elle lui avoit sauvée la vie, qu'avant que de quitter l'Isle, il lui fit bâtir une petite Chapelle. Enfin, réduit à 35. Hommes de 70. qu'il en avoit, en débarquant à Cuba, & ne pouvant plus se traîner, il arriva avec bien de la peine, dans les Etats d'un Cacique, lequel ayant appris le triste état, où se trouvoient les Espagnols, envoya au-devant d'eux plusieurs de ses Sujets, qui les chargerent sur leurs épaules, & les conduisirent chés leur Prince. Ils y furent très-bien reçus, & ils y eurent tout le têms & les moyens de se rétablir. De-là, ils passerent chés un autre Cacique, qui ne les traita pas moins bien; & ne se trouvant plus qu'à 20. lieuës de la Jamaïque, un nommé Pierre de Ordas s'offrit à y passer dans un Canot, pour aller demander du secours à Esquibel. 1510.

Ils n'eurent pas de peine à obtenir du Cacique un Canot bien équipé; de Ordas fit heureusement le trajet, & présenta au Gouverneur de la Jamaïque une Lettre de son Général, qui le conjuroit de ne le pas abandonner dans son malheur. C'étoit-là une belle occasion pour Esquibel, de se venger d'un homme, qui l'avoit ménacé avec tant de hauteur; mais il se picqua de générosité, il fit armer en diligence un Bâtiment, & l'envoya à Ojeda sous la conduite de Pamphile de Narvaez. L'acceüil, qu'il lui fit à son arrivée à la Jamaïque, répondit à cette premiere démarche, & quand il l'eut bien régalé pendant plusieurs jours, il le fit conduire à l'Isle Espagnole sur le même Bâtiment, qui l'étoit allé prendre à Cuba. Talavera n'eût garde de le suivre dans un lieu, où il sçavoit qu'il ne pouvoit éviter le châtiment de ses crimes; mais il s'arrêta mal à propos à la Jamaïque; l'Amiral ayant sçu qu'il y étoit, envoya des Soldats pour le saisir, & le fit pendre.

Sa mort & son caractere.

Ojeda aprit en arrivant à San-Domingo, qu'Enciso en étoit parti, il y avoit déjà quelque têms, pour lui porter un grand convoi d'Hommes & de vivres à Saint Sebastien. Il ne douta presque point qu'il n'eût péri, puisqu'il n'en avoit eu aucunes nouvelles dans toute sa route, & bien loin de perdre courage, il se flatta de réparer bientôt toutes ses pertes avec le secours des amis, qu'il avoit laissés en grand nombre dans l'Isle Espagnole. Mais il ne fut pas long-têms sans éprouver que l'amitié est rarement assés forte, pour tenir contre la mauvaise fortune. Tout le Monde lui tourna le dos, quand on le vit malheureux, & sans ressource. Il fut donc obligé d'abandonner son Entreprise, & il en mourut peu de têms après de chagrin; si pauvre, qu'il fallut mandier un Linceul pour l'ensevelir. Jamais homme ne fut plus propre pour un coup de main, pour faire & pour souffrir de grandes choses sous les ordres, ou la direction d'un autre;

1510. n'eût le cœur plus haut, ni plus d'ambition de se faire un grand nom, ne s'embarassa moins de la Fortune, ne montra plus de fermeté d'Ame, & ne trouva plus de ressources dans son courage; mais ne fut moins fait pour être chargé en Chef d'une grande Entreprise, la conduite & le bonheur lui ayant toûjours manqué également.

Ce qui arriva à ses gens après son départ de S. Sebastien.

Cependant les 50. jours, que les Habitans de Saint Sebastien avoient promis d'attendre leur Gouverneur, étoient expirés, avant même qu'Ojeda fût arrivé à l'Isle Espagnole; & Pizarre avoit d'abord pensé à quitter un lieu, où il n'y avoit nulle espérance de s'établir; mais quand il fallut s'embarquer, les deux Brigantins, qui restoient aux Espagnols, se trouverent trop petits pour contenir tout le Monde, quoiqu'il n'y eût plus que 60. Personnes; on convint donc de différer jusqu'à que ce nombre fût encore un peu diminué, & il ne fallut pas attendre beaucoup. Alors on tua, & on fit saler quatre Cavales, ausquelles on n'avoit jamais voulu toucher, quoiqu'on eût été réduit à de grandes extrêmités, parce que ces Animaux épouvantoient les Indiens : on se partagea ensuite sur les deux Brigantins : Pizarre en monta un, & donna le commandement de l'autre à un Flamand de Valenciennes, dont on ne nous a pas marqué le nom. Ils n'étoient pas encore bien loin en Mer, qu'il s'éleva un Vent des plus violents, & le Brigantin du Flamand reçut un coup de Mer si furieux, qu'il s'ouvrit dans le moment à la vûë de Pizarre, à qui il ne fut pas possible d'en sauver un seul Homme.

Rencontre d'Enciso, & de Pizarre.

Les Vents continuant à être contraires, ce Capitaine se vit contraint de tourner du côté, où Ojeda étoit allé débarquer d'abord, & où j'ai déjà remarqué qu'on bâtit depuis la Ville de Carthagene. Comme il s'approchoit de ce Port, il apperçut au large un Navire & un Brigantin, c'étoit Enciso, qui conduisoit à Saint Sebastien des Provisions en quantité, des Chevaux, des Verats, des Armes; en un mot, tout ce qui est nécessaire pour l'établissement d'une Colonie, & 150. Hommes, tous Gens d'élite. Il étoit parti de l'Isle Espagnole,

Espagnole, avant qu'on y eût eu des nouvelles d'Ojeda, qu'il croyoit encore dans sa Forteresse. Ainsi, il ne douta presque point en voyant Pizarre & sa Troupe, que ce ne fussent des transfuges, qui avoient abandonné leur Général, & il fallut, pour le détromper, lui montrer un Ecrit, par lequel Ojeda établissoit Pizarre son Lieutenant pendant son absence, & consentoit que, si dans cinquante jours, il ne les secouroit point, ils prissent tel parti, qu'ils voudroient. 1510.

Il n'eut rien alors à repliquer; mais il leur déclara qu'en vertu de la convention faite avec leur Gouverneur, en partant de Saint Sebastien, il se croyoit dans l'obligation de l'y aller attendre, & qu'il falloit qu'ils l'y accompagnassent. Cette proposition les fit frémir, & ils les conjurerent avec les dernieres instances de ne les point remener dans un lieu, dont l'idée seule leur faisoit horreur, par le souvenir de ce qu'ils y avoient souffert. Ils ajoûterent que, s'il ne vouloit pas leur permettre de retourner à l'Isle Espagnole, il consentît au moins, qu'ils allassent joindre Nicuessa dans la Castille d'Or. Enciso n'avoit garde de donner les mains à une telle démarche, ni de permettre que la Castille d'Or se peuplât aux dépens de la nouvelle Andalousie, & il fit si bien, partie par amitié, partie par autorité, qu'il les obligea de le suivre. Ce qu'ils avoient tant appréhendé leur arriva bientôt; comme ils entroient dans le Golphe, le Navire, que montoit Enciso, toucha si rudement contre une Batture, par la négligence du Timonnier, qu'il fut brisé en un moment, & qu'on eut à peine le têms de sauver les Hommes, avec un peu de Farine, de Biscuit, & de Fromage. Toutes les Bêtes furent noyées, & la Colonie se trouva en peu de jours réduite à manger les extrêmités des Palmiers.

Ils retournent tous ensemble à S. Sebastien.

Pour comble de disgrace, ils ne trouverent plus que la Place de Saint Sebastien, les Indiens ayant réduit en cendres toutes leurs Cases & la Forteresse. Un Troupeau d'une espece de Cochons fort petits, que la Providence fit descendre des Montagnes, les nourrit pendant quelques jours; mais cette ressource épuisée, il ne restoit d'espérance, que

Il trouvent cette Ville brûlée. Extrêmité, où est réduite la Colonie.

1510. dans la Guerre. Aussi Enciso ne différa-t-il pas à se mettre en Campagne avec cent Hommes bien armés. Il n'alla pas loin; & trois Indiens l'arrêterent tout court d'une maniere, qui dut fort humilier les Espagnols. Ils vinrent à lui l'Arc bandé, & ils eurent vuidé leur Carquois, avant que leurs Ennemis se fussent reconnus. Aucune de leurs Fléches ne porta à faux, puis ils disparurent comme un éclair, laissant Enciso avec la plûpart de ses Gens blessés, & dans l'impuissance d'avancer. Son retour en cet état jetta toute la Colonie dans un désespoir affreux, & l'on fut quelque têms sans sçavoir quel parti prendre.

Caractere de Vasco Nugnez de Balboa.

Enfin, un de ceux, qui étoient venus avec Enciso, nommé Vasco Nugnez de Balboa, donna un avis, dont le succès, quoiqu'il n'y eût point d'autre part, que le souvenir de ce qu'il avoit vû quelques années auparavant, fut la premiere source du grand crédit, qu'il acquit bientôt après dans cette Colonie, & de la grande réputation, où il parvint dans la suite. Il est vrai qu'il étoit de caractere à aider la fortune, & à profiter des moindres occasions de s'élever. C'étoit un Homme de 35. ans, qui étoit passé aux Indes fort jeune, & avoit eu un établissement considérable dans l'Isle Espagnole à Salvatierra de la Savana. Quelques Auteurs ont assûré qu'il avoit accompagné Ojeda dans son Expedition, dont nous décrivons les suites; mais il me paroît difficile qu'un Homme tel, que nous l'allons bientôt voir, hardi, entreprenant, intrépide, infatigable, plein d'ambition, formant toûjours quelque nouveau Projet, & ne pouvant rester en place, n'eût point fait parler de lui dans les différentes Avantures, dont nous avons parlé au sujet de cette Expedition, s'il s'y étoit trouvé; & il me paroît plus de vraisemblance dans ce que d'autres ont écrit, que ses affaires étant fort dérangées, & craignant les poursuites de ses Créanciers, il s'étoit embarqué furtivement dans le Navire d'Enciso.

De quelle maniere il

La maniere même, dont on dit qu'il s'y prit, toute extraordinaire qu'elle est, n'a rien d'incroyable, ni de surprenant, par rapport à lui. Comme le bruit eut couru, que quantité de Personnes chargées de dettes, avoient pris des mésures avec Enciso, pour s'embarquer sur son Navire, & passer en Terre Ferme, les Créanciers avoient obtenu de l'Amiral un Navire bien armé, lequel eut ordre de ne point perdre Enciso de vûë, qu'il ne fût bien loin en Mer. Ce Navire n'eut pas plûtôt repris la route de San-Domingo, que Balboa, qui s'étoit fait porter à Bord dans un Tonneau, en sortit, & parut tout à coup sur le Pont. Enciso, qui n'avoit point été prévenu, entra dans une fort grosse colere, & menaça notre Avanturier de le dégrader sur la premiere Isle déserte, qu'il rencontreroit; puisqu'aussi bien sa désertion, & la banqueroute qu'il faisoit à ses Créanciers, méritoient la mort; mais Balboa s'humilia tellement, & tant de Gens intercédérent pour lui, que le Commandant s'adoucit. Nous verrons bientôt que Balboa fut moins reconnoissant de cette grace, qu'il ne parut avoir de ressentiment de la peur, & des menaces, qu'Enciso lui avoient faites.

1510. passe en Terre-Ferme.

Ce qui est certain, c'est que voyant tout le Monde perdre courage, il dit qu'il se souvenoit, qu'étant dans ces parages avec Rodrigue de Bastidas, dont nous avons parlé ailleurs, ils pénétrérent jusqu'au fond de ce même Golphe, où ils étoient; & qu'ayant mis pied à terre, ils apperçurent au Couchant d'une belle & large Riviere, une Bourgade située sur un Terrein fertile, & sous un Ciel fort pur; & que les Habitans de ce beau Pays passoient pour ne point empoisonner leurs Fléches. Tout le Monde sembla revivre à ce récit, & sans différer d'un moment, tout ce qui put tenir dans le Brigantin passa le Golphe, qui a six lieuës de large, & les choses se trouverent précisément, comme Balboa les avoit représentées. Mais il fallut tout en arrivant combattre 500. Braves Indiens, qui avoient à leur tête un Cacique nommé *Cemaco*, & qui, après avoir mis en sûreté leurs Femmes & leurs Enfans, s'étoient avancés, bien résolus, de ne pas permettre aux Espagnols de s'établir dans leur Pays. Quelque assûrance qu'eût donné Balboa, que

La Colonie passe de l'autre côté du Fleuve Darien.

1510. ces Barbares n'empoisonnoient point leurs Fléches; on n'osoit pas trop s'y fier. D'ailleurs, la résolution qu'ils faisoient paroître, & le soin qu'ils avoient eu d'occuper une petite Colline, qui dominoit toute la Plaine, donnoient à penser aux plus hardis. Dans cette extrêmité, les Chrétiens eurent recours au Ciel, & firent vœu à Sainte Marie l'Ancienne de Seville, d'y envoyer faire un Pelerinage en leur nom, d'y offrir un Présent considérable en Or & en Argent, & de donner à la premiere Ville, qu'ils bâtiroient, le nom de cette fameuse Eglise. Enciso fit ensuite jurer tout ses Gens, qu'ils mourroient plûtôt que de fuïr, après quoi il fit sonner la Charge. Les Indiens s'ébranlerent en même têms, ne voulant pas attendre qu'on les vînt attaquer. Le premier choc fut vif; mais les Barbares n'en soûtinrent pas un second, & les Espagnols se virent bientôt sans Ennemis, tous ayant été tués, ou étant en fuite.

Fondation de sainte Marie l'Ancienne du Darien.

Ils marcherent aussi-tôt vers la Bourgade, où ils ne trouverent personne, mais qui étoit remplie de vivres; ils parcoururent tout le Pays sans voir un seul Homme, ni dans les Campagnes, ni dans les Cases, où ils firent un très-grand butin en Cotton & en Or. Ils peserent cet Or, qui étoit très-fin, & il y en avoit le poids de dix mille Pesos, en petits Bijoux à l'usage de ces Barbares. Une Expedition si heureuse mit Balboa en grand crédit, & rendit la vie & la joye aux Espagnols, lesquels pour commencer à s'acquitter de leur Vœu, jetterent sur le champ le fondement d'une Ville, qui fut nommée *Sainte Marie l'Ancienne du Darien*, parce qu'elle fut placée sur le Bord du Darien, que j'ai dit ailleurs, se décharger dans le Golphe d'Uraba. Elle a été la premiere Ville, & le premier Siege Episcopal du Continent de l'Amérique, mais elle ne subsista pas long-têms, ainsi que nous le verrons dans la suite. Au reste, il y a bien de l'apparence qu'Enciso ne fit pas réflexion, qu'en transportant sa Colonie sur la Rive Occidentale du Darien, il la tiroit de la nouvelle Andalousie, que ce Fleuve séparoit de la Castille d'Or; & il n'est pas hors de vrai-semblance, que

Balboa avoit ses vûës, en lui faisant faire cette fausse démarche. Effectivement, l'affaire ne fut pas plûtôt engagée sans retour, que celui-ci eut grand soin de faire observer, que la Colonie n'étant plus dans le Gouvernement d'Ojeda, Enciso, qui tenoit toute son autorité de ce Gouverneur, n'avoit plus sur elle aucune jurisdiction; & comme ce discours remuoit déjà tous les esprits, Enciso fit une seconde faute, qui précipita sa dégradation, & dont Balboa fut peut-être encore l'Auteur. Il s'avisa, je ne sçai pourquoi, de défendre sous peine de la vie aux particuliers la traitte de l'Or. 1510.

Enciso dépoüillé du Commandement. Forme du Gouvernement établie à Sainte Marie.

On ne manqua pas de dire que son dessein étoit de profiter seul de cette Traitte, & sur le champ on lui déclara, que n'étant plus dans la nouvelle Andalousie, dont il avoit été déclaré Alcaïde Major par Ojeda; on ne le reconnoissoit plus en rien. On forma ensuite une espece de Gouvernement Républiquain, sous l'autorité de deux Alcaïdes, pour administrer la Justice, & d'un Regidor, pour regler la Police. Vasco Nugnez de Balboa, & Jean de Zamudio, furent choisis pour remplir les deux premieres Places, & l'on donna la troisiéme à François Valdivia. Ce changement ne fut pourtant pas universellement applaudi, ou du moins plusieurs se repentirent bientôt d'y avoir donné les mains, & il se forma trois Partis dans cette République, lesquels penserent l'étouffer dans sa naissance. Les uns vouloient avoir un Commandant, & redemandoient Enciso, au moins jusqu'à ce que le Roi leur eût donné un Gouverneur: d'autres étoient d'avis qu'on appellât Nicuessa, & qu'on lui obéît, puisqu'on étoit dans son Gouvernement. Plusieurs enfin, prétendoient maintenir ce qui avoit été fait, & ajoûtoient que, si l'on jugeoit qu'absolument la Colonie eût besoin d'un Chef, il n'en falloit pas choisir d'autre, que Vasco Nugnez de Balboa, qui les avoit tirés de la misere, où Enciso les avoit mal à propos engagés.

La nouvelle Colonie accepte Nicuessa.

Sur ces entrefaites, environ la mi-Novembre, on fut assés surpris d'entendre tirer du Canon dans le Golphe, on

1510. y répondit, & peu de têms après, on aperçut deux Navires; ils étoient commandés par Rodrigue Enriquez de Colmenarez, qui portoit des Provisions, & 70. Hommes à Nicuessa, dont il étoit intime ami, & duquel il parut fort inquiet de ne point apprendre de nouvelles. Il fut bientôt instruit de tout ce qui se passoit dans cette Colonie, & voyant qu'il y avoit un nombre considérable de Gens, qui demandoient Nicuessa pour Gouverneur, il travailla à grossir ce parti, & à le mettre en état de prévaloir sur les deux autres. Il commença par gagner l'affection de la multitude, en lui abandonnant la meilleure partie de ses Provisions; il représenta ensuite le droit incontestable de son ami; il fit observer l'avantage, qui reviendroit à la Colonie, de joindre ses forces à celles de Nicuessa, & il persuada si bien tout le monde, qu'il fut chargé lui-même de lui en aller faire la proposition. Il accepta cette commission avec joye; mais avant que de voir quel fut le succès de son Voyage, il est à propos de reprendre la suite des Avantures du Gouverneur de la Castille d'Or.

sa pour Gouverneur & l'envoye chercher.

Avantures de Nicuessa.

A peine s'étoit-il séparé d'Ojeda, qu'une très-violente Tempête dispersa tous ses Bâtimens. Lope de Olano son Lieutenant le quitta pendant la nuit, sous prétexte qu'il ne pouvoit pas tenir la Mer, alla joindre le gros des Vaisseaux, qui étoient entrés dans le Chagre, s'y fit reconnoître pour Commandant, en disant que la Caravelle, que montoit Nicuessa, étoit sans doute périe; & passa ensuite au Veragua, à dessein d'y faire un établissement; mais le défaut de vivres, & plusieurs contre-têms survenus coup sur coup, rendirent son projet impossible, & quantité de ses gens moururent de misere. Il passa dans la Riviere de Bethléem, croyant y trouver plus de facilité à s'établir, mais comme il ne se vit pas plus avancé de ce côté-là, il résolut de retourner à l'Isle Espagnole. D'autre part Nicuessa dégradé sur une Côte inconnuë, y perdit sa Caravelle, & se vit contraint de chercher par terre le Veragua, où étoit le rendés-vous général. Dans cette marche un très-grand nombre d'Espagnols périrent de misere, ou par le fer des Sauvages. D'autres l'abandonnerent, sans trop sçavoir, où ils alloient: tous souffrirent de la faim, de la soif, & de la chaleur au delà de l'imaginable. Enfin quatre Matelots arriverent dans une chaloupe à l'entrée de la Riviere de Bethléem, où ils rencontrerent Olano, auquel ils donnerent avis que Nicuessa venoit par terre le long du rivage de la Mer. Olano crut cette occasion favorable pour rentrer en grace auprès de son Général, & sur le champ il envoya au devant de lui un Brigantin, avec quelques provisions, & des fruits du pays. Le Brigantin n'alla pas bien loin sans rencontrer Nicuessa, qui tout charmé, qu'il devoit être d'un secours, auquel il devoit la vie, n'en changea pourtant rien à la résolution qu'il avoit prise de punir du dernier supplice son Lieutenant; effectivement la trahison de cet Officier lui avoit déjà couté 400. hommes, & l'avoit réduit dans le plus triste état du monde, il lui fit néanmoins grace de la vie, à la priere de ses gens, qui se jetterent tous à ses pieds, pour la lui demander, mais il le retint Prisonnier, résolu de l'envoyer en Espagne à la premiere occasion. 1510.

La joye de cette réünion ne fut pas longue, la plûpart des Bâtimens avoient été jettés à la Côte, & les vivres manquerent bientôt tout-à-fait; on fut alors obligé de permettre à quiconque d'en aller chercher par tout, où il pourroit, & comme les Indiens étoient sur leurs gardes, & bien armés; il falloit tous les jours combattre, & on ne le faisoit jamais sans perdre du monde. Ces hostilités réciproques réduisirent bientôt les Castillans aux dernieres extrêmités, & l'on assûre que plusieurs d'entre eux ayant un jour trouvé le corps d'un Indien, qui avoit été tué dans une rencontre, & commençoit à sentir mauvais, ils le mangerent & en creverent tous Enfin Nicuessa ne voyant nulle apparence de s'établir au milieu d'un Peuple si féroce, laissa une partie de ses gens dans la Riviere de Bethléem sous les ordres d'Alphonse Nugnez & conduit par un Matelot, qui avoit été du dernier Voyage de Christophle Colomb, il alla avec les autres à Portobelo. Il y trouva tout le ri-

1510. vage couvert d'une multitude infinie d'Indiens armés de Zaguayes, qui lui tuerent 20. hommes, qu'il avoit fait mettre à terre dans un endroit écarté. Il lui fallut donc aller plus loin, & à six ou sept lieuës de là, ayant trouvé le Port, que Colomb avoit nommé *de Bastimentos*, il y entra, en disant: *Paremos aqui en el Nombre de Dios*, « Arrêtons-nous ici au nom de Dieu » : il en prit possession pour le Roi Catholique, & il y commença une Forteresse, qui fut appellée *Nombre de Dios.*

Les Indiens ne paroissoient pas encore, mais on ne trouvoit rien pour vivre. La famine fut bientôt extrême, les maladies suivirent; les trois quarts des Espagnols en moururent, & le reste fut réduit à une si grande foiblesse, qu'ils ne pouvoient pas tenir leurs armes. Il falloit pourtant travailler, si on vouloit se mettre en sûreté contre les Barbares, dont on pouvoit à toute heure être attaqué. Le Général fit un effort, mit le premier la main à l'œuvre, & quoiqu'il ne s'épargnât en rien, il ne put éviter, ni les murmures, ni les malédictions de ses gens, à qui le désespoir avoit ôté en même têms le courage & la raison. Ceux, qui étoient restés dans le Béthléem, n'étoient pas moins à plaindre; la faim les porta jusqu'à manger des Animaux venimeux : aussi s'empoisonnerent-ils pour la plûpart, & il n'en seroit pas demeuré un seul, si Nicuessa ne les eût envoyé chercher : après quoi, il fit partir une Caravelle, pour aller demander du secours à l'Isle Espagnole. Il voulut ensuite traiter des vivres avec les Indiens, dont il avoit découvert les Villages, mais on trouva par tout ces Barbares bien résolus à ne se pas laisser approcher. On se mit en devoir de leur enlever de force, ce qu'ils refusoient d'accorder de bonne amitié, & en payant; mais ils se défendirent bien, & obligerent les Espagnols à se retirer avec perte.

Sa mauvaise conduite. Nicuessa se trouvoit dans cette fâcheuse situation, lorsque Colmenarez arriva, pour lui faire une proposition, qui auroit pû le dédommager de toutes ses pertes, s'il avoit sçu en profiter; mais ses malheurs avoient aigri son naturel

zel, & peut-être même un peu troublé sa raison, & ce qui 1510.
devoit naturellement lui procurer un établissement capable de contenter son ambition, ne servit qu'à précipiter sa ruine. Colmenarez ayant trouvé son ami avec 60. personnes dans l'état du monde le plus déplorable, nuds pieds, couverts de méchants haillons, décharnés, pouvant à peine se soutenir, il fut quelque têms sans pouvoir lui parler autrement, que par ses larmes. Il lui expliqua ensuite le sujet de son Voyage, & l'on peut imaginer avec quels transports de joye il fut écouté; mais quelle fut la surprise de ce généreux ami, lors qu'ayant fait à Nicuessa une description des Richesses, qu'on avoit trouvées sur les bords du Darien, il lui entendit dire en présence de ceux, qui étoient venus avec lui, que cette nouvelle Ville avoit été bâtie sur son terrein, que ses Fondateurs méritoient d'être punis, & que quand il seroit sur les lieux, il verroit de quelle maniere il en useroit à leur égard. Un discours si peu à sa place ne tomba point à terre; mais par une seconde imprudence, qui mit le comble à la premiere, Nicuessa envoya devant lui une Caravelle, tandis que sans nécessité il s'amusoit à visiter certaines Isles, où il croyoit apparemment trouver de l'or. La Caravelle avec la nouvelle de son arrivée, apprit aussi dans quelle disposition il venoit, desorte que comme il eut paru peu de jours après à la vûë du Port, l'Alcaïde Vasco Nugnez de Balboa parut sur le rivage, & lui fit crier, qu'il pouvoit s'en retourner à Nombre de Dios, & qu'on étoit fort résolu à ne point le laisser débarquer dans aucun endroit de la Province de Darien.

Une déclaration si précise & si peu attenduë le frappa & l'interdit à un point, qu'il fut quelque têms sans pouvoir proferer une parole; puis ayant un peu repris ses sens: « Vous » m'avez appellé, leur dit-il, pour vous gouverner, qui » vous a fait changer si-tôt de sentiment? On vous a sans » doute fait quelque mauvais rapport de moi, mais donnés » vous le têms de me connoître par vous mêmes, & si » vous me jugés indigne d'être votre Commandant, vous

1510. » ferés de moi ce que vous voudrés. » On ne répondit à ce discours, que par des menaces & des railleries; & comme il étoit fort tard, il prit le parti de moüiller l'ancre, & de passer la nuit dans sa Caravelle. Dès que le jour parut, on lui fit dire qu'il pouvoit débarquer, mais au moment qu'il mit pied à terre, il s'apperçut qu'on vouloit se saisir de sa personne. C'étoit effectivement le dessein de ses ennemis, mais comme il étoit extrêmement leger à la course, il leur échappa, & s'enfuit dans le Bois. Mais qu'y faire seul & sans vivres? il se rapprocha bientôt, & envoya dire aux Habitans de Sainte Marie que, s'ils lui assûroient la vie, il consentoit à être leur prisonnier, dussent-ils l'enchaîner. Une si étrange proposition ne servit qu'à le rendre méprisable, & fut reçuë d'une maniere à lui faire tout craindre. Ses affaires n'étoient pourtant pas encore aussi désesperées qu'il le croyoit, & peut être même auroit-il pû les racommoder, s'il ne se fut pas encore ôté la seule ressource, qui lui restoit. Balboa s'étoit bientôt repenti de s'être opposé à sa Réception, il lui avoit même sauvé la vie le jour qu'il descendit à terre, en empêchant qu'on ne s'opiniâtrât à le poursuivre, & il entreprit de faire revenir en sa faveur son Collegue Zamudio, qui paroissoit le plus animé de tous contre lui; il poussa même si loin les choses, qu'un certain Francois Benitez, s'étant avisé de dire en sa présence, qu'il ne falloit pas recevoir dans la Ville un aussi méchant homme que Nicuessa, il lui fit donner sur le champ cent coups d'Etrivieres pour lui apprendre à parler. Il envoya ensuite avertir Nicuessa de se retirer dans son Brigantin, & de n'en point sortir, quelque invitation qu'on lui en fît, à moins que lui même ne fût du nombre de ceux qui l'inviteroient. Il parloit ainsi apparemment parce qu'il avoit connoissance de ce qui se tramoit contre lui.

Ce qui est certain, c'est que peu de têms après, trois Habitans de Sainte Marie, nommés Etienne Barrientos, Diego de Albitez, & Jean de Veginez, feignant d'être de ses amis, l'allerent trouver à son bord, & après lui avoir

1510.

bien fait des excuses de tout ce qui s'étoit passé, lui dirent que c'étoit l'ouvrage de quelques mutins sans aveu, que tous les honnêtes gens le souhaittoient véritablement pour Gouverneur, qu'il les suivît sans rien craindre, & qu'il ne se repentiroit pas de s'être fié à eux. Les plus sages sont rarement en garde contre les discours, qui les flattent dans un point, sur lequel ils se flattent eux-mêmes; & d'ailleurs la sagesse de Nicuessa l'avoit déjà abandonné dans des occasions, où il lui étoit encore moins pardonnable de n'avoir pas été en garde contre la surprise, & d'avoir suivi ses premiers mouvemens. Il donna donc dans le piége qu'on lui tendoit, malgré tout ce que lui avoit fait dire Balboa pour l'en garantir, & il se mit à la discretion de ses Ennemis. Ceux-ci le livrerent sur le champ à Zamudio, qui lui ordonna de partir sans délai, de ne s'arrêter nulle part, qu'il ne fût arrivé en Castille, & d'aller rendre compte au Roi & au Conseil de la perte de tant de Castillans, qu'il avoit sacrifiés à son ambition, ou qu'il avoit fait périr par sa mauvaise conduite. Lui de son côté prit le Ciel à témoin de la cruauté, qu'on exerçoit envers lui, & de l'injustice, qu'on lui faisoit dans son propre Gouvernement, il cita ses Ennemis au Jugement de Dieu, & ajoûta, qu'il les attendoit à ce Tribunal redoutable, d'autant qu'il voyoit bien qu'il ne lui seroit jamais possible de porter ses plaintes à celui du Roi.

Sa Mort. On rejette ses malheurs, & ceux d'Ojeda sur l'Amiral.

Il eut beau dire, il ne gagna rien, & peu de jours après, on l'embarqua avec 17. Hommes sur un méchant Brigantin, en lui disant qu'il pouvoit aller, où bon lui sembleroit. Depuis ce têms-là, on n'a jamais oüi parler de lui, & Antoine Herrera regarde comme une Fable ce que quelques-uns ont écrit, que dans l'Isle de Cuba on avoit trouvé cette Inscription sur un Arbre: *Ici l'infortuné Nicuessa a fini ses malheurs & sa vie.* Au reste trop de gens étoient interessés dans l'Isle Espagnole aux deux Armemens, dont nous venons de voir la triste catastrophe, pour qu'on ne recherchât point les causes de tant de malheurs; chacun en raisonna

(a) a qui [illegible] Nicuesa

1510. ſuivant ſa paſſion, & les Ennemis de l'Amiral ne manquerent point de lui faire un crime de n'avoir pas ſécouru les deux Gouverneurs, comme il le pouvoit ſelon eux.

Le peu de fondement de cette accuſation.

Cependant rien n'étoit, ce ſemble, plus injuſte qu'une pareille accuſation. Pour montrer qu'elle étoit fondée, il falloit faire voir que ce fut D. Diegue, qui empêcha Enciſo d'être de retour à S. Sebaſtien avant qu'Ojeda en partît, & qui retarda le ſecours, que Nicueſſa avoit envoyé chercher à l'Iſle Eſpagnole. Or non ſeulement, il n'y a aucune apparence que ces retardemens ayent pu être imputés à ce Seigneur, & je n'ai vû aucun Hiſtorien, qui les ait mis ſur ſon compte; mais il eſt évident que la Caravelle dépêchée à San-Domingo par Nicueſſa, étoit à peine partie de Nombre de Dios, lorſque ce Gouverneur fut appellé à Sainte Marie l'Ancienne. Enfin on ne peut diſconvenir que ces deux hommes n'ayent paru dans toute leur conduite très-peu capables des entrepriſes, dont ils s'étoient chargés; que le premier étoit un brave homme, très-propre pour un coup de main, mais qu'il avoit beſoin d'être dirigé par gens, qui euſſent plus d'habileté, & de ſang froid que lui; & que les premiers malheurs, qui accueillirent le ſecond, lui firent tourner la tête, & le rendirent méconnoiſſable à ſes meilleurs amis.

Après tout, l'Amiral, qui avoit des prétentions aſſés légitimes ſur la partie du Continent, qu'on avoit abandonnée à Ojeda, & à Nicueſſa, & qui pouvoit eſperer d'y faire un jour valoir ſes droits, ne fut apparemment pas trop fâché que les choſes y euſſent auſſi mal tourné. Mais pour charger un homme de ce rang, & dont la probité n'a jamais été douteuſe, d'un trait auſſi odieux, que ſeroit celui d'avoir laiſſé périr exprès tant de braves gens, & rendu inutiles tant de dépenſes; il ne ſuffit pas de ſimples conjectures, fondées ſur l'eſperance d'un avantage éloigné, il faut des preuves, & l'on n'en produit aucune.

Fin du Quatriéme Livre.

HISTOIRE
DE
L'ISLE ESPAGNOLE
OU DE
S. DOMINGUE.
PREMIERE PARTIE.

LIVRE CINQUIE'ME.

LES tristes avantures, dont j'ai fait le récit dans le Livre précédent, rendirent mémorable dans les Indes l'année 1510 : la suivante plus heureuse, y vit enfin la consommation d'une affaire, que la feuë Reine Isabelle avoit euë extrêmement à cœur, mais que plusieurs contre-têms avoient toûjours retardée. A peine le Pape Jules II. étoit monté sur le Thrône Pontifical, que les Rois Catholiques, persuadés de ce qu'on leur mandoit sans cesse de l'Isle Espagnole, que les Indiens y multiplioient à vûë d'œil, & que le Christianisme faisoit parmi eux de très-grands progrès, prierent ce Pontife d'en ériger quelques Villes en Evêchés. Ils demanderent d'abord qu'on établît un Archevêché dans la Province de Xaragua, & qu'on lui donnât pour Suffragans, Larez de Guahaba ; & la Conception de la Vega. Le Pape n'eut aucune peine à consentir à cette demande ; l'érection fut faite, & trois sujets furent proposés & acceptés pour remplir les trois nouveaux Sieges ; à sçavoir, le Docteur Pierre de Deza, Neveu de l'Archevêque de Seville, pour l'Archevêché de Xaragua, le P. Garcias de Padilla Francis-

1511. Création d'Evêchés dans l'Isle Espagnole.

1511. quain, pour l'Evêché de Larez, & le Licentié Alonse Mansa Chanoine de Salamanque, pour celui de la Conception.

Les choses en demeurerent pourtant là, & je n'ai pu en sçavoir la raison : les Bulles ne furent point expediées ; Isabelle mourut : les Villes proposées perdirent beaucoup de leur lustre, si on en excepte la derniere, & le Roi Ferdinand, lorsque dans la suite il reprit cette affaire, proposa un nouvel arrangement, que le Pape approuva. Il consistoit à supprimer la Métropole de Xaragua, & à ériger San-Domingo, la Conception, & S. Jean de Portoric, en Evêchés Suffragans de Seville, & cela fut accordé. Les trois mêmes Sujets, qui avoient déjà été nommés, le furent de nouveau, le Docteur Deza à l'Evêché de la Conception, le P. de Padilla, à celui de San-Domingo, & le Licentié Mansa, à celui de S. Jean. Les Prémices & les Dixmes de toutes choses, à l'exception des Métaux, des Perles, & des Pierres précieuses ; la Jurisdiction Spirituelle & Temporelle, & les mêmes Droits & Prééminence, dont joüissoient les Evêques de Castille furent attribués par le Pape aux trois nouveaux Siéges. Le Roi agréa cette disposition, & fit avec les trois Evêques un Concordat, dont les principales conditions furent, qu'ils s'engageoient pour eux, & pour leurs Successeurs à distribuer les Dixmes au Clergé, aux Hôpitaux, & aux Fabriques, & que les Bénéfices & les Dignitez seroient à sa nomination.

Les Insulaires presque entierement exterminés.

Le premier Evêque de la Capitale n'eut pas la consolation de voir son Eglise, il mourut en Espagne peu de têms après son Sacre. Plusieurs accidens retarderent aussi le départ de celui de la Conception, & cependant il arriva une chose qui fit bien du bruit, & que l'autorité Episcopale auroit sans doute assoupie dans sa naissance. L'Isle Espagnole perdoit insensiblement tous ses Habitans naturels ; & quoiqu'on eût eu tout le têms de reconnoître le tort, que ce dépeuplement causoit à la Colonie, bien loin d'en profiter pour conserver au moins ce qui restoit de ces Insulaires, il sembloit qu'on prît à tâche, d'en exterminer toute la race. Le Roi même, qui jusques-là avoit fait de si sages Ordonnances en leur faveur, trompé par des personnes, dont les derniers Réglemens gênoient la cupidité, sembla les abandonner à la discretion de leurs Tyrans, & permit que désormais on ne leur donnât point d'autre salaire, que la vie & l'entretien, à condition de payer d'abord à son Domaine un *Paros*, c'est-à-dire, environ une demie Pistole de notre monnoye pour chaque tête d'Indien. Les PP. de S. Dominique eurent beau se récrier contre cette nouveauté, qui devoit naturellement apporter un obstacle insurmontable à la conversion de ces Peuples, & représenter qu'il y alloit même de l'interêt du Roi, & de la Nation de les traiter avec plus de douceur & de ménagement; on n'eut aucun égard à leurs remontrances, ce qui détermina enfin ces zelés Ministres à s'armer de toute la vigueur Apostolique, pour réprimer par les armes Spirituelles un scandale, qui faisoit blasphêmer le nom du Seigneur parmi les Infidelles. 1511.

Cette résolution prise, le P. Antoine Montesino Prédicateur, qui avoit une grande réputation d'éloquence & de sainteté, monta en Chaire à San-Domingo, & en présence de l'Amiral, du Trésorier Royal, de tout ce qu'il y avoit dans cette Capitale de personnes en place, & d'un très nombreux Auditoire, il déclara les Départemens d'Indiens illicites; il ajoûta que le terme de Tutelle, dont on usoit pour colorer cette tyrannie, cachoit une véritable servitude, à laquelle contre toutes les Loix Divines & Humaines, on assujettissoit des Innocens; que cette conduite si contraire à l'esprit du Christianisme, avoit déja fait périr des millions d'hommes, dont on répondroit à Dieu, & dépeupleroit infailliblement tant de vastes Provinces, dont le Maître des Nations n'avoit pu donner l'Empire aux Rois Catholiques, qu'afin qu'ils en engageassent tous les Habitans sous le joug aimable de son Evangile.

Sermon d'un P. Dominiquain, & les suites qu'il eut.

C'étoit là toucher les assistans par leur endroit sensible, aussi murmura-t-on beaucoup contre le Prédicateur.

1511. Il fut même arrêté qu'il seroit réprimendé, comme s'il eût manqué au respect, qu'il devoit au Roi, & à ceux, qui gouvernoient sous ses Ordres. Mais ceux, qui s'étoient chargés de cette commission, furent bien surpris, lorsque le P. de Cordouë, auquel ils s'étoient adressés d'abord, comme au Superieur de la Maison, leur déclara que le P. de Montesino n'avoit rien dit, qui ne fût vrai, & qu'il ne fût nécessaire de dire: que tous tant qu'ils étoient de Religieux de leur Ordre pensoient comme lui, & que le Sermon, dont ils faisoient tant de bruit, étoit une chose concertée entre eux. Ceux, à qui il parloit, furent extrêmement choqués de ce discours, & le prenant sur un ton fort haut, il lui dirent qu'il étoit bien étrange que de simples Particuliers sans caractere se donnassent la hardiesse de blâmer publiquement des choses établies par le conseil de Personnes sages, & par l'autorité du Souverain; en un mot qu'il falloit nécessairement que le P. de Montesino se retractât en Chaire, ou que tous les Dominiquains sortissent de l'Isle. Le Superieur les écouta fort paisiblement jusqu'au bout, & feignant d'être ébranlé par leurs menaces, il les assûra que dès le Dimanche prochain le P. de Montesino feroit son possible pour les contenter.

Le jour marqué, il se fit à l'Eglise un concours extraordinaire. Le Prédicateur parut, & commença par dire que, si l'ardeur de son zéle dans la cause du monde la plus juste, l'avoit empêché de mesurer assés ses expressions, il prioit ceux, qui avoient pû s'en tenir offensés, de les lui pardonner; qu'il sçavoit le respect, qui étoit dû aux Personnes, que le Prince avoit fait dépositaires de son autorité; mais qu'on se trompoit fort, si on prétendoit lui faire un crime, de s'être élevé contre les Départemens d'Indiens. Il dit sur cela des choses plus fortes encore que la premiere fois; car après être entré dans un détail extrêmement pathétique des abus, qui se commettoient tous les jours en cette matiere, il demanda quel droit des gens, qui étoient sortis d'Espagne, parce qu'ils n'y avoient pas de pain, avoient de s'engraisser de la substance d'un Peuple né aussi libre qu'eux? Sur quoi fondé ils disposoient de la vie de ces malheureux, comme d'un bien, qui leur fût propre? qui avoit pû les autoriser à exercer sur eux un empire tyrannique? s'il n'étoit pas têms désormais de mettre des bornes à une cupidité, qui enfantoit tant de crimes, & si on vouloit encore lui sacrifier 15. à 20000. Indiens, qui restoient à peine de plus d'un million d'ames, qu'on avoit trouvé dans l'Isle Espagnole en y abordant?

1511.

Une démarche si hardie fit concevoir aux Officiers Royaux qu'ils gagneroient peu à traiter cette affaire sur les lieux; ils en écrivirent au Roi, & Passamonté surtout le fit d'une maniere très-forte, & chargea de sa lettre un Religieux Francisquain, nommé le P. Alphonse de Espinar; sur quoi Oviedo remarque fort judicieusement, que ce qui fit en tout ceci un plus mauvais effet dans l'esprit des Peuples, ce fut de voir une si grande diversité d'opinions entre les deux Ordres Réguliers, qui étoient alors seuls établis dans l'Isle, sur un point, qui interessoit si fort la conscience; les uns permettant sans aucune difficulté, ce qui paroissoit aux autres un crime irrémissible & digne de toutes les censures de l'église.

On examine au Conseil la cause des Indiens.

Les PP. Dominiquains n'ignoroient pas ce qui se tramoit contre eux, & comme ils sçavoient aussi que plusieurs personnes puissantes à la Cour, & les Ministres même, étoient interessés à soutenir les Départemens; ils prirent le parti d'envoyer le P. de Montesino plaider lui-même sa cause auprès du Roi. Le Missionnaire trouva, ainsi qu'il l'avoit prévû, toute la Cour & Ferdinand même fort prévenu contre lui. Mais comme il étoit extrêmement éloquent, il n'eut pas beaucoup de peine à faire revenir le Roi en sa faveur. Ce Prince commença d'entrevoir qu'on lui avoit déguisé la vérité; toutefois ne voulant rien décider sur ses propres lumieres; il assembla un Conseil extraordinaire, où ce grand procès fut plaidé avec beaucoup de vehémence de part & d'autre. Ceux qui parlerent en faveur des Indiens, insisterent beaucoup sur ce principe, que tous les Peuples sont

1511. nés libres, & qu'il n'est jamais permi à une Nation d'attenter à la liberté d'une autre, dont elle n'a reçû aucun tort.

Les autres opposerent à cette vérité des raisons plus specieuses que solides, & dont plusieurs personnes sages ne laisserent pourtant pas d'être éblouïs. « Les Indiens, dirent-» ils, doivent être regardés comme des Enfans incapables de » se conduire, puisqu'ils ont à cinquante ans l'esprit moins » avancé, que les Espagnols ne l'ont ordinairement à dix : on » sçait que les choses les plus aisées à concevoir, ne peuvent » leur entrer dans la tête ; que dès qu'on cesse de leur par-» ler, ils oublient dans le moment les vérités, qu'on » leur avoit le plus inculquées dans la mémoire ; qu'on ne » peut même s'assûrer qu'ils retiendroient les plus courtes » prieres, si l'on manquoit un seul jour à les leur faire réci-» ter ; qu'on a beau les vêtir, & leur faire sentir l'indé-» cence de leur nudité, dès qu'ils sont hors de la vuë de » leurs Maîtres, ils dechirent leurs habits en mille pieces, » & courent tout nuds dans les Bois, où ils s'abandonnent » sans honte à toutes sortes d'infamies ; que la souveraine fé-» licité selon eux est de ne rien faire, & que cette conti-» nuelle oisiveté, outre les autres vices qu'elle enfante, pro-» duit cette extrême indolence, qu'on remarque en eux » pour les choses de la Religion ; enfin il paroît certain qu'ils » sont d'autant moins capables d'user bien de la liberté, qu'on » leur laisseroit, qu'aux défauts & à l'incapacité des En-» fans, ils joignent les vices des Hommes les plus corrom-» pus. »

Il étoit véritablement quelque chose de tout cela, mais il n'y avoit aucun article, qui ne fût extrêmement exageré ; c'est ce que le P. de Montesino s'appliqua surtout à faire sentir. Il y réüssit parfaitement, après quoi il ne lui fut pas difficile de renverser toutes les consequences, qu'on en tiroit ; mais sans parler de l'interêt des Ministres & des Favoris, rendre absolument la liberté aux Indiens, & réduire la meilleure partie des Habitans des Colonies Espagnoses à l'état d'indigence, d'où ils étoient sortis, c'étoit presque la même chose. Or c'est là un de ces inconveniens, contre lesquels en matiere de Politique, l'évidence même du droit tient rarement. Il fallut pourtant accorder quelque chose à l'équité de la cause, que défendoient les PP. de S. Dominique; le Roi vouloit mettre sa conscience en sûreté, & avoir égard à la clause du Testament de la feuë Reine Isabelle, qui étoit précise en faveur des Indiens; & voici ce qu'on imagina pour concilier des interêts & des sentimens si opposés.

1511.

Ordonnance en faveur des Indiens.

Il fut déclaré que par provision, & en attendant un plus ample examen, les Indiens seroient réputés libres, & traités comme tels, mais que les Départemens à cela près resteroient sur le pied, où ils étoient. C'étoit reconnoître le droit de ces Peuples à la liberté, en même têms qu'on les retenoit réellement dans un dur esclavage; de simples Réglemens du Prince ne suffisant pas pour en adoucir le joug, & véritablement tous ceux, que le Roi fit alors, & qui étoient fort sages, furent la plûpart sans effet. Comme les Bêtes de charge s'étoient extrêmement multipliées dans l'Isle Espagnole, il fut expressément défendu de faire porter aux Infideles aucun fardeau, ni de se servir du Bâton, ou du Foüet pour les punir; il fut aussi ordonné de nommer des Visiteurs, qui seroient comme les Protecteurs des Indiens, & sans le consentement desquels il ne seroit pas permis de les mettre en prison. Enfin on regla qu'outre les Dimanches & les Fêtes, ils auroient dans la semaine un jour de récréation; & que les Femmes enceintes ne seroient assujetties à aucune sorte de travail. Nous verrons dans peu le cas que l'on fit de ces Ordonnances.

Préparatifs pour la Conquête de Cuba.

L'Amiral songeoit alors à s'assûrer de l'Isle de Cuba, craignant que, s'il differoit d'y faire un établissement, la Cour n'en donnât la commission à quelqu'un, & ne séparât encore cette Isle de son Gouvernement. Il y envoya donc Diego Velasquez, pour la conquerir, y bâtir une Ville, & la gouverner en qualité de son Lieutenant. Velasquez étoit

1511.

un des plus anciens Colons de l'Isle Espagnole, il y avoit eu les premiers Employs, & il s'en étoit toûjours acquité avec beaucoup de bonheur, & de conduite; il avoit d'ailleurs des qualités très-aimables, & passoit pour un homme plein d'honneur & de droiture. On n'eût pas plûtôt publié qu'il étoit chargé de l'Entreprise de Cuba, qu'il y eut un véritable empressement à l'y suivre, à quoi ne contribua pas peu le bruit, qui s'étoit répandu, que cette Isle avoit des Mines d'Or. Ainsi l'on vit arriver à Salvatierra de la Savana, où se faisoit l'armement, plus de 300. Volontaires de toutes les parties de l'Isle Espagnole, outre les Troupes réglées, qui furent envoyées par l'Amiral.

Préparatifs des Insulaires pour se défendre. Dieu des Espagnols selon les Indiens.

Tout étant prêt, Velasquez mit à la voile avec quatre Bâtimens, & alla débarquer vers l'extrêmité Orientale de Cuba, où est la pointe de Mayci, & où commandoit un Cacique nommé *Hatuey*. Ce Seigneur étoit né dans l'Isle Espagnole, il en étoit sorti pour éviter l'esclavage, où il voyoit tous ses Compatriotes condamnés, & avoit passé à l'Isle de Cuba, où avec le secours de ceux, qui l'avoient suivi en grand nombre, il s'étoit rendu Maître de ce Canton, & y regnoit paisiblement. Comme il craignoit toûjours que les Castillans ne fissent dans Cuba, ce qu'il avoient fait dans sa patrie, il avoit soin d'entretenir dans l'Isle Espagnole des Espions, afin d'être averti à têms, & de pouvoir se disposer à recevoir l'Ennemi, quand il viendroit l'attaquer; mais parce qu'il ne comptoit pas beaucoup sur ses forces, il avoit communiqué ses défiances à plusieurs autres Caciques, & il avoit un fort grand soin d'entretenir une étroite union avec eux. Un jour qu'il raisonnoit de toutes ces choses avec quelques-uns de ses Voisins, il leur dit, que toutes leurs précautions seroient inutiles, si avant toutes choses ils ne tâchoient de se rendre propice le Dieu des Espagnols. « Je le » connois, ajoûta-t'il, ce Dieu, le plus puissant de tous les » Dieux, je sçai le moyen de le gagner, & je vais vous l'ap» prendre ». Aussi-tôt il se fait apporter un panier, où il y avoit de l'or, & le montrant aux Caciques, « Le voilà, dit-

1511.

» il, le Dieu des Espagnols, célébrons une Fête en son honneur, il nous regardera d'un œil favorable. » Tous à l'instant se mirent à fumer autour de ce panier, puis à chanter & à danser, jusqu'à ce qu'ils tombassent d'yvresse & de fatigue.

Ils le jettent à la Mer croyant se garantir par-là de l'invasion des Castillans.

Le lendemain matin Hatuey rassembla les Caciques à leur réveil, & leur tint ce discours. « J'ai beaucoup refléchi sur l'affaire, dont je vous ai parlé; mon esprit n'est pas encore » tranquille, & tout bien consideré, je ne pense pas que nous » soyons en sûreté, tandis que le Dieu des Espagnols sera parmi nous. Par tout où ils le trouvent, ils s'y établissent pour le » posseder: il est inutile de le cacher, ils ont un secret merveilleux pour le découvrir; si vous l'aviés avalé, ils vous éventreroient pour l'avoir; je ne sçache que le fond de la Mer, » où ils n'iront pas assurément le chercher, c'est-là, qu'il le » faut mettre; quand il ne sera plus parmi nous, ils nous laisseront en repos, car c'est uniquement ce qui les attire » hors de chés eux. » L'expedient fut trouvé admirable, les Caciques prennent aussitôt tout l'or qu'ils avoient, le vont jetter à la Mer assés loin du Rivage, & s'en reviennent fort contents, comme si avec leur or ils avoient noyé toutes leurs craintes. Aussi Hatuey fut-il fort surpris, lorsqu'au bout de quelque têms il vit paroître les Espagnols.

Défaite & supplice d'un Cacique, & pourquoi il ne veut pas être batisé à la mort.

Il ne laissa pourtant pas de faire d'abord bonne contenance, & il se mit en devoir de s'opposer au débarquement, mais sa résistance ne fut pas longue. Aux premieres décharges, que les Castillans firent de leurs Arquebuses, toute cette multitude d'Indiens, qui bordoient le Rivage, s'enfuit dans le bois, & l'on ne jugea pas à propos de les suivre pour lors. Après quelques jours de repos, Velasquez voulut se délivrer d'un Ennemi, qui à la faveur de sa retraite, pouvoit l'incommoder beaucoup; il fit chercher le Cacique avec soin, & l'ayant enfin trouvé, il lui fit expier par le feu, la faute, qu'il avoit faite de ne s'être pas soumis de bonne grace à des Conquerans, ausquels il n'étoit pas en état de résister. C'est de lui, qu'on rapporte ce trait si célébre dans l'Histoire du Nouveau Monde,

1511. & par où l'on peut juger à quel point les Espagnols s'étoient rendus odieux aux Indiens ; il étoit déja attaché à son poteau, lorsqu'un P. de S. François voulut faire un dernier effort pour le gagner à J. C. après qu'il l'eut exhorté longtêms à avoir pitié de son ame, & à ne pas s'exposer à brûler éternellement, tandis qu'il pouvoit lui procurer un bonheur sans fin dans le Paradis, Hatuey s'avisa de lui demander, s'il y avoit des Espagnols dans ce lieu de Délices, dont il lui parloit. « Il y en a, répondit le Pere, mais il n'y en » a que de bons. Le meilleur n'en vaut rien ; reprit le Ca» cique, & je ne veux point aller, où je puisse craindre » d'en rencontrer un seul. Le Missionnaire épuisa en vain toute son éloquence, pour lui faire changer de pensée, Hatuey ne voulut plus l'écouter & se laissa brûler.

Toute l'Isle se soumet.

Après cette exécution, Velasquez ne trouva plus d'Ennemis. Tous les Caciques vinrent les uns après les autres, lui rendre leurs hommages, & la Conquête de la plus grande, & d'une des plus belles Isles du monde, ne couta pas un homme aux Espagnols, ausquels elle est d'un grand secours par sa situation, & par la commodité de ses Ports, ~~les plus beaux de l'Amérique.~~ Quelques Auteurs ont crû que Christophle Colomb l'avoit nommée *Ferdinandine*, ils se trompent, il la nomma *la Juana*; & ce fut en 1514. que le Roi Catholique lui fit changer ce nom, pour lui donner le sien, mais le nom Indien l'a emporté sur les deux autres. Ce qui fit négliger si long-têms cette grande Isle, c'est qu'elle passoit pour n'avoir pas, ou pour avoir bien peu d'or ; effectivement, on n'y en a pas trouvé beaucoup, mais on a enfin ouvert les yeux sur les autres avantages, qu'on en pouvoit tirer, & c'est encore aujourd'hui une des plus florissantes Colonies du Nouveau monde.

Créance des Indiens de Cuba.

Les Peuples de Cuba étoient à peu près du même caractere, & avoient apparemment la même origine que ceux des trois autres grandes Antilles ; mais on a cru trouver dans leurs traditions des preuves, qu'ils avoient eu autrefois quelque connoissance de la Création du Monde & du Déluge.

Ils disoient que l'Univers avoit été créé par trois personnes, que la Terre avoit été toute couverte par les Eaux, qu'il ne s'étoit sauvé de ce Déluge qu'un Vieillard, lequel avoit fabriqué un grand Batteau, où il s'étoit embarqué avec toute sa Famille, & des Animaux de toutes les especes. Ils ajoûtoient à cela l'Histoire du Corbeau & de la Colombe, celle de l'yvresse du Vieillard, & du crime d'un de ses Enfans, comme elles sont dans la Genese: excepté qu'ils ne donnoient au Pere que deux fils, dont l'un a été, disoient-ils, le Pere de tous ceux, qui sont vêtus, & l'autre, qui fut le Criminel, le Pere de ceux, qui vont nuds; ce fut un nommé Gabriel de Cabrera, qui le premier fit cette Découverte, & voici comment. Un jour, qu'il traittoit de Chien un vieux Sauvage. « Pourquoi, lui demanda ce Vieillard, m'appelles-» tu Chien? Ne sommes nous pas tous Freres, & descendus » des deux fils d'un homme, qui fit bâtir un grand Navire, » pour se sauver d'une grande innondation? Ce discours ayant fort surpris Cabrera, il fit plusieurs questions à l'Indien, & en tira tout ce que je viens de rapporter: mais comme la chose lui parut fort singuliere, il craignit de n'en être pas crû sur sa parole, il fit répeter les mêmes choses à l'Insulaire devant plusieurs personnes, elles furent bientôt publiées par tout, & l'on en tira toutes les consequences, qu'on voulut. Pour moi, en supposant la vérité de ce récit, dont il paroît qu'effectivement on ne sçauroit gueres douter, je n'y trouve rien de fort merveilleux. Il y avoit déja bien des années, que les Espagnols connoissoient l'Isle de Cuba, Christophle Colomb y avoit débarqué à son premier voyage, & en avoit emmené des Habitans avec lui, lorsqu'il passa à l'Isle Espagnole: & dans plusieurs autres occasions on étoit allé chés eux: ce Vieillard pouvoit fort bien avoir appris de quelque Castillan, tout ce qu'il dit à Cabrera. 1511.

Il y a cependant bien de l'apparence, que les anciens Habitans de Cuba avoient quelques connoissances par rapport à l'autre vie, que ceux des autres Isles n'avoient pas, ou du moins ne développoient pas aussi bien qu'eux, & je

1511. fonde ma conjecture sur ce qui arriva au premier Amiral des Indes, Christophle Colomb, dans le second Voyage, qu'il fit à Cuba. Un jour qu'il entendoit la Messe dans cette Isle, un vieux Cacique arriva pour lui rendre visite, & lui faire un présent de Fruits du Pays; la nouveauté du Spectacle le surprit, & le respect, dont il voyoit les Castillans pénétrés, lui en inspira à lui-même; il n'osa interrompre le Sacrifice, mais la Messe finie, & ayant fait à l'Amiral son Compliment & son Présent, il s'assit par terre à côté de lui, & lui parla en ces termes, rapportés par Herrera, & par D. Pierre Martyr d'Anglerie. « Tu es venu avec de grandes forces dans » cette Terre, que tu ne connoissois point, & tu y as répan» du une grande terreur. Mais tu sçauras que nous croyons » ici qu'après cette vie, il en a une autre; & que toutes » les Ames, au sortir de leur Corps, ne vont pas au mê» me endroit. Que celles, qui ont bien vêcu, & surtout » & qui ont aimé la paix & le repos des Peuples, sont reçûës » dans un lieu de délices, où elles joüissent de l'abondance » de toutes sortes de biens: que les autres, qui n'ont pas » eu une conduite réguliere, qui ont aimé le désordre, » & qui ont troublé le repos des Peuples, sont précipitées » dans un lieu ténébreux, où il y a beaucoup à souffrir. Si » donc tu crois mourir un jour, & que Dieu rend à cha» cun le bien & le mal, qu'il aura fait, tu te donneras bien » de garde de nuire à ceux, qui ne t'offensent point. » Colomb fut assés étonné de ce Discours, & en profita pour donner au Cacique quelque teinture de Christianisme.

1512. *D. Barthélemy Colomb est envoyé à l'Isle Espagnole, & pourquoi.*

Quoiqu'il en soit, la nouvelle de la Conquête de l'Isle de Cuba, fit sans doute beaucoup de plaisir au Roi Catholique: mais ce Prince recevoit sans cesse des plaintes contre l'Amiral. Il est vrai que, malgré le peu d'affection, qu'il lui portoit, il ne laissoit pas d'entrevoir, que la plûpart de ses plaintes étoient uniquement fondées sur la jalousie de ses Ennemis. Il jugea néanmoins à propos de lui envoyer D. Barthélemy son Oncle, avec un Mémoire fort détaillé de toutes les choses, à quoi il l'avertissoit de prendre garde.

Dom

^ ~~il est assez étonnant que Velasquez~~ ce qu'il y a d'étonnant c'est que tout le crédit de las Casas sur le gouverneur de Cuba, mais peu

^ il eut beau faire néanmoins, tout son zèle et son crédit ne purent ~~en~~ empêcher les Espagnols de Cuba de se livrer à cet esprit exterminateur qui les suivoit partout où ils portoient leurs pas, il rapporte lui même ~~dans son histoire des Indes~~ qu'étant en voyage avec quelques uns d'entr'eux, une troupe d'insulaires vinrent au devant d'eux de fort loin avec toutes sortes de rafraîchissements, qu'ils leur offrirent de très bonne grâce, que les Espagnols les acceptèrent sans façon et mettant aussitôt l'épée à la main se jettèrent sur ces malheureux, qui ne s'attendoient à rien moins, et en étendirent par terre plus de trois cent, hommes, femmes et enfants. qu'au bruit de ce massacre tous les insulaires des environs s'étant réfugiés dans les montagnes, Velasquez, craignant les suites de cette retraite, pria [lui même] ~~les missionnaires~~ de les aller ~~chercher pour leur persuader de~~ les aller trouver, et de les engager à rentrer dans leurs bourgades; qu'il fut assez heureux pour y réussir, qu'ayant jusqu'à vingt caciques, qui vinrent ~~aussi~~ dès le lendemain se rendre à lui, [sur le perfide ^] enfin ~~le~~ gouverneur les fit arrêter sur le champ, et les condamna à être brûlés vifs, n'alléguant point d'autre motif d'un procédé si violent que la nécessité de faire un exemple, qui apprit aux autres à ne point fuir ce qu'il eut toutes les peines du monde à obtenir ~~[illegible]~~ qu'on leur fit grâce de la vie. ^

Pour

le tres Reverend Pere
de Charlevoix

au College de Louis le Gran

Dom Barthélemy avoit toûjours conservé sa Charge d'Adélantade ; le Roi y ajoûta le Gouvernement, & la proprieté sa vie durant de la petite Isle Mona, lui assigna un département de 200. Indiens, & lui donna encore la Charge de faire travailler aux Mines, qu'on pourroit trouver dans l'Isle de Cuba : cette Charge étoit très-lucrative. 1512.

Las Casas travaille à la conversion des Peuples de Cuba.

Les Peuples de Cuba, après qu'ils eurent passé sous la domination des Castillans, ne demeurerent pas si long-têms privés des secours spirituels, que l'avoient été ceux de l'Isle Espagnole. Le Licentié Barthélemy de las Casas, qui s'est depuis rendu si célébre par son zéle & ses travaux, pour le salut & la conservation des Indiens, avoit suivi Velasquez, dont il étoit ami, dans son Expedition. Il étoit passé jeune aux Indes, s'étoit fait Prêtre depuis peu, & cherchoit toutes les occasions de se signaler dans l'exercice de son Ministere. Il travailla avec succès à la conversion de ces pauvres Insulaires, qu'on venoit de mettre sous le joug. Il leur trouva un très-beau naturel, & une si grande docilité, qu'il ne craignoit point de publier, qu'il étoit sans comparaison plus aisé de faire embrasser le Christianisme à ces Infidéles, que d'obliger les Espagnols à vivre chrétiennement. D'ailleurs, son zéle pur & désinteressé, sa charité compatissante & toûjours active, la sainteté de sa Vie, sa fermeté à empêcher les Vainqueurs d'abuser de leur Victoire pour maltraitter les Vaincus ; tout cela charma de elle sorte ces Peuples, qu'ils s'abandonnerent à lui avec ne confiance sans bornes. Par-là, non-seulement, il se t en état d'en faire des Chrétiens ; mais il fut encore d'un and secours à la Colonie Espagnole, qui courut plus d'une s risque d'être étouffée dans sa naissance, & n'évita gueres uine, que par l'ascendant qu'avoit pris sur les Insulaires omme Apostolique, dont je parle.

Ponce de Leon cherche la Fontaine de Jouvence.

fut alors que Jean Ponce de Leon, qui se trouvoit sans em- dans l'Isle de Portoric, parce que Cerron & Diaz avoient crédit de se faire rétablir dans les leurs, ne pensa plus tenter quelque Découverte. Il n'y avoit pas alors un

1512. ſeul Gentilhomme aux Indes, qui ne fût prêt à faire de ces tentatives, que Colomb avoit miſes ſi fort à la mode, & qui ne ſe flattât de ſe faire un grand Nom, & un grand Etabliſſement par cette voye. Ponce de Leon avoit amaſſé de grands Biens, pendant qu'il avoit été en place; il avoit de l'expérience, du courage, & de l'eſprit; tout cela lui répondoit du ſuccès de ſon projet, qui n'avoit rien d'ailleurs que de fort ſenſé; mais une folie, qu'il s'étoit miſe dans la tête après pluſieurs autres Eſpagnols, n'eût gueres moins de part à ſon entrepriſe, & lui donna à lui-même un air d'Avanturier, & de Chevalier errant, qui a un peu terni ſa gloire.

Surquoi il ſe fondoit. Il couroit depuis long-têms parmi les Habitans des Antilles une opinion, que dans une Iſle appellée *Bimini*, (c'eſt une des Lucayes, aſſés près du Canal de Bahama) il ſe trouvoit une Fontaine, dont les eaux avoient la vertu de rajeunir les Vieillards, qui s'y baignoient. Les Inſulaires de Cuba, s'étoient ſurtout donné beaucoup de mouvement pour découvrir cette précieuſe Source, & au têms, dont je parle, il y avoit encore dans Bimini, quelques reſtes d'un Village, dont les Habitans étoient originaires de cette grande Iſle. Herrera place ces Inſulaires tranſplantés dans le Continent de la Floride, & ſans faire mention de la Fontaine de Bimini, dit qu'on donnoit la vertu de rajeûnir à un Fleuve de cette grande Province. Il eſt vrai que tous ces Peuples étoient naturellement fort crédules, & que ceux, qui les ont connus, n'ont point été ſurpris qu'ils ayent donné dans de ſemblables Chimeres; on ſçait auſſi que les Eſpagnols naturellement portés au Grand & au Merveilleux, pouſſent aſſés loin la crédulité en tout genre, mais on aura pourtant quelque peine à croire, juſqu'où ils ſe laiſſerent infatuer en cette occaſion; car ce fut au point de n'être pas même capables de ſe détromper. En effet, quoique pluſieurs euſſent avancé malheureuſement leurs jours en courant après cette prétenduë Fontaine de Jouvence, & que pluſieurs même ne fuſſent pas revenu de cette ridicule recherche; on s'imagina que la raison, pourquoi ceux-ci ne retournoient point, c'est qu'ils avoient trouvé ce qu'ils cherchoient, & ne vouloient plus sortir de ce délicieux séjour, où ils joüissoient dans l'abondance de toutes choses d'un Printêms perpétuel.

1512.

Il découvre la Floride par hazard.

Mais personne ne se laissa enchanter de ces douces rêveries d'une maniere plus étonnante, que Ponce de Leon. Ce Capitaine ne se promettoit rien moins, que la découverte d'un troisiéme Monde, & c'étoit trop peu pour une si vaste entreprise, que les jours, qui lui restoient suivant le cours ordinaire de la nature. Il falloit commencer par recouvrer ceux, qui s'étoient écoulés, & s'assûrer pour toûjours la conservation d'une verte & florissante jeunesse : il résolut donc de ne rien négliger pour trouver la Fontaine rajeunissante. Il partit un Jeudi premier jour de Mars 1512. du Port de Saint Germain, dans l'Isle de Portoric, avec deux Navires, qu'il avoit équipés à ses frais, & après avoir rangé toute la Côte Septentrionnale de l'Isle Espagnole, il se trouva au milieu des Lucayes. Il s'informa exactement partout de la Fontaine miraculeuse, goûta de toutes les eaux, qu'il rencontra, même de celles des Marais les plus bourbeux ; enfin, comme il alloit toûjours devant lui, il apperçut le Continent, où ayant abordé, non pas le jour, comme quelques-uns l'ont cru, mais dans la semaine de Pâques Fleuri, & y ayant vû, en mettant pied à terre, une Campagne toute semée de fleurs, il lui donna le nom de Floride.

En quoi cette découverte fut préjudiciable à l'Isle Espagnole.

Cette découverte inespérée le consola un peu de n'avoir pas trouvé la Fontaine de Jouvence ; & c'est ce qui fait voir combien la réputation des Hommes a quelquefois des fondemens peu solides ; car enfin une Découverte, où le seul hazard a eu part, a immortalisé un Avanturier, qui l'a fait en courant après une Chimere. Au reste, on ne sçait pas bien au juste en quel endroit Ponce de Leon débarqua. On sçait seulement, qu'il reconnut une bonne partie de la Côte Occidentale de la presqu'Isle, & qu'il donna aux Isles des Martyrs & des Tortuës les noms, qu'elles portent encore

qui se termine au cap de la floride, [handwritten]

1512. aujourd'hui : que partout, où il voulut faire descente, il trouva des Sauvages en grand nombre, & fort résolus à ne pas souffrir qu'il s'établît chés-eux; qu'il eut une connoissance assés distincte du Canal, qui porte aujourd'hui le nom de nouveau Canal de Bahama, par où quelques années après les Navires commencerent de prendre leur route pour retourner en Europe : que ce fut ce qui donna occasion d'établir le Port de *la Havana*, lequel n'est qu'à deux petites journées du Canal, & cela, pour servir d'entrepôt à tous les Vaisseaux, qui venoient de la nouvelle Espagne, & que cet Etablissement a été une des principales causes de la décadence de l'Isle Espagnole.

Ponce de Leon fut donc obligé de se contenter d'avoir vû le premier la Floride, il courut encore depuis assés longtêms après son Isle enchantée, & il s'en retourna fort mal en ordre, & fort chagrin à Portoric, où il eut encore à essuyer bien des railleries, sur ce qu'on le voyoit revenir plus vieux qu'il n'étoit parti. Il ne laissa pas d'aller en Cour donner avis de sa découverte; il fut bien reçu de Ferdinand, qui lui permit de bâtir des Forts, & de mener des Colonies dans la Floride, & dans l'Isle de Bimini, lui promit le Gouvernement de tous les Pays, qu'il découvriroit, & consentit même qu'il levât du Monde pour cela, soit en Espagne, soit dans les Indes. Je ne sçai ce qui l'empêcha de profiter de ces permissions; mais il est certain qu'il étoit encore en Espagne sur la fin de 1514. qu'alors le Roi lui ordonna d'armer pour aller faire la Guerre aux Caraïbes, qui désoloient l'Isle de Portoric, & qu'il retourna peu de têms après dans cette Isle, d'où il ne sortit point avant l'année 1521.

Les Départemens d'Indiens confirmés de nouveau.

Cependant le P. Pierre de Cordouë avoit suivi de près le P. de Montesino, son Inférieur, en Espagne, où l'on ne cessoit point de tenir des Conseils, & de faire des Consultations touchant la cause des Indiens, que ces Religieux avoient portée au Tribunal du Roi. Enfin ce Prince fit appeller le P. de Cordouë, & lui dit, qu'il étoit fort persuadé de la pureté de son zéle; mais que l'avis de presque tous les Jurisconsultes, & les Theologiens de son Royaume, étoit de ne rien changer à ce qui étoit établi, à quelques abus, & à quelques désordres près, contre lesquels il alloit prendre toutes les plus justes mesures. Qu'il s'en retournât donc dans sa Mission; mais que lui & ses Religieux cessassent d'invectiver contre une chose approuvée d'un si grand nombre de personnes sages, & qu'ils continuassent à éclairer & à édifier les Indes par les lumieres de leur Doctrine, & par la sainteté de leur vie, comme ils avoient fait jusques-là; sans se mêler en aucune maniere de la Police, ni du Gouvernement, 1512.

Les PP. Dominiquains demandent la permission de faire une Mission dans le Continent de l'Amerique.

Ce discours fit comprendre au P. de Cordouë & à ses Religieux que du train, dont les choses iroient à l'avenir, il leur seroit désormais fort difficile d'être bien d'accord avec les Espagnols du Nouveau Monde, & que s'ils vouloient véritablement faire du bien parmi les Barbares, il falloit chercher des Contrées, où ils fussent seuls avec ces Peuples. Ils supplierent donc Ferdinand de trouver bon qu'ils allassent prêcher Jesus-Christ dans quelqu'unes des Provinces de l'Amérique, où les Espagnols n'eussent point encore d'Etablissement, & ils lui expliquerent le projet de celui, qu'ils y vouloient faire. Le Prince goûta leur dessein, accorda les permissions, qu'on lui demandoit, & fit expedier des ordres pour l'Amiral, de fournir à ces Missionnaires toutes les choses, dont ils auroient besoin pour leur sainte entreprise. Le P. de Cordouë & le P. de Montesino s'embarquerent peu de têms après pour l'Isle Espagnole, où l'Amiral leur fit armer un Vaisseau, y mit des vivres en abondance, leur fit délivrer avec profusion tout ce qu'ils lui demanderent, & les fit transporter à la Côte de Cumana, qu'ils avoient choisie, pour y commencer leurs travaux Apostoliques.

Ils commencent la Mission avec succès.

Le P. Pierre de Cordouë n'y alla pas lui-même, sa présence étant plus nécessaire dans l'Isle Espagnole, où le Roi avoit envoyé de bons ordres pour établir ces Religieux mieux qu'ils n'étoient; mais il choisit pour cette expedition

1512. le P. de Montesino, avec les Peres François de Cordouë, & Jean Garcez. Le Pere de Montesino tomba malade en passant à l'Isle de Portoric, & sa maladie tirant en longueur, ses deux Compagnons furent obligés de continuer leur route sans lui. L'endroit, où ils débarquerent fut assés près de celui, où l'on bâtit depuis la Ville de *Coro*, qu'on appelle autrement *Venezuela*, pour les raisons que j'ai dit ailleurs, en parlant de la premiere expedition d'Alphonse d'Ojeda, avec Americ Vespuce, dans le Continent de l'Amérique; car ce fut sur les ruines même de la Bourgade, à laquelle Ojeda donna le nom de petite *Venise*, que la Ville de Coro ou de Venezuela fut construite. La Bourgade Indienne subsistoit encore au têms, dont je parle, & les Missionnaires y furent parfaitement bien reçus, logés & fournis de toutes les les choses, dont ils pouvoient avoir besoin. Ils profiterent de ces heureuses dispositions, pour engager ce bon Peuple à embrasser le Christianisme, ils en furent écoutés, & ils avoient tout lieu de se promettre une abondante Moisson, lorsqu'un Navire Espagnol vint malheureusement rompre toutes leurs mesures.

Trahisons faites aux Indiens par les Espagnols.

Ce Navire cherchoit à surpendre les Indiens, & à les enlever pour les vendre. Commerce infâme, qui se faisoit alors assés ouvertement, quoiqu'il ne fût pas autorisé; mais on obligeoit les Officiers Royaux à fermer les yeux, en leur donnant part au Butin. On n'avoit pas même honte de colorer ce brigandage du titre d'expedition contre les Cannibales, & peu s'en falloit qu'on ne prétendît s'en faire un mérite devant Dieu, comme d'une Guerre sainte. D'ailleurs, il y avoit une Déclaration du Roi, qui permettoit de réduire en captivité tous les Mangeurs de Chair humaine, & on supposoit, sans examiner, tous les Habitans du Nouveau Monde coupables de ce crime. Comme ce n'étoit pas la premiere fois qu'on avoit fait de semblables tentatives à la Côte de Cumana, les Peuples y étoient sur leurs gardes, mais cette fois-ci la présence des Religieux les rassûra, & loin de fuir à leur ordinaire, voyant les bons

Peres se faire une Fête de cette rencontre, ils prirent part 1513.
à leur joye, & parurent très-disposés à faire aux Espagnols, en leur considération, tous les plaisirs, qui pourroient dépendre d'eux. Plusieurs jours se passerent ainsi, pendant lesquels on se fit mutuellement bien des amitiés : enfin, le Patron du Navire invita le Cacique du lieu à venir dîner sur son Bord : il y alla avec sa Femme & 17. autres Indiens, & à peine furent-ils embarqués, que le Capitaine, qui se tenoit tout prêt, fit appareiller, & prit la route de l'Isle Espagnole.

Elle retombe sur les PP. Dominiquains.

A la premiere nouvelle de cet enlevement, les Missionnaires accoururent sur le Rivage, & ils y trouverent toute la Bourgade dans un transport de colere, dont peut s'en fallut, qu'ils ne fussent sur le champ la victime; un reste d'estime, pour leur vertu, & de vénération pour leurs personnes en arrêta les premieres saillies : ces Barbares se laisserent même persuader par les protestations des deux Religieux, qu'ils n'avoient eu nulle part à une si noire trahison, & qu'ils en avoient absolument ignoré le projet; mais la vie des Serviteurs de Dieu n'étoit pas pour cela en sûreté. Sur ces entrefaites il parut un autre Navire, dont le Capitaine étant descendu à terre, fut extrêmement touché de voir toute une Bourgade en pleurs, & des Religieux dans une situation à ne pouvoir pas se répondre d'un jour de vie. Les Missionnaires de leur côté, à qui cet Officier parut honnête homme, conçurent quelque espérance de sortir du danger, où ils se trouvoient; ils lui dirent que le Ciel, l'avoit sans doute envoyé pour être leur Libérateur, qu'ils ne lui demandoient pour cela, que de vouloir bien porter une Lettre à l'Amiral. Ce Capitaine s'en chargea volontiers, & la rendit à Dom Diegue, que le P. François de Cordouë, après avoir exposé en peu de mots le fait, conjuroit de renvoyer les Indiens chés-eux, n'y ayant que ce moyen-là de leur sauver la vie.

L'Audience Royale refuse de rendre

Effectivement, les Sauvages revenus bientôt à leur premiere fureur, ne purent être appaisés, que par l'assurance

1513.
Justice aux Indiens qui massacrerent les deux Missionnaires.

qu'on leur donna du retour de leurs Gens, dans l'espace de quatre Lunes. Si ce terme expiré, rien ne paroissoit, les Peres consentoient d'être mis à mort. Ils avoient aussi écrit au P. Pierre de Cordouë, pour le prier de presser la conclusion de cette importante affaire; mais toutes leurs diligences furent inutiles. Les Captifs étoient vendus, lorsque les Lettres arriverent à San-Domingo, & l'on ajoûte même que c'étoit des Officiers de l'Audiance Royale, qui les avoient achetés. L'Amiral n'avoit point, ou très-peu d'autorité sur ces Magistrats, & ni la considération de deux Religieux, dont la vie dépendoit de la délivrance des Indiens injustement enlevés, ni les instances de leurs Confreres, ni l'infâmie, dont la Nation alloit se couvrir, ni le discredit de la Religion; ni l'interêt public; rien ne fut capable d'empêcher des personnes commises pour rendre la Justice à se noircir de la plus criante iniquité, qui fut jamais. Ainsi les quatre Lunes étant expirées, sans que les Missionnaires reçussent aucune nouvelle; les Barbares les massacrerent impitoyablement à la vûë l'un de l'autre.

Cependant, si ceux-mêmes, qui par le devoir de leurs Charges, & par la confiance, dont le Prince les honoroit, étoient plus obligés de tenir la main à l'exécution des Ordonnances, les transgressoient ainsi sans honte, & dans les points les plus essentiels; on peut juger de quelle maniere les autres se comportoient en toute occasion à l'égard des malheureux Indiens: & il est vray qu'on les traittoit avec une inhumanité, qui ne se peut imaginer. On les accouploit, comme on auroit fait des bêtes de somme, & après les avoir excessivement chargés, on les contraignoit à grands coups de foüet de marcher. S'ils tomboient sous la pesanteur du fardeau, on redoubloit les coups, & l'on ne cessoit point de frapper, qu'ils ne se fussent relevés. Un Habitant un peu à son aise ne sortoit jamais, qu'il ne se fît porter dans une espece de hamac par deux Indiens. On séparoit les Femmes d'avec leurs Maris; ceux-ci étoient pour la plûpart confinés dans les Mines, d'où ils ne sortoient point

point ; on occupoit celles-là à la Culture des Terres, & dans le têms même, que les uns & les autres étoient plus chargés de travail, on les nourrissoit d'herbes & de racines. Aussi rien n'étoit plus ordinaire, que de les voir expirer sous les coups, ou de pure fatigue ; les Meres, dont le manque de nourriture avoit fait tarir ou corrompre le lait, tomboient mortes d'inanition & de chagrin sur les corps de leurs Enfans morts, ou moribonds. On porta encore bientôt les choses plus loin : quelques Insulaires, pour se soustraire à la tyrannie, s'étoient réfugiés dans les Montagnes, on créa un Officier, sous le nom d'Alguazil del Campo, pour donner la chasse à ces transfuges, & cet Officier entra en Campagne avec une meute de Chiens, qui mirent en pieces un très-grand nombre de ces misérables. Quantité d'autres, pour prévenir une Mort si cruelle, bûrent du jus de Manioc, qui est un poison très-présent, ou se pendirent à des arbres, après avoir rendu ce triste service à leurs Femmes & à leurs Enfans. Voilà quels étoient dans la pratique ordinaire ces Départemens, qu'on avoit représentés à la Cour, comme absolument nécessaires pour la conversion de ces Peuples, & que les Docteurs d'Espagne avoient approuvés, faute d'être instruits. 1514.

Ils se convertissent.

Ceux même, qui en usoient plus modérément, travailloient fort peu pour la plûpart à en faire des Chrétiens, & plusieurs prétendirent qu'ils en étoient incapables. D'autres, par une raison toute contraire, soûtinrent qu'il n'étoit pas à propos de leur apprendre des vérités, qui en leur ouvrant & leur élevant l'esprit, les rendroient plus clair-voyants, & moins traitables. On alla jusqu'à empêcher les Missionnaires de leur expliquer l'Evangile, & on se porta dans ces occasions à des violences scandaleuses, jusques dans les Eglises. Il est vrai, que ces précautions étoient assés inutiles dans le commencement : la plûpart des Infidéles, jugeant du Dieu des Chrétiens par la maniere, dont ses Adorateurs en usoient avec eux, ne concevoient pas une idée fort avantageuse de sa bonté & de sa sainteté. Toutefois, comme l'Evangile porte avec soi une lumiere pénétrante : sa clarté perça enfin

1514. les ténébres, que la naissance, la prévention, la haine, les violences, & les scandales des Chrétiens lui opposoient dans le cœur des Insulaires; & on les vit avec étonnement, surtout depuis l'arrivée des Religieux de Saint Dominique, demander le Bâtême avec des empressemens, dont on ne les croyoit pas capables. Il est vrai que les bons exemples des Missionnaires des deux Ordres, & les soins, qu'ils se donnoient pour l'instruction, & même pour le soulagement de ce Peuple, ne pouvoient pas manquer de produire ce bon effet; mais cela vint un peu tard. On ne comptoit plus dès-lors qu'environ 14000. Indiens dans l'Isle Espagnole, & cette même année 1514. de nouveaux Ordres de la Cour acheverent de les réduire presque à rien. Voici quelle en fut l'occasion.

Le Roi envoye dans l'Espagnole des Distributeurs d'Indiens.

On continuoit à rendre à l'Amiral auprès du Roi tous les mauvais Offices, dont on pouvoit s'aviser; & ce Prince ne paroissoit pas toûjours également en garde contre les impressions, qu'on vouloit lui donner; d'ailleurs le Conseil étoit fort opposé à Dom Diegue. Ce fut ce qui engagea un Gentilhomme nommé Rodrigue d'Albuquerque, parent du Docteur Zapata, Conseiller d'Etat, & fort accrédité à la Cour, à demander qu'on créât en sa faveur l'Emploi de Distributeur des Indiens. Il l'obtint, à condition d'agir de concert avec Passamonté, en qui le Roi avoit une très grande confiance, & qui étoit l'Ennemi déclaré de l'Amiral. Albuquerque muni d'un si beau Privilege, arriva tout triomphant à San-Domingo, & commença par révoquer tous les Départemens actuellement existants, à l'exception de ceux, qui avoient été accordés par le Roi même; ensuite, il ne dissimula point qu'il avoit besoin d'argent, & l'on comprit d'abord ce qu'il vouloit dire: l'enchere fut bientôt aux Départemens, & ils furent ajugés à ceux, qui en offrirent davantage. Voici en quels termes étoient conçuës les provisions, que donnoit ce Distributeur. « Rodrigue d'Albuquerque, Distributeur des Caciques & des Indiens, au nom du Roi & de la Reine, nos Souverains Seigneurs, en

» vertu des Patentes Royales, que je tiens de leurs Altesses, 1514.
» de l'avis & du consentement du Seigneur Michel de Passamonté, Thrésorier Général en ces Isles & Terres Fermes, » pour leurs dites Altesses ; je vous commets à vous, N. » tel Cacique avec tant d'Indiens, & mon intention est que » vous vous-en serviés pour le Labourage, pour les Mines, » & pour le Ménage, tout le têms de votre vie, & d'un » de vos Heritiers, Fils ou Fille, si vous en avés ; à con» dition que vous observerés à leur égard les Ordonnances : » sinon, les Indiens vous seront ôtés, & vous aurés encore » à répondre devant Dieu de votre désobéïssance ; leurs Al» tesses déchargeant leur conscience sur la vôtre : outre les » peines, que vous encourrés, & qui sont contenuës dans les » susdites Ordonnances. »

L'Amiral repasse en Espagne.

D'Albuquerque étoit trop interessé, pour ne pas commettre de grandes fautes dans l'exercice d'un pareil employ ; d'ailleurs il venoit de se faire autant d'Ennemis, qu'il avoit dépoüillé de gens de leurs Départemens, en quoi consistoit tout leur bien. On écrivit donc fortement contre lui en Cour, mais bien loin que ces plaintes fussent écoutées, Zapata obtint pour son parent un Brevet du Roi, par lequel ce Prince approuvoit tout ce qu'il avoit fait au sujet de ces partages, & suppléoit en vertu de sa Puissance Royale à tous les défauts, qui pourroient y être intervenus ; défendant à quiconque de se mêler de cette affaire. Quant à l'Amiral, il ne put digerer le dernier coup, qu'on venoit de lui porter, & il crut sa présence nécessaire en Espagne, pour empêcher que ses Ennemis ne lui en portassent encore de plus violents ; il partit au grand contentement de Passamonté, & des autres Officiers Royaux, qui craignoient peu ses mauvais offices en Cour, & qui étoient charmés de se voir par son absence les seuls Maîtres du Gouvernement.

Mort de D. Barthélemy.

Vers ce même têms D. Barthélemy Colomb, Oncle de l'Amiral, mourut dans l'Isle Espagnole, & le Roi réünit à son Domaine la petite Isle Mona, dont l'Adélantade étoit Sei-

1513. gneur. Pour ce qui est des 200. Indiens, dont ce Prince l'avoit gratifié, ils furent donnés à la Vice-Reine, qui étoit restée dans les Indes. Ferdinand regretta veritablement D. Barthélemy, qu'il estimoit; il ne l'avoit pourtant pas voulu employer dans les Découvertes, quoique personne n'y fût plus propre que lui. Il trouvoit déja cette Maison trop puissante, & l'Adélantade, s'il eut découvert le Mexique, étoit homme à faire ses conditions aussi bonnes, que les avoit faites l'Amiral son frere. Le Roi lui auroit donné plus volontiers de l'employ dans ses Armées en Europe, & D. Barthélemy s'y seroit distingué; mais ses ombrages l'emporterent apparemment sur la consideration des services, qu'il pouroît tirer d'un aussi bon sujet.

Nouveau Distributeur des Indiens, mort en arrivant, & non sans soupçon de poison.

Cependant le crédit du Docteur Zapata ne put soutenir long-têms Albuquerque dans son employ, trop envié pour tenir, & contre les gens de bien, que son avarice scandalisoit, & contre ceux, qui cherchoient à profiter de ses fautes, pour le perdre; il fut révoqué au commencement de l'année 1515. & le Licencié Ybarra envoyé à sa place. Mais à

1515. peine ce nouveau Distributeur des Indiens fut-il arrivé, bien résolu, à ce qu'il paroissoit, de faire sa Charge sans aucun respect humain, qu'il mourut, non sans quelque soupçon d'avoir été empoisonné. Il passoit pour un homme fort integre & sans passion; mais il s'étoit brouillé tout en arrivant avec les Officiers Royaux, parce qu'il prétendoit qu'en vertu de ses Provisions il devoit avoir part au Gouvernement. Pour éviter de pareilles contestations à l'avenir, le Roi lui ayant donné pour Successeur le Licencié Lebron, il marqua au juste jusqu'où s'étendoient les bornes de sa Charge, & lui recommanda expressément de ne rien entreprendre au-delà. Quelque têms auparavant Passamonté, qui se croyoit peut-être coupable, & commençoit à craindre les suites du Voyage de l'Amiral, avoit demandé une permission de passer en Espagne. Ferdinand, qui devina sa pensée, lui écrivit de ne point s'inquietter, que ses services lui étoient agréables, & qu'il n'écouteroit personne à son préjudice.

1515. Alliance des Espagnols avec les Indiens.

La mortalité fut grande cette même année parmi les Insulaires, & l'on se crut à la veille d'en voir l'Isle Espagnole entierement dépeuplée. Surquoi on pria le Roi de permettre qu'on y transportât une partie des Habitans de Cuba. Ferdinand ne jugea pas à propos d'accorder cette permission, ce qui fut cause que plusieurs abandonnerent la Colonie, pour aller s'établir dans les Isles voisines & dans le Continent. ~~Ce fut apparemment pour donner le moyen de remplir ce vuide, qu'il y eut de nouvelles défenses d'empêcher les Mariages des Espagnols avec les Indiennes. Le but du Conseil~~ avoit toûjours été d'unir de telle sorte les deux Nations, qu'elles n'en fissent plus qu'une, mais ce projet n'eut pas d'abord tout le succès, qu'on en avoit esperé. Les Esprits étoient encore trop aigris de part & d'autre, pour s'unir de la maniere, que le Prince le souhaittoit : la seule passion, à laquelle toutes les autres cedent, formoit des liaisons, qui n'avoient point d'autre nœud, que le libertinage.

D. Barthélemy de Las Casas dans l'Isle Espagnole. Son caractere.

Les PP. Dominiquains voyoient tous ces désordres sans y pouvoir apporter de remede, & la continuation de la tyrannie, qu'on exerçoit sur les pauvres Indiens, sans oser même s'en plaindre, mais le Licencié Barthélemy de Las Casas, qui n'avoit pas les mêmes ménagemens à garder, entra en lice contre les fauteurs des Départemens. C'étoit un homme d'une érudition sûre, d'un esprit solide, d'un naturel ardent, d'un courage, que les difficultés faisoient croître, & d'une vertu héroïque; rien n'étoit capable de lui faire changer de sentiment, quand il étoit persuadé qu'il y alloit de la gloire de Dieu de le soûtenir ; & comme il avoit rendu à la Religion, & à l'Etat des services essentiels dans l'Isle de Cuba, son crédit étoit grand dans toutes les Indes. Son seul défaut étoit d'avoir l'imagination trop vive, & de s'en trop laisser dominer. Un homme de ce caractere ne pouvoit gueres manquer d'entrer dans les sentimens des PP. de S. Dominique, & personne n'étoit plus propre à pousser vivement cette affaire, comme il fit, sans se lasser jamais, jusqu'à la mort.

1515.

Il passe en Espagne pour y plaider la cause des Indiens.

Il ne pouvoit se persuader que le Roi Catholique eût été bien informé de toutes choses, & il jugea qu'il étoit nécessaire de l'en bien instruire ; il passa donc en Espagne, arriva à Seville sur la fin de cette année 1515. & l'Archevêque Dom Diego de Deza lui ayant donné des Lettres de recommandation pour le Roi, il partit pour Placentia, où étoit la Cour. Il dit en deux mots au Prince, en lui rendant les lettres de l'Archevêque, qu'il étoit venu de l'Espagnole uniquement pour donner avis à son Altesse, qu'on tenoit dans les Indes, à l'égard des naturels du pays, une conduite, qui causoit une grande diminution de ses revenus, & chargeoit sa conscience ; que quand il lui plairoit de l'écouter plus au long, il lui en diroit d'avantage. La réponse du Roi fut, que ses affaires ne lui permettoient pas de lui donner beaucoup de têms, mais qu'il fît son Mémoire, & qu'il le liroit. Au sortir de cette Audiance le Licencié alla trouver le Pere de Matienço Dominiquain, Confesseur du Roi, ~~à qui il dit~~ qu'il sçavoit que Passamonté avoit écrit contre lui en Cour, que l'Evêque de Palencia, & le Commandeur Lopé de Conchillos lui seroient contraires, parce qu'ils avoient dans l'Isle Espagnole des Départemens d'Indiens, lesquels étoient les plus maltraités de tous, & qu'il ne pouvoit compter à la Cour, que sur lui, & sur la justice de la cause, qu'il défendoit : il lui exposa ensuite toutes les cruautés, qu'on exerçoit sur ces malheureux Insulaires, & le conjura au nom du Seigneur de prendre la défense de la Religion, de la Justice, & de l'Innocence.

Mort du Roi Ferdinand.

Le Confesseur rendit compte à Ferdinand de cet entretien, & ce Prince lui dit d'avertir Las Casas de l'aller attendre à Seville, où il l'écouteroit aussi long-têms, qu'il voudroit. Cette réponse donna de grandes esperances au Licencié, auquel le P. de Matienço conseilla de voir l'Evêque de Palencia, & le Commandeur Lopé de Conchillos, à qui il falloit s'attendre que le Roi communiqueroit tout ce qu'il lui diroit ; il suivit cet avis, le Commandeur le reçût bien, & lui fit esperer qu'il ne seroit pas contraire à ses desseins, mais l'Evêque lui parla fort durement; il se flatta que l'Archevêque de Seville, balanceroit en sa faveur le crédit de ce Prélat, & il partit pour se rendre auprès du Roi. La premiere chose qu'il apprit en arrivant à Seville, fut la mort de ce Prince, arrivée à Madrigalejos le 23. de Janvier 1516. il prit sur le champ le parti d'aller en Flandres, instruire le Prince Charles de ce qui se passoit dans les Indes, avant qu'on eût pensé à le prévenir; mais il ne crut pas devoir faire une pareille démarche, sans en avoir eu l'agrément du Cardinal Ximenez, qui venoit d'être déclaré Régent du Royaume, il l'alla donc trouver à Madrit, il en fut bien reçu, mais son voyage de Flandres ne fut pas approuvé. Le Cardinal lui donna plusieurs Audiances particulieres, après quoi il voulut l'entendre dans une Assemblée, où se trouverent avec lui le Doyen de Louvain, qui fut depuis le Pape Adrien VI. Zapata, l'Evêque d'Avila & les Docteurs Carvajal, & Palecios Rubios. +

1516.

^ ce que Charlequint avoit associé Ximenés dans la regence du Royaume x

~~Les mêmes personnes s'étant assemblées une autre fois pour déliberer sur ce que Las Casas avoit dit, le Cardinal se fit~~ + représenter les Instructions, qui avoient été dressées & envoyées à l'Isle Espagnole en 1512. au sujet du Voyage du P. de Montesino: puis il ordonna au Licencié de convenir avec Rubios d'un Reglement, où l'on menageât les interêts des Indiens, sans abandonner entierement ceux des Espagnols. Ce n'étoit pas une chose aisée; Rubios & Las Casas en vinrent néanmoins à bout, & il ne fut plus question, que de trouver des sujets capables d'exécuter ce qu'ils avoient arrêté. Le Cardinal posa d'abord pour principe qu'il n'en trouveroit, qui eussent la droiture, le désintéressement, la prudence, & le zéle nécessaires, pour une Commission de cette nature, que dans l'Etat Régulier; mais parce que les PP. de S. Dominique, & ceux de S. François avoient toûjours été opposés de sentiment dans l'affaire principale, dont il s'agissoit; il jugea qu'il falloit exclure ces deux Religions, comme parties interessées, & après y avoir pensé quelque têms, il se détermina à choisir l'Ordre de S. Jerôme.

Le Cardinal Ximenez cherche les moyens de remedier aux abus des Indes.

+ Son projet étoit simple, ~~[illegible]~~ et parfaitement conforme aux vües, qu'avoit toujours eües la feüe Reyne Isabelle: il consistoit à instruire les Indiens de nos sacrés mysteres, et de la Doctrine chrétienne, et à se contenter d'un leger tribut qu'ils payeroient à la couronne de Castille: les moyens de parvenir à ces deux fins étoient, selon le Licencié, de les réunir en bourgades, de les assembler tous les soirs pour la priere, et les Dimanches et fêtes pour le service divin, de les occuper pendant la semaine de travaux utiles, et proportionnés à leur capacité, et pour cet effet d'assigner à chaque famille une certaine portion de terre pour la cultiver à leur profit afin de les mettre en état de satisfaire à ce qu'on exigeroit d'eux.

Las Casas ayant donné par écrit son memoire au Cardinal Regent, et les mêmes personnes, à qui il l'avoit deja expliqué, s'étant rassemblées ~~Ximenez~~ pour en deliberer, Ximenez se fit +

1516. Il envoye des PP. Hieronymites à l'Isle Espagnole en qualité de Commissaires.

Il écrivit donc au Général de cet Ordre, qu'il le prioit de lui choisir un certain nombre de ses Sujets, ausquels il pût confier une affaire de consequence pour le service de Dieu, & pour celui du Prince, & qui fussent en état de se transporter aux Indes. Le Général sur cette lettre assembla le Chapitre de la Province de Castille, où les intentions du Cardinal Regent ayant été exposées, on nomma 12. Religieux, dont on lui envoya les noms par quatre Prieurs, qui l'assûrerent que son choix dans ce nombre ne pouvoit tomber, que sur des sujets d'une prudence reconnuë, & d'une capacité à toute épreuve. Ximenez, qui connoissoit le Général, comme un homme d'un discernement sûr, lui envoya Las Casas, avec ordre de lui exposer l'état des affaires des Indes, afin que cette connoissance le pût diriger dans le choix, dont il se remettoit à lui, de trois personnes, qu'il y vouloit envoyer avec une autorité presque absoluë. Le Général écouta le Licencié avec plaisir, prit de lui toutes les instructions dont il avoit besoin, & nomma enfin pour le Voyage des Indes le P. Louis de Figueroa, Prieur de la Mejorada d'Olmedo, lequel fut déclaré Chef de la Commission, le P. Bernardin de Manzanedo, & le Prieur du Couvent de Seville, dont je n'ai pû trouver le nom; mais ce dernier n'ayant pas été en état de faire le Voyage, on lui substitua le P. Alphonse de S. Dominique, Prieur du Couvent d'Ortega.

Reglement arrêté entre Las Casas & Rubios.

Cette nouvelle s'étant aussitôt répanduë dans Madrid, & le reglement dressé par Las Casas, & par Rubios, étant devenu public, bien des gens se récrierent contre cette conduite du Cardinal. Le reglement se proposoit trois choses, d'instruire les Indiens dans la Foy, de les occuper, & de les mettre en état de payer à la Couronne de Castille le Tribut, qui leur avoit été imposé. Pour parvenir à ces fins, il étoit statué qu'on sépareroit les Insulaires des Espagnols, qu'on en formeroit plusieurs Villages, que dans chacun de ces Villages, il y auroit un Missionnaire, auquel on procureroit sur les Sauvages toute l'autorité, qui seroit jugée nécessaire

cessaire pour rendre son ministere efficace, & sa personne respectable, que l'on assigneroit à chaque Famille un héritage, qu'elle cultiveroit à son profit, & que le Tribut seroit taxé suivant la nature du terrein, où le Village seroit situé. 1516.

Ce qu'on oppose à ce Réglement.

A cela on opposoit, 1°. Qu'il étoit étrange qu'on reglât une affaire de cette consequence sur le seul témoignage d'un homme, qui avoit à la vérité de bonnes intentions, mais dont on connoissoit assés le zéle turbulent, & dont l'imagination extrême grossissoit les objets, & lui faisoit même voir des choses, qui n'étoient pas. 2°. Qu'après une expérience de tant d'années, on devoit être convaincu de l'incapacité des Indiens, pour ce qui regarde les choses de la Religion, & cette sorte de Police, qu'on vouloit introduire parmi eux: de leur indolence, que rien ne pouvoit réveiller, de leur légereté, & de leur inconstance, que rien n'étoit capable de fixer. 3°. Que quand bien même on en pourroit faire des Chrétiens, le vrai moyen d'empêcher qu'ils n'apprissent jamais rien de nos SS. Mysteres, étoit de les réünir, comme on se proposoit de faire, dans des Villages, où Maîtres d'eux-mêmes, jamais ils ne pourroient se gêner, ni à écouter le Missionnaire, ni à résister au penchant furieux, qui les entraînoit dans toutes sortes de vices.

Instructions données aux Commissaires.

Le Cardinal fit assés peu d'attention à ces clameurs de gens, qu'il sçavoit avoir leurs raisons pour parler de la sorte, il alla toûjours son chemin, & fit travailler aux Instructions des Commissaires. La premiere fut qu'en arrivant à l'Isle Espagnole, ils commenceroient par licencier les Indiens, qui avoient été donnés à l'Evêque de Burgos; (c'étoit Fonseca, qui venoit encore de changer son Eglise de Palencia, pour celle de Burgos) au Commandeur Lopé de Conchillos, à Ferdinand de Vega, & généralement à tous ceux des Ministres & des Seigneurs de la Cour, qui avoient obtenu des Départemens du feu Roi Catholique. Par la seconde il leur étoit enjoint d'assembler les Espagnols, pour leur déclarer qu'ils étoient envoyés pour examiner leur con-

1516. duite, dont on avoit fait de grandes plaintes, & remédier aux abus, s'il y en avoit. La troisiéme leur ordonnoit de bien faire sentir à tout le monde que dans cette recherche, ils auroient uniquement en vûë le bien public & celui des particuliers, puisqu'il s'agissoit de prendre des mesures pour la conservation d'un Peuple, qui faisoit en quelque sorte toute leur richesse; que pour les en convaincre ils les prioient de vouloir bien dire leur pensée sur toute cette affaire, & qu'ils seroient charmés de trouver de concert avec eux un systême, qui accordât tous les interêts. La quatriéme portoit qu'ils appelleroient ensuite les principaux Caciques, & leurs parleroient en ces termes. « Le Conseil des » Rois Catholiques, vous regardant comme un Peuple libre, » Sujet de leur Couronne, & Chrétien, nous a envoyé ici » pour oüir vos griefs; ne craignés point de déclarer les » torts, qu'on vous a faits, afin qu'on y remedie, & qu'on » en punisse les Auteurs; nous serons aussi fort aises d'ap- » prendre de vous-mêmes ce qui se peut faire pour votre » soulagement; car persuadés-vous bien que leurs Altes- » ses ont à cœur vos interêts, autant que vous-mêmes, & » n'épargneront rien pour vous en donner des preuves sen- » sibles. » En cinquiéme lieu, les Commissaires devoient envoyer des Religieux visiter tous les quartiers de l'Isle, où il y avoit des habitations, pour y bien examiner toutes choses, & leur en faire un rapport fidele, surtout il leur étoit recommandé de ne rien négliger, pour sçavoir au juste de quelle maniere on avoit traitté jusques-là les Indiens, de s'informer exactement de l'état des Mines, de voir, s'il étoit à propos de réünir les Naturels du Pays, & d'en former des Bourgades, comme le proposoit le Licencié de Las Casas & au cas que ce projet leur parût convenir, de l'exécuter; de faire ensorte que les Bourgades fussent chacune de 300. Indiens, qu'elles eussent toutes une Eglise, un Hôpital, un Cacique; d'avoir soin que les Habitans des Bourgades éloignées des Mines s'appliquassent aux travaux de la terre, soit pour faire des vivres, soit pour cultiver le Cotton, le

Gingembre, la Casse, l'Indigo, les Cannes de Sucre, & les autres Plantes qui fournissoient dès-lors à un très-grand Commerce; de regler que les Caciques commandant des Bourgades, auroient quatre fois plus de terrein, que les autres, & que chacun de leurs Sujets seroit tenu de leur donner tous les ans quinze journées de son travail; de nommer des Visiteurs Royaux, dont chacun auroit inspection sur un certain nombre de Bourgades; de statuer qu'il ne s'entreprendroit jamais rien de considerable dans une Bourgade sans le consentement du Missionnaire, du Cacique, & du Visiteur; de déclarer que ce Visiteur seroit toûjours un Castillan nommé par le Roi, & que son principal soin seroit d'empêcher qu'on ne fît aucun tort aux Indiens de son district; d'avertir les Caciques, qu'ils pourroient, avec l'agrément du Visiteur & du Missionnaire, condamner au Foüet; mais que pour les crimes, qui mériteroient d'autres peines, la connoissance en seroit reservée aux Justices établies par le Roi; d'empêcher que les Indiens n'eussent aucune sorte d'armes; de ne souffrir pas qu'ils fussent nuds; de ne leur point permettre d'avoir plus d'une femme, ni de changer celle, qu'ils auroient une fois prise; de décerner la peine du foüet contre les adulteres; d'assigner les appointemens des Visiteurs, partie sur le Domaine, & partie sur les Villages de leur dépendance; ceux du Missionnaire sur les Décimes, les Messes & les Offrandes, mais de leur défendre de rien recevoir, ni pour les Baptêmes, ni pour les Confessions, ni pour les Mariages, ni pour les Enterremens, & de tenir la main à ce qu'ils eussent tous un Sacristain, qui apprît à lire aux Enfans, & leur enseignât la langue Castillane. 1516.

Réglement touchant les Mines.

Le dernier article regardoit l'Or. Les Indiens n'étant plus sous la puissance des Particuliers, il s'ensuivoit qu'ils travailleroient aux Mines pour leur compte, mais voici ce qui fut recommandé aux Commissaires à ce sujet. 1°. Qu'ils fissent ensorte d'engager ces Insulaires à y travailler. 2°. Que l'heure d'entrer au travail & d'en sortir fût fixée. 3°. Que

1516. personne n'y fût employé avant l'âge de vingt ans ; ni après cinquante. 4°. Qu'il n'y eût jamais à la fois plus du tiers du Village dans les Mines, & que les mêmes n'y restassent pas au-delà de deux mois de suite. 5°. Que les Femmes n'y fussent point admises, à moins qu'elles ne s'y offrissent d'elles-mêmes, & avec l'agrément de leurs Maris. 6°. Que les Mineurs gardassent ce qu'ils auroient tiré des Mineraux, jusqu'au têms de la Fonte ; qu'alors tout ce qui s'en trouveroit dans la Bourgade fût porté par les Mineurs, accompagnés du Visiteur & du Cacique, au lieu, où se feroit la Fonte. 7°. Que de ce qui en proviendroit, on fît trois parts égales, dont la premiere seroit pour le Roi, & les deux autres seroient distribuées entre le Cacique, les Mineurs, & la Bourgade, après néanmoins qu'on en auroit tiré dequoi payer les frais de la Fonte, les outils, & toutes les dépenses communes. 8°. Que dans toute l'Isle il y eût douze Mineurs Castillans, dont l'employ seroit de découvrir les Mines, & de les montrer aux Indiens, à qui seuls il seroit permis d'y travailler, & que les appointemens de ces Mineurs Généraux, fussent assûrés moitié sur le Trésor, & moitié sur les Indiens. 9°. Que ceux des Espagnols, qui avoient, ou auroient dans la suite des Esclaves Caraïbes, pourroient les faire travailler aux Mines pour leur compte, mais à condition de payer au Roi le dixiéme, s'ils étoient mariés, & le septiéme, s'ils ne l'étoient pas ; & pour leur donner moyen d'avoir des Esclaves, le Roi s'engageoit à fournir des Caravelles toutes équipées, avec défense sous peine de la vie de courir sur d'autres, que sur des Cannibales.

Les Commissaires ont un plein pouvoir touchant l'exécution de ce plan.

Il y avoit plusieurs autres Articles d'une moindre conséquence, & l'on étoit entré sur toutes choses dans un détail infini ; mais comme il pouvoit se faire, que tout bien examiné, les Commissaires ne jugeassent pas qu'il convînt de rien changer aux Départemens ; on leur marqua de quelle maniere ils en devoient user en ce cas, pour soulager les Insulaires, moderer l'autorité de leurs Maîtres, & s'assûrer que leur Instruction ne seroit plus négligée, comme elle l'avoit été jusques-là. C'étoit le point que le Régent d'Espagne, à l'exemple des feus Rois Catholiques Ferdinand & Isabelle, avoit le plus à cœur, & qu'il recommanda plus particulierement aux Commissaires. 1516.

Administrateur nommé pour accompagner les Commissaires, & quelle étoit son autorité.

Cependant, comme une autorité désarmée couroit risque de n'être pas fort respectée, & que le maniement des armes, l'administration immédiate des Finances, & l'exercice de la Justice, du moins de la criminelle, ne convenoient pas à la profession des Commissaires, le Cardinal donna à ces Religieux un Adjoint sous le nom d'Administrateur. Ce fût le Licencié Alphonse Zuazo, qui fut choisi pour cet Emploi, & son autorité ne fut bornée, que par celle des Commissaires, parce qu'il devoit faire tout seul l'office des Auditeurs Royaux, lesquels furent interdits, pour avoir abusé de leur pouvoir. Les Provisions de Zuazo ayant été envoyées par le Cardinal à Zapata pour les signer, il refusa de le faire, disant, qu'il ne lui paroissoit pas convenable de donner un si grand crédit dans les Indes à un particulier sans caractere. Le Docteur Carvajal fut de son sentiment, & le Licencié, qui se soucioit assés peu de l'Emploi, qu'on lui avoit destiné, vouloit s'en retourner à Valladolid, d'où on l'avoit fait venir; mais le Cardinal ayant mandé Carvajal & Zapata, leur fit une verte reprimande de ce qu'ils avoient osé trouver à redire à sa conduite, & leur commanda de signer. Ils obéïrent, mais ce ne fut qu'après avoir pris leurs précautions, pour n'être point inquietés dans la suite.

Las Casas est nommé Protecteur des Indiens.

Barthélemy de las Casas, avoit paru au Régent d'Espagne un homme trop nécessaire dans les Indes, pour qu'il ne l'y renvoyât pas avec honneur. Il lui fit délivrer un Brevet de Protecteur Général des Indiens, avec cent pesos d'appointemens, & il lui ordonna d'accompagner les Commissaires, de les aider de son crédit auprès des Naturels du Pays, & de les instruire de tout ce qu'il étoit important qu'ils sçûssent. Il avoit fait armer à Seville un Navire, pour les porter tous à l'Isle Espagnole, & il défendit de laisser

1516. partir pour les Indes qui que ce fût avant eux, de peur que, si l'on étoit prévenu, avant leur arrivée, de ce que portoient leurs Instructions; on ne prît des mesures pour empêcher l'execution de ses ordres. Il profita aussi de la même occasion, pour envoyer en divers quartiers du Nouveau Monde plusieurs Religieux de S. Dominique & de S. François; & Herrera dit, que ces derniers étoient au nombre de 14. tous sortis des Couvens de Picardie, extrêmement estimables pour leur Doctrine, & pour leur vertu, & qui avoient à leur tête un Frere du Roi d'Ecosse, à qui la sainteté de sa vie donnoit encore plus de relief, que l'éclat d'une si haute naissance.

Arrivée des Commissaires aux Indes, & leur conduite.

Les Commissaires mirent à la voile le jour de la Saint Martin; mais Zuazo ne put être prêt pour faire le voyage avec eux, outre que le Navire se trouva si plein, qu'il fallut y en joindre un second, sur lequel Las Casas s'embarqua. Ces deux Bâtimens étant arrivés à Portoric, le Protecteur Général des Indiens souhaitta de faire le reste du Voyage sur celui, où étoient les Commissaires; mais ces Religieux, qui sçavoient que tout l'odieux de leur Commission étoit tombé sur cet Ecclésiastique, & qui ne vouloient pas partager avec lui la haine publique, s'y opposerent. Ils moüillerent à San-Domingo, le 20. de Decembre, & allerent descendre chés les PP. Franciscains, où ils ne demeurerent que trois jours. On leur demanda à voir leurs Provisions, & ils les montrerent; alors tout le monde se soûmit, & ils se transporterent aussi-tôt dans le Palais de l'Audiance Royale. Il commençoit pourtant à s'élever quelques murmures, sur ce que le bruit s'étoit répandu qu'ils alloient abolir les Départemens; mais ils les appaiserent promptement par un coup de vigueur, qui fit naître en même têms quelque lueur d'esperance à ceux, qui avoient des Indiens en leur pouvoir. Ils sçûrent que l'auteur du bruit, dont je viens de parler, étoit l'Alcaïde Tapia; ils le manderent, & lui firent une sévere correction; peu de têms après, ils furent informés que Tapia avoit maltraitté un particulier, qu'il soupçonnoit de lui avoir attiré cet affront, sur quoi ils l'interdirent, & le condamnerent à une amende de 10. Pesos d'Or.

1516.

Ils firent ensuite publier, qu'il n'y avoit rien de décidé touchant les Indiens, qu'ils alloient s'instruire avec soin de l'état des choses, & ne régleroient rien qu'après une mûre délibération. Ils déclarerent néanmoins libres tous les Indiens, qui appartenoient aux absens; ils avoient sur cela des ordres du Cardinal, qui ne souffroient point d'explication. Le 3. d'Avril 1517. Alphonse Zuazo arriva, & après avoir communiqué ses Pouvoirs aux Officiers Royaux, il commença par les citer, aussi bien que les Juges d'Appellation, à comparoître devant lui, pour rendre compte de leur conduite. Il fit la même chose à l'égard de tous les Gouverneurs, & généralement de tous ceux, qui étoient en place, ou y avoient été; après quoi il rendit plusieurs Sentences, ausquelles il fallut se soûmettre, parce qu'il n'y avoit point d'appel. Il s'appliqua ensuite à régler la Police, il fit construire plusieurs Edifices publics, & il paroît qu'il gouverna assés paisiblement tout le têms, que dura son administration. Il ne tarda pas même, ce semble, à rétablir l'Audiance Royale, que les Commissaires avoient interditte en arrivant, ainsi que je l'ai remarqué plus haut.

1517. Arrivée de l'Administrateur, & la conduite qu'il tint.

Les choses procédoient dans le même esprit de fermeté & de douceur de la part des PP. Hieronymites, & l'on étoit déjà tout revenu de la frayeur, qu'avoit causée d'abord la nouvelle de leur Commission. Ils avoient même distribué dans la Ville & dans les Habitations Espagnoles les Indiens, qu'ils avoient ôtés aux absens, & l'on fut entierement convaincu qu'ils n'avoient nulle envie de toucher aux Départemens, lorsqu'on les vit s'appliquer avec beaucoup de soin à corriger les abus, qui s'y étoient glissés. Las Casas ne s'étoit point attendu à une conduite si contraire à ses vûës, il fit ses représentations d'abord, d'une maniere assés moderée; mais voyant qu'on n'y avoit aucun égard, il éclatta en invectives, & en menaces. Il fit sonner bien haut sa

Les Commissaires ne paroissent pas disposés à remettre les Indiens en liberté. Las Casas se brouille avec eux & repasse en Espagne.

1517. qualité de Protecteur des Indiens, qu'il voyoit, disoit-il, avec douleur dans l'oppression, malgré les ordres précis, qu'on avoit de les en tirer. Tout ce qu'il gagna par ce procedé, auquel le contraste de celui des Commissaires donnoit un air d'emportement, fut de s'attirer de telle sorte tout le Monde, qu'il crut sa vie en danger, & alla se renfermer dans le Couvent des PP. Dominiquains. Il écrivit en Cour contre les Commissaires, qui de leur côté écrivirent aussi contre lui, & furent plus écoutés, de sorte qu'il y eut ordre de faire repasser le Licencié en Espagne. Il l'avoit prévenu, outré de la derniere démarche des PP. de S. Jérôme, qui avoient enfin conclu à ne point toucher aux Départemens.

Raisons pourquoi les Commissaires ne touchent point aux Départemens.

Ce qui leur avoit fait prendre ce parti, étoit le danger véritable, ou prétendu, que les Indiens, rendus à eux-mêmes, ne voulussent plus entendre parler de se faire Chrétiens. D'un autre côté, quantité de personnes, des Religieux mêmes, continuoient d'assûrer que ces Peuples étoient absolument incapables de rien comprendre au Christianisme; & soutenant qu'ils avoient à peine assés de raison, pour être distingués des Brutes, ils en concluoient que le seul moyen de les faire vivre en hommes, étoit de les laisser sous le joug. On les y laissa donc; mais à cela près, on ne peut imaginer plus d'attention, qu'en eurent les Commissaires, à leur procurer tous les adoucissemens, dont leur captivité étoit susceptible. Ils mirent en vigueur toutes les Ordonnances de 1512. ils en firent de nouvelles, qui furent jugées fort sages, & ils prirent toutes les mesures possibles pour les faire exécuter. Mais il n'en est point contre la cupidité, surtout contre une cupidité aveugle, qui ne pense qu'au présent. Les Départemens pouvoient être bons; on auroit pû même les regarder comme nécessaires dans les commencemens, que les Indiens paroissoient véritablement bien peu hommes, si les Reglemens de la Cour eussent été observés; mais ç'eût été un miracle qu'ils le fussent: Las Casas & les Dominiquains avoient raison dans le fonds de

s'y

s'y opposer, & s'il y avoit de l'exagération dans ce qu'ils publioient des désordres, qui s'y étoient introduits, il y en avoit certainement davantage dans ce que d'autres avançoient de l'incapacité, & du peu de jugement de ces Peuples. 1517.

Les soins des P.P. de Saint Jérôme ne se bornerent pas à la seule Isle Espagnole; ils s'étendirent à toutes les parties du Nouveau Monde, où l'Espagne avoit des Etablissemens. Ils envoyerent des Missionnaires en plusieurs endroits, & ils confierent à des personnes sûres le soin d'empêcher que les Indiens ne fussent maltraittés. Cette conduite leur gagna tous les cœurs dans l'Amérique; mais Las Casas ne les ménageoit point en Cour, il ne craignit pas même de les accuser d'avoir conservé les Départemens, pour donner à plusieurs de leurs proches, qui les avoient suivis dans les Indes, les moyens de s'enrichir promptement; & cette accusation n'étoit pas sans quelque fondement. Les bons Peres avoient envoyé dans l'Isle de Cuba quelques Particuliers, qui se disoient de leurs parens, & les y avoient fait pourvoir d'un bon nombre d'Indiens, que ces nouveaux venus ne traittoient pas mieux, que n'avoient fait de tout têms les autres Concessionnaires.

Nouvelle mortalité parmi les Indiens. Un des Commissaires passe en Espagne.

D'ailleurs, diverses dispositions, que ces Religieux avoient été contraints de faire, en changeant les Départemens de main, avoient été funestes aux Indiens : la Maladie s'étoit mise parmi eux, comme il ne manquoit gueres d'arriver en semblable occasion, & pour comble de malheur, la petite Vérole acheva peu de têms après, ainsi que nous le verrons en son lieu, de dépeupler presque entierement les grandes Antilles; mais Las Casas n'apprit ces nouveaux malheurs, que long-têms après : il étoit parti de San-Domingo au mois de May, & tout en débarquant, il s'étoit mis en chemin, pour aller trouver le Cardinal Ximenés à Aranda. Il ne put le voir, parce qu'il étoit malade, & il passa à Valladolid, où l'on publioit que le Prince Charles se rendroit incessamment. Il y fut suivi de près par le Pere de Mançanedo, un des trois Commissaires, que les deux au-

1517. tres avoient jugé à propos d'envoyer en Espagne, pour répondre aux accusations du Protecteur des Indiens. Le Religieux fut d'abord mieux reçu, que son adversaire, de tous ceux, qui composoient le Conseil; mais il avoit affaire à un homme, en qui le courage tenoit lieu de flegme, contre l'éloquence duquel il n'étoit pas aisé de tenir, & qui par sa constance venoit à bout des plus grandes difficultés.

Las Casas & Zuazo reçoivent quelque mortification de la Cour.

Le Licencié, avant que de partir de l'Isle Espagnole, avoit intenté un Procès criminel aux Juges d'Appellation, pour avoir laissé périr à la Côte de Cumana, les deux Peres Dominiquains, dont nous avons parlé, plûtôt que de renvoyer les Indiens, qu'on en avoit enlevés. Zuazo, au Tribunal duquel cette affaire avoit été intentée, passoit pour être sur cela dans les sentimens du Protecteur des Indiens; mais il eut défense de la terminer sans la participation des Commissaires, & il n'en fut plus parlé. Il reçut dans le même têms quelques autres mortifications de la Cour, & les pouvoirs des PP. Hieronymites, furent considérablement étendus aux dépens des siens. Sur ces entrefaites on apprit, que le Roi Charles étoit arrivé à Villaviciosa, que de-là, il avoit pris la route de Tordesillas, pour y visiter la Reine sa Mere, & que le Cardinal Ximenés étoit mort. On sçut en même têms, que les Grands de la Cour avoient représenté au nouveau Roi le tort, que leur avoit fait le Cardinal, en leur ôtant leurs Départemens, que les Seigneurs Flamands, qui étoient tout puissants à la Cour, avoient demandé d'entrer en partage de cette grace, & que le jeune Prince, qui ne voyoit pas les conséquences de ce qu'on lui proposoit, avoit accordé tout ce qu'on lui avoit demandé. Ces nouvelles allarmerent extrêmement Las Casas, lequel, quoiqu'appuyé du crédit de M. de Chiévres, avoit fait inutilement de très-vives représentations sur cette liberalité du Roi. Enfin il imagina un moyen, qu'il crut infaillible, de procurer du soulagement à ses chers Indiens. Il proposa d'envoyer des Negres & des Laboureurs dans tous les lieux, où les Espagnols avoient commencé de s'établir. Il fit goûter ce projet, d'abord à M. de Chiévres, ensuite au Cardinal Adrien, puis à d'autres Seigneurs Flamands; il passa au Conseil des Indes, qui étoit alors composé de l'Evêque de Burgos, de Fernand de Vega Grand Commandeur de Castille, de D. Garcia de Padilla, du Licencié Zapata, de D. Pierre Martyr d'Anglerie, & de D. Francisco de los Cobos, sans parler de M. de Chiévres, qui entroit dans toutes les affaires, & du Doyen de Besançon, qui depuis la mort du Grand Chancelier Sauvage, arrivée depuis peu, faisoit les fonctions de cette Charge, & étoit de tous les Conseils. Le Roi signa une Ordonnance, pour faire transporter quatre mille Negres aux quatre grandes Antilles: un Seigneur Flamand, Grand Maître de la Maison de ce Prince, en obtint le Privilege, & le vendit vingt-trois mille Ducats aux Génois, ce qui gâta tout: les Génois mirent leurs Negres à un prix extrême, & ils en vendirent très-peu.

1517. On envoye des Negres aux Indes.

Le P. de Mançanedo ne s'endormoit pas plus que Las Casas, mais il fut moins bien servi, & quoiqu'il eût eu une Audiance favorable du Prince, il comprit bientôt que le regne des Commissaires étoit expiré, & se retira à son Couvent. La Commission des PP. de S. Jérôme n'avoit pas dû être fort agréable à l'Evêque de Burgos; & ce Prélat se retrouvant par la mort du Cardinal Ximenés à la tête des affaires des Indes, ne fut pas long-têms sans la faire révoquer; mais rien ne contribua peut-être plus à cette révocation, qu'un démêlé, survenu entre les Commissaires & les Officiers Royaux, à la tête desquels étoit Passamonté, & voici qu'elle en fut l'occasion.

Les Commissaires & l'Administrateur sont révoqués.

La nouvelle étant venuë à San-Domingo, que le Roi Charles d'Autriche avoit pris possession de ses Royaumes d'Espagne, Passamonté & les autres Créatures du feu Roi Ferdinand, qui avoient tenu les premieres places dans le Conseil de l'Isle, & dont le crédit avoit été réduit à peu de choses, par l'arrivée des Commissaires & de l'Administrateur, crurent que le têms étoit venu de se relever, ils s'assem-

1518.

1518. blerent pour déliberer sur le parti, qu'ils avoient à prendre, & résolurent d'envoyer une solemnelle députation au nouveau Roi, pour le féliciter sur son avénement à la Couronne; mais comme ils étoient sur le point de procéder à l'Election d'un Député, ils furent assés surpris de recevoir de la part des Commissaires une défense de choisir aucun Juge, ni Officier Royal. La raison de cette défense n'étoit apparemment pas celle qu'on alléguoit, à sçavoir, que le service du Roi ne permettoit pas à des personnes publiques de s'absenter pour un têms si considérable. Ce qui est certain c'est qu'elle irrita étrangement ceux, à qui elle étoit faite, qu'elle ne servit qu'à hâter l'Election, & que le Licencié Luc Vasquez d'Aillon, un des Juges de l'Audiance Royale, fut nommé.

Zuazo est rappellé, & Figueroa envoyé à sa place.

Les Commissaires ne voulurent pourtant pas en avoir le démenti, ils prierent Zuazo de retenir ce Député, & de lui enlever tous ses papiers: il le fit, & par cette démarche, il attira sur soi tout le fort de l'orage; car quoique d'abord la Cour lui eût fait justice, & donné absolument le tort aux Officiers Royaux, ceux-ci firent joüer tant de ressorts, qu'enfin il fut révoqué, & le Licencié Rodrigue de Figueroa nommé pour le relever. Les Commissaires furent en même têms rappellés; mais cette révocation n'eut point de lieu pour lors. Avant que de travailler aux Instructions de Figueroa, le Roi voulut avoir l'avis de son Conseil, & les Flamands prévenus par Las Casas furent d'avis qu'on lui donnât ordre de casser les Départemens. Les raisons, dont ils appuyerent leurs sentimens, firent d'autant plus d'impression sur l'esprit du Prince, qu'ils parloient contre eux-mêmes; mais les Espagnols opinerent fortement au contraire, & le Roi ne se croyant pas encore en état de porter un Jugement définitif, jugea à propos de donner à Figueroa un plein pouvoir, pour agir suivant ce qui lui paroîtroit plus convenable, après qu'il auroit pris sur les lieux l'avis des Gens sages & désinteressés.

Ordres donnés à cet ad-

Las Casas, dans une Audiance particuliere, que lui avoit donnée le Roi, s'étoit plaint à ce Prince, que sous prétexte

d'aller enlever des Caraïbes, pour en faire des Esclaves ; on enlevoit indifféremment tous les Indiens, comme s'ils eussent tous été Antropophages, quoique plusieurs ne le fussent pas. Il avoit fait surtout mention de l'Isle de la Trinité, dont les Habitans étoient, disoit-il, fort doux, & qui couroit risque d'être bientôt dépeuplée, si son Altesse ne faisoit cesser ce désordre. Charles profita de ces lumieres, & recommanda au nouvel Administrateur de tirer de captivité tous ces prétendus Cannibales. Les attentions du Prince, & les mesures qu'il prenoit pour faire cesser tous les abus, qui s'étoient introduits dans le Nouveau Monde, étoient le Triomphe de Las Casas ; mais la conduite, que tenoient dans les Indes les PP. de Saint Jérôme, ne lui faisoit pas moins d'honneur. Ils avoient enfin reconnu, que le Systême de réünir les Indiens, & d'en composer des Bourgades, étoit non-seulement pratiquable, mais nécessaire même, si on vouloit les conserver, & lorsque sur la fin de 1518. Figueroa leur porta la permission, qu'ils avoient demandée, de repasser en Espagne, ils avoient déjà formé plusieurs Bourgades sur le Plan, dont nous avons parlé plus haut. Ils avoient aussi réveillé l'assoupissement des Espagnols sur les Cannes de Sucre, que plusieurs se contentoient encore de cultiver dans leurs Jardins, comme une curiosité, au lieu de donner leurs principaux soins à un objet, si capable de faire fleurir la Colonie. ∧

1518. ministrateur. Conduite de PP. de S. Jerôme avant leur rappel.

La petite Verole désole les grandes Antilles.

Enfin l'Isle Espagnole commençoit par leurs soins à prendre une nouvelle face, lorsqu'un accident imprévû ruina de si belles espérances : ce fut la petite Vérole, dont j'ai parlé plus haut, laquelle enleva un si grand nombre d'Insulaires dans les grandes Antilles, qu'à peine pouvoit-on croire, qu'elles eussent été autrefois peuplées. Herrera se donne beaucoup de peine, pour prouver que cette Maladie étoit naturelle aux Peuples de l'Amérique, mais ses preuves paroissent fort peu convainquantes. D'ailleurs, il est certain que ce sont les Européans, qui ont porté ce mal dans les quartiers Septentrionnaux du Nouveau Monde, & il ne l'est

∧ pour les y engager plus efficacement ils avoient fait avancer cinq cent ducats à tous ceux qu'ils avoient trouvés disposés à élever des moulins, et on en comptoit déja quarante à leur départ.

1518. pas moins que les Insulaires des Antilles n'étoient pas plus sçavants dans l'art de le guérir, que les Sauvages du Canada & de la Floride. Effectivement, dès qu'ils se sentirent attaqués de ce mal, ils commencerent par s'aller jetter tous dans la Riviere, pour tempérer l'ardeur, qui les dévoroit; & le même Herrera convient qu'il ne faut point chercher d'autre cause de la mortalité, qui suivit. Or, il me paroît évident que, si la petite Vérole n'eût pas été quelque chose de nouveau pour ces Peuples, l'expérience leur auroit appris qu'ils trouveroient la mort, où ils cherchoient du soulagement; & que s'ils en eussent toûjours usé comme ils firent au têms, dont je parle, ces vastes Régions n'eussent été depuis long-têms, que de grands déserts.

Les Fourmis font un horrible dégât dans les Isles.

A ce triste Fléau, qui n'étoit tombé que sur les Indiens, mais dont le contre-coup fut la ruine de notre Isle; il en succeda un autre, qui pour avoir eu une cause fort legere en apparence, ne laissa pas de produire des effets très-funestes. Il parut tout à coup dans l'Isle Espagnole, & dans celle de Portoric, une quantité si prodigieuse de Fourmis, que la surface de la Terre en fut couverte. Celles de Portoric avoient des aiguillons, dont les picqueures causoient une douleur plus vive que celles des Abeilles; dans l'Espagnole elles n'avoient pas cette incommodité, mais elles y firent un dommage infini. Dans l'une & dans l'autre on étoit contraint, quand on vouloit prendre un peu de repos, de poser les quatre pieds du lit dans quatre grands bassins remplis d'eau. Tous les Orangers moururent dans l'Espagnole, aussi bien que les Cannes de Sucre, dont la Vega-Real étoit déjà tellement remplie, qu'elle pouvoit esperer d'être bientôt en état, dit un Auteur Espagnol, de fournir du Sucre à toute l'Europe, & à toute l'Asie; mais cet Historien n'a pas apparemment prétendu qu'on prît sa proposition à la lettre. La perte des Cassiers, ou Caneficiers fut encore plus considerable. C'étoit alors le plus grand Commerce de l'Isle, & il n'en resta pas un seul pied. On avoit beau noyer les Fourmis, dont on voyoit les arbres tout

Herrera.

noirs, un moment après c'étoit à recommencer. On auroit dit que tous les arbres avoient passé par le feu : quantité même sécherent par la racine, & il est arrivé plusieurs fois, qu'après avoir brûlé des monceaux d'œufs de ces Insectes, qu'on trouvoit dans la terre jusqu'à la hauteur de quatre palmes, le lendemain on voyoit sortir des mêmes endroits un aussi grand nombre de Fourmis, que si l'on n'avoit rien fait.

1518.

Comment on fait mourir ces Insectes.

Les PP. de Saint François firent en cette occasion une expérience, qui leur réüssit, mais que tout le monde n'étoit apparemment pas en état de faire. Ils mirent trois ou quatre livres de Mercure sublimé sur une terrasse de leur Couvent, toutes les Fourmis d'une demie lieuë à la ronde y accoururent, & moururent dans le moment, qu'elles toucherent à cette composition. On eut enfin recours au Ciel, après avoir tenté toutes les autres voyes de se délivrer d'un si terrible Fléau; il se fit partout des Processions générales, mais comme on ne pouvoit convenir du Mediateur, qu'on devoit se choisir auprès de Dieu, pour appaiser sa colere, on le tira au sort, & le sort tomba sur S. Saturnin : on lui fit des vœux, & les Fourmis disparurent peu à peu. La Fête du Saint Martyr fut pendant plusieurs années célébrée avec beaucoup de solemnité dans les deux Isles, & on y en fait encore aujourd'hui une mémoire particuliere, en reconnoissance d'un si grand bienfait, obtenu, à ce qu'on croit, par son intercession. Aux Fourmis succederent les Chiens, qui s'échapant des habitations, se mirent à donner la chasse aux Cochons sauvages. Ces Animaux avoient multipliés dans l'Isle Espagnole d'une maniere incroyable, & comme ils s'y nourrissoient de fruits & de racines d'un goût très-délicat, leur chair étoit exquise. Les Chiens en firent périr une quantité prodigieuse, & on eut bien de la peine à les empêcher de les détruire tout à fait.

Arrivée du nouvel Administrateur. Départ des PP. de S. Jerôme.

Sur ces entrefaites, le Licencié Rodrigue de Figueroa prit terre à San-Domingo pour y faire l'emploi, qu'avoit eu Zuazo. Cet Administrateur étoit toûjours demeuré fort uni

1518. avec les PP. de Saint Jérôme, & comme son infléxible équité lui avoit attiré de grands Ennemis à la Cour, parce qu'il avoit tenu la main à ce que les Courtisans ne rentrassent point en possession des Départemens, que les Peres Commissaires leur avoient ôtés, ceux, que la séverité de son Gouvernement n'accommodoit pas, n'avoient eu aucune peine à le mettre mal dans l'esprit du Prince & des Ministres. Il n'avoit pû opposer à ces batteries, que le suffrage des gens de biens, & les cris des pauvres, qui ne se font pas ordinairement entendre fort loin : aussi avoit il succombé, & il vivoit en particulier à San-Domingo ; mais les Peres de Saint Jérôme, à qui le Roi avoit fait dire qu'il étoit satisfait de leurs services, & qu'ils pouvoient revenir en Espagne, quand ils voudroient, profiterent, au grand regret de tous ceux, qui vouloient le bien, des Navires, qui avoient amené Figueroa pour repasser la Mer. Ils apprirent en débarquant, que le Roi étoit à Barcelonne, & ils y allerent pour lui rendre compte de leur administration, & de l'état, où ils avoient laissé les Indes. Ils souhaittoient fort de pouvoir l'informer, que le grand mal des Colonies du Nouveau Monde, & en particulier de l'Isle Espagnole, venoit du peu de subordination, & des partis, dont elles étoient déchirées : désordres, qui étoient fomentés par ceux mêmes, qui auroient dû y apporter remede. Ils se plaignoient principalement du Trésorier Général Passamonté, en qui ils prétendoient, que les esprits factieux & inquiets trouvoient toûjours une protection sûre contre les Superieurs ; & les Gens de bien, quand ils étoient en place, un ennemi déclaré, qui n'épargnoit pas la calomnie pour les perdre, ainsi qu'il venoit d'arriver à Zuazo, & qui s'attachoit surtout à persécuter tous ceux, qu'il croyoit dans les interêts de l'Amiral, dont il avoit causé tous les chagrins. Les amis que Passamonté avoit en Cour, se douterent apparemment, ou découvrirent quelque chose du dessein de ces Religieux : ce qui est certain, c'est qu'après avoir long-têms sollicité une Audiance, sans la pouvoir obtenir, ils prirent enfin le parti

parti de s'en retourner dans leurs Couvents, comme avoit fait le P. de Mançanedo leur Collegue. 1519.

Las Casas ne lâcha point si aisément prise, j'ai dit qu'il avoit proposé d'envoyer aux Indes des Negres & des Laboureurs, & que l'une & l'autre proposition avoit été agréée. J'ai ajoûté ce qui avoit fait échoüer l'envoi des Negres: celui des Laboureurs n'avoit gueres eu plus de succès, parce que le Licencié s'en étant fait charger lui-même, les Seigneurs de la Cour, qui ne le voyoient pas de bon œil, s'étoient opposés à ce que leurs Vassaux prissent parti avec lui. Il étoit cependant venu à bout d'en lever 200. qu'il fit embarquer à Cadix; mais le Vaisseau, qui les portoit, ayant relâché à Portoric, on les lui débaucha tous jusqu'au dernier. Quelque têms après la nouvelle de la grande mortalité des Insulaires, causée par la petite Vérole, étant parvenuë jusqu'à lui, il fit de nouveaux efforts pour réparer cette double perte, mais il ne put fléchir l'Evêque de Burgos, qui lui dit nettement, que le Roi n'étoit point d'humeur à entrer dans des projets, où l'on ne voyoit rien de certain, que beaucoup de dépense. Il vit bien qu'il ne franchiroit jamais cette barriere, & il résolut de ne plus traitter avec ce Prélat de ce qui concernoit les Indes.

Las Casas follicite l'envoy des Laboureurs dans les Isles.

Il s'adressa de nouveau aux Seigneurs Flamands, & au Grand Chancelier Gatinara. Il leur dit qu'il avoit un moyen sûr d'établir une Colonie, qui seroit d'un grand profit pour le Royaume, & qu'il répondoit du succès, si dans toute l'étenduë du Pays, qu'il choisiroit pour cela, on ne permettoit à personne de s'établir, que de son consentement. Il ajoûta que les cruautés des Espagnols ayant aliené tous les Indiens, il feroit prendre à ces nouveaux Colons un habit particulier, afin de faire croire aux naturels du Pays, qu'ils étoient d'une autre Nation. Cet habit devoit être blanc avec une Croix de la couleur, & à peu de chose près de la figure de celle de Calatrava, & Las Casas portoit même ses vûës jusqu'à fonder dans la suite un Ordre Militaire, qu'il se flattoit de faire approuver par le S. Siege, & par le Roi

Il propose le plan d'une Colonie.

1519. Catholique. Le plan détaillé, qu'il donna de ce projet à MM. de Chievres & de Lachaux, qui étoient ses deux plus déclarés Protecteurs, portoit entre autres choses, que dans l'espace de mille lieuës de côtes, qu'il demandoit, il appri-voiseroit & civiliseroit en deux années jusqu'à dix mille Indiens; que dans trois ans il leur imposeroit un Tribut de 15000. Ducats, & qu'en dix ans il le feroit monter à 60000. qu'il bâtiroit trois Bourgades, dont chacune auroit sa Citadelle, & cinquante de ses Chevaliers de Garnison; qu'il s'instruiroit avec soin de tous les endroits, ou il y auroit de l'Or, & en informeroit exactement le Roi; qu'il meneroit avec lui 12. Missionnaires des deux Ordres, de S. Dominique & de S. François: dix Insulaires de l'Espagnole, & tous les Indiens, qui de la Terre-Ferme avoient été transportés dans cette Isle. Pour l'entretien de ses Chevaliers, il se contentoit du douxiéme de ce que le Roi retireroit du Pays, mais il demandoit que ce revenu fût continué à leur posterité, jusqu'à la quatriéme génération, qu'ils fussent faits Chevaliers aux Eperons dorés, & que toute leur race fût à jamais exempte de Taxes & d'Impots; surtout il ne vouloit pas qu'on pût jamais établir des Départemens dans aucune de ses Colonies.

Entreprise hardie de Las Casas.

Ce dessein fût fort approuvé de ceux, à qui il le communiqua, ils lui conseillerent de le proposer au Conseil, mais M. de Chievres & le grand Chancellier, ayant été obligés sur ces entrefaites d'aller sur les Frontieres de France, pour négocier un accommodement avec cette Couronne, & le Conseil ne paroissant pas écouter trop favorablement les propositions de Las Casas, ce Licencié perdit patience, & prit une résolution, où sa prudence fut moins consultée, que son zele. Il alla trouver tous ceux, qui avoient le titre de Prédicateurs & de Théologiens du Roi, & en engagea huit, partie Ecclésiastiques, & partie Religieux Dominiquains, à aller déclarer en plein Conseil que tous ceux, qui le composoient répondroient à Dieu de tout le mal, qui se faisoit dans les Indes, puisqu'ils ne vouloient pas y apporter le remede, qui étoit en leur pouvoir, après toutes les représentations, qu'on leur avoit faites sur cela. Le P. Michel de Salamanque porta la parole, & ayant été admis au Conseil, il dit tout ce que le vehement Licencié lui avoit inspiré. On eut la patience de l'écouter jusqu'au bout, mais quand il eut fini, l'Evêque de Burgos le regardant d'un œil sévere, lui demanda, qui l'avoit rendu si hardi, & depuis quand les Prédicateurs du Roi se mêloient du gouvernement de l'Etat? Le Docteur de la Fuente répondit au Prélat, qu'ils étoient chargés des interêts de la Maison de Dieu, pour lesquels ils devoient toûjours être prêts à donner leur vie; qu'il n'étoit pas surprenant que des Maîtres en Théologie, qui pouvoient, sans qu'on y trouvât à redire, parler dans un Concile Général, donnassent aux Conseillers & aux Ministres du Roi des avis sur les fautes, qu'ils commettoient dans l'exercice de leur charge. Qu'ils venoient donc par office leur déclarer que, si l'on ne reformoit les abus, qui s'étoient introduits dans les Indes, ils monteroient en Chaire, & diroient publiquement tout ce dont ils les avoient inutilement avertis en particulier; qu'ils ne croiroient pas s'ils y manquoient, avoir satisfait à la plus essentielle de leurs obligations, qui étoit de prêcher l'Evangile; & de dire la vérité au Roi, & à ses Ministres. 1519.

Dom Garcias de Padilla prit la parole, & dit que le Conseil avoit dans toutes les occasions fait tout ce qu'il devoit, qu'on le pouvoir prouver par les actes mêmes, qu'on vouloit bien leur communiquer, encore que leur témérité méritât des châtimens, plûtôt qu'une telle condescendance; mais qu'on vouloit une bonne fois leur faire sentir à eux-mêmes toute l'irrégularité de leur conduite. La Fuente répartit qu'il feroit bien de leur montrer ces pieces, qu'ils les loüeroient, si elles étoient dignes de loüanges; mais que, si elles n'étoient pas selon Dieu, & la Justice, ils leur donneroient leur malediction, aussi bien qu'à leurs Auteurs, « ce » qu'à Dieu ne plaise, ajoûta-t-il, qu'il tombe sur vos Sei-

1519. » gneuries : » En disant cela, il sortit avec sa Troupe. Au bout de quelques jours, ils furent mandés au Conseil, & on leur fit lecture de toutes les Ordonnances, qui avoient été dressées au sujet des Indes; elle occupa tout le têms, & ils sortirent sans rien dire. Après quelques autres jours, ils présenterent un écrit, où après un exposé pathétique de tous les désordres, qui se commettoient aux Indes, ils proposoient quelques moyens d'y rémedier. Leur écrit fut lû; on leur parla avec beaucoup de douceur, & on leur assûra qu'on auroit égard à leurs bons avis.

Junte extraordinaire pour examiner la cause des Indiens.

Las Casas attendit ensuite quelque têms, pour voir ce que produiroit une démarche d'un si grand éclat, & où aboutiroient les promesses du Conseil; mais ne voyant rien paroître, il fit une nouvelle tentative auprès des Seigneurs Flamands. Ceux-ci, qui profitoient de toutes les occasions d'entrer plus avant dans le ministere, & qui par cette raison étoient ravis de trouver les Ministres Espagnols en défaut, conseillerent au Licencié de récuser tout le Conseil des Indes, & en particulier l'Evêque de Burgos. Il le fit, demanda au Roi une Junte, & par le crédit de ceux, qui l'avoient poussé à faire cette démarche, il obtint ce qu'il souhaittoit. La Junte fut composée de Dom Juan Manuel qui avoit été le confident du feu Roi Philippe I. Pere de Charles, de D. Alphonse Tellez, frere du Marquis de Villena, tous deux du Conseil d'Etat, & de celui de la guerre : du Marquis d'Aguilard, Grand Veneur & Conseiller d'Etat; du Licencié Vargas, qui avoit été Grand Trésorier du feu Roi Catholique, du Cardinal Adrien, Grand Inquisiteur d'Espagne, & de tous les Seigneurs Flamands, qui entroient au Conseil d'Etat. Le plan du Protecteur des Indiens fut mis sur le Bureau, examiné avec soin, & approuvé en son entier, excepté que les 1000. lieuës de côtes, qu'il demandoit, furent réduites à 300. depuis le Golphe de Paria, jusqu'à Sainte Marthe. C'étoit encore beaucoup pour un homme, dont les fonds & les ressources n'alloient pas fort loin.

Il est vrai, que cette Déliberation ne fut pas plûtôt ren-

1519. Cri public contre la déliberation de la Junte.

duë publique, qu'il s'éleva contre elle un cri général; quantité de Personnes nouvellement arrivées des Indes, & tout le Conseil récusé, en parlerent comme d'une extravagance, qui ne pouvoit être sortie, que du cerveau creux d'un Avanturier ambitieux, & sans jugement, lequel ajoûtoit-on, feroit dépenser au Roi bien de l'argent, & sacrifieroit à ses folles idées la vie de tous ceux, qui seroient assés mal avisés pour le suivre; & le malheur de Las Casas fut que l'événement le condamna dans l'esprit de ceux, pour qui l'événement est la seule regle de juger. Cependant un soulevement si universel donna à penser à plusieurs de ceux, qui avoient opiné en faveur du projet, & ils demanderent qu'on en déliberât de nouveau. Mais les Flamands ayant obtenu que le Licencié fût oüi, il sçut par son éloquence détruire absolument toutes les objections, qu'on lui faisoit.

Las Casas répond à tout ce qu'on lui objecte, d'une maniere à contenter tout le monde.

Celle, qui avoit le plus arrêté les personnes les plus indifferentes, regardoit les avantages, que la Couronne devoit tirer de la nouvelle Colonie; on ne voyoit pas même surquoi le Roi retireroit ses avances; mais ce fut où triompha l'éloquence du Protecteur des Indiens. Il commenca par un grand lieu commun, où il fit voir combien il importoit au Prince que le nouvelles Colonies fussent administrées par des personnes, dont la probité, le désinteressement, le zele du bien public, ne pussent être révoqués en doute, & fussent à l'épreuve de tout: il fit voir ensuite que tous les désordres de ces sortes d'Etablissemens, venoient uniquement du défaut de ces qualités, & après avoir rendu cette vérité très-sensible, il sçut appliquer de telle sorte à son sujet tout ce qu'il avoit dit de plus plausible, qu'il ne laissa aucun doute dans l'esprit des assistans, que s'il étoit secondé, il n'eût un succès complet. Il finit par un exemple, qu'il fit valoir beaucoup au-delà de ce qu'il valoit en effet, mais qu'on ne laissa pas de regarder comme une preuve sans réplique: « Il y a six » ans, dit-il, que D. Pedrarias Davila commande dans la Cas» tille d'Or, le Roi depuis ce têms-là, a dépensé 54000. Du» cats (a) dans cette Province, & n'en a retiré pour son Quint

(a) le Ducat équivaloit en Espagne une monnoye d'or, qui valoit six livres quatre sols de notre monnoye, et revenoit au Peso.

1519. » que 3000. Pesos ; mais je suis en état de prouver que le » Gouverneur & ses Officiers, en ont tiré un million d'or, » il est vrai qu'il en a couté la vie à une multitude innom» brable d'Indiens.

Il obtient tout ce qu'il souhaite.

Cette derniere circonstance pouvoit donner lieu de répondre au Licencié que, si les richesses immenses, que Pedrarias avoit tirées de la Castille d'Or, étoient le prix du sang de tant de malheureux, son exemple ne prouvoit rien pour une Colonie, où l'on se proposoit de laisser la liberté aux Habitans naturels ; mais on ne lui fit pas cette instance, de laquelle après tout il se seroit assés aisément débarassé, en disant que, pour ne point réduire les Indiens en Esclavage, il ne prétendoit pas pour cela n'en retirer aucun service, qu'il y avoit plusieurs moyens de les obliger à travailler aux Mines, quand ce ne seroit que pour être en état de satisfaire au Tribut, auquel on n'auroit aucune peine à les soumettre ; qu'en les traitant bien, on les conserveroit ; qu'en veillant à ce qu'ils ne fussent point armés, on les tiendroit toûjours dans l'obéïssance, & que si les profits, qu'on retireroit de leur travail, étoient moins prompts, ils seroient plus durables. Enfin la déliberation de la Junte fut confirmée, les Provisions du nouveau Gouverneur furent signées, & les ordres donnés pour l'armement des Vaisseaux, qui devoient porter la nouvelle Colonie au lieu de sa destination.

Ce qui se passe entre l'Evêque de Darien & Las Casas.

Mais la Victoire du Protecteur des Indiens demeuroit imparfaite, tant qu'on ne statuoit rien pour le soulagement des Habitans naturels de l'Isle Espagnole, & des autres Colonies actuellement existentes dans le Nouveau Monde : & non seulement il eut encore cette consolation avant son départ, mais ce fût même ce second avantage remporté sur ses Adversaires, qui lui assûra le premier, & il dut en bonne partie ce double triomphe au crédit des Seigneurs Flamands. Voici comment la chose arriva. D. Juan de Quevedo Franciscain, Evêque de Sainte Marie l'Ancienne du Darien, venoit d'arriver en Espagne, & c'étoit lui, qui avoit apporté les 3000. Pesos, que le Gouverneur de cette Province envoyoit au Roi pour son Quint. Ce Prélat qui avoit apparemment quelque affaire au Conseil, après avoir examiné d'où venoit l'air du Bureau, s'étoit fort attaché à Las Casas, qu'il voyoit en grande faveur auprès des Flamands, & fort estimé du Roi même. Un jour que le Docteur Mota Evêque de Badajoz, un des Conseillers d'Etat, qui favorisoit d'avantage le Licencié, donnoit à dîner au Prélat nouvellement arrivé de l'Amérique, Las Casas s'y trouva aussi, avec D. Juan de Zuniga, frere du Comte de Miranda, qui fut depuis Gouverneur de Philippe II. & l'Amiral des Indes, D. Diegue Colomb. 1519.

Après la table, le discours tomba sur les Indes, & Las Casas commença par dire à l'Evêque du Darien, qu'il avoit eu grand tort de ne pas procéder par la voye des censures contre le Gouverneur & ses Officiers, pour les contraindre de cesser les vexations tyranniques, qu'ils faisoient aux Naturels du Pays. Comme le Prélat n'étoit pas en tout du sentiment du Protecteur des Indiens, la conversation ne tarda pas à s'échauffer; on disputa vivement, & long-têms, & l'on n'auroit pas même fini sitôt, si l'Evêque de Badajoz n'eût été obligé de sortir, pour aller au Conseil, où il ne manqua pas de rapporter au Roi ce qui venoit de se passer chés lui, entre l'Evêque du Darien & Las Casas. Ce Prince, qui ne demandoit qu'à être instruit, ne fut pas fâché de trouver des Personnes, qui pussent lui apprendre le pour & le contre d'une chose, qu'on ne pouvoit assés éclaircir, & il dit à l'Evêque de Badajoz qu'il vouloit entendre les deux parties, qu'il les avertît de se trouver au Conseil, un jour qu'il lui marqua, & qu'il donnât le même ordre de sa part à l'Amiral des Indes, & à un Pere Franciscain, qui étoit arrivé depuis peu de l'Isle Espagnole à Barcelonne, où se trouvoit la Cour. Ce Religieux gardoit encore moins de mesures, que Las Casas, en parlant des affaires du Nouveau Monde, & ceux, à qui la liberté de ses discours ne plaisoit pas, l'accusoient de parler un peu par interêt, ou par ambition, pour faire sa cour aux Seigneurs Flamands, & se frayer par-là un chemin à l'Episcopat.

1519. La Cause des Indiens est discutée en présence du Roi.

Le jour marqué le Roi parut dans une grande Sale du Palais, sur un Trône fort élevé, & avec tout l'appareil de la Royauté. M. de Chievres, l'Amiral Colomb, l'Evêque du Darien, & le Licencié Aguirre, étoient assis sur un banc à sa droite; le Chancelier Gatinara, l'Evêque de Badajoz, & plusieurs autres Conseillers d'Etat, étoient assis sur un autre banc à sa gauche, Las Casas & le P. Franciscain, dont je n'ai point trouvé le nom, se tinrent de bout contre la muraille vis-à-vis du Roi. Chacun étant placé, M. de Chievres, & le Chancelier, montant chacun de leur côté les dégrez du Trône, se mirent à genoux aux pieds du Roi, & lui parlerent quelque têms tout bas, ils se remirent ensuite à leur place, & le Chancelier se tournant vers l'Evêque du Darien, lui dit: « Reverend Evêque, sa Majesté vous ordonne de » dire votre sentiment, touchant la maniere, dont on doit » traiter les Indiens. » Et Herrera remarque que ce fut la premiere fois, qu'on donna le titre de Majesté au Roi d'Espagne, & que ce fut parce qu'il venoit de recevoir la nouvelle de son élection à l'Empire.

Discours de l'Evêque du Darien.

L'Evêque se leva aussi-tôt, & après un assés long préambule sur l'honneur, qu'il avoit de parler devant un si grand Prince; il fit entendre que les choses, qu'il avoit à dire, étoient de nature à n'être communiquées qu'au Roi & à son Conseil, & qu'ainsi il supplioit sa Majesté de vouloir bien faire sortir tous ceux, à qui il n'étoit pas à propos de faire part de choses, qui devoient être secrettes. Il insista même après un second ordre du Roi, ajoûtant qu'il ne convenoit, ni à son âge, ni à son caractere, d'entrer dans aucune sorte de contestations. Enfin le grand Chancelier lui dit que tous ceux, qui étoient présents, avoient été appellés pour être du Conseil, & que Sa Majesté vouloit qu'il parlât; il obéït, mais sans entrer dans aucun détail, après avoir dit qu'il y avoit cinq ans, qu'il étoit parti pour la Terre Ferme; il ajoûta que depuis ce têms-là on n'avoit rien fait, ni pour le service de Dieu, ni pour le service du Prince;

Prince; que le Pays se perdoit au lieu de s'établir; que le premier Gouverneur, qu'il y avoit vû, étoit un méchant homme, que le second étoit encore pire, & que tout alloit si mal, qu'il s'étoit cru dans l'obligation de passer en Espagne, pour en informer sa Majesté. Puis venant au fait, sur lequel on avoit demandé son avis; il dit que tous les Indiens, qu'il avoit vûs, soit dans les Pays d'où il venoit, soit dans tous ceux où il avoit passé, lui avoient paru nés pour la servitude, qu'ils étoient naturellement pervers, & que son sentiment étoit qu'on ne les abandonnât pas à eux-mêmes, mais qu'on les divisât par bandes, & qu'on les mit sous la discipline des plus vertueux Espagnols: sans quoi on travailleroit envain à en faire des hommes, & on ne viendroit jamais à bout d'en faire des Chrétiens. Quand il eut cessé de parler, Las Casas reçut ordre de répondre, & il le fit en ces termes. 1519.

Réponse de Las Casas.

« SIRE, je suis un des premiers Castillans, qui ayent » passé dans le Nouveau Monde; j'ai vû toutes les differentes conduites, qu'on y a tenuës avec les Naturels du Pays; » je n'aurois jamais fini, & j'abuserois de l'honneur, que » me fait V. M. si j'entrois dans le détail des horreurs, » dont j'ai été témoin, ou que j'ai apprises de personnes sûres. Je m'en suis déjà expliqué plus d'une fois au Conseil, & à V. M. même, qui n'aura pas oublié ce que j'ai » pris la liberté de lui dire; mais je croirois trahir la cause » de l'innocence, si je laissois sans réplique devant une si » auguste assemblée, ce qui vient d'être avancé par l'Illustrissime Evêque de Terre Ferme. En premier lieu, ce Prélat ne peut parler que des Habitans de sa Province, & » n'y auroit-il pas de l'injustice à juger de tous ces Peuples par » un seul? Secondement il reproche aux Indiens leurs vices, & je m'assûre que, s'il y veut faire un peu réflexion, » il conviendra qu'ils n'en ont gueres, qu'ils n'ayent pris » des Chrétiens, & que dans ceux mêmes, que les Chrétiens ont pris d'eux, ils les y ont bientôt surpassés d'une » maniere sensible. Peut-il en effet nier que l'orgeüil, l'a-

1519. » varice, l'ambition, le blasphême, les trahisons, & quantité de Monstres semblables, n'ont point encore gagné ces Infideles, qu'ils n'en ont pas même l'idée, & que tout l'avantage, que nous pouvons nous flatter d'avoir sur eux, se réduit à un peu plus d'ouverture & de culture d'esprit & d'élevation dans les sentimens? Avantages, qui sont bien remplacés dans ces Peuples par une grande simplicité, une douceur inalterable, & beaucoup de bonne foy. Ils ne sont pas, dit-on, capables de se conduire; & comment donc se sont-ils si long-têms maintenus sous le gouvernement de leurs Caciques? qui les a jusqu'ici préservés de ces guerres intestines, dont les Etats de la Chrétienté les plus florissants, & les mieux reglés ont été & sont encore si souvent déchirés? Mais enfin supposons ce qu'il faudroit commencer par prouver, qu'ils ont besoin de Tuteurs; où les trouver ces Tuteurs? parmi les Espagnols? & comment en ont-ils été traités jusqu'à présent? ne seroit-ce pas confier aux Loups la garde des Agneaux? tous les coins & les recoins du Nouveau Monde, retentissent des cris de ces malheureux, qui gémissent sous une tyrannie, dont celle des Denys & des Phalaris n'étoit que l'ombre. Ils sont nés pour l'esclavage; & depuis la naissance du Monde ils ont été les moins Esclaves de tous les Hommes, sans interêt & sans passion. Ne flattons point notre cupidité, ne nous aveuglons point sur notre condition; toutes les Nations sont également libres, & il n'est permis à aucune d'entreprendre sur la liberté des autres; usons-en à leur égard, comme nous aurions voulu qu'ils en eussent usé avec nous, s'ils avoient paru sur nos Rivages, avec la même superiorité de forces, que nous avions sur eux, quand nous les avons découverts. Et pourquoi tout ne seroit-il pas égal de part & d'autre? depuis quand le droit du plus fort a-t-il prévalu & prescrit contre celui de la Justice? par quel Article du Christianisme est-il autorisé?

» Mais qu'aurions nous à dire, si ces Peuples, trouvant

» une occasion de nous rendre tout le mal, que nous leur » avons fait ; ils se mettoient en devoir d'en profiter ? car en- » fin au droit de représailles ils joindroient celui, que donne » la nécessité de se précautionner pour l'avenir. Rien de sem- » blable n'a autorisé, & rien n'autorisera jamais au Tribunal » de la Posterité les concussions, les fourberies, les vio- » lences, les rapines, les cruautés, par le moyen desquel- » les nous sommes déjà venus à bout d'exterminer des Peu- » ples sans nombre. Ce sont pourtant des Chrétiens, que » je mets ici en parallelle avec des Idolâtres ; & ce qu'il » y a encore de plus étonnant, c'est que tous les crimes, » dont je viens de parler, sont colorés du specieux prétex- » te de zele. Mais dans quel Pays du Monde les Apôtres » & les Hommes Apostoliques ont-ils jamais crû avoir droit » sur la vie, sur les biens, & sur la liberté des Infidel- » les ? quelle étrange maniere de prêcher l'Evangile, cet- » te loy de grace & de sainteté, qui d'Esclaves du Démon, » nous fait passer à la liberté des vrais enfans de Dieu, que » de réduire en captivité ceux, qui sont nés libres, de » déchirer à coups de Foüet des Innocents, dont tout le » crime, par rapport à nous, est de ne pouvoir supporter » les travaux, dont nous les accablons ; d'innonder leur Pays » d'un déluge de sang ; de leur enlever jusqu'au nécessai- » re, & de les scandaliser par les plus honteux excès ! Voi- » la, SIRE, ce qu'on cache à votre Majesté, voila ce que » j'ai vû, & surquoi je ne crains point d'être démenti. Ju- » gés à present la cause des Indiens selon votre sagesse, vo- » tre équité, votre Religion, & je m'assûre qu'ils souscri- » ront sans peine à votre Arrêt.

1519.

Las Casas ayant fini son discours, le P. Francisquain eut ordre de dire son sentiment, il obéit, & commença par assûrer, qu'ayant été chargé par deux fois de faire le dénombrement des Insulaires de l'Espagnole, il en avoit trouvé au second plusieurs milliers de moins qu'au premier ; que la diminution devenoit de jour en jour plus sensible, & que par rapport à cette Isle le mal, auquel on cherchoit un re-

Discours d'un P. Francisquain.

1519. mede, paroiſſoit incurable. Il dit enſuite qu'il craignoit bien que la meſure des crimes des Eſpagnols, ne fût à ſon comble dans les Indes, & que Dieu ne les exterminât de ces nouvelles Conquêtes, qu'ils avoient preſque entierement dépeuplées, ſans aucune raiſon, & contre leurs plus véritables interêts. « Car enfin, continua-t'il, lorſque Dieu dit à » Caïn: Voici le ſang de votre frere Abel, qui crie vers moi » de la terre, il ne s'agiſſoit que d'un homme; & ſera-t'il ſourd, » ce même Dieu, aux cris, qu'élevent vers le Ciel ces déluges » de ſang, dont tant de vaſtes Provinces ſont encore teintes? » SIRE, par les playes adorables du Sauveur des Hommes, & » & par les ſacrés Stigmates de mon Pere S. François, je vous » conjure de mettre fin à une tyrannie, dont la continuation » ne pouroit manquer d'attirer ſur votre Couronne tout » le poids de l'indignation du Souverain Seigneur des Rois « de la terre.

Sentiment de l'Amiral.

L'Amiral des Indes fut le dernier de tous, dont on demanda l'avis, & il le donna en peu de mots. Il dit qu'il n'avoit jamais approuvé les Départemens: & il ajoûta que, ſi l'on ne ſe preſſoit de remedier aux déſordres, dont le Licencié & le Franciſquain venoient de parler, & qui n'étoient que trop réels; les Indes ne ſeroient plus bientôt qu'un vaſte déſert: que c'étoit en partie pour repréſenter tout cela au feu Roi Catholique, qu'il étoit venu en Eſpagne, & qu'il pouvoit aſſûrer ſa Majeſté que cette affaire étoit une des plus importantes, qu'elle eut à terminer, & une de celles, qui intereſſoient autant ſa gloire & ſa conſcience.

On ne conclut rien, & pourquoi.

L'Evêque du Darien ſe leva alors, & demanda la permiſſion de parler de nouveau; mais le Chancelier lui dit que, s'il avoit quelque choſe à repliquer à ce qui venoit d'être expoſé, il le mît par écrit, & que le Roi y feroit toute l'attention, que la choſe mériteroit. Ce Prélat fit deux mémoriaux, qui ne concernoient que la Province du Darien: quand il les eut achevés, il envoya demander à dîner au Chancelier, à qui il étoit bien aiſe de les communiquer en particulier; & celui-ci fit prier M. de Lachaux de s'y trouver, parce que ce Seigneur avoit été mis par Las Casas au fait de ces affaires. Pendant le repas, on demanda à l'Evêque ce qu'il pensoit de l'entreprise du Licencié, & il répondit, qu'il l'approuvoit fort. On pouvoit douter qu'il parlât bien sincerement, parce qu'il sçavoit qu'il faisoit sa cour en parlant ainsi. Fort peu de têms après, une fiévre maligne l'emporta en trois jours, & il ne se parla plus des Indes. Charles étoit sur son départ, pour aller recevoir la Couronne de l'Empire, & sa Flotte l'attendoit à la Corogne. D'ailleurs, il ne voyoit pas encore bien clair dans cette affaire, & il s'étoit apperçu que la picque & la jalousie entroient pour quelque chose dans la protection déclarée, que son Chancelier & les Flamands donnoient à Las Casas. Il ne voulut done rien conclure, qu'il n'eût reçû des Informations moins suspectes, & qu'il n'eût eu le loisir de réfléchir plus qu'il n'étoit alors en état de faire sur une matiere, dont il commençoit à comprendre toute la difficulté & toute l'importance. 1519.

Etat florissant de l'Isle de Cuba.

Tandis que ces choses se passoient en Espagne, on fit la découverte de l'*Yucatan* & du *Mexique*, & ce grand évenement, en attirant l'attention de toutes les Indes, & bientôt après une bonne partie de celle de la Cour d'Espagne, porterent à l'Isle Espagnole un coup mortel, dont elle ne s'est jamais relevée. J'ai dit, en parlant du dernier Voyage de Christophle Colomb, que cet Amiral s'étoit avancé fort près de l'*Yucatan*, & que de faux avis l'avoient empêché de continuer sa route de ce côté-là. La découverte, qu'il fit ensuite de la Province *de Veragua*, où il trouva de l'or; & celle, que fit quelques années après Jean Ponce de Leon de la Floride, furent apparemment cause qu'on ne songea pas si-tôt à reprendre cette navigation. Enfin vers le commencement de l'année 1517. ou sur la fin de la précédente. L'Etat florissant, où étoit l'Isle de Cuba sous le Gouvernement de Velasquez, y ayant attiré une bonne partie de tout ce qu'il y avoit de plus considérable dans les Indes; ce Gouverneur ne voulut pas perdre une si favora-

1516. | 1519. ble occasion de s'étendre, en conquérant de nouvelles Provinces, qui augmentassent son Gouvernement, ou de se fortifier dans son Isle, en la remplissant d'Esclaves, qui missent les Habitans en état de s'enrichir par la culture des Terres.

Velasquez s'y rend indépendant de l'Amiral.

Il proposa donc une expedition sur quelque endroit de la Terre Ferme, où l'on n'eût pas encore été, dans le dessein d'y faire un établissement, si le Pays en valloit la peine, ou d'enlever des Indiens, s'ils étoient Cannibales, ou du moins d'y traitter de l'or, s'il s'y en trouvoit. Quelques Mémoires assûrent, qu'avant que de faire cette entreprise, il en demanda la permission à l'Amiral D. Diegue, dont au fonds il n'étoit que le Lieutenant; mais il y a bien de l'apparence qu'ils se trompent. D. Diegue étoit en Espagne depuis trois ans, & il s'en falloit beaucoup que Velasquez fût demeuré dans la subordination, où il devoit être à l'égard de son Général, à qui il avoit obligation de la place, qu'il occupoit. Il s'étoit rendu fort indépendant dans son Isle, & nous apprenons d'Oviedo que ce qui l'avoit engagé, ou l'enhardissoit à tenir cette conduite avec l'Amiral, étoit la protection du Trésorier Général Michel de Passamonté; ses amis obtinrent même pour lui des provisions de Gouverneur absolu, & indépendant; mais l'Amiral eut le crédit de les faire révoquer, & tout ce que les Protecteurs de Velasquez purent faire en sa faveur, ce fut une Declaration du Roy, qui ôtoit à D. Diegue le pouvoir de le rappeller, comme il avoit toûjours été en droit de le faire: mais qui ne lui donnoit point droit de se soustraire à son autorité.

Cependant ce qu'avoit prévû le Gouverneur de Cuba, ne manqua pas d'arriver. Plusieurs personnes aisées, des Matelots & des Soldats en grand nombre s'offrirent à lui, & un des plus considérables Habitans de Cuba, nommé François Fernandez de Cordouë, s'engagea à faire une bonne partie des frais de l'entreprise, bien entendu que la conduite lui en seroit confiée. Velasquez accepta son offre, fit armer à Sant-Yago, Capitale de Cuba, deux Navires & un Brigantin, sur lesquels il embarqua 110. Soldats, & Fernandez ayant mis à la voile, alla achever de s'équipper à la Havane, d'où il sortit le 8. de Fevrier. Dès qu'il eut doublé le Cap Saint-Antoine, qui est l'extrêmité Occidentale de l'Isle de Cuba, son premier Pilote, nommé Antoine de Alaminos, fut d'avis de tirer droit à l'Ouest, apportant pour raison que l'ancien Amiral, sous lequel il avoit servi fort jeune, avoit toûjours témoigné une grande envie de naviguer de ce côté-là. Il n'en fallut pas davantage pour déterminer Fernandez, qui n'avoit point encore pris de parti sur la route, qu'il devoit tenir, & après trois semaines d'une rude & périlleuse navigation, il apperçut la Terre.

1517.
|
1519.

Découverte de l'Yucatan. Pointe ou Cap de Cotoche.

L'ayant approchée d'assés près, il remarqua une grande Bourgade, qui paroissoit éloignée de la Mer d'environ deux lieuës. Toute cette Côte étoit fort peuplée, & le rivage fut en un moment couvert d'Indiens, qui sembloient charmés de voir les Espagnols. Ce n'étoit pourtant qu'une feinte, les premiers Castillans, qui débarquerent, furent vigoureusement attaqués dans le têms, qu'ils croyoient pouvoir compter davantage sur l'amitié de ces Barbares, & il y en eut 15. de blessés. Ces Peuples n'étoient point nuds, comme la plûpart de ceux, qu'on avoit découverts jusques-là, & ils étoient assés bien armés : leurs armes défensives étoient le Bouclier, & une espece de Cuirasse doublée de Cotton; les offensives étoient l'Arc & la Fléche, des Epées, ou plûtôt des Coûteaux de pierre, une maniere de Lance, & la Fronde. D'ailleurs, ils se battirent bien, & avec ordre. Tout auprès de l'endroit, où se passa cette action, il y avoit quelques Edifices de Maçonnerie, & entr'autres des Temples, où l'on trouva quantité d'Idoles de Terre cuitte, dont les unes avoient à peu près la figure, que nous donnons aux Démons; d'autres celle de Femmes : & toutes, quelque chose de monstrueux. On y voyoit aussi représenté à découvert l'infâme péché de Sodôme. Cet endroit fut appellé la pointe, ou le cap *de Cotoche*. Un Ecclesiastique nommé Alphonse Gonzalés, qui étoit apparemment le Chapelain

1517. | 1519. du Général, ou un des Aumôniers de l'Armée, entra pendant le combat dans quelques-uns de ces Temples, & en enleva de petits coffres, dans lesquels il y avoit des Idoles de Terre & de Bois, avec des especes de Médailles d'un assés mauvais or, des Bagues, des Pendans d'Oreilles, & des Couronnes de même métal. L'agilité avec laquelle les Indiens se retirerent, empêcha qu'on ne fît d'autres Prisonniers, que deux jeunes gens, qui furent instruits & bâtisés. L'un fut nommé Julien, & l'autre Melchior, & on s'en servit utilement dans la suite en qualité d'Interpretes.

Ce qui se passe à Campeche.

Fernandez fort content de cette Découverte fit rembarquer tout son Monde, & continuant de cottoyer le Rivage, il arriva à la vûë d'une grosse Bourgade, que les Gens du Pays nommoient *Kimpech*, & où l'on a depuis bâti la Ville de *Campeche*. Ce qui le surprit davantage, c'est que dans une si grande étenduë de côte, il n'apperçut pas une seule Riviere. Nos Cartes ne laissent pourtant pas d'en marquer quelques unes, entre la pointe de Cotoche & Campeche; mais il est vrai de dire, qu'il y a peu de Pays moins arrosé que celui-là, & l'on n'y boit ordinairement que de l'eau de Puits, qui est, dit-on, excellente. Les Espagnols en firent en cet endroit; & comme ils songeoient à se rembarquer, une Troupe de 50. Indiens vêtus de camisoles & de mantes de cotton, s'approcherent d'eux, & leur demanderent par signes, s'ils ne venoient pas des Pays, d'où le Soleil se leve, & les inviterent à venir dans leur Bourgade. Ce qui leur étoit arrivé à Cotoche, leur rendit cette invitation suspecte, & ils se contenterent d'entrer dans quelques Temples, qui n'étoient pas loin de-là, & dans lesquels, outre les choses, qu'ils avoient trouvés dans les premiers qu'ils avoient vû, ils apperçûrent des traces de sang toutes fraîches, & des croix peintes sur les murailles. Comme on les avoit vû entrer dans ces Temples, ils y furent bientôt environnés d'une grande multitude de Gens de tout âge & & de tout sexe, qui paroissoient extrêmement surpris de leur figure. Quelques momens après il parut comme deux

Escadrons,

Escadrons, qui marchoient en bon ordre, & venoient à eux armés de la même maniere, que ceux de Cotoche. Dans le même moment il sortit d'un Temple environ dix Prêtres, vêtus de mantes blanches fort larges, ayant une chevelure assés épaisse, & très-mal en ordre; ils portoient à la main des Réchauds de Terre pleins de Feu, où ils jettoient une sorte de Gomme, qu'ils nomment *Copal*, & ils en faisoient aller la fumée du côté des Espagnols, en leur disant de se retirer de leur Pays, parce qu'ils craignoient qu'ils ne les fissent mourir.

1517. | 1519.

Et à Potonchan.

Cette cérémonie étoit à peine finie, qu'on entendit plusieurs Instrumens de guerre, qui sonnoient la charge. Alors les Castillans, qui ne se sentoient pas assés forts pour résister à un Peuple furieux, dont le nombre seul auroit pû les accabler, se rapprocherent de la Mer toûjours en bataille, & furent assés heureux pour se rembarquer, sans avoir perdu un seul homme. Ils naviguerent encore six jours faisant le Sud, & après avoir essuyé un coup de Vent, qui les mit à deux doits du naufrage; ils allerent faire de l'eau dans une Anse, où il y avoit une Bourgade, que les Habitans nommoient *Potonchan*. Il y eut là un grand combat, où 40. Espagnols resterent sur la place, & tous les autres furent blessés, à l'exception d'un seul. Fernandez, qui s'exposa beaucoup, y fut percé de 12. Fléches, & non pas de 33. comme l'a écrit Gomara. Antoine de Solis se trompe encore davantage, quand il assûre que ce Général y fut tué. Il fallut enfin céder à la multitude, & abandonner les Morts. Les Blessés eurent bien de la peine à regagner leurs Chaloupes, & l'on se trouva encore bien plus embarassé, quand il fallut faire la manœuvre.

Retour de Fernandez à l'Isle de Cuba.

Dans une conjoncture si triste, il n'y avoit point d'autre parti à prendre, que de s'en retourner à l'Isle de Cuba; mais je ne sçai ce qui détermina Fernandez, ou les Pilotes, à tourner vers la Floride: peut-être y furent-ils forcés par les Vents & les Courans. En effet, ils eurent le têms si favorable, que le quatriéme jour ils apperçurent la Terre.

1517. | 1519. Fernandez y débarqua avec son premier Pilote, & 22. hommes de ceux, qui étoient les moins blessés. Alaminos ne fut pas plûtôt sur le rivage, qu'il se souvint d'avoir été là avec Jean Ponce de Leon, & il ajoûta qu'il y falloit être extrêmement sur ses gardes. Fernandez profita de cet avis, & comme il avoit besoin d'eau, & qu'il falloit laver beaucoup de linges; il y fit travailler incessamment, après avoir posté des sentinelles à toutes les avenuës du Bois. Cette précaution servit de peu, au bout d'une heure les sentinelles eurent à peine le têms de donner l'allarme, qu'une armée de Barbares tomba sur les Espagnols. Le Pilote Alaminos fut blessé à la gorge; le seul Soldat, qui n'avoit point été blessé à Potonchan, & qui étoit à la garde la plus avancée, fut enlevé, & ne parut plus, & l'on dut regarder comme une espece de miracle, que tous les autres n'y périrent pas. Ils furent poursuivis jusqu'à leurs Navires, que plusieurs furent contraints de gagner à la nage, & Fernandez ayant mis sur le champ à la voile, il arriva en deux fois 24. heures aux Martyrs; un des deux Navires y toucha rudement, & s'ouvrit, ce qui ne l'empêcha pas de continuer sa route avec les autres, &de gagner la Havane, d'où Fernandez se rendit à la Ville du Saint-Esprit, lieu de sa résidence ordinaire. Il écrivit de là au Gouverneur de Cuba que, si-tôt qu'il se porteroit bien, il iroit à Sant-Yago, pour lui rendre compte de son Voyage; mais il mourut au bout de 10. jours. Les deux jeunes Indiens, qu'il avoit amenés avec lui de la pointe de Cotoche, l'avoient assûré qu'il y avoit de l'or dans leur Pays : sur ce témoignage, qui se trouva faux, on exaggera fort le succès d'une expedition, qui dans le vrai avoit abouti à très-peu de chose, & avoit été funeste à tous ceux, qui y avoient eu part.

Velasquez fait un nouvel armement pour continuer les Découvertes.

Telle fut la premiere Découverte de l'Yucatan: quelques Modernes disent Jucatan; mais ils ne font point encore une autorité suffisante, pour contre-balancer celle des Ecrivains de toutes les Nations, qui continuent à écrire & à prononcer Yucatan. On n'est pas trop d accord sur l'origine de ce nom ; & il y a bien de l'apparence, qu'il a été formé de quelques termes de la Langue du Pays, qu'on aura pris d'abord pour le nom de quelques Chefs, ou de quelque Bourgade, ou même de toute la Contrée. Quoiqu'il en soit, Velasquez parut fort content, & résolut de n'en pas demeurer là. Il arma en diligence trois Navires & un Brigantin, sur lesquels il mit 250. Espagnols, & quelques Insulaires de Cuba pour les servir. Les trois Navires étoient commandés par trois Capitaines de nom & d'experience, ils se nommoient Pierre d'Alvarado, François de Montejo, & Alphonse Davila ; & il chargea de cette expedition, l'homme du monde, qui en étoit le plus capable. Il se nommoit Jean de Grijalva, & il étoit, non pas le parent de Velasquez, comme l'a écrit Gomara, qui a été suivi par Solis, mais seulement son Compatriote, l'un & l'autre étant natifs de Cuellar. Oviedo assûre qu'il y eut jusqu'à 40. Gentilshommes, qui prirent parti avec lui ; mais le même Gomara, dont je viens de parler, se trompe encore, quand il dit que dans ses Instructions il étoit marqué expressément que, s'il trouvoit l'occasion de faire un Etablissement en Terre Ferme, il ne la manquât point. A la vérité, cet Auteur, que la plûpart des Ecrivains de sa Nation ne citent gueres, que pour le refuter, n'a parlé en cela qu'après Bernard Diaz de Castillo, qui avoit accompagné Fernandez dans la Découverte de l'Yucatan, qui fut du Voyage de Grijalva, & qui suivit Cortez à la Conquête du Mexique ; mais Herrera ne balance pas à suivre le sentiment contraire, sur l'autorité de Barthélemy de Las Casas, qui a long-têms vêcu familierement avec Velasquez & Grijalva, & qui assûre que ce dernier avoit une défense expresse de faire aucun Etablissement.

1517.–1519.

Caractere de Grijalva.

Cette défense eut de grandes suites, mais elle fut encore plus funeste à Velasquez, qu'à Grijalva. Si elle a privé celui-ci de la Gloire d'être le Conquérant du Mexique, elle ne lui a pas ôté celle d'en être estimé très-capable, & a fait regretter qu'il ne l'ait pas été. Effectivement, du caractere

1518. dont tous les Historiens s'accordent à nous repréſenter ce Capitaine, il eut infailliblement fait la Conquête des Pays,
1519. qu'il a découvert, ſi on ne l'eut arrêté, & il n'y eut pas rendu le nom Eſpagnol odieux : ſa Victoire n'eut été deshonorée par aucun crime, & vrai-ſemblablement, il ne ſe ſeroit jamais oublié qu'il étoit, ni ne ſe ſeroit laſſé d'être le Lieutenant de Velâſquez. A toute la valeur & la conduite qu'on peut déſirer dans le Chef d'une Entrepriſe de cette nature, il joignoit un naturel aimable, de la douceur, des mœurs, de la probité, beaucoup de Religion ; mais ſurtout une modeſtie & une ſoûmiſſion aux ordres de ſes Superieurs, qu'on eut admirée, dit Las Caſas, dans un Religieux ; il ne ſe croyoit point permis de paſſer ſes pouvoirs dans le moindre de leurs Articles, & nous verrons qu'il fut la victime de ſon obéïſſance. Mais pour châtier les crimes des Mexiquains, leſquels crioient vengeançe au Ciel, il falloit une Verge de Fer, & les vertus de Grijalva n'étoient pas des inſtrumens propres à ſeconder en cela le couroux d'un Dieu irrité, qui avoit trop long-têms ſuſpendu ſon bras. D'un autre côté, Velaſquez s'étoit par de mauvaiſes voyes ſouſtrait à l'obéïſſance de l'Amiral ſon Bienfaiteur, & la Providence ménagea tellement toutes choſes, qu'il fut traitté de la même maniere par celui, qu'il ſubſtitua imprudemment à Grijalva.

Son départ. Cependant tout étant prêt pour le départ, l'Eſcadre ſortit du Port Sant-Yago le 8. d'Avril 1518. ſelon Herrera, qui a été ſuivi par Solis ; ou, ſi l'on en croit Oviedo, le 25. Janvier. On pourroit néanmoins concilier, ou du moins rapprocher ces deux ſentimens. En effet, Oviedo, qui eſt entré dans un très-grand détail des circonſtances de cette expedition, ajoûte que Grijalva, au ſortir de Sant-Yago, alla moüiller l'ancre à *Boiucar*, qui n'en eſt pas loin, pour y prendre quatre hommes fort experimentés dans la navigation ; que le 12. de Fevrier, il entra dans la Baye de *Matance*, où il ſe fournit de vivres : qu'y ayant fait la revûë de ſes Troupes, il ſe trouva 134. Hommes de débarquement. Que quantité de volontaires l'y vinrent joindre de tous les quartiers de l'Isle, qu'il resta là deux mois, au bout desquels, ayant fait une seconde revûë, il compta 200. Hommes, sans y comprendre les Equipages de ses Navires, dont le nombre étoit augmenté d'une Caravelle; qu'il sortit de la Baye de Matance le 20. d'Avril, & qu'il fut 10. jours à gagner le Cap Saint-Antoine, qui n'en est cependant éloigné que de 70. lieuës; mais sur cette Côte les Courants portent à l'Est, & sont quelquefois assés forts.

1518. | 1519.

Il arrive à l'Isle de Cozumel.

Du Cap Saint-Antoine, l'Escadre se trouva en huit jours de navigation à la vûë d'une Isle, que ses Habitans nommoient *Cozumel*, & qui a retenu ce nom, quoique Grijalva lui eût donné celui de *Sainte-Croix*, parce qu'il y aborda le jour, qu'on célébre dans l'Eglise l'Invention de la Croix du Sauveur. Il y fit dire la Messe ce jour-là même, & s'étant un peu avancé pour reconnoitre le Pays, il ne rencontra personne, sinon une Indienne de la Jamaïque. Il y avoit environ deux ans, qu'un coup de Vent avoit jetté cette Femme sur l'Isle de Cozumel, tandis qu'elle étoit à la Pêche avec 10. Hommes; ceux-ci furent d'abord massacrés par les Insulaires, qui garderent cette Femme, & la firent Esclave. Elle apprit aux Espagnols qu'à la vûë de leurs Navires, tous les Habitans s'en étoient enfuis dans les Montagnes, & Grijalva l'ayant priée de les aller trouver pour tâcher de les faire revenir; elle y consentit; mais elle eut beau assûrer ces Barbares qu'on n'avoit aucun dessein de leur faire le moindre tort, elle ne gagna rien. Voyant ensuite les Espagnols sur le point de se rembarquer, elle les pria de la recevoir sur un de leurs Navires, & elle l'obtint sans peine.

Culte de la Croix dans l'Yucatan & son origine.

Entre plusieurs Temples, que les Espagnols apperçûrent dans l'Isle de Cozumel, & qui étoient tous biens bâtis de briques, ou de pierres; ils en remarquerent un, qui avoit la figure d'une Tour quarrée, auprès duquel étoit une Croix de pierre, environnée d'une balustrade de même fabrique. Ils apprirent, apparemment de la Jamaïquaine, que cette Croix étoit adorée des Indiens, sous le titre du Dieu de la

1518. | 1519. pluye, & qu'ils ne s'y adressoient jamais en vain pour avoir de l'eau du Ciel. J'ay déjà observé que dans la premiere Découverte de l'Yucatan, on avoit trouvé en plusieurs endroits des Croix, qui étoient pour la plûpart peintes sur les murailles, & voici ce qu'Herrera rapporte de l'origine de ce culte. Il dit que François de Montejo, celui-là même, qui montoit un des trois Vaisseaux de cette Escadre, étant allé en 1527. pour faire la Conquête de l'Yucatan, il fut reçu sans résistance dans une Bourgade appellée *Mini*, où on lui raconta que peu de têms avant l'arrivée de François Fernandez de Cordouë dans leur Pays, un de leurs Sacrificateurs, nommé Chilan Combal, qui passoit pour un grand Prophete, publia que dans peu des Hommes blancs, & ayant du poil au menton, viendroient des quartiers, d'où le Soleil se leve, planteroient partout des Croix, & qu'à ce signal tous leurs Dieux s'enfuiroient; que ces Etrangers s'empareroient du Pays; mais qu'ils ne feroient aucun mal à ceux, qui se soumettroient volontairement à leur Empire, & adoreroient le seul Dieu, que leurs Vainqueurs leur prêcheroient. Le Devin, continuë Herrera, après avoir parlé de la sorte, fit faire une mante de cotton, & dit que c'étoit là le tribut, qu'exigeroient leurs nouveaux Maîtres; il fit aussi dresser une Croix, & à son exemple on en éleva de tous côtés; peu de têms après, les Espagnols ayant paru sur les Côtes de l'Yucatan, on leur demanda s'ils ne venoient point des Pays, d'où le soleil se leve, & dans la suite, les Habitans de ce Pays, ayant vû les Gens de la suite de Montejo rendre de grands honneurs à la Croix, ils ne douterent plus que la Prophétie de Combal ne s'accomplît.

Il est blessé à Potonchan & découvre la Nouvelle Espagne.

Pour revenir à Grijalva, ce Général étant parti de Cozumel, s'approcha de la Terre Ferme, & arriva en huit jours à Potonchan, où il trouva les Peuples fort résolus à lui disputer la descente. Il ne laissa pas de la faire; mais il y eut trois hommes tués & soixante blessés. Il fut lui-même blessé, s'étant exposé comme le dernier des Soldats, il marcha ensuite à la Bourgade, où il n'y avoit plus personne, & quoiqu'il eût envoyé faire aux Habitans les propositions les plus avantageuses ; il ne put les engager à revenir, de sorte que ne voyant aucune espérance de traitter avec eux, il se rembarqua. Plus il avançoit, plus le Pays lui paroissoit cultivé & peuplé ; les Habitans plus à leur aise & plus policés ; les Edifices plus propres & mieux bâtis ; & un Soldat s'étant avisé de dire qu'il lui sembloit être dans une nouvelle Espagne, cette parole dite au hazard, passa aussi-tôt de bouche en bouche ; & c'est ainsi que le nom de *Nouvelle Espagne* est demeuré à toute cette vaste contrée.

1518. | 1519.

Il entre dans la Riviere de Tabasco. Etonnement des Indiens.

Grijalva cependant soupiroit après une Riviere, où il pût s'arrêter quelque têms, & par ce moyen prendre un peu plus de connoissance de l'interieur du Pays. Il en découvrit enfin une, qui se jette par deux embouchures dans ce que l'on a depuis appellé le Golphe du Mexique ; mais s'étant approché de celle des deux branches, qui lui parut la plus naviguable, il n'y trouva pas encore assés d'eau pour y faire entrer ses deux plus grands Vaisseaux, le parti, qu'il prit, fut de renforcer les Equipages des deux autres, sur l'un desquels il s'embarqua, résolu de remonter la Riviere le plus haut, qu'il lui seroit possible. Il étoit à peine engagé dans le courant du Fleuve, contre lequel ses Bâtimens eurent long-têms à combattre, qu'il apperçut assés près de lui un fort grand nombre de Canots, remplis d'Indiens armés, qui paroissoient fort résolus de défendre la descente. Leurs cris & leurs menaces n'épouvanterent pourtant pas les Espagnols, qui s'avancerent en bon ordre jusqu'à la portée du trait. Le Général leur avoit surtout recommandé de ne faire aucune démonstration, par où l'on pût juger qu'ils venoient comme Ennemis ; & les Indiens de leur côté furent si frappés de la figure de ces Etrangers, de la belle ordonnance, dans laquelle ils avançoient, de l'intrépidité, qu'ils faisoient paroître, malgré leur petit nombre, de la forme de leurs Armes, & de celle de leurs Navires ; que la surprise suspendant toute la fureur, dont ils étoient animés, ils resterent comme immobiles, & qu'un silence general

1518. | 1519. ſucceda tout à coup aux clameurs, dont un moment auparavant toutes les Campagnes & le Rivage de la Mer retentiſſoient.

Il prend poſſeſſion du Pays, & propoſe aux Habitans de ſe ſoumettre au Roi d'Eſpagne.

Le Commandant profita d'une ſi heureuſe conjoncture pour ſauter à terre ; ceux, qui étoient avec lui, en firent autant, & tous les autres le ſuivirent de près. Il les rangea en Bataille à meſure qu'ils arriverent, fit déployer l'Etendart Royal, & s'appercevant que cette action avoit redoublé l'étonnement des Indiens, il fit tranquillement à leur vûë toutes les cérémonies, qui ont accoûtumé d'accompagner les priſes des poſſeſſions les moins conteſtées. Il envoya enſuite ſes deux Interpretes, Julien & Melchior, ces deux Neophites de l'Yucatan, que Fernandez de Cordouë avoit menés à Cuba, & dont la Langue s'entendoit dans une bonne partie de la nouvelle Eſpagne; il les envoya, dis-je, aux Indiens, pour leur proteſter que ſon arrivée dans leur Pays étoit pacifique, & que tout ſon déſir étoit de faire alliance avec eux. Sur cette aſſûrance, 30. des principaux ſe détacherent, & s'approcherent avec une confiance, qui ne paroiſſoit pas exempte de ſoupçon. La maniere, dont ils furent reçus, ſembla d'abord diſſiper tous leurs ombrages; le Général Eſpagnol les combla d'amitié, & leur fit à chacun un préſent, après quoi il crut pouvoir ſe hazarder à leur dire, qu'il étoit le Lieutenant d'un grand Roi, auquel obéïſſoient des Peuples ſans nombre ; qu'il les invitoit à le reconnoître auſſi pour leur Souverain, & qu'ils n'auroient pas lieu de s'en repentir ; ce Prince n'ayant rien plus à cœur, que de rendre heureux tous ceux, qui ſe rangeoient ſous ſes loix.

Réponſe des Indiens.

La maniere, dont cette propoſition fut reçuë, fit connoître à Grijalva qu'il s'étoit mépris, s'il avoit crû avoir affaire à des Sauvages. Il n'eût pas plûtôt fait ſa propoſition, que le plus conſiderable de la Troupe Indienne, voyant la fureur renaître ſur le viſage de ſes Gens, leur impoſa ſilence de la main, & adreſſant la parole au Général, il lui dit : « Ce n'eſt pas une paix, que vous nous offrez, mais une guerre

» guerre que vous nous déclarés; car qui a jamais entendu » parler d'une paix, dont la premiere condition demande » une soumission, telle qu'on a droit de l'exiger de Gens » qu'on a subjugués par la force? Vous deviés bien, avant » que de nous proposer de reconnoître votre Prince pour » notre Maître, vous informer, si nous étions mécontents de » celui, auquel nous obéïssons. Toutesfois comme je ne suis » pas revêtu d'une autorité suffisante, pour vous donner une » réponse décisive, je vais rendre compte à mes Superieurs, de » ce que vous prétendés, & je vous ferai sçavoir leur derniere » résolution. » Il se retira en finissant ces mots, & laissa les Espagnols un peu intrigués, voyant qu'ils avoient affaire à des Gens, qui pensoient trop bien pour être des Ennemis méprisables. Mais leur inquiétude ne fut pas de longue durée. Le même Indien, qui leur avoit parlé, revint fort peu de têms après avec une nombreuse suite, & leur présenta toutes sortes de Provisions en abondance de la part de tous les Caciques des environs; « Voici, dit-il ensuite, des » gages de la paix, que nous acceptons. Mes Maîtres » ne craignent point la Guerre, & l'exemple de ce qui est » arrivé dans l'Yucatan, ne les a point intimidés; mais ils » jugent que la Paix est toûjours préférable à la plus heu- » reuse Guerre. »

1518. | 1519.

Entrevûë du Général & du Cacique de Tabasco.

Cette déclaration combla de joye les Indiens, pour le moins autant que les Espagnols, & on commençoit à traitter ensemble avec beaucoup de cordialité, lorsque le Cacique du lieu parut avec une garde assés peu nombreuse & désarmée, conservant néanmoins un certain air de Prince, qu'il soutint encore mieux dans la maniere, dont il parla au General. Car après lui avoir fait étaler une quantité de raretés du Pays, dont il vouloit lui faire présent, & parmi lesquelles il y avoit beaucoup d'ouvrages travaillés en Or. « J'aime la Paix, dit-il, sans lui donner le têms de » faire son remerciement; j'aime la Paix, & c'est pour la » maintenir entre nous, que je vous prie d'accepter ce Pre- » sent, & de vous éloigner de ces lieux, de peur que la mé-

1518. | 1519. » sintelligence ne se mette parmi vos Sujets & les miens. » Le General lui répondit, que son dessein n'avoit jamais été de rien faire, qui pût lui causer la moindre inquiétude, & lui fit entendre qu'il ne tarderoit pas à partir. Le Cacique, sur cette assûrance, prit congé de lui, & les Espagnols s'embarquerent dès le même jour. C'est ainsi que Solis raconte cette entrevûë, qui se fit sur le Bord de Grijalva, où ce General s'étoit retiré, après avoir déclaré ses intentions à l'Envoyé des Caciques.

Pourquoi Grijalva ne fait point d'établissement dans ce lieu-là.

Herrera, qui marque expressément cette circonstance, & quelques-autres, qui ne sont pas toutes également vraisemblables, ajoûte que plusieurs Espagnols témoignerent beaucoup d'envie de s'établir dans un lieu, où tout les portoit à espérer qu'ils y trouveroient de grandes richesses; mais que le General leur opposa les ordres contraires, qu'il avoit de Velasquez, & l'imprudence qu'il y auroit de laisser derriere eux des Ennemis, tandis qu'avec leurs forces affoiblies, ils seroient obligés de continuer la découverte, qu'ils avoient commencée. Il dit encore que les Indiens interrogés, où l'on trouvoit de l'Or, ne répondirent qu'en montrant de la main un Pays situé à l'Occident, & en repetant plusieurs fois *Culua*. Quoiqu'il en soit, la Riviere, où l'Escadre étoit entrée, portoit le nom de Tabasco, auquel les Espagnols substituerent celui de Grijalva, mais qui est resté à la Province qu'elle arrose, & qui le conserve encore aujourd'hui.

Rio de Banderas. Premiere connoissance de Motezuma.

Au sortir de cette Riviere, le General continua de ranger la Côte jusqu'à une autre Fleuve, qui fut nommé *Rio de Banderas*, parce qu'étant par son travers on apperçut des Indiens, qui ayant mis des especes de Banderoles au bout d'une maniere de picques, sembloient inviter les Castillans à descendre à terre. François de Montejo eut ordre de reconnoître cette Riviere avec deux Batteaux armés, & Grijalva le suivit d'assés près avec tout le reste de son monde. Les uns & les autres furent parfaitement bien reçus des Habitans, qui traitterent avec eux la valeur de 15. mille Pesos en or, pour les plus viles Marchandises d'Espagne. Grijalva apprit dès-lors, & fut encore mieux instruit dans la suite, que ces invitations, & la bonne réception, qu'on lui avoit faite en cet endroit, étoient en conséquence d'un ordre d'un puissant Roi voisin de cette Province, & qui avoit nom *Morezuma*: que ce Prince, qui avoit été exactement informé de son approche, & qui avoit, dit-on, des pressentimens de ses malheurs prochains, avoit mandé, aux Commandans de ses Frontieres, d'aller au-devant des Espagnols, de leur porter de l'or pour traitter, & de tâcher de découvrir quel étoit au juste le dessein de ces Etrangers. Le General fit encore en ce lieu-là toutes les cérémonies d'une prise de possession, & il est à observer que c'étoit au nom de Velasquez, Gouverneur de Cuba, que se faisoient tous ces Actes publics. 1518. | 1519.

L'Escadre n'étant pas en sûreté dans cette rade, où rien ne la défendoit des Vents du Nord, Grijalva donna avec bien du regret l'ordre d'appareiller, & après avoir passé deux ou trois Isles peu considerables, sans s'y arrêter, il en aperçut une, qui lui parut bien peuplée, & il y fit mettre pied à terre une partie de ses gens. Il y avoit en effet dans cette Isle plusieurs Edifices assés beaux, & un Temple entr'autres d'une structure assés singuliere, il étoit ouvert de toutes parts, & il y avoit au milieu un dégré tout découvert, par où l'on montoit à une espece d'Autel, sur lequel on voyoit des Statuës d'une figure horrible. Grijalva eut la curiosité de le visiter de plus près, & il y trouva cinq ou six Cadavres, qu'il jugea avoir été sacrifiés la nuit précedente. Ce qui lui fit donner à l'Isle le nom d'Isle *des Sacrifices*. On l'appelle aujourd'hui plus communément la Caye du Sacrifice. Il vit la même chose dans une autre Isle un peu plus éloignée, que les Insulaires nommoient *Culua*; & qu'il crut être cette Terre abondante en Or, qu'on lui avoit indiquée à Tabasco. Effectivement, il y traitta beaucoup d'Or, & il la nomma *Saint Jean d'Ulua*. Cette Isle & la précedente, sont en elles-mêmes très-peu de chose, celle-ci ferme le Port de la *Vera Cruz*, du côté du Nord, & nous aurons ailleurs occasion d'en parler plus au long.

1518. | 1519. Grijalva envoye demander de nouveaux ordres à Velasquez.

Le General Espagnol eut bien voulu prendre possession de tant de riches Pays, autrement que par des formalités. Il croyoit même, & c'étoit le sentiment presqu'unanime de ceux, qui l'accompagnoient, pouvoir interpreter sur cela les intentions de Velasquez; mais son obéïssance fut la plus forte, & tout ce qu'il jugea devoir se permettre, fut de lui envoyer donner avis de tout, pour recevoir de nouveau ses ordres. Il lui dépêcha le Navire, que commandoit Pierre d'Alvarado, il chargea dessus tout l'or, & toutes les raretés, qu'il avoit ramassées jusques-là, & y il fit embarquer les malades, qui n'étoient pas en état de lui rendre aucun service. Velasquez de son côté étoit fort en peine de ne point apprendre des nouvelles de cette Escadre, & envoya un Vaisseau commandé par Christophle de Olid, pour s'informer de ce qu'elle étoit devenuë. Un coup de Vent, qui maltraitta fort ce Navire sur les Côtes de l'Yucatan, contraignit Olid de s'en retourner au plus vîte à Sant-Yago, d'où il étoit parti; & comme sur ces entrefaites Alvarado arriva au même Port, Velasquez se consola aisément de l'inutilité du Voyage de l'un, par les bonnes nouvelles, que l'autre lui apporta de ce qu'on commença dès-lors à nommer la Nouvelle Espagne.

Qui s'emporte mal-à-propos contre lui.

Il est vrai que, quand il eut appris qu'on n'avoit pas même bâti un Fort dans une si grande étenduë de Pays, il entra dans une grande colere contre Grijalva. Rien assûrément n'étoit moins raisonnable; mais outre que Las Casas, qui a dit beaucoup de bien de ce Gouverneur, convient qu'il étoit quelquefois très-difficile à contenter, soit pour ce qui regardoit le Commandement, soit pour son service particulier, & qu'il n'étoit pas aisé, même en faisant son devoir, d'éviter son indignation, il avoit encore un défaut, qui étoit de croire, sans beaucoup examiner, ce qui étoit au désavantage des autres. Or dans un Conseil Général, où Grijalva avoit mis en déliberation, si on ne construiroit pas une Forteresse dans la Nouvelle Espagne, Pierre d'Alvarado avoit été pour l'affirmative, & il n'est pas hors de vrai semblance que, dans le récit, qu'il fit à Velasquez de tout ce qui s'étoit passé à ce sujet, il parla de son Commandant d'une maniere peu favorable, ou peu mesurée; c'est du moins ce que paroît insinuer Antoine Herrera. Solis dit positivement qu'Alvarado voulut excuser son Général, mais qu'il le fit foiblement, comme font ordinairement tous ceux, qui défendent un sentiment contraire à celui, qu'ils ont soutenu; il y a aussi bien de l'apparence que le Gouverneur de Cuba, n'ayant pas osé de son chef, & sans en avoir eu l'agrément de ceux, qui Commandoient dans l'Isle Espagnole, donner ordre de faire des établissemens en Terre Ferme, eût fort souhaité que Grijalva l'eût pris sur lui.

1518. | 1519.

Grijalva continue la Découverte de la Nouvelle Espagne.

Ce qui est certain, c'est qu'après avoir violemment invectivé contre ce Capitaine, dont tout le crime étoit de lui avoir obéi; il prit sur le champ la résolution de faire un nouvel armement, & d'en donner le Commandement à un autre. Mais cet emportement lui coûta cher dans la suite, & il se seroit épargné bien des chagrins, s'il eut rendu plus de justice à son compatriote, lequel, tandis qu'on lui faisoit si injustement son procès à Sant-Yago, poursuivoit ses Découvertes le long du Golphe de Mexique. Il s'étoit remis en Mer peu de têms après le départ d'Alvarado, & après avoir reconnu les hautes Montagnes *de Tuspa*, il se trouva dans la Province de Panuco; y ayant rencontré une Riviere, qui lui parut assés profonde, il y fit entrer ses Navires, mais à peine y avoit-il moüillé les Ancres, que le Vaisseau commandé par Alphonse Davila, lequel s'étoit apparemment un peu plus avancé que les autres, fut attaqué par une Flotte de Canots Indiens, & il auroit sans doute succombé, s'il n'eût été sécouru à propos. Grijalva ayant joint toutes ses forces, tomba si brusquement sur les Barbares, que la plûpart n'eurent pas même le têms de se sauver, & qu'il en fut tué un grand nombre. Cet incident fit donner à cette Riviere le nom de *Riviere des Canots*. Grijalva en étant sorti, cottoya la

1518. | 1519. Province de Tlascala; il s'avança ensuite jusqu'à une pointe, où les Courans se trouverent contraires, & si forts, que le Pilote Alaminos, après plusieurs efforts pour la doubler, déclara qu'il y avoit trop à risquer à s'opiniâtrer davantage.

Il retourne à l'Isle de Cuba. Reception que lui fait Velasquez.

Plusieurs personnes des plus considerables de l'Escadre firent alors une derniere tentative pour engager Grijalva à faire un établissement, & l'on prétend qu'il ne parut pas alors s'en éloigner beaucoup, quoiqu'il y ait bien de l'apparence, qu'il ne voulut que gagner du têms, pour attendre la réponse de Velasquez: mais François de Montejo ayant opiné au contraire, il reprit ses premiers sentimens, & fit voiles vers l'Isle de Cuba, où il arriva sur la fin d'Octobre. Il apprit en passant à Matance les grands préparatifs de Velasquez pour une nouvelle expédition, & comme il ignoroit encore les dispositions de ce Gouverneur à son égard, il se flatta qu'il ne songeroit point à confier sa Flotte à d'autres, qu'à lui. Mais il se trouva bien loin de compte, lorsqu'au lieu des amitiés & des remerciemens, à quoi il s'étoit attendu, Velasquez lui fit publiquement les reproches les plus sensibles, & lui parla de la maniere la plus dure. Il ne répliqua, qu'en lui montrant l'ordre qu'il avoit reçû de lui-même, mais le Gouverneur étoit si peu capable d'entendre raison, dit un Historien, qu'il reconnoissoit avoir donné l'ordre & en punissoit l'exécution, comme il auroit dû faire la désobéïssance. Il envoya Jean de Salzedo à l'Isle Espagnole, pour faire agréer sa nouvelle entreprise aux Peres de S. Jerôme, & ayant dressé son Plan sur les Memoires de Grijalva, il songea tout de bon à donner un Commandant à sa Flote.

Solis.

Fernand Cortez nommé Capitaine Général de la Flotte destinée à la Conquête de la Nouvelle Espagne.

Il jetta d'abord les yeux sur Balthasar Bermudez, qui étoit son Compatriote, aussi bien que Grijalva: Antoine & Bernardin Velasquez, ses proches parens; Vasco Porcallo, & plusieurs autres Officiers de marque se mirent sur les rangs, mais les uns portoient trop haut leurs prétentions, les autres n'avoient pas tout ce que demandoit un employ de cette importance. La voix publique nommoit Grijalva, & ce suffrage universel auroit fait revenir tout autre, que Velasquez. Enfin Amador de Lariz, Trésorier Royal, & André Duero, Secretaire du Gouverneur, profiterent de cette irrésolution, pour faire tomber le choix sur leur ami commun, & l'homme du monde, qui convenoit le moins aux vûës de Velasquez. Ces vûës étoient fort extraordinaires & infiniment difficiles à remplir; ce Gouverneur vouloit un Commandant, qui eût tout le mérite d'un Conquérant, & qui n'en eut pas l'ambition, mais qui fût assés simple ou assés moderé, pour n'avoir en vûë que la gloire d'autruy; & tandis qu'il ne vouloit pas voir que Grijalva seul étoit capable de tout cela, on lui fit agréer le plus ambitieux des hommes, & le moins propre à n'agir qu'avec subordination à la tête d'une Armée. Ce fut le célébre Fernand Cortez, celui peut être de tous les Conquerans du Nouveau Monde, dont on a dit plus de bien & plus de mal.

1518. | 1519.

Quel il étoit.

Fernand Cortez naquit à Medellin en Estramadoure en 1485. de Parents Nobles : son Pere se nommoit Martin Cortez de Monroy, & sa Mere Catherine Pizarro Altamirano. On eut assés de peine à l'élever, & jusqu'à l'âge de quatorze ans il fut très-infirme; mais alors sa santé ayant paru se fortifier, il fut envoyé à Salamanque pour achever ses Etudes. Il fit assés bien ses Humanités; & le dessein de son Pere étoit qu'il s'appliquât à la Jurisprudence, mais comme cette occupation ne convenoit pas à son humeur, il y renonça bientôt, retourna dans sa famille, & peu de têms après il obtint de ses Parens la permission d'aller servir en Italie, sous le célébre Gonzalve de Cordouë; mais une maladie, dont il fut attaqué en chemin, rompit ce Voyage. Dès qu'il fut guéri il eut envie de passer aux Indes, & son Pere y ayant consenti, lui donna des Lettres pour le Grand Commandeur D. Nicolas Ovando, duquel il étoit parent. Ce fut en 1504. qu'il s'embarqua, & quoiqu'il ne fût que dans sa vingtiéme année, & qu'il n'eût aucune ex-

1518. | 1519. perience, il fit pourtant paroître beaucoup de fermeté & de résolution, dans de fort grands dangers, ausquels il fut exposé pendant la Traversée. Ovando le reçut bien, & le garda quelque têms chés lui. Ensuite il lui donnna de l'employ dans la Ville d'Azua de Compostelle. Il étoit bien fait, son air & ses manieres avoient quelque chose de fort aimable, il étoit généreux, sage, discret, il ne parloit jamais mal de personne, & il avoit une conversation fort enjoüée; il obligeoit de bonne grace, n'avoit rien à lui, & ne vouloit pas même qu'on publiât ses bienfaits, mais il sçavoit merveilleusement l'art de faire servir cette générosité & cette modestie aux fins, qu'il se proposoit, qui étoient de se faire des amis, & de s'élever.

Ses avantures. En 1511. il passa dans l'Isle de Cuba avec Velasquez, qui le fit son Secretaire, mais l'année suivante quelques mécontens, qui vouloient porter leurs plaintes contre le Gouverneur à l'Audience Royale de San-Domingo, cherchant un homme assés hardi, pour se charger d'une pareille Commission, s'adresserent à Cortez, qui l'accepta, & entreprit de passer dans un Canot à l'Isle Espagnole. Velasquez, qui eut le vent de ce complot, le fit arrêter, & condamner à être pendu. Quelques personnes de consideration obtinrent sa grace; cependant le Gouverneur voulut l'envoyer Prisonnier à San-Domingo, & l'embarqua dans un Navire, qu'il y envoyoit; mais il se sauva en sautant dans la Mer pendant la nuit. Il fut pourtant repris, mais ses Protecteurs firent entierement sa paix avec Velasquez, lequel dans le fond l'aimoit & l'estimoit. Il eut encore une affaire fâcheuse au sujet de son mariage avec une Demoiselle de bonne Maison, & d'une grande vertu nommée Catherine Suarez Pacheco, & Velasquez, qui s'y trouva engagé avec les Parens de la Demoiselle, le fit mettre en Prison; mais il s'en tira heureusement, & il gagna même tellement les bonnes graces de son Gouverneur, que depuis ce têms-là personne n'en fut plus favorisé que lui. Aussi devint-il très-riche, & il exerçoit l'Office d'Alcaïde à Sant-Yago Capitale

Capitale de l'Isle, lorsque ces mêmes amis, qui l'avoient jusques là servi si utilement, le firent nommer Capitaine Général de la Flotte, qu'on armoit pour la Nouvelle Espagne.

1518. | 1519.

Son caractere.

Ce choix au reste n'étoit pas aussi étrange, qu'il pouvoit le paroître, bien que Cortez n'eût gueres eu jusques-là que des emplois plus propres à faire connoître son esprit & ses talens pour les affaires, qu'à montrer sa valeur, & à lui acquerir de l'experience au fait des Armes; il n'avoit pas laissé de faire voir en plusieurs occasions qu'il étoit Soldat & Capitaine; il s'étoit surtout fort distingué dans la Conquête de l'Isle de Cuba, & depuis en diverses actions, qui se passerent dans cette Isle entre les Espagnols & les Insulaires. Aussi sa nomination fut-elle assés généralement applaudie du Peuple; mais ceux, qui le connoissoient plus intimement, jugerent d'abord que ce choix seroit fatal à son Auteur. On assûre même qu'un de ces foux, qui en divertissant disent souvent des vérités utiles, ayant un jour rencontré le Gouverneur & le Capitaine Général, qui se promenoient ensemble, se mit à crier que Velasquez avoit fait un beau coup, & que bientôt il lui faudroit une seconde Flotte, pour courir après Cortez. Velasquez demanda à celui-ci, s'il entendoit ce que disoit cet homme, Cortez répondit que c'étoit un fou qui parloit, cependant la prédiction ne tarda pas à se vérifier.

Velasquez obtient plusieurs graces de la Cour.

Ce qui contribua encore beaucoup à tromper le Gouverneur de Cuba, c'est qu'il crut avoir suffisamment pris ses mesures contre tout ce qu'on pourroit entreprendre à son préjudice. Aussi-tôt après l'arrivée de Pierre d'Alvarado, qui lui apporta les premieres nouvelles de la Découverte de la Nouvelle Espagne, il avoit envoyé en Europe Benoit Martin son Chapelain, pour rendre compte au Roi de toutes choses, & des projets, qu'il formoit pour tirer avantage de tout ce qui s'étoit fait; il avoit chargé cet Ecclésiastique de ce qu'il y avoit de plus précieux dans ce qui avoit été apporté de la Terre Ferme, & il l'avoit fait

1518. | 1519. suivre de près par Gonzalez de Guzman, auquel il recommanda, aussi bien qu'au Chapelain, d'agir en tout de concert avec Pamphile de Narvaez, qui étoit à la Cour depuis quelque têms, & auquel il eut toûjours une très-grande confiance. Narvaez avoit effectivement bien avancé ses affaires avant l'arrivée des deux autres, & sur les avis, qu'il lui en donna, Velasquez crut devoir se promettre toutes choses de la protection de l'Evêque de Burgos ; il avoit effectivement assés bien pris ses mesures, pour mettre dans ses interêts ce Prélat, dont l'autorité croissoit tous les jours, & qui vers la fin de l'année 1519. fut déclaré Président d'un nouveau Conseil établi sous le nom du Conseil des Indes. Il s'étoit fait ami de Passamonté, & il en usoit mal avec l'Amiral, que l'Evêque de Burgos n'aimoit pas. Ce Prélat fit donc valoir auprès du Roi le zele & les services du Gouverneur de Cuba ; il songea même à se l'attacher, en lui faisant épouser Donna Mayor de Fonseca sa Niéce, & le 13. de Novembre 1518. il fit signer au Roi un Concordat en vertu duquel ce Prince nommoit Velasquez Adélantade, & le déclaroit son Capitaine, & Lieutenant Général dans l'Isle de Cuba, & dans tous les lieux, qui avoient été, ou seroient dans la suite découverts par ses soins & sous ses ordres ; il lui donnoit même la permission de lever pour cela du monde, par tout, où il voudroit, & jusques dans l'Isle Espagnole, & regloit d'une maniere très-avantageuse pour lui les profits, qui se tireroient de toutes ses entreprises dans le Continent.

Ses disgraces. On peut bien juger qu'un pareil traité, de si grands Privileges, & la nouvelle dignité accordée au Gouverneur de Cuba, qui par là, de simple Lieutenant de Colomb, devenoit quelque chose de plus, que son égal, à l'Amirauté près, ne fit pas beaucoup de plaisir à celui-ci ; mais le malheureux Velasquez reçut un peu tard ces graces, & n'en joüit pas long-têms ; elles ne servirent même qu'à l'engager dans des entreprises, qui lui devinrent funestes, ainsi que nous le verrons bientôt ; peu d'années après il fut réduit à un état, où il fit beaucoup plus de compassion, qu'il n'avoit pû causer de jalousie; & si son infortune eut plusieurs causes differentes, la premiere & la principale fut le tour, que prit pour lui l'entreprise de la Nouvelle Espagne; mais dont il ne pût se prendre qu'à lui même.

1518. | 1519.

Conduite de Cortez à son égard.

Il avoit fait des frais considerables pour cette expedition, & ne doutoit pas qu'elle ne dût lui procurer les plus grands Etablissemens & le couvrir de gloire; mais pour cela il falloit la faire par lui-même, ou choisir mieux son Lieutenant. Herrera prétend que Cortez travailla presque aussi-tôt qu'il fut nommé pour commander la Flotte, à sécoüer toute dépendance de son Général, & qu'il voulut partir furtivement pendant la nuit de Sant-Yago, craignant que Velasquez, qui se repentoit déjà de son choix, ne voulût l'arrêter. Solis assûre le contraire sur le témoignage de Bernard Diaz de Castillo, témoin oculaire, dont j'ai déjà parlé, & dont je ne crois pourtant pas que l'autorité soit telle, que celle d'Herrera ne la puisse balancer, d'autant plus que Solis lui même ne fait aucune difficulté de le critiquer & de l'abandonner souvent. D'ailleurs cet Historien, après s'être bien donné de la peine à nous vouloir persuader que le Gouverneur de Cuba, & le Capitaine Général de la Flotte, se quitterent avec toutes les marques d'une confiance entiere de la part du premier, & d'une parfaite soumission de celle du second; convient que celui-ci étoit à peine sorti du Port de Sant-Yago, qu'on réüssit enfin à inspirer de violents soupçons contre lui à Velasquez, qui fit dès-lors de grands, mais d'inutiles efforts pour s'assûrer de sa personne.

Velasquez tâche envain d'ôter à Cortez le Commandement de la Flotte.

Quoiqu'il en soit, Cortez fit voiles de Sant-Yago le 8. de Novembre de l'année 1518. & gagna en peu de jours le Port de la Trinité, où il avoit beaucoup d'Amis, qui voulurent le servir de leurs personnes, & de leur bourse. Il lui vint aussi un renfort considerable de la Ville du S. Esprit, qui n'est pas éloignée du Port de la Trinité; mais tandis que tout étoit en mouvement dans ces deux Villes pour seconder son entreprise; Velasquez se détermina en-

1518. | 1519. fin à tout tenter, pour lui en ôter la conduite, & commença par envoyer un ordre exprès à François Verdugo, son beau-frere, qui exerçoit l'emploi d'Alcaïde Major à la Trinité, de le déposer juridiquement de sa Charge. Il étoit plus aisé de donner une telle Commission, que de l'executer. Cortez étoit bien sûr de tous ceux, qui étoient sous ses ordres, & Verdugo sentit qu'inutilement il exposeroit l'autorité, dont il étoit revêtu, s'il se mettoit en devoir d'obéïr. D'ailleurs il fut charmé de la maniere, dont Cortez lui parla; de sorte qu'il jugea à propos de ne rien faire, jusqu'à ce qu'il eût écrit à Velasquez, & reçû de nouveau ses ordre. La plûpart des Officiers de la Flotte écrivirent aussi de leur côté, pour représenter au Gouverneur l'injustice, qu'il vouloit faire à un homme de mérite, dont tout le crime étoit apparemment d'avoir des envieux; & le danger, qu'il y avoit de révolter toute l'Armée, si on poussoit à bout son Général. Enfin Cortez écrivit lui même, & le fit d'une maniere fort mesurée, mais qui, sans sortir des bornes du respect, qu'un subalterne doit à son Superieur, faisoit voir une Noblesse de sentimens, que Velasquez ne lui avoit peut-être pas assés connuë, & un peu de ce ressentiment, qui ne sied pas mal à la vertu calomniée.

Cortez se hâte de partir. Ces dépêches parties, le Capitaine Général crut que ce qu'il avoit à faire de mieux dans les circonstances, où il se trouvoit, étoit de sortir de l'Isle au plûtôt. Ayant donc envoyé par terre une bonne partie de ses Soldats à la Havane sous la conduite de Pierre d'Alvarado, il s'y rendit par Mer, après avoir couru un grand danger, son Navire étant demeuré échoué sur un récif, d'où on eut bien de la peine à le tirer. Il acquit encore à la Havane un nouveau renfort de volontaires, la plûpart gens de mérite & de service; & comme toute cette Noblesse, qui se donnoit ainsi à lui, n'épargnoit rien pour se bien équiper, il ne se pouvoit rien voir de plus leste & de plus brillant, que toute cette Armée Navalle. Mais tandis que les derniers préparatifs pour le départ se faisoient avec une diligence & une conduite, qui faisoient admirer davantage de jour en jour le Capitaine Général; Gaspar de Garnica arriva de Sant-Yago avec des lettres de Velasquez, pour Pierre de Barba, Commandant à la Havane: par lesquelles il étoit enjoint à cet Officier d'arrêter Cortez, & de l'envoyer Prisonnier à la Capitale. Le Gouverneur recommandoit en même têms à Diego de Ordaz, & à Jean Velasquez de Leon, de prêter main-forte à Barba, & après leur avoir marqué l'indignation, qu'il avoit conçuë contre Verdugo, qui n'avoit pas executé un pareil ordre à la Trinité, il leur faisoit comprendre qu'il ne recevroit aucune excuse de leur part, s'ils suivoient un si pernicieux exemple, & s'ils lui manquoient dans l'affaire du monde, qui l'interessoit le plus.

1518. | 1519.

Etat de la Flotte: elle met à la voile.

Cette seconde tentative ne lui réüssit pourtant pas mieux que la premiere; elle fut même généralement désaprouvée, & Cortez se voyant soutenu, leva le masque. Quelque têms après le bruit courut que Velasquez se préparoit à venir en personne à la Havane, ce qui ne servit qu'à faire presser le départ. La Flotte étoit composée de dix Navires, & d'un Brigantin. Cortez ayant divisé toutes ses Troupes en onze Compagnies, il les mit sous les ordres des Commandans de ces onze Bâtimens, & par-là ces Capitaines devoient commander avec une égale autorité sur Mer, & sur Terre. Cortez prit le Commandement de la premiere Compagnie, les autres Capitaines furent Jean Velasquez de Leon, Alphonse Fernand de Portocarrero, François de Montejo, Christophle de Olid, Jean de Escalanté, François de Morla, Pierre d'Alvarado, François Sancedo, Alphonse Davila, & Ginez de Nortez, qui montoit le Brigantin. François de Orozco, qui avoit servi avec beaucoup de réputation dans les Guerres d'Italie, fut chargé de l'Artillerie, & Antoine de Alaminos fut déclaré premier Pilote. Toutes choses étant ainsi reglées, & rien ne retenant plus Cortez à la Havane, il appareilla le 16. de Fevrier 1519. après avoir mis solemnellement son expédition sous la protection du Prince des Apôtres, & fait peindre dans son grand Etendart une Croix avec ces paroles, qui furent montrées au Grand Constantin, *In hoc signo vinces.*

1519. Velasquez manque un Navire de Cortez qui alloit en Espagne.

On peut aisément juger quel fut le chagrin de Velasquez, lorsqu'il vit que son Ennemi lui avoit échappé ; mais rien ne dut lui être plus sensible, que de voir sa conduite blâmée, & ses projets déconcertés par ceux mêmes, sur qui il avoit cru pouvoir compter davantage. Il résolut pourtant de n'en point avoir le démenti, & s'il ne fit pas d'abord connoître toute la vivacité de son ressentiment, c'est qu'il voulut se donner le loisir de bien prendre ses mesures. Vers la fin de Juillet il sçut qu'un Navire de la Flotte de Cortez, où étoient Porto Carrero, Montejo, & le Pilote Alaminos, avoit pris terre dans son Isle, assés près de la Havane, il se mit aussi-tôt en devoir de s'en rendre le maître par surprise, mais l'adresse, l'activité & la hardiesse d'Alaminos, qui le premier osa s'abandonner aux Courans du Canal de Bahama, lui firent encore manquer son coup, & le Navire arriva heureusement à Seville, au mois d'Octobre. Pour entendre le sujet de ce Voyage, il faut reprendre les choses de plus haut.

Conseil établi dans l'armée. Cortez se démet entre ses mains du Généralat.

Cortez ayant reconnu la petite Isle de S. Jean d'Ulua, forma le dessein de s'établir dans son voisinage, & y traça effectivement le plan d'une Ville; mais avant que d'aller plus loin, il voulut donner une forme de Gouvernement à sa Colonie, en attendant les ordres de la Cour. Il en fit lui-même la proposition à ses Officiers, & par eux à ~~tout le Peuple~~ toute l'armée. Elle fut bien reçuë, on s'assembla pour choisir les Magistrats de la nouvelle Ville, & quoique le Général eût laissé en apparence à chacun la liberté du suffrage, tout se passa selon ses désirs. On forma un Conseil composé de deux Alcaïdes, qui furent Porto Carrero, & Montejo; de quatre Regidors ou Conseillers, qui furent Davila, les deux Alvarado, & Sandoval; d'un Alguazil Major, qui fut Jean d'Escalanté; & d'un Procureur Général, qui fut François Alvarez Chico. Dès le lendemain de cette Election, le Conseil étant assemblé, Cortez fit demander la permission d'y entrer; elle lui fut accordée d'abord, & ayant pris sa place après le premier Conseiller, quoique tous lui eussent déferé la premiere; il représenta qu'il se trouvoit à la tête d'une Armée, sans aucune autorité pour la commander; la Commission, que lui en avoit donné Diego Velasquez, ayant été révoquée par ce même Gouverneur : qu'il avoit fait jusques-là les fonctions de cette Charge, par la seule déférence volontaire de ceux, qui l'avoient d'abord reconnu pour leur Chef: qu'il avoit été nécessaire d'en user ainsi, tant qu'il n'y avoit pas eu dans l'Armée une autorité suffisante, pour se donner un Général, que cette nécessité ne subsistoit plus, qu'il prioit le Conseil d'user de son droit, & de n'avoir égard dans un choix de cette importance, qu'à la gloire de la Nation, & au bien du service. Après avoir ainsi parlé, il mit sur le Bureau les Provisions, qu'il avoit reçûës de Velasquez, & se retira.

1519.

Le Conseil le choisit de nouveau pour Capitaine Général. Fondation de la Vera Cruz.

Cortez n'avoit rien risqué en se démettant ainsi d'un Commandement, qui dans le fond ne tenoit à rien, & que le moindre mécontentement pouvoit lui ravir; sa partie étoit bien liée, & toutes les voix furent pour recevoir sa démission, mais à condition qu'on l'obligeroit à accepter de nouvelles Patentes de Général, provisionnelles néanmoins, & jusqu'à ce que le Roi eût déclaré sa volonté. Cet Acte de Jurisdiction du Conseil avoit été précedé par la Cérémonie, qui fut faite avec de grandes formalités, de donner à la nouvelle Ville le nom de *Villa ricca de la Vera Cruz*, elle fut appellée *Villa ricca*, à cause de l'Or, qu'on avoit trouvé en cet endroit, & le surnom de *Vera Cruz* y fut ajoûté, parce qu'on y étoit arrivé le Vendredi Saint.

Il reçoit du secours & apprend des nouvelles de Cuba & envoye des dépêches en Cour.

Quelque têms après, on fut assés surpris de voir entrer dans le même Port, un petit Bâtiment qui venoit de Cuba, & portoit 10. Soldats Commandés par François de Saucedo, auquel s'étoit joint un autre Officier, nommé Louis Marin. La facilité avec laquelle ils se donnerent à Cortez, fit juger qu'ils n'avoient point eu d'autre dessein que de prendre part à une expedition, dont on se promettoit de grandes choses; mais ils apprirent au Capitaine Géné-

1519. ral des nouvelles, qui lui donnerent un peu à penser. Ils lui dirent qu'il devoit s'attendre que Velasquez ne négligeroit rien pour le perdre; qu'il avoit eu avis de la Cour que le Roi l'avoit nommé Adélantade de l'Isle de Cuba, & qu'il en étoit d'autant plus animé à la vengeance, que cette nouvelle dignité sembloit lui assûrer, & le droit & le pouvoir de se venger. Ce fut ce qui le fit résoudre à députer au Roi les deux Alcaïdes au nom de la Colonie, pour lui rendre compte de tout ce qui s'étoit passé, tant à l'égard du Gouverneur de Cuba, que depuis que l'Armée étoit entrée dans la Nouvelle Espagne; & il chargea les deux Députés de tout ce qu'il y avoit de plus précieux parmi les Présens, qu'on avoit reçus, & le butin, que l'on avoit fait.

Vers la fin de l'année, Velasquez reçut des Lettres de son Chapelain, qui étoit toûjours à la suite de la Cour, & qui lui mandoit que les Provisions d'Adélantade avoient été expediées, que ses Pouvoirs en vertu de cette Charge, s'étendoient, non-seulement à toute l'Isle de Cuba, mais encore à toutes les Provinces, qui seroient découvertes & conquises par ses soins & sous ses ordres, & qu'il pouvoit compter sur toute la Protection de l'Evêque de Burgos; mais il ajoûtoit que Porto Carrero & Montejo étoient arrivés en Cour, avec beaucoup d'Or & des nouvelles du Mexique, qui avoient causé une grande joye au Roi; que l'Evêque de Burgos agissoit de son mieux pour faire regarder Cortez comme un Rebelle, qui méritoit d'être puni; mais qu'il ne répondoit pas de pouvoir détruire dans l'esprit du Prince les impressions, qu'y avoient faites en faveur de ce Général les Esperances d'une si belle Conquête, ni de contrebalancer les suffrages de tous les Ordres du Royaume, qui élevoient jusqu'au Ciel le courage & la conduite d'un homme, trop heureux ce semble, pour être jugé criminel.

Il fait un grand armement contre Cortez & le

Ces avis excitèrent dans le cœur de Velasquez des sentimens bien opposés, mais qui concoururent à lui faire prendre la résolution de tout risquer, pour avoir raison d'un ingrat

ingrat, qui lui ayant obligation de tout ce qu'il étoit, alloit, s'il n'y mettoit ordre au plûtôt, lui enlever la gloire & les profits de la plus grande Entreprise, qui eût encore été tentée dans le Nouveau Monde. Occupé de ces idées, il parcourut toute l'Isle de Cuba, pour tâcher d'inspirer à la Noblesse & au Peuple toute sa passion, ou du moins de faire naître dans leurs cœurs le désir de partager avec l'Armée de Cortez les Thrésors de la Nouvelle Espagne, & l'honneur d'ajoûter une si belle Couronne à toutes celles, qui brilloient déjà sur le front de leur Souverain. Velasquez étoit aimé, ce qu'il proposoit n'avoit rien, qui ne parût d'une exécution aisée; d'ailleurs il n'épargna ni son crédit, ni son bien; aussi vint-il à bout de lever en fort peu de têms une Armée très-leste, & de mettre en mer la plus nombreuse Flotte, qui fût encore sortie d'aucun Port des Indes. Elle étoit composée d'onze grands Vaisseaux, de sept plus petits, & de plusieurs Barques ou Bateaux; & il y avoit dessus 800. hommes de la meilleure Infanterie, qui fût aux Indes, & 80. Cavaliers. Le premier dessein de Velasquez étoit de la commander lui-même; il changea néanmoins de sentiment, & il donna pour Général à sa Flotte Pamphile de Narvaez, qui étoit revenu depuis peu d'Espagne. C'étoit un ancien Officier, qui s'étoit acquis une grande réputation dans les Indes, & dont l'attachement aux interêts du Gouverneur étoit à toute épreuve. Velasquez le nomma son Lieutenant, & lui recommanda sur toutes choses de ne rien négliger pour se saisir de la personne de Cortez, de le lui envoyer sous bonne garde, dès qu'il l'auroit en sa puissance, de prendre le Commandement des deux Armées réünies, de poursuivre la Conquête commencée, & d'y établir en même têms l'authorité du Roi, & les droits de l'Adélantade de Cuba.

1519. confie à Narvaez.

Cependant l'Audience Royale de San-Domingo fut bientôt informée de ces préparatifs, & en craignit les suites. Elle dépêcha aussitôt à Velasquez l'Auditeur Luc Vasquez d'Aillon, pour l'engager à remettre ce grand different à sa décision, avec ordre de n'épargner, ni la persuasion, ni les menaces, pour le détourner d'une Entreprise, qui ne pouvoit manquer

1519. de lui attirer l'indignation du Roi, quelqu'en fût le succès ; de lui remettre devant les yeux sa perte inévitable, & l'infamie, dont il se couvriroit, si, pour satisfaire sa passion, il allumoit dans les Indes un incendie, qui embraseroit peut-être toutes les Colonies Espagnoles ; & si toutes ces considerations ne suffisoient pas pour l'obliger à desarmer, de le lui commander sous peine de désobéissance, & d'être traité comme rebelle. Vasquez exécuta ponctuellement ses ordres, mais il ne gagna rien sur l'esprit d'un homme, qui en vertu de sa nouvelle dignité, prétendoit n'avoir plus de Superieur dans le Nouveau Monde. La Flotte mit à la voile au mois d'Avril 1520. L'Auditeur s'y embarqua, dans la pensée que, quand il n'auroit plus affaire qu'à Narvaez, il en viendroit plus aisément à bout ; mais il fut trompé dans son attente. Arrivé au Mexique, & voyant Narvaez rejetter avec obstination toute voye d'accommodement, il lui fit intimer une défense sous peine de la vie de passer outre, sans avoir reçû les ordres de l'Audience Royale. Ce coup d'authorité, qui partoit d'une personne revêtuë d'un caractere respectable, commençoit à faire impression sur l'armée, & le Général en craignit les suites. Pour les prévenir, il fit sur le champ embarquer l'Auditeur dans une Caravelle, qu'il envoyoit à l'Isle de Cuba, en lui disant que sa trop longue absence de l'Isle Espagnole pourroit préjudicier au service de l'Empereur. Mais Vasquez engagea le Patron de la Caravelle à le mener en droiture à San-Domingo, où l'on fut extrêmement surpris d'un tel attentat. D'un autre côté les esperances, que Velasquez avoit fondées sur un si puissant effort, s'évanoüirent bientôt par la défaite & la prison de Narvaez, dont les suites furent, ainsi qu'on le lui avoit prédit, la perte de tout son bien, & la disgrace de son Prince. Mais le recit de ce grand Evenement, appartient à une autre Histoire, & m'écarteroit trop de mon sujet.

Fin du cinquiéme Livre.

HISTOIRE DE L'ISLE ESPAGNOLE OU DE S. DOMINGUE.

PREMIERE PARTIE.

LIVRE SIXIE'ME.

IEN loin que les nouvelles acquiſitions des Caſtillans dans les Indes duſſent faire à l'Iſle Eſpagnole tout le tort, qu'elles lui ont fait effectivement, elles devoient, ce ſemble, au contraire contribuer à la rendre encore plus floriſſante, puiſqu'outre ſes propres richeſſes, qui ne s'épuiſoient point, elle devenoit en quelque façon néceſſaire pour la conſervation & l'utilité de ce grand corps de Monarchie, qui ſe formoit autour d'elle, dont elle devenoit naturellement le centre & comme le cœur, & dont les membres diſperſés ne pouvoient gueres avoir de communication entre eux, que par ſon Canal. Elle eût été d'ailleurs fort en état de ſe ſoutenir encore par elle-même, ſi l'on eût voulu profiter de l'experience du paſſé, pour la conſervation des Inſulaires, mais on les pouſſa plus que jamais à bout, & après qu'on les eût réduit à une poignée de monde; ce petit reſte d'un million d'hommes, qui avoit ſubi preſque ſans réſiſtance le joug de deux à trois cens Eſpagnols, tint pendant treize ans en échec, & fut ſur le point de chaſſer de l'Iſle une 1519.

1519. Colonie puissante, qui occupoit de grandes Villes, tenoit de bonnes Forteresses, & ne manquoit de rien pour attaquer & pour se défendre. Voici de quelle maniere la chose arriva.

Cacique Chrétien nommé Henry donné en commande.

Dans la Ville de San-Juan de la Maguana, un jeune Espagnol nommé Valençuela, avoit hérité depuis peu par la mort de son Pere d'un Département d'Indiens, qui avoient à leur tête un Cacique Chrétien, nommé Henry, dont les Ancêtres avoient regné dans quelque canton des Montagnes de Baoruco. Henry avoit été élevé dès sa plus tendre enfance dans le Couvent des Peres de S. François de la Vera-Paz, dans la Province de Xaragua, & il y avoit fort peu de têms, qu'il en étoit sorti. La feuë Reine Isabelle avoit fort recommandé qu'on procurât aux Enfans des Caciques la meilleure éducation, qu'il seroit possible, & pendant plusieurs années ce fut là une des plus grandes occupations des PP. de S. François dans l'Isle Espagnole. Isabelle avoit bien prétendu qu'on ne s'en tînt pas là, mais qu'après avoir formé l'esprit & le cœur de ces jeunes gens, on les employât aux choses, dont ils se seroient rendus capables; mais en cela, comme en bien d'autres articles, ses intentions n'avoient pas été suivies. Les jeunes Caciques, après avoir bien appris la Religion, la langue Espagnole, à lire & à écrire, & même un peu de Latin, étoient compris dans les Départemens, comme les derniers de leurs Sujets, & n'étoient gueres distingués du commun, que par de plus mauvais traitemens.

Le Cacique Henry est maltraité par son maître.

Celui, dont je parle, à peine sorti de chés les PP. de S. François, avoit été donné au pere de Valençuela, il étoit bien fait, d'une taille avantageuse, d'un bon caractere: un air de sagesse répandu sur toute sa personne, une physionomie heureuse, de l'esprit, & de la pieté, prévenoient d'abord en sa faveur: en un mot on voyoit en lui tout ce qu'une bonne éducation peut produire dans un sujet bien préparé, & personne ne méritoit moins le malheureux sort, où il se trouvoit réduit. Il le supportoit néanmoins avec assés de patience, & il servoit avec fidelité le Maître, qui lui étoit échû; mais la mort de ce Maître lui rendit bientôt sa condition insuportable. Valençuela ne l'eût pas plûtôt en son pouvoir, qu'il lui fit tous les maux, dont il put s'aviser, jusqu'à vouloir débaucher sa femme. Henry se plaignit, & ses plaintes ne firent qu'empirer sa condition Il crut avoir plus de justice du Lieutenant de Roi de San-Juan, nommé Pierre de Badillo, il la lui demanda, mais cet Officier, bien loin de l'écouter, le menaça de le punir sévérement, s'il lui arrivoit une autre fois de parler contre son Maître.

1519.

Rebuté à ce Tribunal, il s'adressa à l'Audience Royale; mais tout le fruit de la Supplique, qu'il lui présenta, fut une lettre de recommandation pour Badillo. Cet Officier sentit bien par la foiblesse de cette démarche, qu'on le laissoit assés le maître d'en user, comme il le jugeroit à propos; il reçut fort mal Henry, lorsque ce Cacique lui présenta la Lettre de l'Audience Royale, & Valençuela redoubla ses mauvais traitemens, quand il sçut le danger qu'il auroit couru, si l'on avoit fait droit au Chef de ses Indiens sur ses plaintes. Henry ne voyant plus de ressource, tâcha de gagner sur lui de souffrir en silence un mal devenu nécessaire, & de couler le plus doucement, qu'il lui seroit possible, le têms qui restoit de son service; car l'Ordonnance qui défendoit de faire travailler les Indiens au-delà d'un certain terme, sans discontinuer, s'exécutoit alors avec assés d'exactitude, ayant été apparemment renouvellée par les PP. de S. Jerôme.

Il n'en peut avoir justice.

Ce terme étant expiré, le Cacique trouva moyen de s'éloigner avec un bon nombre de ses gens, & il leur persuada sans peine de s'attacher à lui, en leur promettant qu'ils ne serviroient plus les Espagnols. Il chercha ensuite un poste, dont la situation le mît en sûreté contre les poursuites de Valençuela, & il le trouva dans les Montagnes de Baoruco, où avec quelques armes, dont il avoit eu la précaution de se fournir, il attendit tranquillement qu'on

Il se retire & forme un parti avec lequel il se cantonne dans les Montagnes de Baoruco.

1519. vînt à lui. Il n'attendit pas long-têms, Valençuela n'eut pas plûtôt appris sa fuite, qu'il se mit à ses trousses avec une douzaine d'Espagnols, & ayant découvert sa retraite, il se préparoit à l'attaquer, lorsque le Cacique s'étant un peu avancé, lui dit, sans s'émouvoir beaucoup, qu'il pouvoit s'en retourner, & qu'il se flattoit en vain que, ni lui, ni aucun des siens se soûmît jamais à travailler sous ses ordres. Une pareille déclaration mit en fureur le jeune Espagnol, qui méprisant un ennemi, qu'il ne connoissoit pas assés, fit signe à ses gens de le saisir; alors Henry à la tête de sa petite Troupe, se jetta de furie sur les Espagnols, qui ne s'attendoient pas à une telle charge, en étendit deux sur la place, & contraignit les autres de fuir, la plûpart bien blessés. Il ne voulut pourtant pas qu'on les poursuivît, mais adressant la parole à Valençuela, qui avoit reçû lui-même une blessûre à la tête: « Allés, lui dit-il, remerciés Dieu de ce que » je vous laisse la vie, & si vous êtes sage ne revenés pas ici.

Les Espagnols sont défaits en plusieurs rencontres.

La nouvelle de ce qui venoit de se passer, se répandit bientôt par tout, & l'Audience Royale crut ne devoir rien négliger, pour arrêter le mal dans sa source. Elle donna ordre qu'on fît marcher incessamment 80. hommes pour ranger le Cacique à la raison, avant qu'il pût se fortifier. Henry averti de ces préparatifs, s'alla retrancher dans un Bois où les Soldats Espagnols l'ayant trouvé après une marche, qui les avoit mis presque hors d'haleine, il ne lui fut pas difficile de les défaire; une partie fut tuée sur le champ,
1520. presque tous les autres furent bien blessés, & il ne s'en seroit pas sauvé un seul, s'ils eussent été poursuivis. Cette action donna une grande réputation au Cacique, & produisit des mouvemens bien differents dans l'esprit des Indiens, & dans celui des Espagnols. Ceux-ci s'apperçurent avec étonnement qu'ils avoient à faire à des hommes, & ceux-là reconnurent avec plaisir que leurs tyrans n'étoient pas invincibles. Un grand nombre de ces derniers, qui se rencontroient dans les habitations Espagnoles s'échapperent, & vinrent se joindre à Henry, qui en assés peu de têms se trou-

va à la tête de 300. hommes, sur lesquels il pouvoit compter. 1520.

Il discipline ses Troupes & se tient sur la défensive.

Il les arma le mieux, qu'il lui fut possible, & il s'étudia surtout à les discipliner. Il les tenoit continuellement en haleine, il leur faisoit faire l'exercice des armes Europeennes, dont il se vit avec le têms suffisamment pourvû; il les accoûtuma à combattre avec ordre; en un mot ce jeune Cacique, qui de sa vie n'avoit vû la guerre, dressa son plan aussi-bien, qu'auroit pû faire le plus experimenté Capitaine, & rendit formidables aux Conquerans de sa Patrie une poignée de ces mêmes hommes, qu'ils avoient presque mis jusques là au rang des Brutes. Mais ce qui lui fit plus d'honneur dans cette guerre, c'est l'attention, qu'il eut de se tenir toûjours dans les bornes d'une simple défense. Il est vrai qu'il ne fut pas toûjours en cela exactement obéi; ses gens, surtout dans les premieres années, firent quelques courses dans le plat Pays, & commirent à son insçû quelques hostilités, mais on lui a rendu la justice de croire qu'il n'y avoit point eu de part, & qu'il avoit seulement été quelquefois obligé de dissimuler ce qu'il ne pouvoit empêcher.

Sa moderation dans ses victoires.

On envoya en divers têms plusieurs partis contre lui, & ils furent toûjours battus; mais il usoit de ses avantages avec une moderation, qui donnoit un nouveau lustre à ses victoires. Il la fit surtout paroître dans une rencontre, où il pouvoit en agir autrement, & affoiblir son Ennemi, sans qu'on eût rien à lui reprocher. Il avoit repoussé un corps considerable de Troupes Espagnoles, & en avoit fait un grand carnage. 71. Soldats, que la fuite avoit soustraits au fer des Victorieux, rencontrerent une Caverne creusée dans le Roc, & s'y cacherent, dans l'esperance de pouvoir gagner la plaine à la faveur de la nuit; ils y furent découverts par un parti Ennemi, lequel ayant environné la Caverne, en boucha toutes les issuës avec du Bois & d'autres matieres combustibles, & se préparoit à y mettre le feu, lorsque Henry survint. Il reprocha à ces furieux leur barbarie, fit dé-

1520. boucher la Caverne, laissa les Espagnols en liberté d'aller où ils voulurent, & se contenta de les désarmer. C'étoit souvent l'unique butin, qu'il faisoit, mais par là insensiblement sa Troupe se trouva armée de toutes pieces, & ses Indiens commencerent à manier parfaitement les armes Espagnoles, excepté l'Arquebuse, dont il ne leur fut jamais possible de se servir.

Sa vigilance, & de quelle maniere il gouverne sa République.

Le dépit des Espagnols augmentoit en voyant ces Sauvages, contre qui ils n'avoient gueres daigné jusques là employer que des Chiens, non seulement oser leur tenir tête, mais encore les battre en toutes rencontres. Cependant ils ne connoissoient pas encore à quel homme ils avoient affaire. Le jeune Cacique ne s'endormoit point sur ses succès, & l'on auroit peine à imaginer jusqu'où il portoit la vigilance & la précaution, pour ne rien perdre de ses avantages, & pour maintenir sa petite République en bon état. Il avoit fait des Habitations dans les lieux écartés, & où il n'étoit présque pas possible de pénétrer. Les plus foibles & les femmes s'y appliquoient à la culture de la terre, & y élevoient des Bestiaux & des Volailles; ils y avoient aussi de bonnes meutes de Chiens, pour la Chasse du Cochon, ensorte que l'abondance regnoit au milieu de cet affreux désert.

Ses mesures pour mettre sa personne en sûreté.

Les mesures, qu'il prenoit pour mettre sa personne en sûreté, n'étoient pas moins justes. Il avoit cinquante Braves, qui ne l'abandonnoient point, dès qu'il étoit en Campagne, & avec lesquels il accouroit d'abord aux premieres nouvelles de l'approche des Ennemis. Hors de là, quoiqu'il comptât assés sur la fidelité de tous ses gens, pour n'appréhender aucune trahison de leur part: comme il pouvoit arriver que quelques-uns tombassent entre les mains des Espagnols, & se trouvassent exposés à le découvrir malgré eux; pour parer à cet inconvenient, il avoit soin qu'aucun d'eux ne sçût jamais, où il se retiroit; ensorte que, quand il les avoit envoyés quelque part, jamais ils ne le retrouvoient à l'endroit, où ils l'avoient quitté. Outre cela il postoit des Sentinelles

tinelles à toutes les avenuës de ses Habitations ; mais il ne se reposoit pas tellement sur leur vigilance, qu'il ne visitât lui-même exactement tous les postes ; ainsi il étoit partout, & l'on ne sçavoit jamais précisément où il étoit. Ses Sujets croyoient qu'il ne dormoit point, & il dormoit effectivement très-peu, jamais deux fois de suite au même endroit, toûjours à l'écart, & au milieu de deux de ses confidens, armés de toutes pieces. Après un sommeil fort court, il se mettoit à faire la ronde autour de ses quartiers, & on ne le voyoit gueres sans un Chapelet au col, ou à la main ; car il avoit toûjours été fort dévot à la Mere de Dieu, en qui il faisoit profession de mettre toute sa confiance.

1519. | 1520.

Sa Troupe grossissoit tous les jours, les Negres mêmes désertoient par bandes pour l'aller joindre, & la terreur de son nom avoit tellement glacé tous les courages, en même têms que sa bonne conduite déconcertoit toute la Politique Espagnole, qu'il ne se trouvoit plus personne, qui voulût marcher contre lui. On ne pouvoit se persuader qu'il demeurât long-têms sur la défensive ; & comme rien ne fait de plus rapides progrès que la crainte, quand elle s'est une fois répanduë parmi le Peuple, on s'imagina bientôt voir ce formidable Cacique porter par tout le fer & la désolation : d'où il arriva qu'un assés grand nombre d'Habitations, des Villes mêmes, & des Bourgades se trouverent peu-à-peu abandonnées, & ne se sont point rétablies depuis.

La terreur de son nom se répand par tout, & les effets qu'elle produit.

Dans cette extrêmité, on crut devoir tenter la voye de la négociation, & un Religieux Franciscquain, nommé le P. Remy, du nombre de ceux, qui, selon Herrera, étoient venus de Picardie, s'offrit à aller trouver Henry, qu'il avoit eu, il n'y avoit pas encore long-têms, sous sa conduite. Il comptoit sur la pieté & sur le bon naturel du Cacique, & il ne se promettoit rien moins, que de l'engager à mettre bas les armes, pourvû qu'il pût lui faire des Propositions raisonnables, & lui donner de bonnes assûrances. Son offre fut acceptée, on le chargea de promettre au Chef, & à tous

Un Pere Franciscquain va traitter avec le Cacique.

1519. | 1521. ceux, qui l'avoient suivi, un pardon général pour le passé, & quant à l'avenir, une exemption entiere de travail. On lui remit à cet effet un plein pouvoir par écrit, dans la forme la plus ample, qui se pouvoit souhaiter, & l'on fit armer une Barque, dont le Pilote eut ordre de débarquer le Religieux seul, vis-à-vis de la Beata, vers l'endroit où les Montagnes de Baoruco aboutissent la Mer, & de s'éloigner ensuite un peu, ensorte néanmoins, qu'il ne perdît point le P. de vûë, & qu'il pût se rapprocher au moment, qu'il seroit rappellé. Tout cela fut ponctuellement exécuté, & le Francisquain ne fut pas plûtôt à terre, qu'il vit sortir d'entre les Montagnes une Troupe d'Indiens, qui l'environnerent. Il les pria de le mener à leur Chef, & il leur dit que s'ils n'osoient prendre sur eux de faire cette démarche sans son consentement, ils allassent le lui demander, qu'ils n'auroient aucune peine à l'obtenir, dès qu'ils lui apprendroient que le P. Remy, dont il avoit été disciple à la Vera-Paz, vouloit lui parler, & avoit des choses agréables à lui dire.

De quelle maniere il est reçû des Indiens.

Ces Indiens, qui ne connoissoient point ce Religieux, lui répondirent que leur Cacique n'avoit pas besoin de sa visite, que tous les Espagnols étoient des traîtres, qu'il avoit bien la mine d'être un Espion, & que toute la grace, qu'ils pouvoient lui faire, étoit de ne pas le traiter comme tel. En disant cela, ils le dépoüillerent, & le laisserent nud sur le rivage. Par bonheur pour le bon Pere, Henry n'étoit pas loin, & fut averti d'abord de ce qui se passoit, il accourut dans le moment pour empêcher qu'on ne se portât à quelque violence contre un homme qu'il estimoit, & pour lequel il avoit conservé beaucoup de reconnoissance & de vénération. Il fut sensiblement touché de l'état, où il le trouva, il l'embrassa tendrement, & fut quelque têms sans pouvoir s'expliquer autrement, que par ses larmes; après quoi il lui fit de très-sinceres excuses de la maniere, dont on l'avoit traité.

Ce qui se passe entre lui & le Cacique.

Le Missionnaire voulut profiter d'une si favorable disposition pour engager le Cacique à rendre la paix à sa Patrie,

& lui dit sur cela les choses du monde les plus fortes & les plus touchantes. Henry n'y parut pas insensible, mais il répondit qu'il ne tenoit qu'aux Espagnols de faire cesser la guerre, dans laquelle tout se bornoit de sa part à se défendre contre des Tyrans, qui en vouloient à sa liberté & à sa vie; qu'encore qu'il se vît en état de vanger le sang de son Pere, & celui de son Ayeul, qui avoient été brûlés vifs à Xaragua, & les maux, qu'on lui avoit faits à lui-même, il ne se départiroit jamais de la résolution, qu'il avoit prise, de ne faire aucune hostilité, sans y être contraint, qu'il ne prétendoit rien autre chose, sinon de se maintenir dans ses Montagnes; qu'il croyoit user de son droit, & qu'il ne voyoit pas trop, sur quoi fondés, on vouloit le contraindre à se soumettre à des Etrangers, qui ne pouvoient appuyer leur possession, que sur la violence: que quant aux assûrances, qu'on lui donnoit d'un traitement plus doux, & même d'une entiere liberté, il seroit le plus imprudent des Hommes, s'il se fioit à la parole de gens, qui n'en avoient tenu aucune depuis leur entrée dans l'Isle; qu'au reste il tâcheroit de se conserver toûjours dans les sentimens de Religion que le Pere lui avoit inspirés, & qu'il ne rendroit jamais le Christianisme responsable des violences, des brigandages, des injustices, des impietés, & des dissolutions de la plûpart de ceux, qui le professoient. 1519. | 1521.

Le P. Remy répliqua, & fut toûjours écouté avec respect, mais il ne gagna rien. Le Cacique fit chercher son habit pour le lui rendre, mais il avoit été mis en pieces, & on n'en avoit point d'autre à lui donner. Henry en eut un vrai chagrin, lui renouvella ses excuses, le conduisit jusqu'au bord de la Mer, l'embrassa de nouveau en prenant congé de lui, & rentra dans ses Montagnes, d'autant plus résolu à se bien défendre, qu'on venoit de lui faire connoître, combien on le craignoit. On sçut quelque têms après que Badillo, dont l'injustice avoit été une des principales causes de ce soulevement, & qui étoit parti depuis peu pour l'Espagne, avec des richesses immenses, avoit péri avec tous ses trésors,

Il n'obtient rien. Extrémité ou la Colonie se trouve réduite.

1519.
|
1521.

à la vûë du Port de Cadix. Il n'y eut personne, qui ne reconnût la main de Dieu dans un châtiment si prompt, & si marqué; mais cet Officier n'étoit pas le seul coupable, dont le Ciel fut en quelque façon engagé à punir les excès; plusieurs les expierent par les mains de ces mêmes Indiens, qui en avoient été l'occasion & l'objet, & il n'y eut pas alors un Habitant de l'Isle Espagnole, qui ne crût ses biens & sa vie même en danger; le parti de Henry faisant de si grands & de si rapides progrès, qu'il y eut lieu d'appréhender la ruine entiere de la Colonie.

Voyage & Avanture d'un Navire Anglois.

Une lettre écrite au Roi Catholique par l'Audience Royale, à peu près dans le têms, que commença cette Révolte, nous apprend en quel état se trouvoit alors la Colonie de l'Isle Espagnole; mais avant que de rapporter ce quelle contenoit, il est bon de dire à quelle occasion elle fut écrite. Une Caravelle de San-Domingo étant allé charger de la Cassave à l'Isle de Portoric, le Capitaine Ginez, qui la commandoit, fut assés surpris d'y voir arriver un Navire de 250 Tonneaux, lequel avoit deux Canons braqués sur le devant, &, qui consideré de près, ne lui parut point Espagnol. Il arma aussitôt sa chaloupe pour l'aller visiter, & il reconnut qu'il étoit Anglois. Ceux, à qui il s'adressa, lui dirent qu'ils étoient partis d'Angleterre avec un autre Bâtiment, pour aller chercher les Terres du Grand Cam; mais qu'une furieuse tempête les avoit séparés; qu'ils s'étoient ensuite trouvés dans une Mer toute couverte de Glaces; qu'ayant été assés heureux pour s'en débarasser, ils avoient été transportés dans une autre Mer, dont l'eau boüilloit, comme fait celle, qui est dans une Chaudiere sur le feu; qu'après s'être encore sauvés d'un si dangereux parage, ils étoient allés reconnoître l'Isle des Moruës, où ils avoient rencontré 50. Bâtimens, Espagnols, François & Portugais; qu'ils avoient voulu descendre à terre pour reconnoître le Pays, mais que les Indiens les avoient fort maltraités, & avoient tué entre autres leur Pilote, qui étoit un Piémontois: que s'étant remis en Mer, ils avoient rangé la Côte jusqu'à la Riviere de Chico, (c'est celle, que nous nommerons bientôt le Jourdain), & que de là ils avoient traversé à l'Isle de Portoric. 1519. | 1521.

Ginez leur demanda à quel dessein ils étoient venus là, & ils répondirent que c'étoit pour y charger du Bois de Bresil, & pour être plus en état de rendre compte à leur Roi de ce que c'étoit que les Isles, dont on parloit tant. Ils le prierent de leur marquer la route, qu'ils devoient tenir pour passer à l'Espagnole, & il ne crut apparemment pas qu'il y eut aucun inconvenient à faire ce qu'ils souhaittoient, d'autant plus qu'ayant examiné de plus près leur Navire, il vit bien qu'en vain il s'opposeroit à leur dessein; qu'ils étoient en état d'aller malgré lui par tout, où ils voudroient, & que d'ailleurs ils avoient quantité de Marchandises de traitte, sur lesquelles ceux, qui les acheteroient, pourroient faire un grand profit. Ils appareillerent donc pour l'Isle Espagnole, & passant à la petite Isle Mona, ils y débarquerent une partie de leurs gens. Ils resterent deux jours moüillés à l'entrée du Port de San-Domingo, attendant réponse à la demande, qu'ils avoient envoyé faire de traitter leurs Marchandises. Cette réponse ne vint point, parce que le Gouverneur de la Citadelle, à qui leur Envoyé s'étoit adressé, & qui avoit fait demander à l'Audience ce qu'il avoit à faire, se lassa d'attendre la résolution des Auditeurs, & s'avisa de tirer le Canon sur le Navire Anglois; ce Bâtiment leva aussi-tôt ses Ancres, retourna à Portoric, y vendit une partie de sa Carguaison à des Habitans du Bourg de Saint Germain, & ne parut plus depuis. Les Auditeurs Royaux trouverent fort mauvais que le Gouverneur de la Forteresse eût tiré sur ce Navire, & lui en firent un crime à la Cour: & dans la Lettre, qu'ils écrivirent au Roi à ce sujet, après avoir representé à ce Prince le mauvais état, où se trouvoit cette même Forteresse, dont les Fortifications avoient besoin d'être réparées, & qui manquoit également d'Hommes, d'Artillerie & de Munitions, ils le supplierent de faire réflexion aux articles suivans, qu'ils prenoient la liberté de lui exposer.

1519. | 1521. Etat de l'Isle Espagnole en cette année.

Que la Colonie de l'Isle Espagnole, non seulement étoit la premiere, que les Castillans eussent établie dans les Indes, mais que c'étoit encore elle, qui actuellement nourrissoit toutes les autres; que la Ville de San-Domingo devenoit tous les jours plus peuplée, plus riche, & plus florissante; que son Port étoit continuellement rempli de Navires de toutes les parties des Indes, qui y venoient charger des Cuirs, de la Casse, du Sucre, du Suif, & d'autres Marchandises de même prix; des Vivres, des Chevaux, & des Porcs. Que Buenaventura & la Majorada étoient au milieu de très-abondantes Mines d'Or, mais que ces Mines étoient fermées, faute d'Ouvriers, & que ces deux Villes n'avoient pour se soûtenir qu'un peu de Casse; que Bonao abondoit en Cassave, en Maïz, & en autres Victuailles; que la Ville d'Azua avoit beaucoup de Sucre, & que son terrein étoit si fertile, que des Cannes plantées depuis six ans étoient aussi fraîches, que si elles eussent été de l'année même, ou de la précédente; qu'outre cela elle avoit encore des Mines d'Or dans son voisinage; qu'il y avoit aussi beaucoup de Sucre à S. Jean de la Maguana, & qu'il y étoit le meilleur & le plus beau de toute l'Isle; que tout le pays d'alentour étoit plein de Mines, & fournissoit une très-grande quantité de Vivres; qu'on y avoit planté peu d'années auparavant un Palmier, lequel portoit déjà des Dattes: que la Ville d'Yaguana avoit un bon Port, des Mines, de la Casse, & tout ce qui étoit nécessaire pour y établir un grand Commerce; qu'à Puerto Real on alloit recommencer à tirer de l'Or des Mines, qui étoient dans son district; que Puerto di-Plata étoit très-florissant, & qu'il y venoit un très-grand nombre de Vaisseaux de Castille, qui tous y trouvoient leur charge de Sucre; enfin que Salvaleon de Higuey commençoit à faire des Sucres, & que ses Campagnes nourrissoient un très-grand nombre de Troupeaux. Les Auditeurs n'ajoûtoient point, ce qui étoit néanmoins véritable, que cette grande quantité de Sucre, qui se fabriquoit dans l'Isle Espagnole, & ailleurs, étoit un effet des soins, que s'étoient données les PP. de S. Jerôme, & le Licencié Alphonse Zuazo. Parlant ensuite des autres Isles, ils disoient, que dans celle de Cuba, de huit Villes ou Bourgades, qui y avoient été bâties par Velasquez, il y en avoit six, où l'on ne faisoit point d'autre commerce, que celui de l'Or, & qu'on ne voyoit des Métairies & des Troupeaux, qu'aux environs de la Havane: toute l'Isle étant fort montueuse, & assés sterile: qu'il y avoit deux Peuplades dans la Jamaïque, Oristan & Sevil-le: que cette Isle avoit peu d'Or, mais qu'on y faisoit beaucoup de Sucre, & que quelques Habitans s'étant avisés d'y planter de la Vigne, y avoient fait de très-bon Vin clairet. Le memoire représentoit ensuite à sa Majesté que, si elle vouloit conserver des Colonies si utiles, il étoit absolument nécessaire d'y envoyer grand nombre de Negres, & il entroit dans un très-grand détail des moyens, qu'on pouvoit prendre pour établir ce Commerce & le faire circuler dans tous les lieux, où il en seroit besoin. Les Historiens ne disent point l'effet, que produisirent ces représentations & ces avis, mais que la Cour entra en grande inquiétude au sujet du Navire Anglois, qui avoit paru à Portoric & à San-Domingo. On y auroit fort souhaitté que le Gouverneur de la Forteresse de cette Capitale, au lieu de l'obliger à s'éloigner, eût fait ensorte de s'en saisir, pour l'empêcher d'apprendre à ceux de sa Nation la Route des Indes, où l'on étoit déjà dans de grandes allarmes, de ce que les François commençoient à s'y montrer très-frequemment.

1519. | 1521. De l'Isle de Cuba.

Cependant Charles-Quint s'étant rendu à la Corogne, où j'ai dit qu'étoit la Flotte, sur laquelle il devoit s'embarquer, pour aller prendre possession de l'Empire, l'Amiral D. Diegue, qui ne cessoit point de solliciter son rétablissement dans tous les droits de ses Charges, avec la permission d'aller exercer celle de Vice-Roi des Indes, l'y suivit, & obtint, du moins en partie, ce qu'il demandoit. Charles

1520. L'Amiral retourne aux Indes. Mauvaise conduite de Figueroa.

1519. | 1521. reconnut ſans peine, que ce qu'on avoit écrit contre lui étoit faux dans la plûpart de ſes points, & fort exaggeré dans le reſte. Il jugea d'ailleurs que les ſervices du Pere demandoient quelque indulgence pour le Fils. Enfin on faiſoit de grandes plaintes de Figueroa, lequel ayant voulu remettre tous les Indiens en liberté, s'étoit attiré les Officiers Royaux, & ſur tout le Tréſorier Général Paſſamonté. Dans le vrai, Figueroa avoit donné priſe ſur lui, il avoit débuté d'une maniere fort odieuſe, ayant voulu faire le procès à Zuazo ſon Prédeceſſeur, qui étoit en vénération dans l'Iſle, & qui mit effectivement ſon innocence & ſa probité dans la plus grande évidence. Mais ce qui acheva de le perdre, ce fut ſon avarice, car elle le porta à vexer les Peuples, d'une maniere, qui mit tout le monde contre lui, & obligea le Roi à révoquer ſa Commiſſion; il ne le rappella pourtant pas; il lui donna même une place dans l'Audience Royale, & lui laiſſa l'adminiſtration des Indiens. Herrera dit qu'il forma deux peuplades de ces Inſulaires, à qui on donna toute liberté de vivre à leur maniere, mais qu'ils firent paroître tant d'incapacité à ſe conduire, une ſi grande pareſſe, & ſi peu de précaution pour ſe procurer même le néceſſaire, qu'on demeura convaincu de la néceſſité des Départemens. Toutefois la petite République, établie dans les Montagnes de Baoruco par le Cacique Henry, faiſoit ſentir le contraire d'une maniere, qui ne ſouffroit point de réplique. Quoiqu'il en ſoit, Figueroa ne garda pas longtêms les deux Emplois, qu'on lui avoit laiſſés; il s'y comporta ſi mal, qu'on lui fit ſon Procès à San-Domingo pour concuſſions; il fut condamné à une très-groſſe amende, & déclaré incapable de poſſeder jamais aucun Office Royal. Il en appella au Conſeil des Indes, & paſſa en Eſpagne pour faire agir ſes amis; mais la Sentence de l'Audience Royale fut confirmée, & l'Arrêt du Conſeil lui fut ſignifié à Tolede en 1525.

Nouveaux Reglemens. Pour revenir à l'Amiral, le Roi lui ayant permis de retourner aux Indes, fit écrire à Paſſamonté que ſon intention

tion étoit qu'il vécut en bonne intelligence avec le Général ; & pour aller au-devant de toutes les contestations, les bornes de la jurisdiction de l'un & de l'autre furent reglées par une Déclaration, qui entroit dans les plus petits détails. Par ce Reglement l'autorité de l'Amiral se trouvoit extrémement diminuée ; le Roi établit même un Surveillant, qui eut droit d'informer contre lui, mais qui ne pouvoit faire autre chose, que d'envoyer les informations au Conseil. Le quint pour l'or, fut en même têms réduit au dixiéme dans l'Isle Espagnole, où l'on commençoit à en tirer très-peu, faute d'Ouvriers pour travailler aux Mines : mais en récompense, il se faisoit beaucoup de Sucre, & ce seul objet étoit capable de rendre la Colonie florissante. On avoit établi depuis peu des PP. de S. Dominique & de S. François à la Côte de Cumana. Le Roi recommanda fort à l'Amiral de ne les laisser manquer de rien. Enfin, comme on avoit déjà reçû la nouvelle de la révolte du Cacique Henri, D. Diegue eût ordre de presser son départ, & de ne rien négliger pour mettre fin à ce soulevement. Il s'embarqua au commencement de Septembre, & deux mois après il prit terre à San-Domingo. 1520.

Conduite de l'Amiral à son arrivée.

Son arrivée fit plaisir à quelques-uns, & donna du chagrin aux autres, surtout à ceux, dont l'autorité se trouvoit affoiblie par la présence d'un aussi grand Seigneur. Dom Diegue de son côté, ne parut pas se mettre beaucoup en peine de regagner ceux, qui lui avoient été mal affectionnés ; il compta, ce semble, un peu trop sur son crédit, & il commença par un coup d'autorité, qui justifia les craintes de plusieurs ; quelques Gouverneurs particuliers, qui lui avoient obligation de leurs places, s'étoient voulu rendre indépendans ; il fut bien aise de leur faire sentir qu'il étoit encore leur Superieur ; il les interdit, & envoya des particuliers pour gouverner en leur place, & pour leur faire rendre compte de leur administration. Zuazo fut choisi pour l'Isle de Cuba, où, avec les mêmes vertus, dont il avoit donné de si grandes preuves dans l'Isle Espagnole, il eut le même sort,

1520. c'eſt-à-dire, que les gens de bien & les pauvres lui donnerent mille benedictions ; & que ceux, qui ne vouloient pas que leur conduite fût éclairée de ſi près, firent de grandes plaintes contre lui. Les choſes allerent ſi loin, que l'Amiral fut obligé de paſſer dans l'Iſle : ſa préſence déconcerta les mutins, il n'eut que des loüanges à donner au vertueux Zuazo, dont la Commiſſion étant finie, il rétablit Velaſquez dans l'exercice de ſa Charge, goûtant ſans doute, le plaiſir de ſe voir redevenu l'arbitre du ſort d'un homme, qui n'avoit payé ſes bienfaits, que d'ingratitude, & avoit voulu tirer au bâton avec lui.

Expedition de Luc Vaſquez d'Aillon dans la Floride.

On étoit alors fort occupé à marquer les Peuples, qui devoient être regardés comme Antropophages, & la moindre conjecture paſſoit aiſément pour une preuve en ce point. On connoiſſoit, par exemple, aſſés peu cette grande partie du Continent, à laquelle on a étendu depuis le nom de Floride. Jean Ponce de Leon n'en avoit découvert, que les Côtes les plus voiſines de la preſqu'Iſle, qui ſe termine au Canal de Bahama, & quelques-uns de ſes Gens y avoient apparemment été mangés par les Sauvages : c'en fût aſſés pour déclarer Cannibales tous les Floridiens. C'étoit ouvrir un grand champ à l'avidité de ceux, qui ne cherchoient qu'à faire des Eſclaves : car toutes ces Régions Septentrionales paſſoient pour être fort peuplées, & les hommes y paroiſſoient plus robuſtes, que dans les Provinces Meridionales. On réſolut donc de les mettre ſous le joug. L'Auditeur Royal Luc Vaſquez d'Ayllon, dont nous avons déjà parlé, forma une Compagnie, arma deux Navires, & s'étant embarqué à Puerto di Plata, il s'éleva juſqu'au trente-deuxiéme degré de Latitude Nord. Il apperçut bientôt la Terre, & comme il la côtoyoit de fort près, pour chercher un débarquement commode, il apperçut une aſſés grande Riviere, où il entra, & à laquelle un de ſes Capitaines, ou Pilotes, appellé Jourdain, donna ſon nom. Aſſés près de l'embouchure de ce Fleuve, il y a un Cap, qui fut appellé le Cap *de Sainte Helene*, parce qu'il fut découvert le jour, qu'on célébre la Fête de cette Sainte Impératrice.

Dès que les deux Navires eurent paru à cette Côte, les Sauvages, qui n'avoient jamais rien vû de semblable, accoururent en foule sur le Rivage, ce qui réjoüit fort les Espagnols. Il est vrai que l'air de ceux-ci, leurs barbes, leur habillement, leurs armes effrayerent les Barbares à un point, qu'ils s'enfuirent à toutes jambes vers le Bois; on courut après, & on en arrêta un avec sa Femme. On leur donna à manger, on les habilla, on leur fit beaucoup de caresses, on les chargea de présens, & on les renvoya fort satisfaits. Ce bon traitement fit revenir une partie de ceux, qui s'étoient retirés, & leur curiosité les porta à visiter les Navires. Dès qu'on les y eut embarqués, Vasquez mit à la voile, & reprit la route de l'Isle Espagnole; mais Dieu ne permit pas qu'il tirât aucun fruit d'une si indigne trahison. Un de ses Navires périt en Mer, & personne ne s'en sauva. Les Indiens, qu'il avoit sur son Bord, moururent tous de chagrin, les uns pendant la traversée, & les autres, peu de têms après leur arrivée à l'Isle Espagnole. Il ne laissa pas d'aller en Espagne, où il vanta fort son expedition & sa découverte, qu'il faisoit aller de pair avec celle de la nouvelle Espagne; & il fit tant, qu'il obtint de l'Empereur des provisions de Gouverneur de la Province de Chicora. J'ai déjà dit que la Riviere de Jourdain se nommoit *Chico*, on appelloit *Chicora* le Pays, qu'elle arrose. Mais cet honneur ne servit qu'à engager Vasquez dans des dépenses qui le ruinerent. Quelques-uns ont même écrit, qu'il périt dans un second Voyage, qu'il fit au même lieu, où il avoit abordé la premiere fois, & il est certain, que cette extrêmité de la Floride, qui est limitrophe de la Virginie, n'a jamais été établie par les Espagnols. La Province de Chicora faisoit partie de ce qu'on a long-têms appellé la Floride Françoise, & qui est connuë aujourd'hui sous celui de Caroline. Il s'étoit fait peu de têms auparavant une autre entreprise, qui n'eut pas un succès plus heureux. L'Amiral, en partant d'Espagne, avoit embarqué sur son Bord un ancien Habitant de San-Domingo,

1520. Quel en fut le succès.

1520. nommé Antoine Serrano, il fit avec lui un Traité pour former des Etablissemens dans les Isles Caraïbes, & dès qu'ils furent arrivés à l'Isle Espagnole, Serrano travailla à ses préparatifs. Son dessein étoit de peupler la Martinique, la Guadeloupe, Mont-Serrat, la Barbade, & la Dominique; & il devoit y demeurer en qualité de Commandant, jusqu'à ce que l'Amiral, ou la Cour y eût envoyé des Gouverneurs; mais ce projet, pour lequel l'on avoit déja fait de grandes dépenses, échoüa, sans que j'aye pû sçavoir ce qui l'empêcha de réüssir.

Las Casas repasse aux Indes.

Cependant Barthélemy de Las Casas ne s'étoit pas plus endormi que D. Diegue Colomb. Il avoit aussi suivi le Roi à la Corogne, où après quelques difficultés il obtint à peu près tout ce qu'il vouloit. Il n'y eut pas jusqu'à l'Evêque de Burgos, qui, pour ne pas s'attirer les Seigneurs Flamands, & le Cardinal Adrien, que Charles laissoit en Espagne avec une autorité presque souveraine, ne s'étudiât à lui faire plaisir en tout ce qui dépendit de lui. Il s'embarqua enfin à Seville avec 200. Laboureurs, qu'il avoit levés de nouveau, & une suite assés peu proportionnée à ses vastes desseins. Il eut une traversée fort heureuse, jusqu'à Portoric; mais il y apprit des nouvelles, qui ne durent pas lui faire beaucoup de plaisir.

Deux Dominiquains massacrés à la Côte de Cumana.

Nous venons de dire que les P.P. de S. Dominique & de Saint François, s'étoient établis depuis peu à la Côte de Cumana; c'étoit déja un grand acheminement à l'execution des projets du Licencié; d'autant plus que ces Missionnaires avoient gagné d'abord la confiance des Habitans de cette Province. Mais un évenement tout pareil à celui, qui avoit déja coûté la vie à deux Dominiquains, vint encore troubler de si belles espérances. Un nommé Alphonse de Ojeda: (je n'ai pû sçavoir, s'il étoit parent du premier, si célébre dans cette Histoire par ses entreprises & ses malheurs;) avoit enlevé des Indiens assés près d'un Village nommé *Maracapana*, à quatre lieuës du Port *de Chiribichi*, où deux Religieux du même Ordre, que les deux précedens, avoient une petite Maison, qu'ils appelloient le Couvent de Sainte Foy : mais ayant eu l'imprudence de descendre à terre au Village même de Maracapana, qui n'étoit qu'à trois lieuës de l'endroit, où il avoit fait son coup, le Cacique du lieu lui dressa une embuscade, où il périt avec environ six Espagnols de ceux, qui l'accompagnoient, le reste fut assés heureux pour se sauver à la nage. Le Cacique donna aussitôt avis de ce qu'il venoit de faire à un autre Seigneur Indien nommé *Maraguey*, dont le Village étoit à quatre lieuës du sien, & assés proche du Monastere de Sainte Foy, & lui conseilla de se défaire des deux Religieux, qu'il avoit dans son voisinage, afin de délivrer une bonne fois le Pays de l'inquiétude, où le tenoient les Castillans. Maraguey goûta fort cet avis, & ne differa à le suivre, que jusqu'au lendemain, qui étoit un Dimanche. Les deux Religieux, qui ne sçavoient rien de ce qui s'étoit passé, furent pris au dépourvû, & massacrés dans le têms, que l'un se préparoit à dire la Messe, & que l'autre, qui n'étoit pas Prêtre, venoit de se confesser pour communier. Les Barbares pillerent ensuite, ou brûlerent tout ce qu'ils trouverent dans la Chapelle & dans la Maison, & mirent le feu à l'une & à l'autre. 1520.

La nouvelle de ce désastre arriva à l'Isle Espagnole fort peu de têms après le retour de l'Amiral, & la résolution y avoit été prise d'aller enlever tous les Habitans de Cumana, pour les transporter dans cette Isle, où ils remplaceroient les Insulaires. L'exécution en avoit été commise à un Gentilhomme nommé Gonzalez de Ocampo, & il s'étoit déjà embarqué à San-Domingo avec 300. Hommes de bonnes Troupes sur cinq Bâtimens abondamment pourvûs de tout ce qui étoit nécessaire pour une pareille expédition. Ce fut sur ces entrefaites, que Las Casas débarqua à Portoric ; on n'y parloit que de la révolte de Cumana, & de la terrible vengeance, qu'on se préparoit à en tirer, & il avoit eu à peine le têms de faire réflexion sur un accident, qui dérangeoit absolument son projet, lorsque l'Escadre d'Ocampo vint moüiller au même Port où il étoit. Ce Ca-

Embarras de Las Casas.

1520. pitaine étoit son ami, le Licencié lui montra ses Provisions, & voulut lui persuader qu'en vertu du pouvoir, dont il étoit revêtu, lui seul avoit droit de prendre connoissance de ce qui se passoit à la Côte de Cumana, comprise toute entiere dans sa concession : mais il ne gagna rien.

Il s'oppose en vain à l'expedition contre les Indiens de Cumana.

Ocampo, que la vûë de son ami avec une Croix de Chevalier sur son habit Ecclesiastique, & suivi d'une troupe de Gens ramassés, & très-mal en ordre, avoit fort réjoüi, plaisanta beaucoup sur ses projets, puis prenant un ton plus sérieux, il lui dit, qu'il avoit ses ordres, & qu'il ne dépendoit pas de lui d'y rien changer; qu'il étoit bien mortifié d'un contre-têms si fâcheux; mais que c'étoit à l'Amiral, & à l'Audience Royale, qu'il devoit faire ses représentations; il mit peu de têms après à la voile, & le Licencié suivit son conseil, laissa ses Laboureurs, & presque tout son monde à Portoric, & passa sans differer à San-Domingo. Il y trouva l'Amiral fort bien disposé en sa faveur, & il ne rencontra aucune difficulté à faire enregistrer & proclamer ses provisions. On peut bien juger que cette proclamation ne fit pas plaisir à tout le monde; mais Las Casas ne laissoit pas d'avoir des amis, & il y en eut même d'assés généreux pour lui ouvrir leurs bourses.

Succès de cette expedition.

Pendant ce têms-là, Ocampo alla prendre terre à l'Isle de Cubagua, où il laissa trois de ses Navires. Son but étoit de faire des Esclaves; pour y réüssir, il ne falloit pas se montrer sur la Côte avec toutes ses forces, & non seulement, il n'y parut qu'avec deux Bâtimens, mais il fit même cacher tous les Soldats, qu'il y avoit embarqués, & l'on n'y voyoit jamais que cinq ou six Matelots pour faire la manœuvre. Cette fraude, toute grossiere qu'elle étoit, lui réüssit; il se vit bientôt environné de Pirogues remplies d'Indiens, à qui il présenta du Biscuit de Castille, dont ces Peuples étoient fort friands. Il ne put neanmoins lever absolument tous leurs soupçons. Ces Barbares s'attendoient bien qu'on ne laisseroit pas impunie la mort des Espagnols, qu'ils avoient massacrés. Ocampo avoit beau leur assûrer qu'il venoit de Castille, plusieurs lui répondirent qu'il vouloit les tromper, qu'assûrément il venoit d'Hayti, & qu'il avoit quelque dessein contre eux. A la fin pourtant, il leur fit tant boire de Vin d'Espagne, qu'il vint à bout de noyer toutes leurs craintes dans cette agréable liqueur, & qu'ils commencerent à se rendre extrêmement familiers. Il les reçut avec une affabilité, qui acheva de les séduire, & un jour qu'un Cacique nommé Gil Gonzalez, qui avoit eu le plus de part à la défaite d'Ojeda, l'étoit venu voir avec un bon nombre de ses Vassaux, il fit paroître tout à coup ses Soldats, & le retint prisonnier avec toute sa suite. Le Cacique voulut se défendre, & fut tué en combattant; quelques-uns des principaux furent pendus aux Vergues, & les autres reservés pour les Mines. Le Général Espagnol fit ensuite avertir les trois Navires, qu'il avoit laissés à Cubagua, de le venir joindre, & dès qu'ils furent arrivés, il tourna du côté, où les Espagnols avoient été massacrés, fit sa descente sans presque aucune résistance; força une Bourgade, où l'on se défendit foiblement, fit pendre & empaler une partie des Habitans, remplit ses Navires d'Esclaves, qu'il envoya sur le champ à l'Isle Espagnole, pardonna aux autres Bourgades, qui implorerent sa clemence, & avec ce qui lui restoit de Castillans, il fonda une Ville, qu'il nomma Tolede. 1520.

Difficultés qu'on fait à Las Casas pour son expedition.

Rien n'étoit plus contraire aux droits de Las Casas, que cet Etablissement, & le Licencié avoit toûjours craint quelque chose de semblable de l'expedition d'Ocampo; aussi ne cessoit-il de demander le rappel de cet Officier à l'Audience Royale; mais on ne lui répondoit rien de précis, & l'on traînoit l'affaire en longueur, pour tâcher de le lasser. Les Auditeurs, plus Marchands que Magistrats, vendoient tout, jusqu'à la Justice, & se trouvant Juges & parties d'un homme, qui prétendoit soustraire à leur cupidité 300. lieuës de Côte, mais n'osant s'opposer directement aux ordres de l'Empereur, ils en éludoient l'execution, tantôt sous un prétexte, & tantôt sous un autre; dans l'espérance que le

1520. Licencié, fatigué de tant de délais, s'accommoderoit enfin avec eux. Neanmoins, voyant qu'il ne se rebutoit point, ils s'aviserent d'ordonner une visite de son Navire, & comme on ne manqua pas de le trouver incapable de soûtenir la Mer, il fut condamné & démoli.

1521. Las Casas entre en accommodement avec l'Audience Royale.

Las Casas ennuyé de tant de chicannes, perdit enfin patience, & menaça de retourner en Espagne, pour informer l'Empereur du peu d'égard, qu'on avoit pour ses ordres. Ces menaces eurent leur effet, on se rendit un peu plus traitable, & on lui fit des propositions, ausquelles il aima mieux souscrire, que de s'exposer de nouveau aux variations de la Cour & des Conseils. Il signa donc en 1521. un Traité, qui portoit l'établissement d'une Compagnie, où entrerent tous ceux, qui étoient alors en place dans l'Isle Espagnole. Toutes les difficultés furent applanies après la conclusion de ce Traité; on lui donna les mêmes Vaisseaux, qui avoient porté Ocampo à la Côte de Cumana, & 120. Hommes de bonnes Troupes, qui sous les ordres du même Ocampo, devoient faire la guerre aux Indiens, supposé que ces Barbares entreprissent de molester la nouvelle Colonie, ou qu'on les reconnût pour Antropophages. L'Escadre partit de San-Domingo au mois de Juillet, & prit la route de Portoric, où Las Casas ne put retrouver aucun de ses Laboureurs. Quelques-uns étoient morts, les autres avoient pris parti dans l'Isle, & n'en voulurent plus sortir. On peut juger du chagrin, que cette perte lui causa, après ce qu'il lui en avoit coûté d'argent & de fatigues pour assembler ces gens-là, & les amener jusqu'aux Indes. Mais il n'étoit encore qu'au commencement de ses malheurs.

De Portoric il alla débarquer tout droit à Tolede, dont les Habitans étoient si rebutés d'avoir continuellement à lutter contre les Indiens, qu'ils soupiroient après une occasion d'en sortir. Ils profiterent de celle-ci, s'embarquerent sur les Navires, qui avoient apporté Las Casas & sa Colonie, & jamais il ne fut possible d'en engager un seul à rester avec lui. Les Troupes, que devoit commander Ocampo po suivirent une si dangereux exemple, & cet Officier se trouvant par-là sans emploi, ne jugea pas à propos de faire le triste personnage de Général sans Troupes. Il prit congé de son ami, dont il ne pouvoit que plaindre le sort, & fit voiles avec tous les autres du côté de l'Isle Espagnole. Tout autre que Las Casas auroit renoncé à une entreprise, contre laquelle tout sembloit conspirer; mais nous avons déjà vû plus d'une fois qu'il ne se rebutoit pas aisément. Il commença par se loger & construire des Magasins; il fit ensuite avertir les Indiens par une Femme Chrétienne de leur Nation, nommée Marie, laquelle sçavoit un peu de Castillan, qu'il avoit été envoyé par l'Empereur pour faire cesser les trahisons, & les mauvais traitemens, qu'on leur avoit faits jusqu'alors, & leur procurer, avec la connoissance du vrai Dieu, tous les biens, qu'ils pouvoient souhaitter. Ayant ensuite remarqué la nécessité, où étoient les Espagnols de Cubagua, de venir chercher de l'eau dans la Riviere de Cumana, sur laquelle Tolede étoit situé; il voulut faire construire une Forteresse à l'embouchure de cette Riviere, afin d'en assûrer l'entrée contre les entreprises des Indiens; mais son dessein échoüa par la malice de ceux mêmes, pour qui il vouloit travailler, & qui lui débaucherent son Architecte. 1521.

Ils firent pis encore. Las Casas n'avoit pas long-têms pratiqué les Peuples de cette Province, sans reconnoître que la meilleure Monnoye, pour trafiquer avec eux, étoit le Vin; qu'avec cette liqueur on ne manquoit ni d'Or, ni d'Esclaves; ces Barbares allant plus avant dans les Terres enlever d'autres Indiens pour les vendre aux Espagnols. Mais outre ce qu'il y avoit d'inique dans ce Commerce, le seul usage, que ces Indiens faisoient du Vin, étoit plusque suffisant à un homme aussi zelé, que l'étoit Las Casas, pour en abolir le Commerce; car tant, qu'ils avoient de quoi boire, ils ne désenyvroient point, & il en arrivoit tous les désordres, qu'on peut imaginer dans les hommes de la terre les plus brutaux. Il songea donc sérieusement,

Il retourne à l'Isle Espagnole, & pourquoi.

1521. aux moyens de remedier à un si grand mal, & il fut bientôt convaincu qu'il n'y en avoit point d'autre, que de défendre absolument aux Espagnols de porter du Vin aux Sauvages. Mais il n'avoit point d'authorité sur les Espagnols de Cubagua, ou du moins on n'y reconnoissoit point la sienne. Il falloit commencer par l'y établir, & il l'entreprit. Il passa dans l'Isle, & représenta à celui, qui y commandoit sous le titre d'Alcaïde Major, que la Province de Cumana étoit toute entiere de sa dépendance, & qu'il n'étoit permis à personne d'y faire le Commerce, que sous son bon plaisir. L'Alcaïde se mocqua de ses prétentions, & comme il étoit certain qu'inutilement on travailleroit à policer les Indiens, tant qu'on leur porteroit du Vin, & qu'on leur en porteroit, tant que le Commerce seroit libre aux Espagnols; le Licencié résolut d'aller porter sa plainte à l'Audience Royale de San-Domingo, déterminé, si elle ne lui faisoit pas justice, d'aller jusqu'en Espagne la demander à l'Empereur.

Les Indiens pendant son absence attaquent la Nouvelle Tolede.

Il partit donc pour l'Isle Espagnole, laissant sa petite Colonie sous les ordres de François de Soto, auquel il recommanda principalement deux choses: la premiere de ne point faire sortir du Port deux Bâtimens, qu'il y laissoit; seconde, que, si les Indiens venoient l'attaquer en trop grand nombre, & qu'il ne fut pas possible de leur résister, il se retirât avec tout son monde, & tous ses effets à Cubagua. Soto executa fort mal le premier de ces deux ordres; à peine Las Casas avoit mis à la voile, que les deux Bâtimens furent envoyés l'un d'un côté, & l'autre de l'autre, pour chercher des Perles, de l'Or, & des Esclaves. Mais Soto ne tarda pas à être puni de sa désobéïssance. On eut bientôt des indices que les Sauvages machinoient quelque conspiration contre les Espagnols, dont le nombre venoit d'être fort diminué par le départ des deux Bâtimens. Le Commandant ordonna qu'on mît les armes en état: la poudre s'étant trouvée moüillée, il voulut la faire sécher, & les Indiens s'en étant apperçûs, parce qu'ils la virent étendre au Soleil, crurent l'occasion favorable pour executer leur dessein. Ils vinrent fondre sur les Espagnols en jettant de grands cris, mirent le feu à la Ville, & tuerent deux ou trois hommes, qui n'avoient pas eu le têms de fuir.

1521.

Les Espagnols sont obligés de se sauver. Mort de Soto.

Soto accourut au premier bruit, & reçut d'abord dans le bras une Fleche empoisonnée. Il ne laissa point de gagner le Jardin des PP. de Saint François, où environ vingt Personnes s'étoient retirées, & d'où il gagna le Fleuve sans être apperçu, par le moyen d'un petit Canal, que les Religieux avoient creusé, & sur lequel ils avoient toûjours un ou deux Canots. Les Sauvages le poursuivirent, mais trop tard; toute la Troupe eut le têms de gagner un endroit de la Côte, où l'on avoit accoûtumé de charger du Sel, & où il se rencontra quelques Bâtimens, qui les reçûrent. Soto n'étoit pas venu jusques-là: ayant passé trois jours & trois nuits sans boire & sans manger, il demanda un peu d'eau pour éteindre la soif, qui le tourmentoit cruellement; mais à peine l'eut-il bûë, qu'il entra dans un accès de rage, qui l'emporta bientôt. On a depuis observé que le poison, dont se servoient ces Peuples, operoit à mesure qu'on bûvoit, & qu'on mangeoit, & que pour en guérir, il ne falloit absolument rien prendre, jusqu'à ce qu'on eût fait les remedes convenables.

L'Isle de Cubagua évacuée.

Un bon Frere Franciscquain, nommé le Frere Denys, qui ne s'étoit pas trouvé dans le Jardin pour s'embarquer avec les autres, n'eut pas un sort plus heureux que Soto. Après être demeuré trois jours caché, sans prendre aucune nourriture, il se persuada que les Sauvages, ausquels il n'avoit jamais fait que du bien, lui donneroient au moins la vie, & il alla se livrer à eux; mais ils le massacrerent impitoyablement; après quoi, étant passés en très-grand nombre à l'Isle de Cubagua, ils intimiderent tellement l'Alcaïde Major, Antoine Flora, qui avoit 300. Hommes en état de combattre, qu'il n'eut pas le courage d'attendre qu'on le vînt attaquer. Il s'embarqua avec tout son monde sur deux Caravelles, & gagna l'Isle Espagnole, où les Gens

1521.

de Soto s'étant rendus presque en même têms, ils porterent tous ensemble à San-Domingo, la triste nouvelle d'une révolution, qui étoit le fruit de l'imprudence des uns, & de la lâcheté des autres. Les derniers furent assés surpris qu'on ignorât dans cette Capitale le Voyage du Licencié Las Casas, qui étoit parti de Cumana long-têms avant eux. Le fait est, que son Pilote ayant pris la Côte de San-Domingo pour celle de Portoric, étoit allé débarquer au Port d'Yaquimo, & j'ai déjà observé plus d'une fois, que les Vents & les Courants ne permettent presque pas de remonter à la voile de ce Port à la Capitale. Las Casas n'avoit pas laissé de l'entreprendre; mais après y avoir perdu deux mois, il s'étoit vû contraint de se faire mettre à la Côte, & de poursuivre son voyage par Terre.

De quelle maniere Las Casas aprend cette révolution.

Il prit sa route par Yaguana, ou Leogane, & il se reposa quelque têms dans cette Ville. S'étant remis en chemin, un jour, qu'il s'étoit arrêté à l'ombre sur le bord d'une Riviere, pour y laisser tomber la plus grande chaleur, ses Gens apperçûrent des Espagnols, qui paroissoient venir de San-Domingo; ils les joignirent, & leur ayant demandé s'ils ne sçavoient point de nouvelles; « On a appris, répondirent-ils, que le Licencié Barthélemy de Las Casas avoit » été massacré avec la plus grande partie de ses Gens à la » Côte de Cumana. » Ceux, à qui ils parloient se mirent à rire, & assûrerent qu'on verroit bientôt le contraire: mais Las Casas, qui avoit entendu tout ce Dialogue, s'étant avancé, & ayant fait aux Voyageurs plusieurs questions sur les circonstances de cette nouvelle, ne douta point qu'elle n'eût un fondement réel, & levant les mains aux Cieux: « Vous êtes juste, Seigneur, s'écria-t-il, & votre jugement » est droit. » Il arriva peu de têms après à la Capitale, où il sçut toutes choses au vrai. Il en fut sensiblement touché, mais sans en être abbattu: il travailloit pour Dieu, & ne se recherchoit en rien; mais quand il avoit fait tout ce qui dépendoit de lui, il n'avoit aucune peine à se soumettre à tout ce que la Providence ordonnoit, ou permettoit par rapport à ses projets. Par-là il corrigeoit ou expioit ce que son zéle pouvoit avoir de vicieux. On peut dire aussi qu'il entreprenoit au-dessus de ses forces, & peut-être n'avoit-il pas toute l'habileté nécessaire pour conduire une entreprise de cette nature. Mais il faut encore avoüer, qu'il étoit difficile qu'il n'échoüât point, ayant presque toûjours tout le monde contre lui. 1521.

Il se fait Dominiquain.

Quoiqu'il en soit, comme rien ne l'attachoit plus au siecle, il se sentit inspiré de le quitter, & les PP. Dominiquains n'eûrent pas beaucoup de peine à profiter de cette disposition, où il se trouvoit, pour acquerir un homme de ce merite; d'autant plus qu'il avoit toûjours été uni de sentimens avec eux. Il prit donc l'habit de Frere Prêcheur, & ne parut plus occupé, que du soin de se sanctifier; jusqu'à ce que de nouvelles occasions d'exercer son zéle pour le salut & la conservation des Indiens, le tirerent de sa solitude à l'occasion, que nous verrons bientôt. Au reste, je suis bien aise d'avertir ici que ce saint homme, ayant vû sur la fin de ses jours la maniere, dont les Historiens Oviedo, & Gomara ont parlé de lui, & le tour, qu'ils ont donné à ses avantures, ne put s'empêcher d'en témoigner quelque ressentiment, & c'est ce qu'Antoine Herrera, qui lui rend beaucoup plus de justice, a cru devoir remarquer dans son excellente Histoire des Indes Occidentales.

Les Indiens de Cumana sont punis & soumis.

Cependant l'Amiral D. Diegue, & l'Audience Royale également touchés, & de l'affront, que la Nation venoit de recevoir sur la Côte de Cumana, & du danger, où se trouvoit la Colonie de Cubagua par la fuite de sa Garnison, firent armer un Escadre de quatre ou cinq Navires, pour rassûrer les uns & venger sur les autres le sang Espagnol; & ils en donnerent le commandement à un homme de merite, nommé Jacques de Castellon. Cet Officier alla débarquer d'abord à l'Isle de Cubagua, où sa présence fit reprendre cœur à tout le monde; il entra ensuite dans la Riviere de Cumana, & il envoya plusieurs partis contre les Indiens, dont on fit un grand carnage. On choisit les plus considerables parmi ceux, qui tomberent vifs entre les mains 1521. des Espagnols; ils furent pendus, & les autres condamnés à l'Esclavage. Mais comme il falloit, ou abandonner absolument la Pêche des Perles, qui étoit alors dans sa plus grande abondance, ou s'assûrer de l'embouchure de la Riviere de Cumana, d'où les Habitans de Cubagua étoient obligés de tirer toute leur eau douce; le Commandant Espagnol reprit le dessein, qu'avoit eu Las Casas de bâtir une Forteresse à cette embouchure, & il l'executa. Alors l'Isle des Perles devint extrêmement florissante, on y bâtit des Maisons de pierres, & il s'y forma une jolie Ville sous le nom de nouvelle Cadix, ainsi que je l'ai dit ailleurs.

1522. Les Negres se multiplient dans l'Isle Espagnole.

J'ai aussi remarqué plus haut, qu'on s'étoit enfin déterminé à remplacer les Indiens, qui manquoient tout à fait dans l'Espagnole, par les Negres : mais ces nouveaux Esclaves étoient de mauvais Mineurs, & depuis ce têms-là, les Mines sont demeurées fermées. En récompense les Negres étoient très-propres aux Manufactures de Sucre, & l'on peut juger, de ce que cette Marchandise produisoit alors, parce qu'on assûre communément, que ces magnifiques Palais de Madrid & de Tolede, qui sont l'ouvrage de Charles-Quint, ont été entierement bâtis du provenu du seul droit d'entrée des Sucres de l'Isle Espagnole.^ ~~Cependant on peut bien croire que les Negres ne furent pas traités dans ces commencemens~~ avec trop de douceur par des Gens accoûtumés à regarder les Indiens, comme des animaux destitués de raison; car outre que la figure & la couleur rapprochoient ceux-ci beaucoup plus des Européans, que ceux-là; l'esclavage, où l'on retenoit les Insulaires, étoit uniquement fondé sur le droit du plus fort, au lieu que les Negres, ayant été achettés, & vendus par leurs propres Compatriotes, il sembloit qu'on dût avoir moins de scrupule de leur faire sentir tout le poids de la servitude.

Ils se révoltent.

Ce qui est certain, c'est que leur patience, quoiqu'ils en ayent sur cela plus qu'aucun autre Peuple de la Terre, fut

^ ~~[illegible]~~ on n'en sera point surpris, si l'on considere qu'alors on ne faisoit de veritable sucre, que dans cette isle, qui par consequent en fournissoit non seulement l'Espagne, mais encore toute l'Europe. il est vray qu'avant la découverte du nouveau monde, ~~[illegible]~~ on cultivoit des cannes à sucre dans les Royaumes de Valence et de grenade, où [illegible] avoient été portées des Indes orientales; mais on n'en tiroit qu'une espece de melasse [illegible] à laquelle on donnoit le nom de miel, ce qui n'étoit qu'un sucre imparfait [illegible]. on en faisoit, qui étoit un peu meilleur dans les Canaries, dont le climat est plus chaud; mais on n'a pu le perfectionner, que dans l'Amerique, dont le plus [illegible] des terres situées entre les Tropiques sont extremement favorables aux cannes, [illegible] ~~[illegible]~~ l'exprimer.

Les habitans de l'isle Espagnole ne prirent pourtant pas d'abord asses de mesures pour s'assurer la continuation d'un commerce si lucratif, et il est certain que dans les commencemens les negres ne furent pas traités ^

bientôt poussée à bout. Ils formerent donc le dessein, & conçurent même l'espérance de se remettre en liberté. La révolte commença par ceux, qui étoient au service de l'Amiral. D. Diegue avoit une Sucrerie dans le voisinage de la Capitale, où il faisoit travailler cent Esclaves, la plûpart Negres. Le 27. de Decembre de l'année 1522. une vingtaine de ces derniers, joints à un pareil nombre d'une autre Sucrerie, qui appartenoit au Licencié Lebron, ayant trouvé moyen d'avoir des armes, se jetterent sur quelques Espagnols, qui ne se défioient de rien, les tuérent, & prirent le chemin de la Ville d'Azua, dans le dessein de la surpendre, & après l'avoir pillé, d'aller se donner au Cacique Henry. L'Amiral, qui fut d'abord averti de leur marche, se mit dans le moment à leurs trousses avec peu de monde, après avoir donné ses ordres, pour se faire suivre d'un corps de Troupes reglées, ou des Milices du Pays. Il arriva le second jour sur le bord de la Riviere *Nizao*, & il résolut d'y attendre ses Gens. Il apprit là que les Rebelles étoient entrés dans l'habitation d'un nommé Michel de Castro, qu'ils y avoient fait beaucoup de dégât, tué un Castillan, & enlevé un Negre avec douze Indiens; que delà ils s'étoient rendus à une lieuë d'Ocoa, où ils avoient campé, dans le dessein de piller au point du jour une Sucrerie, que Zuazo avoit dans le voisinage; qu'ils étoient résolus d'y tuer tous les Chrétiens, de renforcer leurs Troupes de 120. Negres qui y étoient, & d'aller avec ce renfort s'emparer de la Ville d'Azua. 1522.

Michel de Castro étoit dans la petite Troupe de l'Amiral; au récit de ce qui étoit arrivé dans son habitation il y courut lui troisiéme, sans en rien communiquer à son Général; & il y trouva les choses, comme on les avoit rapportées. Alors un quatriéme Espagnol l'ayant joint au même lieu, il envoya dire à D. Diegue qu'il alloit donner sur les Negres à dessein de les harceler, pour les empêcher de rien entreprendre jusqu'à l'arrivée des Troupes, & qu'il le prioit de lui envoyer du secours. L'Amiral fit aussi-tôt par Ils sont défaits & punis.

1522. tir huit Cavaliers, & quelques Fantassins en croupe; & Castro, qui avoit eu le têms de connoître la foiblesse des Negres, se crut avec ce renfort en état de les défaire, & se prépara à les attaquer. Les Negres de leur côté, voyant venir à eux cette poignée d'Espagnols, se rangerent en assés bel ordre, & reçurent de bonne grace la premiere Charge; mais ils furent si maltraités à la seconde, qu'ils n'eurent pas le courage d'en attendre une troisiéme. Castro eut un bras percé d'un bâton brûlé par le bout, ce qui ne l'empêcha point de chercher son Negre & ses douze Indiens, lesquels à sa voix sortirent de l'endroit, où on les avoit cachés, & vinrent le joindre. L'Amiral survint vers le midy avec tout son monde, & fit poursuivre les fuyards, dont peu échapperent, & comme à mesure qu'on les saisissoit, on les pendoit à l'Arbre le plus proche, tout le chemin en fut bientôt bordé. Ce spectacle intimida tellement les Negres, qu'ils n'ont pas osé depuis se révolter contre les Espagnols dans cette Isle.

1523. Mauvais services rendus à l'Amiral par Passamonté.

L'année suivante, sur les représentations, qui furent faites à l'Empereur, que les Départemens des Indiens ne subsistant plus, les Officiers de l'Audience Royale, réduits à leurs appointemens, ne pouvoient plus soutenir leur rang, ni entretenir leurs familles, ce Prince les augmenta de moitié, de sorte qu'ils montoient à 300000. Maravedis. L'Amiral reçut par la même voye des lettres fulminantes du Conseil des Indes. Passamonté, qui n'avoit encore pu s'accommoder avec aucun Gouverneur, avoit des raisons particulieres de desservir D. Diegue, & il avoit envoyé en Cour un Mémoire contre lui, dont on crut, ou l'on fit semblant de croire qu'au moins une partie étoit vraye. Il lui reprochoit surtout d'avoir usurpé presque tous les droits de l'Audience Royale, & d'avoir donné à la Déclaration de l'Empereur, qui le rétablissoit dans sa Charge de Vice-Roi, une étenduë, qu'elle ne pouvoit avoir. Sur cette accusation il fut enjoint à D. Diegue, sous peine de décheoir de tous ses privileges, & même de tous ses titres, de remettre

1523.

mettre les choses dans leur premier état, & afin qu'il ne pût pas prétendre cause d'ignorance d'un tel ordre, l'Audience Royale fut chargée de le faire publier, & de tenir la main à son exécution.

Il est rappellé en Espagne, & fait connoître son innocence.

Fort peu de têms après l'Amiral reçut une autre lettre, par laquelle le Conseil lui mandoit, qu'ayant à regler plusieurs choses, qui concernoient son Gouvernement, on jugeoit sa présence nécessaire en Espagne, & qu'on le prioit de s'y rendre au plûtôt. Il comprit parfaitement qu'il étoit révoqué; d'autant plus, que le P. Louis de Figueroa, un des trois Commissaires envoyés par le Cardinal Ximenez à l'Isle Espagnole, venoit d'être nommé à l'Evêché de la Conception, & déclaré Président de l'Audience Royale, avec toute l'authorité de Gouverneur. Il obéït donc, mais étant arrivé à la Cour, il plaida si bien sa cause auprès de l'Empereur, que ce Prince & tout le Conseil ne purent s'empêcher de reconnoître son innocence sur tous les chefs d'accusation, dont on l'avoit chargé. Il n'eût pas plus de peine à mettre dans la plus grande évidence son exactitude à faire observer les Ordonnances, son zele pour le bien public, & pour le service de l'Empereur, & que tout son malheur venoit de ce que Passamonté & les autres Officiers Royaux ne voyoient pas volontiers un homme, qui les éclairoit de si près, ou dont l'authorité les incommodoit. Il ne paroissoit pas difficile après cela d'obtenir qu'on lui fît justice sur toutes ses prétentions, & il la sollicita vivement auprès de l'Empereur. Charles-Quint accorda enfin à ses Importunitez des Commissaires, mais l'affaire traîna si fort en longueur, que le malheureux D. Diegue, par un sort tout semblable à celui de son Pere, & même dans un âge bien moins avancé, vit trancher ses jours, au milieu de ses inutiles poursuites, ainsi que nous le verrons bientôt.

Nouveaux Reglemens pour les Indiens.

L'Empereur occupoit alors sans cesse le Conseil des Indes à chercher les moyens de conserver le peu, qui restoit d'Indiens fideles dans l'Isle Espagnole. Enfin après plusieurs

1523. | 1525. Assemblées de Théologiens, de Canonistes & d'autres Personnes habiles, & d'une expérience consommée; le premier jour de Septembre de cette même année 1525. Sa Majesté fit écrire aux deux Superieurs Généraux des Dominiquains & des Francisquains, que la diversité des sentimens, touchant la maniere d'en user avec les Indiens, ne lui permettant pas de prendre une résolution fixe & invariable, & le Siege Episcopal étant vacant, il leur donnoit sur cela toute son authorité, déchargeoit sa conscience sur la leur, & recommandoit à l'un & à l'autre, d'imposer à ces Insulaires tel tribut & tel travail, qu'ils jugeroient convenables. Ce qui obligeoit l'Empereur de s'adresser à ces deux Religieux, c'est que le P. de Figueroa Evêque de la Conception, & nommé Président de l'Audience Royale, venoit de mourir en Espagne, & qu'avant qu'il eût un successeur en état d'agir, il pouvoit arriver bien des désordres, que ce Prince vouloit prévenir. Une autre Ordonnance, que rendit Charles-Quint dans le même têms, faisoit voir que la Colonie de l'Isle Espagnole étoit déjà fort diminuée. Car elle déclaroit que quiconque voudroit aller s'y établir, surtout à la Conception, outre le passage, qu'on lui donneroit gratis, pourroit avoir six Esclaves Negres, & cela contre une déclaration faite quelques années auparavant, par laquelle il étoit défendu d'avoir dans une habitation plus de Noirs, que de Blancs. Au reste c'étoit la Conquête du Mexique, qui avoit causé le dépeuplement, dont nous parlons, & il fut encore augmenté par la Conquête du Perou, dont il n'est pas possible de faire comprendre quelle fut l'occasion, sans remonter au têms de la fondation de Sainte Marie l'Ancienne du Darien, & sans reprendre la suite de ce qui se passa dans cette Colonie, après qu'on en eût chassé Nicuessa. C'est ce que je vais faire en peu de mots.

Balboa s'empare de toute l'authorité dans la Province du Darien.

J'ai dit qu'on y avoit établi une espece de République, sous l'authorité de quelques Magistrats. Les Partisans de Nicuessa, & ceux d'Enciso n'ayant pu réüssir à faire changer cette forme de Gouvernement, elle subsista, mais en apparence seulement, parce qu'insensiblement Balboa s'attira toute l'authorité. Cela parut principalement par la maniere, dont il en usa à l'égard d'Enciso, à qui il osa bien faire le Procès. Je ne trouve nulle part, si depuis la déposition de ce Commandant, il étoit survenu quelque nouvelle broüillerie entre lui & Balboa ; mais il y a bien de l'apparence qu'ayant un parti déclaré en sa faveur, il fit de nouveaux efforts pour maintenir son droit, & se porta pour Alcaïde Major. Ce qui est certain, c'est que Balboa le fit mettre en Prison, l'accusa d'avoir usurpé une Charge, dont le Roi seul pouvoit lui donner les Provisions, & cela sur la simple nomination d'un Particulier, qui n'avoit jamais eu d'authorité dans la Province, & qui étoit mort; qu'il confisqua tous ses biens, & ne lui rendit la liberté, à la priere des plus considerables Habitans, qu'à condition, qu'il s'embarqueroit pour la Castille, ou pour l'Isle Espagnole, sur le premier Navire, qui partiroit de Sainte Marie.

1511.
|
1524.

Il envoye demander du secours à l'Amiral.

Il songea ensuite à se procurer les secours, dont la Colonie avoit besoin, & ayant fait regler dans le Conseil qu'on envoyeroit demander à l'Amiral des provisions, des munitions, & des Hommes, il fit nommer pour cette Commission le Regidor Valdivia son ancien ami. Il représenta ensuite qu'il étoit à propos d'informer la Cour, de la situation présente de la Province du Darien, & des grandes richesses, qu'on esperoit y découvrir, & il persuada à Zamudio son Collegue de passer lui-même en Castille. Il avoit en cela deux vûës ; la premiere, de rester seul saisi de toute l'authorité, & la seconde, d'avoir à la Cour un homme, qui eût autant d'interêt que lui, à prévenir le Roi & ses Ministres, sur tout ce qui s'étoit passé d'irrégulier au sujet de Nicuessa & d'Enciso. Celui-ci de son côté étoit bien résolu à tirer raisons des injustices, qu'on lui avoit faites, & il se prépara à profiter du Bâtiment, qui devoit porter Valdivia & Zamudio à San-Domingo, pour sortir d'une Colonie, où son Ennemi étoit le maître. On avertit Balboa qu'Enciso comptoit de s'embarquer avec les deux Députés, moins

1511. | 1524. pour déferer à l'Arrêt, qui l'y condamnoit, que pour aller porter ses plaintes au Tribunal du Roi. Balboa fit alors ses réflexions sur les suites, que ce voyage pouvoit avoir, & travailla sous main à l'empêcher. Des Personnes, qui se disoient amis d'Enciso, l'allerent trouver, & lui dirent que, s'il vouloit rester à Sainte Marie, ils se faisoient fort de le faire agréer à Balboa : qu'ils sçavoient même que ce Magistrat étoit très-disposé à bien vivre avec lui, & qu'ils ne le croyoient pas éloigné de le rétablir dans la Charge d'Alcaïde Major. Mais Enciso ne prit pas le change, & Balboa pour s'assûrer d'une protection, qui pût le mettre à couvert de l'orage, remit à Valdivia un présent considerable en Or pour le Trésorier Général Passamonté, dont il sçavoit que le crédit étoit fort grand auprès du Roi, & des Principaux Ministres.

Il fait la guerre aux Indiens avec succès.

Valdivia fut six mois entiers dans son Voyage : à cela près sa négociation eut tout le succès, que Balboa s'en étoit promis, il revint avec des provisions & des Hommes, & rendit à l'Alcaïde Major des Lettres de l'Amiral, qui l'assûroit d'un plus puissant secours, dès que le Renfort, qu'il attendoit lui-même de Castille, seroit arrivé. Mais il s'étoit passé pendant ces six mois bien des choses, qui avoient fort relevé les Esperances de Balboa, & dont il ne tarda pas à donner avis à D. Diegue, par le même Valdivia, qu'il lui dépêcha une seconde fois. Il s'étoit mis à la tête d'une Troupe de 130. Braves, parmi lesquels étoient Rodrigue Enriquez de Colmenarez, cet ami de Nicuessa, dont nous avons parlé plus haut François Pizarre, & Diego de Almagro; que nous verrons bientôt entreprendre la Découverte du Perou; & il avoit fait des Courses dans tout le Pays jusqu'à Nombre de Dios, répandant partout la terreur de son nom, & ne donnant son amitié à ceux, qui la recherchoient, qu'au prix de leur Or : aussi en revint-il tellement chargé à Sainte Marie, que le Quint du Roi, dont Valdivia fut chargé, pour le remettre au Trésor Royal à San-Domingo, fut de 300. Marcs d'Or, qui faisoient 15000. Pesos. Mais il y avoit plus encore.

Pizarro

Un jour, que le fils d'un Cacique allié avoit présenté à Balboa & à Colmenarez une grande quantité d'Or; comme on le pesoit pour en faire la répartition, il survint une assés grosse querelle, au sujet du partage, & l'on fut sur le point d'en venir aux mains. Le jeune Cacique, qui étoit présent, en fut surpris & scandalisé, & s'étant approché de la Balance, il la secoüa violemment & renversa tout l'Or, qui y étoit; puis se tournant vers les Espagnols, « puisque » vous vous querellés pour si peu de chose, leur dit-il, & » qu'apparemment c'est ce métal, qui vous a fait abandon- » ner votre Patrie, essuyer tant de fatigues, courir tant de » dangers, & inquieter tant de Peuples, qui joüissoient » d'une paix profonde, que rien n'avoit encore troublé; je » veux vous faire connoître un Pays, où vous aurés dequoi » vous contenter. Mais pour y pénétrer, il vous faut bien » d'autres forces, que celles, que vous avés : vous aurés » à combattre des nations nombreuses, & des Rois puis- » sans, qui ne manquent, ni de courage, ni de tout ce » qui est nécessaire pour se bien défendre. » On lui demanda de quel côté étoit ce Pays si opulent, & il répondit qu'après avoir marché six jours de l'endroit, où ils étoient alors, allant toûjours au midi, ils trouveroient un Cacique très-riche en Or, & au-delà une Mer d'une étenduë immense, sur laquelle il y avoit des Vaisseaux peu inferieurs en grandeur à ceux des Espagnols; enfin qu'en suivant sur cette Mer le même air de vent, ils arriveroient dans un Royaume, où l'Or étoit si commun, qu'on s'en servoit aux usages les plus ordinaires. Ces avis réjoüirent fort les Castillans, & les empêcherent de ressentir la confusion, que leur devoient causer l'action & les reproches de l'Indien.

1511. | 1524. Premiers Indices de la Mer du Sud & du Perou.

Balboa reprit peu de têms après la route de Sainte Marie, fort résolu de ne rien négliger, pour profiter de tout ce qu'il venoit d'apprendre, & Valdivia étant arrivé quelques jours après lui de son premier Voyage, il le fit repartir sur le champ, pour porter à l'Amiral de si heureuses nouvelles, & l'engager à ne point differer le secours, qu'il lui avoit promis.

1511.
|
1524.
Balboa reçoit de fâcheuses nouvelles de Castille.

On fut bien des années sans sçavoir ce qu'étoit devenu cet Envoyé : ce ne fut qu'en 1519. qu'on apprit par hazard qu'ayant fait naufrage sur de petites Isles nommées les Caymans, qui sont au Nord Ouest de la Jamaïque, & ayant voulu passer à la Terre Ferme du côté de l'Yucatan, il étoit tombé entre les mains d'un Cacique, qui le sacrifia à ses Idoles & le mangea. Balboa de son côté, après s'être désennuyé quelque têms à faire de nouvelles Conquêtes, se lassa d'attendre, & voulut passer lui-même à San Domingo, & de là en Castille, où il comptoit bien qu'avec l'Or, qu'il y porteroit, il surmonteroit tous les obstacles; mais la Colonie s'opposa à ce Voyage, & il fallut consentir que quelque autre le fît pour lui. Il s'en consola par l'arrivée de deux Navires, que l'Amiral lui envoyoit : ils étoient chargés de munitions, & portoient une Recruë de 150. hommes choisis. Balboa reçut par la même voye des Provisions de Capitaine Général signées de Passamonté, auquel le Roi avoit, disoit-on, donné ce pouvoir. Mais il eut en même têms des nouvelles bien fâcheuses de Castille. Zamudio lui mandoit que le Roi étoit extrêmement indigné contre lui, & qu'Enciso lui rendoit de fort mauvais services à la Cour; qu'il rejettoit sur lui une bonne partie des violences, qu'on avoit exercées contre le malheureux Nicuessa, & qu'il y avoit ordre de lui faire son procès. Il fut effectivement condamné pour le Civil à indemniser Enciso de toutes les pertes & de tous les frais, qu'il lui avoit causés ; mais pour le Criminel, Ferdinand ne voulut pas qu'il y eût de Jugement porté, que l'accusé n'eût été oüi.

1513.
|
1524.
Il découvre la Mer du Sud.

Balboa comprit, en apprenant ces nouvelles, qu'il étoit perdu, si le succès de la grande Entreprise, qu'il méditoit, ne lui meritoit l'abolition du passé. Il résolut donc de ne plus la differer, & ayant choisi 190. hommes, sur lesquels il crut pouvoir compter. Il travailla avec toute la diligence possible à faire ses provisions, à regler toutes choses dans la Colonie pour le têms de son absence, & à discipliner sa Troupe. Enfin, au commencement de Septembre de l'année 1513. Il s'embarqua sur un Brigantin, qui le porta dans les Terres d'un Cacique, nommé Careta, avec lequel il avoit fait alliance. De-là, il prit le chemin des Montagnes avec des Guides, que lui avoit donnés le Prince Indien. Il lui fallut combattre sur la route une nombreuse armée de Barbares, qui l'attaquerent avec assés de résolution, mais que quelques coups d'Arquebuse tirés fort à propos, dissiperent aussitôt après la premiere charge; & le 25. du même mois, ses Guides l'ayant averti qu'on voyoit la Mer de dessus une Montagne, qu'ils lui marquerent, il y monta seul, & la découvrit en effet. Le premier signal, qu'il en donna, fut de se mettre à genoux, & d'élever les mains au Ciel, pour rendre graces à Dieu d'un évenement si avantageux à sa Patrie, & si glorieux pour lui. Il fit cela par deux fois, & à la seconde, toute la Troupe en fit de même; après quoi, tous eurent la permission de venir voir une Mer, sur laquelle on leur avoit assûré qu'ils trouveroient de si grands thrésors. 1513. | 1524.

Balboa ne manqua pas de leur faire observer, qu'il n'y avoit plus aucun lieu de douter de la sincerité du récit, que leur avoit fait le jeune Cacique, puisque jusques-là tout y étoit parfaitement conforme: & il ajoûta que le même Dieu, qui les avoit si heureusement conduits, dans toutes leurs entreprises, ne les abandonneroit pas au milieu d'une expedition, dont le but principal étoit la propagation de l'Evangile. Balboa parloit bien; & d'ailleurs il avoit dans le souverain degré le talent de gagner tous ceux, qui étoient sous ses ordres, parce que toute la distinction, qu'il affectoit, c'étoit de prendre pour lui les plus rudes travaux, & les plus grands dangers. Aussi eut-il le plaisir dans cette occasion, comme dans toutes les autres, de voir tous ses Gens disposés à le suivre partout, où il voudroit les mener. Il résolut bien d'en profiter; mais il ne crut pourtant pas devoir s'exposer plus avant avec si peu de monde, & il jugea même à propos de s'assûrer d'abord de tous les Caciques des environs de tous les lieux, par où il auroit à passer.

1513. | 1524. Il en prend possession.

Il se borna donc pour lors à prendre possession du Pays, où il se trouvoit, & de la Mer, qu'il venoit de découvrir. Cette Mer forme en cet endroit un Golphe, auquel il donna le nom de Saint Michel, en mémoire du jour, qui fut destiné pour la cérémonie, dont je viens de parler, & qui fut le 29. de Septembre. Ce jour là, après que Balboa eût fait à terre toutes les formalités requises en pareilles rencontres, il entra dans la Mer jusqu'à la ceinture, tenant son Epée haute d'une main, & son Bouclier de l'autre, & dans cette situation, adressant la parole aux Castillans & aux Indiens, qui bordoient le Rivage : « Vous m'êtes témoins, leur dit-il, » que je prends possession de cette Mer pour la Couronne » de Castille, & je proteste que je sçaurai bien avec cette Epée » lui en conserver le Domaine. » Il s'embarqua ensuite avec une partie de ses Gens sur des Canots Indiens, qui se rencontrerent là ; il reconnut de petites Isles, autour desquelles il se faisoit une très-abondante Pêche de Perles, & il leur en donna le nom : puis ayant voulu pousser au large, il se trouva presque hors de la vûë de terre, & fut assailli d'une violente Tempête, dont il ne se sauva que par une espece de Miracle.

1514. | 1524. Il retourne à Sainte Marie.

Echapé de ce péril, où sa témerité l'avoit engagé, il retourna à Sainte Marie, où il n'arriva que le 14. de Janvier 1514. ayant, selon sa coûtume, fait plusieurs excursions sur les Terres de differens Caciques, dont il gagna les uns, & dompta les autres. Il rapporta encore de cette expedition de grandes richesses en Or & en Perles, & son premier soin, après s'être un peu délassé de tant de fatigues, fut d'instruire le Roi & les Ministres de l'importante Découverte, qu'il venoit de faire, des suites avantageuses, qu'elle pouvoit avoir, & de la nécessité de ne point differer à en profiter. Il confia ses Lettres à un nommé Pierre de Arbolancho, & il les accompagna d'une très-grande quantité d'Or, & des plus belles Perles qu'il eût, tant pour le quint du Roi, que pour faire des présens à ceux, qu'il lui importoit plus de mettre dans ses interêts. Arbolancho partit

1514. | 1524.

tit au commencement de Mars, & remplit à son arrivée toute la Cour d'une très-grande joye. Fonseca, pour lors Evêque de Burgos, & le Commandeur Lopé de Conchillos gouvernoient en ce têms-là toutes les affaires du Nouveau Monde avec une authorité presque souveraine, parce que le Conseil des Indes n'étoit pas encore établi. Ces deux Seigneurs firent au Député de Balboa un acceüil très-gracieux, & ils voulurent qu'il eût l'honneur de présenter lui-même au Roi, ce dont il étoit chargé pour ce Prince de la part de la Colonie. Ferdinand le reçut bien, lui fit diverses questions, ausquelles cet Officier répondit d'une maniere très-favorable à Balboa, & le Prince ordonna en effet à l'Evêque de Burgos d'avoir soin que les services de ce Commandant ne fussent pas sans récompense.

Dom Pedrarias Davila Gouverneur de la Province du Darien.

Le malheur de Balboa fut qu'Arbolancho n'arriva point en Espagne deux mois plûtôt: mais les grands coups étoient déjà portés; le Roi, à qui l'on avoit fait comprendre que la Colonie établie sur le Darien, alloit devenir un grand objet, s'étoit déterminé à lui donner un Chef, qui fût de caractere & d'un rang à y contenir le Peuple dans la soûmission, & à y faire respecter l'authorité souveraine. Il proposa cette place au Commandeur D. Diegue del Aguila; mais ce Seigneur, je ne sçai pour quelle raison, le remercia. On lui proposa ensuite D. Pedrarias Davila, Officier de naissance & de merite, & à qui le surnom de Galand & de Jousteur, n'ôtoit pas la réputation de brave Homme, qu'il s'étoit justement acquise par plusieurs belles actions. Quelques autres Seigneurs s'étoient mis sur les rangs; mais l'Evêque de Burgos ayant appuyé Pedrarias, il fut preferé. On travailla en diligence à ses Instructions, & il partit le 12. d'Avril 1514. peu de jours avant l'arrivée d'Arbolancho.

Son arrivée à Sainte Marie.

La Flotte, qui le portoit, étoit de 15. Vaisseaux bien équipés. Il menoit avec lui le Pere Jean de Quevedo Franciscain, sacré Evêque de Terre Ferme; car c'est le Titre qu'on lui donne ordinairement, quoique son siege fût à Sainte

1514. | 1524. Marie l'Ancienne. C'est le même Prélat, dont nous avons parlé ailleurs à l'occasion des délibérations, qui furent faites en présence de Charles-Quint, au sujet des Indiens. Un bon nombre de Missionnaires du même Ordre de Saint François, des Ecclesiastiques, & environ 2000. tant Soldats, qu'Habitans, étoient sur cette Flotte. Le Roi avoit donné pour Lieutenant au nouveau Gouverneur, Jean de Ayora, pour Alcaïde Major, Jean de Espinosa, qui fut dans la suite Président de l'Audience Royale de San-Domingo, & Gouverneur de l'Isle Espagnole, & pour Alguazil Major, Charge, qui répond à celle de Grand Prevost, Enciso; ce qui fut plus que toute autre chose de mauvais augure pour Balboa. Il y avoit outre cela quatre Officiers Royaux, ausquels, aussi bien qu'à l'Evêque, le Gouverneur avoit ordre de communiquer toutes choses. Gonzale Fernandez d'Oviedo y Valdez, dont nous avons une Histoire du Nouveau Monde, que j'ai déjà citée plusieurs fois, étoit un de ces quatre Officiers, & son emploi étoit celui de Contrôleur des Mines, & des Fontes de l'Or. Cette Flotte arriva vers la fin de Juillet, au Golphe d'Uraba, & moüilla à une lieuë & demie de Sainte Marie, où Pedrarias envoya aussi-tôt donner avis de sa venuë.

Sa Réception. Celui qui fut chargé de cette Commission, étant entré dans la Ville, demanda à parler au Commandant: on le lui montra, & il fut fort surpris de voir un homme si célébre avec une simple Camisole de Cotton, ou de Cannevas sur sa chemise, un Caleçon, & des souliers de corde; faisant couvrir de feüilles une assés méchante Case, qui lui servoit de demeure ordinaire. *Herrera.* Mais l'Historien, qui rapporte cette circonstance, remarque fort judicieusement, que c'étoit par cette simplicité, que Balboa étoit devenu la terreur de tant de Nations, & s'étoit tellement attaché tous ceux, qui composoient la Colonie du Darien, qu'encore qu'on y comptât à peine 450. Hommes en état de porter les armes, Pedrarias, avec toutes les forces, qu'il avoit amenées d'Espagne, ne seroit jamais venu à bout, de se mettre en possession de son Gouvernement, si Balboa eût entrepris de s'y opposer. Ce Gouverneur ne s'étoit pas même attendu à y être reçû sans obstacle; mais il fut agréablement trompé. Son Envoyé s'étant approché de Balboa, lui dit: « Monsieur, D. Pedrarias Davila, que son Altesse a nommé » Gouverneur de cette Province, est dans la Rade avec sa » Flotte. » Balboa, sans paroître émû, lui répondit : « Assûrés-lui qu'il est le bien venu, & que tous ce que nous sommes ici de Sujets du Roi, sommes très-disposés à lui rendre les respects & l'obéïssance, que nous lui devons. » Cependant il s'éleva dans la Ville un assés grand murmure, il se fit des Assemblées, & il ne tint qu'à Balboa, que toute la Colonie ne se soulevât en sa faveur; mais il avoit pris le parti de la soumission, & il ne s'en départit point. Il ne voulut pas même que personne parût armé devant le Gouverneur, & il alla au devant de lui avec tous ses Braves, comme un Président à la tête d'un Conseil. Il lui fit son Compliment de la maniere la plus respectueuse, & l'ayant conduit dans sa Cabane, il lui fit servir un repas, qui consistoit en pain de Maïz, en Cassave, en Fruits & en Racines du Pays, avec de l'eau du Fleuve pour toute boisson.

1514. | 1524.

Il fait faire le procès à Balboa.

Dès le lendemain, Pedrarias commença à examiner, si tout ce qui se disoit, & tout ce qui avoit été mandé au Roi, des grandes Entreprises & des Conquêtes de Balboa, étoit conforme à l'exacte verité, & il trouva qu'en tout cela il n'y avoit rien d'exageré, que la Mer du Sud étoit découverte, & tout le Pays, jusqu'à cette Mer, entierement soumis; mais les gens qui l'avoient suivis d'Espagne, & qui s'étoient imaginé qu'il n'y avoit qu'à se baisser, ou à tendre des filets dans la Riviere pour avoit de l'Or, se virent bien loin de compte, lorsqu'ils eurent oüi faire le récit de ce qu'il en avoit coûté aux anciens Colons pour s'enrichir. Peu de jours après le Gouverneur fit publier l'ordre, qu'il avoit, de finir le procès de Balboa, & il commanda à l'Alcaïde Major de faire sa Charge. Ce Magistrat commença par se rendre maître de la Personne de l'accusé, & après avoir examiné les Charges contenuës dans le Memoire d'Enciso, il le condamna à une très-grosse amende, puis il le mit en liberté.

1514.
|
1524.
Sa mauvaise foy en écrivant au Roi.

Cette affaire terminée, Pedrarias, suivant le Plan, que Balboa s'étoit proposé, prit des mesures pour faire des peuplades dans les endroits, que ce Capitaine avoit marqués; mais tandis qu'il paroissoit agir avec lui dans une bonne intelligence, qui charmoit tout le monde, il écrivit au Roi que la Colonie du Darien n'étoit pas à beaucoup près sur un aussi bon pied, qu'on l'avoit mandé à son Altesse. D'autres Lettres partirent en même temps, où les anciens Colons faisoient de grandes plaintes contre quelques Officiers, qui étoient venus avec le Gouverneur, & la suite fera connoître que ces dernieres accusations étoient mieux fondées que les premieres.

Etat où se trouve la Colonie. Balboa est nommé Adélantade de la Mer du Sud.

En effet, Pedrarias avoit trouvé la Colonie dans un état très-florissant; tout le monde étoit content, on ne voyoit que Fêtes, on n'entendoit que chants d'allegresse au son de toutes sortes d'Instrumens; les Terres étoient ensemencées, & commencoient à fournir assés de vivres pour nourrir les Habitans : les Caciques étoient, non seulement soumis, mais pour la plûpart tellement affectionnés aux Espagnols, que ceux-ci pouvoient aller seuls, sans rien craindre, d'une Mer à l'autre. Aussi le Roi ayant parfaitement démêlé la verité au travers des nuages, dont on vouloit l'obscurcir, écrivit l'année suivante à Pedrarias, que voulant reconnoître les grands services, que lui avoit rendu Vasco Nugnez de Balboa, il le créoit son Adélantade pour la Mer du Sud, & les Provinces de *Panama* & de *Coyba*; qu'il prétendoit qu'on lui obéït dans l'étenduë de ce district, comme à lui-même, & qu'il vouloit que tout le monde sçût l'estime, qu'il faisoit de son mérite : enfin, qu'encore qu'il dût être subordonné au Gouverneur Général, son intention étoit qu'on ne le gênât en rien, sur tout ce qui regarderoit le service & le bien de l'Etat. Le Roi ajoûtoit qu'il reconnoîtroit le zele de Pedrarias pour sa personne au traittement, qu'il feroit à Balboa, dont il souhaittoit qu'il prît les avis en toutes choses.

Rien n'étoit plus flatteur pour Balboa, que ces Lettres de son Prince, mais elles ne firent apparemment qu'avancer sa perte. Pedrarias étoit un homme violent, & il s'en fallut bien qu'il gouvernât avec la même douceur, qu'avoit fait l'Adélantade. Dès l'année 1515. Oviedo passa secrettement en Castille pour y faire de grandes plaintes contre lui. Il en avoit été fort maltraité, aussi bien que Balboa, & ils avoient même été mis en prison, je n'ai pû sçavoir à quel sujet. Balboa écrivit de son côté au Roi une grande Lettre dattée du 16. Octobre 1515. dans laquelle il se plaignoit fort du Gouverneur. L'année suivante l'Evêque les réconcilia, mais la réconciliation, si elle fut sincere, ne fut pas de durée, puisque deux ans après Pedrarias fit faire le procès criminel à Balboa, contre lequel on l'avoit aigri de nouveau par de faux rapports. La Mort de Nicuessa, & les violences exercées contre Enciso, lui furent encore reprochées; on y ajoûta le crime de Félonie, qui consistoit en ce qu'il avoit, disoit-on, voulu usurper le Domaine du Roi. Il eut beau se récrier contre de pareilles accusations, dont les unes ne devoient plus avoir lieu après le Jugement définitif porté contre lui par l'Alcaïde Major, & les autres étoient absolument fausses: il eut la tête coupée à Sainte Marie, au grand regret de toute la Colonie. Il n'avoit que 42. ans, & le Roi perdit en lui le plus grand Sujet, qu'il eût alors dans les Indes. Ce qu'il avoit fait dans le peu d'années, qu'il avoit Commandé dans la Castille d'Or, ne laisse aucun lieu de douter qu'il n'eût bientôt découvert & conquis le Perou, si on ne lui eût pas donné de Superieur au moment, qu'il se disposoit à partir pour cette grande expédition.

1515. | 1524. Pedrarias lui fait couper la tête.

1517. | 1524.

Les PP. de S. Jerôme, qui gouvernoient l'Isle Espagnole, lorsque la nouvelle de cette exécution y arriva, & dont l'authorité, ainsi que je l'ai marqué ailleurs, s'étendoit sur tous les Gouverneurs des Indes, témoignerent beaucoup de ressentiment contre Pedrarias, & lui en écrivirent en des termes, qui durent lui faire connoître ce qu'on pensoit de cette action dans toute l'Amerique. Ils ajoûterent

Cruautés exercées par Pedrarias dans la Castille d'Or.

1517. | 1524. qu'ils avoient reçû beaucoup d'autres plaintes de sa conduite, & qu'il ne devoit pas ignorer que l'intention du Roi étoit, qu'il ne fit rien sans la participation du Conseil de sa Province. Il étoit déjà bien tard pour donner ces avis à Pedrarias, du moins touchant la maniere, dont il en usoit à l'égard des Indiens; ou, s'il fut averti à têms, il profita bien peu de l'avertissement. Las Casas sans le nommer, mais en le désignant de maniere à ne s'y pouvoir tromper, nous le représente comme une bête féroce déchaînée par le Tout-Puissant dans sa fureur, pour exterminer un peuple, dont il falloit que les crimes fussent montés à leur comble, pour mériter tout ce que Pedrarias lui fit souffrir. C'est tout dire que ce Gouverneur ravagea & désola depuis le Darien jusqu'au Lac Nicaragua 500. lieuës d'un Pays très peuplé, le plus beau & le plus riche, qu'il fût possible de voir, & que sans distinction d'Alliés & d'Ennemis, il exerça indifferemment sur tous des cruautés, qu'on ne pourroit jamais croire, si les preuves n'en avoient été déposées au Greffe du Fisc Royal, auquel Las Casas ne craint point de renvoyer ses Lecteurs.

Sainte Marie l'Ancienne transportée à Panama.

Cependant on peut bien juger qu'un homme de ce caractere souffroit fort impatiemment la dépendance, où il se voyoit de tant de Superieurs, & ce fut le désir de secoüer un joug, auquel il ne pouvoit se résoudre à se soumettre, qui contribua plus que toute autre chose à la destruction de Sainte Marie l'Ancienne; car il s'imagina qu'en allant s'établir sur la Mer du Sud, l'éloignement le pourroit plus aisément soustraire à l'authorité de ceux, qui commanderoient dans l'Isle Espagnole, & le délivreroit de l'obligation, qu'on lui avoit imposée de prendre les avis du Conseil de sa Province. En 1518. il envoya l'Alcaïde Major Diego de Espinosa à Panama, avec ordre d'y bâtir une Ville, ce qui fut exécuté. Il écrivit en même têms au Roi que le Pays, où étoit située Sainte Marie, n'étoit pas propre à un grand établissement, & qu'il convenoit au bien de la Colonie de transporter le siege Episcopal à Panama. Il reçut

1518. | 1524.

l'année suivante une réponse favorable, & aussi-tôt il envoya ordre à Oviedo, qui commandoit sur le Darien en qualité de son Lieutenant, de transporter à Panama tout ce qu'il y avoit d'Habitans à Sainte Marie, & jusqu'aux Troupeaux.

1518. | 1524.

Il songe tout de bon à la Découverte du Perou.

Cela fait, il reprit le projet des Découvertes dans la Mer du Sud, formé par Balboa. Il songeoit aussi depuis quelque têms à peupler les environs du Lac Nicaragua, dont il prétendoit avoir fait la premiere découverte, & il avoit envoyé un nommé Herrera à l'Isle Espagnole, pour lui en amener un puissant secours. Herrera trouva moyen d'engager dans cette entreprise un riche Habitant, qui avoit nom Jean de Basurto, lequel fit à ce dessein une grande levée d'Hommes & de Chevaux. Mais comme l'armement traîna un peu en longueur, Basurto apprit en arrivant à Panama, que Pedrarias avoit donné le Commandement de l'entreprise de Nicaragua à son Capitaine des Gardes, François Fernandez de Cordouë. Il en témoigna beaucoup de ressentiment, & Pedrarias pour l'appaiser, lui proposa de continuer les Découvertes sur la Mer du Sud, qu'un nommé Pascal de Andagoya avoit poussées en 1522. jusques à Cuzco. Basurto accepta la proposition avec joye, mais ne trouvant point à Panama toutes les choses, dont il avoit besoin pour une entreprise de cette consequence, il prit le parti d'aller s'équipper à l'Isle Espagnole, & mourut dans ce Voyage à Nombre de Dios. On n'en eut pas plûtôt avis à Panama, que François Pizarre & Diego de Almagro, qui s'étoient puissamment établis dans cette Ville là, représenterent au Gouverneur qu'il n'étoit pas de son honneur d'aller chercher hors de sa Province des Sujets, pour exécuter de pareils desseins; qu'il s'y en trouvoit d'aussi propres qu'en aucun autre endroit des Indes, & que leur experience & leurs longs services méritoient bien qu'on leur donnât la preference sur des Etrangers.

Association entre Pizarre, Almagro, &

Pedrarias se laissa d'autant plus aisément persuader, que sans rien mettre du sien, il pouvoit faire ses conditions aussi

1524.
Fernand de Lucques pour la Conquête du Perou.

bonnes qu'il voudroit, & il les fit en effet très-avantageuses. Pizarre, Almagro, & un Ecclesiastique fort riche, nommé Fernand de Lucques, lequel avoit été Ecolatre de l'Eglise de Sainte Marie l'Ancienne, firent entre eux une association, dont les principaux articles furent, que Pizarre, qui étoit homme de main, & qui toute sa vie avoit Voyagé, & fait la guerre aux Indiens, seroit chargé de l'exécution du projet; qu'Almagro fourniroit toutes les provisions, & feroit tous les préparatifs, & que Fernand de Lucques seroit obligé à toutes les autres dépenses nécessaires. Ce traité fit grand bruit dans Panama, où l'on ne pouvoit comprendre que des Personnes si sages, & si éclairées engageassent tout ce qu'ils avoient au monde, pour aller à la Conquête d'un pays, où l'on n'avoit encore trouvé que des Marais & des Terres steriles, & il ne fut personne, qui ne crût que la tête leur avoit tourné, lorsque pour cimenter leur association on vit Fernand de Lucques dire la Messe, séparer l'Hostie en trois, & après en avoir pris une partie, donner les deux autres à ses Associés. Veritablement les commencemens de cette expedition n'en promettoient pas une issuë fort heureuse, mais le courage, l'industrie & la constance de Pizarre, surmonterent tous les obstacles. Il partit de Panama vers la mi-Novembre 1524. avec un seul Navire, & gagna avec bien de la peine la Riviere & la Province de Biru, qui est limitrophe du Royaume de Quito, & d'où l'on prétend qu'est venu le nom de Piru, duquel par le changement d'une lettre, & en gardant la prononciation Espagnole, nous avons formé celui de Perou. Mais la suite de cette expedition a si peu de rapport à l'Histoire que j'écris, que je passerois les bornes d'une juste digression, si j'en disois davantage.

Etablissement de l'Isle Marguerite & de Sainte Marthe.

L'année, qui suivit le départ de Pizarre, le Licencié Marcel de Villalobos un des Auditeurs Royaux de San-Domingo, fit un traité avec la Cour, pour l'établissement de l'Isle Marguerite, & il y a bien de l'apparence que ce traité eut son effet aux dépens de l'Isle Espagnole, car une des conditions

conditions fut, qu'il y meneroit un certain nombre de familles Castillanes, qu'il ne pouvoit gueres tirer d'ailleurs. Ce fut aussi la même année que Rodrigue de Bastidas, (je n'ai pû sçavoir si c'étoit le même, dont nous avons parlé ailleurs,) partit de San-Domingo, avec un Escadre pour peupler la côte de Sainte Marthe, dont il avoit obtenu le Gouvernement avec le titre d'Adélantade; mais cette expedition lui fut très-funeste: ses propres gens se mutinerent contre lui, & comme il se fût embarqué, pour retourner à l'Isle Espagnole, dans le dessein sans doute d'y demander main-forte à l'Audience Royale, pour ranger les séditieux à la raison, il mourut dans l'Isle de Cuba, où il avoit été obligé de relâcher. 1524.

Le Trésorier Général Michel de Passamonté mourut l'année suivante 1526. à San-Domingo; & les amis des Colombs ne douterent point alors que cette famille, délivrée d'un tel ennemi, ne reprît le dessus, mais elle n'en avoit pas pour un, & les plus à craindre n'étoient pas ceux, qui se montroient plus à découvert. Les Espagnols avoient enfin prévalu dans les Conseils sur les Flamands, & il n'y en avoit pas un en place, qui ne vît avec plaisir l'abbaissement d'une Maison, qu'ils regardoient toûjours comme Etrangere. D'ailleurs les Conquêtes de Cortez, & de plusieurs autres, tous Espagnols naturels, sembloient avoir obscurci la gloire du Grand Christophle Colomb, du moins dans l'esprit jaloux de leurs Compatriotes; & le Mexique, la Floride, l'Yucatan & le Perou dépeuploient insensiblement l'Isle Espagnole, & les autres Provinces, dont l'établissement avoit été l'ouvrage des deux précédens Amiraux des Indes; je dis, les deux précédens Amiraux, parce que Dom Diegue étoit mort au commencement de cette même année. 1526. Mort de Passamonté.

Nous avons vû que cet Amiral en arrivant en Espagne avoit trouvé la Cour à Victoria, il l'avoit suivie pendant deux ans entiers dans les Villes de Burgos, de Valladolid, de Madrid & de Tolede. Enfin l'Empereur partant de Et de l'Amiral D. Diegue.

1526. cette derniere pour se rendre à Seville, D. Diegue, qui ne se portoit pas bien, voulut encore le suivre, & résolut de prendre son chemin par Notre-Dame de Guadeloupe, qu'il étoit bien aise de visiter par dévotion. Il étoit beaucoup plus malade, qu'il ne pensoit, & Oviedo qui étoit alors en Espagne, dit que, l'étant allé voir deux jours avant son départ de Tolede, il n'omit rien, non plus que plusieurs de ses amis, pour le détourner de se mettre en chemin dans l'état, où il étoit, & dans une saison aussi incommode. Ils n'y réüssirent pas, D. Diegue leur dit qu'il désiroit d'aller faire une neuvaine à Notre-Dame de Guadeloupe, & qu'il espesoit recouvrer sa santé par l'intercession de la Mere de Dieu. Il partit de Tolede en Litiere le 21. de Février, & arriva le même jour à Montalvan, qui n'en est éloigné, que de six lieuës. Alors son mal augmenta tout-à-coup de telle sorte, qu'il vit bien que sa fin étoit proche. Il s'étoit confessé & avoit communié avant que de partir de Tolede; il employa tout le lendemain de son arrivée à Montalvan à mettre ordre aux affaires de sa conscience, & le jour suivant, qui fut un Vendredy 23. de Fevrier, il expira dans les sentimens d'un parfait Chrétien.

Etat de sa famille. Il avoit laissé à San Domingo toute sa famille, qui consistoit en deux Filles, & trois Fils, dont l'aîné appellé D. Loüis, n'avoit pas plus de six ans: les deux autres avoient nom Diegue & Christophle. Les deux filles, qui étoient les aînées, se nommoient Philippine & Isabelle. Dom Loüis fut salué Amiral des Indes, dès qu'on eût appris la mort de son Pere, mais il resta sans aucune authorité dans l'Isle Espagnole, où Gaspard de Espinosa, que nous avons vû Alcaïde Major à Sainte Marie l'Ancienne & à Panama, commandoit en qualité de Juge de Résidence, ou de Président. La Vice-Reine Donna Maria de Tolede, crut que sa présence à la Cour pourroit achever ce que le défunt Amiral son Mari avoit commencé, & s'embarqua pour l'Espagne, menant avec elle la seconde de ses Filles, & le second de ses Fils. Elle trouva en arrivant l'Empereur parti pour Boulogne, où il devoit recevoir la Couronne Imperiale, & s'étant renduë auprès de l'Impératrice, qui la reçut avec toute la distinction possible, elle maria quelque têms après Isabelle Colomb sa Fille à D. George de Portugal, Comte de Gelves, & Dom Diegue son Fils fut reçû Page du Prince d'Espagne, qui fut depuis le Roi Philippe II. L'Empereur ordonna en même têms qu'on augmentât les revenus du jeune Amiral, & fit plusieurs autres graces semblables à cette Famille; mais il ne jugea pas à propos de lui faire justice sur ses prétentions, & Dom Loüis ne put jamais obtenir la permission de prendre le titre de Vice-Roi des Indes, quoique son Pere eût obtenu quelque têms avant sa mort, un Arrêt, qui assûroit son droit. Il y a bien de l'apparence qu'on prétendoit en revenir. 1526.

Les années suivantes, le dépeuplement de notre Isle devint très-sensible, & c'étoit presque toûjours les plus aisés, qui en sortoient. Dès qu'il s'agissoit de quelque nouvelle Conquête, on ne manquoit point de s'addresser aux Habitans des Isles, & plus ordinairement à ceux de l'Espagnole. Ainsi, après les Entreprises de Luc Vasquez d'Ayllon, de Marcel de Villalobos, & de Rodrigue de Bastidas, dont j'ai parlé, François de Montejo ayant eu ordre d'armer pour peupler l'Yucatan, Heredia, pour bâtir Carthagene, & Pamphile de Narvaés, pour faire un établissement dans la Floride, en emmenerent avec eux un grand nombre des meilleurs Sujets. Il est vrai que dès l'année précedente 1526. le 16. de Novembre il avoit été rendu un Arrêt, par lequel il étoit défendu aux Habitans des quatre grandes Antilles d'en sortir, pour aller s'établir ailleurs, sans permission; il y étoit même expressément marqué que, si l'Empereur envoyoit quelqu'un faire un établissement dans la Terre Ferme, & qu'on ne pût se dispenser de lever des Hommes dans l'Isle Espagnole, comme étant les plus propres de tous à ces entreprises; on auroit soin de les remplacer d'autant d'Hommes, qu'on y meneroit d'Espagne, & c'est à cette occasion, qu'il fut permis indifféremment à tous les Sujets

1527. L'Isle Espagnole se dépeuple.

1527. de l'Empereur, de passer aux Indes, & de s'y établir. Mais l'Arrêt, dont je viens de parler fut mal executé.

Audience Royale du Mexique District de celle de San-Domingo.

Vers le même têms la Cour voulant moderer la grande authorité, que se donnoit Fernand Cortez dans sa Conquête, établit une Audience Royale pour le Mexique. Par-là, le district de celle de San-Domingo fut borné aux grandes Antilles, & à cette partie du Continent, qui est entre l'Orenoque, & la grande Riviere de la Magdelaine. On en a encore retranché depuis le Gouvernement de Sainte Marthe, pour l'ajoûter à celle du nouveau Royaume de Grenade. Ainsi les limites de celle de San Domingo, sont aujourd'hui de ce côté-là à Rio de la Hacha. Cette étenduë de Jurisdiction Civile & Criminelle, qui est demeurée à San-Domingo, jointe à celle, que lui donne sa Metropole pour Spirituel, empêche que cette ancienne Capitale du Nouveau Monde, après l'avoir disputé pour la grandeur, la magnificence & les richesses aux premieres Villes d'Espagne, ne soit presque réduite à la condition des plus obscures Bourgades. Effectivement le peu d'Argent, qu'on y voit, vient de ceux, qui ont des causes à porter à l'un ou à l'autre Tribunal, lesquels conservent toûjours la prééminence, que leur ancienneté leur donne sur tous les autres : sans parler du droit de Primatie, qui est attaché à l'Archevêché de San-Domingo.

Union des deux Evêchés de l'Isle Espagnole.

La même année 1527. qui vit les changemens, dont je viens de parler, les deux Evêchés de San-Domingo & de la Conception, furent réünis à cause de la modicité de leurs revenus, & ce fut la premiere de ces deux Villes, qui conserva le Siege Episcopal. Le Licencié D. Sebastien Ramirez de Fuente Leal fut aussi-tôt nommé pour occuper ce grand Siege, & déclaré Président de l'Audience Royale, avec la même authorité, qui avoit été donnée au P. Loüis de Figueroa son Prédecesseur. Dès qu'il fut sacré, l'Empereur le pressa de se rendre aux Indes, & parce que les derniers Evêques s'étoient plaints que les Juges Royaux empietoient sans cesse sur la Jurisdiction Ecclesiastique; Sa Majesté donna de bons ordres pour empêcher cet abus. Elle transporta aussi à l'Evêque de San-Domingo, & à celui de Sant-Yago, dans l'Isle de Cuba, le pouvoir, qu'elle avoit donné peu auparavant aux Superieurs des Dominiquains & des Franciscains au sujet des Indiens ; persuadée que les choses souffriroient moins de difficulté, étant décidées par des personnes de ce caractere, & de cette authorité. Mais comme ces deux Prélats avoient encore peu d'expérience des affaires du Nouveau Monde, Sa Majesté leur donna pour Adjoints dans cette Commission D. Gonzalez de Guzman, Gouverneur de Cuba, & le Pere Pierre Mexia, Superieur Général des Religieux de Saint François. D. Gonzalez avoit depuis peu succedé à Velasquez, mort de chagrin, après avoir vû échoüer toutes ses tentatives contre Fernand Cortez, dont la derniere acheva de le ruiner. 1527.

1528. | 1529. Nouvel Evêque de San-Domingo. Sa conduite.

Dom Sebastien Ramirez arriva à l'Espagnole sur la fin de 1528. & l'on ne fut pas long-têms sans reconnoître le Thrésor, que le Nouveau Monde possedoit dans la personne de ce Prélat. Aussi peut-on dire, que les principales Provinces, qui composoient alors l'Empire Espagnol dans les Indes, & que l'Evêque de San-Domingo gouverna presque toutes l'une après l'autre, n'ont jamais été mieux reglées, que sous son administration. Il crut devoir ses premiers soins, dès qu'il fut dans son Diocese, à y rétablir la Paix & la bonne intelligence, ce qui étoit devenu plus facile par la mort de Passamonté. Il vuida en peu de têms, ou accommoda tous les procès entre les Particuliers, il fit comprendre à ceux, qui étoient en place, que leur interêt & celui de la Colonie demandoient qu'ils agissent toûjours de concert entre eux & avec lui, & pour s'attacher le peu d'Indiens, qui restoit encore soumis aux Espagnols, il institua une Ecole en leur faveur, & prit toutes les mesures les plus justes, pour empêcher qu'on ne les molestât en rien.

On tâche inutilement de gagner les Indiens révoltés.

Cela fait, il tourna toutes ses vûës du côté des Indiens révoltés. L'Empereur lui avoit fort recommandé de ne rien négliger pour finir une guerre, qui étoit devenuë fort onereuse au Fisc Royal, ruinoit les Particuliers, & faisoit dé-

1528. | 1529. ſerrer l'Iſle. Quelque têms auparavant le P. Remy s'étoit laiſſé perſuader d'aller une ſeconde fois trouver le Chef des Rébelles, & il y avoit été accompagné par un Cacique Chrétien, nommé Rodrigue, fort affectionné à la Nation Eſpagnole. Mais peu s'en étoit fallu que le bon Pere n'eût été maſſacré par les Barbares, & Rodrigue n'en avoit pas été quitte pour la peur; les Indiens le regardant comme un homme, qui trahiſſoit ſa Nation, l'avoient arrêté & pendu à un arbre. On avoit enſuite eſſayé de les diviſer, en faiſant les plus magnifiques promeſſes à ceux, qui reviendroient dans la Colonie; & cette démarche n'ayant encore rien produit, on avoit fait un effort pour les dompter, puiſqu'on déſeſperoit de les gagner.

On ne réuſſit pas mieux par la force.

Trois Corps de bonnes Troupes pénétrerent en même têms, & par trois differens endroits dans le Baoruco, & y eurent d'abord quelque avantage, mais le Cacique ayant fait retirer tout ſon monde dans les lieux les plus inacceſſibles, les Caſtillans n'oſerent les y ſuivre, & s'en retournerent. D'un autre côté Henry n'avoit pas toûjours été le Maître d'empêcher bien des déſordres, qui ſe commettoient par les Rébelles dans les habitations Eſpagnoles, parce que pluſieurs Avanturiers de ſa Nation, s'étant faits Chefs de Bande, ne le reconnoiſſoient point pour leur Général, & n'avoient pas à beaucoup près, ni ſa moderation, ni ſa prudence. Il vint toutefois à bout avec le têms de les réünir tous ſous ſes ordres; mais ſi la guerre en devint moins préjudiciable aux Particuliers, par le bon ordre, qu'il établit dans ces nouvelles Troupes, & par la réſolution, où il ſe maintint, de ne pas combattre, ſi on ne l'attaquoit, elle en étoit devenuë beaucoup plus difficile à finir. C'étoit la ſituation, où ſe trouvoient les choſes, lorſque Dom Sebaſtien Ramirez arriva à l'Iſle Eſpagnole; & il y a bien de l'apparence que, s'il entreprit de terminer cette guerre, ce fut plûtôt pour obéïr aux Ordres précis qu'il en avoit reçus, que dans l'eſpérance d'y réüſſir; car il trouva les Eſpagnols extrêmement découragés. Au reſte on ne pouvoit gueres s'y prendre mieux qu'il fit.

1529. Nouvelle tentative pour surprendre le Cacique.

Il leva 150. Hommes, dont il donna le commandement à un vieux Gentilhomme de Ledesma, nommé Saint Michel, qui étoit venu fort jeune dans l'Isle du têms de Christophle Colomb, & s'étoit établi à Bonao. Il avoit servi dans toutes les Guerres avec honneur, & s'étoit si bien accoutumé à marcher dans les endroits les plus difficiles, qu'aucun Indien ne sçavoit s'en tirer mieux que lui, ni grimper avec plus de facilité sur les Montagnes les plus hautes & les plus escarpées. Il entra avec ses Soldats dans les endroits les plus impénétrables du Baoruco, & il suivit le Cacique de défilé en défilé, avec une diligence incroyable. Il s'en approcha enfin de telle sorte, qu'un jour ils se trouverent chacun sur le sommet d'une Montagne, ayant entre eux une espece de Ravine fort creuse, où couloit un Ruisseau assés profond. Ils étoient si proches, qu'ils pouvoient se parler, & ils commencerent par convenir d'une Tréve pour quelques jours. Ils eurent ensuite quelques entretiens, dans l'un desquels le Capitaine Espagnol demanda au Cacique, si une bonne Paix ne lui paroissoit pas plus souhaittable pour lui, que la situation, où il se trouvoit : il ajoûta qu'il avoit pouvoir de traitter avec lui à des conditions, dont il se flattoit qu'il seroit content; qu'on lui permettroit de choisir tel endroit de l'Isle, qu'il trouveroit plus à sa bienséance, & d'y vivre avec les siens dans une indépendance entiere; qu'on exigeoit de lui, pour toute condition, la restitution de l'Or, que ses gens avoient enlevé depuis peu à des Espagnols venus de Terre Ferme, après les avoir massacrés.

On entre en accomodement.

Henry répondit à cette proposition qu'il ne tenoit pas à lui que la paix ne se conclût, qu'il ne vouloit de mal à personne, mais qu'il n'étoit pas de sa prudence de se remettre à la discretion de gens, qui lui avoient si souvent manqué de parole : toute fois que, si on pouvoit lui donner des assûrances capables de lever toutes ses craintes & ses soupçons, il ne s'éloigneroit pas des voyes d'accomodement. Alors S. Michel lui montra son plein pouvoir, &

1529. après quelques autres discours, les deux Chefs convinrent d'un rendés-vous sur le bord de la Mer, où chacun ne pourroit amener que huit hommes. Henry se trouva exactement au lieu marqué, & y prévint même l'heure, dont on étoit convenu. Il avoit fait apporter tout l'Or, que les Espagnols redemandoient, & préparer sous une feüillée un grand repas pour regaler S. Michel. Celui-ci de son côté avoit fait les mêmes préparatifs; mais, quoiqu'il agît sincerement, il s'avisa mal-à-propos d'une manœuvre, qui gâta tout.

Ce qui le fait rompre.

Il y avoit auprès de là un Navire Espagnol; S. Michel fit prier celui, qui le commandoit de s'approcher, & celui-ci y ayant consenti, Henry fut assés surpris de voir arriver en même têms S. Michel par terre, Tambour battant & Enseignes déployées, & un Navire, qui sembloit avoir envie de tenter une descente. Le parti, qu'il prit alors, fut de se retirer, & de s'aller mettre en sûreté, mais il laissa son escorte au lieu destiné à la conference, & ordonna à celui, qui la commandoit, de dire au Capitaine Espagnol, qu'une incommodité subite l'avoit empêché d'attendre plus long têms; de lui servir le repas préparé, de lui remettre tout l'Or qu'il lui avoit redemandé, & de lui témoigner le désir sincere, qu'il avoit, de bien vivre avec tout le monde. Ses ordres furent ponctuellement executés. S. Michel parut fort mortifié de ne point trouver le Cacique, & témoigna assés qu'il soupçonnoit la véritable cause de sa retraitte. Il ne laissa pas de faire beaucoup d'amitié aux Indiens; il accepta l'Or, qu'ils lui présenterent, se mit même à table, leur marqua l'estime, qu'il faisoit de leur Chef, & les pria de lui dire qu'il vouloit être de ses amis, & qu'il l'exhortoit à faire cesser de sa part toute hostilité, comme il se faisoit fort de les faire cesser de la part des Espagnols. En effet on fut près de quatre ans depuis cette négociation, sans entendre parler du Cacique, ni de ses gens, & le Président profita de cette tranquilité pour mettre en exécution plusieurs Reglemens, dont l'Empereur l'avoit chargé.

Tandis

Tandis que ces choses se passoient dans l'Isle Espagnole, il arriva dans la partie du Continent soûmise à son Audience Royale un changement, qui eut des suites bien tristes pour ce malheureux Pays. Les Auditeurs Royaux ayant reçû plusieurs plaintes, que des Particuliers sortis des Ports de leur Isle pour aller chercher des Esclaves, dépeuploient toutes les Côtes de la Terre Ferme, & y commettoient les plus affreux brigandages, crurent que, pour remedier à un désordre si criant, il falloit multiplier les Etablissemens, dans la pensée que les Gouverneurs arrêteroient la licence de ces Avanturiers; & comme toute cette Contrée, qui est aujourd'hui connuë sous le nom de Province de Venezuela, étoit une des plus exposée à leurs courses, le Facteur Royal Jean d'Ampuez eut ordre en 1527. d'aller s'y établir avec 60. hommes, qu'on lui donna. L'endroit, où cet Officier débarqua; fut ce que les Indiens appelloient la Coriane, & où j'ai dit qu'Alphonse de Ojeda avoit trouvé une Bourgade bâtie à la maniere de Venise au milieu d'une Lagune. Un puissant Cacique nommé Manauré y commandoit à des Indiens très-braves, & le Général Espagnol ne pouvoit rien faire de mieux, que de s'allier, comme il fit, avec ce Seigneur, qu'il y trouva très-disposé.

1527. | 1529. Colonie envoyée dans la Venezuela.

Alors rien ne s'opposant à l'exécution de ses ordres, il bâtit la Ville de Coro dans une situation très-avantageuse, par les onze degrés de latitude Nord. On n'y peut avoir à la vérité que de l'eau de puits; mais l'air y est très-sain, & la terre y produit des Simples, dont l'usage fort facile rend aux Habitans le ministere des Medecins peu nécessaires. Cette Ville a été très-florissante; aujourd'hui c'est peu de chose, & le Siege Episcopal en a été transferé à Caraque. Les Lions sont assés communs dans cette Province, mais il n'y sont pas fort redoutés, un homme avec le secours d'un Chien en vient aisément à bout; d'un autre côté les Tigres y sont terribles: & il n'est point rare de les voir entrer dans les Cases des Indiens, & en emporter dans leur gueule l'homme le plus fort, avec la même facilité

La Ville de Coro bâtie par Jean d'Ampuez.

1527. | 1529. que le Chat fait une souris. On y a aussi vû des Couleuvres d'une grosseur & d'une grandeur prodigieuse. La Ville de Coro a deux Ports ; l'un au Nord, dans une Anse, que forme le Cap S. Romain, & où la Mer est toûjours tranquille ; mais ce Port a très-peu d'eau : l'autre est à l'Ouest ; il est assés profond, mais la Mer y est toûjours agitée. Les Isles de Curaçao, ou Coraçol, d'Oruba & de Bonayre n'en sont qu'à 14. lieuës. D'Ampuez s'en rendit le maître, & bien lui en prit.

L'Empereur cede cette Province à des Allemands.

La Conquête d'une si belle Province, dont le Lac Maracaïbo, duquel nous donnerons ailleurs la description, fait comme le centre, couta peu aux Espagnols, mais leur Général commençoit à peine à gouter le fruit de ses travaux, & de sa bonne conduite, qu'il lui fallut ceder la place à des Etrangers, qui ne sçurent pas profiter de son exemple. Dès l'année suivante 1528. les Velsers, riches Marchands d'Ausbourg, qui avoient fait de grandes avances à l'Empereur, ayant oüi parler du Venezuela, comme d'un Pays très-abondant en Or, proposerent à ce Prince de leur en abandonner le Domaine à titre de dédommagement, & ils l'obtinrent à ces conditions. 1°. Qu'ils en acheveroient la Conquête au nom de la Couronne de Castille, qu'ils occuperoient tout ce qui est entre le Cap de la Vela, où finissoit le Gouvernement de Sainte Marthe, & celui de Maracapana, en tirant deux lignes Nord & Sud d'une Mer à l'autre ; & qu'ils s'empareroient aussi de toutes les Isles, qui sont dans cette espace, à l'exception des trois, dont nous avons parlé, & qui demeureroient à Jean d'Ampuez. 2°. Que dans toute l'étenduë de cette concession, ils formeroient deux peuplades, & construiroient trois Forteresses ; qu'à cet effet ils leveroient au moins 300. Hommes, qu'ils fourniroient 50. Mineurs Allemands pour être dispersés dans toutes les Provinces occupés par les Castillans dans les Indes, & que ces conditions seroient remplies dans un an.

Conditions de part & d'autre.

L'Empereur s'engagea de son côté à rendre perpetuelle & héréditaire dans la famille des Velsers la Charge d'Alguazil Major, & celle d'Adélantado, dans la personne & la posterité de celui, qu'ils choisiroient d'abord pour en être revêtu; à leur donner quatre pour Cent de profit, sur tout ce qui se tireroit du Pays, dont ils feroient la Conquête: à assûrer 400000. Maravedis d'appointements & de pension viagere au Général, & 200000. au Lieutenant, qu'ils mettroient à la tête de cette entreprise; à les exempter du droit d'Entrée pour toutes les Provisions de bouche, qu'ils feroient venir d'Espagne; à leur abandonner 12. lieuës de terrein en quarré, pour le faire cultiver à leur profit: à leur permettre de prendre autant qu'ils voudroient de Chevaux, de Cavalles, & de toutes sortes de Bestiaux dans les Isles du Vent; & sur cet article on remarquera en passant que n'y ayant gueres alors d'Isles peuplées dans ces Mers, que les grandes Antilles, on entendoit par Isles du Vent ces mêmes grandes Antilles, & sous le nom d'Isles de dessous le Vent, Curaçao & les autres, qui sont presque sur la même ligne, ainsi que je l'ai remarqué au commencement de cette Histoire.

1527. | 1529.

Divers Reglemens.

Il fut encore stipulé par ce Traité que les nouveaux Concessionnaires pourroient faire les Indiens Esclaves, s'ils ne vouloient pas se soûmettre de bonne grace: mais à condition de garder les Reglemens, qui avoient été faits pour leur instruction, & la maniere de les traiter; qu'il leur seroit aussi permis d'achetter ceux, qui étoient déja réduits en captivité, mais qu'en tout cela ils ne feroient rien sans la participation des Missionnaires & des Officiers Royaux, & qu'ils payeroient au Domaine le quatriéme de leurs Esclaves; que pendant six ans ils auroient le même droit, que les Sujets de la Couronne de Castille, de tirer des Arsenaux de Seville toutes les choses, dont ils auroient besoin pour s'équiper: enfin qu'ils seroient soûmis à tout ce qui avoit été statué au sujet des nouvelles Conquêtes. Et parce qu'il s'y étoit presque par tout introduit un grand désordre, lequel consistoit en ce que chaque Particulier cachoit avec soin tout ce qu'il pouvoit traiter en secret d'or, ou de marchandises prétieuses, ce qui fraudoit le Roi de la meilleure

1528. | 1529. partie de son Quint, on donna aux Officiers Royaux les pouvoirs nécessaires pour faire par tout de très-exactes recherches; & il fut enjoint à l'Audience Royale de San-Domingo, de tenir la main à ce qu'aucun Navire des Isles & des autres Pays, sur lesquels s'étendoit sa jurisdiction, n'allât faire la traite dans le Venezuela.

Arrivée des Allemands à Coro.

Ce fut un nommé Alfinger, à qui les Velsers confierent l'établissement de leur Colonie, & ils lui donnerent pour Lieutenant Barthélemy Sailler. Ces deux Hommes arriverent à Coro vers le commencement de l'année 1529. avec trois Navires, qui portoient 400 Hommes de pied, & 80. Chevaux. D'Ampuez eut bien voulu se maintenir dans son gouvernement, mais il vit bientôt que c'étoit une chose impossible, & qu'il falloit ceder la place, trop heureux encore qu'il lui fût permis de s'aller cantonner dans les trois petites Isles, que l'Empereur lui avoit reservées. Il y alla donc, & il emporta avec lui toute la prosperité, dont le Venezuela avoit joüi sous son administration. La plûpart des Allemands étoient Lutheriens; ainsi quoiqu'on les eût obligés à mener avec eux un bon nombre de Religieux Dominiquains, la conversion des Infideles fut ce qui les occupa le moins. Ils n'avoient point d'autre vûë, que de ramasser de l'Or, & tout ce que la plus furieuse cupidité, & la brutalité la plus féroce peuvent employer de moyens pour en avoir, ils les mirent en usage aux dépens d'un million d'Indiens, qui périt de toutes les manieres les plus cruelles, par les mains de ces Hérétiques.

Leur mauvaise conduite & leur cruauté.

Une des premieres Victimes, qu'ils voulurent immoler à leur avarice, fut le Cacique Manauré; ils le mirent à la Torture, pour lui faire dire, où étoit son Or, & il seroit apparemment mort sous les coups, s'il n'avoit été assés heureux pour se tirer de leurs mains, & s'enfuir dans les Montagnes, où ils le poursuivirent inutilement. Ils pénétrerent ensuite dans le Lac Macaraïbo, & avancerent bien loin dans les Terres, cherchant partout des Mines, & ne voulant point entendre à faire aucun établissement. Ils entrerent même dans le Gouvernement de Sainte Marthe, &

partout, où ils porterent leurs pas, ils y laisserent de sanglantes marques de leur passage. Les Indiens, pour la plûpart, leur apportoient tout ce qu'ils pouvoient avoir d'Or, & plusieurs alloient au-devant d'eux, avec toutes sortes de rafraîchissemens, dans l'espérance d'obtenir par-là d'en être mieux traités; mais il en arrivoit tout le contraire; ce qui jetta ces Barbares dans un désespoir, dont leurs impitoyables Tyrans ne tarderent pas à sentir de tristes effets. Alfinger trouva enfin à qui parler, il fut bien battu en plusieurs rencontres, & sa Troupe fut en peu de têms réduite à très-peu de choses: ceux, qui avoient échappé aux Fléches de ces Barbares, étant mort des excessives fatigues, ausquelles les exposoit la soif insatiable de l'Or, qui les dévoroit. 1529.

Mort du Commandant & dissipation de la Troupe.

Il s'étoit répandu un bruit, que bien avant dans le Pays il y avoit une Maison toute d'Or; comme rien n'est plus crédule, qu'une violente passion, Alfinger résolut de ne point s'arrêter, qu'il n'eût ce beau Trésor en sa puissance. Il lui falloit traverser de vastes Pays, où il n'étoit pas assûré de trouver des vivres; ainsi en ayant amassé une bonne provision, il en chargea un nombre d'Indiens, qu'il avoit fait enchaîner à peu près comme des Galériens, & chacun avec sa chaîne, qui lui pendoit au col, avoit à porter une charge, qu'on n'auroit pas voulu donner à des Mulets. Aussi le chagrin & l'épuisement en firent périr la plûpart, & lorsque quelqu'un de ces malheureux étoit tombé sous le poids, pour ne point perdre de têms à détacher le collier, qui le tenoit, & ne point arrêter les autres, avec lesquels il étoit attaché, on lui coupoit la tête sur le champ. Cependant la maison d'or ne parut point, & Alfinger vit trancher ses jours dans sa chimerique poursuite. Son Lieutenant, qui fut apparemment son successeur, ne lui survêcut pas long-têms, & le Gouvernement de cette Province, presqu'entierement dépeuplée, & réduite dans l'état le plus triste, ayant été long-têms sans être rempli par les Velsers, l'Audience Royale crut devoir y pourvoir, au moins par provision, & jusqu'à ce que l'Empereur eût déclaré sur cela sa volonté.

1529.

Un Gouverneur Espagnol envoyé dans cette Province y commet de grands excès.

Elle envoya donc à Coro le Capitaine Jean de Carvajal pour y commander, & tâcher d'y rétablir les chosesdans l'ordre; mais Carvajal étoit bien plus capable d'achever la ruine entiere de cet infortuné Pays, que de le relever de ses pertes. On ne vit jamais un plus méchant homme; & les excès, où il se porta, firent presque oublier ceux, qu'y avoient commis les Allemands. Le cri en vint jusqu'à San-Domingo, d'où l'on fut contraint de lui envoyer au plus vîte un successeur, avec un Alcaïde Major, pour lui faire son procès. Il se défendit long-têms, mais il ne put éviter à la fin de porter sa tête sur un échaffaut. C'est ainsi, qu'on dépeuploit les plus belles Provinces de l'Amérique, dans le têms même que l'Empereur se donnoit plus de mouvemens, pour faire décider une bonne fois, de quelle maniere on en devoit user à l'égard des Indiens. Cette même année 1529. Il se tint par son ordre une grande Assemblée des plus habiles Theologiens & Jurisconsultes d'Espagne, pour examiner ce point, déjà si souvent discuté sous son Regne, & sous celui de son Prédécesseur, s'il étoit permis de donner les Indiens en tutelle, ou en commande.

On examine de nouveau l'affaire de la liberté des Indiens.

Ceux, qui tenoient pour l'affirmative, posoient pour principe, que le Nouveau Monde seroit plus à charge, qu'utile à l'Etat, si l'on en usoit autrement, & qu'aucun Particulier ne trouveroit son avantage à s'y établir, d'où s'ensuivroit le dépérissement de toutes ces Colonies. Or, ajoûtoit-on, n'y auroit-il pas de l'injustice à obliger le Prince de se priver des profits de tant de Conquêtes, qui lui ont coûté des sommes immenses; & ses Sujets, de ce qu'ils ont acquis au péril de leur vie, & après tant de fatigues? Où est donc le grand mal d'assujettir au travail & à la dépendance des Peuples incapables de se conduire eux-mêmes, sans prévoyance, sans aucune sorte de soin, tant qu'ils sont abandonnés à eux-mêmes, sujets aux vices les plus infâmes, poussant pour la plûpart l'inhumanité à des excès inconnus dans les autres parties du monde; asservis d'une maniere sensible au Démon, dont ils sont le joüet; qu'on ne peut s'assûrer de voir vivre en hommes, beaucoup moins en Chrétiens, qu'autant qu'on sera en état de les y contraindre? Ils ajoûtoient que parmi ceux, qui pensoient autrement, on ne connoissoit que deux sortes de personnes; les uns sans expérience, que la moindre idée de servitude effrayoit, & qui ne vouloient pas approfondir les raisons, qu'on avoit de mettre ces Nations sous le joug: les autres, gens passionnés, qui agissoient bien moins par le mouvement d'un vrai zéle, & d'une charité sincere, que par l'esprit d'ambition, qui les portoit à vouloir dominer seuls sur ces Peuples. 1529.

Ceux, qui soutenoient le sentiment contraire, prétendoient qu'on supposoit aux Indiens des vices, qu'ils n'avoient pas, ou qu'on les exaggeroit du moins considérablement, pour avoir une raison plausible de les opprimer; qu'on avoit d'autant plus mauvaise grace de leur ôter la liberté, par le motif de les faire vivre en Hommes & en Chrétiens, que jusqu'alors on ne s'en étoit servi, que comme on fait ailleurs des Bêtes de Charge; ensorte qu'on avoit bien plus travaillé à les abrutir, qu'à leur ouvrir, & leur éclairer l'esprit; qu'il n'étoit pas vrai qu'on ne pût tirer aucun avantage du Nouveau Monde, si l'on ne maintenoit les Départemens; mais que quand cela seroit, ce n'étoit pas une raison pour réduire en captivité des Hommes libres, dont on avoit reçû aucun tort.

Déliberation prise sur cela sans effet.

J'ai déjà observé que, dans cette contestation, les deux partis convenoient assés, que si les Commandes, ou Départemens eussent été sur le pied, où ils devoient être, & où les Rois Catholiques les avoient long-têms supposés, rien n'auroit été plus avantageux aux Peuples du Nouveau Monde. Notre siecle a vû enfin ce projet perfectionné, & executé dans plusieurs endroits de l'Amérique Meridionnale, d'une maniere, qui fera l'admiration des Siécles futurs, moins prévenus que le nôtre. De quelques traits odieux, dont la malignité & la jalousie cherchent à le défigurer, tout esprit impartial conviendra qu'il n'en fut jamais de plus grand, ni plus conforme à l'humanité, à la raison, aux véritables principes du Christianisme: que l'antiquité

1529. Profane n'a rien produit, qui puisse entrer en paralelle avec cette entreprise, ni avec les mesures, qui ont été prises pour le soûtenir; que ses plus fameux Conquerans & ses plus sages Legislateurs dont elle a fait des demi Dieux, sont bien au-dessous des Auteurs d'un si noble dessein, le seul, qui pût engager les Habitans du Nouveau Monde à benir le jour, auquel ils ont connu ceux de l'Ancien. Mais rien n'étoit moins soûtenable dans la Pratique, que les Départemens, sur le pied où on les avoit mis; rien de plus tyrannique, rien qui choquât davantage toutes les Loix Divines & Humaines; & dût-on supposer ces Peuples plongés dans les vices les plus honteux, & plus incapables encore, qu'on ne les faisoit, de se conduire par la raison; rien ne peut excuser les cruautés inoüies, qu'on exerçoit contre eux. Enfin la déliberation de l'Assemblée fut, qu'il falloit les laisser joüir d'une liberté entiere, tant qu'ils ne prendroient point les armes contre les Chrétiens; les traitter comme les autres Sujets de la Couronne, leur envoyer des Missionnaires, pour leur prêcher l'Evangile, & les obliger seulement à payer la Dixme à l'Eglise, & un Tribut annuel au Prince; le tout suivant leurs facultés. Cette décision révolta étrangement les Concessionnaires, & leurs cris étant venus jusqu'aux oreilles de l'Empereur, ce Prince se trouva dans une plus grande incertitude que jamais.

Abus qui s'étoient glissés parmi les Navigateurs Espagnols dans les Indes.

Le Président de San-Domingo n'étoit pas moins embarrassé de son côté, à l'occasion que je vais dire. Les Corsaires de France & d'Angleterre commençoient à se multiplier dans les Mers du Nouveau Monde, & y troubloient fort le Commerce des Espagnols. Il étoit aisé de prévoir que ces Pirates, ayant une fois pris ce chemin-là, n'ayant pour l'ordinaire rien à perdre, étant tous gens déterminés & aguerris, & la plûpart des Navires, qui alloient d'Amérique en Espagne, étant très-richement chargés, ils causeroient de grandes pertes aux nouvelles Colonies, si on n'avoit soin de ne laisser partir aucun Bâtiment, que sous une bonne escorte; ce qui seroit d'une grande dépense: mais ce n'étoit n'étoit pas encore là ce qui inquietoit davantage le Président. Les Espagnols étoient eux-mêmes des Corsaires beaucoup plus à craindre, que les Etrangers, & pilloient également & les effets du Prince, & ceux des Particuliers; d'où il arrivoit que plusieurs Habitans se trouvoient tout à coup ruinés, & quittoient un Pays, où ils étoient sans ressource, pour aller chercher ailleurs de quoi réparer les débris de leur fortune. Par-là, l'Isle Espagnole, qui fut d'abord la plus maltraittée, parce qu'elle étoit la plus fréquentée & la plus riche, se trouva tout-à-coup presque déserte. 1529.

Deux choses empêchoient surtout qu'on ne remediât à un si criant désordre; la premiere, que les coupables n'étoient pas aisés à connoître, ou trouvoient des aziles assûrés jusques dans les Navires, qui auroient dû leur donner la chasse; la seconde étoit la mauvaise disposition du Gouvernement. Depuis quelque têms les Jurisdictions indépendantes & supérieures, s'étoient fort multipliées; les Gouverneurs particuliers ne recevoient la Loy de personne, & eux-mêmes n'étoient gueres en état de se faire obéir; d'où il arrivoit que tout étoit plein de troubles & de désordres; que les Edits de la Cour n'étoient point respectés; que les crimes demeuroient impunis, & se commettoient sans honte; que les biens, l'honneur, & la vie des Habitans n'étoient point en sûreté; que les Commandans, qui vouloient faire leur devoir, ne remportoient souvent d'autre prix de leur zéle, qu'une mort violente; & que chacun équipant en fraude des Navires, soit pour la chasse des Esclaves, ou pour faire son commerce, plusieurs, ou faute d'experience & d'habileté, ou par la trahison de leurs Facteurs, mettoient en Mer des Bâtimens mal armés, & qui ne valoient rien; que la moindre tempête faisoit périr, ou qui devenoient la proye des Corsaires, d'où s'ensuivoit la ruine totale des Armateurs, & une grande diminution du Commerce. Embarras du Président.

Tout cela fut représenté par le Prélat dans une assem- Remede blée générale, de tous les Ordres de la Colonie, qu'il convoqua exprès. Comme il parloit à gens, qui connoissoient toute l'étenduë du mal, & qui étoient interessés à y chercher un prompt remede; tous entrerent aisément dans ses vûës, & après bien des déliberations, on convint des articles suivans, qu'il se chargea de proposer au Conseil des Indes au nom de l'Assemblée. 1°. Qu'il étoit absolument nécessaire d'établir dans le Nouveau Monde un Poste, qui fût comme le centre du Commerce; de ne rien négliger pour le fortifier, & le mettre à l'abry de toute insulte, & que pour cela il falloit choisir un Port, où il y eût une Audience Royale, avec une garnison capable de faire respecter ses Arrêts, & les Ordonnances du Prince; que tous les Navires, qui sortiroient d'Espagne pour le Nouveau Monde, fussent obligés de se rendre en droiture dans ce Port, pour y recevoir leur destination, & qu'après qu'ils auroient chargé, ils retournassent au même Port, pour y être visités, & pour y prendre un certificat de la bonne conduite des Equipages, & qu'ils avoient payé les droits du Roi; sans quoi les Capitaines seroient punis suivant la qualité de leur délit. Il y avoit touchant cet article plusieurs autres Reglemens, que je passe, pour ne pas entrer dans un trop grand détail.

1529. Qu'il propose pour corriger ces abus.

2°. Qu'aucun lieu du Nouveau Monde ne convenoit mieux pour ce dessein, que San-Domingo, ou du moins quelqu'autre Port de l'Isle Espagnole; qu'on trouvoit dans cette Isle toutes les choses nécessaires à la Navigation; soit pour la construction des Vaisseaux, soit pour les provisions de guerre & de bouche; qu'elle seule étoit capable de fournir des vivres en abondance à tous les Navires, qui feroient le commerce des Indes, en quelque nombre, qu'ils fussent. Que cela auroit encore un autre bon effet, qui seroit de peupler une Isle, à laquelle il ne manquoit que des Habitans, pour être le Pays du monde le plus riche; & que le Port, qui seroit destiné à l'entrepôt général, deviendroit dans peu une Ville aussi célébre, que pouvoient l'être alors

Londres & Palerme. Qu'il arriveroit de là que ce grand concours animant tous les Habitans à travailler, chacun suivant la nature de son terrein, & les mettant en état de faire de grandes entreprises; l'Or, l'Argent & les autres Métaux; le Sucre, laCasse, le Gingembre, & les autres Marchandises y entretiendroient un Commerce, qui seul seroit capable d'enrichir l'Espagne. Que le Pays se remplissant d'Espagnols, on y pourroit multiplier les Negres, sans craindre qu'ils prévalussent; qu'il y auroit aussi beaucoup moins à craindre des autres désordres, quand tout seroit en regle, la Justice bien administrée, l'authorité armée, & tout le monde utilement occupé; qu'on sçauroit tout ce qui sortiroit chaque mois des Indes, & jusqu'où monteroit le Commerce, qui s'y feroit, par consequent que les droits du Prince ne seroient pas si sujets à être fraudés. Enfin que les mêmes raisons qui avoient porté les Rois Catholiques à ordonner dès le commencement que tout ce qui entreroit des Indes en Espagne seroit déchargé à Seville, étoient encore plus fortes, pour engager sa Majesté Imperiale à regler que tout ce qui sortiroit d'Espagne, seroit débarqué dans un Port du Nouveau Monde. 1529.

Après avoir ainsi établi la nécessité & les avantages d'un pareil établissement, l'Assemblée répondit par avances aux Objections, qu'on pourroit lui faire contre ce projet. La premiere regardoit l'Audience Royale du Mexique, dont on pouvoit craindre que l'authorité ne fût fort diminuée par le grand crédit, qu'on donneroit à celle de San-Domingo : à quoi on répondoit, qu'on ne soustrayoit rien à la Jurisdiction de ce Tribunal, qu'un peu de casuel, qui ne méritoit pas qu'on y fît attention; mais que quand il en devroit souffrir, l'interêt général devoit l'emporter sur le particulier, & que si l'on préferoit l'Isle Espagnole à la Nouvelle Espagne, pour le dessein, que l'on formoit, c'est que la situation de l'une y étoit beaucoup plus propre, que celle de l'autre. On pouvoit encore objecter que, si tous les Navires des Indes se trouvoient dans une espece de nécessité Réponse aux objections contre ce projet.

1529. de se fournir de vivres dans une même Colonie, on les y mettroit à quel prix on voudroit, ce qui feroit établir une Monopole extrêmement préjudiciable au Commerce ; mais l'Assemblée s'attacha à faire voir qu'il en arriveroit tout le contraire, puisque les Habitans, sûrs du débit de leurs denrées, travailleroient à l'envie à cultiver les Terres, & entretiendroient l'abondance dans l'Isle. D'ailleurs que, quand on achetteroit un peu plus cher les provisions de bouche, on en seroit bien dédommagé par le prix du fret, que la sûreté de la Navigation authoriseroit les Armateurs à hausser à proportion. Enfin on ajoûtoit que la Banque de Seville gagneroit beaucoup à cet établissement, parce que les risques de la Mer, des Corsaires, & de la Contrebande, étant bien moins grands, il se trouveroit un nombre bien plus considerable de gens, qui armeroient, ou assûreroient des Navires.

Il est sans effet.

Il est certain que ce projet étoit parfaitement bien imaginé, & que les Rois Catholiques en eussent retiré de très-grands avantages ; mais de tout têms l'interêt public a été sacrifié à celui des Particuliers, & quelquefois même à la jalousie d'authorité, à l'indolence, & à l'entêtement de ceux, qui ont le pouvoir en main. Dans tous les Etats il est des choses, dont tout le monde voit l'utilité, & même la nécessité ; & qui demeurent néanmoins sans effet, sans qu'on puisse trop sçavoir ni comment, ni pourquoi. Tel fut le systeme proposé dans l'Assemblée de San-Domingo ; il échoüa, sans qu'on ait bien pû en pénétrer la véritable raison. C'est dans ces occasions qu'il faut nécessairement recourir à une Providence dominante, superieure à toute sagesse & à toute puissance créée, laquelle, pour des raisons à elle seule connuës, met des bornes au progrès, comme à la durée des Etablissemens humains.

1530. Nouvelles Mines découvertes.

Au commencement de l'année suivante, le Président envoya à l'Empereur 10000. Pesos d'Or, & 50. Mesures de Perles pour son Quint (a) ; il lui donna en même têms avis qu'on avoit découvert dans l'Isle Espagnole une très-bel-

(a) Herrera dit : mil pesos de oro fino, y dozientos y cinquenta marcos de perlas de su quinto. au reste il y a bien de l'apparence que cet or venoit au moins en grande partie des mines du continent, qui est de la dépendance de l'audience royale de San Domingo, car le quint du Roy [illegible] réduit dans l'isle au dixième, il n'est pas vraysemblable qu'il ait produit cette somme dans un temps, où le travail des mines étoit [illegible] diminué, s'il n'avoit pas même entierement cessé, comme il arriva du moins bientôt après.

le Mine d'Argent, & plusieurs Mines de Fer; il lui envoya des monstres des unes & des autres; & l'on jugea en Espagne que le Fer de l'Espagnole vaudroit encore mieux que celui de Biscaye. Il ne paroît pourtant pas qu'on ait jamais beaucoup travaillé à ces nouvelles Mines [a], & il y a bien de l'apparence que la cause de cette négligence fut le départ du Président; car quoique ce Prélat fût seul Evêque dans l'Isle Espagnole, il fut envoyé à Mexico, en la même qualité, qu'il avoit dans l'Audience de San-Domingo, & le Gouvernement des Antilles resta quelque têms entre les mains des Auditeurs. En 1532. ces Magistrats représenterent au Conseil des Indes, qu'on tiroit de grands services des Negres dans les Colonies de leur Ressort, & qu'il étoit fort à souhaitter que sa Majesté Imperiale en permît le transport sans aucune restriction. Ils demanderent aussi des Laboureurs, & la permission de recevoir les Portugais, qui se présenteroient pour s'établir parmi les Espagnols. Ils proposerent d'envoyer dans leur Isle 500. jeunes bêtes tirées des Troupeaux de l'Empereur; d'y faire semer du Bled, & planter de la Vigne; de permettre de porter en Flandres sans passer par Seville, des Sucres, des Cuirs, & d'autres semblables Marchandises; enfin d'exempter les Habitans de tous droits d'entrée pour leurs provisions de bouche, pour les choses nécessaires à l'entretien de leurs Manufactures, & pour les armes, dont ils ne pourroient point se passer. Charles-Quint étoit en Flandres, lorsque le Conseil reçut les lettres des Auditeurs, on attendit son retour, pour lui communiquer leurs demandes, qui furent presque toutes accordées, mais les affaires de l'Isle allerent si fort en décadence dans cet intervalle, que les réponses favorables du Prince, n'y purent pas avoir beaucoup de lieu.

1531. | 1532.

La guerre avoit recommencé plus vivement que jamais avec le Cacique Henry, dont les Troupes étoient considerablement grossies. Au mois d'Avril de l'année 1532. un de ses partis courut jusqu'à Puerto Réal, où il coupa la gorge à un Habitant, à sa femme, à ses deux enfans,

La guerre recommence avec les Indiens.

(a) La mine d'où les Espagnols avoient tiré le fer, qu'ils envoyerent en Espagne, se trouve dans un quartier, qu'ils avoient nommé Tierra nueva, et que les françois appellent à leur exemple Terre-neuve; il est entre trois quartiers de la colonie françoise qui sont le gros morne, les Gonaives, et le port à Piment; on y a trouvé des enclumes et d'autres instrumens, qui prouvent qu'on y a travaillé. il n'y a pas longtems qu'un mineur françois s'y est transporté, et il a pretendu y avoir trouvé, non seulement du fer, mais encore du cuivre mêlé de beaucoup d'or.

1532. & à quatorze Indiens, qui étoient à leur service. Nul endroit de l'Isle n'étoit plus à l'abry de leurs hostilités, & les choses allerent si loin, que l'Empereur averti de la nécessité de finir cette guerre, ou d'abandonner l'Isle Espagnole, prit enfin des mesures, qui furent efficaces, pour rétablir la paix. Il venoit de nommer pour Gouverneur de la Castille d'Or un Officier d'un grand mérite, & d'une experience consommée dans les affaires des Indes, nommé François de Barrio Nuevo. Il lui ordonna de passer à San-Domingo avec 200. Hommes d'élite, de ne point sortir de l'Isle, qu'il ne l'eût entierement pacifiée, de quelque maniere que ce fût; il lui donna pour cela un Plein-pouvoir absolu, à condition seulement qu'il sauvât l'honneur de la Nation; il lui recommanda même de commencer par tenter les voyes de la douceur, & il lui remit une lettre pour Henry, par laquelle Sa Majesté Imperiale, convioit ce Cacique à rentrer dans l'obéïssance, lui offroit une Amnistie sans aucune reserve pour lui & pour les siens, & le menaçoit de tout le poids de sa puissance & de son indignation, s'il refusoit ces offres, & persistoit dans sa révolte.

Un Commissaire arrive de la part de l'Empereur pour la finir.

Ce Prince avoit tellement à cœur la consommation de cette affaire, que n'y ayant point d'autre Vaisseau, qui fût prêt à mettre à la voile, que celui, qui l'avoit porté en Espagne; il le donna à Barrio Nuevo, qui ne perdit pas un moment de têms, pour se rendre à l'Isle Espagnole. Il présenta en arrivant ses Provisions à l'Audience Royale, & il rendit une lettre de l'Empereur à l'Amiral. Ce jeune Seigneur étoit toûjours demeuré dans l'Isle Espagnole, & quoiqu'il n'y eût aucune authorité, par rapport au Gouvernement, on ne laissoit pas d'y avoir pour lui de fort grands égards, & de lui rendre tous les honneurs dûs à son sang, qui du côté maternel étoit uni à celui de l'Empereur même: aux services de son Pere & de son Ayeul, & à sa Dignité. Le Gouverneur de la Castille d'Or voulut ensuite en homme sage qu'on déliberât sur le sujet de sa Commission, & sur les moyens de l'exécuter ; mais les Auditeurs refuserent de se charger seuls d'une déliberation de cette consequence. Ils convoquerent une Assemblée générale, où fut appellé tout ce qui se trouvoit alors dans la Capitale, ou dans les environs de Personnes distinguées par leurs Emplois, & par leur experience ; & comme les sentimens y furent extrêmement partagés, on chargea quatre des plus anciens Habitans des Indes de conferer entre eux, & de donner par écrit leur avis commun, quand ils en seroient convenus. 1532.

On délibere sur le parti qu'on doit prendre.

Ces Députés furent François & Alphonse Davila, Lopé de Bardeci, & Jacques de Castellon, dont nous avons déja parlé. Ils eurent plusieurs conferences, & le résultat fut que les choses n'étant plus dans la même situation, où elles étoient, lorsque Sa Majesté Imperiale avoit été suppliée d'y mettre ordre ; les mesures qu'elle avoit prises pour cela, n'étoient plus pour la plûpart d'aucune nécessité ; que les 200. Hommes de Troupes, que Barrio Nuevo avoit amenés, étoient surtout fort inutiles pour une guerre, qui demandoit des Soldats accoûtumés au Pays ; qu'il falloit s'en tenir aux Milices, & continuer la guerre sur le plan, qu'on avoit imaginé depuis quelque têms, & dont on se trouvoit bien. Ce Plan consistoit à placer des bandes de 15. ou 20. Soldats dans tous les endroits, où les Indiens avoient accoûtumé de passer, pour venir piller le Pays, & se fournir des choses, dont ils avoient besoin, & où on pouvoit les surprendre, ou les combattre avec avantage ; par-là on les affoiblissoit, ou dumoins on les obligeoit à rester dans leurs Montagnes. Les quatre Députés ajoûtoient qu'il n'y avoit néanmoins aucun inconvenient à ce que l'Officier envoyé par l'Empereur prît avec lui trois ou quatre de ces Troupes de Milices, se fît accompagner de quelques Religieux, pénétrât le plus avant, qu'il seroit possible dans les Montagnes de Baoruco, & tâchât de joindre le Cacique Henry, pour lui rendre la lettre de l'Empereur, suppo-

1532. ſé qu'il y fût encore, car il y avoit long-têms qu'on n'entendoit plus parler de lui, & l'on ne ſçavoit pas ce qu'il étoit devenu ; enfin qu'il n'omît rien, s'il le rencontroit, pour l'engager à une paix ſolide & durable.

Quel fut le réſultat de cette délibe-ration.

L'Audience Royale ayant reçû cet avis, le communiqua à Barrio Nuevo, qui l'approuva fort, déclara qu'il s'en rapportoit ſans peine au ſentiment de ceux, qui devoient mieux ſçavoir que lui ce qui convenoit, & aſſûra qu'il exécuteroit avec plaiſir tout ce qui lui ſeroit marqué. On lui donna donc 30. Hommes, réſolus à le ſuivre par tout, & l'on y joignit un pareil nombre d'Indiens fideles, pour le ſervir & le guider dans les Montagnes. On nomma quelques Peres Franciſquains pour l'accompagner, & on choiſit ces Religieux préferablement aux autres, parce que Henry avoit été élevé chés eux, & avoit toûjours témoigné beaucoup de vénération pour leur Robe. Enfin on arma une Caravelle à San-Domingo, pour porter le Général & ſa Troupe juſqu'à l'endroit, où l'on entre dans les Montagnes. Ces préparatifs occuperent tout le reſte de l'année 1532. & les premiers mois de la ſuivante. La Caravelle en mit enſuite

1533. deux entiers à ranger la Côte juſqu'au Port d'Yaquimo, parce que le Général envoyoit ſouvent ſa Chaloupe à terre, pour tâcher d'y avoir des nouvelles du Cacique Henry ; mais il n'en apprit aucune.

Marche de Barrio Nuevo pour chercher le Cacique.

Le Port d Yaquimo eſt formé par une aſſés belle Riviere, que le Général remonta le plus loin qu'il put. Il trouva d'abord une Caſe Indienne, où il ne ſe rencontra perſonne, & un peu plus haut, un champ enſemencé ; mais il ne voulut pas qu'on touchât, ni à la Caſe, ni au Champ. Peu de têms après, ſur quelques indices, qu'il eut que Henry n'étoit pas loin, il lui écrivit, pour lui donner avis de ſon arrivée, l'inſtruire de ſa Commiſſion, & l'informer qu'il avoit une lettre de l'Empereur à lui rendre. Il envoya la ſienne par un Indien, qui s'offrit de lui-même à chercher le Cacique, & qui ſe fit fort de le trouver ; jamais cet homme n'a point paru depuis, & l'on n'en a jamais

mais pû sçavoir aucune nouvelle. Après qu'on l'eût attendu 20. jours, le Général entra dans les défilés des Montagnes, & après trois jours d'une marche, qu'il n'auroit jamais pû soutenir, s'il n'en avoit fait l'apprentissage dans les Montagnes de Portoric, il apprit par des Indiens que le Cacique étoit dans une Lagune, que les Espagnols appelloient la Lagune du Commandeur, & qui a deux lieuës de circuit; c'est apparemment une des deux parties du Lac Xaragua, dont nous avons parlé; mais il y avoit encore 8. lieuës à faire pour aller jusques-là, & le chemin paroissoit impraticable à tout autre, qu'à des Indiens. Les Espagnols observerent aussi que sur toute la route, qu'ils avoient faite jusques-là, il n'y avoit pas une seule branche coupée aux Arbres, ni aucune trace, par ou l'on pût connoître qu'on y eût passé : c'étoit une précaution du Cacique pour empêcher qu'on ne découvrît sa retraite. 1533.

Courage de ce Général à surmonter de grandes difficultés.

Il falloit avoir autant de courage, qu'en avoit le Général Espagnol, pour s'engager plus avant dans un Pays inconnu, & où à chaque pas, il trouvoit des difficultés capables d'effrayer les plus hardis : mais rien ne l'arrêta. Il arriva enfin à un Village, dont les maisons étoient assés bien bâties, où il y avoit des vivres en abondance, & toutes les commodités, dont ces Peuples pouvoient avoir l'idée. Il ne voulut pas encore permettre qu'on y prît rien, quoiqu'il n'y eût pas une ame dedans; il consentit seulement qu'on en emportât quelques Calebasses, qu'il fit remplir d'eau, dont il avoit un extrême besoin. Au sortir de-là, il trouva un chemin fort large, qui avoit été coupé dans le bois, & y étant entré, il sçut que le Cacique étoit à une demie lieuë de-là; mais que pour aller à lui, il falloit marcher dans la Lagune, ayant de l'eau jusqu'aux genoux, & quelquefois jusqu'à la ceinture; puis traverser un défilé de Montagnes très-difficile.

Il découvre le lieu de la retraite du Cacique.

Il étoit trop avancé pour reculer, il s'approcha de la Lagune, & ayant apperçu des Indiens, qui étoient dans un Canot, il envoya leur demander s'ils n'avoient point vû

1533. un homme de leur Nation, qui portoit une Lettre à leur Chef. Ils répondirent que non, mais que le Cacique étoit informé de l'arrivée d'un Officier, qui avoit une Lettre à lui remettre de la part de l'Empereur. Sur cette réponse Barrio Nuevo ne fit plus aucune difficulté de s'approcher, & pria ces Insulaires de vouloir bien prendre dans leur Canot une Femme Indienne, & la conduire à leur Chef, chés qui elle avoit demeuré, & qu'elle instruiroit du sujet de sa venuë. Ils lui répondirent que cela n'étoit pas nécessaire, que leur Seigneur étoit instruit de tout, & qu'ils n'oseroient prendre sur eux, de faire ce qu'il souhaittoit. Ils se rendirent pourtant à ses instances; mais comme ils ne voulurent jamais s'approcher du bord, l'Indienne fut obligée pour s'embarquer, de se mettre à l'eau jusqu'à la ceinture.

Le Cacique envoye lui faire un compliment.

Le lendemain de bon matin il parut deux Canots, dans l'un desquels étoit l'Indienne, avec un Parent du Cacique nommé Martin de Alfaro, suivi d'une Troupe fort leste de soldats Indiens, armés de Lances & d'Epées. Ce Canot vint débarquer auprès des Espagnols: Barrio Nuevo s'avança seul, Alfaro en fit de même, & ordonna à ses gens de s'éloigner, puis ayant salué le Général, il lui fit les excuses du Cacique, de ce qu'il n'étoit pas venu lui-même lui rendre ses devoirs, une incommodité, qui lui étoit survenuë, en ayant été l'unique cause. « Mais puisque vous avés » tant fait, ajoûta-t-il, que de venir jusqu'ici, Henry se flatte » que vous voudrés bien vous transporter jusqu'au lieu, où » il est arrêté. » Le Général reçut ce Compliment d'une maniere également noble & affable, & consentit d'aller trouver le Cacique. Ses gens firent en vain tous leurs efforts pour l'en détourner: il ne prit même avec lui que quinze Hommes, & sans autres armes, qu'une maniere d'Esponton, qu'il tenoit à la main, & son Epée au côté, il s'abandonna à la conduite de Martin d'Alfaro. Cet Indien le mena par des chemins si rudes & si embarassés, que souvent il étoit obligé de marcher sur les mains, autant que sur les pieds. Ses gens se lasserent bientôt, & vouloient l'engager à retourner sur ses pas, en lui représentant que le Cacique, ou se mocquoit de lui, ou avoit dessein de le faire périr; mais il leur ferma la bouche, en leur disant : « Je ne contrains » personne de me suivre : quiconque a peur, peut s'en re- » tourner: pour moi, dussai-je demeurer seul, je suis réso- » lu d'aller jusqu'au bout: en acceptant la Commission, dont » l'Empereur mon Maître m'a honoré, j'en ai compris la » difficulté, & je me suis attendu à tout : si j'y laisse la vie, » je périrai content, puisque ce sera en faisant mon devoir. » Au fonds, rien ne fait mieux sentir la superiorité, qu'avoit prise le Cacique sur les Espagnols, que la conduite, que ceux-ci tinrent en cette rencontre, & où l'on ne reconnoît point la fierté de cette Nation.

1533.

Il arrive chés le Cacique.

Le courage ne soutint pourtant pas long-têms Barrio Nuevo, il se trouva tout à coup si épuisé de fatigues, qu'il fut obligé de s'arrêter pour prendre un peu de repos. Le bois néanmoins commençoit à s'éclaircir, & l'on découvroit à travers les arbres la demeure de Henry. Alfaro prit alors les devants à la priere du Général, & demanda de sa part au Cacique, où, & comment il vouloit que l'entrevûe se fît. Henry commença par gronder fort Alfaro, de n'avoir pas fait ouvrir un chemin, & lui ordonna d'y travailler sur le champ, puis il envoya dire au Général qu'il pouvoit avancer en toute sûreté. Barrio Nuevo se remit aussi-tôt en marche, & Henry le voyant venir dans un état à faire peur, tout couvert de fange, & pouvant à peine se soûtenir, il courut au-devant de lui, & fit paroître une très-grande confusion, de lui avoir causé tant de fatigues. Le Général répondit à ces honnêtetés d'une maniere polie, mais qui ne laissoit pas de faire sentir au Cacique, qu'il n'en avoit pas usé avec lui, comme il convenoit à l'égard d'une personne de son Rang, & d'un Envoyé de l'Empereur. Henry s'excusa le mieux, qu'il lui fut possible, & prenant le Général par la main, il le conduisit sous un grand arbre, où ils s'assirent tous deux sur des Couvertures de Cotton, qu'on y avoit étenduës exprès. Dès qu'ils y furent, cinq

1533. ou six Capitaines Indiens vinrent embrasser Barrio Nuevo, puis allerent se mettre à la tête de soixante Soldats armés de Boucliers, d'Epées, & de Casques. Les Capitaines étoient armés de même, mais ils avoient des Pennaches à leurs Casques, & tous s'étoient entouré le corps de grosses cordes teintes en rouge, & qui leur faisoient comme une maniere de Cuirasse. Les deux Chefs, après un court entretien, qui se passa en politesses réciproques, firent éloigner un peu d'avantage leurs gens, & le Général Espagnol prenant la parole, dit :

Son discours au Cacique.

« L'Empereur, mon très-redouté Seigneur, & le vôtre, » le plus puissant des Souverains du Monde, mais le meilleur de tous les Maîtres, & qui regarde tous ses Sujets » comme ses enfans, n'a pû apprendre la triste situation, où vous » êtes réduit avec un grand nombre de vos Compatriotes, » & l'inquiétude, où vous tenés toute cette Isle, sans en être » touché de la plus vive compassion. Les maux, que vous » avés faits aux Castillans, ses premiers, & ses plus fidéles » Sujets, n'ont pourtant pas laissé de l'irriter d'abord ; mais » quand il a sçu que vous êtes Chrétien, & les bonnes qualités, dont le Ciel vous a favorisé, toute sa colere s'est » calmée, & son indignation s'est changée en un désir ardent de vous voir prendre des sentimens plus raisonnables. Il m'a donc envoyé, pour vous exhorter à mettre » bas les armes, & vous offrir le pardon du passé, pour vous, » & pour tous ceux, qui vous ont suivi ; mais il y a ajoûté » un ordre de vous poursuivre à toute outrance, si vous » persistés dans votre rebellion ; & il m'a donné des forces » suffisantes pour cela. C'est ce que vous verrés encore » mieux exprimé dans cette Lettre. Vous n'ignorés pas » combien il m'en a coûté pour vous la rendre moi-même ; » je me suis exposé à tout avec plaisir, pour obéïr à mon » Souverain, & par l'estime que je fais de votre Personne ; » persuadé d'ailleurs que je ne risquois rien, en me livrant » entre les mains d'un Homme, en qui je sçavois qu'on avoit » remarqué des sentimens dignes de sa Naissance & de sa Re-

» ligion, beaucoup de moderation, & assés de discerne- 1533.
» ment, pour faire la distinction de ceux, qui viennent com-
» me amis, & de ceux, qui cherchent à le surprendre. »

Henry écouta ce Discours avec attention, & reçut la Lettre de l'Empereur avec une joye respectueuse; mais comme il avoit mal aux yeux, il pria le Général de vouloir bien en faire la lecture. Barrio Nuevo y consentit avec plaisir, & lut d'une voix assés haute pour être entendu des Soldats du Cacique. L'Empereur donnoit à Henry le titre de Dom; & du reste, la Lettre contenoit en substance tout ce que le Général venoit de dire; elle finissoit par assûrer aux Indiens qu'il envoyoit ses ordres à l'Audience Royale, afin que, s'ils se soumettoient de bonne grace, elle leur assignât des Terres, où ils pussent vivre en liberté, & ne manquassent de rien. Cette Lecture finie, le Général rendit la Lettre au Cacique, qui la baisa de nouveau avec respect, & la mit sur sa tête. Il reçut aussi le sauf-conduit de l'Audience Royale, scellé du Sceau de la Chancellerie, & l'ayant examiné, il dit qu'il avoit toûjours aimé la Paix, & n'avoit fait la Guerre, que par la nécessité de se défendre; que si jusqu'alors il avoit rejetté toutes les voyes d'accommodement, c'est qu'il n'avoit point trouvé de sûreté à traitter avec les Castillans, qui lui avoient souvent manqué de parole. « A présent que le Très-Auguste Empereur me donne la » sienne, ajoûta-t-il, je ressens, comme je le dois, l'hon» neur, que me fait Sa Majesté Impériale, & j'accepte avec » une très-humble reconnoissance la grace, qu'elle veut bien » m'accorder. »

La réponse du Cacique.

En achevant ces mots, il s'approcha de ses Gens, leur montra la Lettre de l'Empereur, & leur dit qu'il n'y avoit plus moyen de refuser l'obéïssance à un si puissant Monarque, qui leur témoignoit une si excessive bonté. Ils répondirent tous par leurs acclamations ordinaires, c'est-à-dire, par de grandes aspirations, qu'ils tirerent avec effort du fond de leur poitrine; après quoi le Cacique ayant rejoint le Général Espagnol, ils délibererent quelque têms ensem-

Conditions du Traité.

1533. ble, & convinrent enfin des articles suivans. 1°. Que le Cacique rappelleroit incessamment tous ceux de son parti, qui étoient répandus en differens quartiers de l'Isle, & qu'il les obligeroit à reconnoître à son exemple l'Empereur pour leur Souverain Seigneur. 2°. qu'il mettroit deux de ses Capitaines aux trousses des Negres fugitifs, pour les rendre à leurs Maîtres, moyennant une reconnoissance, dont on conviendroit. 3°. Qu'il seroit toûjours dans l'obligation de retenir tous les Indiens dans le devoir, ou d'y faire rentrer ceux, qui s'en écarteroient dans la suite. 4°. Que pour lever tout ombre de défiance, il quitteroit au plûtôt les Montagnes, & descendroit dans la Plaine, où on lui donneroit pour son entretien un des Troupeaux de l'Empereur.

Il est ratifié par les Indiens.

Les Traités ne se font jamais parmi ces Peuples, qu'au milieu des Festins. On jugea que dans une occasion de cette importance il ne falloit pas s'éloigner de cette ancienne pratique. Les Espagnols avoient apporté avec eux du Ris & de l'Eau de Vie. Les Indiens fournirent le Gibier & le Poisson, on se mit à table, & le Général commença par boire à la santé de l'Empereur, action, qu'il accompagna de grandes marques du plus profond respect. Il but ensuite à celle du Cacique, que les Indiens, depuis qu'ils eurent vû la lettre de Sa Majesté Imperiale, n'appelloient plus que, *D. Henry notre Seigneur*. La joye fut grande parmi les Convives, & l'on se fit de part & d'autres mille protestations d'une amitié sincere & durable. D. Henry & Doña Mancia son Epouse, ne voulurent pourtant pas se mettre à Table, & ne gouterent de rien, sous prétexte qu'ils avoient dîné. Ce refus, qui avoit un air de défiance, fit quelque peine au Général, mais il la dissimula sagement : à cela près il eut tout lieu de se loüer des bonnes manieres du Cacique, qui lui promit d'aller incessamment à San-Domingo, pour y ratifier la paix. Il voulut même qu'un de ses Capitaines nommé Gonzalez, accompagnât le Général à cette Capitale, pour y saluer de sa part l'Amiral, les Auditeurs &

tous les Officiers Royaux. Il eſt vrai qu'il recommanda en particulier à cet homme de bien obſerver toutes choſes, & de voir, s'il n'y avoit pas encore quelque trahiſon cachée ſous des démarches en apparence ſi ſinceres. Enfin il fit reconduire les Eſpagnols juſqu'à leur Navire par un Officier à la tête d'un détachement. 1533.

La Caravelle étoit moüillée dans un Port, qui eſt aujourd'hui connu ſous le nom de Jacquemel. Dès que Barrio Nuevo y fut arrivé, il voulut régaler ſon Eſcorte, & il donna à ces Indiens du Vin de Caſtille, & des Liqueurs à diſcretion; la plûpart en burent avec excès, & en furent tellement incommodés, qu'on crut qu'ils alloient mourir. Cela inquieta fort le Général, & il craignit avec raiſon que, ſi ce malheur arrivoit, le Cacique ne l'accuſât d'avoir empoiſonné ſes Gens; mais ſa crainte fut bientôt diſſipée; un peu d'huile, qu'on fit avaler aux malades, les fit vomir, & ils recouvrerent en peu d'heures une parfaite ſanté. Barrio Nuevo leur fit à tous en les congediant, une gratification, & envoya de fort beaux préſens au Cacique, & à ſon Epouſe, après quoi il mit à la voile, pour ſe rendre à la Capitale, qu'il remplit à ſon arrivée de la plus grande joye, qu'elle eût reſſentie depuis long-têms. On y donna à ſon courage, à ſon zéle & à ſa prudence les éloges, qui leur étoient dûs, & la paix fut proclamée avec de grandes Cérémonies.

Accident qui penſe rallumer la guerre.

Le Député de D. Henry ne ſe laiſſa pas encore prendre à ces premieres démonſtrations; & avant que de faire aucune démarche, qui pût engager ſon maître, il voulut examiner à loiſir, ſi tout ce qu'il voyoit, n'étoit pas un jeu concerté. Il alloit de maiſon en maiſon pour tâcher de découvrir ce qu'on y diſoit, & il n'omettoit rien pour ſe bien inſtruire de la diſpoſition, où l'on étoit à l'égard du Traité fait avec D. Henry. On s'apperçut bientôt de ſes inquiétudes, on s'attacha à le bien régaler, & ſes ſoupçons s'évanoüirent enfin tout-à-fait. Il ſe trouva même ſi bien de ce nouveau genre de vie, qu'il oublia de s'en retourner

Défiance du Cacique, & ſurquoi elles étoient fondées.

1533.

au têms, qui lui avoit été prescrit. Ce retardement donna à penser au Cacique; il attendit encore quelques jours, au bout desquels il voulut sçavoir ce qui empêchoit Gonzalez de revenir. Il s'approcha de la Ville d'Azua, & fit dire aux Habitans, qu'il souhaittoit de parler à quelqu'un d'entre eux. Il étoit presque seul, mais il avoit placé 50. Hommes dans un Bois qui étoit proche: il ne fut pas longtêms sans voir venir à lui une centaine d'Espagnols, qui l'aborderent avec toutes les marques d'une réconciliation sincere.

Elles sont levées & la paix publiée.

Il leur demanda, s'ils n'avoient point des nouvelles de Gonzalez, & ils répondirent qu'il étoit passé par Azua, il y avoit quatre jours, dans une Caravelle, accompagné d'un Officier Castillan, nommé Pierre Romero, lequel étoit chargé de présens pour lui, & d'un plein pouvoir pour ratifier le Traité de paix au nom de l'Audience Royale. On lui ajoûta que la Caravelle devoit être actuellement à Xaragua. Cette réponse le réjoüit fort, il fit appeller ses gens, on s'embrassa, & l'on célébra de nouveau la paix par un Festin. D. Henry refusa encore de toucher à rien, s'excusant sur une indisposition, qui lui étoit survenuë. Le lendemain il prit la route de Xaragua; où il trouva la Caravelle. Il y a de l'apparence que ce qu'on appelloit encore Xaragua, étoit Leogane ou Yaguana, bâti assés près de l'endroit, où avoit été l'ancienne Xaragua, laquelle ne subsistoit plus. Le Cacique reçut avec beaucoup de reconnoissance les présens, que lui remit Romero; Gonzalez l'assûra qu'il ne devoit plus avoir aucun doute de la sincerité des Espagnols, & sur le champ il fit embarquer sur la Caravelle un bon nombre de Negres fugitifs, qu'il avoit déjà fait arrêter. Enfin tous les ombrages furent dissipés de part & d'autre, & l'on fit par tout de grandes réjoüissances pour le retour d'une paix si long-têms désirée.

Le P. de Las Casas va trouver le Cacique.

Mais personne n'y prit plus de part, que le Pere Barthélemy de Las Casas. Ce Religieux vivoit depuis 12. ans, dans une retraite austere, & y édifioit autant par la pratique des

des vertus propres de son nouvel Etat, qu'il avoit fait auparavant par l'ardeur d'un zele infatigable. L'accomodement conclu avec ses chers Indiens réveilla ce zele, & avec la permission de son Superieur, il alla trouver le Cacique, dont il étoit fort connu. Il en fut parfaitement bien reçû, & l'on célébra avec beaucoup d'alegresse dans les Montagnes de Baoruco, l'arrivée du grand Protecteur des Indiens. Las Casas profita de cette favorable réception pour décharger son cœur à ses chers Insulaires, & il parla sur tout ce qui s'étoit passé avec une liberté, qui dans la bouche d'un autre n'eût peut-être pas produit un trop bon effet. Il leur fit surtout extrêmement valoir la bonté de l'Empereur, qui avoit bien voulu s'abaisser jusqu'à les rechercher, pour ne pas exposer le salut de leurs ames, soit en les poussant à bout, soit en les laissant plus long-têms dans une situation, où tout leur manquoit pour vivre en véritables Chrétiens. Il les trouva sur ce point dans des sentimens très-raisonnables, & le Cacique lui avoüa que sa plus grande peine avoit été de voir mourir quantité d'Enfans sans Baptême, & d'Adultes sans Sacremens; & que cette considération avoit bien autant contribué, que tout autre chose, à lui faire conclure un Traité, qu'il ne sçavoit pas encore trop, s'il ne seroit pas un jour fatal à ce qui restoit des tristes débris de sa Nation. Il lui ajoûta en particulier qu'il n'avoit pas manqué un jour à dire ses prieres ordinaires, & qu'il avoit exactement jeûné tous les Vendredis; on sçavoit d'ailleurs qu'il avoit veillé avec beaucoup de soin sur la conduite & les mœurs de ses Sujets, qu'il avoit surtout pris de bonnes mesures pour empêcher tout Commerce suspect entre les personnes de different sexe, & qu'il avoit porté l'attention jusqu'à ne permettre à aucun des siens de se marier avant 25. ans.

1533.

Ses travaux Apostoliques parmi les Indiens.

Le Pere de Las Casas demeura quelque têms dans ces Montagnes, & tâcha de rassûrer le Cacique sur ce qui lui donnoit encore un peu d'inquiétude pour l'avenir. « L'Empereur, lui dit-il, a engagé sa parole & son honneur, il

1533. » n'y a point de sûreté au monde, s'il ne s'en trouve pas » dans un Traité établi sur de tels fondemens. Enfin quand » on a agi avec autant de prudence, que vous avés fait, il » faut abandonner le reste à la Divine Providence, qui fait » servir au bien de ses Elûs jusqu'à la malice de leurs propres » Ennemis. » D. Henry parut content, & l'Homme de Dieu trouva la même docilité parmi tous ses Sujets. Il leur dit plusieurs fois la Messe ; baptisa tous ceux, qui n'étoient point baptisés, & administra aux autres les Sacremens de Pénitence & d'Eucharistie. Il est étonnant que ces Insulaires, qui étoient tous Chrétiens, & dont plusieurs avoient été instruits dès l'enfance avec soin, ne sçussent pas que dans un besoin ils pouvoient conferer le Baptême ; car de leur aveu ils avoient laissé mourir jusqu'à 300. Enfans sans leur procurer l'adoption Divine, qui est le fruit de ce Sacrement. Le Missionnaire trouva encore bien de l'ignorance dans ces Neophites sur leurs plus essentiels devoirs, & les principaux Articles du Christianisme, & il y remedia autant, qu'il lui fut possible dans le peu de têms, qu'il avoit à leur donner. D. Henry le reconduisit lui-même jusqu'à Azua, où un Capitaine Indien nommé Tomaios, celui de tous, qui avoit fait le plus de peine aux Espagnols, fut Baptisé. L'Audience Royale avoit témoigné beaucoup de ressentiment de ce que le Pere de Las Casas avoit entrepris ce Voyage sans sa participation, & vouloit qu'il fût puni, mais elle s'appaisa, lorsqu'elle eut appris tout ce qui s'étoit passé pendant son séjour parmi les Indiens. D'ailleurs ce Religieux sçut bien faire observer à ces Magistrats, que la paix ayant été publiée dans les formes ; rien n'empêchoit désormais d'aller visiter des gens, qu'on ne regardoit plus comme Ennemis, & qu'il étoit surprenant qu'on en fît surtout un crime à un homme de son caractere, & qui n'avoit jamais usé de son crédit sur ces Peuples, que pour le bien de l'Etat.

Nouvel établissement du côté de Monte-Christo. Vers le même têms, c'est-à-dire, sur la fin du mois d'Août, en vertu d'un Traité fait avec un Habitant de San-Domingo nommé Boleños, soixante Laboureurs arriverent d'Espagne, la plûpart avec Femmes & Enfans, pour s'aller établir du côté de Monte-Christo : cette Contrée est une des plus fertiles de l'Isle, & le voisinage de Cibao auroit pu être un attrait dans un autre têms ; mais, faute d'Indiens, les Mines étoient abandonnées, & les nouveaux Habitans prirent le parti de se borner à la Culture des Terres.(a) Sur le même Vaisseau, qui les avoit apportés, le Licencié Gilles Gonzalez Davila, étoit venu avec la qualité de Visiteur Royal, pour gouverner l'Isle dans l'absence du Président D. Sebastien Ramirez, lequel étoit toûjours au Mexique. 1533.

Le Cacique D. Henry étoit encore dans ses Montagnes, & il tardoit beaucoup aux Espagnols qu'il en sortît. Il tint enfin la parole, qu'il en avoit donnée; mais ce ne fut qu'après qu'il eût comsommé les vivres, dont il avoit fait de grandes provisions ; il se rendit ensuite à San-Domingo, où il signa le Traité de Paix, qui jusques-là n'avoit été signé, que par ses Députés. Il fut reçû dans cette Capitale d'une maniere, qui eût été capable de le gagner, quand il auroit encore eu quelque doute de la droiture des Espagnols : on lui laissa choisir un lieu, pour s'y établir avec tous ceux de sa Nation, dont il fut déclaré Prince héréditaire, exempt de Tribut, & obligé au seul hommage, qu'il seroit tenu de faire rendre en son nom à l'Empereur, & à ses Successeurs Rois de Castille, toutes les fois, qu'il en seroit requis. Il se retira peu de têms après, dans un lieu nommé *Boya*, à treize ou quatorze lieuës de la Capitale, vers le Nord-Est. Tous les Indiens, qui purent prouver leur descendance des premiers Habitans de l'Isle, eurent permission de le suivre, & leur posterité subsiste encore aujourd'hui au même lieu, & joüit des mêmes Privileges. Leur Prince, qui s'intitule, *Cacique de l'Isle Hayti*, juge & condamne à mort ; mais il y a appel à l'Audience Royale. Ils étoient environ quatre mille, lorsqu'ils furent ainsi réünis ; mais ce nombre est fort diminué depuis ce têms-là. J'ai pourtant quelque peine à croire qu'ils fussent réduits, il y a quinze ans, à trente Hommes, & cinquante ou soixante Femmes, com-

D. Henry va à San Domingo. De quelle maniere le Traité fait avec lui est executé.

(a) les Espagnols établirent la Bourgade de Monte Cristo sur le bord de la riviere yaque, près de son embouchure. il y a aussi beaucoup d'apparence que ceux qui firent cet Etablissement, fonderent dans le même tems, ou peu après la Bourgade de Bayaxa, que nous nommons Bayaha, qui devint encore plus peuplée que la premiere, et qui étoit située à l'entrée de ce Beau port du côté de l'Est à quatorze ou vingt lieues de Monte Cristo. la ville du fort dauphin, que les françois, en se rendant maîtres du port abandonné par les Espagnols, y ont batie, est dans le fond de port, auquel on a donné le même nom, qu'a la ville. voyés le plan de l'un et de l'autre. on voit encore entre cette ville, et une paroisse françoise, nommée le Terrier rouge, dans une endroit appellé la Savane quarrée, les vestiges des sillons, qu'y a fait la charrue

1533. me je l'ai vû marqué dans un Mémoire, d'ailleurs très-exact.

Decadence de la Colonie Espagnole.

Quant aux autres Indiens, qui avoient été amenés d'ailleurs, ils ne changerent pas de condition, & comme on ne les ménagea gueres plus, qu'on avoit fait jusqu'alors, on ne fut pas long-têms sans en voir la fin. La perte des uns ne rendoit pas les autres plus moderés, chacun songeoit à profiter du présent, & se mettoit peu en peine, si ses Successeurs auroient des Esclaves, pourvû qu'il tirât de ceux, dont il étoit en possession, toute l'utilité, qu'ils étoient capables de lui apporter. De cette sorte les richesses, que l'Isle Espagnole renferme dans son sein, sont aujourd'hui fort inutiles à ceux de ses Habitans, qui sont plus à portée de les en tirer, & qui croyent faire beaucoup, que d'empêcher leurs voisins d'en profiter.

1538.

L'Audience Royale fait monter la Monnoye, & l'Empereur le trouve mauvais.

J'ai dit qu'on avoit découvert une Mine d'Argent dans cette Isle ; l'Empereur avoit donné la permission d'y fabriquer de la Monnoye de ce métal, & l'on y faisoit des Reaux de la valeur intrinseque de ceux d'Espagne. La cherté des denrées, & la nécessité, où l'on étoit de se servir de cette Monnoye, firent croire à l'Audience Royale, qu'elle pouvoit la mettre plus haut, & elle avoit fait monter le Real à 24. Maravedis ; ce qui s'étoit bientôt étendu à toutes les autres Provinces du Nouveau Monde, & causoit de grands désordres dans le Commerce. L'Empereur apprit avec étonnement cette entreprise, & la regarda comme un attentât contre l'authorité du Souverain. Il commença par remettre les choses sur l'ancien pied, puis il fit avertir les Auditeurs de n'être pas une autrefois assés hardis, pour rien oser de pareil sans son aveu. L'Amiral des Indes D. Loüis Colomb étoit alors à la Cour de Charles-Quint, où il poursuivoit vivement le procès, que son Ayeul avoit commencé contre le Fisc Royal, mais avec aussi peu de succès. Deux ans après, il se fit un Traitté, dont le Cardinal de Loaysa, & D. Fernand Colomb, Oncle de l'Amiral, furent les Arbitres. Par ce Traitté, D. Loüis fut déclaré Ca-

Au Tres Reverend

communer la canelle, qui reussi[illegible] dans cette isle
à en juger parceque y avoit fait reussir le gingembre,
on pourroit aujourd'hui nous faire le même reproche
L'Amiral des Indes ×

Le Rd Père Charlevoix
Pr des Missions de La Nouvelle
France au College de Louis le
grand rue St Jacques

a Paris

1639

a le signe

+ il paroit que ce fut vers ce temps là que les habitans de l'isle Espagnole commencèrent à cultiver le gingembre, dont ils avoient fait venir des plans de l'orient, ce qui réussit d'autant mieux, que la terre en produisoit d'elle même de sauvage, qu'on appelloit pacouroca, mais dont la racine et le fruit ne servoient qu'à quelques teintures, ce nouveau commerce tomba bientôt par sa propre abondance, on avoit porté en Espagne une si grande quantité de gingembre de l'isle Espagnole, que ce royaume n'en pouvant faire la consommation, il y devint à vil prix, et les colons ne trouvant plus leur compte à le cultiver, l'abandonnèrent entièrement. il est surprenant qu'ils n'ayent pas songé à cultiver le poivre

pitaine Général de l'Isle Espagnole, mais avec de si grandes limitations, qu'il ne lui en resta gueres que le Titre. 1546.

D. Louis Colomb passe à l'Espagnole en qualité de Capitaine Général. Extinction de cette famille.

Il ne laissa pas de faire le Voyage des Indes; mais il y a bien de l'apparence qu'il n'y resta pas long-têms. Il céda enfin tous ses droits, & toutes ses prétentions sur la Vice-Royauté perpetuelle du Nouveau Monde, pour les Titres de Duc de Veragua, & de Marquis de la Vega. C'étoit une grosse Bourgade de la Jamaïque; & l'on s'accoûtuma même dans la suite, à substituer le nom de l'Isle à celui de cette Place. L'Amiral joüit peu du fruit de cet accommodement, & il y a de l'apparence que ses deux Freres étoient morts avant lui. Ce qui est certain, c'est qu'Isabelle Colomb, sa Sœur aînée, devenuë heritiere de cette Famille, en transporta tous les Titres dans une Branche de la Maison de Bragance, qui est établie en Espagne, ayant épousé, ainsi que je l'ai dit plus haut, D. Georges de Portugal, Comte de Gelves, dont la posterité s'intitule, *de Portugal Colomb, Duc de Veragua, Marquis de la Jamaïque & Amiral des Indes.* (a)

1547.

San-Domingo érigée en Métropole.

En 1547. l'Eglise de San-Domingo fut érigée en Métropole. Cette Ville avoit pourtant dès-lors beaucoup perdu de son lustre, & l'Or & l'Argent commençoient à y être si rares, que peu d'années après, on n'y voyoit plus que de la Monnoye de Cuivre. Le Pere de Las Casas avoit quitté l'Isle Espagnole, & après avoir refusé l'Evêché de Cusco dans le Perou, avoit été contraint d'accepter celui de Chiappa, dans le Mexique. Il eut en ce têms-là de grandes disputes avec le Docteur Jean Ginés Sepulveda, au sujet de la maniere, dont on devoit traitter les Indiens, & sur le droit, qu'on avoit eu de les assujettir par la force des armes; mais l'Isle Espagnole ne pouvoit plus prendre aucun interêt à cette controverse, dont il paroît que l'Evêque de Chiappa eut tout l'honneur; jusques-là, que les Ouvrages, que le Docteur composa pour soutenir son sentiment, furent censurés & supprimés par l'authorité du Prince; mais comme plusieurs étoient encore d'avis de laisser aux Habitans des Colonies Espagnoles les Esclaves,

(a) Le Duc de Liria, fils aîné du Maréchal Duc de Berwick, par son mariage avec sa sœur et l'héritière du dernier Duc de Veragua, a réuni en sa personne tous les titres de cette maison.

1547. dont ils étoient actuellement les Maîtres, en les mettant sur le pied de Domestiques à gages, le Prélat entreprit de faire voir que la chose étoit impratiquable, & que laisser ces malheureux entre les mains des Espagnols, c'étoit les sacrifier.

Quelle fut l'occasion qui engagea Las Casas à écrire son Livre de la tyrannie des Espagnols.

Ce fut alors & à cette occasion, qu'il composa ce fameux Traitté de la Tyrannie des Espagnols dans les Indes, qu'il fit imprimer plusieurs années après, & qu'il dédia au Roy Philippe II. il y assûre que les Espagnols avoient fait périr plus de quinze Millions d'Indiens. Mais il faut convenir qu'il regne dans son Ouvrage un air de vivacité & d'exaggeration, qui prévient un peu contre lui, & que les faits, qu'il rapporte, sans être alterés dans la substance, ont sous sa plume, je ne sçai quoi d'odieux & de criant, qu'il pouvoit peut-être adoucir. Il n'avoit apparemment pas assés fait réflexion, qu'il ne suffit pas à un Historien d'être veridique, pour ne pas manquer à la fidelité, que demande l'Histoire, qu'il faut encore être extrêmement en garde, contre ce que la prévention, la haine, l'interêt, l'amitié, l'engagement, un zéle ou trop amer, ou trop ardent peuvent donner de couleurs, ou étrangeres, ou trop vives aux faits d'ailleurs plus certains. Mais on peut bien assûrer que le Saint Évêque de Chiappa, dont, malgré ses défauts, ou, pour parler plus juste, les excès de ses vertus, le nom est demeuré très respectable dans les Annales du Nouveau Monde, & dans les Histoires d'Espagne, ne prévoyoit pas les mauvais effets, que produisit son Ouvrage peu d'années après, qu'il eut été rendu public, lorsque traduit en François par un Hollandois, il se fut répandu parmi les Révoltés des Pays-Bas. Car il est vrai de dire, que rien n'anima davantage ces Peuples à persister dans leur rébellion, que la crainte qu'il ne leur arrivât, s'ils entroient en quelque accommodement avec l'Espagne, ce qui étoit arrivé dans la plûpart des Provinces de l'Amérique, où l'on n'avoit jamais exercé plus de cruautés contre les Indiens, que quand ils se croyoient plus assûrés sur la foy des

les premiers siècles de l'Eglise, et c'est de quoi parloit l'Apôtre même, lorsqu'il disoit que le mystère d'iniquité commençoit à s'opérer.

Le B. Alvarez de Cordoue, ~~dit le P. Touron~~ prêchoit déja avec d'autant plus de fruit dans l'Andalousie et dans la Castille, que la sainteté de sa vie l'avoit rendu un digne instrument des Miséricordes du Seigneur lorsque ~~[illegible]~~ le Royaume de Valence et la Catalogne commencerent à entendre la voix de St Vincent Ferrier. La vocation à l'apostolat, la charité, le zèle et tout ce qui peut attirer la confiance des peuples, parurent les mêmes dans ces deux ministres de la parole; l'un avoit peut être plus de talens, l'autre n'avoit ni moins de doctrine, ni moins de fidélité; mais on n'a pas d'auteurs [illegible] pour nous apprendre le détail des actions ou des autres circonstances de la vie du B. Alvarez qu'on [illegible]

1

Pinittes delaflu

Tourles Beaux du pr
aumilieu deleurs long
les Courbes aleur jou
setrouvant aussy pou
bois appelé pinettes r

Apres avoir le
Coup Virures or
vnea 3 pieds audess

[illegible]

Traités, ou qu'ils faisoient paroître plus de respect & de soûmission. Du moins, fut-on bien aise de pouvoir prétexter cette crainte, & l'authoriser d'un tel exemple. 1586.

En 1564. la Conception de la Vega fut presque toute renversée par un Tremblement de Terre. Cette Ville étoit bâtie au pied d'une Montagne, sur laquelle on avoit planté une Croix. Les Indiens, qui voyoient les Espagnols se prosterner devant cette Croix, s'imaginerent apparemment que c'étoit là leur Dieu, & pour se venger de tous les maux, que ces Etrangers leur faisoient, résolurent de la renverser, ils commencerent par y attacher des cordes; mais ils eurent beau tirer, la Croix n'en fut pas même ébranlée. Ils amasserent ensuite quantité de bois tout autour, & y mirent le feu. Cette seconde tentative ne réüssit pas mieux que la premiere : la Croix au milieu des flammes ne changea pas même de couleur, sinon au pied, où il paroissoit un peu de noir, comme si on en eût approché une chandelle allumée. Après cela, ils essayerent de la couper avec leurs pierres aiguisées, & ils remarquerent qu'aussi-tôt qu'ils en avoient coupé un morceau, le vuide se remplissoit. Ils renoncerent enfin à un travail inutile, & plusieurs ont même assûré, qu'ils avoient apperçu une Dame d'un port & d'un regard pleins de majesté, assise sur un des Bras de la Croix, qui rendoit tous leurs efforts inutiles. Le bruit d'un si grand prodige se répandit bientôt partout, & chacun voulut avoir un morceau de la Croix miraculeuse. Dieu fit pour authoriser & pour montrer qu'il agréoit la pieté des Fidéles, ce qu'il avoit fait pour confondre la sacrilege entreprise des Infideles; on eût beau couper la Croix pendant bien des années, elle ne diminua point. Enfin le Miracle cessa, & alors on transporta dans l'Eglise ce qui restoit de ce précieux Bois, & on le conserva avec soin; les différens morceaux, qu'on en avoit coupés, furent les instrumens de plusieurs guérisons surnaturelles, & dans le Tremblement de Terre, dont je viens de parler, aucun de ceux, qui en avoient, ne fut blessé, quoique plusieurs se fussent trouvés sous les ruines des

1586. Edifices, comme les Religieux de Saint François, sous celles de leur Eglise. On assûre aussi que la Cathedrale, qui étoit de pierre de taille, ayant été abattuë, le seul endroit, où l'on gardoit la Croix miraculeuse, fut conservé. Il y a environ 15. ans, qu'on voyoit encore au milieu des mazures de cette Ville, un Monastere tout entier, & ce ne pouvoit être que celui des Religieux, dont je viens de parler, deux Fontaines, & quelques restes de Fortifications. Le Village de la Vega, dont j'ai parlé ailleurs, & qui a été formé des débris de la Conception, n'en est qu'à deux lieuës au Sud-Est. (a)

Grand Commerce de l'Isle Espagnole. Prise de San-Domingo.

Cependant l'Isle Espagnole ne laissa pas de se soûtenir encore assés long-têms, après qu'on eût cessé d'en tirer de l'Or. Elle avoit de quoi réparer cette perte, qui étoit pourtant pour les seuls droits du Roi, de cinq ou six millions tous les ans, par le grand Commerce, qu'elle faisoit de Sucre, de bois de Bresil, de Casse, de Tabac, de Cotton, & de Gingembre. Cette derniere Marchandise s'avilit enfin par sa trop grande abondance; les autres ont manqué peu à peu, faute d'Ouvriers. Acosta dit qu'en 1587. on apporta en Castille plus de 22000. quintaux de Casse de l'Isle Espagnole, & 9000. Caisses de Sucre. Néanmoins dès l'année précedente, sa Capitale avoit été prise, pillée, & ruinée en partie par François Drak. Ce Capitaine Anglois fit sa descente à l'Ouest de la Ville, & mit environ 1200. Hommes à terre. S'étant ensuite avancé en ordre de Bataille, il fut attaqué par la Cavalerie Espagnole, qu'il mit aisément en fuite. Après ce premier succès il partagea sa Troupe en deux bandes, & attaqua en même têms deux Portes de la Ville. Il les emporta si brusquement malgré le Canon des Assiegés, que ceux-ci eurent à peine le loisir de se sauver par une troisiéme, qui étoit à l'autre extrêmité de la Ville. Le butin, que firent les Vainqueurs, ne répondit pas à la réputation de cette Métropole du Nouveau Monde; ils y trouverent seulement quelques meubles précieux & quelque Vaisselle d'Argent; peu d'Or & d'Argent monnoyé,

(a) ~~dep~~ nous parlerions ailleurs de cette Bourgade, que les françois nomment la Begue

monnoyé, & beaucoup de monnoye de cuivre. Drak, avant 1586. que de permettre le pillage, mit ses gens en Bataille dans la grande place; puis il envoya sommer le Gouverneur du Château de se rendre, & sur son refus il fit donner un assaut, que les Espagnols soûtinrent mal. Le Château fut forcé, & Drak Maître de tout, mit ses Soldats à discretion dans les plus belles Maisons. Ils y resterent un mois, ensuite ils commencerent à raser la Ville; ils en avoient déjà abbattu une bonne partie, lorsque les Espagnols accoururent, & rachetterent le reste. Dans la rélation, que les Anglois ont publiée de cette expédition, ils ont rapporté qu'ils trouverent sur une muraille un Globe peint, avec la figure d'un homme à Cheval, qui sortoit de plus de la moitié de la circonference du Globe, avec cette devise, *Non sufficit orbis.* Cinq ans après Yaguana eut un sort pareil à 1591. celui de San-Domingo: Christophle Newport la prit & la ruina presque entierement.

L'Isle Espagnole se seroit pourtant encore relevée de ces pertes par le Commerce, lequel continuoit toûjours sur un assés bon pied; ~~surtout avec les Hollandois; mais le Roi Catholique ôta aux Habitans cette unique ressource, qui leur restoit~~, en leur défendant de trafiquer avec les Etrangers. Les Hollandois, à qui ce Commerce apportoit de grands profits, voulurent le soutenir par les Armes, & envoyerent dans ces Mers une Flotte commandée par Abraham de Verne; mais celle d'Espagne l'ayant rencontrée en 1606. vers les Côtes de Cuba, l'attaqua avec tant de résolution, qu'après avoir pris & coulé à fonds plusieurs Navires, elle obligea les autres à se sauver. Le Commerce ne laissa pas de continuer comme auparavant, malgré la vigilance des Gouverneurs, ou peut-être même par leur connivence; mais le Conseil prit pour se faire obéir un moyen, qui fut efficace, ce fut de faire raser les places Maritimes, qu'on ne pouvoit garder. On démolit Yaguana, qui étoit extrêmement déchû, Puerto-di-Plata, & Bayaha, qui étoient les Rendés-vous les plus ordinaires des Interlopes;

Le Commerce avec les Etrangers défendu aux Habitans de l'Isle Espagnole.

1606.

^ le P. joseph de Acosta nous assure qu'en 1587. cette isle fournissoit encore à l'Espagne vingt deux mille quintaux de casse, et neuf mille caisses de sucre, ce qui l'étonnoit beaucoup. ~~[illegible]~~ il y a donc bien plus lieu de s'étonner que la seule plaine du cap françois, qui n'est qu'une petite partie de la Vega real fournisse à la france chaque année environ cent soixante mille caisses, ou barriques de sucre de cinq cens livres net.(a) quoiqu'il en soit le sucre même ne tarda pas à manquer aux habitans de l'Espagnole, faute de negres. il leur restoit une ressource dans le commerce qu'ils faisoient sous main avec les hollandois, mais le Roy catholique la leur ôta bientôt ^

1606. & les Habitans de ces trois Places, eurent ordre de se retirer dans les Terres. Ceux d'Yaguana & de Bayaha se joignirent ensemble, & allerent à l'Orient, où ils formerent une Ville, à laquelle ils donnerent le nom de *Bayaguana*. Ceux de Puerto-di-Plata s'approcherent de la Capitale, & bâtirent Monte-di-Plata, auprès de Boya, ou D. Henry s'étoit posté. Les Villes de Salvatierra de la Savana, d'Yaquimo, de San-Juan de la Maguana, de Bonao, de Buenaventura, de Larez de Guahaba & de Puerto-Real, avoient déjà été abandonnées. L'indigence & le défaut du Commerce, avec l'esperance de faire ailleurs plus de fortune, en ayant dispersé les Habitans dans les nouvelles Colonies, surtout dans le Mexique.

Déperissement entier de la Colonie.

Enfin du moment que le Commerce eut entierement cessé avec les Etrangers dans l'Isle Espagnole, elle ne fut plus reconnoissable. Il n'y venoit qu'un Navire d'Espagne tous les trois ans; le Président & les principaux Officiers en achettoient d'abord la Carguaison, & la vendoient en détail aux Habitans, au prix qu'ils vouloient. Aussi la plûpart se trouvoient réduits à aller presque nuds, n'ayant pas de quoi avoir un morceau de toile pour se couvrir, ce qui a donné lieu à une Coûtume assés singuliere, qui dure encore. Dans les Villes ou grosses Bourgades, on dit les Dimanches & les Fêtes une Messe avant le jour, afin que ceux, qui n'ont pas le moyen d'être décemment vêtus, puissent se couvrir des ténebres de la nuit, pour satisfaire au précepte de l'Eglise. Telle étoit la situation, où se trouvoit la premiere, & la Mere de toutes les Colonies Espagnoles de l'Amérique, lorsque les François entreprirent de partager avec les Castillans une Isle, dont ceux-ci laissoient depuis long-têmps une si grande partie en friche. C'est ce qui va faire la matiere de la seconde partie de cet Ouvrage.

Fin du sixiéme Livre & de la premiere Partie.

~~En 1630 Dom Gabriel de Chaves y Osorio, chevalier de Malthe St jean de jerusalem, qui commandoit dans l'isle avec le titre de president et de chef de l'audience royale~~

depuis la mort de D. Diego Colomb et l'accord que la cour avoit fait avec l'Amiral D. Louys, son fils et son successeur, toute l'autorité pour le militaire, le civil et la justice étoit réunie sous le titre de president de l'audience royale et cette place en 1630 étoit remplie par D. Gabriel de Chaves y Osorio, chevalier de St jean de jerusalem. il ne tarda point, après avoir pris connoissance des affaires de son gouvernement, que les étrangers continuoient à se montrer sur les côtes de l'isle Espagnole, et il soupçonna même que peu contents du profit qu'ils y pouvoient faire avec les habitans assez peu en état de les enrichir par le commerce, ils prenoient des mesures pour y faire des établissements; il comprit sans doute que depuis l'évacuation des places situées sur la côte occidentale et sur une partie de la septentrionale, il ne seroit plus en son pouvoir de les en empescher, pour peu qu'il leur donna le tems de se fortifier ou qu'ils se fussent cantonnés dans quelque port avec des forces supérieures à celles qu'il pouvoit leur opposer.

pour n'avoir rien à se reprocher, il envoya visiter toute la côte occidentale par un nommé Gamacho, auquel il donna une barque armée de vingt quatre hommes. cet officier partit de San Domingo au mois de may 1630. et découvrit dans un port qui est au pied du cap Tiburon quelques vaisseaux hollandois dont le nombre augmentoit chaque jour, et parla en peu de jours celui de cinquante. c'étoit une flotte commandée par Pierre Adrians, qui étoit partie de hollande avec quatre mille hommes de débarquement pour la conquête de Olinda dans le Brésil, mais Gamacho ne douta point que cet armement ne fût destiné à faire le siège de San Domingo, et il en donna

…eur a été le chevalier de Bettancourt, gouverneur de Cuba.
…ir quelques temps après la flotte, qui n'étoit venue là que
…our s'en retourner, ayant fait voiles pour la hollande, Jamaïque
…ntinua sa route ; il attaqua sur le port de paix quelques
…aces de chasseurs, et [illegible] dans l'isle de la Tortue.
…y passa la nuit, et y surprit deux françois, de qui il sçut que
…epuis six mois environ 80 avanturiers de leur nation, et autant
…e negres s'étoient établis dans cette isle, et y avoient fait des
…lantations de tabac. il [les renvoya dans l'isle Espagnole] avec ses
…ux prisonniers, en fit encore quelques uns au près du port de paix,
…s joignit à quelques hollandois, qu'il avoit pris au cap des
…[illegible], et alla ensuite donner avis de tout à son général.
…l y a bien de l'apparence qu'il n'y mena point ses prisonniers,
…qu'il les fit mourir, d'autant c'étoit l'usage des Espagnols en
…tems là, et d'ailleurs il dit dans son journal que les ordres
…cuter [illegible] qu'elles étoient, il avoit jugé à propos pour

Au Reverend
Reverend
Pere de Charlevoix de
la Compagnie de Jesus au College
de Louis le grand
A Paris

fermés dans cette Bourgade, et on en comptoit jusqu'à 500. familles dispersées dans les autres quartiers de l'isle.

Enfin en 1680. par une suite de la mortalité arrivée en 1666. le recensement de la colonie, il ne s'y trouva en tout que mille familles, dans la ville de San Domingo et dans sa dépendance deux cent trente et une de blancs, et deux cent cinquante neuf de mulâtres. il paroît que sous le nom de Blancs on comprenoit les métifs. à Santyago de los caballeros, cent soixante cinq; à Bouica, trente huit; à la vega, trente neuf; à Azua, quatre vingt douze; à Bayaguana, dix neuf; à higuey, trente deux, à Seibo, soixante et une; à monte plata, trente et une; dans la Bourgade indienne de Boïa, douze; au coton, environ cinquante. outre les negres esclaves, qui ne sont point compris dans ce recensement, il y avoit dès l'année 1665 environ douze cent negres fugitifs, qui s'étoient cantonnés et retranchés sur une montagne inaccessible, d'où ils faisoient contribuer tout le pays d'alentour, et la capitale même.

Je ne sçai combien de tems ces hostilités durerent. ce qui est certain c'est que les Espagnols ayant dès lors pris à l'égard de leurs esclaves le contrepied de la conduite qu'ils avoient tenuë jusque là avec eux, s'en sont très bien trouvé et s'en trouvent encore bien. le ciel, qui en punition de leur cruauté, de leurs injustices et de leur avarice, les avoit reduit en un état, qui pouvoit leur faire craindre de perdre entierement et sans ressource la premiere de leurs colonies, et la mere de toutes celles, qu'ils possedent dans le nouveau monde, a fait pour leur en conserver ce qu'ils n'y avoient point abandonné des choses, où il n'est pas possible de méconnoître une providence singuliere. ils n'en sont pas meconnoissants: malgré leur pauvreté ils continuent d'enrichir et d'orner leurs Eglises, comme ils faisoient dans le tems de leur plus grande prosperité, et rien n'est surtout plus magnifique, que celle de N. D. d'Alta gracia ou de higuey, qui est devenuë le terme d'un pelerinage fort frequenté. il est même fort douteux s'ils sont plus pauvres que

[...]aqué à nous avoir pour voisins dans leur île; mais il ne s'est point qu'ils se soient toujours félicités à mesure que nous y faisions des progrès; que c'a été quelquefois à contrecœur, qu'ils paraissaient voir sans envie l'état florissant de notre commerce, et que c'est de là qu'un travail constant, auquel ils préfèrent le repos, dont ils jouissent, et que si nous n'avons pas vu à craindre de ce que nous leur avons donné l'envie de s'agrandir comme ils ont fait, ils ont trouvé le moyen de tirer un grand avantage de la bonne correspondance, qui entretient les cours de Versailles et de Madrid, en n'exécutant pas aussi fidèlement que nous les ordres, qu'ils ont reçus de leur souverain, et profitant contre nous même de l'exacte obéissance, que nous rendons à ceux qui nous ont été signifiés, surtout par rapport au cartel établi pour les nègres fugitifs. c'est ce qu'ignorent apparemment ceux, qui prétendent qu'il est contre notre intérêt d'être les seuls possesseurs de toute l'île espagnole : mais il est temps de voir comment nous sommes parvenus à y établir la plus riche des colonies que nous possédons dans le nouveau monde, et c'est ce qui sera la matière du 2^d volume de cet ouvrage.

couvrit des gens, qui étoient presque nuds. nous verrons bientôt l'effet que produisirent les nouvelles qu'il porta à San Domingo.

En 1638 une petite verole maligne enleva plusieurs milliers de personnes dans cette isle ~~la colonie~~; dix ans après ce fleau se renouvella avec encore plus de fureur, et l'on asseure qu'en 1650. dans un recensement, qu'on fit ~~dans~~ de la Colonie Espagnole, il ne se trouva que deux mille ames. on ne dit pas si les Esclaves y étoient compris, mais il ne paroit y en avoir eu au plus que 500. ce nombre fut encore diminué en 1666. par un ouragan, qui fit perir tous les cacaoyers, et tous les vivres, ce qui ~~fut suivi~~ produisit une famine générale. on eut recours aux fruits sauvages qui causerent un flux de sang, dont plusieurs moururent; mais ~~[illegible]~~ il falloit que depuis le recensement fait en 1650. le Roy d'Espagne eut fait passer de nouveaux habitans dans l'isle, s'il est vray, comme je le trouve dans quelques memoires, qu'en 1665. on y comptoit 14000. ames tant Espagnols, que metifs et mulatres, sans compter les esclaves, dont le nombre étoit pour le moins aussi grand. ce fut donc apparemment alors que le conseil y fit passer un grand nombre des habitans des Canaries, qui se trouvoient trop peuplées. il y en a aujourd'hui une Bourgade considerable près de la Capitale, ~~qu'on~~ quelques françois appellent le bourg des ilaines, par corruption du mot isleños (insulaires) ~~[illegible]~~ nom, que les Espagnols donnerent à ces nouveaux venus. tous n'étoient pas même ven-

— Les 4000 ₶ de gratification que vous m'aviés annoncées n'ont pas Lieu — Labsence du Roy — j'avois d'autant plus lieu de croire ce que vous m'en aviés dit que plusieurs fois — j'en avois parlé a M. Le Comte de Maurepas, et que Luy même avoit fait assurer cette Comte qu'il leur procureroit tous les secours qu'il pouvoit. cette affaire est delicate a traiter, mais j'auray besoin de vous — faire au sujet plusieurs questions si vous le voulés bien en attendant je suis avec respect mon R.d pere votre tres humble, et tres obeissant serviteur

L'abbé De Lisledieu

ce 21 may

TABLE DES MATIERES CONTENUES Dans ce premier Volume.

A

Abricot de S. Domingue, Voyés *Mamey*.

Abrojo, autrement appellé *le Mouchoir quarré*. Ecüeil dangereux au Nord de l'Isle Espagnole. Sa situation, p. 6.

Acclamations. Maniere, dont les Insulaires de l'Espagnole faisoient leurs acclamations, 469.

Acosta. Le Pere Joseph de Acosta, Jesuite. Son sentiment sur la nature du Vent alisé, ou de la Brise, 7. & *suiv.*

Acul, Port de l'Isle Espagnole, les premiers noms, qu'il a portés. 33.

Acuña. Dom Alvare d'Acuña, Réception, qu'il fait à Christophle Colomb dans le Port de Lisbonne. 104.

Adélantade. Ce que c'est que cette Charge. 129.

Adrien Doyen de Louvain, depuis Cardinal & enfin Pape, 335. Approuve le projet du Licencié Barthélemy de Las Casas, 347. 456.

Agama. Sorte de Cancre. Sa description, 21.

Aguado. Dom Jean Aguado, Maître d'Hôtel de la Reine Isabelle de Castille, est envoyé Commissaire à l'Isle Espagnole. Sa maniere d'agir avec D. Barthélemy Colomb, 136. Sa conduite envers Christophle Colomb, 137. Son retour en Espagne, 139.

Agueynaba, Cacique de l'Isle de Portoric, reçoit bien les Espagnols, les conduit aux Mines d'Or, les en rend les Maîtres. Se fait nommer *Jean Ponce de Leon*, 278.

Aguila. D. Diegue del Aguila refuse le Gouvernement de la Province du Darien, qui lui est offert par le Roi Ferdinand, 433.

Aguilard. Le Marquis d'Agui-

lard, Grand Veneur & Conſeiller d'Etat, conſulté ſur la cauſe des Indiens, 356.

Aguirre. Le Licencié Aguirre aſſiſte à un Conſeil tenu pour décider la cauſe des Indiens, 360.

Aigrettes, ou, *Peſcheurs*, ſortes d'Oiſeaux, qu'on trouve dans l'Iſle Eſpagnole, 30.

Alaminos. Antoine de Alaminos premier Pilote ſur l'Eſcadre, qui fit la découverte de l'Yucatan, détermine le Commandant à tourner de ce côté-là, & pourquoi, 367. Il eſt bleſſé dans la Floride, 370. Ne peut doubler une pointe ſur la Côte de la Nouvelle Eſpagne, 382. Il eſt nommé premier Pilote de la Flotte de Fernand Cortez, 389. Il eſt envoyé en Eſpagne par Cortez, arrive à l'Iſle de Cuba, échappe à la vigilance de Velaſquez, & paſſe le premier de tous le Canal de Bahama, 390.

Albe. Le Duc d'Albe Favori du Roi Ferdinand, & ſon Couſin Germain, ſollicite en faveur de D. Diegue Colomb, qui avoit Epouſé ſa Niece, 271.

Albitez. Diego de Albitez habitant de Sainte Marie l'Ancienne du Darien, trahit Diego de Nicueſſa, 306. 307.

Albuquerque. Rodrigue d'Albuquerque. L'emploi de Diſtributeur des Indiens eſt créé en ſa faveur. Son avarice. 330. On écrit contre lui en Cour, & il eſt ſoutenu par la faveur de Zapata ſon parent, 331. Il eſt enfin dépoüillé de ſon Emploi, 332.

Alcaïde. Ce que c'eſt que cet Emploi, 152.

Alexandre VI. Ferdinand & Iſabelle donnent avis à ce Pape de la découverte du Nouveau Monde, & lui en demandent la proprieté, 109. 110. Il partage les nouvelles Découvertes entre les Eſpagnols & les Portugais par le moyen de la Ligne de Demarcation, 110.

Alfaro. Martin de Alfaro Capitaine Indien, parent du Cacique D. Henry, eſt envoyé à Barrio Nuevo pour le complimenter; il le conduit vers le Cacique, par des chemins très-rudes, 466. Il en eſt reprimendé du Cacique, 467.

Alfinger Capitaine Flamand, envoyé Gouverneur dans la Province du Venezuela. Cruautés inoüies, qu'il y exerce, 452. 453. Sa mort, 453.

Alguazil. Ce que c'eſt que cet Emploi: 314.

Alis Aliſé. Signification de ces deux mots, origine du dernier, 7.

Allemands. Leurs cruautés dans la Province de Venezuela, 452. 453.

Almagro. Diego de Almagro accompagne Vaſco-Nugnez de Balboa dans la guerre, que ce Capitaine fait aux Indiens, 427. Demande la Commiſſion de découvrir le Perou, 439. L'engagement, qu'il prend avec Pizarre & Fernand de Lucques, 440.

Alvarado. Diego de Alvarado entreprend de défendre la Fortereſſe de San-Domingo contre Bovadilla, 195.

Pierre de Alvarado Commandant d'un des Vaiſſeaux de l'Eſcadre, qui découvrit la Nouvelle-Eſpagne, 371. Grijalva l'envoye à Velaſquez pour recevoir ſes ordres, 380. Il ne parle pas d'une maniere favorable à ſon Général, 380. 381. Cortez l'envoye par terre de la Trinité à la Havane avec une partie de ſes Troupes, 388. Il commande un des Navires de la Flotte deſtinée à la Conquête de la Nouvelle Eſpagne, 389.

Amanas, ou Iſles Turques, au Nord de l'Iſle Eſpagnole recommandables par leurs Salines, 6.

Ambre. On croit avoir trouvé une Carriere d'Ambre dans l'Iſle Eſpagnole, 124.

Ambre gris. On en trouve après une violente tempête ſur une des Cayes, qui ſont au Nord de l'Iſle Eſpagnole.

Americ Veſpuce s'embarque pour le nouveau Monde avec Ojeda, publie une fauſſe relation de ſon Voyage, laquelle fait donner ſon nom à tout cet hemiſphere, 187. 188. Son ſecond Voyage avec Ojeda, il ſe broüille avec lui, & le fait mettre aux fers, 216.

Ampuez. Jean d'Ampuez Facteur Royal, eſt envoyé pour faire un Etabliſſement dans la Province de Venezuela. Sa bonne conduite, il bâtit la Ville de Coro, 449. Il ſe rend Maître de Curaçao, & de quelques autres Iſles, 450. Il eſt obligé de ceder la place aux Allemands, 452. Il ſe retire dans les Iſles, qu'il avoit conquiſes, & que l'Empereur lui avoit conſervées, 450. 452.

Anacoana Reine de Maguana; Sœur de Behechio Roi de Xaragua, ſe retire après la mort de ſon mari chés ſon Frere, 62. Son caractere, ſon affection pour les Eſpagnols; 147. Elle détermine ſon Frere à payer le Tribut à la Couronne de Caſtille, 149. Elle viſite un Navire Eſpagnol, 151. Elle ſuccede à ſon Frere au Royaume de Xaragua, 231. Elle careſſe fort les Eſpagnols, qui ne la payent que d'ingratitude, & l'accuſent d'avoir de mauvais deſſeins contre leur Nation, *là-même.* Réception, qu'elle fait au Gouverneur Général, 232. Elle eſt menée priſonniere à San-

Domingo, & elle y eſt penduë, 234.

Andagoya. Paſcal de Andagoya découvre le Royaume de Cuzco, 439.

Andalouſie. Nouvelle Andalouſie. Limites de cette Province, 284. Voyé *Ojeda.*

Anges, ſorte de Poiſſons, qui ſe pêche ſur les Côtes de l'Iſle Eſpagnole, 21.

Anglois. Navire Anglois à Portoric. Ses avantures, 404. 405.

Anthropophages. Peuples déclarés Anthropophages, & à quoi ils ſont condamnés, 410. Voyés *Cannibales.*

Antigoa. L'Iſle d'Antigoa eſt découverte, d'où lui vient ce nom, 114.

Antilles. Situation des Antilles, 1. Leur diviſion, 2. Origine de ce nom, 2. & 3. Iſle imaginaire de ce nom, 3.

Araignées. Araignées de l'Iſle Eſpagnole, 33.

Arana. Pierre de Arana Commandant d'un Vaiſſeau, que Chriſtophle Colomb envoye à l'Iſle Eſpagnole, 162.

Rodrigue de Arana, proche parent du précédent, eſt fait Gouverneur de la premiere Forterеſſe bâtie dans l'Iſle Eſpagnole, 98. Il y eſt aſſiegé, 116. Sa mort, 117.

Arbolancho. Pierre de Arbolancho, envoyé en Cour par Balboa, 432. Il eſt bien reçû, 433. Il arrive trop tard, *là-même.*

Arcahay, quartier de la Côte Occidentale de l'Iſle Eſpagnole, premierement appellé Cahay, 189.

Arcs-en-Ciel, formé par la clarté de la Lune, 12.

Arenal. Punta del Arenal, découverte par Chriſtophle Colomb, 164.

Armes. Armes des Inſulaires de l'Eſpagnole, 50.

Armoiries, données par le Roi & la Reine de Caſtille, à Criſtophle Colomb, 109.

Armoiries, données par Ferdinand à l'Iſle Eſpagnole & à ſes principales Villes, 236.

Arriaga. Louis Arriaga, ſon traité pour bâtir quatre Villes, 212. Il eſt ſans effet, 213.

Artibonite, ou *Hartibonite*, Riviere de l'Iſle Eſpagnole. Sa ſituation, 18.

Arzilla, Forterеſſe ſur la Côte d'Afrique, attaquée par les Maures, qui levent le ſiege, 214.

Atença. Pierre d'Atença porte les premieres Cannes de Sucres dans l'Iſle Eſpagnole, 267.

Atlantide, Iſle imaginaire. Ce qu'en écrit Platon., 66.

Audience Royale. Tribunal Superieur, établi à San-Domingo, 287.

L'Audience Royale de San-Domingo envoye un Auditeur à Velaſquez, pour lui défendre de faire la guerre à Cortez, 393.

Audience Royale établie au Mexique, limites de celles de San-Domingo, 444.

Auditeurs, ou Conseillers de l'Audience Royale de San-Domingo, refusent de faire rendre des Indiens injustement enlevés, & sont accusés de les avoir eux-mêmes achettés; 338. Ils sont interdits pour avoir abusé de leur pouvoir, 341. Ils sont cités par Zuazo, 343. Ils sont rétablis, 343. Ils refusent d'expedier le Licencié Las Casas, 415. Leurs appointemens sont augmentés, & pourquoi, 424. Ils demeurent chargés du Gouvernement en l'absence du Président, 461.

Avocats. Christophle Colomb les fait exclure des Indes, 142.

Axi, ou *Piment*, sorte de Poivre, qui croît dans l'Amerique, 50. Les Espagnols esperent en faire un grand commerce, 108. Merveilles arrivées sur des racines d'Axi, 150.

Ayllon. Luc Vasquez d'Ayllon Auditeur Royal, est nommé pour aller complimenter le Roi Charles sur son avenement à la Couronne, 348. Il est arrêté & ses papiers saisis, *là-même*. Il est envoyé à l'Isle de Cuba, pour détourner Velasquez de mettre en Mer une Flotte contre Cortez, 393. Il n'y réüssit pas & s'embarque sur la Flotte, 394. Il arme deux Vaisseaux pour aller en Floride, 410. Il y enleve des Sauvages, & n'en profite point, 411. Il passe en Espagne, & obtient le Gouvernement du Pays, qu'il a découvert, *là-même*. Sa mort dans une seconde expedition en Floride selon quelques Auteurs, *là-même*.

Ayora. Jean de Ayora, est nommé Lieutenant au Gouvernement de la Province du Darien, 434.

Azua de Compostella. Port & Ville de L'Isle Espagnole. Sa fondation, 256. Fertilité de son Terroir, 406. Ce qui se passe auprès de cette Ville, entre les Habitans & le Cacique Henry, 472.

Azur. On croit en avoir trouvé une Carriere dans l'Isle Espagnole, 124.

B

B*adajoz*. Voyés *Fonseca* & *Mota*.

Badillo. Pierre de Badillo, Lieutenant de Roi de San-Juan, refuse de rendre justice au Cacique Henry, 397. Il perit malheureusement. 403.

Bahama. Isle de Bahama, une des Lucayes, donne son nom au Canal, 6. Qui l'a passé le premier. 340.

Balboa. Vasco Nuñez de Balboa. Avis important, qu'il donne, premiere cause de sa fortune, 298. Son caractere, *là-même.* Ce qu'on a dit de la maniere, dont il étoit sorti de l'Isle Espagnole, 299. Vûës, qu'on lui attribuë, en conseillant de placer la Colonie d'Ojeda dans la Castille d'Or. Il est fait Alcaïde Major de Sainte Marie l'Ancienne, 301. Il refuse de recevoir Nicuessa dans cette Ville, 305. il s'en répent, & fait punir un homme, qui avoit mal parlé de ce Gouverneur, auquel il fait donner un bon conseil, 306. Il s'attire toute l'authorité dans sa Colonie, fait faire le procès à Enciso; envoye demander du secours à l'Amiral; engage son Collegue à passer en Espagne, & pourquoi, 427. Il tâche en vain de se racommoder avec Enciso. Il envoye un riche present au Trésorier Royal des Indes, pour s'assûrer de sa protection. Il fait de grandes Conquêtes, & envoye 300. Marcs d'Or au Roi d'Espagne pour son Quint, 428. Il apprend les premieres nouvelles de la Mer du Sud, 429. Il fait de nouvelles Conquêtes, veut passer à l'Isle Espagnole, & de-là en Castille, mais on s'y oppose. Il reçoit du secours de l'Amiral des Indes, & de mauvaises nouvelles d'Espagne. Il se dispose à la Découverte de la Mer du Sud, 430. Il la fait heureusement. Il est fort aimé de ses gens, 431. Il prend possession de la Mer du Sud d'une maniere fort singuliere. Il découvre les Isles des Perles, & court risque de faire naufrage. Il fait part à la Cour de ses Découvertes: & y envoye beaucoup d'Or, & de Perles, 432. Le Roi Catholique veut qu'il soit récompensé, 433. Comment & en quel équipage il reçoit la nouvelle de l'arrivée de Pedrarias, en qualité de Gouverneur de la Province du Darien, 434. 435. Il ne tient qu'à lui que toute la Province ne se souleve en sa faveur. On lui fait son procès, 435. Il est condamné à une grosse amende, 436. Il est fait Adélantade de la Mer du Sud, & des Provinces de Panama & de Coiba, & le Roi recommande à Pedrarias de le bien traiter, & de suivre ses conseils, 438. Il se broüille avec Pedrarias: on les réconcilie. Pedrarias lui fait couper la tête, 439.

Baleine. Golphe de la Baleine, Sa situation, 166.

Ballester. Michel Ballester Commandant à la Conception de la Vega, refuse d'y recevoir Roldan. Donne avis à Dom Barthélemy Colomb qu'il n'est pas en sûreté à Isabelle, 155. Il va trouver Roldan de la part de l'Amiral, pour l'engager à mettre bas les armes, 173. Il y retourne une seconde fois

fois avec Carvajal, 175. Avis qu'il donne à l'Amiral de la disposition où il a trouvé les Rebelles, 177. Il est assiegé dans la Conception de la Vega, par Roldan, 181. L'Amiral l'envoye en Espagne, 184.

Bananier. Arbrisseau fruitier de l'Isle Espagnole, qui porte toûjours du fruit, 51.

Banderas. Rio de Banderas, origine de ce nom, 378.

Baoruco. Montagnes de Baoruco sont les mêmes que les Montagnes de la Beata, 17*. Un Cacique, parent d'Anacoana, s'y retire après la prise de cette Reine, 285. Les Ancêtres du Cacique Henri avoient regné dans quelque canton de ces Isles, 396. Il s'y retire, 397. Il y établit sa République, 400. Reception qu'on y fait au P. de Las Casas, 473.

Baracoa. Port de l'Isle de Cuba, 88.

Barba. Pierre de Barba, Commandant à la Havane. Reçoit ordre de Velasquez d'arrêter Cortez, 389.

Bardeci. Lopé de Bardeci, Habitant de l'Isle Espagnole, est consulté sur la maniere de finir la guerre avec le Cacique Henri, 463.

Barrantés. Garcias de Barrantés est envoyé en Espagne par Christophle Colomb, 184.

Barrientos. Etienne Barrientos, Habitant de Sainte Marie l'ancienne, veut tromper Nicuessa pour le perdre, 306.

Barrio Nuevo. François de Barrio Nuevo, nommé Gouverneur de la Castille d'Or. Il reçoit ordre de finir la guerre du Cacique Henri, & se rend en diligence à l'Isle Espagnole, 462. Il consulte l'Audience Royale, 463. En conséquence de la délibération faite à San-Domingo, il va chercher le Cacique, 464. Difficultés qu'il rencontre dans sa marche, & son courage à les surmonter, 465. 466. Il joint le Cacique, & ce qui se passa entr'eux, 467. 468. 469. Il conclut le Traitté de Paix, 470. Ce qui lui arrive à son retour au Port d'Yaquimo, 471. De quelle maniere il est reçu à San-Domingo, *là-même.*

Barros. Jean de Barros Historien célébre, particularité qu'il raporte de l'Isle de Corve, 68.

Bastidas. Rodrigue de Bastidas, Capitaine Espagnol, découvre le Port de Carthagene, arrive à Xaragua, où le Gouverneur General le fait arrêter. Il échape au naufrage, qui fait périr la Flotte Espagnole. Il est récompensé à la Cour pour sa bonne conduite envers les Indiens, 216.

Rodrigue de Bastidas obtient le Gouvernement de Sainte Marthe, avec le titre d'Adélantade. Ses propres gens se révoltent contre lui. Sa mort, 441.

Bastimentos. Puerto de Bastimentos découvert par Colomb, 240. Comment il est nommé par Nicuessa, 304.

Basurto. Jean de Basurto fait de grands préparatifs pour peupler les environs du Lac Nicaragua; il trouve en arrivant à Panama, qu'on y a envoyé un autre Commandant. On lui propose la découverte du Perou. Sa mort. 439.

Batos, espece de Balon, de quoi composé, 39. 40. Jeu de Batos, 40.

Bayaha. Ville Espagnole détruite, & pourquoi, 481.

Bayaguana. Bourgade. A quelle occasion elle est bâtie. 482.

Beata. Petite Isle, sa situation, 256. Montagnes de la Beata, 17*. 173.

Begue. Bourgade Espagnole. Sa situation. Son origine. 480.

Behechio, Roi de Xaragua avoit trente-deux femmes, 62. Il ne peut être rendu Tributaire de la Castille par l'Amiral Christophle Colomb, 134. D. Barthelemy Colomb entreprend de le soumettre, 147. Il se laisse persuader, 149. Il paye son premier Tribut, 151. Sa mort, 31.

Benitez. François Benitez parle mal de Nicuessa, & en est puni, 306.

Berezillo. Fameux Chien. Son Histoire, 281. 282.

Bermudez. Balthasar Bermudez, Velasquez songe à lui, pour le charger du commandement de sa Flotte, 382.

Beschiuchi. Ce que c'est, ses proprietés, 52.

Bethléem. Riviere. Pourquoi elle est ainsi nommée, son premier nom, 242. Sa profondeur, elle se déborde prodigieusement, & pourquoi, 243. Bourgade bâtie sur ses bords, 244. brûlée & abandonnée, *là-même*.

Bimini. Petite Isle des Lucayes. Sa situation, 322. Fontaine fabuleuse de Bimini, *là-même*.

Blanc. Sorte de Monnoye. Sa valeur, 265.

Bohio. L'Isle Espagnole est indiquée à Christophle Colomb sous ce nom. Sa signification, 89.

Boiucar. Port de Cuba, 372.

Boleños. Habitant de San-Domingo. Son Traité pour un établissement Espagnol à Monte-Cristo, 474.

Bonao. Bourgade. Sa situation, 173. Ce qui s'y passe à l'occasion de la révolte de Roldan, 173. *& suiv.* Ce que produit son terrein, 406.

Bonayre. Petite Isle proche de Curaçao. d'Ampuez s'en empare, 450. L'Empereur la lui conserve, *la même*. Il s'y retire, 451.

Bonites. Ou Poissons volans: chassés par les Dorades, 23. & par des oiseaux, 24.

Boriquen. Voyés *Portoric*.

Boto. Le Cap Boto. Sa situation, 167.

Bovadilla. Dom François de Bovadilla Commandeur de l'Ordre de Calatrava. Il est envoyé aux Indes, en quelle qualité. Son caractere. Ses Instructions. Il arrive à San-Domingo, 193. Il somme D. Diegue Colomb de lui livrer la Citadelle, 194. Sur son refus il s'en empare à force ouverte, 195. Il délivre les Prisonniers qui y étoient, & parle mal des Colombs, *là-même*. Ses violences à l'égard de Christophle Colomb, qu'il fait mettre en prison les fers aux pieds dans la Forteresse, 197. Il traitte de la même maniere les deux Freres de l'Amiral, 198. Il fait beaucoup d'amitié à Roldan, & à ses Complices. Il fait instruire le procès de trois Freres, 199. Son embarras. Il se détermine à les envoyer en Espagne, avec les pieces de leur procès, 200. Il publie une amnistie en faveur de tous ceux, qui étoient coupables des dernieres Révoltes. Ordre qu'il donne à celui, qui conduisoit les Colombs en Espagne, 201. Indignation du Roi & de la Reine contre lui, 202. Sa conduite dans le Gouvernement des Indes, 204. 205. Il rend les Insulaires esclaves, 205. 206. Il est révoqué, 207. Sa surprise à cette nouvelle, 210. Il est abandonné de tout le monde, 211. Il périt en Mer, 215. Il maltraite Rodrigue Bastidas, 216. Il refuse de faire justice d'un Espagnol, qui avoit fait éventrer un Cacique par un Dogue, 220.

Boutin. Le P. Pierre Boutin Jesuite, Missionnaire à Saint Domingue. Ses observations sur la longitude du Cap, 4.

Boya. Bourgade Indienne. Sa situation; à quelle occasion elle a été bâtie, 475.

Boyl. Le P. Boyl Benedictin Catalan, nommé Superieur des premiers Missionnaires envoyés à l'Isle Espagnole, 112. Il opine à arrêter le Roi de Marien, 117. Ses démêlés avec l'Amiral, qui le choisit, pour être membre du Conseil établi à Isabelle, 125. Il se met à la tête des Mécontens. Sa conduite imprudente, son retour en Espagne, & quel en fut le motif, 128. Il déclame à la Cour contre Christophle Colomb, 136. Ses déclamations sont sans effet, 141. Elles sont cause d'un Reglement, qui exclut des Indes ceux, qui ne sont pas Castillans, 143.

Brayau. Cacique de l'Isle de Portoric. Comment il s'assûre que les Espagnols ne sont pas immortels, 280. 281.

Bresil. Bois de Bresil fort commun auprès du Port d'Yaquimo, 188. Il donne à ce Port le nom de Port du Bresil, 236. Reglement pour la coupe du Bois de Bresil,

209.

Brise. Vent qui souffle de la partie de l'Est. Origine de ce mot : causes & nature de ce Vent, 7. *& suiv.*

Buenaventura. Ville Espagnole, sa fondation & sa situation, 235. Fontes d'or, qui s'y faisoient, 266. En quel état elle étoit après que les Mines eurent été fermées, 416.

Burgos. Voyés *Fonseca*.

Burgot. Sorte de Coquillage, qui se trouve sur les rivages de l'Isle Espagnole, 21.

Butet. *M. Butet* Lieutenant de Roy, Commandant à Bayaha. Son Journal, ce qu'il rapporte de la situation de l'Etang salé, & de celui du Cul-de-Sac, 17. 18.

Butios. Prêtres & Medecins de l'Isle Espagnole, ce qui les distinguoit des autres. Leur fourberie, 57. Risques qu'ils couroient, quand un Malade mouroit entre leurs mains, 58. Leur maniere de traitter les Malades. *là-même.*

C

Cabanes. *Port des Cabanes*. Sa situation, & pourquoi il est ainsi nommé, 166

Cabrera. *Gabriel de Cabrera*, ce que lui dit un Insulaire de Cuba, 319.

Cacao. Fruit découvert la premiere fois par Christophle Colomb. Usage qu'en faisoient les Indiens, 238.

Cacique. Signification de ce mot, 39. Obseques des Caciques, 45. Fourberie d'un Cacique pour se faire payer un tribut, 55. Fonctions des Caciques dans les Fêtes publiques. Secret, qu'avoient les Caciques, 56. Presque tous les Caciques de l'Isle Espagnole se liguent comme les Castillans, 127. Ordre de la Reine Isabelle touchant les Enfans des Caciques, 396. Un jeune Cacique scandalisé de voir les Espagnols prêts à se battre pour de l'Or, renverse la balance, où on le pesoit, 429.

Cadix. *Nouvelle Cadix*, Ville Espagnole. Sa situation, 277. En quel têms elle fut bâtie, 422.

Cahay. voyés *Arcahay*.

Caïques. Isles qui sont au Nord de l'Isle Espagnole, 6.

Calçadilla. Voyés *Ortiz*.

Campeche. Origine de ce nom. Situation de la Ville de Campeche, 368.

Canards. Espece de Canards Sauvages dans l'Isle Espagnole, 28.

Cancres. Trois especes de Cancres dans l'Isle Espagnole, 21. 22.

Cannibales. C'est la même chose qu'Antropophage, 2. 38.

Canots. Riviere des Canots. Sa situation. Pourquoi elle est ainsi nommée, 381.

Caonabo. Prince Caraïbe, Roi de Maguana, 61. Assiege la premiere Forteresse des Espagnols, & la brûle, 116. 117. Est défait par le Roi de Marien, *là-même*. Il fait mine d'assieger la Forteresse de Saint Thomas, 127. Il estime plus la Fonte & le Cuivre que l'Or, 129. Est enlevé par Ojeda, 130. Sa fierté à l'égard de Christophle Colomb, 131. Sa mort, *là-même*. Sa prise cause un soulevement presque général dans l'Isle, 132.

Cap François. Sentimens divers sur sa longitude, 3.

Vieux Cap François. Sa situation, 101.

Caracole. *Baye de Caracole*. Sa situation. Les Espagnols l'avoient nommé *Puerto Real*, 95.

Caracoli. Ce que c'est, 168.

Caraïbes. Habitans des petites Antilles, Antropophages, 2. Il est permis de les enlever comme tels pour les faire esclaves, 284. Ceux de la Guadeloupe se défendent bien, 287.

Caraque. Ville Espagnole. Le Siege Episcopal de Coro y est transferé, 449.

Caret. Espece de Tortuë, 23.

Careta. Cacique Indien, allié de Balboa, 431.

Cariari. Bourgade Indienne, 239.

Caroline. Province de l'Amerique Septentrionnale, 411.

Carrieres. Qui se trouvent dans l'Isle Espagnole, 20.

Carthagene. Voyés *Bastidas*, 216. Ce qui s'y passe entre Ojeda & les Indiens, 289. Heredia chargé d'y bâtir une Ville, 443.

Carthaginois. Ce qu'on rapporte d'un Navire Carthaginois, qui fut porté sur une terre inconnuë, 67. Conduite qu'on ajoûte que tint le Sénat de Carthage à cette occasion, 68.

Carvajal. *Alonse Sanchez de Carvajal*. Il est choisi pour être du Conseil établi à Isabelle, 125. Il commande un Vaisseau que Christophle Colomb envoye à l'Isle Espagnole, 161. Il se rend par terre de Xaragua à San-Domingo, 171. Il arrive à cette Capitale, 172. Les Rebelles ne veulent traitter qu'avec lui. Il est suspect à l'Amiral, 174. 175. L'Amiral se détermine à se servir de lui, *là-même*. Il négocie avec succès avec Roldan, 176. 177. L'Amiral mande au Roi & à la Reine qu'il souhaite qu'on s'en rapporte à lui, sur tout ce qui s'est passé à l'occasion de ces broüilleries, 179. Il poursuit les Rebelles, 181. Il vient enfin à bout de les amener à un accommodement, 182. L'accord se rompt, & Carvajal le renouë, 183. Il signe le Memoire que l'Amiral envoye à la Cour, 184. Il reçoit ordre de la Cour de rester dans l'Isle pour avoir soin des interêts des Colombs, 209.

Jean de Carvajal est envoyé

par l'Audience Royale de San-Domingo, pour commander par interim dans la Province de Venezuela. Y exerce des cruautés inoüies, on lui fait son procès, & il a la tête coupée, 454.

Le Docteur Carvajal, Conseiller d'Etat, 335. reprimande que lui fait le Cardinal Ximenés, 341.

Casas. D. Barthelemy de Las Casas, Licencié. Le nombre de Rivieres qu'il compte dans la Vega Real. Son sentiment sur l'état de l'Isle Espagnole au têms de sa découverte, 61. Ce qu'il pensoit du grand Commandeur Ovando, 265. Il suit Velasquez dans l'Isle de Cuba, les services qu'il y rendit à la Religion & à l'Etat, 321. Son caractere, 333. Il passe en Espagne pour y plaider la cause des Indiens, 334. Les mouvemens qu'il se donne à la Cour, *là-même*. Il demande au Cardinal Ximenés la permission d'aller trouver le Prince Charles en Flandre, elle lui est refusée; mais le Cardinal entre dans ses desseins. Il forme un plan de conduite pour la maniere de traitter les Indiens, 335. En quoi consiste ce Plan, 336. On se récrie contre, 338. Il est déclaré Protecteur des Indiens, 341. Les PP. de saint Jérôme ne veulent point qu'il s'embarque avec eux, & pourquoi, 342. Il se broüille avec eux, 343. Il se retire chés les Dominiquains, & repasse en Espagne, 344. Il ne ménage point en Cour les PP. de S. Jerôme, 345. Il intente un procès criminel aux Auditeurs Royaux, mais sans succès, 346. Il est protegé par M. de Chiévres, & propose d'envoyer des Negres & des Laboureurs à l'Isle Espagnole, 346. Il agit efficacement contre les Départemens, pour faire mettre en liberté quantité d'Indiens, qu'on avoit enlevés sous prétexte qu'ils étoient Anthropophages. Les PP. de S. Jerôme en reviennent à son sistême, 349. Il envoye des Laboureurs à l'Isle Espagnole, & on les lui débauche en chemin, 353. Il propose le Plan d'une Colonie fort singuliere, *là-même*. 354. Il engage les Predicateurs & les Theologiens du Roi à une démarche hardie, 354. Il obtient une Junte par le crédit des Seigneurs Flamands, 356. La Junte approuve son projet, contre lequel il s'éleve un cri public, 356. 357. Il répond à tout ce qu'on lui objecte, 357. Ce qui se passe entre lui & l'Evêque de Darien, 358. Son discours en présence de l'Empereur, 361. Ce qu'il pensoit de Grijalva, 372. Et de Velasquez, 380. Son projet est approuvé en partie. Il passe aux Indes avec 200. Laboureurs, 472. Il apprend en arrivant à l'Isle de Portoric de fâcheuses nouvelles du lieu de sa Concession, 413. Il passe à San-Domingo, où on lui fait de grandes difficultés touchant l'execution de son projet, 415. Il est obligé de s'accommoder avec l'Audience Royale, 416. Il repasse à Portoric, où il ne retrouve plus ses Laboureurs, *là-même*. Il arrive à la Côte de Cumana, & il trouve partout des obstacles à ses desseins, 417. Il retourne à l'Isle Espagnole, & les ordres qu'il laisse dans sa Concession sont mal executés. Ce qui en arrive, 418. 419. Il apprend par hazard la déroute de ses gens, 420. Il se fait Dominiquain. Il se plaint de Gomara & d'Oviedo, 421. Ce qu'il a écrit contre Pedrarias, 438. Il va trouver le Cacique Henry, & ce qui se passe à cette entrevûë, 472. 473. L'Audience Royale le trouve mauvais, & s'appaise, 474. Il refuse l'Evêché de Cusco, & est obligé d'accepter celui de Chiappa. Ses disputes contre le Docteur Sepulveda, 477. Son Traitté de la Tyrannie des Espagnols. Et le mauvais effet qu'il produisit dans les Pays-Bas, 478.

Cassave. Nourriture des Insulaires de l'Espagnole, 50.

Cassier ou *Canesicier*. De quelle maniere il pousse ses racines, 16. Ils meurent tous dans l'Isle Espagnole, dont ils faisoient le plus grand commerce, 350.

Castañeda. Dom Jean de Castañeda, Gouverneur de l'Isle de Sainte-Marie, une des Açorres, manque Christophle Colomb, qu'il vouloit arrêter, 103.

Castellon. Jacques de Castellon réduit les Indiens de Cumana, 421. Son sentiment sur la maniere de finir la guerre du Cacique Henry, 463.

Castille. La seule Castille fait tous les frais de la Découverte du Nouveau Monde, 79.

Castille d'Or. Limites de cette Province, 284. Voyés *Nicuessa*.

Castillo. Bernard Diaz de Castillo Soldat Espagnol, qui a été à la Découverte & à la Conquête de la N. Espagne. Auteur peu exact, 371. 387.

Castro. Michel de Castro Habitant de l'Isle Espagnole, apprend le désordre que les Negres révoltez ont fait dans son habitation, 423. Il court après eux, est blessé, les défait, & ramene les Esclaves, qu'on lui avoit enlevés, 424.

Catay. Sa situation, 70. Colomb s'en croit très-proche, 239.

Catherine Cacique établie sur le fleuve Ozama, attire les Espagnols dans son Pays, 145. *& suiv.* Epouse un jeune Espagnol, & se fait baptiser, 146.

Caverne, d'où font fortis le Soleil & la Lune, felon les Infulaires de l'Efpagnole. Sa fituation, & fa defcription, 60.
Cayacoa Roi de Higuey, 63.
Agnez Cayacoa fa Veuve, fe fait Chrétienne, *là-même.*
Caye Saint Loüis. Obfervations du Pere Feuillée en cet endroit, 5.
Caymans. Particularités touchant ces animaux, 26.
Cemaco. Cacique Indien, attaque les Efpagnols, 299. Il eft défait, 300.
Cerron. Michel Cerron eft fait Gouverneur de Portoric par l'Amiral D. Diegue, 279. Jean Ponce de Leon l'envoye Prifonnier en Efpagne, *là-même.* Il eft rétabli dans fon Gouvernement, 321.
Cervantez. Gonzalo Gomez deCervantez, parent du Commandeur François de Bovadilla, qui ordonne qu'on remette les Colombs entre fes mains, 201.
Chanfons. Les Chanfons étoient les annales des Infulaires de l'Efpagnole, & on les changeoit à chaque nouveau Regne, 38. Elles étoient toûjours accompagnées de danfes en rond, 39. à quelle occafion on les compofoit, 45.
Charles-Quint Roi d'Efpagne, arrive à Villaviciofa, 346. Il accorde aux Seigneurs de la Cour des Départemens d'Indiens, *là-même.* Son attention au foulagement de ces mêmes Indiens, 348. 349. Il fait affembler un Confeil Extraordinaire, pour examiner de quelle maniere on les doit traitter, 359. Ce qui s'y paffe, 360. *& fuiv.* Il eft pour la premiere fois traitté de Majefté dans cette affemblée, & à quelle occafion, 360. Il ne conclut rien, & pourquoi, 365. Il reçoit les premieres nouvelles de la Conquête du Mexique, 392. Il s'embarque pour aller prendre poffeffion de l'Empire, 401. Il renvoya aux Indes l'Amiral D. Diegue Colomb, 408. Il limite fon authorité, 409. Il fait de nouveau examiner la caufe des Indiens, 425. Il renvoye cette affaire aux Superieurs des Dominiquains & des Francifcains, 426. Il réfufe de rendre juftice à la famille des Colombs, 443. Nouvelle Junte affemblée par fon ordre, pour difcuter la caufe des Indiens, 454. Il fe trouve plus embarraffé que jamais, 456. Les mefures qu'il prend pour finir la guerre du Cacique Henri, 462.
Charles VIII. Roi de France. Il apprend à Barthelemy Colomb les découvertes de fon Frere, & lui fait un préfent, 126.
Charpentier. Pic-vert de l'Ifle Efpagnole. Pourquoi il eft appellé *Charpentier*, 29.
Chaffe. Différentes manieres de chaffer en ufage parmi les Infulaires

fulaires de l'Espagnole, 46.
Chats. Port des Chats. Sa situation. Erreur, qui donne lieu à ce nom, 166.
Chemis, Quadrupedes de l'Isle Espagnole, 35.
Chemis ou *Zemez.* Voyés *Zemez.*
Chevaux. Surprise des Insulaires de l'Isle Espagnole, à la vûë de ces Animaux, 119.
Chico. François Alvarez Chico est fait Procureur General du Conseil établi à la Vera-Cruz, 390.
Chico, Riviere de la Floride, présentement de la Caroline, 405. Elle est nommée *le Jourdain*, & pourquoi, 411.
Chicora, Province de la Floride, où est la Riviere Chico, 411.
Chiens employés dans les combats contre les Insulaires de l'Espagnole, 133. Cacique éventré par un Chien, 219. Un Officier va à la chasse des Insulaires, avec une meute de Chiens, 329.
Chievres. M. de Chievres favorable à Las Casas, 346. 347.
Chilan Combal, Sacrificateur de l'Yucatan, sa prédiction, 374.
Chique, appellé *Nigua* par les Insulaires de l'Espagnole, petit insecte fort incommode, 34. 35.
Chiribichi, Port de la Province de Cumana, 412.
Choux Caraïbe, espece d'Arum, ou de pied de Veau, 50.
Ciba. Signification de ce mot, 121.
Cibao. Province ou canton de l'Isle Espagnole. Christophle Colomb s'imagine que c'est le Cipango de Marc-Paul de Venise, 90. Ojeda y arrive, & en rapporte quantité de Montres d'Or, 121. Christophle Colomb visite aussi ce canton, 123. On n'a point trouvé ailleurs d'or plus pur, ni de Mines plus abondantes que dans cette Province, 218.
Cibas, Pierres, ou Coquilles précieuses, 118.
Ciguayos, Peuple de l'Isle Espagnole, 157. Ils paroissent vouloir remuer, 184.
Cipanga. Nom, que les premiers Habitans de l'Espagnole lui donnerent, & pourquoi, 4.
Cipangi, Nom, que portoit autrefois l'Isle de la Martinique, 4.
Cipango. Isle abondante en Or, selon Marc-Paul de Venise, 70.
Cisternes. San-Domingo, par la paresse de ses Habitans, est réduit à l'eau de Cisterne, qui n'est pas bonne, 222.
Climat. Varieté des Climats dans l'Isle Espagnole, 11. Incommodité de ces changemens, 14.
Cobos. D. Francisco de los Cobos du Conseil des Indes, 347.
Cochem. Isle. Sa situation, & ce que signifie ce mot, 169.
Cochons. Voyés les pages 297. & 351.
Cochon Marin, 24.
Cohiba. Voyés *Tabac.*
Colibry, Oiseau singulier, 31. 32.
Colmenarez. Rodrigue Henriquez

de Colmenarez arrive à Sainte Marie l'Ancienne. Y négocie en faveur de Nicuessa, 302. Il va le trouver, 304. En quel état il le trouve, 305. Il suit Balboa à la Guerre contre les Indiens, 428.

Colomb. Christophle Colomb. Il veut engager les Espagnols à se préparer à la recherche de l'Or, en recevant les Sacremens de Penitence & d'Eucharistie, 47. Quel étoit Christophle Colomb, 64. 65. Ses premieres Navigations, 66. Ses conjectures sur l'existence de Nouveau Monde, 67. On prétend faussement qu'il a profité des Memoires d'un autre, qui avoit été avant lui dans l'Amérique, 69. Il fait son Plan, & le propose à plusieurs Puissances, 70. Trahison, qu'on lui fait en Portugal, 71. Il passe en Espagne, *la même.* Il s'adresse au Roi Ferdinand, 72. Il essuye bien des contradictions & des lenteurs de cette Cour, 73. Il s'adresse aux Ducs de Medina Celi, & de Medina Sidonia. Il veut passer en France, 74. 75. Son projet est approuvé, & ses conditions acceptées, 76. 77. Il va s'embarquer, 79. Il met à la voile, 80. Mutineries des Espagnols, 81. 82. Sa conduite en cette occasion, *la même.* Proposition hardie, qu'il leur fait, 83. Il découvre le premier la Terre, & il est salué Amiral & Vice-Roi des Indes, 84. Il prend possession de l'Isle de S. Sauveur, 85. Suite de ses Découvertes, 87. *& suiv.* Un de ses Navires le quitte; il arrive à l'Isle Espagnole, 90. Il découvre la Tortuë, 91. Son Navire se brise, 94. Ce qui se passe entre lui & le Roi de Marien, 95. *& suiv.* Il bâtit une Forteresse dans les Etats de ce Prince, 97. Il part pour l'Espagne, 98. Il découvre toute la Côte du Nord, 99. Le Navire, qui l'avoit quitté, le rejoint, 100. Il entre dans la Baye de Samana, & ce qui s'y passe, 101. Il essuye une violente Tempête. Mauvaise manœuvre, qu'il fait en cette occasion, 102. Ce qui lui arrive aux Açorres, 103. Il relâche en Portugal, de quelle maniere il y est reçû, 103. 104. 105. Il arrive en Espagne, reception, qu'on lui fait, 105. 106. Il reçoit des Lettres du Roi, 106. Ses imaginations touchant le Pays, qu'il a découvert 107. Son entrée à Barcelonne, *la même.* Ce qui se passe à l'Audience, que lui donnent le Roi & la Reine, 108. Honneurs, qu'on lui rend. Graces, que la Cour lui fait, 109. 110. On lui délivre des Patentes confirmatives d'Amiral & de Vice-Roi des Indes. 111. Son Audience de congé, 112. Il part pour retourner aux Indes, 113. Il découvre les petites Antilles, 114. Et l'Isle de Portoric, 114. 115. Il trouve sa Colonie ruinée, 115. Conseil violent, qu'on lui donne, & qu'il rejette, 117. Sa conduite avec le Roi de Marien, 118. Il bâtit la Ville d'Isabelle, 119. Il envoye visiter les Mines de Cibao, 120. Il découvre une sédition. Il va visiter lui-même les Mines de Cibao. Sa marche bruyante, & le mauvais effet, qu'elle produit, 122. Découvertes, qu'il fait dans son Voyage de Cibao, 124. Il y bâtit une Citadelle, *la même.* Mutinerie contre lui, sa conduite avec le Superieur des Missionnaires, 125. Il découvre les Isles de Cuba & de Sant-Yago, *la même.* Il tombe malade & retourne à Isabelle, 126. mécontentemens contre lui, 127. Il crée son Frere Adélantade des Indes, 128. Il reçoit du secours d'Espagne, & marche contre une Armée d'Indiens, 132. Il les défait, 133. Il rend la plûpart des Rois de l'Isle Tributaires de la Couronne de Castille, 134. Toute la Colonie se déclare contre lui, & contre ses Freres, 137. Sa conduite à l'égard d'un Commissaire de la Cour, *la même.* Il se dispose à passer en Espagne, & découvre les Mines de Saint Christophle, 138. Il s'embarque; ce qui lui arrive à la Guadeloupe, 139. Son arrivée en Espagne, & sa réception à la Cour, 140. Reglemens, qu'il fait pour l'Etablissement des Indes, 141. Avis pernicieux, qu'il donne pour les peupler, 142. Source de la haine, que lui porte Jean Rodrigue de Fonseca. Il ordonne de placer la Colonie ailleurs qu'à Isabelle, 144. Offres, que lui font le Roi & la Reine d'Espagne, & pourquoi il les refuse; avis qu'on lui donne, 160. Il part pour son troisiéme Voyage, 161. Il fait un grand détour & pourquoi, 162. Il découvre l'Isle de la Trinité, 163, & peu de têms après le Continent, 164. Diverses autres Découvertes, 165. 166. Ses imaginations sur les diverses Observations qu'il fait, 167. Il découvre la Pêche des Perles, 168. Calomnies inventées contre lui à ce sujet, 169. Il arrive pour la premiere fois à San-Domingo, 170. Il y apprend de fâcheuses nouvelles, *la même.* Sa conduite à l'égard des Révoltés, 171, *& suiv.* Il rend compte à la Cour de cette Révolte, 179. Son entrevûë avec le Chef des Révoltés, 181. Il concluë un Traité avec lui; il balance s'il n'ira point en Espagne, & se détermine mal à propos à n'y point aller, 183. Il écrit de nouveau à la Cour, au sujet de la Révolte, 184. Ce qui se passe entre lui & Ojeda, 188.

& *suiv*. Mouvement à Grenade contre lui, 190. La Reine se détermine à le rappeller, 191. Prétexte, qu'elle prend pour cela, 192. De quelle maniere il reçoit la nouvelle de l'arrivée de Bovadilla, 196. Il se met à la discretion de ce Gouverneur, qui le fait enfermer dans la Forteresse les fers aux pieds, 197. Il engage Dom Barthelemi son Frere à se livrer aussi, 198. Chefs d'accusations contre lui, 199. Ses réponses, 200. Il est envoyé en Espagne, il ne veut point qu'on lui ôte les fers, 201. La réception, qu'on lui fait en Espagne, 202. Son discours à la Reine, 203. Proposition, qu'il lui fait pour de nouvelles découvertes, 204. Il part pour son quatriéme Voyage. On lui refuse l'entrée du Port de San-Domingo, 214. Il prédit une grosse Tempête, *la même*. Comment tout son bien échape au naufrage, 215. Il découvre la Province de Honduras, 237. Il manque la découverte du Mexique, nouvelles Découvertes, 239. & *s*. Il essuye une violente Tempête, 241. Il découvre la Province de Veragua, 242. Il y fait bâtir une Bourgade, 244. Danger, où il se trouve, *la même*. Il arrive en mauvais état à la Jamaïque, 245. Ses Navires y demeurent échoüés. Sa conduite avec les Insulaires, 246. Ses gens se soulevent contre lui, 248. Stratagême, dont il s'avise pour avoir des vivres, 251. Il reçoit des nouvelles de l'Isle Espagnole, 252. Mauvaises manieres d'Ovando à son égard, 253. Il tente inutilement de ramener les Mutins, *la même*. Il arrive à San-Domingo, 255. De quelle maniere il y est reçû, 256. Il arrive en Espagne, 257. Ses efforts inutiles pour rentrer dans sa Charge de Vice-Roi; de quelle maniere il ferma la bouche à ses envieux, 258. Sa mort, 259. Son caractere, 260. Ce qui lui arrive dans l'Isle du Cuba, 320.

D. Christophle Colomb, petit-fils du precedent, 442.

D. Barthelemy Colomb, Frere du premier Amiral. Ses premieres Avantures; il passe en Angleterre, 71. Il est annobli, 109. Il arrive à Isabelle, 128. Il est fait Adélantade des Indes, 129. La maniere, dont il est traité par le Commissaire Royal, 136. Il visite Puerto di Plata, 139. Il bâtit la ville de San-Domingo, 146. Il en part pour le Royaume de Xaragua, 147. De quelle maniere il y est reçû, 148. Il engage le Roi à payer tribut à la Couronne de Castille, 149. Il passe sur le ventre à une Armée d'Insulaires, & fait prisonnier le Roi Guarionex, 150. Il reçoit le premier tribut de

Behechio, 151. Défauts de son Gouvernement, 152. Il tâche envain d'appaiser une Révolte excitée contre lui & contre ses Freres, 155. Il reçoit du secours d'Espagne, 156. Il fait offrir son amitié au Roi des Ciguayos, & à quelles conditions, 157. Elles sont rejettées, *la même*. Il le défait & le prend, 158. Il le fait mourir, 159. Pourquoi l'Amiral son Frere ne l'envoye point continuer ses découvertes, 180. Il est chargé de fers, 198. Il s'embarque avec son Frere pour de nouvelles découvertes, 214. Il se rend Maître d'un grand Canot d'Indiens sur la Côte de Honduras, 238. Il découvre plusieurs Mines d'Or dans la Province de Veragua, 243. Il est chargé de faire un Etablissement dans le Pays, enleve le Cacique du lieu, sa Bourgade est brûlée, 244. Il défait les Rebelles dans la Jamaïque, 254. Il se saisit de leur Chef, 255. L'Amiral son Frere l'envoye au Roi Philippe & à la Reine Jeanne son Epouse, 259. Le Roi Ferdinand l'envoye à l'Isle Espagnole, 320. Faveur, qu'il lui fait, 321. Sa mort, 331. Son Eloge, 332.

D. Diegue Colomb, Frere de l'Amiral Dom Christophle. Il est annobli, 109. Il est fait Gouverneur d'Isabelle, 122. Et President du Conseil, 125. Ce qui se passe entre lui & D. Pedro Marguarit, 127. De quelle maniere Roldan en use avec lui, 154. Il refuse de livrer les Prisonniers & la Citadelle de San-Domingo à Bovadilla, 194. 195. Il est mis aux fers, 198. Il repasse à San-Domingo, 274.

D. Diegue Colomb, Fils aîné du premier Amiral Dom Christophle Colomb, & son Successeur. Son Pere le laisse Page auprès du Prince d'Espagne, 113. Et demande à la Cour, qu'on le lui envoye pour le former, 184. Il épouse la Niece du Duc d'Albe, 270. Il obtient de repasser aux Indes pour y commander; mais non pas en qualité de Vice-Roi, 271. Il arrive à San-Domingo, il ne s'y conduit pas avec assés de prudence, 274. Il établit l'Isle des Perles, 276. Il change de son authorité le Gouverneur de Portoric nommé par la Cour, 279. Il établit la Jamaïque. Mortifications, qu'il reçoit de la Cour, 285. Sa conduite peu politique, 286. Nouvelle mortification, que lui donne le Roi, 287. Il est accusé de plusieurs choses sans fondement, 308. Le Roi lui envoye son Oncle D. Barthelemy, & pourquoi, 320. Les droits de sa Charge diminués, 330. Il repasse en Espagne, 331. Son sentiment touchant la maniere de traiter les Indiens, 369. Conduite de

Velaſquez à ſon égard ; il ſollicite ſes droits, 407. L'Empereur reconnoit ſon innocence ſur preſque tous les points d'accuſation intentés contre lui, & le renvoye aux Indes, 408. Son arrivée à San-Domingo, & la conduite qu'il y tient, 409. Il marche contre les Negres révoltés, 423. Nouvelles accuſations contre lui, 424. Il eſt encore rappellé, & fait de nouveau connoître ſon innocence, 425. Secours, qu'il envoye à Balboa, 428. Sa mort, 441. 442.

D. Diegue Colomb, ſecond Fils du precedent, 442. Il eſt reçû Page du Prince d'Eſpagne, 443.

Dominique Colomb, Pere du premier Amiral, pourquoi ſe retire dans l'Etat de Genes, 65. Quelques-uns croyent que c'eſt de ſon nom que la Capitale de l'Iſle Eſpagnole a été nommée San-Domingo, 146.

D. Ferdinand ou *Fernand Colomb*, ſecond Fils du premier Amiral. Son peu d'exactitude dans la vie de ſon Pere, 55. Son Pere le met Page auprès du Prince d'Eſpagne, 117. Il n'étoit point du troiſiéme Voyage de ſon Pere, 163. Il s'embarque avec ſon Pere, 214. Il paſſe à San-Domingo, 274. Il conclut un Traité entre la Cour & ſon Neveu, 476.

Jean-Antoine Colomb, Parent des precedens. Commande un Navire, que le premier Amiral envoye à l'Iſle Eſpagnole, 162. Ce qui lui arrive à Xaragua, 171.

Colomb le jeune, fameux Armateur, ſes Exploits, 65.

Iſabelle Colomb, Fille cadette de l'Amiral D. Diegue, 442. Son mariage, 445.

D. Loüis Colomb, Fils aîné de l'Amiral D. Diegue, & ſon Succeſſeur dans la Charge d'Amiral des Indes, 442. 443. Ses revenus ſont augmentés, *la même*. L'Empereur lui écrit, 462. Son Traité avec la Cour, 476.

Philippine Colomb, Fille aînée de l'Amiral D. Diegue, 442.

Colonie. Avis touchant la maniere de peupler les Colonies, 142. 143.

Commiſſaires. Voyés *Aguado* & *Jeronymites*.

Conception de la Vega. Ville de l'Iſle Eſpagnole. Sa premiere Fondation, 138. Elle eſt aſſiegée par les Rebelles, 155. Le Chef des Rebelles ſe préſente de nouveau pour l'attaquer, 181. Fontes d'Or, qui s'y font, 266. Elle eſt érigée en Evêché, 309. Diligence de l'Empereur pour la peupler, 426. Son Evêché eſt réüni à celui de San-Domingo, 444. Elle eſt renverſée par un tremblement de terre, 479. Bour-

gade bâtie de ses ruines, 480.
Conception. Isle, 88.
Conception. Port de l'Espagnole, 91.
Conchillos. Le Commandeur *Lopé de Conchillos*, est contraire au Licencié de Las Casas, 334. Il perd son département d'Indiens, 337. Il gouverne les affaires du Nouveau Monde avec Fonseca, 433.
Concubines. Indiennes tenuës par les Espagnols à titre de Concubines. On oblige ceux-ci de les renvoyer, ou de les épouser, 263.
Congres. Sortes de Poissons, qui se pêchent sur les Côtes de l'Isle Espagnole, 21.
Conseil établi à Isabelle, 125. Et à la Vera-Cruz, 390.
Contrastés. La Costa de los Contrastés, sa situation. Origine de ce nom, 242.
Copal. Sorte de Gomme, 369.
Coquillages, qui se trouvent sur les Côtes de l'Isle Espagnole, 21.
Coraçol. Voyés *Curaçao.*
Cordouë. Voyés *Fonseca.*
Le P. François de Cordouë, Dominiquain, est envoyé à la Côte de Cumana, 326. Danger où il se trouve, & à quelle occasion, 327. Il est massacré par les Barbares, 328.
François Fernandez de Cordouë est nommé Chef de l'entreprise faite pour la découverte du Continent, 366. Il découvre l'Yucatan, 367. Ce qui lui arrive à Campêche, 368. Il est blessé, 369. Il débarque en Floride, & y est attaqué par les Sauvages, 370. Il arrive à l'Isle de Cuba, & y meurt, *la même.*
François Fernandez de Cordouë, Capitaine des Gardes de Pedrarias, est chargé de faire un Etablissement vers le Lac Nicaragua, 439.
Gonzalez de Cordouë, surnommé le Grand Capitaine, 373.
Le P. Pierre de Cordouë, Superieur des Dominiquains de l'Isle Espagnole. Ce qu'il répond aux Officiers, qui se plaignoient de la liberté avec laquelle un de ses Religieux avoit parlé en Chaire, 312. Il passe en Espagne, 324. Il retourne à l'Isle Espagnole, & envoye des Missionnaires à la Côte du Cumana, 325. Ses efforts inutiles pour sauver ces Religieux, 328.
Coris. Quadrupede de l'Isle Espagnole, 35. 36.
Coriane. Canton de la Province de Venezuela.
Cornets. Sortes de Coquillage, 21.
Corneilles, 28
Coro ou *Venezuela*, 326. Ville bâtie par Jean d'Ampuez, 449. Ses deux Ports, 450.
Coronel. Pero Fernandez Coronel est choisi pour être du Conseil de la Ville d'Isabelle, 125. Il amene du secours à San-

Domingo, il Negocie envain avec le Chef des Rebelles, 156. Il signe le Memoire de l'Amiral sur cette Révolte, 184.

Corsaires. Ils commencent à fréquenter les Mers des Indes, 456.

Cortez. Fernand Cortez, est choisi pour la conquête de la nouvelle Espagne, sa naissance; il passe à l'Isle Espagnole, 383. Ses premieres Avantures, 384. Son caractere, 385. Sa conduite à l'égard de Velasquez, 387. Il part de Sant-Yago, *la même.* Ce qui lui arrive à la Trinité de Cuba, 388. Ce qui lui arrive en allant à la Havane, *la même.* Ce qui lui arrive dans ce Port, 389. Il met à la voile, *la même.* Il se démet du Generalat, qui lui est rendu par le Conseil de la Vera-Cruz, 391. Il reçoit du secours, & apprend des nouvelles de l'Isle de Cuba, *la même.* La Cour, modere la trop grande authorité, qu'il se donne, 444.

Martin Cortez de Monroy, Pere du précédent, 383.

Corves, Isle des Açorres. Ce qu'on y trouva, lorsqu'on la découvrit, 68.

Cosa. Jean de la Cosa, Fameux Pilote, s'embarque avec Ojeda, & Americ Vespuce, 186. 187. Il s'associe avec Rodrigue de Bastidas, pour de nouvelles Découvertes, 216. Il s'offre à accompagner Ojeda dans une nouvelle entreprise, 283. Il le va joindre à l'Isle Espagnole, 284. Il donne au Capitaine un bon avis, qui n'est pas suivi, 289. Il est tué, 290.

Cotoche. Pointe, ou Cap de Cotoche, 367.

Cotton, 87. 89.

Cotubanama, Roi du Higuey, 63. Il se soumet au Tribut, 134. Il fait la guerre aux Espagnols, 220. Il demande & obtient la Paix, 221. Il se fait appeller Jean de Esquibel, 222. Il recommence la guerre, 262. Sa prise, & son supplice, 264.

Cotuy. El Cotuy Ville Espagnole, 236.

Cozumel. Isle de Cozumel. Nom, que lui donne Grijalva, & ce qu'il y trouve, 273. 274.

Crabes. Trois sortes de Crabes dans l'Isle Espagnole, 22. 23.

Crapau de Mer, 24.

Crocodiles ou *Caymans*, 21. Particularités de ceux de Cuba, 26. 27.

Croix. Voyés *Oxi.* Croix trouvée dans l'Yucatan, 368. Origine de son culte dans cette Province, 373. Croix miraculeuse auprès de la Conception de la Vega, 479.

Cuba. Premiere découverte de cette Isle, 88. Christophle Colomb en fait le tour, 125. Conquête de cette Isle, 375. & *s.* Créance des Insulaires, 318. Ses differens noms, *la même.*

même. La Religion y est prêchée par Las Casas, 321. Credulité des Habitans de cette Isle, 322. Etat florissant de la Colonie Espagnole, 365. En quel état elle étoit en 1520. & ce qu'on en tiroit, 407.

Cubagua. Découverte de cette Isle, & nom qu'on lui donne, 169. On y fait un Etablissement, 276. Particularités de cette Isle 277. Las Casas n'y peut établir son authorité, 418. La Garnison Espagnole s'en retire, 419. On y bâtit la nouvelle Cadix, 422.

Cubanacan, Canton de l'Isle de Cuba, 89.

Cuivre, Mine de Cuivre trouvée dans l'Isle Espagnole, 267.

Cul-de-Sac, Etang du Cul-de-Sac. Voyés *Xaragua*. Quel côte de l'Isle Espagnole porte ce nom, 147.

Culua. Voyés *Ulua*.

Cumana, Province du Continent de l'Amérique, 188. Les PP. Dominiquains s'y établissent, 325. 326. Trahison qu'un Capitaine Espagnol y fait aux Indiens, 326. Les suites, qu'elle eut, 327. La même chose arrive une seconde fois, & elle a les mêmes suites, 412. 413. Vengeance tirée des Habitans de cette Province, 414. Las Casas y va faire un Etablissement, 416. Les Espagnols en sont chassés, 418. Ils y retournent; vengeance, qu'ils tirent des Indiens, 421. 422.

Curaçao, Isle. Sa situation, 2. Jean d'Ampuez s'en empare, & le Gouvernement lui en reste, 450.

Cuzco, Las Casas refuse l'Evêché de cette Ville, 439.

D

D*Anses* des Insulaires de l'Espagnole 39.

Darien, Riviere, sa situation. Colonie établie sur ses bords, 299. Province du Darien, voyés *la Castille d'Or*.

Davila. Voyés *Pedrarias*.

Alphonse Davila, un des Capitaines de Grijalva, est attaqué par les Indiens, 381. Il commande un Navire de la Flotte de Cortez, 389. Est nommé Regidor du Conseil de la Vera-Cruz, 390.

Alphonse Davila, Habitant de l'Isle Espagnole. Son sentiment sur les moyens de finir la guerre des Indiens, 463.

Le Licencié Gilles Gonzalez Davila est envoyé en qualité de Visiteur Royal, pour gouverner l'Isle Espagnole, 475.

N. Davila envoyé à San-Domingo Commissaire, 270.

Declinaison de l'aiguille aimentée, premiere observation, qui en fut faite, 81.

Demarcation. Ligne de Demarcation, ce que c'est, 110.

Demoiselles qui accompagnent la Vice-Reine à l'Isle Espagnole,

E

passe aux Indes, 342.

Ecrevisse de Mer, 21.

Ecu. Port de l'Ecu. Son premier nom, 91.

Elephans, il n'y en a point dans le Nouveau Monde, 69.

Enciso, un des Capitaines d'Ojeda, est envoyé chercher du secours à l'Isle Espagnole, 291. Il oblige Pizarre & la Colonie d'Ojeda de retourner à S. Sebastien, 297. Il gagne une bataille contre les Indiens de Darien, il y bâtit une ville, faute qu'il fit en cela, 300. Il défend mal à propos la Traitte de l'Or; il est dépoüillé du Commandement, 301. Balboa lui fait faire son procès, 327. Il part pour l'Espagne, 428. Il y agit efficacement contre Balboa, 430. Il est fait Alguazil-Mayor de la Province du Darien, 434.

Epinard Sauvage, Legume de l'Isle Espagnole, 50.

Escalanté. Jean de Escalanté, un des Commandans de Navire de la Flotte de Cortez, 389. Il est fait Alguazil-Mayor de la nouvelle Espagne, 390.

Escobar. Diego de Escobar, Commandant du Fort de la Magdeleine se range du parti des Rébelles, 155. 174. Il est envoyé à la Jamaïque avec une Lettre & un Présent pour l'Amiral Christophle Colomb, 252. Il conduit à la guerre du Higuey les Milices de la Conception, 263.

Escovedo, 84.

Escovedo. Rodrigue Escovedo, Notaire Royale sur l'Escadre, qui fit la découverte du Nouveau Monde, 86.

Espagnols. Ils ont apporté dans l'Europe le mal de Naples, 43. 44. Leurs plaintes contre Americ Vespuce, 187. Extrême aversion que les Indiens ont d'eux. 318. Voyés *Castillans.*

Isle Espagnole. Ses differens noms, sa situation, sa description, 4. *& suiv.* Origine de ce nom, 92. Sources de sa décadence, 395. 396. Ce qui la fait déserter, 401. 441. 443. 457. Ce qui la fait entierement tomber, 481.

Nouvelle Espagne, sa découverte, d'où vient ce nom, 375. Voyés *Cortez.*

Espinar. Le P. Alphonse de Espinar, Franciscquain, porte en Espagne la Lettre des Officiers Royaux contre les Dominiquains, 313.

Espinosa. Jean de Espinosa est fait Alcaïde Major de la Province de Darien, 434. Il fait le Procès à Balboa, 437. Il est chargé de bâtir la Ville de Panama, 438. Il est envoyé President à San-Domingo, 442.

Jean de Espinosa. Sergent. Bovadilla lui consigne les Prisonniers, qu'il trouve dans la Forteresse de San-Domingo, 195.

Esquibel. Jean de Esquibel est chargé de la guerre du Higuey,

220. Il oblige les Ennemis à quitter la Campagne. Il accorde la Paix à leur Cacique. Il bâtit une Forteresse dans le Pays, 221. Il est de nouveau chargé de leur faire la guerre, & les défait, 263. Il est envoyé à la Jamaïque pour y faire un Etablissement, 285. Bravades d'Ojeda à son occasion, *la même*. Comment il s'en venge, 295.

Evêchés. Fondation des Evêchés dans l'Isle Espagnole, 309.

F

Faisans, dans l'Isle Espagnole, 29.

Famine, 120. 124. 135. 172.

Femmes, pluralité des Femmes dans l'Isle Espagnole, 45. Femmes ensevelies toutes vivantes avec leurs Maris. Elles heritent de leurs Freres, 49. Origine des Femmes suivant les Insulaires de l'Espagnole, 60.

Ferdinand, Roi Catholique. Ses ombrages contre Christophle Colomb; la populace de Grenade se mutine contre lui, 190. Il est peu favorable à Colomb, 202. 204. Lettres, qu'il lui écrit, 213. Les Indes lui restent en propre. Il refuse de rendre justice à Colomb, 258. Il accorde des Départemens d'Indiens aux Seigneurs de la Cour, 266. Il s'oppose aux poursuites de l'Amiral Dom Diegue, 270. Il fait des Reglemens pernicieux aux Indiens 311. Il reconnoît qu'on l'a trompé, 313. Sa mort, 334. Il envoye un Gouverneur à la Province de Darien, 433.

Ferdinand & Isabelle, leur Traité avec Christophle Colomb, 77. 78. Honneurs, qu'ils lui font, 106. 108. 109. Ils demandent au Pape la proprieté des Indes, 109. 110. Ils renouvellent les donations, qu'ils ont faites à Christophle Colomb, 111. Reception, qu'ils lui font, lorsqu'il arrive enchaîné en Espagne, 202. Les Instructions qu'ils donnent à Ovando, 208. & *suiv*.

Ferdinandine, nom donné à l'Isle de Cuba, 3. 8.

Fernambouc, opinion sur la découverte de cette Côte, 69.

Fernandine, Isle des Lucayes, 88.

Feu. Maniere de faire le feu dans l'Isle Espagnole, 48.

Feüillée. Le P. Feüillée, Minime. Ses Observations à la Caye S. Loüis, 5.

Figueroa. Le P. Loüis de Figueroa, Jeronimite est envoyé Commissaire aux Indes, 336. Il est nommé Evêque de la Conception, & President de l'Audience Royale de San-Domingo, 425. Sa mort, 426.

Le Licencié Rodrigue de Figueroa envoyé Commandant à l'Isle Espagnole; il arrive à

San-Domingo, 351. Son avarice, on lui fait son Procès, 408.

Fieschi. Barthelemi Fieschi, Gentilhomme Genois, passe en Canot de la Jamaïque à l'Isle Espagnole, 246.

Flamand, sorte de Fourmi de l'Isle Espagnole, 34.

Flamand, Oiseau de l'Isle Espagnole, 31.

Flamand, Naufrage d'un Capitaine Flamand, 296.

Flamands, les Seigneurs Flamands obtiennent des Départemens d'Indiens, 346. Ils sont d'avis qu'on casse les Départemens, 348. Ils favorisent Las Casas, 357. 358.

Fléches. Baye des Fléches. Sa situation, origine de ce nom, 101.

Flora. Antoine Flora, Alcaïde Major de Cubagua, sa lâcheté, 419.

Floride, sa découverte, 323. Ce qui y arrive à François Fernandez de Cordouë, 370. Expedition de Luc Vasquez d'Ayllon dans la Floride, 410. Pamphille de Narvaés y va faire un Etablissement, 443.

Floridiens sont Anthropophages, 38. 411.

Fonseca. Antoine de Fonseca, son discours à Ovando, 210.

Fonseca. D. Jean Rodrigue de Fonseca. Il est chargé des Armemens des Indes, 144. Il est nommé à l'Evêché de Badajoz, il est Rappellé à la Cour, 161. Il est soupçonné d'appuyer les Révoltés contre les Colombs, 180. Infidelité, qu'il fait à Christophle Colomb, 186. Il est fait Evêque de Cordouë, 201. Il passe à l'Evêché de Palencia, il se broüille avec Ovando, 272. Source de sa haine contre les Colombs, 285. 286. Il reçoit mal Las Casas, 335. Il passe à l'Evêché de Burgos, on lui ôte son Département d'Indiens, 337. Il est du Conseil des Indes, 347. Las Casas ne peut le gagner, 353. Sa réponse aux Prédicateurs du Roy, 355. Il est recusé par Las Casas, 356. Il est favorable à Velasquez, 386. 392. Il favorise Las Casas, 412. Il fait nommer Pedrarias Gouverneur de la Castille d'Or, 433.

Mayor de Fonseca, Niece du précedent, destinée en mariage à Velasquez, 386.

Fontaine de Cubagua, 277.

Fontaine de Jouvence, 322.

Fontes d'Or dans l'Isle Espagnole, 263.

Fourmis, ravage, qu'elles font dans l'Isle Espagnole, & dans celle de Portoric, 350.

Fourmis blanches, autrement appellée *Poux de Bois*, ravage, qu'elles font dans les Isles, 35.

Fraîcheur des nuits dans l'Isle Espagnole, 13.

Francisquains, Christophle Colomb demande de ces Religieux pour les Indes, 141. Ils sont les premiers Religieux établis dans le Nouveau monde, 210. Ils sont chargés d'élever de jeunes Indiens, 229. Ils sont favorables aux Départemens, 313. Quatorze de ces Religieux venus de Picardie, passent aux Indes, 342. Experience, qu'ils font pour faire mourir les Fourmis, 351. Un P. Franciscquain se déclare à la Cour contre les Départemens, 360. Son discours devant l'Empereur 363. Franciscquains établis à la Côte de Cumana, 409. Leur Superieur est chargé de ce qui regarde le traittement des Indiens, 426.

François. Des Corsaires François commencent à fréquenter les Mers des Indes, 407.

Frezier. M. Frezier Ingenieur du Roi, ses observations, 5.

Froid extraordinaire sous la Zone Torride, 165.

Fronk. Ce que c'est, 241.

Fuente. Le Docteur de la Fuente, son discours aux Ministres d'Etat, 355.

G

GAlera. Le Cap de la Galera, 164.

Galere, Insecte de Mer, Sa description, 29.

Gallega, Nom de la Capitane, sur laquelle Christophle Colomb découvrit le Nouveau Monde, 80. Elle échouë & se brise, 94.

Gamiz. Pierre de Gamiz, un des Chefs de la Révolte de l'Alcaïde Major, 174. Il escorte Carvajal à la Capitale, 175.

Gange. Christophle Colomb se croit près de ce Fleuve, 230.

Garay. François de Garay découvre les Mines de Saint-Christophle, 138. Il trouve un grain d'Or extraordinaire, 206.

Garcez. Le P. Jean Garcez Dominiquain, est envoyé à la Côte de Cumana, 326. Danger où il se trouve, 327. Il est massacré par les Indiens, 328.

Garnica. Gaspard de Garnica, il est envoyé à la Havane, & pourquoi, 389.

Gâteaux présentés aux Idoles par les Insulaires de l'Espagnole, 56.

Gatinara. Le Grand Chancelier Gatinara. Las Casas s'adresse à lui, pour obtenir l'execution de son projet, 353. Il assiste à un grand Conseil tenu devant l'Empereur pour la cause des Indiens. Ce qu'il dit à l'Evêque de Terre-Ferme, 360.

Gayac. Bois de Gayac, à quoi il est bon, 45.

Genes. La République de Genes refuse d'entrer dans le projet de Christophle Colomb, 70.

Genois entreprennent la Traitte des Negres dans l'Isle Espagnole, elle ne leur réüssit pas, 347.

Georges de Portugal, Comte de Gelves, épouse Isabelle Colomb, heritiere de cette Maison, les Titres, qu'il prend, 443.
Ginez, Capitaine Espagnol, ce qui lui arrive à l'Isle de Portoric, 44. 404.
Globe peint trouvé à San-Domingo. 481.
Goacanaric, Roi de Marien, 61. Il invite Christophle Colomb à le venir voir, 94. Ses bons services dans le naufrage de la Gallega, 95. 96. Réception qu'il fait à l'Amiral, 97. Continuation de ses bonnes manieres, 98. 99. Il envoye son Frere à l'Amiral, 116. Il est suspect aux Espagnols, 117. L'Amiral lui rend visite, & en est bien reçû, 118. Il mene des Troupes aux secours des Espagnols, 132. Il se rend Tributaire de la Couronne de Castille. Mauvaises manieres des Espagnols à son égard, sa mort. On l'accuse des plus honteux excès, 134.
Gohava, Ville de l'Isle Espagnole, 256.
Gomez. Alexis Gomez, son combat contre un Indien, 264.
Gonaives, Etang des Gonaives, 25.
Gonzalez. Alphonse Gonzalez, Ecclesiastique, ce qu'il trouve dans un Temple de l'Yucatan, 367.
Gonzalez, Capitaine Indien est envoyé par D. Henri à San-Domingo, 467. De quelle maniere il s'y conduit, 468.
Gilles Gonzalez, Cacique Indien, il est attiré par un Navire Espagnol, à quel dessein, & pourquoi. Il est tué en combattant, 415.
Goschi, Quadrupede de l'Isle Espagnole, 35. 36.
Gosier. Grands Gosiers sorte d'Oiseaux, 30.
Gracia, Puerto di Gracia. Sa situation. Origine de ce nom, 100.
Terre de Gracia, sa situation, 166.
Gracias à Dios, Cap, pourquoi il est ainsi nommé, 239.
Grain d'Or. Voyés *Garay*.
Grange. La Grange, Montagne, sa situation, 99.
Grijalva. Jean de Grijalva est nommé Commandant de l'Escadre destinée à poursuivre les Découverte de l'Yucatan: défense, qui lui est faite, 371. Son caractere, *la même*. Son départ & ses Découvertes, 372. *& suiv.* Il est blessé, 274. Ce qui lui arrive dans la Riviere de Tabasco, 375. *& suiv.* Continuation de ses Découvertes, & pourquoi il ne fait point d'Etablissement dans la nouvelle Espagne, 378. *& s.* Il en prend possession, 376. 379. Il envoye demander permission à Velasquez de faire un Etablissement, 380. Il retourne à l'Isle de Cuba, Reception, que lui Velasquez, 382. La voix publique le de-

mande pour Capitaine General de la Flotte, destinée à la conquête de la nouvelle Espagne, 383.

Guadeloupe, une des petites Antilles, sa découverte. Origine de ce nom, 114. Ce qui y arrive à Christophle Colomb, 139. 140. Un Espagnol, qui vouloit y enlever des Caraïbes, y est repoussé avec perte, 187.

Guahaba. Larez de Guahaba, Ville de l'Isle Espagnole, 236. Elle est détruite, 309.

Guanahani, la premiere découverte de Christophle Colomb, 87.

Guanaja, Isle de la Province de Honduras, 237.

Guanajos, Peuples de la Province de Honduras, 237.

Guanin, sorte de métal, 162.

Guaric, les Espagnols nomment ainsi le Cap François, & pourquoi, 61.

Guarionex, Roi de Magua; il se défend quelque têms de payer Tribut à la Couronne de Castille, & s'y soumet enfin, 134. Ses Sujets l'obligent à prendre les armes de nouveau; il est pris, & mis en liberté à la priere de ses Sujets, 150. Il se retire chés les Cyguayos. La maniere dont il y est reçû, 157. Il est livré aux Espagnols, 160. Il est embarqué pour l'Espagne, & périt en chemin. Pourquoi il ne se fit pas Chrétien, 214.

Guerra. Christophle Guerra maltraite les Indiens, 289.

Guevara. D. Fernand de Guevara, un des Chefs de la conspiration contre l'Alcaïde Major, est condamné à être pendu, & délivré par Bovadilla, 195. Il est bien traité par le même Bovadilla, 199. 201.

Guichardin, ce qu'il dit de l'origine du mal de Naples, 44.

Guzman. D. Gonzalez de Guzman, est envoyé en Espagne par Velasquez, 386. Il est Gouverneur de Cuba, & donné pour Adjoint aux Evêques de San-Domingo & de Sant-Yago, pour ce qui regarde les Indiens, 445.

Guttierez. Pierre Guttierez. Christophle Colomb lui montre la terre, qu'il venoit de découvrir, 84.

H

Hacha. Rio de la Hacha; sa situation, on y pêche des Perles, 277.

Hayti, Nom Indien de l'Isle Espagnole, 4. Les premieres connoissances qu'en eût Christophle Colomb, 90.

Hamach, ce que c'est. Origine de ce mot. 53.

Hanegua, mesure de Bled, 141.

Hatuey, Cacique de l'Isle de Cuba, d'où il étoit originaire, 316. Avis qu'il donne aux autres Caciques touchant le Dieu des Espagnols, 316. 317. Il s'oppose s'oppose à la descente des Espagnols, & il est pris & condamné à être brûlé, 317. Pourquoi il ne veut pas être Chrétien, 318.

Hattibonite. Voyés *Artibonite.*

Havane. Ville & Port de l'Isle de Cuba, ce qui a donné occasion de l'établir, 324. Velasquez y envoye ordre d'arrêter Cortez, 388. Fertilité de son terroir, 407.

Hayna, Riviere de l'Isle Espagnole, sa situation, 223.

Henry de Portugal, Comte de Viseo, conte qu'on fait à son sujet, & au sujet de l'Isle Antille, 4. C'est lui, à qui l'on doit les premiers efforts des Européens pour les nouvelles Découvertes, . 64.

Henry. Cacique de l'Isle Espagnole. Elevé chés les PP. de S. François, puis réduit à l'esclavage, 396. Il est maltraité de son Maître, & n'en peut avoir justice, 397. Il se cantonne dans les Montagnes du Baoruco, & y remporte plusieurs avantages contre les Espagnols, 397. 398. Sa moderation, 399. Sa bonne conduite, sa vigilance, 400. Ce qui se passe entre lui & un Pere Francisquain, 401. 402. 403. Il n'est pas toûjours obéi de ses gens, 446. Ce qui se passe entre lui & le sieur de S. Michel, 447. Ses Troupes sont considerablement grossies, 461. Il envoye faire des Complimens au Commissaire de l'Empereur, 466. Son entrevûë avec ce Commissaire, & ce qui s'y passe, 468. Il reçoit une Lettre de l'Empereur, 469. Son Traité avec les Espagnols, 470. Ses défiances, 470. 471. Elles sont levées, & la paix se publie, 472. Ce qui se passe entre lui & le P. Barthelemy de Las Casas, 373. 474. Il arrive à San-Domingo, & y ratifie le Traité. Il est déclaré Prince de sa Nation, & s'établit à Boya avec ce qui reste d'Insulaires de l'Espagnole, 475.

Heredia, est chargé de bâtir la Ville de Carthagene, 443.

Herissons, Sorte de Poisson de Mer, qui se trouve sur les Côtes de l'Isle Espagnole, 24.

Herons. Voyés *Aigrettes.*

Herrera. Antoine Herrera, Historien célébre. Son opinion sur l'origine du nom des Antilles, 3. Histoire qu'il raconte d'un Lamentin, 26. Il s'efforce envain de justifier le procedé d'Ovando envers Christophle Colomb, 253. Et pour prouver que la petite Verole étoit naturelle aux Peuples de l'Amérique, 349. Son exaggeration sur la quantité de Sucre, qui se faisoit dans la Vega Real, 450. Ce qu'il a écrit au sujet de la rupture, entre Velasquez & Cortez, 387. Il rend justice à D. Barthelemy de Las Casas, 421.

Herrera, Habitant de l'Isle Espagnole. Engage Basurto à un grand armement, pour un Etablissement vers le Lac Nicaragua, 439.

Hesperides. Oviedo croit que les Antilles sont les Hesperides des Anciens, 68.

Higuey, Province Orientale de l'Isle Espagnole, 62. Premiere guerre dans cette Province, 220. & *suiv.* Seconde guerre, 262. & *suiv.*

Hirondelles, de l'Isle Espagnole, semblables aux nôtres, 28.

Hispaniola, Nom Latin de l'Isle Espagnole, 92.

Hyguanama, Reine de l'Isle Espagnole, 63.

Honduras, découverte, & situation de cette Province, 258.

Hospitalité. Jusqu'à quel point elle est pratiquée par les Insulaires de l'Espagnole, 49.

Humidité, causes de l'humidité dans l'Isle Espagnole, & ses pernicieux effets, 10.

I

Jamaïca ou *Jamaïque*, une des grandes Antilles. Sa découverte, 125. A quelle occasion les Espagnols s'y sont établis, 283. 284. 285. Femme de la Jamaïque, dans l'Isle de Cozumel, 375.

Jean. *D. Jean II.* Roi de Portugal, Christophle Colomb s'adresse à lui pour son projet, 70. Réception qu'il lui fait au retour de la découverte du Nouveau Monde, 104. 105.

D. Jean d'Arragon, Prince hereditaire d'Espagne, 112. Sa mort, 161.

Le P. Jean, Religieux de Saint François, prêche la Foi dans les Etats de Guarionex, 150.

Jeanne d'Arragon, son mariage avec l'Archiduc d'Autriche, 140. Elle arrive en Espagne, 259.

Jeronymites. Quatre Peres Jeronymites sont envoyés Commissaires aux Indes, 336. Leurs instructions, 337. & *suiv.* Ils arrivent à San-Domingo, 342. Las Casas se broüille avec eux, 343. Pourquoi ils ne touchent point aux Départemens, 344. Ce qu'on leur reproche à cette occasion, 345. Ils sont rappellés, 347. Ils changent de conduite, 349. Ils repassent en Espagne, & ne peuvent obtenir une Audience du Roi 352. Avantages, qu'ils procurent à l'Isle Espagnole par la fabrique du Sucre, 407. Avis qu'ils donnent à Pedrarias, 437.

Igniame, sorte de Plante, 151.

Iguana ou *Ivana*, Amphibie, sa description, 27.

Immortalité, ce qu'en pensoient les Insulaires de l'Espagnole, 59.

Indiens. Descriptions, caracteres,

Mœurs, Coûtumes, Gouvernement, Religion des Insulaires de l'Espagnole, 36. & *suiv*. Pourquoi ils sont nommés Indiens, 106. Des Insulaires de l'Espagnole ornent le Triomphe de Christophle Colomb, 107. Bâtême des premiers Indiens, 112. Ils sont vexés par les Espagnols, leur désespoir, & les suites qu'il eut, 135. Ils ne veulent plus travailler pour nourrir les Espagnols, 149. La Reine de Castille trouve mauvais qu'on les fasse esclaves, 161. Ce qui se passe entre les Espagnols & les Indiens de la Côte de Para, 165. Les Insulaires de l'Espagnole sont réduits en esclavage, 205. Attention de la Cour pour leur conversion, 209. Ils sont déclarés libres, & ne veulent plus travailler aux Mines, 211. On les y oblige en les payant, 217. Belle action d'un Indien, qui se bat contre deux Espagnols, 221. Les Indiens du Higuey sont défaits, 221. 222. Mesures, que prend la Cour pour les policer, 230. Horrible massacre des Indiens de Xaragua, 254. Indiens du Continent, 240. Les Insulaires de la Jamaïque croient les Espagnols immortels, 255. Désespoir des Indiens du Higuey, 263. 264. Les Insulaires sont plus maltraitté que jamais, 265. Comment ceux de Portoric s'assûrent que les Espagnols ne sont pas immortels, 280. 281. Ce qui les porte à se soûmetre à eux, 282. Les PP. Dominiquains entreprennent de convertir les Insulaires de l'Espagnole, & y réussissent, 288. Indiens de Carthagene. Voyés *Ojeda*, 289. Ils sont défaits, 291. Indiens de Saint Sebastien, *la même*. On examine au Conseil la maniere, dont on doit traitter les Indiens, 313. 314. Ordonnances en leur faveur sans effet, 315. Indiens enlevés à la Cote de Cumana, 327. Les autres s'en vengent sur les Missionnaires Dominiquains, 328. On veut empêcher les Missionnaires d'instruire les Insulaires de l'Espagnole, 329. Ils se convertissent, 330. On permet les mariages des Espagnols avec les Indiennes, 333. Sous quel prétexte on prétend qu'ils doivent demeurer dans l'Esclavage, 344. La petite Verole en fait mourir un grand nombre, 349. Leur Cause est plaidée de nouveau, 259. & *suiv*. Indiens de l'Yucatan, 367. Indiens sujets à l'yvrognerie, 417. On examine de nouveau, s'il faut les rendre libres, ou les retenir esclaves, 454. Déliberation prise à ce sujet, sans effet, 456. Nouvelles disputès à leur sujet, 477.

Jourdain, Fleuve de la Floride

Sa découverte, d'où vient ce nom, 408. Son premier nom, 410.

Jouvence, Fontaine de Jouvence, 322. *& suiv.*

Isabelle Reine de Castille. Ce qu'elle dit au sujet du peu de profondeur des racines des arbres dans l'Isle Espagnole, 16. Elle accepte les conditions proposées par Christophle Colomb, 76. Les dépenses qu'elle fait pour les Indes, 113. Elle trouve mauvais qu'on réduise les Indiens en servitude, 133. Elle veut que les seuls Sujets de la Couronne de Castille passent aux Indes, 143. Elle s'irrite contre Christophle Colomb, & le rappelle, pourquoi, 191. Elle lui donne une Audience particuliere, & ce qu'elle lui dit, 202. *& suiv.* Elle se confirme dans la pensée de n'envoyer aux Indes que ses propres Sujets, 208. Sa mort & son caractere, 257. *& suiv.* Ses ordres pour l'éducation des jeunes Caciques, 396. Voyés *Ferdinand Isabelle.*

Isabelle, une des Isles Lucayes, 88.

Isabelle, première Ville bâtie dans le Nouveau Monde. Sa situation, 120. On y établit un Conseil, 125. On la trouve mal placée, 144. Grande disette & grande mortalité dans cette Ville, 149. Sa décadence, 218.

Juana, Nom donné à l'Islé de Cuba, par Christophle Colomb,

Ivana. Voyés *Iguana.*

Jucatan. Voyés *Yucatan.*

Juifs, Ils sont exclus du Nouveau Monde, 209. 213.

Jules II. Souverain Pontife. Il consent à l'érection de quelques Evêchés dans le Nouveau Monde, 309.

Julien. Indien de l'Yucatan, amené à l'Isle de Cuba, 368. Il sert d'Interprete à Grijalva, 376.

Junte extraordinaire pour examiner la Cause des Indiens, 356.

K

K*impech.* Voyés *Campeche.*

L

L*Abat. Le P. Labat*, Dominiquain, ce qu'il dit du grand gosier, 30. Du Colibry, 32. Et de l'origine du mot de Tabac, 41.

Laboureurs. Voyés *Las Casas*, 346. 353.

Lachaux. M. de Lachaux, un des Protecteurs du Licencié de Las Casas, qui lui communique son projet d'Etablissement à la Terre Ferme de l'Amérique, 354. 364.

Lacs de l'Isle Espagnole, 18. *& suiv.*

Lambis, sorte de Coquillage, qui se trouve sur les rivages de l'Isle Espagnole, 21.
Lamentin, Description de cet animal, 24. 25. Histoire d'un Lamentin apprivoisé, 25. 26. Christophle Colomb le prend pour la Syrene des Anciens, 108.
Langage des Insulaires de l'Espagnols, 53.
Lapa, Cap de Lapa. Sa situation, 166.
Larez. Voyés *Guahaba*.
Lariz. *Amador de Lariz*, Thrésorier Royal dans l'Isle de Cuba ; il engage Velasquez à nommer Cortez, Capitaine General de la Flotte, destinée à la Conquête de la Nouvelle Espagne, 383.
Limaçon de Mer, dans les Mers des Antilles, 21.
Lebron. *Le Licencié Lebron*, Distributeur des Negres dans l'Isle Espagnole, 332.
Ledesma. *Pierre de Ledesma*, Pilote Espagnol, action hardie, qu'il fait pour sauver Christophle & Barthelemy Colomb d'un grand danger, 245.
Lemery. Erreur de M. de Lemery sur l'origine du mot de *Petun*, 41.
Leogane, 235. Voyés
Leon. *Jean Ponce de Leon*, Capitaine Espagnol, mene les Milices de San-Domingo à la guerre du Higuey, 267. Il passe dans l'Isle de Portoric, il y est bien reçû, il en est fait Gouverneur, 278. 279. Il y fait la guerre avec succès, 281. Il court après la Fontaine de Jouvence, 321. 322. Il découvre la Floride, 323. Il retourne à l'Isle de Portoric, 324. Il ne fait aucun Etablissement à la Floride, 410.
Lepre, Maladie commune à San-Domingo, 224.
Linotte, Oiseau de l'Isle Espagnole, 30.
Lions, communs dans la Coriane ; mais il n'y font point de mal, 449.
Locuyos, ou, Mouches luisantes. Description de cet Animal, 32. 33.
Louyse. La Baye du Can de Louyse, ou l'Acul, 93.
Lucayes. *Isles Lucayes*, leur situation, 6. D'où vient ce nom, 87.
Lucayes, Habitans des Lucayes, 87. On les enleve pour les mener à l'Isle Espagnole, comment, & avec quel succès, 268. 269. On s'en sert avec succès pour la Pêche des Perles, 276.
Lucques. *Fernand de Lucques*, Ecolatre de l'Eglise de Sainte Marie l'Ancienne. Sa société avec Pizarre & Almagre, pour la découverte du Perou. Comment il la cimente, 440.
Lumbreros. *Pierre de Lumbreros*, son courage pour découvrir un Lac, 19.
Lune, effet de sa clarté sous la

Zone Torride, 12.
Luxan. Jean de Luxan, Conseiller du Conseil d'Isabelle, 125.

M

Macana, sorte d'Armes des Insulaires de l'Espagnole, 50.
Macoris, Riviere de l'Isle Espagnole, sa situation, 17.
Magdeleine. La Magdeleine, Forteresse, 155.
Magua, Royaume de l'Isle Espagnole, 61.
Maguana, Royaume de l'Isle Espagnole, 61. Voyés *San-Juan*, 62. 406.
Majesté, La premiere fois, que ce Titre fut donné au Roi d'Espagne, 360.
Majorada, Ville de l'Isle Espagnole, 406.
Maisons des Insulaires de l'Isle Espagnole, leur description, 51. 52.
Maïz, sorte de Legumes de l'Amérique, 50. 51.
Mal de Naples, son origine, & les divers noms, qu'on lui donne, 43. 44.
Malaber est envoyé à Roldan, pour le faire rentrer dans son devoir, 155.
Maldonade. Alphonse Maldonade, est nommé Alcaïde Major de l'Isle Espagnole, 208. Il fait mettre en prison Christophle de Tapia, 273.
Malfenis, Oiseau de proye de l'Isle Espagnole, 30.
Mameys, Abricots de S. Domingue, imagination des Insulaires de l'Espagnole sur ce fruit, 59.
Manati. Voyés *Lamentin*, 25.
Manauré, Cacique Indien de la Province de Venezuala. Il s'allie avec les Espagnols, 449. Les Allemands le mettent à la Torture, pour sçavoir où est son Or, 452.
Mancia, Femme du Cacique Henry, 470.
Manicatex, General de l'armée des Insulaires de l'Espagnole, 133. Il se soûmet aux Espagnols, 134. Roldan se retire chés lui, & reçoit son Tribut, 155.
Manioc, plante des Indes, 51. Le jus de sa racine est un poison très-présent, 329.
Manuel. D. Jean Manuel, 356.
Manzanedo. Le P. Bernardin de Manzanedo, Jeronymite, est envoyé Commissaire aux Indes, 336. Il passe en Espagne, 345. Il se retire à son Couvent, 347.
Maracapana, Village de la Côte de Cumana, 188. 412.
Maraguey, Cacique Indien qui fait massacrer deux Religieux de S. Dominique, 413.
Maravedis, Monnoye d'Espgne, 84.
Marc-Paul de Venise, 70.
Marchena. Le P. Jean Perez de Marchena, Francisquain, rend service à Christophle

Colomb, 74. 80.
Marée de l'Isle Espagnole, 7.
Margarit. Le Commandeur D. Pedro Margarit, Seigneur Catalan. Est fait Commandant du Fort de Saint Thomas, 124. Il est envoyé pour faire des courses sur les Terres de Caonabo, 125. Il reçoit ordre de visiter toutes les Provinces de l'Isle Espagnole, 126. Belle action, & mauvaise conduite de ce Commandant, 127. Il repasse en Espagne, 128. Il y invective contre les Colombs, 136.
Marguerite, Isle. Sa découverte, 169. Les Espagnols de Cubagua s'y retirent 277. Etablissement fait dans cette Isle, 490.
Marie, Femme Indienne de la Côte de Cumana, sert d'Interprete à Las Casas, 417.
Marien, Royaume de l'Isle Espagnole, 61.
Marigalante, l'une des Antilles, Pourquoi elle est ainsi nommée, 114.
Marin, Louis Marin, Officier Espagnol, va joindre Fernand Cortez à la nouvelle Espagne, 391.
Martin. Benoît Martin, Chapelain de Velasquez, qui l'envoye en Espagne, 385.
Martinique. Voyés *Matinino*.
Martyr. D. Pierre Martyr d'Anglerie. Seigneur Milanois. Ecrit peu exactement sur le sujet des Indes, 4. Ce qu'il dit du Lac Xaragua, 18. Ce qu'il dit de la naissance de Christophle Colomb, 64. Ce qui fait que son authorité n'est pas grande au sujet des Indes, 117. Il donne toûjours le tort aux Indiens, 131. Il est du Conseil des Indes, 347.
Martyrs, Isles de la Floride, 323.
Matance, Baye & Bourgade de l'Isle de Cuba, 372.
Matienço. Le P. de Matienço, Dominiquain, Confesseur du Roi Ferdinand, rend service à Las Casas, 334.
Matinino, une des Antilles, aujourd'hui la Martinique. On prétend qu'elle a peuplé l'Isle Espagnole, 4. 214.
Matteos. Fernand Perez Matteos, Pilote sous Christophle Colomb, 163.
Maures, ils sont exclus des Indes, 209. 213.
Mayci, La Pointe de Mayci, dans l'Isle de Cuba.
Mayobanex, Cacique des Cyguayos retire chés lui Guarionex, 157. Refuse l'amitié de Barthelemy Colomb, & de lui remettre Guarionex, *la même*. Réponse généreuse, qu'il fait à ses Sujets, 158. Il est pris & pendu à San-Domingo, 159. 160.
Medecins. Quels ils étoient, & comment on les traittoit parmi les Insulaires de l'Espagnole, 57. 58.
Medina Celi, Les Ducs de Medina Celi, & de Medina Sidonia,

refusent d'écouter Christophle Colomb, 74.

Melchior, Indien de l'Yucatan, mené à l'Isle de Cuba, 368. Il sert d'Interprete à Grijalva, 376.

Mendez. Diego Mendez passe en Canot de la Jamaïque à l'Isle Espagnole, 246. 247. Il ne peut rien obtenir du grand Commandeur, & passe en Espagne, 247.

Mendoza. Le Cardinal de Mendoza, Archevêque de Tolede, donne une Audience favorable à Christophle Colomb, 75. Comment il le fait servir à table, 109.

Mer, Nature de la Mer des Antilles, 20. 21.

Mer du Sud. Sa découverte, 429. voyés *Balboa.*

Mescia, ou *Mexia. Rodrigue de Mescia* est envoyé pour découvrir un Lac, & ne peut aller jusqu'au bout, 19. Il est envoyé contre les Indiens, & les défait, 235. Il est chargé de plusieurs Etablissemens, 236.

Le P. Pierre Mexia, Superieur General des Franciscquains est donné pour Adjoint aux Evêques de San-Domingo, & de Sant-Yago, pour regler la maniere de traitter les Indiens, 445.

Mexique. Voyés *Nouvelle Espagne*, *Grijalva*, & *Cortez.*

Mines. Mine d'Or, à la source de l'Yaqué, 19. Mines de Cibao. Voyés *Cibao.* Découvertes des Mines de Saint Christophle, 138. 139. Mines de Cuivre près de Puerto Real, 267. Mines d'Argent & de Fer dans l'Isle Espagnole, 461.

Mini, Bourgade de l'Yucatan, comment les Espagnols y sont reçûs, & ce qu'ils y apprennent, 375.

Minieres de l'Isle Espagnole, 20.

Missionnaires, On les empêche d'instruire les Insulaires de l'Espagnole de nos Mysteres, 329. Leurs bons exemples convertissent ces mêmes Insulaires, 330.

Mohuis, sorte de Quadrupede de l'Isle Espagnole, 95.

Moluques. Christophle Colomb propose de chercher un passage par l'Amérique, pour aller aux Moluques, 204.

Mombins, sorte de Fruits de l'Isle Espagnole,

Mona La Mona, petite Isle entre Portoric & l'Isle Espagnole, 5. Le Roi Catholique en cede la proprieté à D. Barthelemy Colomb pour sa vie, 321. Les Anglois y débarquent, 405.

Montserrat, une des Antilles. Sa découverte, & d'où lui vient ce nom, 114.

Montagnes d'une hauteur extraordinaire dans l'Isle Espagnole, 15.

Monte-Cristo, Montagne, Riviere, Bourgade, 17. 99. 475.

Monte

Monte di Plata, Montagne de l'Isle Espagnole, d'où lui vient ce nom, 100. Bourgade, à quelle occasion elle fut bâtie, 482.

Montejo. François de Montejo, un des Capitaines de l'Escadre de Grijalva, 371. Comment il est reçû dans l'Yucatan, 374. Il entre dans le *Rio de Banderas*, & y est bien reçû, 378. Il n'est pas du sentiment qu'on s'établisse dans la nouvelle Espagne, 382. Il commande un des Navires de la Flotte de Cortez, 389. Il est nommé Alcaïde de la Vera-Cruz, 390. Il est envoyé en Espagne par Cortez, & bien reçû de l'Empereur, 392. Il est chargé de peupler l'Yucatan, 443.

Montesino. Le P. Antoine Montesino, Dominiquain. Prêche contre les Départemens à San-Domingo, & ce qui en arrive, 311. 312. Son Superieur l'envoye en Espagne, où il plaide sa Cause avec succès, 313. 314. 315. Il s'embarque pour la Côte de Cumana, 325. Il tombe malade à Portoric, 326.

Moralez. André de Moralez, Pilote Espagnol. Son Serment, 188.

Moralez, Thrésorier fort puissant à la Cour. Les Révoltés de la Jamaïque comptent sur sa protection, & pourquoi, 249.

Morla. François de Morla, un des Capitaines de la Flotte de Cortez, 389.

Morne rouge, dans la plaine du Gap, on croit qu'il renferme une Mine de Cuivre, 267.

Mota. Le Docteur Mota, Evêque de Badajoz, ce qui se passe chés lui, 358.

Motezuma, Empereur du Mexique est informé de l'approche des Espagnols, & les ordres qu'il donne, 370.

Mouches luisantes. Voyés *Locuyos.*

Mouchoir quarré. Ecüeil, 5. Voyés *Abrojo.*

Moules, 21.

Moustiques, préservatif contre ces Insectes, 32.

Moxica. Adrien de Moxica, un des principaux Officiers de la conspiration de Roldan, 174. L'Amiral lui écrit, 183. Il est pendu, 190.

Mulets, sortes de Poissons, qu'on pêche sur les Côtes de l'Isle Espagnole, 21.

N

Narvaez. Pamphile de Narvaez va chercher Ojeda à l'Isle de Cuba, 295. Il fait à la Cour d'Espagne les affaires de Velasquez, 386. Velasquez le nomme General de sa Flotte contre Cortez, sa conduite à l'égard de Vasquez, 393. Il est chargé de faire un Etablissement dans la Floride, 443.

Navedad. La Navedad, nom de la premiere Forteresse, qui

fut bâtie dans l'Isle Espagnole, 97. Christophle Colomb à son son retour la trouve brûlée & démolie, 115. Comment cela s'étoit passé, 117.

Naufrage d'une Flotte Espagnole chargée d'Or, 215.

Negres. Le Grand Commandeur Ovando s'oppose à ce qu'on envoye des Negres aux Indes, & pourquoi, 229. On les introduit dans l'Isle Espagnole, 287. A quelle occasion, 288. Las Casas propose d'en envoyer par toutes les Indes, 346. Le premier envoy des Negres ne réüssit point, & pourquoi, 347. Les Negres désertent & se rangent auprès du Cacique Henry, 401. On en demande un grand nombre à l'Empereur, 407. Ils se multiplient dans l'Isle Espagnole, & s'y révoltent, 422. Ils sont défaits & punis, 423.

Newport. Christophle Newport, prend & pille Yaguana, 481.

Neyva, une des grandes Rivieres de l'Isle Espagnole, 17.

Nicaragua, entreprise pour s'établir sur les bords du Lac Nicaragua, 439. Voyés *Pedrarias*.

Nicayagua, un des noms de la Riviere Yaqué, 122.

Nicot. M. Nicot, Ambassadeur de France à Lisbonne, envoye à la Reine Mere la premiere Plante de Tabac, qui soit venuë dans ce Royaume, 41.

Nicotiane, nom, qui fut donné au Tabac à cause de M. Nicot.

Nicuessa. Diego de Nicuessa est nommé Gouverneur de la Castille d'Or, 283. 284. Il enleve cent Caraïbes à l'Isle de Sainte Croix, 284. Réponse qu'il fait à Ojeda, qui lui proposoit de vuider leur différent par un Combat singulier, *la même*. Il secoure fort à propos le même Ojeda, 290. 291. Il essuye une rude Tempête, & les malheurs, dont elle fut suivie, 302. *& suiv.* On l'appelle pour gouverner la Colonie du Darien, & sa mauvaise conduite, 305. Il n'est point reçû à Sainte Marie, *la même*. On cherche à la tromper, & on en vient à bout, 306. 307. Ce qu'il devint, 307.

Niña. La Niña, une des Caravelles, qui découvrirent le Nouveau Monde, 80.

Nizao, Riviere de l'Isle Espagnole, 19.

Nombre de Dios, Ville Espagnole du Continent de l'Amérique. Découverte de l'endroit où elle a été bâtie, 215. Sa Fondation, 304.

Nords, nom qu'on donne à S. Domingue aux Vents forcés du Nords.

Norogna. D. Martin de Norogna, reçoit ordre du Roi de Portugal de conduire Christophle Colomb jusqu'à Lisbonne, 105.

Nortez. Ginez de Nortez, un des Capitaines de la Flotte de Cortez, 389.

Nourriture, ordinaire des Insulaires de l'Espagnole, 50. 51.

Nugnez. Alphonse Nugnez, un des Capitaines de Nicuessa, 303.

O

O*Bseques* des Insulaires de l'Espagnole, 45.

Ocampo. Gonzalez de Ocampo, est chargé d'aller punir les Indiens de la Côte de Cumana, 413. De quelle maniere il s'y prend pour en venir à bout, 414. Il execute ses ordres, 415. Il commande l'Escadre, qui porte Las Casas au même endroit, 416. Il retourne, sans avoir rien fait, à l'Isle Espagnole, & pourquoi, 117.

Ojeda. Alphonse de Ojeda, Capitaine Espagnol, son caractere, 120. 295. Il découvre les Mines de Cibao, 121. Il est chargé de défendre la Forteresse de Saint Thomas, 125. De quelle maniere il se saisit de Caonabo, 130. 131. Il découvre l'impieté de quelques Indiens, 131. Il part d'Espagne, pour faire des découvertes, 186. Succès de ce Voyage, 187. Il passe à l'Isle Espagnole, sa conduite avec l'Amiral, 188. & *s.* Il entreprend un second Voyage avec Americ Vespuce, qui se broüille avec lui, & le fait mettre aux fers, 216. Risque qu'il courre en se sauvant, 217. Il est fait Gouverneur de la nouvelle Andalousie, 283. Il se broüille avec Nicuessa, & le défie, 284. Il menace le Gouverneur de la Jamaïque, & met à la voile, 185. Ses avantures à la Côte de Carthagene, 289. Il bâtit la Ville de Saint Sebastien, 291. Il est blessé d'une Fléche empoisonnée, 292. Etrange maniere, dont il se guérit, 293. Il s'embarque pour l'Isle Espagnole, & il est mis aux fers dans son Navire, *la même.* Il est dégradé dans l'Isle de Cuba, ce qu'il y eut à souffrir. Sa dévotion envers la Mere de Dieu, 294. Il arrive à la Jamaïque, & passe à l'Isle Espagnole, où il meurt miserable, 295.

Alphonse de Ojeda, différent du précedent, enleve des Indiens dans le Continent de l'Amérique, 412. Il y périt dans une Embuscade, 413.

Olano. Lopé de Olano, Lieutenant de Nicuessa, l'abandonne, & par-là est cause de presque tous ses malheurs, 302. Nicuessa lui fait grace de la vie, & le retient prisonnier, 303.

Olid. Christophle de Olid, est envoyé pour sçavoir des nouvelles de la Flotte de Grijalva ; un coup de Vent l'oblige à retourner à l'Isle de Cuba, 380. Il commande un des Navires de la Flotte de Cortez, 389.

Ophir. Voyés *Vatable*.

Opinion, preuve sensible que c'est l'opinion des Hommes, qui met le prix aux choses, 96.

Or, comment les Indiens se disposoient à chercher de l'Or, 47. 243.

Oracles, les fausses Divinités des Insulaires de l'Espagnole rendoient des Oracles, 54. Fourberie à ce sujet, 55.

Ordaz. Diego de Ordaz. Velasquez lui ordonne de prêter main forte à son Envoyé contre Cortez, 389.

Pierre de Ordaz passe en Canot de l'Isle de Cuba à la Jamaïque, pour y demander du secours en faveur d'Ojeda, 295.

Orenoque, grand Fleuve du Continent de l'Amérique. Force de son courant, 167. 168.

Oristan, Ville ou Bourgade de la Jamaïque, 407.

Orozco. François de Orozco est chargé de l'Artillerie, pour la Conquête de la nouvelle Espagne, 389.

Ortiz. Dom Diego Ortiz, Evêque de Ceuta. Autrement, *Le Docteur Calçadilla*, sa mauvaise foi à l'égard de Christophle Colomb, 70.

Ortolans de l'Isle Espagnole, 29.

Oruba, Isle de la Côte de Venezuela, Jean d'Ampuez s'en empare, 450. Il s'y retire, & pourquoi, 452.

Oüan. Voyés *San-Oüan*, 64.

Ovando. D. Nicolas Ovando, Commandeur de Larez, puis grand Commandeur d'Alcantara. Envoye découvrir un Lac de l'Isle Espagnole, 19. Il est nommé Gouverneur General des Indes, 207. Ses instructions, 208. 209. 210. Il arrive à San-Domingo, 210. Sa conduite en arrivant, 211. Il songe à bâtir des Villes & des Bourgades, 212. Il refuse de recevoir Christophle Colomb à San-Domingo, & pourquoi, 214. 215. Il méprise un avis, que cet Amiral lui donne, 215. Il oblige les Insulaires à travailler aux Mines, en les payant, 317. Il envoye des Troupes pour réduire la Province du Higuey, 220. Il rebâtit San-Domingo, & le place mal, 222. Il y fait construire une Citadelle, & un Hôpital, 225. Il écrit en Cour au sujet des Insulaires, 227. La réponse, qu'on lui fait, 226. Il établit les Départemens d'Indiens, *la même*. Eloge de de son Gouvernement. Il bâtit deux Monasteres de Saint François, 229. Nouveaux ordres, qu'il reçoit de la Cour; il trouve le moyen de les éluder, 230. Il reçoit des plaintes contre la Reine de Xaragua, & prend la résolution de se transporter sur les lieux, 231. Réception, que lui fait la Reine: il se persuade qu'elle a effectivement de mauvais desseins contre les Espagnols, 232. Il se saisit de sa personne, 233. Il la fait pendre, Cruautés, qu'il exerce contre les Sujets de cette Princesse, 234. Il fonde plusieurs Villes, 235. 236. Son insensibilité, en apprenant que Christophle Colomb étoit dégradé à la Jamaïque, 248. Il lui fait sçavoir de ses nouvelles d'une maniere, qui sent l'insulte, 252. Il l'envoye chercher, 255. Réception, qu'il lui fait, 256. Il recommence la guerre dans le Higuey, 263. Ce qu'on disoit de bien & de mal de sa maniere de gouverner, 265. Il s'oppose envain à ce qu'on donne des Départemens aux Seigneurs de la Cour, 266. Il remedie au concubinage, qui s'étoit introduit dans l'Isle Espagnole, & propose d'y transporter les Habitans des Lucayes, 268. De quelle maniere il garantit Bernardin de Sainte Claire de sa ruine entiere, 270. Il est rappellé, 271. Causes de son rappel, 272. Il est regretté dans les Indes, 273. Il est bien reçû à la Cour, 274. Pourquoi il s'oppose à ce qu'on introduise des Negres dans les Indes, 287.

Oviedo. Gonzale-Fernandez d'Oviedo y Valdez, Autheur d'une Histoire des Indes, ce qu'il dit du Lac Xaragua, 18. Ce qu'il dit des moeurs des Insulaires de l'Espagnole, 42. Et de l'origine du mal de Naples, 44. Il croit que les Antilles sont les Hesperides, & ses imaginations à ce sujet, 68. Comment il raconte la maniere, dont une des Caravelles de Christophle Colomb l'abandonne, 100. Voyés 128. 131. 138. 163. Ce qu'il dit à Charles-Quint de la Ville de San-Domingo, 225. Ce qu'il dit au même Empereur au sujet de Christophle Colomb, 261. Il parle mal de Las Casas, 421. Il passe dans la Castille d'Or, & en quelle qualité, 434. Il se broüille avec Pedrarias, & repasse en Castille, 457. Il est chargé de transporter les Habitans de Sainte Marie l'Ancienne à Panama, 439. Ce qu'il raconte de la mort de D. Diegue Colomb, 442.

Ouragan, origine de ce terme, 53. Ce qui fait cesser les Ouragans sur la Côte du Sud de l'Isle Espagnole, 275.

Ozama, un des grands Fleuves de l'Isle Espagnole, 17. 225.

Oyes, particularités de ces Oiseaux dans l'Isle Espagnole, 29.

TABLE

P

P*Acheco. Catherine Suarez Pacheco*. Cortez l'épouse, malgré les Parens de la Demoiselle, 384.
Padilla. Le P. Garcias de Padilla, Francisquain, est proposé pour l'Evêché de Larez, 309. 310. Est nommé premier Evêque de San-Domingo, 310. 347. 355.
Pagurus, espece de Cancre, 22.
Paix. Le Port de Paix, son premier nom, sa situation, 5.
Palacios Rubios. Le Docteur Palacios Rubios, est chargé de convenir avec Las Casas d'un Reglement pour les Indiens, 335.
Palencia. Voyés *Fonseca*.
Palmier, particularités de cet arbre, 16.
Palos. Port de l'Estramadoure, 79. Il avoit les meilleurs Matelots de l'Espagne du têms de Christophle Colomb, qui s'y embarque, pour la découverte du Nouveau Monde, 80.
Panama, fondation de cette Ville, 438.
Province de Panama, 436.
Pani, Riviere de l'Isle Espagnole, 19.
Panuco, Province de Panuco, 381.
Paon, où ces Oiseaux se trouvent dans l'Isle Espagnole, 29.
Paradis. Paradis des Insulaires de l'Espagnole, 59. Le Paradis terrestre placé dans l'Isle Espagnole, 69. Idée de Christophle Colomb sur le Paradis Terrestre, 168.
Paria, Côte du Continent de l'Amérique, sa découverte, 166.
Paros, une sorte de Monnoye Espagnole, 311.
Pasmo, sorte de Maladie, 224.
Passamonté. D. Michel de Passamonté, bâtit un Hôpital à San-Domingo, 225. Est envoyé à l'Isle Espagnole, avec le titre de Thrésorier General, & pour y administrer la justice, 270. Il est ennemi déclaré de l'Amiral D. Diegue, 330. Il demande au Roy la permission de passer en Espagne, & la réponse qu'il en reçoit, 341. Les PP. Jeronimites font de grandes plaintes de lui, 352. Il protege Velasquez contre l'Amiral, 366. Il contribuë à la disgrace de Figueroa, 408. Il rend de mauvais services à l'Amiral, 424. Balboa s'assûre de sa protection par des presens, 428. Il signe des Provisions de Capitaine General en faveur du même Balboa, 430. Sa mort, 441.
Patate. Racine, qui fait une des plus ordinaires nourritures dans l'Amérique, 50. Diverses especes de Patates, 51. 89.
Pedrarias. D. Pedrarias Davila, plaintes de Las Casas contre

lui, 357. & de l'Evêque du Darien, 358. Il est nommé Gouverneur de la Castille d'Or, 433. Il arrive à Sainte Marie l'Ancienne, 434. De quelle maniere il est reçû, 435. Il fait faire le Procès à Balboa, *la même*. Sa mauvaise foi à l'égard de Balboa, 436. Il lui fait couper la tête, 437. Avis, qu'il reçoit de la part des PP. de Saint Jérôme, *la même*. Cruautés, qu'il exerce contre les Indiens; il transporte la Ville de Sainte Marie l'Ancienne à Panama, 438. Il songe à la découverte du Perou, & à l'Etablissemeut sur le Lac Nicaragua, 439.

Perdrix dans l'Isle Espagnole, 29.

Perez, Matelot Espagnol, qui le premier découvre l'Isle de la Trinité, 164.

Perez. Rodrigue Perez, Sergent Major, 190.

Perles, découverte de la Pêche des Perles, 168. 169. 277. 432.

Perou, premieres notions du Perou données aux Espagnols, 429. Traitté pour la découverte de ce grand Pays. D'où vient le nom de Perou, 440.

Perroquets, sont naturels aux Isles de l'Amérique, 30. Manieres de les prendre, 46. On en apporte un grand nombre aux Espagnols, 87.

Perroquets de mer, 24.

Pers. Le P. Jean-B. le Pers Jesuite. Voyés *la Préface*. Ce qu'il dit du Lac Xaragua, 18. Ce qu'il dit du Colibry, 32.

Pêcheurs ou *Aigrettes*, Oiseaux, 30.

Petun. Voyés *Tabac*.

Philippes I. Roy d'Espagne, arrive en Espagne. L'Amiral lui envoye son Frere, 259.

Pians, sorte de Maladie, qui fait périr beaucoup de Volailles, 29.

Picardie. Des PP. Francisquains de Picardie vont aux Indes, en qualité de Missionnaires, 342.

Pic-vert de l'Isle Espagnole, 29.

Pilote, sorte de Poisson, 21. 23.

Piment Voyés *Axi*.

Pinçon. François-Martin Pinçon, Pilote de la Pinta, une des Caravelles, qui firent la découverte du Nouveau Monde, 80.

Martin Alphonse Pinçon, Commandant de la Pinta, 80. Il s'imagine avoir vû la Terre, 81. Il quitte Christophle Colomb, 90. Il le rejoint, & ce qu'il avoit fait pendant sa séparation, 100. Son arrivée en Espagne, 105. 106. Sa mort, 106.

Vincent Yanez Pinçon, Commandant de la *Niña*, 80. Il secoure à propos Christophle Colomb, 95.

Pins. Isle des Pins, 238.

Pinta. Voyés *Pinçon*.

Pintades. Poules Pintades originaires de l'Isle Espagnole,

leur différence de celles de Guinée, 29.
Pise. Bernard de Pise, conspire contre Christophle Colomb; qui l'envoye prisonnier en Espagne, 122.
Pizarre. François Pizarre, Ojeda le laisse Commandant à Saint Sebastien, 293. Il s'embarque pour retourner à l'Isle Espagnole, 296. Enciso l'oblige à retourner à Saint Sebastien, 297. Il accompagne Balboa dans ses Conquêtes, 428. Il s'offre pour la Conquête du Perou, 439. Son association avec Fernand de Lucques, & Diego de Almagro, 440.
Catherine Pizarro Altamirano, Mere de Fernand Cortez, 383.
Plata. Monte di Plata, 100.
Platon, Ce qu'il dit de l'Isle Allantide, 66. & de ce qui étoit au-delà, 67.
Playa. Puerto de la Playa, 164.
Pluyes, particularités sur les Pluyes de l'Isle Espagnole, 10.
Poison, effet extraordinaire d'un poison, 419.
Poissons qui se trouvent sur les Côtes de l'Isle Espagnole, 21.
Pommes de mer, sorte de Coquillages, 21.
Pompes d'eau, ce que c'est, 241.
Pontevedra, Cavalier Espagnol, désarmé par un Indien, 221.
Porcello. Vasco Porcello, prétend au Commandement de la Flotte destinée à la Conquête de la nouvelle Espagne, 382.
Porcelaine, sorte de Coquillage, 21.
Porras. François de Porras, Capitaine d'un Navire de la derniere Escadre de Christophle Colomb. Discours insolent, qu'il tient à cet Amiral, 248. Il se révolte ouvertement, & ce qui le rendoit si hardi, 249. Il s'embarque envain jusqu'à trois fois, pour passer à l'Isle Espagnole, ce qu'il dit aux Insulaires contre l'Amiral, 250. Sa conduite à leur égard, 351. De quelle maniere il répond aux avances de l'Amiral pour le régagner, 253. 154. Il est défait & pris par D. Barthelemy Colomb, 254. Ovando le délivre malgré l'Amiral, 256.
Port du Prince dans l'Isle du Cuba, 90.
Portobelo, sa situation, origine de ce nom, 25.
Portocarrero. Alphonse Fernand de Portocarrero, Commandanr d'un Vaisseau de la Flotte de Cortez, 389. Il est fait Alcaïde de la Vera-Cruz, 390. Il est Député au Roi d'Espagne, pour l'informer de tout ce qui s'étoit passé, soit dans l'Isle de Cuba, entre Velasquez & Cortez, soit dans la nouvelle Espagne, 392.
Portoplatte, autrement *Puerto di Plata*, 100. 101.
Portoric. Voyés *Boriquen*, 101.

Christophle

Christophle Colomb découvre cette Isle, 101. Il la visite, 114. 115. Description de cette Isle, 277. On y trouve des Mines d'Or, & elle est mise sous le joug, 278. Elle se révolte, 279. 280. 281. Elle est assujettie de nouveau, 281. 282.

Potonchan, Bourgade de l'Yucatan, les Espagnols y sont battus, 369. Grijalva y est blessé, 474.

Pourpier, Legume, 50.

Pourpre, sorte de Coquillage, 21.

Poux de Bois. Voyés *Chique*, *Nigua.*

Predicateurs du Roi, démarche hardie, qu'ils font à l'instigation de Las Casas, 354. *& suiv.*

Prêtres de l'Isle Espagnole, 57. & de l'Yucatan, 369.

Procession des anciens Insulaires de l'Espagnole. Voyés *la Vignette du premier Livre*, *& la page* 56.

Procureurs, ils sont exclus des Indes, & pourquoi, 142.

Providence, Isle de la Providence, 7.

Puerto Bueno, Port de la Jamaïque, mal nommé, 246.

Puerto de los Hidalgos, ou *Porta de los Cavalleros*, 123.

Puerto di Bastimentos, nommé depuis *Nombre de Dios*, 240. 304.

Puerto di Plata, 100. 101. l'Amiral & son Frere le visitent à dessein d'y faire un Etablissement, 139. Ovando reprend ce dessein, 218. & l'execute, 226. Etat florissant de ce Port, 406. Il est démoli, 481.

Puerto Real, autrement *Baye de Caracole*, Christophle Colomb y fait naufrage, 95. On y fait un Etablissement, 236. On tire de l'Or des Mines voisines, 306.

Q

Quevedo. D. Jean de Quevedo, Francisquain, premier Evêque de la Terre-Ferme de l'Amérique, 358. La dispute s'échauffe entre lui & Las Casas, au sujet de la maniere, dont il faut traitter les Indiens, 359. Son discours en présence de Charles-Quint, 360. 361. Il veut parler de nouveau, & on ne le lui permet pas, 364. Sa mort, 365. Où étoit le siege de son Evêché, 433.

Quibia, Cacique du Veragua, 241. D. Barthelemy Colomb lui rend visite, & ce Cacique le trompe, 243. D. Barthelemy le fait prisonnier, il se sauve, & brûle la Bourgade Espagnole, 244.

Quint. Le Quint, droit du Roi d'Espagne, 212. Il est réduit au Dixiéme, 409.

Quisquey & *Quisqueya*, signification de ces termes.

TABLE

R

Racines, de quelle maniere les Arbres jettent leurs Racines dans l'Isle Espagnole, 15. *& suiv.*
Ramiers, 28.
Ramirez. D. Sebastien Ramirez de Fuente Leal est nommé Evêque de San-Domingo, & President de l'Audience Royale, 444. Eloge de ce Prélat, 445. Son attention à remedier aux abus, 456. *& suiv.* Il envoye beaucoup d'Or à l'Empereur, 460. Il est fait President de l'Audience du Mexique, 461.
Rancheria. La Rancheria, Bourgade du Continent de l'Amérique, auprès de laquelle on pêche des Perles, 277.
Ravet, sorte de Hanneton de l'Isle Espagnole, 35.
Rayes, Poissons, 21.
Religion des Insulaires de l'Espagnole, 53. *& suiv.*
Remora, Poisson, 23.
Remy. Le P. Remy, Francisquain, va trouver le Cacique Henry, & ce qui lui arrive, 401. *& suiv.* Il y retourne, & avec quel succès, 446.
Retrete. el Retrete, Port du Continent de l'Amérique, d'où vient ce nom, & ce qui se passe en cet endroit, 240.
Rhinoceros, sorte d'Escarbot. Sa description, 33. 34.
Riquille, ou Etang salé, 18. 19.
Riviere de l'Isle Espagnole, 17. 61.
Roche, Poisson de Roche, 24.
Rochefort. Le Ministre Rochefort, son sentiment sur l'origine du mot d'Antilles, 20. Voyés 42.
Rocou, les Insulaires de l'Espagnole se frottoient de Rocou, & l'effet que cela produisoit, 36.
Rodrigue, Cacique Indien, il va pour faire cesser la guerre du Cacique Henri, & les Révoltés le font pendre, 446.
Roldan. François Roldan Ximenez, il est nommé Alcaïde Major de l'Isle Espagnole, son caractere, 153. Il se révolte & fait soulever les Indiens, 154. 155. Il tente de s'emparer de la Conception: son entrevûë avec D. Barthelemy Colomb, 155. Son entrevûë avec Coronel, 156. Il débauche des Espagnols nouvellement débarqués, 171. L'Amiral essaye de le gagner, 172. *& suiv.* Il lui écrit, 175. Suite de la négociation, 177. Il trouve de l'appuy à la Cour, 180. Son entrevûë avec l'Amiral; il attaque de nouveau la Conception; il concluë un accord avec Carvajal; ce qui le fait rompre, 182. Nouvel accord executé, 183. Ce qui se passe entre lui & Ojeda, 188. *& suiv.* Bovadilla le comble d'honnêtetés, 199. 201. Il est rappellé, 208. Ovando informe contre lui, 211. Sa

mort, 215.

Romain. Le P. Romain, Jéronymite, prêche la Foi dans les Etats de Guarionex, 150.

Romero. Pierre Romero, Officier Castillan, est envoyé pour ratifier le Traitté fait avec le Cacique Henry, 472.

Rosées, force des rosées dans l'Isle Espagnole, 12.

Rossignol, Oiseau de l'Isle Espagnole, assés peu semblable à notre Rossignol, 30. 42.

S

S*Acrifices*, Isle, ou Caye des Sacrifices. D'où vient ce nom, 379.

Sailler. Barthelemy Sailler, Lieutenant d'*Alfinger*, 452. 453.

Saint Blaise. Le Cap Saint Blaise, sa situation, 245.

Saint Christophle. Isle de Saint Christophle, une des petites Antilles. Découverte & nommée par Christophle Colomb, 114.

Mines de Saint Christophle, 139. 265.

Montagnes de Saint Christophle, 243.

Saint Dominique. Le P. Alphonse de Saint Dominique, Jeronymite, un des Commissaires envoyés aux Indes, 336.

Saint Esprit, Ville de l'Isle de Cuba, 387.

Saint Jean de Portoric, Isle, 114. Voyés *Portoric*. La Ville de Saint Jean de Portoric est érigée en Evêché, 310.

Saint Michel, Golphe de Saint Michel, 432.

Saint Michel, Gentilhomme Espagnol, est envoyé contre le Cacique Henry, il convient avec lui d'une entrevûë, 447. Il la manque par son imprudence, 448.

Saint Nicolas. Port & Mole Saint Nicolas, 90.

Saint Romain. Le Cap Saint Romain, 450.

Saint Sebastien, fondation & situation de cette Ville, 291. Elle est brûlée par les Indiens, 297.

Saint Thomas, Port de l'Isle Espagnole. Ses autres noms, 93.

Fort de Saint Thomas, bâti pour la sûreté des Mines de Cibao, 124.

Sainte Catherine, Port de l'Isle de Cuba, 90.

Sainte Claire. Bernardin de Sainte Claire Thrésorier, amasse des biens immenses, son luxe insensé; on lui fait son procès. Ses biens sont vendus, & on trouve moyen de les lui conserver, 270.

Sainte Croix. Voyés *Cozumel*.

Sainte Helene. Cap Sainte Helene, sa situation, 410.

Sainte Marie. Port Sainte Marie, 174.

Sainte Marie, nom que Christophle Colomb donna à la Capitane, qu'il montoit, lorsqu'il découvrit le Nouveau Monde, 80.

Sainte Marie, une des Isles Açorres, ce qui y arrive à Christophle Colomb, 103.
Sainte Marie l'Ancienne, Ville bâtie sur le Darien, ainsi nommée en vertu d'un Vœu, 300. Voyés *Quevedo*. Elle est abandonnée, & les Habitans transportés à Panama, 438.
Saisons, différence & partage des Saisons dans l'Isle Espagnole, 13.
Salamanca. Diego de Salamanca, Maître d'Hôtel de Christophle Colomb, qui l'envoye à Bonao, 181.
Salamanque. Le P. Michel de Salamanque, Dominiquain. Son discours hardi en présence du Conseil des Indes, 355.
Salvaleon de Higuey, situation & fondation de cette Ville, 264. Ponce de Leon, Gouverneur de Salvaleon, 278. On commence à y faire du Sucre, 406.
Salvatierra de la Savana, Ville Espagnole, sa fondation, 236. Ses Armoiries. Voyés *Armoiries*, cette Ville est le rendez-vous pour la Conquête de Cuba, 316.
Salzedo, Domestique de Colomb, 84.
Salzedo, les Insulaires de Portoric le noyent, & pourquoi, 280.
Diego Lopez de Salzedo, neveu du grand Commandeur Ovando, est pourvû du Gouvernement de la Forteresse de San-Domingo, 272.
Jean de Salzedo, est envoyé par Velasquez aux PP. de Saint Jérôme, & pourquoi, 382.
Samana, presqu'Isle de l'Isle Espagnole, sa situation, 101.
Sancedo. François Sancedo, un des Capitaines de la Flotte de Cortez, 389.
Sanchez. Rodrigue Sanchez, Contrôleur des Guerres dans l'Escadre, qui découvrit le Nouveau Monde, 84.
San-Domingo, Capitale de l'Isle Espagnole, sa fondation. Origine de ce nom, 146. Son autre nom, *la même*. Elle est renversée par un Ouragan, 217. Elle est rebâtie magnifiquement, & mal située, 222. 223. Particularités de cette Ville, 224. 225. 226. Ouragans à cette Côte, 275. La Ville est érigée en Evêché, 276. Etat florissant de cette Ville, 406. Elle est proposée pour servir d'entrepôt universel à toutes les Indes, 438. *& suiv.* Elle est érigée en Archevêché, 477. Elle est prise & pillée par les Anglois, 480. 481. Voyés *Audience Royale*.
San-Juan de la Maguana, Ville Espagnole, 62. 435. 406.
Sandoval, Regidor, ou Conseiller de la Vera-Cruz, 390.
San-Ouan, 62. Voyés *San-Juan de la Maguana* & *Maguana*,

description, 23.

Solis. Antoine de Solis, Autheur de l'Histoire de la Conquête du Mexique, se trompe au sujet de la mort de François Fernandez de Cordouë, 369. Son sentiment sur le têms auquel Cortez se broüille avez Velasquez, 387.

Songe, les Insulaires de l'Espagnole voyoient souvent en songe les Démons, 34.

Soto. François de Soto, Las Casas l'établit Commandant dans sa Colonie, il n'execute pas les ordres, que le Licencié lui en avoit donnés, & ce qui en arrive, 418. Il meurt enragé, & pourquoi, 419.

Soto Mayor. D. Christophle de Soto Mayor, est nommé par le Roi Gouverneur de Portoric, & ce qui l'empêche d'entrer en possession de son Gouvernement, 279. Il accepte la Charge d'Alcaïde Major, & se dédit, *la même*. Sa Mort funeste, 281.

Succession, ordre des successions dans l'Isle Espagnole, 49.

Sucre, premieres Cannes de Sucre plantées dans l'Isle Espagnole, 267. Toutes les Cannes de Sucre, dont la Vega Real surtout étoit pleine, meurent, 350. Endroits, où il se fabriquoit du Sucre dans l'Isle, 406. Grand Commerce de Sucre dans cette Isle, & ce qui en revenoit au Roi Catholique, 422.

T

Tabac, maniere de le fumer, 40. Origine de ce mot, 41.

Tabaco, signification de ce mot, 41.

Tabagie, origine de ce mot, 41.

Tabasco. Voyés *Labat*.

Tabasco, Riviere, Grijalva y entre, & ce qui s'y passe, 375. *& suiv.*

Talavera. Bernardin de Talavera cherchant à fuir les poursuites de la justice, enleve un Bâtiment, sur lequel il arrive à Saint Sebastien, 292. Il fait mettre Ojeda aux fers, 293. L'Amiral D. Diegue le fait pendre, 295.

Le P. Fernandez de Talavera, Jéronymite, Confesseur de la Reine Isabelle, fait une assemblée de Cosmographes, pour examiner le projet de Christophle Colomb, 73.

Tambour, description du Tambour des Insulaires de l'Espagnole, 39.

Tapia. Christophle de Tapia est nommé Gouverneur de la Forteresse de San-Domingo, le Grand Commandeur refuse de le mettre en possession, 273. Il est mis en prison,

François de Tapia, Frere du précedent, est nommé au même Gouvernement, 273. L'Amiral refuse de lui ceder le logement, qui lui appartient, il repasse en Espagne, obtient la main-levée de son logement, & un département d'Indien, 274. est condamné à une amende par les PP. de S. Jérôme, 343.

Tellez. Dom Alphonse Tellez, Conseiller d'Etat, 356.

Temple dans l'Yucatan, 367. 368. 373. & dans la nouvelle Espagne, 374.

Terroir, diversité étonnante du Terroir dans l'Isle Espagnole, 15.

Tertre. Le P. du Tertre, Dominiquain, Auteur de l'Histoire des Antilles, son sentiment sur l'origine du terme d'Antilles, 2. 42.

Tiburon. Le Cap Tiburon, 69.

Tiburons, sorte de Poissons, 242.

Tigres sont méchans, & très-forts dans la Coriane, 444.

Tlascala, Province de la nouvelle Espagne, découverte par Grijalva, 382.

Tolede. D. Ferdinand de Tolede, Grand Commandeur de Leon, & Grand Veneur de Castille, donne sa fille en mariage à l'Amiral D. Diegue Colomb, & sollicite auprès du Roi, en faveur de son gendre, 271.

Doña Maria de Tolede, Fille du précedent, épouse l'Amiral D. Diegue Colomb, 271. Elle arrive à San-Domingo, 274. Elle passe en Espagne, 442. Elle marie une de ses filles, 443.

Nouvelle Tolede, Ville de la Côte de Cumana, par qui elle fut bâtie, 415. Elle est abandonnée & ruinée, 419.

Tomaios, Capitaine Indien. Il reçoit le Baptême, 474.

Tominos. Voyés *Colibry*.

Torrez. Antoine de Torrez doit commander au retour la Flotte, qui conduit Christophle Colomb à l'Isle Espagnole, 111. Il est chargé des Armemens pour les Indes, 161. Ovando laisse une partie de sa Flotte sous ses ordres, 210. Il se perd dans un naufrage, 215.

Tortuë, Isle, 5. Christophle Colomb la découvre, & pourquoi il la nomme ainsi, 91.

Tortuës, Isles du côté de la Floride, par qui elles sont découvertes, 324.

Tortuë, animal. Il y en a de deux especes, 23.

Tourterelles, 28. Il y en a de différentes especes dans l'Espagnole, 29.

Traditions des Insulaires de l'Espagnole, 38.

Trassierra, Le P. Jean de Trassierra, Francisquain rend à Christophle Colomb une Lettre du Roi Catholique, 197.

Tremblemens de Terre fréquens, & peu dangereux aux environs du Fleuve Ozama,

Tribut imposé aux Caciques de l'Isle Espagnole, 134.

Trinité. La Trinité, Isle de l'Amérique, découverte par Christophle Colomb; pourquoi elle fut ainsi nommée, 164. Ses Habitans sont fort doux. Soins que se donne Las Casas pour empêcher qu'on ne les enleve comme Cannibales, 349.

La Trinité, Ville de l'Isle de Cuba. Ce qui s'y passe à l'égard de Cortez, 387. 388.

Trompes Marines, 241.

Truxillo, Ville de la Province de Honduras, 238.

Turques, Isles Turques, leur situation. Voyés *Amanas*.

Tuspa, Montagnes de la nouvelle Espagne, 381.

V

Valdenebro, Cavalier Espagnol désarmé par un Indien, 221.

Valdivia. François Valdivia est nommé Regidor de Sainte Marie l'Ancienne, 301. On l'envoye demander du secours à l'Isle Espagnole, 427. succès de son Voyage, 428. Il y retourne pour le même dessein, 423. Sa mort funeste, 430.

Valence. Plats de Valence, 169.

Valençuela, Habitant de l'Isle Espagnole; il pousse à bout le jeune Cacique Henry, qui étoit dans son département, 396. 397. Il le poursuit, & il est blessé, 398.

Vallejo. Alphonse de Vallejo est chargé de conduire en Espagne les Colombs enchaînés, ses bonnes manieres à leur égard, 201.

Valparaïso, premier nom du Port de Paix, 93.

Vargas. Le Licencié Vargas est d'une Junte établie pour examiner la Cause des Indiens, 456.

Vatable, ce qu'il dit de l'Isle Espagnole, 69.

Vega. La Vega Real, grande plaine de l'Isle Espagnole. Son étenduë, sa fertilité, sa beauté, 61. 124.

Vega, Bourgade de la Jamaïque, 477.

D. Fernand de Vega, Grand Commandeur de Castille, est du Conseil des Indes, 407.

Nouvelle Vega. Sa situation, 486.

Veginez. Jean de Veginez, Habitant de Sainte Marie l'Ancienne, trahit Nicuessa, 306.

Vela. Cap de la Vela découvert par Ojeda, 188.

Velasquez. Antoine & Bernardin de Velasquez, parens de celui qui suit, 382.

Diego de Velasquez est chargé de poursuivre les Indiens cantonnés dans les Montagnes de Baoruco, 235. Il est envoyé à l'Isle de Cuba, pour en faire la Conquête, 315. Son caractere, 316. Il fait sa descente, & acheve en très-peu de têms la Conquête de toute l'Isle, 317. Etat florissant de l'Isle de Cuba sous son Gouvernement, 365. Il envoye une Escadre à la Découverte

couverte du Continent, 366. Il arme une nouvelle Escadre pour continuer les découvertes, ordre qu'il donne au Commandant, 371. Il est en peine de cette Escadre, & peu de têms après il en apprend des nouvelles; il s'emporte mal à propos contre le Commandant, 380. Il le reçoit mal, fait un nouvel Armement, & envoye demander aux PP. Jéronymites, la permission de faire des Etablissemens dans la nouvelle Espagne. Il a de la peine à se déterminer pour le choix d'un Capitaine General de sa Flotte, 382. Quelles étoient ses prétentions; il choisit Fernand Cortez, 383. Ce qui s'étoit passé auparavant entr'eux deux, 384. On lui prédit qu'il se repentira de ce choix. Ce qui avoit le plus contribué à le tromper, 385. L'Evêque de Burgos se déclare son protecteur, lui destine sa Niéce en mariage, & lui obtient la qualité d'Adélantade de l'Isle de Cuba, & des nouvelles découvertes, 386. Il se broüille avec Cortez, & fait envain plusieurs efforts, pour lui ôter l'emploi, qu'il lui avoit donné, 387. 388. Il manque un Navire, que Cortez envoyoit en Espagne, 390. Il reçoit avis que ses provisions sont signées; mais que toute la Cour se déclare pour Cortez, 392. Il arme une puissante Flotte pour faire la guerre à Cortez, 393. l'Audience Royale de San-Domingo lui envoye faire défense de passer outre, 393. 394. Il n'obéit pas, 394. Il est interdit, & rétabli dans son Gouvernement, 409. 410. Il meurt de chagrin, 445.

Jean Velasquez, Thrésorier Royal, rend à Christophle Colomb une Lettre de Roi & de la Reine d'Espagne, 197.

Jean Velasquez de Leon, parent de Diegue Velasquez, qui lui mande de prêter main forte à son Envoyé contre Cortez. Il commande un des Navires de la Flotte de Cortez, 389.

Velosa. Gonzalez de Velosa est le premier qui fit bâtir un Moulin à Sucre dans l'Isle Espagnole, 267.

Velsers. Les Velsers, Bourgeois d'Ausbourg. L'Empereur Charles-Quint leur cede la Province de Venezuela pour les avances, qu'ils lui ont faites. Conditions de ce Traité, 436. 451. 452.

Venezuela. Golphe de Venezuela, ou de la petite Venise, découvert par Ojeda, d'où vient ce nom, 188. Voyés *Coro*, 326. Jean d'Ampuez fait un Etablissement dans la Province de Venezuela, particularités de ce Pays, 449. L'Em-

pereur le cede aux Velfers, 450. & *suiv*. Les Allemands y commettent de grandes cruautés, aussi bien qu'un Capitaine Espagnol, 452. & *suiv*.
Vent de Terre, Ce qui le produit & ses effets, 10.
Villa-Ricca de la Vera-Cruz, premiere Ville bâtie dans la nouvelle Espagne, 379. Conseil de la Vera-Cruz, 390. Origine de ce nom, 391.
Veragua, Fleuve du Continent de l'Amérique, abondant en Or, 241. Christophle Colomb y entre, 242. La posterité de l'Amiral obtient le Titre de Duc de Veragua, 477.
Vera-Paz. Voyés *Santa Maria de la Vera-Paz*.
Verdugo. *François Verdugo* reçoit ordre de déposer Cortez de sa Charge de Capitaine General, 388. Velasquez est fort irrité contre lui, parce qu'il n'avoit pas exécuté cet ordre, 389.
Verne. *Abraham de Verne*, Commandant d'une Flotte Hollandoise, est battu par les Espagnols, 481.
Verole. La petite Verole fait de grands ravages dans les Antilles, 349. Herrera prétend mal à propos, que cette Maladie étoit naturelle à ces Pays-là, 350.
Verettes, plaine des Verretes, 18. 19.
Vif-Argent. Mines de Vif-Argent à San-Domingo, 224.
Villalobos. *Le Licencié Marcel de Villalobos*, Auditeur Royal de San-Domingo, fait un Traité pour l'Etablissement de l'Isle Marguerite, 440.
Villaman. *Martin de Villaman*, Capitaine Espagnol, est établi Commandant d'une Forteresse dans la Province de Higuey, 222. Sa mauvaise conduite est cause du renouvellement de la guerre, & il est massacré, 262. 263.
Vin. On fait de bon Vin à la Jamaïque, 407. Les Indiens de Cumana sont forts friands des Vins d'Espagne, 415. Ils en boivent avec excès, 417.
Ulua ou *Culua*, Isle de la nouvelle Espagne, que Grijalva nomma *Saint Jean d'Ulua*, 379.
Voleurs, supplice, dont les Insulaires de l'Espagnole les punissoient, 48.
Uraba. *Golphe d'Uraba*, 291.
Urira, Mines d'Urira, 243.
Utias Quadrupede de l'Isle Espagnole, 35. & de l'Isle de Cuba, 89.

X

Xanique, Riviere de la Province de Cibao, 124.
Xaragua. *Lac de Xaragua*, 18. 19. 465. Royaume & Ville de Xaragua, 62. 170. 231. On songe à ériger en Archevêché la Ville de Xaragua, 309.
Ximenés. *Le Cardinal François*

Ximenès de Cisneros, Francisquain, Archevêque de Tolede est consulté sur les prétentions de Christophle Colomb, quel fut son avis, 258. Il est déclaré Régent du Royaume, & se détermine à envoyer des Commissaires aux Indes, 335. *& suiv.* Il leur donne pour Adjoint un Administrateur, & fait Las Casas Protecteur General des Indiens, 341. Sa mort, 346.

Y

Yaguana, Ville Espagnole dans la Province de Xaragua, 235. Avantages de cette Ville, 406. Elle est pillée par les Anglois, 481. Les Espagnols la démolissent eux-mêmes, les Habitans se transportent à l'Orient de l'Isle, 481. 482.

Yaqué, grande Riviere de l'Isle Espagnole, 17. Ses différens noms, 99. 123.

Yaquimo, ou le Port du Bresil, aujourd'hui Aquin, 188. 236. Description de ce Port, 464.

Ybarra. Le Licencié Ybarra arrive à San-Domingo, avec la qualité de Distributeur des Indiens, & meurt aussitôt, non sans soupçon de poison, 332.

Ycayagua, canton du Higuey, 263.

Yebra, ou Riviere de Bethléem dans la Province de Veragua. 242.

Yucatan, premieres notions de ce Pays-là, 238. Il est découvert par François Fernandez de Cordouë, 37. *& suiv.* Variations sur ce nom, 370. Grijalva dans l'Yucatan, 372. *& suiv.*

Yuna, une des grandes Rivieres de l'Isle Espagnole, 17. 18.

Z

Zamudio. Jean de Zamudio, Alcaïde de Sainte Marie l'Ancienne, 301. Il est fort animé contre Nicuessa, 306. Il l'oblige à s'embarquer sur un méchant Bâtiment, 307. Balboa lui persuade d'aller en Espagne, & pourquoi, 427. Ce qu'il mande de la Cour à Balboa, 430.

Zapata. Le Docteur Zapata, Conseiller d'Etat, fait nommer Albuquerque son parent, Distributeur des Indiens, 330. Il obtient en sa faveur un Brevet du Roi, 331. Le Cardinal Ximenès le consulte sur les projets de Las Casas, 335. Il s'oppose aux intentions du Cardinal, qui lui en fait une verte reprimende, 341.

Le Licencié Zapata, du Conseil des Indes, 347.

Zeibo. Voyés *Scibo*.

TABLE DES MATIERES.

Zemés ou *Chemis*, Idoles des Insulaires de l'Isle Espagnole, 54. 55. Oracles sur l'abolition de leur culte, 63.

Zuazo. Le Licencié Alphonse Zuazo, est envoyé Administrateur aux Indes, 341. Il arrive à San-Domingo, & ce qu'il y fait, 343. Il a du dessous dans une occasion, 346. Il arrête les papiers de l'Auditeur Luc Vasquez d'Ayllon; & il est révoqué, 348. Son successeur, 351. Il est calomnié, 352. Bon effet de ses soins pendant son administration, 407. Son successeur veut lui faire son Procès, & il démontre son innocence, 408. Il est envoyé pour gouverner l'Isle de Cuba, où il se comporte avec la même droiture & la même integrité qu'à San-Domingo, & avec le même succès, 409. 410.

Fin de la Table des Matieres du Premier Volume.

FAUTES

A CORRIGER DANS LE PREMIER VOLUME.

Page 21. *Ligne* 25. Coral, *lisés*, Corail.
Page 27. *Ligne* 28. pates, *lisés*, pattes.
Page 32. *Ligne* 16. un peu plus petit, *lisés*, une fois plus petits.
Ligne 20. aux Espagnols, *lisés*, aux Insulaires.
Page 60. *Ligne* 9. de Dondon, *lisés*, du Dondon.
Page 62. *Ligne* 10. nous parlerons, *lisés*, nous avons parlé.
Page 107. *Ligne* 11. grand Empire, *lisés*, vaste Empire.
Page 109. *Ligne* 25. en-dessous, *lisés*, au-dessous.
Page 167. *Ligne* 1. de ce Cap, *lisés*, entre ce Cap.
Page 225. *Ligne* 21. y fit construire, *lisés*, fit construire à San-Domingo.
Page 234. *Ligne* 28. pieté, *lisés*, pitié.
Page 236. *Ligne* 11. 13. 20. Guahana, *lisés*, Guahaba.
Page 242. *Ligne* 20, la mauvaise, *lisés*, & la mauvaise.
Page 262. *Ligne* 33. Villeman, *lisés*, Villaman.
Page 271. *Ligne* 35. qui l'unissoit, *lisés*, qui les unissoit.
Ligne 31. Donna, *lisés*, Doña.
Page 305. *Ligne* 22. de son arrivée, *ajoûtés* prochaine.
Page 326. *Ligne* 11. Caro, *lisés*, Coro.
Page 372. *Ligne* 3. si on ne l'eût arrêté, *lisés*, si on ne l'eût pas arrêté.
Page 405. *Ligne* 17. de Mona, *lisés*, de la Mona.
Page 408. *Ligne* 15. rappelle, *lisés*, rappella.
Page 415. *Ligne* 8. Gauzalés, *lisés*, Gonzalés.
Page 421. *Ligne* 20. vicieux, *lisés*, défectueux.
Page 437. *Ligne* 11. le reconcilia, *lisés*, les reconcilia.
Page 440. *Ligne* 32. Villalabos, *lisés*, Villalobos.
Page 47. *Ligne* 27. Donna, *lisés*, Doña.

8° L12 K
18?? C

www.ingramcontent.com/pod-product-compliance
Lightning Source LLC
Chambersburg PA
CBHW060412230426
43663CB00008B/1457

* 9 7 8 2 0 1 1 3 3 1 8 6 1 *